# 2017
# 행정법 기출 연습

김기홍

박영사

# 머리말

[2017 행정법 기출 연습의 특징]

1. 해마다 작게는 50%, 많게는 90% 정도의 기출문제가 재출제됩니다. 『2017 행정법 기출 연습』은 2008년부터 2016년까지의 5급공채(행정고시), 변호사시험 사례형, 사법시험, 입법고시의 모든 문제를 해설하였습니다. 따라서 기출문제와 해설만 연습하시더라도 다음 해에 출제가능한 행정법의 중요 쟁점들을 모두 접해보실 수 있습니다.
2. 모든 쟁점에 저의 『핵심정리 행정법』처럼 형광펜 기능을 사용하여 핵심 키워드를 표시하였습니다. 이 핵심 키워드는 반드시 답안에 포함되어야 하는 내용이므로 꼭 암기하시기 바랍니다.
3. 다소 길었던 기출문제 해설 부분을 수험에 적합하도록 축소하였습니다.
4. 행정법 공부에 혼선을 주지 않기 위해 목차와 체계, 결론을 필자의 기본서인 『핵심정리 행정법』(김기홍), 『행정법 쟁점정리』(김기홍)와 동일하게 하였습니다.
5. 2016년 국가시험에 출제된 주요 쟁점은 다음과 같습니다.

(1) 변호사시험

〈제1문의1〉 형사법원의 선결문제

〈제2문〉 거부처분취소소송의 소송요건, 비례원칙/ 원고적격/ 부관의 법적 성질, 부관의 위법성/ 사후부관/ 행정행위의 철회

(2) 입법고시

〈제1문〉 위헌인 법률에 근거한 행정행위의 집행력/ 행정행위의 하자의 승계/ 위헌인 법률에 근거한 행정행위의 효력

〈제2문〉 보상규정 없는 법률에 기한 공용침해에 대한 손실보상

〈제3문〉 인용재결에 대한 피청구인인 처분청의 원고적격

(3) 사법시험

〈제1문〉 공물의 관리/ 행정상 강제집행의 가능성/ 선결문제, 즉시확정의 이익, 관련청구소송의 병합

〈제2문의1〉 조례안의 적법성/ 조례안에 대한 감독청과 단체장의 통제

〈제2문의2〉 권력적 사실행위에 대한 권리구제수단/ 국가배상법 제2조 제1항, 공무원의 국가에 대한 구상권

(4) 5급공채

〈제1문〉 제재사유의 승계/ 법규명령형식의 행정규칙, 신뢰보호원칙, 신의성실원칙, 비례원칙/ 부관의 적법성

〈제2문〉 부작위위법확인소송 및 주민소송의 대상/ 독촉의 처분성

〈제3문〉 공무원 징계의결요구의 기속성/ 필요적 심판전치

[행정법 기본서, 기출문제집, 사례집, 핸드북 활용 방법]

1. 독자분들은 기본서인 『핵심정리 행정법』을 1~3회독하신 후, 먼저 기본서와 『행정법 기출 연습』을 1~2회독하시고, 그 다음으로 기본서와 『행정법 사례 연습』을 함께 1~2회독하신 뒤, 마지막 정리는 최종정리용 핸드북인 『행정법 쟁점정리』를 보시거나 기본서 『핵심정리 행정법』을 남은 기간 동안 3회독 이상 하신다면 완벽한 수험준비가 될 것입니다.
2. 효과적인 학습을 위해 기본서의 회독 수가 많지 않은 독자들은 '교과서 순서별 차례'에 따라, 행정법 전반을 이해한 독자들은 '기출번호 차례'에 따라 공부하시기를 권합니다.

[감사의 말씀]

이 책의 출간에 도움을 주신 박영사 안종만 회장님, 조성호 이사님, 김선민 부장님, 문선미 과장님께 감사드립니다.

독자분들의 소망이 꼭 이루어지길 빌면서.

2016. 7.

김기홍

## 차례

# 기출연습

차례

교과서순서

# 제1부 행정법 총론

## 제2절 행정계획

[기출 11] 설문(1)(계획재량의 통제) | [기출 35] 설문(2)(집중효)

## 제3절 행정행위

### 제1항 행정행위의 개념

### 제2항 불확정개념과 판단여지, 기속행위와 재량행위

[기출 15] 설문(1)(판단여지)

### 제3항 행정행위의 내용

#### 제1목 법률행위적 행정행위

[기출 02] 설문(1)(행정행위의 법적 성질) | [기출 05] 설문(2)(행정행위의 법적 성질) | [기출 07] 설문(3)(제재사유의 승계) | [기출 33] 설문(1)(법령에 근거 없는 거부처분) | [기출 35] 설문(2)(법령에 근거 없는 거부처분) | [기출 43] 설문(1)(행정행위의 법적 성질) | [기출 46] 설문(1)(행정행위의 법적 성질) | [기출 69] 설문(1)(제재사유의 승계)

#### 제2목 준법률행위적 행정행위

### 제4항 행정행위의 성립 · 효력발생 · 적법요건

### 제5항 행정행위의 효력

[기출 14] 설문(1)(선결문제) | [기출 20] 설문(3)(선결문제) | [기출 40] (선결문제) | [기출 43] 설문(3)(선결문제) | [기출 47] 설문(4)(선결문제) | [기출 49] 설문(3)(선결문제) | [기출 56] 설문(1)(선결문제) | [기출 61] 설문(4)(선결문제) | [기출 66] 설문(3)(선결문제)

### 제6항 행정행위의 하자

[기출 01] 설문(2)(행정행위의 하자의 승계) | [기출 04] 설문(2)(행정행위의 하자의 치유) | [기출 22] 설문(1)(행정행위의 하자의 승계) | [기출 30] 설문(3)(행정행위의 하자의 승계) | [기출 40] (위헌인 법률에 근거한 행정행위의 위법성) | [기출 47-1] 설문(1)(위헌인 법률에 근거한 행정행위의 위법성) · 설문(2)(위헌인 법률에 근거한 행정행위의 집행력) | [기출 51] 설문(2)(행정행위의 하자의 치유) | [기출 55] 설문(1)(행정행위의 하자의 승계) | [기출 58] 설문(2)(행정행위의 하자의 승계) | [기출 63] 설문(1)(위헌인 법률에 근거한 행정행위의 위법성) · 설문(2)(행정행위의 하자의 승계) · 설문(3)(위헌인 법률에 근거한 행정행위의 집행력)

### 제7항 행정행위의 폐지

[기출 49-1] 설문(1)(행정행위의 철회) | [기출 62] 설문(3)(행정행위의 철회)

# 제2부 행정쟁송법

## 제1편 행정심판법

[기출 12] 설문(1)(소청심사위원회의 법적 지위, 재결의 효력), [기출 23] 설문(3)(재결의 종류, 행정심판법상 권리구제수단의 한계) | [기출 34] 설문(2)(행정심판법상 권리구제수단) | [기출 44] 설문(1)(재결의 효력) | [기출 46] 설문(2)(청구인적격) | [기출 47] 설문(2)(거부처분취소심판의 인용재결에 따른 재처분의무)

## 제2편 행정소송법

## 제1장 일 반 론

[기출 05] 설문(4)(행정쟁송상 권리구제수단) | [기출 23] 설문(1)(행정쟁송법상 권리구제수단) | [기출 30] 설문(4)(권력적 사실행위에 대한 권리구제수단) | [기출 36] 설문(2)(예방적 부작위소송) | [기출 41] 설문(1)(퇴직처분에 대한 공무원의 권리구제수단) | [기출 43] 설문(2)(예방적 부작위소송) · 설문(3)(의무이행소송) | [기출 47] 설문(4)(국세환급거부행위에 대한 권리구제수단)

## 제2장 항고소송

### 제1절 취소소송

#### 제1항 취소소송의 개념

#### 제2항 취소소송의 대상

[기출 09] 설문(3)(재결소송) | [기출 11] 설문(1)(도시관리계획결정의 처분성) | [기출 12] 설문(2)(변경처분과 변경된 원처분 중 소송의 대상) | [기출 25] 설문(1)(신고수리거부의 처분성) | [기출 27] 설문(2)(재결소송) | [기출 38] 설문(3)(변경처분과 변경된 원처분 중 소송의 대상) | [기출 44] 설문(2)(재결소송) | [기출 51] 설문(3)(변경처분과 변경된 원처분 중 소송의 대상) | [기출 55] 설문(2)(영업자지위승계신고의 처분성) | [기출 70] 설문(2)(독촉의 처분성)

#### 제3항 취소소송의 당사자

[기출 10] 설문(2)(권리보호필요성(행정소송법 제12조 제2문)) | [기출 27] 설문(1)(원고적격) · 설문(3)(제3자의 소송참가) | [기출 36] 설문(1)(원고적격) | [기출 37] 설문(1)(권리보호필요성(행정소송법 제12조 제2문)) | [기출 38] 설문(1)(권리보호필요성(행정소송법 제12조 제2문)) | [기출 48] 설문(2)(피고적격) | [기출 52] 설문(2)(행정소송법 제12조 제2문) | [기출 57] 설문(2)(원고적격) | [기출 62] 설문(2)(원고적격) | [기출 65] (인용재결에 대한 행정심판의 피청구인의 원고적격)

### 제4항 기타 소송요건

[기출 01] 설문(1)(취소소송의 소송요건 일반) | [기출 02] 설문(3)(취소소송의 소송요건 일반) | [기출 04] 설문(1)(취소소송의 소송요건 일반) | [기출 09] 설문(1)(취소소송의 소송요건 일반) | [기출 10] 설문(1)(취소소송의 소송요건 일반) | [기출 12] 설문(2)(제소기간) | [기출 16] (취소소송의 소송요건 일반) | [기출 34] 설문(1)(취소소송의 소송요건 일반) | [기출 38] 설문(3)(제소기간) | [기출 45] 설문(1)(취소소송의 소송요건 일반) | [기출 49] 설문(1)(취소소송의 소송요건 일반) | [기출 49-1] 설문(2)(취소소송의 소송요건 일반) | [기출 51] 설문(3)(제소기간) | [기출 62] 설문(1)(취소소송의 소송요건 일반) | [기출 71] 설문(2)(필요적 심판전치)

### 제5항 청구의 병합(이송)과 소의 변경

[기출 14] 설문(1)(관련청구소송의 병합) | [기출 56] 설문(2)(관련청구소송의 병합) | [기출 66] 설문(3)(관련청구소송의 병합)

### 제6항 가 구 제

[기출 25] 설문(2)(집행정지의 요건) | [기출 43] 설문(2)(가처분) | [기출 45] 설문(2)(집행정지, 가처분)

### 제7항 취소소송의 심리

[기출 08] 설문(2)(처분사유의 추가·변경) | [기출 34] 설문(3)(처분사유의 추가·변경)

### 제8항 취소소송의 종료

[기출 09] 설문(2)(사정판결) | [기출 11] 설문(2)(판결의 기속력) | [기출 15] 설문(3)(판결의 기속력) | [기출 20] 설문(4)(기판력) | [기출 23] 설문(4)(간접강제) | [기출 27] 설문(3)(제3자의 재심청구) | [기출 33] 설문(2)(판결의 기속력, 간접강제) | [기출 34] 설문(3)(판결의 기속력) | [기출 37] 설문(2)(기판력) | [기출 38] 설문(2)(기판력) | [기출 45] 설문(4)(판결의 기속력) · 설문(5)(간접강제) | [기출 46] 설문(4)(인용재결과 인용판결의 차이점) | [기출 49] 설문(2)(판결의 기속력, 간접강제) | [기출 52] 설문(2)(기판력)

## 제2절 무효등확인소송

[기출 07] 설문(2)(무효확인소송에서 즉시확정의 이익) | [기출 14] 설문(2)(무효확인소송에서 즉시확정의 이익) | [기출 40] (무효확인소송에서 즉시확정의 이익) | [기출 56] 설문(1)(무효확인소송에서 즉시확정의 이익) | [기출 66] 설문(3)(무효확인소송에서 즉시확정의 이익)

## 제3절 부작위위법확인소송

[기출 70] 설문(1)(부작위위법확인소송의 대상)

# 제3장 당사자소송

# 제4장 객관적 소송

# 제3부 행정법각론

## 제1편 행정조직법

[기출 48] 설문(2)(내부위임)

## 제2편 지방자치법

[기출 03] 설문(1)·설문(2)(지방의회 의결에 대한 감독청의 통제, 지방자치법 제169조 제1항) | [기출 06] 설문(1)(조례의 적법요건)·설문(2)(조례안에 대한 감독청의 통제) · 설문(3)(지방자치법 제169조 제2항·절차상 하자의 독자적 위법사유 여부) | [기출 19] 설문(1)(지방자치법 제169조 제1항)·설문(2)(지방자치법 제169조 제2항) | [기출 21] 설문(1)(조례의 적법요건)·설문(2)(주민소송) | [기출 30-1] 설문(1)(주민감사청구)·설문(2)(주민소송) | [기출 32-1] 설문(1)·설문(2)·설문(3)(조례의 적법요건) | [기출 50] (조례의 적법요건, 조례안에 대한 단체장의 통제) | [기출 53] (조례의 적법요건) | [기출 60] (조례의 적법요건, 조례안에 대한 단체장의 통제) | [기출 67] 설문(1)(조례의 적법요건) · 설문(2)(조례안에 대한 단체장과 감독청의 통제) | [기출 70] 설문(1)(주민소송의 대상)

## 제3편 공무원법

[기출 41] 설문(2)(징계처분에 대한 공무원의 불복수단) | [기출 71] 설문(1)(징계의결요구의 기속성)

## 제4편 경 찰 법

[기출 17] (경찰책임의 원칙) | [기출 39] (경찰책임의 원칙) | [기출 46-1] (경찰책임의 원칙)

## 제5편 공적 시설법

[기출 24] (행정재산의 목적외 사용) | [기출 32] 설문(1)(공물의 소멸) | [기출 35-1] 설문(1)(공물의 소멸) · 설문(2)(도로점용허가의 법적 성질, 도로의 특별사용과 일반사용) | [기출 66] 설문(1)(공물의 관리)

## 제6편 공용부담법

[기출 20] 설문(1)(수용재결에 대한 불복 수단) | [기출 48] 설문(1)(조합설립결의에 대한 소의 종류) | [기출 58] 설문(1)(협의취득의 법적 성질) · 설문(3)(수용재결 및 이의재결에 대한 불복소송) · 설문(4)(잔여지수용청구권)

## 제7편 토지행정법

## 제8편 기 타 (환경행정법, 조세행정법)

[기출 57] 설문(1)(환경영향평가의 하자와 사업계획승인처분)

# 2017
# 행정법
# 기출 연습

 〈제1문〉

구청장 A는 광고주 갑의 광고물이 옥외광고물 등 관리법 제5조 제2항 제2호의 규정에 의한 퇴폐적 내용을 담고 있어 미풍양속을 해칠 우려가 있다고 판단하여 그 철거를 명하였다. 그러나 갑은 해당 광고물을 자진하여 철거하지 않았고, 이에 구청장 A는 대집행 절차에 착수하였다. 한편, 구청장 A는 영장에 의한 대집행의 통지를 함에 있어 대집행에 요하는 비용의 개산에 의한 견적액을 갑에게 통지하지 아니하였다. 대집행통지행위에 대한 불가쟁력이 발생한 상황에서 갑은 통지행위의 위법을 사유로 하여 이제 막 시작된 대집행 실행 행위로서의 철거행위의 취소를 구하는 소를 제기하였다. 이와 관련하여 다음 물음에 답하시오.

(1) 갑이 제기한 소송의 소송요건 충족 여부와 관련된 행정소송법적 쟁점을 설명하시오. 30.

(2) 갑은 통지행위의 위법을 이유로 철거행위의 위법을 주장할 수 있는가? 20.

[제24회 입법고시(2008년)]

**기출 01** (1) 갑이 제기한 소송의 소송요건 충족 여부와 관련된 행정소송법적 쟁점을 설명하시오. 30.

# Ⅰ. 소송요건 충족 여부와 관련된 행정소송법적 쟁점

## 1. 소송요건 일반

(가) 갑의 철거행위취소소송은 관할권 있는 법원에(행정소송법 제9조), 원고적격(동법 제12조)과 피고적격을 갖추어(동법 제13조), 처분 등을 대상으로(동법 제19조), 제소기간 내에(동법 제20조) 제기하고, 그 밖에 권리보호필요성 요건을 갖추고 있어야 한다.

(나) 설문에서 소송요건과 관련된 행정소송법적 쟁점은 대상적격과 협의의 소익이다(갑은 침익적 처분의 상대방이므로 원고적격은 만족한다).

## 2. 대상적격

### (1) 문 제 점

(가) 취소소송의 대상에 대해 행정소송법 제19조 본문은 "취소소송은 처분등을 대상으로 한다"고 규정하고, 동법 제2조 제1항 제1호는 취소소송의 대상인 '처분등'을 ① 처분인 ⓐ 공권력의 행사, ⓑ 그 거부, ⓒ 그 밖에 이에 준하는 행정작용과 ② 행정심판에 대한 재결이라고 정의하고 있다.

(나) 설문에서는 적극적 공권력행사가 문제되는데, 먼저 행정행위와 처분의 관계를 검토한 후 철거행위가 취소소송의 대상인 처분인지를 살펴본다.

### (2) 행정행위와 처분의 관계

1) 문 제 점

학문상 개념인 행정행위와는 달리 행정소송법 제2조 제1항 제1호는 취소소송의 대상인 '처분'을 "행정청이 행하는 구체적 사실에 관한 법집행으로서의 공권력의 행사 또는 그 거부와 그 밖에 이에 준하는 행정작용"이라고 정의하고 있다. 이처럼 행정소송법은 '처분'개념을 광의로 정의(그 밖에 이에 준하는 행정작용)하고 있어 행정소송법상의 처분개념이 강학상 개념인 행정행위와 동일한 것인지에 대해 학설이 대립된다.

2) 학 설

a. 실체법적(행정행위) 개념설(일원설, 형식적 행정행위 부정설) 행정쟁송법상 처분을 강학상 행정행위와 동일한 것으로 보는 입장이다. 행정소송법 제2조 제1항 제1호는 처분을 '공권력의 행사(또는 그 거부)'와 '이에 준하는 행정작용'이라고 규정하지만 '이에 준하는 행정작용'은 공권력행사에 준하는 행정작용을 말하는 것이며, 쟁송법적 개념설이 처분개념에 포함시키고 있는 비권력적 행정작용에 대한 권리구제수단은 항고소송이 아니라 당사자소송(비권력적 사실행위로 발생한 법률관계를 다투는 당사자소송)이나 법정외소송(일반적 이행소송)을 활용해야 한다는 점을 근거로

한다(김남진 · 김연태, 류지태 · 박종수, 박윤흔 · 정형근, 김성수, 정하중).

b. 쟁송법적(행정행위) 개념설(이원설, 형식적 행정행위 긍정설) 행정쟁송법상 처분을 강학상 행정행위와는 별개의 것으로 보는 입장이다. 행정소송법 제2조 제1항 제1호는 처분개념에 '공권력의 행사(또는 그 거부)'에 '이에 준하는 행정작용'을 더하고 있기 때문에 현행법상 처분은 강학상 행정행위보다 더 광의의 개념으로 보아야 하며, 다양한 행정작용(특히 비권력적 행정작용)에 대해 항고소송을 인정함으로써 실효적인 권리구제가 가능하다는 점을 근거로 한다(김동희, 박균성).

3) 판 례

판례는 쟁송법적 개념설이 대표적으로 주장하는 비권력적 사실행위에 대해 처분성을 부정하고 있어 기본적으로 실체법적 개념설의 입장이다. 다만, 처분개념이 확대될 여지를 인정한 판결도 있다(행정청의 어떤 행위를 행정처분으로 볼 것이냐의 문제는 … 행정처분이 그 주체, 내용, 절차, 형식에 있어서 어느 정도 성립 내지 효력요건을 충족하느냐에 따라 개별적으로 결정하여야 하며, … 행정청의 행위로 인하여 그 상대방이 입는 불이익 내지 불안이 있는지 여부도 그 당시에 있어서의 법치행정의 정도와 국민의 권리의식 수준 등은 물론 행위에 관련한 당해 행정청의 태도 등도 고려하여 판단하여야 한다(대판 1993. 12. 10. 93누12619)).

4) 검 토

취소소송은 법률관계를 발생시키는 행정작용의 효력을 깨뜨리기 위한 형성소송(행정소송법 제29조 제1항 참조)이므로 취소소송의 대상을 법률관계를 발생시키는 행정행위에 한정하는 실체법적 개념설이 타당하다.

### (3) 항고소송의 대상인 적극적 처분의 요건

1) 행정청의 적극적인 공권력 행사

ⓐ 행정청(전통적 의미의 행정청뿐만 아니라 합의제기관, 실질적 의미의 처분을 하는 경우 법원이나 국회의 기관, 행정소송법 제2조 제2항의 행정청등 자신의 명의로 처분을 할 수 있는 모든 행정청(기능적 의미의 행정청)을 말한다)이 행하는 행위로 ⓑ 구체적 사실(규율대상이 구체적 — 시간적으로 1회적, 공간적으로 한정 — 이어야 한다)에 대한 ⓒ 법집행행위(입법이 아니라 법의 집행행위라야 한다)이며 ⓓ 공권력행사(행정청이 공법에 근거하여 우월한 지위에서 일방적으로 행사하여야 한다)이어야 한다.

2) 법적 행위

a. 문 제 점 '법적 행위'는 행정소송법 제2조 제1항 제1호의 처분개념의 요소는 아니다. 그러나 판례와 전통적인 견해는 취소소송의 본질을 위법한 법률관계의 소급적 제거로 이해하기 때문에(=취소소송을 형성소송으로 보기 때문) 법적 행위를 항고소송의 대상인 처분의 요건으로 본다. 이러한 견해에 따르면 항고소송의 대상이 되는 처분은 행정소송법 제2조 제1항 제1호의 처분의 개념요소를 구비하는 것 외에 법적 행위일 것을 요한다(무효등확인소송과 부작위위법확인소송도 행정소송법 제38조 제1항, 제2항에서 취소소송의 대상(동법 제19조)을 준용하고 있기 때문에 취소소송의 대상과 나머지 항고소송의 대상은 같다).

b. 내 용 법적 행위란 ① 외부적 행위이며 ② 권리 · 의무와 직접 관련되는 행위를

말한다. 판례도 「항고소송의 대상이 되는 행정처분이라 함은 행정청의 공법상의 행위로서 특정 사항에 대하여 법규에 의한 권리의 설정 또는 의무의 부담을 명하거나 기타 법률상 효과를 발생하게 하는 등 국민의 구체적인 권리의무에 직접적 변동을 초래하는 행위를 말하는 것이고, … 상대방 또는 기타 관계자들의 법률상 지위에 직접적인 법률적 변동을 일으키지 아니하는 행위 등은 항고소송의 대상이 될 수 없다(대판 2008. 9. 11. 2006두18362)」고 한다.

(4) 설 문

㈎ 철거행위는 구청장인 행정청이 하는 갑이 철거의무를 이행하지 않고 미풍양속을 해치는 광고물을 계속 게시했다는 사실에 대한 법집행으로 공권력행사에 해당한다고 보는 것이 일반적인 견해이다. 또한 의무를 명령하는 하명을 수반한다는 점에서 법적인 행위이므로 항고소송의 대상이 되는 처분이다.

㈏ ① 대법원은 명시적 태도를 보이고 있지는 않으나, 권력적 사실행위로 보이는 단수(斷水)조치를 처분에 해당하는 것으로 판시하였다(대판 1985. 12. 24. 84누598). ② 그리고 헌법재판소는 「수형자의 서신을 교도소장이 검열하는 행위는 이른바 권력적 사실행위로서 행정심판이나 행정소송의 대상이 되는 행정처분으로 볼 수 있다(헌재 1999. 8. 27. 96헌마398)」고 하여 명시적으로 권력적 사실행위의 처분성을 인정하고 있다.

### 3. 권리보호필요성

(1) 의 의

원고의 재판청구에 대하여 법원이 판단을 행할 구체적 실익 내지 필요성을 말하며, '소의 객관적 이익' 또는 '권리보호의 필요'라고도 한다.

(2) 소의 이익이 부인되는 경우

취소소송에서 대상적격과 원고적격이 인정된다면 협의의 소익은 일반적으로는 긍정된다. 그러나 ⓐ 보다 간이한 방법이 있는 경우, ⓑ 원고가 추구하는 권리보호가 오로지 이론상으로만 의미 있는 경우, ⓒ 소권남용금지에 해당하는 경우에는 협의의 소익은 부정된다.

(3) 설 문

철거행위가 완료된 뒤에는 행정소송법 제12조 제2문에 해당하지 않는 한 협의의 소익이 없어 소송요건 미비로 각하될 것이지만(행정소송법 제12조 제2문 참조), 설문에서 갑은 대집행이 시작되자 바로 철거행위의 취소를 구하였기 때문에 협의의 소익은 인정될 수 있다. 다만, 행정소송법 제23조의 집행정지를 신청하여 대집행의 추가적인 실행을 정지시켜야 할 것이다.

기출 01 (2) 갑은 통지행위의 위법을 이유로 철거행위의 위법을 주장할 수 있는가? 20.

## Ⅱ. 하자의 승계 주장 가능 여부

### 1. 문제 상황

통지행위의 위법을 이유로 철거행위의 위법을 주장할 수 있는지 여부는 통지행위의 위법이 철거행위에 하자승계가 될 수 있는지의 문제가 된다.

### 2. 행정행위의 하자의 승계의 의의

행정행위의 하자의 승계란 둘 이상의 행정행위가 연속적으로 행해지는 경우 선행행위의 하자가 후행행위에 승계되는 것을 말한다. 즉 후행행위를 다투며 선행행위의 하자를 주장할 수 있는지의 문제를 말한다.

### 3. 하자승계의 논의의 전제

㈎ 하자승계의 논의가 특별히 문제되는 경우는 ⓐ 선행행위와 후행행위가 모두 항고소송의 대상이 되는 행정처분이고, ⓑ 선행행위는 당연무효가 아닌 취소사유가 존재하고(선행행위가 무효라면 선행행위를 다툴 수도 있으며 — 무효인 행위는 제소기간의 제한이 없다 —, 연속되는 후행행위에 항상 하자가 승계되므로 논의의 실익이 적다), ⓒ 선행행위에는 하자가 존재하나 후행행위는 적법해야 하고, ⓓ 선행행위의 하자가 제소기간 도과 등으로 불가쟁력이 발생하여 선행행위를 다툴 수 없는 경우라야 한다.

㈏ 설문의 대집행영장통지는 단순히 일정한 사실을 알리는 것이 아니라 상대방의 권리나 의무에 직접 영향을 미치는 법적 행위로 준법률행위적 행정행위이고 항고소송의 대상인 처분이며, 철거행위도 권력적 사실행위로 항고소송의 대상인 처분이다. 그리고 통지행위에 위법사유가 존재하고, 철거행위는 적법하며, 통지행위에 불가쟁력이 발생하였다면 하자승계의 논의의 전제는 충족하였다.

### 4. 인정범위

#### (1) 학 설

1) 하자의 승계론(전통적 견해)

원칙적으로 행정행위의 하자는 행정행위마다 독립적으로 판단되어야 한다는 전제하에 선행행위와 후행행위가 일련의 절차에서 하나의 법률효과를 목적으로 하는 경우에는 예외적으로 하자의 승계를 인정한다.

2) 구속력설(규준력설)

a. 의 의 구속력이란 선행행정행위의 내용과 효과가 후행행정행위를 구속함으로써

상대방(관계인, 법원)은 선행행위의 하자를 이유로 후행행위를 다투지 못하는 효과를 말한다.

b. 한 계 (가) 구속력은 ⓐ 선·후의 행위가 법적 효과가 일치하는 범위에서(객관적 한계(내용적·사물적 한계)), ⓑ 처분청과 처분의 직접상대방(이해관계 있는 제3자도 포함) 및 법원에게(주관적 한계(대인적 한계)), ⓒ 선행행정행위의 기초를 이루는 사실적·법적 상황의 동일성이 유지되는 한도까지 미친다(시간적 한계). 이처럼 선행행위의 구속력이 후행행위에 미치는 한 처분의 상대방 등은 선행행위의 하자를 이유로 후행행위를 다투지 못한다.

(나) 그러나 객관적·주관적·시간적 한계 내에서 선행행정행위의 후행행정행위에 대한 구속력이 인정됨으로 인해(행정행위의 하자의 승계를 주장하지 못함으로 인해) 사인의 권리보호가 부당하게 축소될 수 있기 때문에 관련자에게 예측불가능하거나 수인불가능한 경우에는 구속력이 미치지 않는다(추가적 요건). 따라서 이 경우에는 후행행위를 다투며 선행행위의 위법을 주장할 수 있게 된다.

(2) 판 례

(가) 판례는 원칙상 하자의 승계론에 따라 선·후의 행위가 단계적인 일련의 절차로 연속하여 행하여지는 것으로서 서로 결합하여 하나의 법률효과를 발생시키는 것이라면 후행처분에 하자가 없다고 하더라도 후행처분의 취소를 청구하는 소송에서 선행처분의 위법성을 주장할 수 있다고 본다. 즉, 대집행절차상 계고처분과 대집행영장발부통보처분(대판 1996. 2. 9. 95누12507), 국세징수법상 독촉과 가산금·중가산금 징수처분(대판 1986. 10. 28. 86누147)에 대해 하자의 승계를 인정하였고, 건물철거명령과 대집행계고처분(대판 1998. 9. 8. 97누20502), 과세처분과 체납처분(대판 1977. 7. 12. 76누51)은 하자의 승계를 부정하였다.

(나) ⓐ 그러나 개별공시지가결정의 위법을 이유로 그에 기초하여 부과된 양도소득세부과처분의 취소를 구한 판결에서 선행행위와 후행행위가 별개의 법률효과를 목적으로 하는 경우에도 수인성의 원칙(입법작용이나 행정작용은 그 효과를 사인이 수인할 수 있는 것이어야 한다는 원칙)을 이유로 하자의 승계를 예외적으로 인정하였다(대판 1994. 1. 25. 93누8542). ⓑ 그리고 최근 표준지공시지가결정의 위법이 수용재결에 승계될 것인지가 문제된 판결에서도 양자는 별개의 법률효과를 목적으로 하지만 수인성의 원칙을 이유로 하자의 승계를 긍정하였다(대판 2008. 8. 21. 2007두13845). ⓒ 또한 친일반민족행위진상규명위원회가 원고의 사망한 직계존속을 친일반민족행위자로 결정(선행처분)하였으나 이를 원고에게 통지하지 않아 원고는 이 사실을 모른 상태에서 그 이후 지방보훈지청장이 원고를 독립유공자법 적용배제자결정(후행처분)을 하자 원고가 후행처분을 다툰 사건에서, 양자는 별개의 법률효과를 목적으로 하지만 선행처분의 하자를 이유로 후행처분을 다투지 못하는 것은 원고에게 수인불가능하고 예측불가능한 불이익을 강요하는 것이므로 선행처분의 후행처분에 대한 구속력이 인정되지 않아 원고는 하자의 승계를 주장할 수 있다고 보았다(대판 2013. 3. 14. 2012두6964)).

### (3) 검　　토

판례의 태도가 타당하다. 선·후의 행위가 하나의 법률효과를 목적으로 하는 경우에는 하자의 승계를 인정하는 것이 타당하다. 다만, 선·후의 행위가 하나의 법률효과를 목적으로 하지 않는 경우에도 특히 예측불가능하거나 수인불가능한 사정이 있는 경우에는 예외적으로 하자의 승계를 인정하여야 한다.

## 5. 소　　결

통지행위와 대집행의 실행(설문에서는 철거행위)은 서로 결합하여 하나의 법률효과를 목적으로 하는 행위이다. 따라서 갑은 취소소송에서 통지행위의 위법을 이유로 철거행위의 위법을 주장할 수 있다.

기출 02 〈제1문〉

갑은 A구 구청장인 을에게 임야로 되어 있는 자신의 토지 위에 건축을 하기 위해 토지형질변경행위허가를 신청하였다. 이에 을은 당해 토지의 일부를 대지로 변경하고 그 나머지를 도로로 기부채납하는 것을 조건으로 토지형질변경행위를 허가하였다. 이에 따라 갑은 건물을 신축하였는데 신축건물이 기부채납 토지 부분을 침범하게 되자 을은 토지형질변경행위허가를 취소하고, 그 대신에 기부채납 토지부분을 감축하여 주면서 감축된 토지에 대한 감정가액을 납부하도록 하는 내용의 토지형질변경행위의 변경허가를 하였다. 그러나 갑은 감정가액을 납부하지 않고 준공검사를 마치지 못하는 사이에 예규로 설정된 사무처리기준이 변경되어 기부채납을 하도록 하는 의무가 면제되었다. 이에 갑은 금전납부의 부담을 없애 달라는 내용의 토지형질변경행위의 변경허가를 신청하였으나, 을은 갑이 금전납부의 부담을 이행하지 아니하고 준공검사를 마치지 않았다는 이유를 들어 갑의 신청을 반려하였다.

(1) 을의 토지형질변경행위허가 취소의 법적 성질에 대하여 설명하시오. 10.

(2) 갑이 금전납부의 부담만을 위법으로 하여 행정소송을 제기할 수 있는지 검토하시오. 15.

(3) 을의 반려행위에 대한 갑의 취소소송 제기가능성을 검토하시오. 15.

[제52회 행정고시(2008년)]

기출 02 (1) 을의 토지형질변경행위허가 취소의 법적 성질에 대하여 설명하시오. 10.

# Ⅰ. 토지형질변경허가취소의 법적 성질

## 1. 명령적 행위인지 형성적 행위인지 여부

구청장의 토지형질변경허가는 행정청의 의사표시에 따라 법률효과가 발생하는 법률행위적 행정행위이며, 강학상 허가이다. 허가란 위험의 방지(=경찰=질서유지)를 목적으로 금지하였던 바를 해제하여 개인의 자유권을 회복시켜주는 행위를 말한다. 구청장의 토지형질변경허가가 강학상 허가로 명령적 행위라면 토지형질변경허가취소는 해제되었던 자유를 다시 제한하는 명령적 행위이다.

## 2. 재량행위인지 여부

㈎ 재량행위와 기속행위의 구별기준에 대해 효과재량설, ⓑ 종합설, ⓒ 기본권기준설 등이 대립한다.

㈏ 판례는 ① 관련법령에 대한 종합적인 판단을 전제로 하면서(대판 2001. 2. 9. 98두17593), ② 효과재량설을 기준으로 활용하거나(대판 2011. 1. 27. 2010두23033), ③ 공익성을 구별기준으로 들기도 한다.

㈐ 구청장의 토지형질변경허가취소는 개인의 사익보다는 공익적 사정이 중요한 고려대상이 되기 때문에 재량행위로 보아야 한다.

㈑ 판례는 토지형질변경허가는 재량행위라고 본다(대판 2001. 9. 28. 2000두8684).

## 3. 행정행위의 철회인지 여부

### (1) 의 의

행정행위의 철회란 사후적으로 발생한 사유에 의해 행정행위의 효력을 장래를 향해 소멸시키는 의사표시를 말한다.

### (2) 유사개념과 구별

행정행위의 직권취소는 행정행위의 성립에 흠(원시적인 하자)이 있는 행정행위의 효과를 소급(또는 장래)적으로 소멸시킨다는 점에서, 행정행위 발령 이후의 새로운 사정(후발적 사정)을 이유로 행정행위의 효력을 장래적으로 소멸시키는 행정행위의 철회와 구별된다.

### (3) 설 문

갑의 신축건물이 기부채납하여야 할 토지 부분을 침범하였다는 후발적 사정으로 토지형질변경허가를 취소하는 것이므로 강학상 행정행위의 철회에 해당한다.

기출 02 (2) 갑이 금전납부의 부담만을 위법으로 하여 행정소송을 제기할 수 있는지 검토하시오. 15.

## Ⅱ. 금전납부부담의 행정소송 제기가능성

### 1. 문제 상황

설문의 금전납부부담은 토지형질변경허가에 부가된 종된 규율이지만, 갑은 침익적인 부담이 부가되지 않은 수익적인 토지형질변경허가의 발령만을 원할 것이다. 따라서 금전납부부담이 부종성이 있음에도 독립하여 쟁송이 가능한지가 문제된다.

### 2. 금전납부부담의 법적 성질

(가) 부관의 종류 중 어디에 해당하는지는 ⓐ 그 표현에 관계없이 행정청의 객관적인 의사에 따라 판단하여야 한다. ⓑ 다만 그 의사가 불분명하다면 최소침해의 원칙상 상대방인 사인에게 유리하도록 판단한다.

(나) 행정청의 의사는 금전을 납부하지 않으면 토지형질변경허가의 효력을 인정하지 않겠다는 것이 아니고 토지형질변경을 허가하면서 금전납부의무를 부담시키겠다는 것이므로 설문의 부관은 부담이다.

### 3. 금전납부부담의 독립쟁송가능성

#### (1) 문 제 점

(가) 부관에 대한 행정쟁송은 사인이 수익적 행정행위를 발급받을 때 그 효과를 제한하는 기한, 조건 등이 부가되거나 의무를 과하는 부담이 부가되는 경우 상대방은 침익적인 부관이 부가되지 않는 수익적인 주된 행정행위의 발급만을 원할 것이다. 따라서 부관만의 독립쟁송가능성이 문제된다. 만일 부관부 행정행위 전체가 취소된다면 이미 발급받은 수익적인 행정행위도 소멸되므로 상대방에게는 더 침익적일 수 있기 때문이다.

(나) 부관에 대한 소송형태로는 ① 행정행위의 일부만을 취소소송의 대상으로 하는 소송인 진정일부취소소송(형식상으로나 내용상으로도 부관만의 취소를 구하는 소송이다), ② 형식상으로는 부관부 행정행위 전체를 소송의 대상으로 하면서 내용상 일부의 취소를 구하는 소송인 부진정일부취소소송, ③ 형식상으로나 내용상으로 부관부 행정행위의 전체의 취소를 구하거나, 부관의 변경을 청구하고 거부하는 경우 거부처분취소를 구하는 소송이 있을 수 있다.

#### (2) 학 설

1) 모든 부관이 독립쟁송가능하다는 견해

a. 부담과 기타 부관의 쟁송형태가 다르다는 견해 부담은 행정행위이므로 부담만으로도 쟁송의 대상이 될 수 있지만, 그 이외의 부관은 부관부행정행위 전체를 쟁송의 대상으로 하여야

한다는 견해이다. 즉, 부관은 모두 독립쟁송이 가능하지만, 부담은 진정일부취소소송의 형태로, 부담 이외의 부관은 부진정일부취소소송의 형태로 쟁송을 제기해야 한다고 한다.

b. 모든 부관의 쟁송형태가 같다는 견해　　부담이든 다른 부관이든 구별하지 않고 모든 부관은 독립쟁송가능하다는 견해이다. 다만, (다수설은 부담을 행정행위로 보지만) 부담이 행정행위인지에 대해 의문을 가지면서 부관에 대한 쟁송은 모두 부진정일부취소소송의 형태를 취해야 한다고 본다.

2) 분리가능성을 기준으로 하는 견해

① 이 견해는 주된 행정행위와 부관의 분리가능성을 기준으로 독립쟁송가능성을 판단한다. 즉, 주된 행정행위와 분리가능성이 없는 부관은 독립쟁송이 불가능하지만, 주된 행정행위와의 분리가능성이 인정되는 부관이라면 독립쟁송이 가능하다는 견해이다. ② 즉, 주된 행정행위와 분리가능성이 없는 부관은 (진정 또는 부진정 일부취소소송이 아니라) 부관부 행정행위 전체에 대해 쟁송을 제기해야 하고, 분리가능성이 인정되는 부관은 ⓐ 처분성이 인정되는 것은 진정일부취소소송의 형태로, ⓑ 처분성이 인정되지 않는 것은 부진정일부취소소송의 형태로 쟁송을 제기해야 한다고 본다. 그리고 분리가능성의 판단기준은 ⓐ 부관 없이도 주된 행정행위가 적법하게 존속할 수 있을 것과 ⓑ 부관이 없는 주된 행정행위가 공익상의 장애를 발생시키지 않을 것을 든다.

### (3) 판　　례

㈎ 판례는 「행정행위의 부관은 행정행위의 일반적인 효력이나 효과를 제한하기 위하여 의사표시의 주된 내용에 부가되는 종된 의사표시이지 그 자체로서 직접 법적 효과를 발생하는 독립된 처분이 아니므로 현행 행정쟁송제도 아래서는 부관 그 자체만을 독립된 쟁송의 대상으로 할 수 없는 것이 원칙이나 부담의 경우에는 다른 부관과는 달리 행정행위의 불가분적인 요소가 아니고 그 존속이 본체인 행정행위의 존재를 전제로 하는 것일 뿐이므로 부담 그 자체로서 행정쟁송의 대상이 될 수 있다(대판 1992. 1. 21. 91누1264)」라고 하여 부담만 독립쟁송이 가능하다는 입장이다.

㈏ 즉, 판례는 부진정일부취소소송을 인정하지 않기 때문에 부담 이외의 부관에 대해서는 독립쟁송이 불가능하고 부관부 행정행위 전체를 소의 대상으로 하든지 아니면 부관이 없는 처분으로의 변경을 청구한 다음 그것이 거부된 경우에 거부처분취소소송을 제기하여야 한다는 입장이다.

### (4) 검토 및 설문

㈎ 모든 부관이 독립쟁송가능하다는 견해 중 부담과 기타 부관의 쟁송형태가 다르다는 견해가 타당하다. 분리가능성을 기준으로 하는 견해에 대해서는 분리가능성의 문제는 독립'쟁송'가능성(소송 요건)이 아니라 독립'취소'가능성(본안 판단)의 문제라는 비판이 있다. 또한 부진정일부취소소송을 인정하지 않는 판례는 부담 이외의 부관에 대해서는 부관부행정행위 전체를 소의

대상으로 하든지 아니면 부관이 없는 처분으로의 변경을 청구한 다음 그것이 거부된 경우에 거부처분취소소송을 제기해야 하기 때문에 상대방의 권리구제에 문제점이 있다.

(나) 설문의 금전납부부담은 부담이므로 갑은 부담을 대상으로 진정일부취소소송을 제기할 수 있다.

**기출 02** (3) 을의 반려행위에 대한 갑의 취소소송 제기가능성을 검토하시오. 15.

## Ⅲ. 구청장의 반려행위에 대한 취소소송 제기가능성

### 1. 소송요건 일반

(가) 갑의 취소소송은 관할권 있는 법원에(행정소송법 제9조), 원고적격(동법 제12조)과 피고적격(동법 제13조)을 갖추어, 처분 등을 대상으로(동법 제19조), 제소기간 내에(동법 제20조) 제기하고, 그 밖에 권리보호필요성 요건을 갖추고 있어야 한다.

(나) 구청장의 거부행위에 대한 것이므로 대상적격(특히 신청권)과 원고적격이 문제된다.

### 2. 대상적격(구청장의 반려행위가 항고소송의 대상인 거부처분인지 여부)

#### (1) 문 제 점

(가) 취소소송의 대상에 대해 행정소송법 제19조 본문은 "취소소송은 처분등을 대상으로 한다"고 규정하고, 동법 제2조 제1항 제1호는 취소소송의 대상인 '처분등'을 ① 처분인 ⓐ 공권력의 행사, ⓑ 그 거부, ⓒ 그 밖에 이에 준하는 행정작용과 ② 행정심판에 대한 재결이라고 정의하고 있다. 따라서 취소소송의 대상은 적극적인 공권력 행사, 소극적인 공권력 행사인 거부처분, 이에 준하는 행정작용 그리고 행정심판에 대한 재결이 된다.

(나) 설문에서는 소극적 공권력행사(거부처분)가 문제되는데, 먼저 행정행위와 처분의 관계를 검토한 후 구청장의 토지형질변경행위의 변경허가신청거부가 취소소송의 대상인지를 살펴본다.

#### (2) 행정행위와 처분의 관계

1) 문 제 점

행정소송법 제2조 제1항 제1호는 취소소송의 대상인 '처분'을 "행정청이 행하는 구체적 사실에 관한 법집행으로서의 공권력의 행사 또는 그 거부와 그 밖에 이에 준하는 행정작용"이라고 정의하고 있다. 이처럼 행정소송법은 '처분'개념을 광의로 정의(그 밖에 이에 준하는 행정작용)하고 있어 행정소송법상의 처분개념이 강학상 개념인 행정행위와 동일한 것인지에 대해 학설이 대립된다.

2) 학 설

a. 실체법적 (행정행위) 개념설(일원설, 형식적 행정행위 부정설) 행정쟁송법상 처분을 강학상 행정행위와 동일한 것으로 보는 입장이다. 행정소송법 제2조 제1항 제1호는 처분을 '공권력의 행사(또는 그 거부)'와 '이에 준하는 행정작용'이라고 규정하지만 '이에 준하는 행정작용'은 공권력행사에 준하는 행정작용을 말하는 것이며, 쟁송법적 개념설이 처분개념에 포함시키고 있는 비권력적 행정작용에 대한 권리구제수단은 항고소송이 아니라 당사자소송(비권력적 사실행위로 발생한 법률관계를 다투는 당사자소송)이나 법정외소송(일반적 이행소송)을 활용해야 한다는 점을 근거로 한다(김남진·김연태, 류지태·박종수, 박윤흔·정형근, 김성수, 정하중).

b. 쟁송법적 (행정행위) 개념설(이원설, 형식적 행정행위 긍정설) 행정쟁송법상 처분을 강학상 행정행위와는 별개의 것으로 보는 입장이다. 행정소송법 제2조 제1항 제1호는 처분개념에 '공권력의 행사(또는 그 거부)'에 '이에 준하는 행정작용'을 더하고 있기 때문에 현행법상 처분은 강학상 행정행위보다 더 광의의 개념으로 보아야 하며, 다양한 행정작용(특히 비권력적 행정작용)에 대해 항고소송을 인정함으로써 실효적인 권리구제가 가능하다는 점을 근거로 한다(김동희, 박균성).

3) 판 례

판례는 쟁송법적 개념설이 대표적으로 주장하는 비권력적 사실행위에 대해 처분성을 부정하고 있어 기본적으로 실체법적 개념설의 입장이다. 다만, 처분개념이 확대될 여지를 인정한 판결도 있다(행정청의 어떤 행위를 행정처분으로 볼 것이냐의 문제는 … 행정처분이 그 주체, 내용, 절차, 형식에 있어서 어느 정도 성립 내지 효력요건을 충족하느냐에 따라 개별적으로 결정하여야 하며, … 행정청의 행위로 인하여 그 상대방이 입는 불이익 내지 불안이 있는지 여부도 그 당시에 있어서의 법치행정의 정도와 국민의 권리의식 수준 등은 물론 행위에 관련한 당해 행정청의 태도 등도 고려하여 판단하여야 한다(대판 1993. 12. 10. 93누12619)).

4) 검 토

취소소송은 법률관계를 발생시키는 행정작용의 효력을 깨뜨리기 위한 형성소송(행정소송법 제29조 제1항 참조)이므로 취소소송의 대상은 법률관계를 발생시키는 행정행위에 한정하는 실체법적 개념설이 타당하다.

(3) 항고소송의 대상인 거부처분의 요건

1) 공권력행사의 거부일 것(거부의 내용(=신청의 내용)이 공권력 행사일 것)

항고소송의 대상인 거부처분이 되기 위해서는 사인의 공권력행사의 신청에 대한 거부이어야 한다. 즉, 거부의 내용(=신청의 내용)이 ⓐ 행정청(전통적 의미의 행정청뿐만 아니라 합의제기관, 실질적 의미의 처분을 하는 경우 법원이나 국회의 기관, 행정소송법 제2조 제2항의 행정청등 자신의 명의로 처분을 할 수 있는 모든 행정청(기능적 의미의 행정청)을 말한다)이 행하는 행위로 ⓑ 구체적 사실(규율대상이 구체적 — 시간적으로 1회적, 공간적으로 한정 — 이어야 한다)에 대한 ⓒ 법집행행위(입법이 아니라 법의 집행행위라야 한다)이며 ⓓ 공권력행사(행정청이 공법에 근거하여 우월한 지위에서 일방적으로 행사하여야 한다)이어야 한다.

2) 거부로 인하여 국민의 권리나 법적 이익에 직접 영향을 미치는 것일 것

㈎ '국민의 권리나 법적 이익에 직접 영향을 미치는 것일 것(법적 행위일 것)'은 행정소송법 제2조 제1항 제1호에서 명시된 거부처분의 요소는 아니다. 그러나 판례와 전통적인 견해는 적극적 공권력행사와 마찬가지로 취소소송의 본질을 위법한 법률관계를 발생시키는 행정작용의 효력을 소급적으로 제거하는 것으로 이해하기 때문에 행정청의 소극적인 공권력행사의 경우에도 법적 행위를 거부처분의 성립요건으로 보고 있다.

㈏ '법적 행위'란 외부적 행위이며 국민의 권리나 법적 이익과 관련되는 행위를 말한다. 판례도 「토지분할신청에 대한 거부행위는 국민의 권리관계에 영향을 미친다고 할 것이므로 이를 항고소송의 대상이 되는 처분으로 보아야 할 것이다(대판 1993. 3. 23. 91누8968)」라고 본다.

3) 거부처분의 성립에 신청권이 필요한지 여부

a. 문 제 점 거부처분의 성립 요건으로 ① 공권력행사의 거부일 것, ② 거부로 인하여 국민의 권리나 법적 이익에 직접 영향을 미치는 것일 것 외에 ③ 신청권이 필요한지에 대해 학설이 대립한다.

b. 학 설 학설은 ① 부작위의 성립에 (행정청의) 처분의무가 요구되는 것처럼 거부처분의 성립에도 처분의무가 요구된다고 하면서(이러한 행정청의 처분의무에 대응하여 상대방은 '권리'를 가지는데 그 권리를 신청권이라고 본다)(행정소송법 제2조 제1항 제2호 참조) 이러한 신청권을 가진 자의 신청에 대한 거부라야 항고소송의 대상적격이 인정된다는 견해(대상적격설)(박균성), ② 취소소송의 소송물을 '처분의 위법성과 당사자의 권리침해'로 이해하면서 신청권은 소송요건의 문제가 아니라 본안의 문제로 보는 견해(본안요건설)(홍준형), ③ 어떠한 거부행위가 행정소송의 대상이 되는 처분에 해당하는가의 여부는 그 거부된 행위가 행정소송법 제2조 제1항 제1호의 처분에 해당하는가의 여부에 따라 판단하여야 하며 행정소송법 제12조를 고려할 때(법률상 이익(신청권)은 원고적격의 판단기준이다) 신청권은 원고적격의 문제로 보아야 한다는 견해(원고적격설)가 대립된다.

c. 판 례 ㈎ 판례는 잠수기어업불허가처분취소 사건에서 「거부처분의 처분성을 인정하기 위한 전제요건이 되는 신청권의 존부는 구체적 사건에서 신청인이 누구인가를 고려하지 않고 관계 법규의 해석에 의하여 일반 국민에게 그러한 신청권을 인정하고 있는가를 살펴 추상적으로 결정되는 것이고 … 따라서 국민이 어떤 신청을 한 경우에 그 신청의 근거가 된 조항의 해석상 행정발동에 대한 개인의 신청권을 인정하고 있다고 보여지면 그 거부행위는 항고소송의 대상이 되는 처분으로 보아야 할 것(대판 1996. 6. 11. 95누12460)」이라고 하여 거부처분의 성립에 신청권이 필요하다고 본다.

㈏ 그리고 신청권은 신청인이 그 신청에 따른 단순한 응답을 받을 권리를 넘어서 신청의 인용이라는 만족적 결과를 얻을 권리를 의미하는 것은 아니라고 한다(대판 1996. 6. 11. 95누12460).

㈐ 신청권의 근거는 법규상 또는 조리상 인정될 수 있는데, 법규상 신청권이 있는지 여부는 관련법규의 해석에 따라 결정되며, 조리상 신청권 인정 여부는 거부행위에 대해 항고소송 이외의 다른 권리구제수단이 없거나, 행정청의 거부행위로 인해 국민이 수인불가능한 불이익을

입는 경우 조리상의 신청권은 인정될 수 있다고 한다(하명호).

d. 검 토 거부처분의 성립에 신청권이 필요하다는 판례와 대상적격설의 입장은 대상적격과 원고적격의 구분을 무시한 것이고, 신청권(권리)을 대상적격의 요건으로 본다면 행정청의 동일한 행위가 권리(신청권)를 가진 자에게는 대상적격이 인정되고 권리(신청권)를 가지지 못한 자에게는 대상적격이 부정되어 부당한 결론을 가져오게 된다(김유환). 따라서 권리인 신청권은 원고적격의 문제로 보아야 한다.

(4) 설 문

갑이 토지형질변경행위의 변경허가를 신청한 것은 행정청인 구청장이 행하는, 갑이 자신의 토지 위에 건축을 하기 위해 토지의 형질을 변경한다는 사실에 대한 법집행행위로, 공권력행사를 신청한 것이다. 또한, 토지형질변경행위의 변경허가가 거부된다면 건물을 완공할 수 없어 갑은 건축을 할 권리, 재산권 등에 제한을 받을 것이므로 구청장의 변경허가거부행위는 항고소송의 대상인 거부처분이다.

### 3. 원고적격

#### (1) 문제 상황

(가) 취소소송의 원고적격에 대해 행정소송법 제12조 제1문은 '취소소송은 처분 등의 취소를 구할 법률상 이익이 있는 자가 제기할 수 있다'고 규정하는데, 그 "처분등"에는 거부처분이 포함되기 때문에 설문에서 원고적격 여부는 갑이 구청장의 토지형질변경행위의 변경허가거부처분의 취소를 구할 법률상 이익이 있는지에 따라 결정된다.

(나) 일반적 견해는 법률상 이익의 범위(의미)를 취소소송의 본질에 대한 논의를 통해 결정한다.

#### (2) 취소소송의 본질

(가) 학설은 취소소송의 본질(기능)에 관해 ⓐ 취소소송의 목적은 위법한 처분으로 야기된 개인의 권리침해의 회복에 있다는 권리구제설(권리구제설이 말하는 권리는 좁은 의미의 권리이다), ⓑ 위법한 처분으로 (좁은 의미) 권리뿐 아니라 법에 의해 보호되는 이익을 침해당한 자도 처분을 다툴 수 있다는 법률상 보호이익설(통설), ⓒ 처분의 효력을 다투어 이를 부정하는 것이 당사자에게 실질적 이익이 있다면 그것이 법률상 이익이든 사실상의 이익이든 그러한 이익이 침해된 자는 소송을 제기할 수 있다는 보호가치 있는 이익설, ⓓ 취소소송은 개인의 권리구제보다는 처분의 적법성을 유지하는 것이 주된 기능으로 처분의 적법성 확보에 가장 적합한 이익 상태에 있는 자가 원고적격을 갖는다는 적법성보장설이 있다.

(나) 판례는 「행정소송에서 소송의 원고는 행정처분에 의하여 직접 권리를 침해당한 자임을 보통으로 하나 직접 권리의 침해를 받은 자가 아닐지라도 소송을 제기할 법률상의 이익을 가진 자는 그 행정처분의 효력을 다툴 수 있다(대판 1974. 4. 9. 73누173)」고 하여 법률상 보호이익설의 입장이다.

㈐ 취소소송은 주관적 소송이므로 적법성보장설은 타당하지 않으며, 행정소송법 제12조가 취소소송은 법률상 이익이 있는 자가 제기할 수 있다고 규정하기 때문에 법률상 보호이익설이 타당하다.

⑶ 법률상 이익이 있는 자의 분석

1) 법률상 이익에서 '법률(법규)'의 범위

a. 학 설 일반적인 견해는 처분의 근거법규의 규정과 취지, 관련법규의 규정과 취지 외에 헌법상 기본권 규정도 고려해야 한다는 입장이다.

b. 판 례 ㈎ 판례는 기본적으로 당해 처분의 근거가 되는 법규가 보호하는 이익만을 법률상 이익으로 본다(대판 1989. 5. 23. 88누8135).

㈏ 최근에는 폐기물처리시설입지결정사건에서 근거법규 외에 관련법규까지 고려하여 법률상 이익을 판단하고 있다(대판 2005. 5. 12. 2004두14229).

㈐ 하지만 헌법상의 기본권 및 기본원리를 법률상 이익의 해석에서 일반적으로 고려하지는 않는다. 다만, ⓐ 대법원은 접견허가거부처분사건에서 '접견권'을(대판 1992. 5. 8. 91누7552), ⓑ 헌법재판소는 국세청장의 납세병마개제조자지정처분과 관련된 헌법소원사건에서 '경쟁의 자유'를(헌재 1998. 4. 30. 97헌마141) 기본권이지만 법률상 이익으로 인정(또는 고려)하였다고 일반적으로 해석한다.

c. 검 토 취소소송은 법률상 보호이익의 구제를 목적으로 하는 소송(법률상 보호이익설)이기 때문에 처분의 근거법규의 규정과 취지, 관련법규의 규정과 취지 외에 기본권 규정도 고려해야 한다는 일반적인 견해가 타당하다.

2) '이익이 있는'의 의미

㈎ 판례는 법률상의 이익이란 당해 처분등의 근거가 되는 법규에 의하여 보호되는 개별적·직접적이고 구체적인 이익을 말하고, 단지 간접적이거나 사실적·경제적인 이해관계를 가지는 데 불과한 경우에는 행정소송을 제기할 법률상의 이익이 아니라고 본다(대판 1992. 12. 8. 91누13700).

㈏ 그리고 법률상 이익에 대한 침해 또는 침해 우려가 있어야 원고적격이 인정된다(대판 2006. 3. 16. 2006두330).

3) '자'의 범위

㈎ 법률상 이익의 주체에는 자연인, 법인, 법인격 없는 단체, 다수인(행정소송법 제15조 참조)도 가능하다.

㈏ 행정주체가 아닌 행정기관은 항고소송을 제기할 원고적격이 인정되지 않는다. 그러나 대법원은 경기도선거관리위원회 위원장이 국민권익위원회를 상대로 불이익처분원상회복등요구처분취소를 구한 사건에서 경기도선관위원장은 비록 국가기관이지만 원고적격을 가진다고 보았다(대판 2013. 7. 25. 2011두1214).

### (4) 설 문

㈎ 국토의 계획 및 이용에 관한 법률 제56조 제1항 제2호(① 다음 각 호의 어느 하나에 해당하는 행위로서 대통령령으로 정하는 행위를 하려는 자는 특별시장·광역시장·특별자치시장·특별자치도지사·시장 또는 군수의 허가를 받아야 한다. 2. 토지의 형질 변경)는 토지형질변경허가에 대한 것을 규정하고 있으나 토지형질변경을 허가받은 후 이 허가를 다시 변경하는 것에 대한 신청(변경신청)이나 허가(변경허가)에 관한 규정을 두고 있지 않아 갑의 이익을 보호하는 법규가 없어 원고적격은 부정될 것이다(물론 기본권 규정을 근거로 이를 긍정하는 견해도 가능하다).

㈏ 판례도 「처분청이 처분 후에 원래의 처분을 그대로 존속시킬 필요가 없게 된 사정변경이 생겼거나 중대한 공익상의 필요가 발생한 경우에는 … 이를 철회·변경할 수 있지만 이는 그러한 철회·변경의 권한을 처분청에게 부여하는 데 그치는 것일 뿐 상대방 등에게 그 철회·변경을 요구할 신청권까지를 부여하는 것은 아니라 할 것이므로, 이와 같이 법규상 또는 조리상의 신청권이 없이 한 국민들의 토지형질변경행위 변경허가신청을 반려한 당해 반려처분은 항고소송의 대상이 되는 처분에 해당되지 않는다(대판 1997. 9. 12. 96누6219)」라고 하여 부정적이다.

## 4. 소 결

을의 거부행위는 항고소송의 대상인 처분이나 갑에게 원고적격이 인정되지 않아 취소소송의 제기는 불가능할 것이다.

〈제2문〉

A시의 의회는 시민들의 문화예술공간을 확보한다는 명분으로 과도한 예산을 들여 대규모 문화예술회관을 건립하기로 의결하였다. 그러나 이 사업의 실상은 차기 지방선거와 국회의원 총선거를 대비한 선심성 사업에 지나지 않는 것이었다. 이에 감독기관인 B는 의회의 의결이 현저히 공익에 반한다는 이유로 A시의 시장으로 하여금 의회에 재의결을 요구하도록 지시하였다. 그러나 A시의 시장은 위와 같은 감독기관의 재의요구지시를 묵살한 채 이 사업을 시행하려고 한다.

(1) 감독기관인 B가 이 사업을 제지할 방안에 대해서 검토하시오. 15.

(2) 만약 A시의 시장이 B의 지시를 수용하여 재의를 요구하였으나 의회가 동일한 내용으로 재의결한 경우 이 사업을 제지할 방안에 대해서 검토하시오. 15.

[제52회 행정고시(2008년)]

기출 03 (1) 감독기관인 B가 이 사업을 제지할 방안에 대해서 검토하시오. 15

# Ⅰ. 감독기관의 사업 제지 방안

## 1. 문제 상황

감독기관이 해당 사업을 제지할 방안으로 문화예술회관건립에 대한 의회의 의결만 있는 경우와 그러한 의회 의결에 근거하여 시장의 구체적인 명령이나 처분이 있는 경우 제지 방안을 나누어 살펴본다. 전자에서는 지방자치법 제172조 제7항이 문제되고, 후자에서는 동법 제169조 등이 문제된다.

## 2. 문화예술회관건립에 대한 의회의 의결만 있는 경우

### (1) 재의요구명령

지방의회의 의결이 법령에 위반되거나 공익을 현저히 해친다고 판단되면 시·도에 대하여는 주무부장관이, 시·군 및 자치구에 대하여는 시·도지사가 재의를 요구하게 할 수 있다(재의요구명령)(지방자치법 제172조 제1항 제1문). 감독청의 재의요구명령의 대상에는 제한이 없어 조례안의 의결도 그 대상이 된다.

### (2) 재의요구와 불응

1) 재의요구

지방자치법에서 인정되고 있는 재의요구의 유형으로는 지방자치법 제26조 제3항과 제172조 제1항이 있다. 그러나 제172조 제1항의 경우는 다른 유형들과는 달리 자율적인 지방의회에 대한 통제수단이 아니라 감독청의 재의요구명령에 따라 재의요구를 한다는 점에서 국가 등(감독청)의 지방의회에 대한 통제수단으로 기능한다.

2) 재의요구에 불응하는 경우

㈎ ⓐ 지방의회의 의결이 법령에 위반된다고 판단되어 감독청이 재의요구지시를 하였음에도 당해 지방자치단체의 장이 재의를 요구하지 않거나 ⓑ 법령에 위반되는 지방의회의 의결사항이 조례안인 경우로서 재의요구지시를 받기 전에 그 조례안을 공포한 경우에는, 감독청은 대법원에 직접 제소 및 집행정지결정을 신청할 수 있다(지방자치법 제172조 제7항).

㈏ 이 규정에 따른 소송은 통상의 기관소송이 아니라 지방자치법이 인정한 특수한 소송이다.

### (3) 설 문

㈎ 감독기관은 A시의 시장을 상대로 재의요구할 것을 명할 수 있고, 재의요구명령이 있다면 시장은 재의를 요구하여야 한다.

㈏ 시장이 감독기관의 재의요구에 불응하거나 재의요구지시를 받기 전에 공포한 경우는 지방자치법 제172조 제7항에 따라 감독기관은 대법원에 직접 제소하거나 집행정지결정을 신청할

수 있다.

## 3. 의회 의결에 근거하여 시장의 구체적인 명령이나 처분이 있는 경우

### (1) 시정명령·취소정지

1) 의 의

시정명령(취소·정지)권이란 지방자치단체의 사무에 관한 단체장의 명령이나 처분이 위법하거나 부당한 경우 감독청이 시정을 명하고, 정해진 기간 내에 이행하지 않는 경우 취소·정지하는 사후적인 감독수단이다(지방자치법 제169조 제1항).

2) 시정명령의 행사요건

a. 주체와 상대방　시·도에 대하여는 주무부장관이, 시·군 및 자치구에 대하여는 시·도지사가 시정을 명한다.

b. 대 상　① 시정명령은 지방자치단체의 사무를 대상으로 한다. 지방자치단체의 사무에는 자치사무와 단체위임사무가 있으므로 자치사무와 단체위임사무가 시정명령의 대상이 된다. ② 그리고 지방자치단체의 사무에 관한 단체장의 명령이나 처분을 대상으로 한다. 명령이란 일반추상적인 입법(예: 규칙)을 말하고, 처분이란 개별구체적인 행위(예: 행정행위)를 말한다.

c. 사 유　단체장의 명령이나 처분이 위법하여야 한다. 다만, 단체위임사무의 경우 위법한 경우 외에 현저히 부당하여 공익을 해치는 경우도 포함된다.

d. 형 식　감독청은 적합한 이행기간을 정하여 서면으로 시정을 명령한다.

3) 설 문

지방자치법 제9조 제2항 제5호(교육·체육·문화·예술의 진흥에 관한 사무)를 고려할 때 시민들의 문화예술공간을 확보하기 위한 문화예술회관 건립을 위한 사무는 자치사무에 해당한다. 따라서 의회 의결에 따른 시장의 위법한 명령이나 처분이 있었다면 감독기관은 시장에 대해 적합한 이행기간을 정하여 서면으로 시정명령할 수 있다.

4) 시정명령의 불이행시 조치 —— 취소·정지

감독기관의 시정명령을 시장이 정해진 기간 내에 이행하지 않는 경우 감독기관은 시장의 명령이나 처분을 취소·정지할 수 있다.

### (2) 기타 수단

감독기관의 조언·권고·지원·자료제출요구 및 보고·감사 등은 간접적인 사업제지 방안이 될 수 있다.

1) 조언·권고·지원·자료제출요구

감독기관은 A시의 사무에 관하여 조언 또는 권고하거나 지도할 수 있으며, 이를 위하여 필요하면 A시에 자료의 제출을 요구할 수 있다(지방자치법 제166조).

2) 보고·감사

감독기관은 A시의 자치사무에 관하여 보고를 받거나 서류·장부 또는 회계를 감사할 수 있다(지방자치법 제171조 제1항).

기출 03 (2) 만약 A시의 시장이 B의 지시를 수용하여 재의를 요구하였으나 의회가 동일한 내용으로 재의결한 경우 이 사업을 제지할 방안에 대해서 검토하시오. 15.

## Ⅱ. 재의결이 있는 경우 사업의 제지 방안

### 1. 문제 상황

위법 또는 부당한 재의결에 대한 통제는 해당 지방자치단체의 단체장에 의한 경우와 감독청에 의한 경우로 나눌 수 있고, 각각 행정적 방법으로서의 '재의요구'와 사법적 방법으로서의 '소송제기·집행정지신청'이 있다. 설문은 재의결을 한 경우이므로 사법적 통제가 특히 문제된다.

### 2. 단체장의 제소·집행정지신청

(가) 지방자치단체의 장은 재의결된 사항(조례안에 대한 재의결을 포함)이 법령에 위반된다고 판단되면 재의결된 날부터 20일 이내에 대법원에 소를 제기할 수 있고, 이 경우 필요하다고 인정되면 그 의결의 집행을 정지하게 하는 집행정지결정을 신청할 수 있다(지방자치법 제172조 제3항).

(나) 지방자치법 제107조 제3항의 요건과 제172조 제3항의 제소요건이 동일하기에 위법한 재의결에 대해 단체장이 의회를 상대로 대법원에 제기하는 소송은 기관소송이라는 견해가 다수설이다.

### 3. 감독청의 제소지시·단체장의 제소

(가) 감독청은 재의결된 사항이 법령에 위반된다고 판단됨에도 불구하고 해당 지방자치단체의 장이 소송을 제기하지 아니하면 그 지방자치단체의 장에게 지방자치법 제172조 제3항의 기간(재의결된 날로부터 20일)이 지난 날로부터 7일 이내에 제소를 지시할 수 있고, 제소지시를 받은 지방자치단체장은 제소지시를 받은 날부터 7일 이내에 제소하여야 한다(지방자치법 제172조 제4항·제5항).

(나) 이 소송의 성질에 대해 ⓐ 감독청의 제소를 지방자치단체장이 대신하는 것이라 하여 특수한 소송으로 보는 견해가 있으나 ⓑ 감독청의 제소지시는 후견적인 것에 불과하고 해당 소송의 원고는 지방자치단체장이며, 동 소송은 지방자치법 제107조 제3항 및 제172조 제3항의 소송과 제소요건이 동일하므로 제107조 제3항의 소송을 기관소송으로 보는 한 제4항·제5항 소송도 기관소송으로 보는 견해가 타당하다(기관소송설, 다수견해).

### 4. 감독청의 직접제소·집행정지 신청

㈎ 감독청은 지방의회가 재의결한 사항이 법령에 위반된다고 판단됨에도 불구하고 감독청의 제소지시를 받은 날로부터 7일이 지나도록 해당 지방자치단체의 장이 소송을 제기하지 아니하면 7일 이내에 직접제소 및 집행정지결정을 신청할 수 있다(지방자치법 제172조 제4항·제6항).

㈏ 이러한 소송을 ⓐ 기관소송으로 보는 견해(상이한 법주체 간의 기관 상호 간에도 기관소송이 가능하기 때문에(비한정설) 해당 소송을 기관소송으로 본다)와 ⓑ 항고소송으로 보는 견해(감독청이 지방의회를 상대로 제기하는 일종의 불복소송으로 본다), ⓒ 특수한 규범통제소송으로 보는 견해(감독청의 조례에 대한 제소를 조례에 대한 추상적 규범통제로 본다)(설문은 조례의결에 대한 것이 아니므로 이 학설은 문제되지 않는다)가 있으나, ⓓ 지방자치법이 인정한 특수한 소송으로 보는 견해가 타당하다(류지태).

### 5. 설　　문

시장은 해당 재의결이 법령에 위반된다고 판단되면 재의결된 날부터 20일 이내에 대법원에 소를 제기하거나 집행정지결정을 신청할 수 있다(지방자치법 제172조 제3항). 그리고 시장이 제소를 하지 않은 경우 감독기관은 시장에게 재의결이 위법함을 이유로 제소지시를 할 수 있고 이 경우 시장은 제소지시를 받은 날로부터 7일 이내에 제소하여야 한다. 만일 제소지시를 받고서도 시장이 7일 이내에 제소를 하지 않은 경우 감독기관은 그로부터 7일 이내에 직접 제소 및 집행정지결정을 신청할 수 있다(지방자치법 제172조 제4항·제5항·제6항).

기출 04 〈제1문〉

갑은 LPG 충전사업허가를 신청하였다. 이에 대하여 을시장은 인근 주민들의 반대여론이 있고 갑의 사업장이 교통량이 많은 대로변에 있어서 교통사고시 위험이 초래될 수 있다는 이유로 사업허가를 거부하였다. 한편, 을시장은 병이 신청한 LPG충전사업에 대하여 허가를 하였다. 관련 법령에 의하면 을시장의 관할구역에는 1개소의 LPG 충전사업만이 가능하고, 충전소의 외벽으로부터 100m 이내에 있는 건물주의 동의를 받도록 되어 있다. 그런데 병은 이에 해당하는 건물주로부터 동의를 얻지 아니한 채 위의 허가신청을 하였다.

(1) 을시장의 병에 대한 허가처분에 대하여 갑은 취소소송을 제기할 수 있는가? 30.

(2) 만약 병이 처분이 내려진 후에 인근 주민의 동의를 받았다면 위의 허가처분에 대한 하자는 치유되는 것인가? 20.

[제52회 행정고시(2008년)]

**기출 04** (1) 을시장의 병에 대한 허가처분에 대하여 갑은 취소소송을 제기할 수 있는가? 30.

# Ⅰ. 병에 대한 허가처분에 대한 갑의 취소소송의 제기 가능성

## 1. 소송요건 일반

(가) 갑의 취소소송은 관할권 있는 법원에(행정소송법 제9조), 원고적격(동법 제12조)과 피고적격을 갖추어(동법 제13조), 처분 등을 대상으로(동법 제19조), 제소기간 내에(동법 제20조) 제기하고, 그 밖에 권리보호필요성 요건을 갖추고 있어야 한다.

(나) 설문은 대상적격, 원고적격, 협의의 소익 등이 문제된다.

## 2. 대상적격

LPG충전사업허가는 행정청인 을 시장이 병에게 충전사업을 하게 한다는 사실에 대한 법집행행위로서 공권력행사이며, 국민의 권리·의무에 직접 영향을 주는 법적행위로 항고소송의 대상인 처분이다.

## 3. 원고적격

### (1) 문제 상황

(가) 원고적격이란 행정소송에서 원고가 될 수 있는 자격을 말한다. 취소소송의 원고적격에 대해 행정소송법 제12조 제1문은 '취소소송은 처분등의 취소를 구할 법률상 이익이 있는 자가 제기할 수 있다'고 규정한다.

(나) 충전사업허가처분의 상대방은 병인데 이를 처분의 직접상대방이 아닌 갑이 병에게 발령된 처분을 다툴 수 있는 원고적격이 있는지가 문제된다.

(다) 일반적 견해는 법률상 이익의 범위(의미)를 취소소송의 본질에 대한 논의를 통해 결정한다.

### (2) 취소소송의 본질

(가) 학설은 취소소송의 본질(기능)에 관해 ⓐ 취소소송의 목적은 위법한 처분으로 야기된 개인의 권리침해의 회복에 있다는 권리구제설(권리구제설이 말하는 권리는 좁은 의미의 권리이다), ⓑ 위법한 처분으로 (좁은 의미) 권리뿐 아니라 법에 의해 보호되는 이익을 침해당한 자도 처분을 다툴 수 있다는 법률상 보호이익설(통설), ⓒ 처분의 효력을 다투어 이를 부정하는 것이 당사자에게 실질적 이익이 있다면 그것이 법률상 이익이든 사실상의 이익이든 그러한 이익이 침해된 자는 소송을 제기할 수 있다는 보호가치 있는 이익설, ⓓ 취소소송은 개인의 권리구제보다는 처분의 적법성을 유지하는 것이 주된 기능으로 처분의 적법성 확보에 가장 적합한 이익 상태에 있는 자가 원고적격을 갖는다는 적법성보장설이 있다.

(나) 판례는「행정소송에서 소송의 원고는 행정처분에 의하여 직접 권리를 침해당한 자임을

보통으로 하나 직접 권리의 침해를 받은 자가 아닐지라도 소송을 제기할 법률상의 이익을 가진 자는 그 행정처분의 효력을 다툴 수 있다(대판 1974. 4. 9. 73누173)」고 하여 법률상 보호이익설의 입장이다.

㈐ 취소소송은 주관적 소송이므로 적법성보장설은 타당하지 않으며, 행정소송법 제12조가 취소소송은 법률상 이익이 있는 자가 제기할 수 있다고 규정하기 때문에 법률상 보호이익설이 타당하다.

(3) 법률상 이익이 있는 자의 분석

1) 법률상 이익에서 '법률(법규)'의 범위

a. 학 설 일반적인 견해는 처분의 근거법규의 규정과 취지, 관련법규의 규정과 취지 외에 헌법상 기본권 규정도 고려해야 한다는 입장이다.

b. 판 례 ㈎ 판례는 기본적으로 당해 처분의 근거가 되는 법규가 보호하는 이익만을 법률상 이익으로 본다(대판 1989. 5. 23. 88누8135).

㈏ 최근에는 폐기물처리시설입지결정사건에서 근거법규 외에 관련법규까지 고려하여 법률상 이익을 판단하고 있다(대판 2005. 5. 12. 2004두14229).

㈐ 하지만 헌법상의 기본권 및 기본원리를 법률상 이익의 해석에서 일반적으로 고려하지는 않는다. 다만, ⓐ 대법원은 접견허가거부처분사건에서 '접견권'을(대판 1992. 5. 8. 91누7552), ⓑ 헌법재판소는 국세청장의 납세병마개제조자지정처분과 관련된 헌법소원사건에서 '경쟁의 자유'를(헌재 1998. 4. 30. 97헌마141) 기본권이지만 법률상 이익으로 인정(또는 고려)하였다고 일반적으로 해석한다.

c. 검 토 취소소송은 법률상 보호이익의 구제를 목적으로 하는 소송(법률상 보호이익설)이기 때문에 처분의 근거법규의 규정과 취지, 관련법규의 규정과 취지 외에 기본권 규정도 고려해야 한다는 일반적인 견해가 타당하다.

2) '이익이 있는'의 의미

㈎ 판례는 법률상의 이익이란 당해 처분등의 근거가 되는 법규에 의하여 보호되는 개별적·직접적이고 구체적인 이익을 말하고, 단지 간접적이거나 사실적·경제적인 이해관계를 가지는 데 불과한 경우에는 행정소송을 제기할 법률상의 이익이 아니라고 본다(대판 1992. 12. 8. 91누13700).

㈏ 그리고 법률상 이익에 대한 침해 또는 침해 우려가 있어야 원고적격이 인정된다(대판 2006. 3. 16. 2006두330).

3) '자'의 범위

㈎ 법률상 이익의 주체에는 자연인, 법인, 법인격 없는 단체, 다수인(행정소송법 제15조 참조)도 가능하다.

㈏ 행정주체가 아닌 행정기관은 항고소송을 제기할 원고적격이 인정되지 않는다. 그러나 대법원은 경기도선거관리위원회 위원장이 국민권익위원회를 상대로 불이익처분원상회복등요구처분취소를 구한 사건에서 경기도선관위원장은 비록 국가기관이지만 원고적격을 가진다고 보았

다(대판 2013. 7. 25. 2011두1214).

(4) 소 결

㈎ 관련 법령은 관할구역에 1개의 충전사업만을 허가하도록 하고, 시장은 갑의 신청을 반려한 반면 병에게 이를 허가하였기에 갑과 병은 경원자(競願者)관계이다.

㈏ 경원자소송이란 일방에 대한 면허나 인·허가 등의 행정처분이 타방에 대한 불면허·불인가·불허가 등으로 귀결될 수밖에 없는 경우에 불허가 등으로 인한 자기의 법률상의 이익을 침해당한 자가 타인의 면허 등을 다투는 소송을 말한다. 일반적인 견해와 판례는 당해 법령(근거법령 또는 관련법령)이 경원자관계를 예정하고 있다면 그 법령은 허가 등의 처분을 받지 못한 자의 이익을 보호하는 것으로 본다(대판 1992. 5. 8. 91누13274 등).

㈐ 따라서 갑은 시장의 병에 대한 충전사업허가처분을 다툴 법률상 이익이 인정된다.

## 4. 협의의 소익

(1) 의 의

원고의 재판청구에 대하여 법원이 판단을 행할 구체적 실익 내지 필요성을 말하며, '소의 객관적 이익' 또는 '권리보호의 필요'라고도 한다.

(2) 소의 이익이 부인되는 경우

㈎ 취소소송에서 대상적격과 원고적격이 인정된다면 협의의 소익은 일반적으로는 긍정된다. 그러나 ⓐ 보다 간이한 방법이 있는 경우, ⓑ 원고가 추구하는 권리보호가 오로지 이론상으로만 의미 있는 경우, ⓒ 소권남용금지에 해당하는 경우에는 협의의 소익은 부정된다.

㈏ 경원자소송에서 처분이 취소되더라도 불허가 등을 받은 자의 신청이 인용될 가능성이 명백히 없는 경우에는 협의의 소익은 부정된다(ⓑ나 ⓒ에 해당한다).

㈐ 판례도 「구체적인 경우에 있어서 그 처분이 취소된다 하더라도 허가 등의 처분을 받지 못한 불이익이 회복된다고 볼 수 없을 때에는 당해 처분의 취소를 구할 정당한 이익이 없다고 할 것이다. … 이 사건 처분이 취소된다면 원고가 허가를 받을 수 있는 지위에 있음에 비추어 처분의 취소를 구할 정당한 이익도 있다고 하여야 할 것이다(대판 1992. 5. 8. 91누13274)」라고 하여 같은 입장이다.

(3) 설 문

갑에 대한 충전사업허가에 반대여론이 있다거나 교통사고위험이 있다는 사정은 갑의 신청이 인용될 가능성을 명백히 배제하는 것은 아니기에 갑의 취소소송은 협의의 소익이 인정된다.

## 5. 소 결

취소소송의 소송요건을 모두 구비하고 있기 때문에 을시장의 병에 대한 허가처분에 대하여 갑은 취소소송을 제기할 수 있다.

기출 04 (2) 만약 병이 처분이 내려진 후에 인근 주민의 동의를 받았다면 위의 허가처분에 대한 하자는 치유되는 것인가? 20.

## Ⅱ. 하자치유의 가능성

### 1. 문제 상황

LPG 충전사업허가를 받으려면 충전소의 외벽으로부터 100m 이내에 있는 건물주의 동의를 받도록 되어 있음에도 병은 이를 이행하지 않고 해당 사업허가를 신청하였음에도 시장은 사업을 허가하였다면 이 허가는 하자가 있다. 그럼에도 사후에 병이 주민의 동의를 받았다면 충전사업허가의 하자가 치유되는지가 문제된다.

### 2. 하자의 치유의 의의

행정행위가 발령 당시에 위법한 것이라고 하여도 사후에 흠결을 보완하게 되면 적법한 행위로 취급하는 것을 말한다.

### 3. 인정 여부

#### (1) 학 설

ⓐ 행정의 능률성의 확보 등을 이유로 광범위하게 허용된다는 긍정설, ⓑ 법치주의 및 행정결정의 신중성 확보와 자의배제 등을 이유로 행정절차를 강조하여 하자의 치유가 원칙적으로 허용되지 아니한다는 부정설, ⓒ 국민의 방어권보장을 침해하지 않는 범위 안에서 제한적으로만 허용된다는 제한적 긍정설(통설)이 있다.

#### (2) 판 례

판례는 「하자 있는 행정행위의 치유는 행정행위의 성질이나 법치주의의 관점에서 볼 때 원칙적으로 허용될 수 없는 것이고, 예외적으로 행정행위의 무용한 반복을 피하고 당사자의 법적 안정성을 위해 이를 허용하는 때에도 국민의 권리나 이익을 침해하지 않는 범위에서 구체적 사정에 따라 합목적적으로 인정하여야 한다(대판 2002. 7. 9. 2001두10684)」고 하여 제한적 긍정설의 입장이다.

#### (3) 검 토

법치주의의 관점에서는 하자 있는 행정행위의 치유는 부정함이 타당하지만 행정의 능률성을 고려할 때 제한적 긍정설이 타당하다.

## 4. 하자 치유의 적용범위

### (1) 무효인 행정행위의 치유 여부

전통적 견해와 판례는 하자의 치유는 취소할 수 있는 행위에만 인정되며(대판 1989. 12. 12. 88누8869), 무효인 행위는 언제나 무효이어서 종국적 성질을 가지므로 치유가 인정되지 않는다고 한다(무효와 취소의 구별의 상대화를 이유로 무효인 행위에 대해 하자의 치유를 인정하는 견해도 있다).

### (2) 내용상 하자의 치유 여부

절차와 형식상의 하자 외에 내용상의 하자도 치유가 가능하다는 견해도 있으나, 행정의 법률적합성의 원칙을 고려할 때 내용상 하자의 치유는 불가능하다는 견해가 타당하다. 판례도 부정한다(대판 1991. 5. 28. 90누1359).

## 5. 하자 치유의 요건(사유)

하자의 치유를 인정하기 위해서는 '흠결된 요건의 사후 보완'이 있어야 한다. 또한 요건의 보완행위는 보완행위를 할 수 있는 적법한 권한자에 의해 이루어져야 한다.

## 6. 하자 치유의 한계(제한적 긍정설)

### (1) 실체적 한계

하자의 치유는 법치주의의 관점에서 보아 원칙적으로는 허용될 수 없지만, 국민의 권리와 이익을 침해하지 않는 범위에서 예외적으로 인정되어야 한다.

### (2) 시간적 한계

1) 학　　설

치유의 시기와 관련하여 ⓐ 쟁송제기이후에 하자의 치유를 인정하면 당사자의 법적 안정성과 예측가능성을 침해할 수 있으므로 하자의 치유는 쟁송제기이전에 있어야 한다는 견해(쟁송제기이전시설)와 ⓑ 쟁송제기이후에 하자의 치유를 인정해도 처분의 상대방의 권리구제에 장애를 초래하지 않는 경우가 있을 수 있으므로 소송경제를 고려하여 쟁송제기이후에도 치유가 가능하다는 견해(쟁송종결시설)가 대립된다.

2) 판　　례

판례는 「치유를 허용하려면 늦어도 과세처분에 대한 불복 여부의 결정 및 불복신청에 편의를 줄 수 있는 상당한 기간 내에 하여야 한다고 할 것(대판 1983. 7. 26. 82누420)」이라고 하고 있어 행정쟁송제기이전까지만 가능하다는 것이 판례의 입장이라고 판단된다.

3) 검　　토

(특히 청문·이유제시 등 절차나 형식상의 하자의 경우) 당사자에게 불복 여부 결정 및 불복신청에 편의를 줄 수 있도록 하자의 치유는 쟁송제기이전에 있어야 한다는 견해가 타당하다(하명호).

## 7. 소 결

㈎ ⓐ 건물주의 동의가 없었다는 사정은 명백하기는 하지만 적법요건에 대한 중대한 하자는 아니기에 취소사유이며, ⓑ 관련법령에 건물주의 동의를 받도록 되어 있어 있는 개별법에 규정된 절차이며, ⓒ 인근주민의 사후동의가 있었기에 보완행위는 존재하며, ⓓ 판례에 따라 쟁송제기이전이면 시간적 한계도 문제되지 않는다. ⓔ 다만, 실체적 한계가 문제된다.

㈏ 만일 병에 대한 하자 있는 충전사업허가에 대한 치유를 인정하면 경원자인 갑의 권리나 이익이 침해될 수 있어 이를 인정할 수 없다.

㈐ 판례도 설문과 동일한 사안에서 「건물주의 동의를 받아야 하는 것임에도 그 동의가 없으니 … 이 사건 처분은 위법하다고 한 다음, 이 사건 처분 후 위 각 건물주로부터 동의를 받았으니 이 사건 처분의 하자는 치유되었다는 주장에 대하여는, … 이 사건에 있어서는 원고의 적법한 허가신청이 참가인들의 신청과 경합되어 있어 이 사건 처분의 치유를 허용한다면 원고에게 불이익하게 되므로 이를 허용할 수 없다(대판 1992. 5. 8. 91누13274)」라고 하여 치유를 부정하였다.

기출 05 〈제1문〉

갑은 교육공무원법 제11조의3 및 교육공무원임용령 제5조의2 제1항에 의하여 국립 A대학교 소속 단과대학 조교수로 4년의 기간을 정하여 임용되었다. 갑은 임용기간이 만료되기 4개월 전 임용기간의 만료 사실과 재임용 심사를 신청할 수 있음을 임용권자로부터 서면으로 통지받았다. 이에 따라 갑은 재임용 심사를 신청하였으나 임용권자는 국립 A대학교 본부인사위원회의 심의를 거쳐 "첫째, 피심사자 갑의 연구실적이 「국립 A대학교 교원인사규정」상의 재임용 최소요건은 충족하지만 지도학생에 대한 면담을 실시하지 않는 등 학생지도실적이 미흡하다. 둘째, 갑이 국립 A대학교 총장의 비리와 관련된 기사를 신문에 게재하여 교원으로서의 품위 및 학교의 명예를 크게 손상시켰다"라는 이유로 사전통지를 하지 아니한 채 갑에게 임용기간 만료 2개월 전에 재임용 탈락의 통지를 하였다.

한편, 국립 A대학교 총장이 교육공무원법 제11조의3 제5항 및 교육공무원임용령 제5조의2 제3항에 따라 제정한 「국립 A대학교 교원인사규정」에 의하면 교육공무원법 제11조의3 제5항 각 호에서 규정하고 있는 사항 이외에 "교원으로서의 품위 및 학교 명예에 관한 사항"을 재임용 심사항목으로 규정하고 있다.

(1) 재임용 심사의 세부적인 기준을 정한 「국립 A대학교 교원인사규정」의 법적 성질과 그 효력은? 10.

(2) 갑에 대한 재임용 탈락 통지의 법적 성질은? 10.

(3) 임용권자가 행한 갑에 대한 재임용 탈락 통지는 적법한가? 15.

(4) 재임용 탈락 통지에 대한 갑의 행정쟁송상 권리구제 수단은? 15.

[제50회 사법시험(2008년)]

참조조문

교육공무원법

제11조의3(계약제 임용등) ① 대학의 교원은 대통령령이 정하는 바에 의하여 근무기간·급여·근무조건, 업적 및 성과약정 등 계약조건을 정하여 임용할 수 있다.

② 제1항의 규정에 의하여 임용된 교원의 임용권자는 당해 교원의 임용기간이 만료되는 때에는 임용기간 만료일 4월 전까지 임용기간이 만료된다는 사실과 재임용 심의를 신청할 수 있음을 당해 교원에게 통지(문서에 의한 통지를 말한다. 이하 이 조에서 같다)하여야 한다.

④ 제3항의 규정에 의한 재임용 심의를 신청받은 임용권자는 대학인사위원회의 재임용 심의를 거쳐 당해 교원에 대한 재임용 여부를 결정하고 그 사실을 임용기간 만료일 2월 전까지 당해 교원에게 통지하여야 한다. 이 경우 당해 교원을 재임용하지 아니하기로 결정한 때에는 재임용하지 아니하겠다는 의사와 재임용 거부사유를 명시하여 통지하여야 한다.

⑤ 대학인사위원회가 제4항의 규정에 의하여 당해 교원에 대한 재임용 여부를 심의함에 있어서는 다음 각호의 사항에 관한 평가 등 객관적인 사유로서 학칙이 정하는 사유에 근거하여야 한다. 이 경우 심의과정에서 15일 이상의 기간을 정하여 당해 교원에게 지정된 기일에 대학인사위원회에 출석하여 의견을 진술하거나 서면에 의한 의견제출의 기회를 주어야 한다.

1. 학생교육에 관한 사항

2. 학문연구에 관한 사항
3. 학생지도에 관한 사항

**교육공무원임용령**

제5조의2(대학교원의 계약제 임용 등) ① 법 제11조의3의 규정에 의한 대학교원의 임용은 다음 각 호의 범위안에서 계약조건을 정하여 행한다.

4. 업적 및 성과

연구실적·논문지도·진로상담 및 학생지도 등에 관한 사항

5.~6. 〈생략〉 재계약 조건 및 절차

③ 대학의 장은 대학인사위원회의 심의를 거쳐 제1항의 규정에 의한 계약조건에 관한 세부적인 기준을 정한다.

**기출 05** (1) 재임용 심사의 세부적인 기준을 정한 「국립 A대학교 교원인사규정」의 법적 성질과 그 효력은? 10.

# Ⅰ. 교원인사규정의 법적 성질 및 그 효력

## 1. 문제 상황

국립 A대학교 교원인사규정은 그 형식이 행정규칙이지만 설문에서 총장은 해당 규정을 교육공무원법 제11조의3 제5항 및 교육공무원임용령 제5조의2 제3항에 따라 제정하였기 때문에 교원인사규정의 법적 성질과 그에 따른 효력이 문제된다.

## 2. 교원인사규정의 법적 성질

### (1) 문 제 점

행정기관은 상위법령의 위임이 없이도 행정조직 내부를 규율하기 위해 행정규칙을 자율적으로 제정할 수 있는데, 만일 고시·훈령 등 행정규칙을 상위법령의 위임에 따라 제정하였다면 헌법 제75조·제95조와의 관계(헌법 제75조와 제95조는 법규명령의 형식을 대통령령, 총리령, 부령으로 규정하고 있다)에서 이러한 고시·훈령의 법적 성질이 무엇인지가 문제된다.

### (2) 학 설

ⓐ 헌법 제75조·제95조의 법규명령의 형식은 예시적이기 때문에 상위법령을 보충·구체화하는 기능이 있는 고시 등은 법규명령이라는 견해, ⓑ 행정규칙이지만 대외적 구속력을 인정하는 규범구체화 행정규칙으로 보자는 견해(규범구체화 행정규칙이란 입법기관이 대상의 전문성을 이유로 세부사항을 행정기관에게 권한을 위임한 경우 행정기관이 당해 규범을 구체화하는 내용의 행정규칙을 말한다), ⓒ 상위법령의 위임이 있다면 형식이 고시 등임에도 불구하고 법규명령으로 보는 수권 여부를 기준으로 하는 견해, ⓓ 헌법 제75조·제95조가 법규명령의 형식을 한정하고 있으므로 고시 등을 법규명령으로 인정하는 것은 위헌무효라는 견해, ⓔ 대통령령·총리령·부령을 법규명령으로 인정하는 것은 국회입법원칙(헌법 제40조)의 예외로 엄격하게 제한되어야 하므로 헌법상 명문으로 인정되지 않는 고시 등은 행정규칙이라는 견해가 대립된다.

### (3) 판 례

㈎ 대법원은 '소득세법시행령에 근거한 국세청훈령인 재산제세사무처리규정'의 법규성을 인정한 이래 행정규칙형식의 법규명령에 대해 그 성질을 법규명령으로 보면서 대외적 효력을 인정하고 있다(대판 1987. 9. 29. 86누484). 다만, ⓐ 상위법령의 위임(수권)이 있어야 하고, ⓑ 상위법령의 내용을 보충·구체화하는 기능을 가져야 한다고 본다. 또한 ⓒ 행정규칙형식의 법규명령도 법규명령이므로 상위법령의 위임의 한계를 벗어나지 않는다면, ⓓ 상위법령과 결합하여 대외적 효력이 인정된다고 본다.

(나) 헌법재판소도 '공무원임용령 제35조의2의 위임에 따라 제정된 대우공무원선발에 관한 총무처 예규와 관련된 헌법소원사건'에서 대법원과 동일한 입장을 취하였다(헌재 1992. 6. 26. 91헌마25).

#### (4) 검 토

(가) 행정규칙의 형식이지만 법규명령의 효력을 인정한다면 다양한 행정환경에 효율적으로 대응할 수 있으며, 내용상 상위법령의 구체적 위임에 근거하여 제정되는 것이고 실질적으로 법령을 보충하는 기능을 한다는 면에서 행정규칙형식의 법규명령은 법규명령으로 보는 것이 타당하다.

(나) 행정규제기본법 제4조 제2항 본문은 '행정규제법정주의'를 규정하면서 단서에서 '다만, 법령에서 전문적·기술적 사항이나 경미한 사항으로서 업무의 성질상 위임이 불가피한 사항에 관하여 구체적으로 범위를 정하여 위임한 경우에는 고시 등으로 정할 수 있다'고 하고 있는데, 법규명령설은 이 조항이 행정규칙형식의 법규명령의 법리를 명문으로 인정한 것으로 본다.

#### (5) 설 문

설문의 교원인사규정은 교육공무원법 제11조의3 제5항 및 교육공무원임용령 제5조의2 제3항에 따라 제정되어 상위법령의 위임을 받아 제정된 것이며, 상위법령을 보충·구체화하고 있다. 또한 상위법령의 위임의 한계를 벗어난 사정도 보이지 않는다. 따라서 상위법령과 결합하여 법규명령의 성질을 갖는다.

### 3. 교원인사규정의 효력

국립 A대학교 교원인사규정은 법규명령으로서 상위법령과 결합하여 대외적 효력을 가진다. 즉 국민을 구속하는 규범으로서의 성질을 가지는 법규이다.

**기출 05** (2) 갑에 대한 재임용 탈락 통지의 법적 성질은? 10.

## Ⅱ. 재임용 탈락 통지의 법적 성질

### 1. 재임용 탈락 통지가 항고소송의 대상인 거부처분인지 여부

#### (1) 항고소송의 대상인 거부처분의 성립요건

대법원은 항고소송의 대상인 거부처분이 되기 위해서는 ① 신청의 내용이 공권력행사 등일 것, ② 거부로 인하여 국민의 권리나 법적 이익에 직접 영향을 미치는 것일 것, ③ 그리고 행정청에 대하여 신청에 따른 처분을 해줄 것을 요구할 수 있는 법규상·조리상의 신청권이 있어야 한다는 입장이다(대판 1984. 10. 23. 84누227). 신청권에 관한 판례의 입장에 대해서는 찬성하는 견해와 반대하는 견해가 대립된다.

(2) 설 문

(가) 설문의 재임용 탈락 통지는 ① 행정청인 임용권자가 갑의 재임용이라는 사실에 대해 교육공무원법령의 집행행위로 공권력행사(재임용)의 거부이며, ② 재임용에 탈락된다면 공무담임권이 제한되기 때문에 재임용 탈락 통지는 당사자의 권리의무에 직접 영향을 미치는 행위이다. ③ 또한 판례에 따른다고 하더라도 갑은 교육공무원법령에 따라 법규상 신청권을 가지는 자이므로 임용권자의 재임용 탈락 통지는 항고소송의 대상인 거부처분이다.

(나) 판례도 「기간제로 임용되어 임용기간이 만료된 국·공립대학의 조교수는 교원으로서의 능력과 자질에 관하여 합리적인 기준에 의한 공정한 심사를 받아 위 기준에 부합되면 특별한 사정이 없는 한 재임용되리라는 기대를 가지고 재임용 여부에 관하여 합리적인 기준에 의한 공정한 심사를 요구할 법규상 또는 조리상 신청권을 가진다고 할 것이니, 임용권자가 임용기간이 만료된 조교수에 대하여 재임용을 거부하는 취지로 한 임용기간만료의 통지는 위와 같은 대학교원의 법률관계에 영향을 주는 것으로서 행정소송의 대상이 되는 처분에 해당한다고 할 것이다(대판(전원) 2004. 4. 22. 2000두7735)」라고 하여 재임용신청에 대한 임용기간만료통지를 거부처분으로 보면서, 임용기간이 만료된 국·공립대학 조교수는 재임용 여부에 대해 공정한 심사를 요구할 법규상·조리상 신청권을 가진다고 보았다.

## 2. 재임용 탈락 통지의 재량성

(1) 학 설

재량행위와 기속행위의 구별기준에 대해 ⓐ 효과재량설, ⓑ 종합설, ⓒ 기본권기준설 등이 대립한다.

(2) 판 례

판례는 ① 관련법령에 대한 종합적인 판단을 전제로 하면서, ② 효과재량설을 기준으로 활용하거나 ③ 공익성을 구별기준으로 들기도 한다. 아래에서는 판례에 따른다.

(3) 설 문

판례는 「대학교수 등의 임용여부는 임용권자가 교육법상 대학교수 등에게 요구되는 고도의 전문적인 학식과 교수능력 및 인격 등의 사정을 고려하여 합목적적으로 판단할 자유재량에 속하는 것(대판 1998. 1. 23. 96누12641)」이라고 하여 재량행위로 본다.

기출 05 (3) 임용권자가 행한 갑에 대한 재임용 탈락 통지는 적법한가? 15.

## Ⅲ. 재임용 탈락 통지의 적법성

### 1. 내용상의 위법

#### (1) 재임용 탈락 통지의 법률요건의 문제

설문에서 임용권자가 재임용 탈락 통지의 이유로 든 것은 ① 지도학생에 대한 면담을 실시하지 않는 등 학생지도실적이 미흡하다는 것과 ② 총장비리관련 기사를 신문에 게재한 것이다. 첫째 사유는 교육공무원법 제11조의3 제5항 제3호에 해당하며, 두 번째 사유는 인사규정에 포함된 '교원으로서의 품위 및 학교 명예에 관한 사항'으로 볼 수 있다. 따라서 해당 이유가 사실이라면 요건포섭에는 문제가 없다.

#### (2) 재임용 탈락 통지의 재량권 일탈·남용의 문제(법률효과의 문제)

재임용 탈락 통지는 재량행위이므로, 설문의 임용권자의 재임용 탈락 통지가 비례원칙에 위반되지 않는지가 문제된다.

1) 의의, 내용

(가) 행정의 목적과 그 목적을 실현하기 위한 구체적인 수단간에 적정한 비례관계가 있어야 한다는 원칙이다.

(나) 비례원칙은 ⓐ 행정목적과 목적달성을 위해 동원되는 수단간에 객관적 관련성이 있어야 한다는 적합성의 원칙(전혀 부적합한 수단은 현실적으로 인정되기 어려워 통상 이 원칙은 충족된다), ⓑ 여러 적합한 수단 가운데 최소 침해를 가져오는 것이 선택되어야 한다는 필요성의 원칙(최소침해의 원칙), ⓒ 행정목적달성을 위한 적합하고 필요한 수단이라고 하더라도 이러한 수단을 통해 달성하려는 공익과 수단으로 인한 사익침해가 합리적인 비례관계를 이루어야 한다는 상당성의 원칙(협의의 비례원칙)으로 이루어져 있으며, 이 3가지 원칙은 단계구조를 이룬다.

2) 설 문

갑이 지도학생에 대한 면담을 실시하지 않는 등 학생지도실적이 미흡하였다는 것과 총장비리관련 기사를 신문에 게재한 것이 사실이라면 재임용 탈락 통지는 국립대학교원으로서의 품위, 국립대학교수에 대한 일반 국민과 국립대학 학생들의 신뢰, 효율적인 국립대학 운영이라는 면에서 사회통념상 현저히 타당성을 잃었다고 볼 만한 특별한 사정이 있다고 보기 어렵다. 따라서 비례원칙에 위반되는 처분으로 볼 수 없다.

## 2. 절차상의 위법

### ⑴ 행정절차법 제21조 위반 여부

1) 행정절차법 제21조 처분의 사전통지의 요건

㈎ 행정절차법 제21조는 행정청이 ⓐ 의무를 부과하거나 권익을 제한하는 ⓑ 처분을 하는 경우, ⓒ 예외사유에 해당하지 않는다면(제4항) 사전통지가 필요하다고 한다.

㈏ 설문은 ⓑ 거부'처분'이며 ⓒ 제21조 제4항 각호의 예외사유에 해당하는 사유도 존재하지 않기에, ⓐ 요건만 문제된다.

2) 거부처분에 사전통지가 필요한지 여부

a. 문 제 점 조세부과처분이나 영업허가의 취소와 같은 적극적 침익적 처분은 '당사자에게 의무를 부과하거나 권익을 제한하는 처분'에 해당함에 문제가 없으나, 설문과 같이 수익적인 처분을 신청한 것에 대한 거부처분도 의무를 부과하거나 권익을 제한하는 불이익처분에 포함될 것인지가 문제된다.

b. 학 설

(ⅰ) 불 요 설 처분의 사전통지는 의무부과와 권익을 제한하는 경우에만 적용되므로 수익적인 행위나 수익적 행위의 거부의 경우는 적용이 없고, 거부처분의 경우 신청과정에서 행정청과 협의를 계속하고 있는 상태이므로 사전통지를 요하지 않는다고 한다.

(ⅱ) 필 요 설 당사자가 신청을 한 경우 신청에 따라 긍정적인 처분이 이루어질 것을 기대하고 거부처분을 기대하지는 않으므로 거부처분은 당사자의 권익을 제한하는 처분에 해당하며, 따라서 거부처분의 경우에도 사전통지가 필요하다고 한다.

(ⅲ) 중간설(절충설) 원칙적으로 거부처분은 사전통지의 대상이 되지 않지만, 신청인이 신청서에 기재하지 않은 사실을 근거로 거부하거나 신청서에 기재한 사실을 인정할 수 없다는 이유로 거부하거나 신청인이 자료를 제출하지 않았다는 이유로 거부하는 등의 경우에는 신청인의 예측가능성을 보호하기 위해 예외적으로 사전통지절차가 필요하다고 본다(최계영).

c. 판 례 판례는「행정절차법 제21조 제1항은 행정청은 당사자에게 의무를 과하거나 권익을 제한하는 처분을 하는 경우에는 … 당사자 등에게 통지하도록 하고 있는바, <u>신청에 따른 처분이 이루어지지 아니한 경우에는 아직 당사자에게 권익이 부과되지 아니하였으므로</u> 특별한 사정이 없는 한 신청에 대한 거부처분이라고 하더라도 <u>직접 당사자의 권익을 제한하는 것은 아니어서</u> 신청에 대한 <u>거부처분을 여기에서 말하는 '당사자의 권익을 제한하는 처분'에 해당한다고 할 수 없는 것</u>이어서 처분의 사전통지대상이 된다고 할 수 없다(대판 2003. 11. 28. 2003두674)」고 본다.

d. 검토 및 설문 ㈎ 거부처분은 당사자의 권익을 제한하거나 의무를 부과하는 처분으로 볼 수 없어 사전통지의 대상이 되지 않는다는 견해가 타당하다.

㈏ 따라서 임용권자는 갑에게 재임용거부처분을 사전에 통지할 필요가 없다. 다만 필요설

에 따르면 사전통지를 하지 않고 한 재임용 탈락 통지는 행정절차법 제21조 제1항에 위반되어 절차상 하자의 독자적 위법사유 여부가 문제될 수 있다.

(2) 절차상 하자의 독자적 위법사유 여부

1) 문 제 점

절차상 하자의 효과에 관한 명문의 규정이 있는 경우(국가공무원법 제13조)라면 문제가 없으나, 절차상 하자의 효과에 관한 명문의 규정이 없는 경우 특히 그 행정행위가 기속행위인 경우 행정절차를 거치지 아니한 경우라고 하여도 그 내용은 행정절차를 거친 경우와 동일한 것일 수 있기 때문에 절차상의 하자가 독자적인 위법사유인지가 문제된다.

2) 학 설

a. 소 극 설 절차규정이란 적정한 행정결정을 확보하기 위한 수단에 불과하며, 절차상의 하자만을 이유로 취소하는 것은 행정능률 및 소송경제에 반한다는 점을 근거로 절차상 하자는 독자적인 위법사유가 될 수 없다고 본다.

b. 적 극 설 소극설을 취하는 경우에는 절차적 규제가 유명무실해질 우려가 있어 행정절차의 실효성 확보를 위해 적극설이 타당하고, 법원이 절차상 하자를 이유로 취소한 후 행정청이 적법한 절차를 거쳐 다시 처분을 하는 경우 재량행위뿐 아니라 기속행위의 경우에도 처분의 발령에 이르기까지의 사실판단이나 요건 판단을 달리하여 당초 처분과 다른 내용의 결정에 이를 수 있기 때문에 반드시 동일한 내용의 처분을 반복한다고 말할 수 없다는 점을 근거로 절차상 하자는 독자적인 위법사유가 될 수 있다고 본다(다수설).

c. 절 충 설 기속행위와 재량행위를 나누어 재량행위는 절차의 하자가 존재할 때 위법해지지만, 기속행위는 내용상 하자가 존재하지 않는 한 절차상 하자만으로 행정행위가 위법해지지 않는다고 본다. 기속행위의 경우 법원이 절차상 하자를 이유로 취소하더라도 행정청은 절차상 하자를 보완하여 동일한 내용으로 다시 처분을 할 수 있으므로 행정능률에 반한다는 점을 근거로 한다.

3) 판 례

대법원은 재량행위·기속행위를 불문하고 절차상 하자는 독자적인 위법사유가 될 수 있다는 입장이다(대판 1991. 7. 9. 91누971).

4) 검토 및 설문

(가) 행정의 법률적합성원칙에 따라 행정작용은 실체상뿐만 아니라 절차상으로도 적법하여야 하며, 취소소송 등의 기속력이 절차의 위법을 이유로 하는 경우에 준용된다는 점(행정소송법 제30조 제3항) 등에 비추어 적극설이 타당하다.

(나) 임용권자는 갑에게 재임용거부처분을 사전에 통지하여야 한다는 적극설에 따르고, 절차상하자의 독자적 위법성을 인정하는 견해에 따른다면 재임용 탈락 통지는 위법할 수 있다.

### 3. 소　　결

임용권자의 재임용 탈락 통지는 내용상으로도 절차상으로도 적법하다.

**기출 05** (4) 재임용 탈락 통지에 대한 갑의 행정쟁송상 권리구제 수단은? 15.

## Ⅳ. 재임용 탈락 통지에 대한 행정쟁송상 구제수단

### 1. 교원소청심사청구

㈎ 교육공무원법에 따라 갑은 교원소청심사위원회에 심사를 청구할 수 있다(교육공무원법 제11조의3 제6항 "재임용이 거부된 교원이 재임용 거부처분에 불복하려는 경우에는 그 처분이 있음을 안 날부터 30일 이내에 「교원지위향상을 위한 특별법」 제7조에 따른 교원소청심사위원회에 심사를 청구할 수 있다").

㈏ 다만, 행정소송을 제기하려면 교원소청심사를 필요적으로 전치하여야 한다(국가공무원법 제16조 제1항 "제75조에 따른 처분, 그 밖에 본인의 의사에 반한 불리한 처분이나 부작위(不作爲)에 관한 행정소송은 소청심사위원회의 심사·결정을 거치지 아니하면 제기할 수 없다" 교육공무원법 제53조 제1항 "「국가공무원법」 제16조 제1항을 교육공무원(공립대학에 근무하는 교육공무원은 제외한다. 이하 이 조에서 같다)인 교원에게 적용할 때 같은 항의 '소청심사위원회'는 '교원소청심사위원회'로 본다").

### 2. 거부처분취소소송(무효확인소송)과 집행정지

#### (1) 거부처분취소소송(무효확인소송도 가능하나 취소소송 중심으로 서술한다)

재임용 탈락 통지는 항고소송의 대상이 되는 거부처분이고, 갑은 공무담임권 등의 권리를 침해당한 자이므로 거부처분취소소송을 제기하면 될 것이다.

#### (2) 거부처분에 대한 집행정지의 인정 여부

1) 문 제 점

집행정지가 인용되려면 처분등이 존재해야 하지만, 거부처분취소소송에서 집행정지신청이 가능한지에 대해 학설이 대립된다. 즉, 집행정지제도는 소극적으로 처분이 없었던 것과 같은 상태를 만드는 효력은 있으나(소극적 형성력. 예: ○ → ×), 행정청에 대하여 어떠한 처분을 명하는 등 적극적인 상태를 만드는 효력(적극적 형성력. 예: × → ○)은 인정되지 않기 때문에 거부처분에 집행정지가 인정될 수 있는지가 문제된다.

2) 학　　설

a. 부 정 설　　이 견해는 거부처분에 집행정지를 인정한다고 하여도 신청인의 지위는 거부처분이 없는 상태(사인의 신청만 있는 상태)로 돌아가는 것에 불과하며 처분이 인용된 것과 같은 상태를 만들지는 못하기 때문에 신청인에게 집행정지를 신청할 이익이 없고, 행정소송법 제23

조 제6항은 집행정지결정의 기속력과 관련하여 기속력에 관한 원칙규정인 행정소송법 제30조 제1항만을 준용할 뿐 재처분의무를 규정한 제30조 제2항을 준용하고 있지 아니함을 근거로 한다.

b. 제한적 긍정설 원칙적으로 부정설이 타당하지만, 예를 들어 기간에 제한이 있는 허가사업을 영위하는 자가 허가기간의 만료전 갱신허가를 신청하였음에도 권한행정청이 거부한 경우에는 집행정지를 인정할 실익도 있기 때문에 이러한 경우에는 제한적으로 긍정할 필요가 있다는 견해이다.

3) 판 례

판례는 거부처분은 그 효력이 정지되더라도 그 (거부)처분이 없었던 것과 같은 상태를 만드는 것에 지나지 아니하고 행정청에게 어떠한 처분을 명하는 등 적극적인 상태를 만들어 내는 경우를 포함하지 아니하기에 거부처분의 집행정지를 인정할 필요가 없다고 본다(대판 1992. 2. 13. 91두47). 이에 따라 접견허가거부처분(대결 1991. 5. 2. 91두15), 투전기영업허가갱신거부처분(대결 1992. 2. 13. 91두47) 등의 집행정지신청을 모두 부적법하다고 보았다(부정).

4) 검 토

거부처분의 집행정지에 의하여 거부처분이 행해지지 아니한 상태(신청만 있는 상태)가 된다면 신청인에게 법적 이익이 인정될 수 있고, 그러한 경우에는 예외적으로 집행정지신청의 이익이 있다고 할 것이다. 따라서 제한적 긍정설이 타당하다.

5) 설 문

설문의 재임용거부처분은 — 인·허가갱신거부처분과 성질이 유사하므로 — 집행정지결정에 의하여 재임용거부처분 전의 상태가 됨에 따라 갑에게 어떠한 법적 이익이 인정되는 경우에 해당한다(제한적 긍정설이 말하는 예외적인 경우에 해당한다). 따라서 행정소송법 제23조 집행정지의 다른 요건을 충족한다면 갑의 집행정지신청은 인용될 것이다.

### 3. 당사자소송

행정소송법 제3조 제2호(행정청의 처분 등을 원인으로 하는 법률관계에 관한 소송 그 밖에 공법상의 법률관계에 관한 소송으로서 그 법률관계의 한쪽 당사자를 피고로 하는 소송)에 따라 갑은 교원지위존재확인소송을 제기할 수도 있다(소송요건의 구비나 인용가능성은 별개의 문제이다).

### 4. 국가배상청구소송

판례에 따르면 국가배상청구소송은 민사소송에 의할 것이나, 다수설은 이를 공법상 당사자소송으로 보기 때문에, 다수설의 입장에 따르고 임용권자의 고의·과실, 위법성이 인정된다면 갑은 국가배상을 청구할 수도 있다.

### 5. 결과제거청구

만일 임용권자의 재임용거부처분으로 인해 갑의 명예나 경제적 신용이 훼손된 경우 갑은 결과제거청구권의 한 내용으로서 헌법상의 법치행정원리(헌법 제107조), 기본권(자유권) 규정(헌법 제10조, 제23조), 행정소송법 규정(행정소송법 제10조, 제30조), 민법의 관련규정(민법 제764조)을 유추적용하여 명예회복에 적당한 처분을 법원에 구할 수 있다. 학설은 이를 공법상 당사자소송으로 본다(따라서 결과제거청구권의 행사를 당사자소송에 포함시키는 것도 가능하다).

### 6. 의무이행소송과 가처분

#### (1) 의무이행소송의 인정 여부

(가) 의무이행소송이란 사인의 신청에 대해 행정청의 위법한 거부나 부작위가 있는 경우 당해 행정행위의 발령을 구하는 이행소송을 말한다.

(나) 학설은 긍정설, 부정설, 제한적 긍정설이 대립한다.

(다) 판례는 현행법상 규정이 없다는 이유로 부정한다(대판 1997. 9. 30. 97누3200).

#### (2) 가처분의 인정 여부

(가) 가처분이란 다툼이 있는 법률관계에 관하여 잠정적으로 임시의 지위를 보전하는 것을 내용으로 하는 가구제제도이다(행정소송법 제8조 제2항, 민사집행법 제300조 참조).

(나) 가처분의 인정여부에 관해 긍정설, 부정설, 제한적 긍정설이 대립하지만, 판례는 부정한다.

(다) 판례는 민사집행법상의 보전처분은 민사판결절차에 의하여 보호받을 수 있는 권리에 관한 것이라고 보기 때문에 행정소송에 가처분을 인정하지 아니한다(대결 1992. 7. 6. 92마54).

#### (3) 설 문

의무이행소송과 가처분을 인정하는 견해에 따른다면 갑은 재임용거부처분에 대해 의무이행소송을 제기하면서 잠정적 처분을 요구하는 가처분을 신청할 수 있다.

기출 06 〈제1문〉

경기도의회는 경제위기를 극복하기 위하여 해외자본과 중국에서 철수하는 국내 자본을 적극적으로 유치하고 고용을 증진시킬 목적으로 「수도권정비계획법」 제7조에 반하여 대규모의 공업지역을 안성시에 신설함을 내용으로 하는 "안성국제산업단지조례"(이하 'A조례'라 한다)를 제정하였다. 경기도지사는 A조례에 근거하여 "안성국제산업단지" 개발사업자를 공모하였다. 그 결과 H건설이 사업자로 선정되었다. 경기도지사는 H건설에 대하여 "안성공업단지 개발사업"을 허가하였다.

(1) 경기도의회는 기존 경기도 공업지역 총면적을 증가시킴에도 불구하고 "지방자치단체로서의 자치입법권"이 있음을 이유로 A조례의 제정을 강행하였다. A조례의 효력에 관하여 논술하시오. 15.

(2) 주무부장관은 A조례가 위법하다고 판단하였다. 주무부장관이 A조례에 대하여 취할 수 있는 조치를 설명하시오. 10.

(3) 주무부장관은 경기도지사가 H건설에 대하여 행한 "안성국제산업단지 개발사업허가"를 취소할 것을 요구하였으나 불응하자, 청문을 실시하지 아니하고 직접 이를 취소하였다. 주무부장관이 행한 이 허가취소처분에 대하여 경기도지사와 H건설이 취할 수 있는 쟁송수단을 설명하고 그 승소가능성을 논하시오. 25.

[제25회 입법고시(2009년)]

참조조문

수도권정비계획법

제7조(과밀억제권역의 행위 제한) ① 관계 행정기관의 장은 과밀억제권역에서 다음 각 호의 행위나 그 허가·인가·승인 또는 협의 등(이하 "허가등"이라 한다)을 하여서는 아니 된다.

1. 대통령령으로 정하는 학교, 공공 청사, 연수 시설, 그 밖의 인구집중유발시설의 신설 또는 증설(용도변경을 포함하며, 학교의 증설은 입학 정원의 증원을 말한다. 이하 같다)
2. 공업지역의 지정

② 관계 행정기관의 장은 국민경제의 발전과 공공복리의 증진을 위하여 필요하다고 인정하면 제1항에도 불구하고 다음 각 호의 행위나 그 허가등을 할 수 있다.

1. 대통령령으로 정하는 학교 또는 공공 청사의 신설 또는 증설
2. 서울특별시·광역시·도(이하 "시·도"라 한다)별 기존 공업지역의 총면적을 증가시키지 아니하는 범위에서의 공업지역 지정. 다만, 국토해양부장관이 수도권정비위원회의 심의를 거쳐 지정하거나 허가등을 하는 경우에만 해당한다.

**기출 06** (1) 경기도의회는 기존 경기도 공업지역 총면적을 증가시킴에도 불구하고 "지방자치단체로서의 자치입법권"이 있음을 이유로 A조례의 제정을 강행하였다. A조례의 효력에 관하여 논술하시오. 15.

# Ⅰ. A조례의 효력

## 1. 문제 상황

(가) 조례가 적법·유효하게 효력을 발생하려면 지방의회가 일정한 절차와 공포요건을 갖추어(지방자치법 제26조) 감독청에 보고해야 한다(지방자치법 제28조). 뿐만 아니라 내용상의 적법요건으로 조례제정 대상인 사무에 대하여만 제정할 수 있다는 사항적 한계를 준수하여야 하고, 법률유보의 원칙과 법률우위의 원칙에 반하여서는 아니 된다. 설문의 경우 절차와 공포, 보고요건은 문제되지 않으므로 내용상의 적법요건만을 검토한다(지방자치법 제22조).

(나) 지방자치법 제22조는 "지방자치단체는 법령의 범위 안에서 그 사무에 관하여 조례를 제정할 수 있다. 다만, 주민의 권리 제한 또는 의무 부과에 관한 사항이나 벌칙을 정할 때에는 법률의 위임이 있어야 한다"고 규정한다. 즉 ① 그 사무에 대해 조례를 제정할 수 있으며(조례제정 대상인 사무), ② 일정한 경우 법률의 위임이 있어야 하고(법률유보의 원칙), ③ 법령의 범위에서만 제정할 수 있다(법률우위의 원칙).

## 2. 조례제정사항인 사무

### (1) 지방자치법 제22조와 제9조 제1항

지방자치법 제22조 본문은 "지방자치단체는 법령의 범위 안에서 '그 사무'에 관하여 조례를 제정할 수 있다"고 규정하고 있으며, 제9조 제1항은 "지방자치단체는 관할 구역의 '자치사무와 법령에 따라 지방자치단체에 속하는 사무'를 처리한다"고 하므로 조례로 제정할 수 있는 사무는 자치사무와 단체위임사무이며 기관위임사무는 제외된다. 다만 예외적으로 법령이 기관위임사무를 조례로 정하도록 규정한다면 기관위임사무도 조례로 정할 수는 있다(대판 1999. 9. 17. 99추30).

### (2) 자치사무와 (기관)위임사무의 구별

ⓐ 먼저 입법자의 의사에 따라 법률의 규정형식과 취지를 고려하여 판단하고, ⓑ 불분명하다면 전국적·통일적 처리가 요구되는 사무인지 여부, 경비부담, 책임귀속주체 등도 고려한다. ⓒ 그리고 지방자치법 제9조 제2항(지방자치단체사무의 예시)이 판단기준이 된다. ⓓ 만일 그래도 불분명하다면 지방자치단체사무의 포괄성의 원칙에 따라 자치단체사무로 추정한다.

### (3) 설　　문

설문에서는 명문의 법률규정이 제시되어 있지 않다. 그러나 국내 자본 유치와 고용증진을 위한 공업지역신설이 전국적·통일적 처리가 요구되는 사무는 아니며, 지방자치법 제9조 제2항 제3호(농림·상공업 등 산업 진흥에 관한 사무)와 제4호(지역개발과 주민의 생활환경시설의 설치·관리에 관한 사무)를 고려할 때, 설문의 사무는 경기도의 자치사무로 조례제정이 가능한 사무이다.

### 3. 법률유보의 원칙

#### (1) 지방자치법 제22조 단서의 위헌 여부

1) 문 제 점

헌법 제117조 제1항은 "지방자치단체는 … 법령의 범위 안에서 자치에 관한 규정을 제정할 수 있다"고 하여 형식적으로만 본다면 법률우위원칙만을 규정하고 있다. 그러나 지방자치법 제22조는 본문에서 조례는 법률우위원칙을, 단서에서 법률유보원칙을 준수해야 함을 규정하고 있다. 따라서 지방자치법 제22조 단서가 헌법상 인정된 지방의회의 포괄적 자치권을 제한하는 위헌적인 규정이 아닌지에 대해 학설의 대립이 있다.

2) 학 설

ⓐ 위헌설(지방자치법 제22조 단서는 헌법이 부여하는 지방자치단체의 자치입법권(조례제정권)을 지나치게 제약하고 있으며, 지방자치단체의 포괄적 자치권과 전권한성의 원칙에 비추어 위헌이라는 입장이다)과 ⓑ 합헌설(헌법 제117조 제1항에 법률유보에 대한 명시적 규정이 없더라도 지방자치법 제22조 단서는 헌법 제37조 제2항(국민의 모든 자유와 권리는 국가안전보장·질서유지 또는 공공복리를 위하여 필요한 경우에 한하여 법률로써 제한할 수 있으며…)에 따른 것이므로 합헌이라는 입장이다)(다수설)이 대립한다.

3) 판 례

대법원은 지방자치법 제15조(현행 제22조)는 기본권 제한에 대하여 법률유보원칙을 선언한 헌법 제37조 제2항의 취지에 부합하기 때문에 합헌이라고 본다(대판 1995. 5. 12. 94추28).

4) 검 토

지방자치법 제22조 단서는 헌법 제37조 제2항에 따른 확인적인 규정에 불과하며, 조례제정에 법적 근거가 필요하다는 내용을 법률에 직접 규정할 것인지는 입법정책적인 사항이므로 합헌설이 타당하다.

#### (2) 지방자치법 제22조 단서의 적용

1) 법률유보가 필요한 경우

지방자치법 제22조 단서는 조례가 ⓐ 주민의 권리제한 또는 ⓑ 의무부과에 관한 사항이나 ⓒ 벌칙을 정할 때에만 법률의 위임이 필요하다고 한다. 따라서 수익적인 내용의 조례나 수익적 내용도 침익적 내용도 아닌 조례(비침익적인 조례)는 법률의 근거를 요하지 않는다.

2) 법률유보의 정도(포괄적 위임의 가능성)

조례는 지방의회가 지역적 민주적 정당성을 가지고 있고 헌법이 포괄적인 자치권을 보장하고 있는 점에 비추어 포괄적인 위임으로 족하다는 다수설과 판례(대판 1991. 8. 27. 90누6613)(헌재 1995. 4. 20. 92헌마264·279)가 타당하다.

(3) 설 문

A조례는 주민의 권리제한, 의무부과, 벌칙과는 관련이 없기에 법률에 근거가 없어도 조례 제정이 가능하다.

### 4. 법률우위의 원칙

(1) 헌법과 법률규정

헌법 제117조 제1항(지방자치단체는 주민의 복리에 관한 사무를 처리하고 재산을 관리하며, 법령의 범위안에서 자치에 관한 규정을 제정할 수 있다), 지방자치법 제22조 본문(지방자치단체는 법령의 범위 안에서 그 사무에 관하여 조례를 제정할 수 있다) · 제24조(시·군 및 자치구의 조례나 규칙은 시·도의 조례나 규칙을 위반하여서는 아니 된다)는 조례에도 법률우위원칙은 당연히 적용된다고 한다. 여기서 말하는 법률은 지방자치법, 지방재정법, 지방공무원법을 포함한 모든 개별법령과 행정법의 일반원칙을 말한다.

(2) 법률우위원칙 위반 여부 판단

1) 조례규정사항과 관련된 법령의 규정이 없는 경우(양자의 입법목적이 다른 경우도 포함)

조례규정사항과 관련된 법령의 규정이 없거나 조례와 법령의 입법목적이 다른 경우는 일반적으로 지방자치법 제22조 단서의 법률유보의 원칙에 반하지 않는 한 조례로서 규정할 수 있다. 다만, 행정법의 일반원칙에 위반됨은 없어야 한다.

2) 조례규정사항과 관련된 법령의 규정이 있는 경우

a. 조례내용이 법령의 규정보다 더 침익적인 경우 헌법 제117조 제1항과 지방자치법 제22조 본문에 비추어 법령의 규정보다 더욱 침익적인 조례는 법률우위원칙에 위반되어 위법하며 무효이다. 판례도 수원시의회가 재의결한 법령상 자동차등록기준보다 더 엄격한 기준을 정한 차고지확보조례안에 대한 무효확인사건에서 같은 입장이다(대판 1997. 4. 25. 96추251).

b. 조례내용이 법령의 규정보다 더 수익적인 경우(수익도 침익도 아닌 경우도 포함) ① 조례의 내용이 수익적(또는 수익도 침익도 아닌 경우)이라고 할지라도 성문의 법령에 위반되어서는 아니 된다는 것이 일반적인 입장이다. 다만, 판례와 일반적 견해는 조례가 성문의 법령에 위반된다고 하더라도 국가법령의 취지가 지방자치단체의 실정에 맞도록 별도 규율을 용인하려는 것이라면 국가법령보다 더 수익적인 조례 또는 법령과 다른 별도 규율내용을 담은 조례의 적법성을 인정하고 있다(대판 1997. 4. 25, 96추244)(침익적 조례의 경우는 이러한 법리가 인정되지 않고 성문의 법령보다 더 침익적인 조례는 무효이다). ② 이 경우도 지방자치법 제122조, 지방재정법 제3조 등의 건전재정운영의 원칙과 행정법의 일반원칙에 위반되어서는 아니 된다.

(3) 설 문

㈎ A조례의 내용이 기존 경기도 공업지역 총면적을 증가시킨다는 것을 포함하는데 이러한 사정이 수도권정비계획법에 비해 더 수익적인지(수익도 침익도 아닌 경우도 포함하여) 침익적인지는

불분명하다.

㈏ A조례가 수익적인 조례라고 할지라도 동조례는 수도권정비계획법 제7조에 위반되어 위법하다. 그리고 수도권정비계획법의 목적(수도권 정비에 관한 종합적인 계획의 수립과 시행에 필요한 사항을 정함으로써 수도권에 과도하게 집중된 인구와 산업을 적정하게 배치하도록 유도하여 수도권을 질서 있게 정비하고 균형 있게 발전시키는 것)에 비추어 볼 때 동법의 취지를 각 지방자치단체의 실정에 맞도록 별도 규율을 용인하려는 것으로는 보기 어렵다.

㈐ 따라서 A조례는 법률우위원칙에 위반되는 위법한 조례이다.

**기출 06** (2) 주무부장관은 A조례가 위법하다고 판단하였다. 주무부장관이 A조례에 대하여 취할 수 있는 조치를 설명하시오. 10.

## Ⅱ. 주무부장관이 위법한 A조례(안)에 대해 취할 수 있는 조치

### 1. 문제 상황

위법한 조례(안)에 대한 통제는 해당 지방자치단체의 단체장에 의한 경우와 감독청에 의한 경우로 나눌 수 있고, 각각 행정적 방법으로서의 '재의요구'와 사법적 방법으로서의 '소송제기 · 집행정지신청'이 있다. 설문에서 주무부장관은 경기도의 감독청이므로 감독청에 의한 행정적 방법과 사법적 방법으로서의 조례의 통제를 검토한다.

### 2. 행정적 방법

#### (1) 재의요구명령

지방의회의 의결이 법령에 위반되거나 공익을 현저히 해한다고 판단되면 시 · 도에 대하여는 주무부장관이, 시 · 군 및 자치구에 대하여는 시 · 도지사가 재의를 요구하게 할 수 있다(재의요구명령)(지방자치법 제172조 제1항 제1문). 감독청의 재의요구명령의 대상에는 제한이 없어 조례안의 의결도 그 대상이 된다.

#### (2) 재의요구와 불응

1) **재의요구**(지방자치단체장의 재의요구가 감독청의 재의요구명령에 따른 것이기에 넓은 의미에서 감독청의 통제수단으로 볼 수 있다)

지방자치법에서 인정되고 있는 재의요구의 유형으로는 지방자치법 제26조 제3항과 제172조 제1항이 있다. 그러나 제172조 제1항의 경우는 다른 유형들과는 달리 자율적인 지방의회에 대한 통제수단이 아니라 감독청의 재의요구명령에 따라 재의요구를 한다는 점에서 국가 등(감독청)의 지방의회에 대한 통제수단으로 기능한다.

2) 재의요구에 불응하는 경우

(가) ⓐ 지방의회의 의결이 법령에 위반된다고 판단되어 감독청이 재의요구지시를 하였음에도 해당 지방자치단체의 장이 재의를 요구하지 않거나 ⓑ 법령에 위반되는 지방의회의 의결사항이 조례안인 경우로서 재의요구지시를 받기 전에 그 조례안을 공포한 경우에는, 감독청은 대법원에 직접 제소 및 집행정지결정을 신청할 수 있다(지방자치법 제172조 제7항).

(나) 학설은 ⓐ에 따른 소송은 감독청이 지방의회를 상대로 제기하는 일종의 항고소송이라는 견해(김남철)와 ⓑ에 따른 공포된 조례안에 대한 소송은 감독청이 지방자치단체장을 상대로 제기하는 특수한 규범통제소송(일종의 추상적 규범통제)으로 보는 견해(홍정선, 문상덕)가 있다. 즉, ① 학설은 지방자치법 제172조 제7항에 따른 소송의 원고는 감독청이지만, 피고는 ⓐ에 따른 소송은 지방의회이고 ⓑ에 따른 소송은 지방자치단체장으로 본다. ② 그러나 판례는 ⓑ에 따른 공포된 조례안에 대한 소송에 대해 원고는 감독청이지만, 피고는 조례안을 의결한 지방의회로 본다(대판 2013. 5. 23. 2012추176; 대판 2015. 5. 14. 2013추98 참조).

(3) 설 문

(가) 주무부장관은 경기도지사를 상대로 재의요구할 것을 명할 수 있고, 재의요구명령이 있다면 경기도지사는 재의를 요구하여야 한다.

(나) 경기도지사가 주무부장관의 재의요구에 불응하거나 재의요구지시를 받기 전에 조례안을 공포한 경우에는 지방자치법 제172조 제7항에 따라 주무부장관은 대법원에 직접 제소하거나 집행정지결정을 신청할 수 있다.

## 3. 사법적 방법

**(1) 단체장의 제소 · 집행정지신청**(지방자치법 제172조 제3항)(단체장의 통제수단으로도, 감독청의 통제수단으로도 볼 수 있다)

(가) 지방자치단체의 장은 재의결된 사항(조례안에 대한 재의결을 포함)이 법령에 위반된다고 판단되면 재의결된 날부터 20일 이내에 대법원에 소를 제기할 수 있고, 이 경우 필요하다고 인정되면 그 의결의 집행을 정지하게 하는 집행정지결정을 신청할 수 있다(지방자치법 제172조 제3항).

(나) 지방자치법 제107조 제3항의 요건과 제172조 제3항의 제소요건이 동일하기에 위법한 재의결에 대해 단체장이 의회를 상대로 대법원에 제기하는 소송은 기관소송이라는 견해가 다수설이다.

**(2) 감독청의 제소지시 · 단체장의 제소**

(가) 감독청은 재의결된 사항(조례안에 대한 재의결을 포함)이 법령에 위반된다고 판단됨에도 불구하고 해당 지방자치단체의 장이 소송을 제기하지 아니하면 그 지방자치단체의 장에게 지방자치법 제172조 제3항의 기간(재의결된 날로부터 20일)이 지난 날로부터 7일 이내에 제소를 지시할 수 있고, 제소지시를 받은 지방자치단체장은 제소지시를 받은 날부터 7일 이내에 제소하여야 한다

(지방자치법 제172조 제4항 · 제5항).

(나) 이 소송의 성질에 대해 ⓐ 감독청의 제소를 지방자치단체장이 대신하는 것이라 하여 특수한 소송으로 보는 견해가 있으나 ⓑ 감독청의 제소지시는 후견적인 것에 불과하고 해당 소송의 원고는 지방자치단체장이며, 동 소송은 지방자치법 제107조 제3항 및 제172조 제3항의 소송과 제소요건이 동일하므로 제107조 제3항의 소송을 기관소송으로 보는 한 제4항 · 제5항 소송도 기관소송으로 보는 견해가 타당하다(기관소송설, 다수견해).

(3) 감독청의 직접제소 · 집행정지 신청

(가) 감독청은 지방의회가 재의결한 사항이 법령에 위반된다고 판단됨에도 불구하고 감독청의 제소지시를 받은 날로부터 7일이 지나도록 해당 지방자치단체의 장이 소송을 제기하지 아니하면 7일 이내에 직접제소 및 집행정지결정을 신청할 수 있다(지방자치법 제172조 제4항 · 제6항).

(나) 이러한 소송을 ⓐ 기관소송으로 보는 견해(상이한 법주체 간의 기관 상호 간에도 기관소송이 가능하기 때문에(비한정설) 해당 소송을 기관소송으로 본다)와 ⓑ 항고소송으로 보는 견해(감독청이 지방의회를 상대로 제기하는 일종의 불복소송으로 본다), ⓒ 특수한 규범통제소송으로 보는 견해(감독청의 조례에 대한 제소를 조례에 대한 추상적 규범통제로 본다)가 있으나, ⓓ 지방자치법이 인정한 특수한 소송으로 보는 견해가 타당하다(류지태).

(4) 설 문

(가) 경기도지사는 재의결된 사항(조례안에 대한 재의결을 포함)이 법령에 위반된다고 판단되면 재의결된 날부터 20일 이내에 대법원에 소를 제기할 수 있고, 집행정지를 신청할 수도 있다.

(나) 주무부장관은 경기도지사에게 조례안이 위법함을 이유로 제소지시를 할 수 있고 이 경우 도지사는 제소지시를 받은 날로부터 7일 이내에 제소하여야 한다.

(다) 만일 제소지시를 받고서도 도지사가 7일 이내에 제소를 하지 않은 경우 주무부장관은 그로부터 7일 이내에 직접 제소 및 집행정지결정을 신청할 수 있다.

**기출 06** (3) 주무부장관은 경기도지사가 H건설에 대하여 행한 "안성국제산업단지 개발사업허가"를 취소할 것을 요구하였으나 불응하자, 청문을 실시하지 아니하고 직접 이를 취소하였다. 주무부장관이 행한 이 허가취소처분에 대하여 경기도지사와 H건설이 취할 수 있는 쟁송수단을 설명하고 그 승소가능성을 논하시오. 25.

## Ⅲ. 주무부장관의 허가취소에 대한 경기도지사와 H건설의 쟁송수단과 승소가능성

### 1. 문제 상황

(가) 주무부장관의 H건설에 대한 개발사업허가취소는 지방자치법 제169조 제1항에 근거한

것이다. 따라서 경기도지사가 취할 수 있는 쟁송수단은 동법 제169조 제2항이 된다. 설문의 공업지역신설을 위한 사무는 자치사무이므로 사무영역의 문제는 없지만, 경기도지사의 명령이나 처분(설문에서는 개발사업허가)이 위법한지가 문제된다. 개발사업허가처분이 위법하다면 동법 제169조 제1항에 따른 주무부장관의 취소가 적법하기 때문이다. 결국 설문의 개발사업허가는 A조례에 근거한 처분이므로 위법·무효인 조례에 근거한 처분의 효력논의가 선행되어야 한다.

(나) H건설이 취할 수 있는 쟁송수단과 승소가능성 역시 위법한 A조례에 근거한 개발사업허가처분의 위법성(개발사업허가처분이 취소사유라면 개발사업허가취소처분이 정당할 수 있기 때문이다)과 청문을 실시하지 않은 절차상 하자가 문제될 수 있다.

## 2. 위법하여 무효인 A조례에 근거한 개발사업허가의 효력

### (1) 무효와 취소할 수 있는 행위의 구별 기준

행정의 법률적합성을 고려할 때 위법한 행정행위의 효력은 부정하는 것이 정당하지만, 법적 안정성(공정력의 인정근거)을 근거로 일단 잠정적으로 유효성을 인정한다. 그러나 행정행위의 하자가 중대하고도 명백한 경우에는 법적 안정성을 침해할 우려가 없고 그러한 행정행위에 효력을 인정하는 것은 행정의 법률적합성에 반하기 때문에 중대명백설이 타당하다(다수설).

### (2) 설 문

(가) 무효인 A조례에 근거한 개발사업허가처분의 하자는 중대하지만 명백한 하자는 아니므로 취소사유에 해당한다.

(나) 판례도 무효인 조례에 근거한 처분은 적법한 위임 없이 권한 없는 자에 의하여 행하여진 것과 마찬가지가 되어 그 하자가 중대하나, 하자가 객관적으로 명백한 것이라고 할 수 없으므로 취소사유로 본다(대판(전원) 1995. 7. 11. 94누4615).

## 3. 주무부장관의 허가취소에 대한 경기도지사의 쟁송수단과 승소가능성

### (1) 감독청의 취소·정지에 대한 단체장의 불복소송

1) 단체장의 불복

지방자치법 제169조 제2항은 지방자치단체의 장은 자치사무에 관한 명령이나 처분의 취소 또는 정지에 대하여 이의가 있으면 그 취소처분 또는 정지처분을 통보받은 날부터 15일 이내에 대법원에 소를 제기할 수 있다고 규정한다.

2) 소송요건과 본안판단

a. 소송요건

(ⅰ) 소의 대상 　자치사무에 관한 단체장의 명령이나 처분에 대한 감독청의 취소·정지가 소의 대상이 된다. 주의할 것은 감독청의 시정명령과 취소·정지 모두 성질은 항고소송의 대상인 처분이지만, 지방자치법 제169조 제2항은 취소·정지에 대해서만 제소할 수 있음을

규정하고 있다.

(ii) 원고와 피고　원고는 지방자치단체의 장이며, 피고는 감독청이다.

(iii) 제소기간　감독청의 취소·정지를 통보받은 날로부터 15일 이내에 제소하여야 한다.

(iv) 관할법원　대법원이 관할한다.

b. 본안판단　자치사무에 관한 감독청의 취소·정지처분의 위법성 여부이다(지방자치법 제169조 제1항의 요건 구비 여부). 따라서 감독청의 취소·정지처분의 위법성은 단체장의 명령이나 처분의 위법 여부로 결정된다.

(2) 설　문

① 주무부장관의 개발사업허가취소는 자치사무에 대한 것이므로 경기도지사는 주무부장관을 상대로 허가취소를 통보받은 날로부터 15일 이내에 대법원에 제소할 수 있다. ② 그러나 경기도지사의 개발사업허가는 무효인 A조례에 근거한 것으로 위법하기 때문에 주무부장관의 개발사업허가취소는 적법하다. 따라서 경기도지사는 지방자치법 제169조 제2항의 소송을 제기하더라도 승소하기는 어렵다.

### 4. 주무부장관의 허가취소에 대한 H건설의 쟁송수단과 승소가능성

#### (1) 개발사업허가취소의 위법성과 그 정도

1) 내용상 위법

경기도지사의 개발사업허가처분이 취소사유라면 주무부장관의 개발사업허가취소처분은 내용상 적법하다.

2) 절차상 위법

a. 문 제 점　주무부장관은 H건설의 개발사업허가를 취소할 당시 청문을 실시하지 않았는데 이에 절차상의 위법이 있는지가 문제된다.

b. 청문실시의 요건　(가) 행정청은 ⓐ 처분을 할 때 ⓑ 다른 법령 등에서 청문을 하도록 규정하고 있거나 행정청이 필요하다고 인정하는 경우, 그리고 인허가 등의 취소, 신분·자격의 박탈, 법인이나 조합 등의 설립허가의 취소처분시 의견제출기한 내에 당사자등의 신청이 있는 경우에는 ⓒ 예외사유에 해당하지 않는다면 청문을 실시하여야 한다.

(나) 설문은 청문을 실시해야 하는 경우인지 그리고 예외사유에 해당하는지는 분명하지 않다.

(다) 아래에서는 청문을 실시해야 하는 경우임에도 장관이 청문을 실시하지 않고 개발사업허가를 취소하였다고 전제하고 서술한다.

c. 절차상 하자의 독자적 위법 사유 여부

(i) 문 제 점　절차상 하자의 효과에 관한 명문의 규정이 있는 경우(국가공무원법 제13조)라면 문제가 없으나, 절차상 하자의 효과에 관한 명문의 규정이 없는 경우 특히 그 행정행위가 기속행위인 경우 행정절차를 거치지 아니한 경우라고 하여도 그 내용은 행정절차를 거친 경우

와 동일한 것일 수 있기 때문에 절차상의 하자가 독자적인 위법사유인지가 문제된다.

(ii) 학 설

(a) 소 극 설 절차규정이란 적정한 행정결정을 확보하기 위한 수단에 불과하며, 절차상의 하자만을 이유로 취소하는 것은 행정능률 및 소송경제에 반한다는 점을 근거로 절차상 하자는 독자적인 위법사유가 될 수 없다고 본다.

(b) 적 극 설 소극설을 취하는 경우에는 절차적 규제가 유명무실해질 우려가 있어 행정절차의 실효성 확보를 위해 적극설이 타당하고, 법원이 절차상 하자를 이유로 취소한 후 행정청이 적법한 절차를 거쳐 다시 처분을 하는 경우 재량행위뿐 아니라 기속행위의 경우에도 처분의 발령에 이르기까지의 사실판단이나 요건 판단을 달리하여 당초 처분과 다른 내용의 결정에 이를 수 있기 때문에 반드시 동일한 내용의 처분을 반복한다고 말할 수 없다는 점을 근거로 절차상 하자는 독자적인 위법사유가 될 수 있다고 본다(다수설).

(c) 절 충 설 기속행위와 재량행위를 나누어 재량행위는 절차의 하자가 존재할 때 위법해지지만, 기속행위는 내용상 하자가 존재하지 않는 한 절차상 하자만으로 행정행위가 위법해지지 않는다고 본다. 기속행위의 경우 법원이 절차상 하자를 이유로 취소하더라도 행정청은 절차상 하자를 보완하여 동일한 내용으로 다시 처분을 할 수 있으므로 행정능률에 반한다는 점을 근거로 한다.

(iii) 판 례 대법원은 재량행위 · 기속행위를 불문하고 적극적인 입장이다(대판 1991. 7. 9. 91누971).

(iv) 검 토 행정의 법률적합성원칙에 따라 행정작용은 실체상뿐만 아니라 절차상으로도 적법하여야 하며, 취소소송 등의 기속력이 절차의 위법을 이유로 하는 경우에 준용된다는 점(행정소송법 제30조 제3항) 등에 비추어 적극설이 타당하다.

3) 위법성의 정도

(청문을 실시해야 하는 경우임을 전제로) 청문절차를 위반한 하자는 명백하지만, 적법요건에 대한 중대한 위반으로 보기는 어려워 취소사유라고 봄이 타당하다.

### (2) 소 결

개발사업허가가 처분인 것처럼 개발사업허가취소도 항고소송의 대상인 처분이며, H건설은 침익적 처분의 상대방이어서 원고적격도 인정된다. 따라서 제소기간의 준수 등 기타의 소송요건을 충족한다면 H건설은 취소소송(취소심판)을 제기하여 승소할 수 있을 것이다(청문을 실시해야 하는 경우임을 전제로 한다).

기출 07 〈제1문〉

갑은 식품위생법상의 식품접객업영업허가를 받아 유흥주점을 영위하여 오다가 17세의 가출 여학생을 고용하던 중, 식품위생법 제44조 제2항 제1호의 "청소년을 유흥접객원으로 고용하여 유흥행위를 하게 하는 행위"를 한 것으로 적발되었다. 관할행정청이 제재처분을 하기에 앞서 갑은 을에게 영업관리권만을 위임하였는데 을은 갑의 인장과 관계서류를 위조하여 관할 행정청에 영업자지위승계 신고를 하였고, 그 신고가 수리되었다.

(1) 영업자지위승계신고 및 수리의 법적 성질을 검토하시오. 10.

(2) 갑은 관할 행정청의 영업자지위승계신고의 수리에 대하여 무효확인소송을 제기할 수 있는지 검토하시오. 15.

(3) 만약 갑과 을간의 영업양도가 유효하고 영업자지위승계신고의 수리가 적법하게 이루어졌다고 가정할 경우, 관할 행정청이 갑의 위반행위를 이유로 을에게 3개월의 영업정지처분을 하였다면, 그 처분은 적법한지 검토하시오. 15.

[제53회 행정고시(2009년)]

**기출 07** (1) 영업자지위승계신고 및 수리의 법적 성질을 검토하시오. 10.

# Ⅰ. 영업자지위승계신고 및 수리의 법적 성질

## 1. 문 제 점

관련법령에서 당해 영업을 하기 위해서는 행정청의 허가를 받아야 함을 규정하면서, 이를 양도하는 경우 양수인은 단지 신고할 것을 규정하는 경우 이러한 신고의 성격이 문제된다(식품위생법 제37조(영업허가 등) ① 제36조 제1항 각호에 따른 영업 중 대통령령으로 정하는 영업을 하려는 자는 대통령령으로 정하는 바에 따라 영업 종류별 또는 영업소별로 식품의약품안전처장 또는 특별자치도지사·시장·군수·구청장의 허가를 받아야 한다. 제39조(영업 승계) ① 영업자가 영업을 양도하거나 사망한 경우 또는 법인이 합병한 경우에는 그 양수인·상속인 또는 합병 후 존속하는 법인이나 합병에 따라 설립되는 법인은 그 영업자의 지위를 승계한다. … ③ 제1항 또는 제2항에 따라 그 영업자의 지위를 승계한 자는 총리령으로 정하는 바에 따라 1개월 이내에 그 사실을 식품의약품안전처장 또는 특별자치도지사·시장·군수·구청장에게 신고하여야 한다).

## 2. 지위승계신고 및 수리의 법적 성격

㈎ 행정청이 영업양도에 따른 지위승계신고를 수리하는 행위는 양도·양수인 사이에 이미 발생한 사법상의 사업양도의 법률효과에 의하여 양수인이 그 영업을 승계하였다는 사실의 신고를 접수하는 행위에 그치는 것이 아니라, 사업허가자의 변경이라는 법률효과가 부여되기 때문에 이러한 '신고'는 수리를 요하는 신고이다(대판 2001. 2. 9. 2000도2050).

㈏ 이 경우 지위승계신고의 '수리'의 효과는 양도 대상이 된 영업의 법적 성질에 따라 판단되어야 한다. 즉 양도대상이 된 영업이 허가업인 경우 그 수리는 허가로, 양도대상이 된 영업이 수리를 요하는 신고업인 경우 수리를 요하는 신고로 보아야 한다. 행정청의 지위승계신고수리의 성격에 대해 판례는 '양도인의 영업허가취소'와 '양수인의 권리설정행위'로 본다. 즉, 지위승계신고수리의 효과를 양수인에 대한 실질적인 허가처분으로 본다(대판 2001. 2. 9. 2000도2050).

**기출 07** (2) 갑은 관할 행정청의 영업자지위승계신고의 수리에 대하여 무효확인소송을 제기할 수 있는지 검토하시오. 15.

# Ⅱ. 갑의 영업자지위승계신고수리 무효확인소송 제기가능성

## 1. 소송요건 일반

㈎ 갑의 무효확인소송은 관할권 있는 법원에(행정소송법 제9조, 제38조 제1항), 원고적격(동법 제35조)과 피고적격을 갖추어(동법 제13조, 제38조 제1항), 처분 등을 대상으로(동법 제19조, 제38조 제1항)

제기하고, 그 밖에 권리보호필요성을 갖추고 있어야 한다.

(나) 갑의 무효확인소송의 제기가능성과 관련해 대상적격, 원고적격, 협의의 소익이 문제된다.

## 2. 대상적격

영업자지위승계신고는 수리를 요하는 신고이기에, 이러한 신고에 대한 수리는 항고소송의 대상인 처분이라고 보는 것이 일반적인 견해이다(행정소송법 제38조 제1항, 제19조).

## 3. 원고적격

을의 신고에 대한 행정청의 수리행위의 성격은 '양도인의 영업허가취소'와 '양수인의 권리설정행위'이다. 그렇다면 지위승계신고수리는 양도인에게는 침익적, 양수인에게는 수익적인 복효적인 성격을 가지는 처분이다. 따라서 외형상 양도인인 갑은 침익적인 수리처분의 상대방이므로 무효확인소송을 제기할 법률상 이익이 있다.

## 4. 협의의 소익(즉시확정의 이익 필요 여부)

### (1) 문 제 점

무효확인소송의 경우 민사소송처럼 다른 직접적인 권리구제수단(예를 들면 이행소송)이 있는 경우에도 확인소송이 가능한지 즉 무효확인소송에 즉시확정의 이익(확인소송의 보충성)이 요구되는지가 문제된다. 설문에서 갑은 수리처분무효확인소송 외에 을을 상대로 소유물반환을 청구하면 되기 때문이다.

### (2) 학 설

1) 긍 정 설(즉시확정이익설)

취소소송의 경우와 달리 행정소송법 제35조는 원고적격에 관한 규정일 뿐만 아니라 권리보호필요성(협의의 소익)에 관한 의미도 가지고 있는 것이며(동법 제35조의 '확인을 구할'이라는 표현을 즉시확정이익으로 본다), 따라서 민사소송에서의 확인의 소와 같이 무효등확인소송의 경우에도 '즉시확정의 이익'이 필요하다고 보는 견해이다. 결국 당사자에게 별도의 직접적인 권리구제수단이 없는 경우라야 무효등확인소송이 인정된다고 본다.

2) 부 정 설(법적보호이익설)

행정소송법 제35조의 '법률상 이익'은 원고적격의 범위에 대한 것이어서 즉시확정의 이익으로 해석될 수 없고, 무효등확인소송에서는 취소판결의 기속력을 준용하므로 민사소송과 달리 무효판결 자체로도 판결의 실효성 확보가 가능하므로 민사소송에서와 같이 확인의 이익 여부를 논할 이유가 없다는 점, 그리고 무효등확인소송이 확인소송이라는 점에만 집착하여 즉시확정의 이익을 내세운다면 부작위위법확인소송도 확인소송으로서의 성질을 가지므로 즉시확정의 이익이 필요하다고 판단되어야 한다는 문제가 있다는 점을 들고 있다(다수견해).

(3) 판　　례

ⓐ 과거 판례는 행정소송인 무효등확인소송에도 민사소송처럼 확인소송의 일반적 요건인 '즉시확정의 이익'이 요구된다고 하였다. ⓑ 그러나 수원시장의 하수도원인자부담금부과처분의 무효확인을 구한 사건에서 대법원은 행정소송은 민사소송과는 목적·취지 및 기능 등을 달리하며, 무효등확인소송에도 확정판결의 기속력규정(행정소송법 제38조, 제30조)을 준용하기에 무효확인판결만으로도 실효성확보가 가능하며, 행정소송법에 명문의 규정이 없다는 점을 이유로 무효등확인소송의 보충성이 요구되지 않는다고 판례를 변경하였다(대판(전원) 2008. 3. 20. 2007두6342). 따라서 행정처분의 무효를 전제로 한 이행소송 즉 부당이득반환청구소송, 소유물반환청구소송, 소유권이전등기말소청구소송, 소유물방해제거청구소송 등과 같은 구제수단이 있다고 하더라도 무효등확인소송을 제기할 수 있다고 본다.

(4) 검토 및 설문

(가) 무효등확인소송은 처분의 하자정도가 중대명백한 것일 뿐 취소소송과 본질을 달리하는 것이 아니기 때문에 무효등확인소송에만 즉시확정의 이익이 필요하다는 것은 정당하지 않고, 무효등확인소송에서 즉시확정의 이익이 요구되지 않아 원고가 소권을 남용한다면 법원은 권리보호필요의 일반원칙으로 이를 통제할 수 있기 때문에 문제되지 않는다. 따라서 즉시확정의 이익은 요구되지 않는다는 견해가 타당하다.

(나) 따라서 갑은 을을 상대로 소유물반환을 청구할 수 있지만 행정청을 상대로 수리처분무효확인소송을 제기할 수 있다.

### 5. 소　　결

소송요건을 모두 구비하고 있기 때문에 갑은 관할 행정청의 영업자지위승계신고의 수리에 대하여 무효확인소송을 제기할 수 있다.

**기출 07** (3) 만약 갑과 을간의 영업양도가 유효하고 영업자지위승계신고의 수리가 적법하게 이루어졌다고 가정할 경우, 관할 행정청이 갑의 위반행위를 이유로 을에게 3개월의 영업정지 처분을 하였다면, 그 처분은 적법한지 검토하시오. 15.

## Ⅲ. 을에게 발령된 3개월 영업정지처분의 적법성

### 1. 문제 상황

갑의 식품위생법 위반행위로 관할행정청이 이를 적발한 후, 해당 영업이 을에게 양도되었고, 관할행정청이 갑의 위반행위를 이유로 양수인에게 발령한 3개월의 영업정지처분의 적법성을 묻고 있기에 이는 양도인인 갑에게 발생한 제재사유가 양수인인 을에게 승계되는지가 문제이다.

### 2. 학 설

① 의무위반자(양도인)에게 발령되었던 영업처분(허가)의 성질이 대인적 처분(허가)인지 대물적 처분(허가)인지로 판단하는 견해(제1설)(대인적 처분(예: 운전면허)은 제재사유가 승계되지 않으며 대물적 처분(예: 영업허가)은 제재사유가 승계된다고 본다), ② 행정청으로부터 제재처분이 부과된 사유(양도인의 법위반행위)가 인적인 사정에 기한 것인지 물적인 사정으로 인한 것인지로 판단하는 견해(제2설)(인적인 사정(예: 부정영업)은 제재사유가 승계되지 않으며 물적인 사정(예: 무허가시설)은 제재사유가 승계된다고 본다), ③ 양도인의 의무위반행위로 인해 양수인에게 발령된 제재처분의 성질이 대인적 처분인지 대물적 처분인지로 판단하는 견해(제3설)(대인적 처분(예: 자격정지)은 제재사유가 승계되지 않으며 대물적 처분(예: 영업정지)은 제재사유가 승계된다고 본다)가 대립된다.

### 3. 판 례

판례는 ① 법위반행위를 한 자가 양도인임에도 석유판매업(주유소)허가가 대물적 허가임을 근거로 양수인에 대한 석유판매업허가취소처분을 정당하다고 본 판결(대판 1986. 7. 22. 86누203)(제1설)과 ② 양수인에게 발령된 공중위생(이용원)영업정지처분이 대물적 처분임을 근거로 양수인에 대한 영업정지처분을 정당하다고 본 판결(대판 2001. 6. 29. 2001두1611)(제3설)이 있다.

### 4. 검토 및 소결

㈎ 제1설은 해당 영업처분(허가나 등록 등)이 양수인에게 이전될 수 있는지에 대한 학설이므로 이 쟁점에서는 적절하지 못한 견해이며(허가 등 영업을 양도한 경우 양수인이 새로운 허가 등을 받아야 하는지 아니면 양도인이 받았던 허가 등의 효력이 양수인에게도 유지되는지에 대한 문제 즉, 영업처분의 양도가능성 문제), 제3설은 법위반 행위를 이유로 양도인에게 제재처분이 부과된 후 이 허가 등의 사업을 양도한 경우 이 제재처분이 양수인에게 승계되는지에 관한 학설이므로 이 쟁점과는 직접 관련이 없다. 따라서 제2설이 타당하다.

㈏ 청소년을 유흥접객원으로 고용하여 유흥행위를 하게 한 행위는 갑의 인적인 사정에 기한 것이므로 그러한 사유는 양수인인 을에게 승계되지 않는다. 따라서 갑의 위반행위를 이유로 을에게 3개월의 영업정지처분을 하였다면, 그 처분은 위법하다.

기출 08 〈제2문〉

A고등학교 교장인 갑은 소속 교사인 을의 행실이 못마땅하고, 그 소속 단체인 교사 연구회에 대하여도 반감을 가지고 있던 중에 을이 신청한 A학교시설의 개방 및 그 이용을 거부하였다. 그러자 평소 갑의 학교운영에 불만을 품고 있던 을은 학교장 갑의 업무추진비 세부항목별 집행내역 및 그에 관한 증빙서류에 대하여 정보공개를 청구하였다. 이에 갑은 청구된 정보의 내용 중에는 개인의 사생활의 비밀 또는 자유를 침해할 우려가 있는 정보가 포함되어 있다는 것을 이유로 을의 청구에 대하여 비공개결정하였다.

(1) 갑의 비공개결정의 적법성여부에 대하여 검토하시오. 15.

(2) 갑의 비공개결정에 대하여 을이 취소소송을 제기하여 다투고 있던 중, 갑은 위 사유 이외에 학교장의 업무추진비에 관한 정보 중에는 법인·단체의 경영상의 비밀이 포함되어 있다는 것을 비공개결정 사유로 추가하려고 한다. 그 허용 여부에 대하여 검토하시오. 15.

[제53회 행정고시(2009년)]

기출 08 (1) 갑의 비공개결정의 적법성여부에 대하여 검토하시오. 15.

# Ⅰ. 고등학교 교장 갑의 비공개결정의 적법성 여부

## 1. 문제 상황

공공기관의 정보공개에 관한 법률 제3조는 공공기관이 보유·관리하는 정보에 대해 공개를 원칙으로 하고 있고, 공공기관의 정보공개에 관한 법률은 제9조 제1항 단서에서 비공개대상정보를 규정하고 있다. 을의 정보공개청구에 대하여 교장 갑이 개인의 사생활의 비밀 또는 자유를 침해할 우려가 있는 정보가 포함되어 있다는 것을 이유로 비공개 결정한 것이 적법한지를 검토한다.

## 2. 정보공개청구권자와 공개대상정보

### (1) 정보공개청구권자

공공기관의 정보공개에 관한 법률 제5조 제1항은 '모든 국민은 정보의 공개를 청구할 권리를 가진다'고 규정한다.

### (2) 공개대상정보

공공기관이 보유·관리하는 정보는 공개대상이 된다(공공기관의 정보공개에 관한 법률 제9조 제1항 본문). "공공기관"이란 국가기관(① 국회, 법원, 헌법재판소, 중앙선거관리위원회 ② 중앙행정기관(대통령 소속 기관과 국무총리 소속 기관을 포함한다) 및 그 소속 기관 ③「행정기관 소속 위원회의 설치·운영에 관한 법률」에 따른 위원회), 지방자치단체,「공공기관의 운영에 관한 법률」제2조에 따른 공공기관, 그 밖에 대통령령으로 정하는 기관을 말한다(동법 제2조 제3호).

### (3) 정보공개청구의 제한사유로서 권리남용

판례는 정보공개청구권자가 오로지 상대방을 괴롭힐 목적으로 정보공개를 구하고 있다는 등의 특별한 사정이 없는 한 정보공개청구가 신의칙에 반하거나 권리남용에 해당한다고 볼 수 없어 정보를 공개하여야 한다고 본다(대판 2006. 8. 24. 2004두2783).

### (4) 설 문

을은 정보공개를 청구할 권리가 있으며, 공공기관의 정보공개에 관한 법률시행령 제2조 제1호에 비추어 설문의 A고등학교는 공공기관에 해당하며, 교장 갑의 업무추진비 세부항목별 집행내역 및 그에 관한 증빙서류는 공개대상정보에 해당한다. 또한 을이 평소 교장 갑의 학교운영에 불만을 품고 있었다고 하여도 정보공개청구가 권리남용에 해당한다고 보기 어렵다.

### 3. 비공개결정의 적법성

#### (1) 공공기관의 정보공개에 관한 법률 제9조 제1항 제6호 본문 해당 여부

교장 갑의 업무추진비 세부항목별 집행내역 및 그에 관한 증빙서류에 대하여 정보가 개인에 관한 사항인지 그리고 정보를 공개하는 경우 사생활의 비밀이나 자유의 침해 우려가 있는지 불분명하다.

#### (2) 공공기관의 정보공개에 관한 법률 제9조 제1항 제6호 단서(특히 다목)의 문제

설문에서 학교장의 업무추진비 세부항목별 집행내역 및 그에 관한 증빙서류의 공개로 인한 사생활의 비밀과 자유의 침해의 우려가 학교 구성원의 알권리 보장과 학교운영의 투명성 확보 등 공익을 능가하는 것인지는 불분명하다.

### 4. 부분공개의 가능성

전부에 대한 비공개결정이 정당하다고 하더라도 공공기관의 정보공개에 관한 법률 제14조의 부분공개의 요건을 만족한다면 부분공개를 하여야 한다.

### 5. 소 결

공공기관의 정보공개에 관한 법률 제9조 제1항 제6호 본문 및 단서 해당 여부는 불분명하지만, 비공개대상정보에 해당하는 부분이 있다고 하더라도 공공기관의 정보공개에 관한 법률 제14조의 요건을 만족한다면 부분공개를 하여야 한다.

**기출 08** (2) 갑의 비공개결정에 대하여 을이 취소소송을 제기하여 다투고 있던 중, 갑은 위 사유 이외에 학교장의 업무추진비에 관한 정보 중에는 법인·단체의 경영상의 비밀이 포함되어 있다는 것을 비공개결정 사유로 추가하려고 한다. 그 허용 여부에 대하여 검토하시오. 15.

## Ⅱ. 정보공개법 제9조 제1항 제7호의 처분사유의 추가의 가능성

### 1. 문제 상황

교장 갑은 을의 취소소송 계속 중 당초 비공개결정사유(개인의 사생활의 비밀 또는 자유를 침해할 우려가 있는 정보가 포함되어 있다는 것)에 '학교장의 업무추진비에 관한 정보 중에는 법인·단체의 경영상의 비밀이 포함되어 있다'는 사유를 추가하려 하고 있어 소송 계속 중 처분사유를 추가하거나 변경하는 것이 가능한지가 문제된다.

### 2. 처분사유의 추가·변경의 개념

#### (1) 의 의

'처분사유의 추가·변경(처분이유의 사후변경)'이란 처분시에는 사유(이유)로 제시되지 않았던 사실상 또는 법률상의 근거를 사후에 행정쟁송절차에서 행정청이 새로이 제출하여 처분의 위법성판단(심리)에 고려하는 것을 말한다.

#### (2) 구별개념

ⓐ 처분사유의 추가·변경은 실질적 적법성의 문제(적절하지 않은 처분사유를 제시하였다가 적절한 처분사유를 추가하거나 변경하는 것)이나 처분이유의 사후제시는 형식적 적법성의 문제(행정절차법 제23조에 따른 이유제시를 하지 않다가 사후에 이유를 제시하는 것)이며, ⓑ 처분사유의 추가·변경은 행정쟁송에서의 문제이나 처분이유의 사후제시(이유제시의 절차상 하자의 치유)는 행정절차의 문제이다.

### 3. 처분사유의 추가·변경의 인정 여부

#### (1) 학 설

1) 긍 정 설

일회적인 분쟁해결이라는 소송경제적 측면을 강조하며 소송당사자는 처분의 위법성(적법성)의 근거가 되는 모든 사실상·법률상의 사유를 추가·변경할 수 있다는 입장이다. 즉, 처분사유의 추가·변경을 부정하여 피고 행정청이 패소한 경우, 피고는 추가·변경하려 했던 사유로 다시 재처분할 수 있기 때문에 사인인 원고가 다시 행정청의 재처분을 다투게 하기보다는 처분사유의 추가·변경을 인정하여 당초 소송에서 재처분하려는 사유까지 심리할 수 있다면 소송경제에 이바지할 수 있다고 본다.

2) 부 정 설

처분사유의 추가·변경을 긍정하면 처분의 상대방은 예기하지 못한 불이익을 입을 수도 있고, 정당하지 않은 처분사유를 소송 계속 중에 정당한 처분사유로 변경을 인정하는 것은 실질적 법치주의에 반하기 때문에 인정될 수 없다는 견해이다.

3) 제한적 긍정설

당초의 처분사유와 기본적 사실관계의 동일성이 인정되는 범위 내에서 제한적으로 인정된다는 견해이다(다수설).

#### (2) 판 례

대법원은 처분청은 당초 처분의 근거로 삼은 사유와 기본적 사실관계가 동일성이 있다고 인정되는 한도 내에서만 다른 사유를 추가하거나 변경할 수 있을 뿐, 기본적 사실관계의 동일성이 인정되지 않는 별개의 사실은 처분사유로 주장할 수 없다는 것이 일관된 입장이다(대판 1983. 10. 25. 83누396).

(3) 검 토

분쟁의 일회적 해결의 필요성과 원고의 방어권보호 및 신뢰보호의 필요성을 고려할 때 제한적 긍정설이 타당하다.

## 4. 처분사유의 추가·변경의 인정 범위

### (1) 시간적 범위

1) 처분사유의 추가·변경의 가능시점

처분사유의 추가·변경은 사실심변론종결시까지만 허용된다.

2) 처분사유의 추가·변경과 처분의 위법성판단 기준시점

처분의 위법성 판단의 기준시점을 어디로 볼 것이냐에 따라 추가·변경할 수 있는 처분사유의 시간적 범위가 결정된다.

a. 학 설 ⓐ 처분시설(다수견해)(행정처분의 위법 여부는 처분 당시를 기준으로 판단하여야 한다는 견해이다. 처분시 이후의 사정고려는 법원에 의한 행정청의 1차적 판단권의 침해를 의미하며, 법원은 행정청의 처분에 대해 사후적인 판단을 하는 역할에 그친다고 보기 때문이라고 한다), ⓑ 판결시설(항고소송의 목적을 행정법규의 정당한 적용이라는 공익실현으로 보면서, 법원은 처분시 이후 발생한 공익적 사정도 고려하여 처분의 효력을 유지시킬 것인지를 결정해야 한다는 입장이다), ⓒ 절충설(ⓐ 원칙적으로 처분시를 기준으로 하면서, 예외적으로 영업허가취소나 물건의 압수처분 등과 같이 계속효 있는 처분에 대하여는 판결시를 기준으로 하는 견해와 ⓑ 적극적 침익적 처분의 경우 처분시를 기준으로 하고, 거부처분의 경우 판결시를 기준으로 하는 견해가 있다)이 대립된다.

b. 판 례 판례는 행정소송에서 행정처분의 위법 여부는 행정처분이 있을 때의 법령과 사실상태를 기준으로 하여 판단해야 한다고 본다(처분시설)(대판 1993. 5. 27. 92누19033).

c. 검 토 항고소송의 주된 목적은 개인의 권익구제에 있기 때문에 처분시 이후의 공익적 사정은 고려할 필요가 없으며, 위법성 판단의 기준을 판결시로 할 경우 판결지체 여하에 따라 처분시에 위법하였던 행위가 적법한 행위가 될 수도 있고, 반대로 처분시에는 적법했던 행위가 후에 위법한 것으로 될 수 있어 이론적으로 문제가 있다. 따라서 처분시설이 타당하다.

d. 소 결 처분시설에 따르면 처분시의 사유만이 추가·변경의 대상이 된다.

### (2) 객관적 범위

1) 소송물의 동일성

처분사유를 추가·변경하더라도 처분의 동일성은 유지되어야 한다. 만일 처분의 동일성이 변경된다면 이는 '처분사유'의 변경이 아니라 '처분'의 변경이 된다. 이 경우에는 처분사유의 변경이 아니라 행정소송법 제22조의 처분변경으로 인한 소의 변경을 해야 한다(홍준형).

2) 기본적 사실관계의 동일성

(가) 판례는 기본적 사실관계의 동일성 유무는 처분사유를 법률적으로 평가하기 이전의 구체적인 사실에 착안하여 그 기초인 사회적 사실관계가 기본적인 점에서 동일한지 여부에 따라 결정된다고 한다(대판 2004. 11. 26. 2004두4482). 구체적인 판단은 시간적·장소적 근접성, 행위 태양·결

과 등의 제반사정을 종합적으로 고려해야 한다(법원실무제요, 석호철).

(나) 즉, 처분청이 처분 당시에 적시한 구체적 사실을 변경하지 아니하는 범위 내에서 단지 그 처분의 근거법령만을 추가·변경하거나 당초의 처분사유를 구체적으로 표시하는 것에 불과한 경우처럼 처분사유의 내용이 공통되거나 취지가 유사한 경우에만 기본적 사실관계의 동일성을 인정하고 있다(대판 2007. 2. 8. 2006두4899).

(다) 판례는 ① 산림형질변경불허가처분취소소송에서 준농림지역에서 행위제한이라는 사유와 자연환경보전의 필요성이라는 사유(대판 2004. 11. 26. 2004두4482)(준농림지역에서 일정한 행위를 제한한 이유가 자연환경보전을 위한 것이기 때문에 당초사유와 추가한 사유는 취지가 같다), ② 액화석유가스판매사업불허가처분취소소송에서 사업허가기준에 맞지 않는다는 사유와 이격거리허가기준에 위반된다는 사유(대판 1989. 7. 25. 88누11926)(이격거리허가기준도 해당법령상 사업허가기준이었기 때문에 두 사유는 내용이 공통된다)는 기본적 사실관계의 동일성을 인정하였으나, ① 부정당업자제재처분취소소송에서 정당한 이유없이 계약을 이행하지 않았다는 사유와 계약이행과 관련해 관계공무원에게 뇌물을 준 사유(대판 1999. 3. 9. 98두18565), ② 종합주류도매업면허취소처분취소소송에서 무자료주류판매 및 위장거래금액이 과다하다는 사유와 무면허판매업자에게 주류를 판매하였다는 사유(대판 1996. 9. 6. 96누7427), ③ 정보공개거부처분취소소송에서 정보공개법 제9조 제1항 제4호 및 제6호에 해당한다는 사유와 제5호에 해당한다는 사유(대판 2003. 12. 11. 2001두8827)는 기본적 사실관계의 동일성을 부정하였다.

#### (3) 재량행위와 처분사유의 추가·변경

① 다툼 있는 행위가 재량행위인 경우 처분이유의 사후변경이 인정된다는 견해(다수설)와 부정된다는 견해(이 견해는 재량행위에서 처분사유의 추가·변경은 처분의 동일성을 변경시킨다고 본다)가 대립된다. ② 처분사유의 추가·변경은 분쟁대상인 처분이 본질적으로 변경되지 않음을 전제로 하는 것이므로 재량행위에서도 가능하다는 긍정설이 타당하다.

### 5. 처분사유의 추가·변경의 효과

처분사유의 추가·변경이 인정되면 법원은 추가·변경되는 사유를 근거로 심리할 수 있고, 인정되지 않는다면 법원은 당초의 처분사유만을 근거로 심리하여야 한다.

### 6. 설 문

① 취소소송이 사실심변론종결전이고, 정보공개법 제9조 제1항 제7호의 처분사유가 처분시에 존재하였던 사유라면 시간적 범위는 문제되지 않지만, ② 동법 제9조 제1항 제6호는 개인의 사생활의 비밀과 자유의 존중 및 개인의 자신에 대한 정보통제권을 보장하는 등 정보공개로 인하여 발생할 수 있는 제3자의 법익침해를 방지하고자 함에 그 취지가 있고, 제7호는 법인 등의 정당한 이익이 현저히 침해되는 것을 방지함에 목적이 있어 두 사유는 내용이 공통되거나 취지가 유사하지 않아 기본적 사실관계를 달리한다. ③ 따라서 법인·단체의 경영상의 비밀이 포함되어 있다는 처분사유는 추가할 수 없다.

**기출 09** 〈제1문〉

A시와 B시 구간의 시외버스 운송사업을 하고 있는 갑은 최근 자가용 이용의 급증 등으로 시외버스 운송사업을 하는 데 상당한 어려움에 처해 있다. 그런데 관할행정청 X는 갑이 운영하는 노선에 대해 인근에서 대규모 운송사업을 하고 있던 을에게 새로이 시외버스 운송사업면허를 하였다.

(1) 갑은 X의 을에 대한 시외버스 운송사업면허에 대하여 행정소송을 제기할 수 있는가? 15.

(2) 법원은 X의 을에 대한 시외버스 운송사업면허처분에 위법사유가 발견되어 갑의 행정소송을 인용하고 을에 대한 시외버스 운송사업면허처분을 취소하고자 한다. 그러나 이미 많은 시민들이 을이 운영하는 버스를 이용하고 있다는 이유로 면허취소판결을 하지 아니할 수 있는가? 10.

(3) 위 사안에서 갑이 을에 대한 시외버스 운송사업면허의 취소를 구하는 행정심판을 제기하여 인용재결을 받았다면, 을은 무엇을 대상으로 어떠한 쟁송수단을 강구할 수 있는가? 15.

[제53회 행정고시(2009년)]

참조조문

여객자동차운수사업법

제1조(목적) 이 법은 여객자동차 운수사업에 관한 질서를 확립하고 여객의 원활한 운송과 여객자동차 운수사업의 종합적인 발달을 도모하여 공공복리를 증진하는 것을 목적으로 한다.

**기출 09** (1) 갑은 X의 을에 대한 시외버스 운송사업면허에 대하여 행정소송을 제기할 수 있는가? 15.

## Ⅰ. 갑의 행정소송 제기가능성

### 1. 소송요건 일반(취소소송임을 전제)

㈎ 갑의 취소소송은 관할권 있는 법원에(행정소송법 제9조), 원고적격(동법 제12조)과 피고적격을 갖추어(동법 제13조), 처분 등을 대상으로(동법 제19조), 제소기간 내에(동법 제20조) 제기하고, 그 밖에 권리보호필요성 요건을 갖추고 있어야 한다.

㈏ 운송사업면허가 항고소송의 대상임이 명백하므로 대상적격은 문제되지 않고, 갑은 처분의 직접 상대방이 아니기에 원고적격이 문제된다.

### 2. 갑의 원고적격

#### (1) 문제 상황

㈎ 원고적격이란 행정소송에서 원고가 될 수 있는 자격을 말한다. 취소소송의 원고적격에 대해 행정소송법 제12조 제1문은 '취소소송은 처분 등의 취소를 구할 법률상 이익이 있는 자가 제기할 수 있다'고 규정한다.

㈏ 갑은 을에 대한 사업면허처분의 직접 상대방이 아님에도 취소소송을 제기할 수 있는지 문제된다. 이는 경쟁자소송에 있어서 원고적격 문제이다.

㈐ 일반적 견해는 법률상 이익의 범위(의미)를 취소소송의 본질에 대한 논의를 통해 결정한다.

#### (2) 취소소송의 본질

㈎ 학설은 취소소송의 본질(기능)에 관해 ⓐ 취소소송의 목적은 위법한 처분으로 야기된 개인의 권리침해의 회복에 있다는 권리구제설(권리구제설이 말하는 권리는 좁은 의미의 권리이다), ⓑ 위법한 처분으로 (좁은 의미) 권리뿐 아니라 법에 의해 보호되는 이익을 침해당한 자도 처분을 다툴 수 있다는 법률상 보호이익설(통설), ⓒ 처분의 효력을 다투어 이를 부정하는 것이 당사자에게 실질적 이익이 있다면 그것이 법률상 이익이든 사실상의 이익이든 그러한 이익이 침해된 자는 소송을 제기할 수 있다는 보호가치 있는 이익설, ⓓ 취소소송은 개인의 권리구제보다는 처분의 적법성을 유지하는 것이 주된 기능으로 처분의 적법성 확보에 가장 적합한 이익 상태에 있는 자가 원고적격을 갖는다는 적법성보장설이 있다.

㈏ 판례는 「행정소송에서 소송의 원고는 행정처분에 의하여 직접 권리를 침해당한 자임을 보통으로 하나 직접 권리의 침해를 받은 자가 아닐지라도 소송을 제기할 법률상의 이익을 가진 자는 그 행정처분의 효력을 다툴 수 있다(대판 1974. 4. 9. 73누173)」고 하여 법률상 보호이익설의 입장이다.

㈐ 취소소송은 주관적 소송이므로 적법성보장설은 타당하지 않으며, 행정소송법 제12조가

취소소송은 법률상 이익이 있는 자가 제기할 수 있다고 규정하기 때문에 법률상 보호이익설이 타당하다.

#### (3) 법률상 이익이 있는 자의 분석

1) 법률상 이익에서 '법률(법규)'의 범위

a. 학 설 일반적인 견해는 처분의 근거법규의 규정과 취지, 관련법규의 규정과 취지 외에 헌법상 기본권 규정도 고려해야 한다는 입장이다.

b. 판 례 (가) 판례는 기본적으로 당해 처분의 근거가 되는 법규가 보호하는 이익만을 법률상 이익으로 본다(대판 1989. 5. 23. 88누8135).

(나) 최근에는 폐기물처리시설입지결정사건에서 근거법규 외에 관련법규까지 고려하여 법률상 이익을 판단하고 있다(대판 2005. 5. 12. 2004두14229).

(다) 하지만 헌법상의 기본권 및 기본원리를 법률상 이익의 해석에서 일반적으로 고려하지는 않는다. 다만, ⓐ 대법원은 접견허가거부처분사건에서 '접견권'을(대판 1992. 5. 8. 91누7552), ⓑ 헌법재판소는 국세청장의 납세병마개제조자지정처분과 관련된 헌법소원사건에서 '경쟁의 자유'를(헌재 1998. 4. 30. 97헌마141) 기본권이지만 법률상 이익으로 인정(또는 고려)하였다고 일반적으로 해석한다.

c. 검 토 취소소송은 법률상 보호이익의 구제를 목적으로 하는 소송(법률상 보호이익설)이기 때문에 처분의 근거법규의 규정과 취지, 관련법규의 규정과 취지 외에 기본권 규정도 고려해야 한다는 일반적인 견해가 타당하다.

2) '이익이 있는'의 의미

(가) 판례는 법률상의 이익이란 당해 처분등의 근거가 되는 법규에 의하여 보호되는 개별적·직접적이고 구체적인 이익을 말하고, 단지 간접적이거나 사실적·경제적인 이해관계를 가지는 데 불과한 경우에는 행정소송을 제기할 법률상의 이익이 아니라고 본다(대판 1992. 12. 8. 91누13700).

(나) 그리고 법률상 이익에 대한 침해 또는 침해 우려가 있어야 원고적격이 인정된다(대판 2006. 3. 16. 2006두330).

3) '자'의 범위

(가) 법률상 이익의 주체에는 자연인, 법인, 법인격 없는 단체, 다수인(행정소송법 제15조 참조)도 가능하다.

(나) 행정주체가 아닌 행정기관은 항고소송을 제기할 원고적격이 인정되지 않는다. 그러나 대법원은 경기도선거관리위원회 위원장이 국민권익위원회를 상대로 불이익처분원상회복등요구처분취소를 구한 사건에서 경기도선관위원장은 비록 국가기관이지만 원고적격을 가진다고 보았다(대판 2013. 7. 25. 2011두1214).

#### (4) 설 문

1) 갑이 을에게 발령된 시외버스 운송사업면허를 다투는 소송의 성질

갑과 을은 경쟁자관계에 있어 설문에서 갑이 제기하는 소송을 경쟁자소송이다. 경쟁자소송

이란 서로 경쟁관계에 있는 자들 사이에서 특정인에게 주어지는 수익적 행위가 제3자에게는 법률상 불이익을 초래하는 경우에 그 제3자가 자기의 법률상 이익의 침해를 다투는 소송을 말한다.

2) 갑의 원고적격 여부

a. 기존업자의 영업처분의 성질에 따른 판단 (가) 경쟁자소송의 경우 일반적 견해와 판례는 원칙적으로 행정청의 처분으로 침익적 효과를 받는 자가 영업을 하기 위해 받았던 처분이 학문상 특허처분(특정인에게 특정한 권리를 설정하는 행위)인 경우와 허가처분(경찰 목적으로 금지하였던 바를 해제하여 개인의 자유권을 회복시켜주는 행위)인 경우를 나누어 판단한다. 즉 특허인 경우(예: 여객자동차운송사업면허, 선박운송사업면허, 광업허가) 그 영업으로 인한 이익은 법률상 이익이지만, 허가인 경우(예: 숙박업허가, 석탄가공업허가, 공중목욕장업허가) 영업으로 인한 이익은 법률상 이익이 아니라고 본다. 그 이유는 특허의 경우 근거법규의 취지가 수특허자의 경영상 이익을 보호하기 위한 것인 반면, 허가의 경우 근거법규의 취지가 수허가자의 경영상 이익을 보호하기 위한 것이 아니기 때문이다.

(나) 설문의 시외버스 운송사업면허는 특정인에게 권리를 설정해주는 특허의 성질을 가진다. 일반적 견해와 판례는 강학상 특허는 상대방에게 일정한 권리나 능력 등의 법률상 힘을 발생시키기 때문에 특허를 받은 자의 이익은 법률상 이익으로 본다. 따라서 갑은 을에게 발령된 운송사업면허처분을 다툴 수 있다.

b. 보호규범론에 따른 판단 (가) 최근 특허와 허가의 구분이 상대화 되어가고 있는바 원고적격 인정 여부의 기준에 관해, 특허인지 허가인지가 아니라 보호규범론에 따라(근거·관련법규가 행정청의 의무와 사익보호성을 규정하고 있는가에 따라) 판단하는 판례도 있다. 즉, 법규에서 ⓐ 담배소매업 영업자 간에 거리제한을 두고 있는 경우 기존업자 이익을 법률상 이익이라고 하여 기존업자는 신규 담배소매인지정처분을 다툴 수 있다고 보았고(대판 2008. 3. 27. 2007두23811), ⓑ 기존 업체 시설이 과다한 경우 분뇨등 수집·운반업에 대한 추가 허가를 제한할 수 있는 가능성을 규정하는 경우에도 기존업자의 이익을 법률상 이익이라고 하여 신규업자에 대한 분뇨등 관련 영업허가를 다툴 수 있다고 보았다(대판 2006. 7. 28. 2004두6716).

(나) 여객자동차운수사업법은 공공복리증진 외에도 노선 또는 사업구역의 수요·공급 등을 고려하여 영업자간의 과당경쟁을 방지하는 취지도 포함하고 있다고 보아야 하기 때문에, 갑은 동법에 근거하여 을에게 발령된 여객자동차운송사업면허의 취소를 구할 항고소송의 원고적격을 인정받을 수 있다.

### 3. 소 결

취소소송의 제소요건을 모두 구비하고 있기 때문에 갑은 X의 을에 대한 시외버스 운송사업면허에 대하여 행정소송을 제기할 수 있다.

**기출 09** (2) 법원은 X의 을에 대한 시외버스 운송사업면허처분에 위법사유가 발견되어 갑의 행정소송을 인용하고 을에 대한 시외버스 운송사업면허처분을 취소하고자 한다. 그러나 이미 많은 시민들이 을이 운영하는 버스를 이용하고 있다는 이유로 면허취소판결을 하지 아니할 수 있는가? 10.

## Ⅱ. 사정판결의 가능성

### 1. 문제 상황

을에게 발령된 시외버스운송사업면허가 위법하다고 하여도 을의 운송사업면허가 취소되어 시민들의 불편이 예상되는 등의 공익적 사정이 있다면 법원은 갑의 소송을 기각할 수 있는지 즉 사정판결이 가능한지가 문제된다.

### 2. 사정판결의 의의

사정판결이란 원고의 청구가 이유있다고 인정하는 경우에도 처분 등을 취소하는 것이 현저히 공공복리에 적합하지 아니하다고 인정하는 때에는 법원이 원고의 청구를 기각할 수 있는 판결제도를 의미한다(행정소송법 제28조). 사정판결은 법치주의의 예외현상으로 공공복리를 위해 인정하는 것이므로 엄격한 요건하에 제한적으로 인정되어야 한다(대판 1991. 5. 28. 90누1359).

### 3. 요　　건

#### (1) 원고의 청구가 이유 있을 것

원고의 청구는 행정청의 처분이 위법하다는 것이므로 원고의 청구가 이유 있다는 것은 행정청의 처분이 위법한 경우를 말한다.

#### (2) 처분등을 취소하는 것이 현저히 공공복리에 적합하지 아니할 것

'공공복리'란 급부행정 분야만을 말하는 것은 아니며 질서행정 분야까지 포함하는 넓은 개념이다. 그리고 공익성판단의 기준시점은 처분의 위법성 판단의 기준시점과 구별된다. 따라서 처분의 위법성 판단 기준시점은 처분시설이 다수설과 판례의 입장이지만, 사정판결에서 공익성 판단은 변론종결시를 기준으로 한다(대판 1970. 3. 24. 69누29).

#### (3) 당사자의 주장(항변)없이도 사정판결이 가능한지 여부

1) 학　　설

ⓐ 행정소송법 제26조를 근거로 당사자의 주장이나 피고의 항변이 없더라도 법원의 직권탐지기능에 따라 가능하다는 긍정설, ⓑ 행정소송법 제26조를 근거로 당사자의 명백한 주장이 없는 경우에도 기록에 나타난 여러 사정을 기초로 직권으로 사정판결할 수 있다는 제한적 긍정설, ⓒ 행정소송법이 제26조를 규정하고 있다고 하더라도 민사소송법상의 변론주의가 전적으로 배제되는 것이 아니므로(행정소송법 제8조 제2항) 당사자의 주장·항변 없이는 직권으로 사정판결이

불가능하다는 부정설(다수설)이 대립된다.

2) 판 례

판례는 행정소송법 제26조를 근거로 당사자의 명백한 주장이 없는 경우에도 기록에 나타난 여러 사정을 기초로 직권으로 사정판결할 수 있다고 본다(대판 2006. 9. 22. 2005두2506)(제한적 긍정).

3) 검 토

행정소송법 제26조의 직권심리주의는 실체적 적법성보장(처분의 위법·적법성 규명)을 위해 인정되는 것이고 사정판결제도는 기성사실의 존중의 필요성을 근거로 인정되는 것이므로, 양자는 취지를 달리하기 때문에 행정소송법 제26조를 근거로 당사자의 주장이나 항변 없이도 사정판결을 할 수 있다는 견해는 부당하며, 부정하는 견해가 타당하다.

### 4. 설 문

을에 대한 시외버스 운송사업면허처분이 위법하지만, 이미 많은 시민들이 을이 운영하는 버스를 이용하고 있다는 사정이 있어 을의 운송사업면허를 취소함이 현저히 공공복리에 적합하지 않다. 따라서 행정청이 사정판결할 것을 주장한다면 법원은 사정판결을 할 수 있다(면허취소판결을 아니할 수 있다).

**기출 09** (3) 위 사안에서 갑이 을에 대한 시외버스 운송사업면허의 취소를 구하는 행정심판을 제기하여 인용재결을 받았다면, 을은 무엇을 대상으로 어떠한 쟁송수단을 강구할 수 있는가? 15.

## Ⅲ. 취소심판의 인용재결이 있는 경우 소송의 대상

### 1. 문제 상황

설문에서는 경쟁자관계에 있는 갑이 을에게 발령된 시외버스운송사업면허처분에 대해 행정심판을 제기하여 인용재결을 받았다면 을은 무엇을 대상으로 쟁송을 제기해야 하는지가 행정소송법 제19조 단서의 원처분주의와 관련해 문제된다. 즉, 을의 입장에서 자신이 받았던 처분은 수익적인 시외버스 운송사업면허이므로 이는 다툴 필요가 없고, 행정심판위원회의 인용재결을 다투어야 하는데 행정소송법 제19조 단서는 원칙적으로 원처분을 다투어야 하고 재결은 예외적인 경우 소송의 대상이 된다고 규정하고 있기 때문이다(행정심판법 제43조 제3항은 취소심판의 인용재결에 대해 취소, 변경, 변경명령재결로 구분하고 있지만, 설문과 관련해서는 취소재결에 한하여 논의를 전개한다).

### 2. 재결소송의 개념

#### (1) 재결소송의 의의

재결소송이란 재결을 분쟁대상으로 하는 항고소송을 말한다. 여기서 재결이란 행정심판법에서 말하는 재결(행정심판법 제2조 3. '재결'이란 행정심판의 청구에 대하여 행정심판법 제6조에 따른 행정심판위원회가 행하는 판단을 말한다)만을 뜻하는 것은 아니라 개별법상의 행정심판이나 이의신청에 따른 재결도 포함된다.

(2) 원처분주의

행정소송법상 재결에 대한 취소소송은 재결 자체에 고유한 위법이 있는 경우에 한한다(행정소송법 제19조 단서). 즉 취소소송은 원칙적으로 원처분을 대상으로 해야 하며, 재결은 예외적으로만 취소소송의 대상이 될 수 있다. 이를 원처분주의라고 하며 재결주의(재결만이 항고소송의 대상이며, 재결소송에서 재결의 위법뿐만 아니라 원처분의 위법도 주장할 수 있다는 입장)와 구별된다.

### 3. 재결(취소)소송의 사유

(1) '재결 자체에 고유한 위법'의 의의

재결소송은 재결 자체에 고유한 위법(원처분에는 없는 재결만의 고유한 위법)이 있는 경우에 가능하다. 여기서 '재결 자체에 고유한 위법'이란 재결 자체에 주체·절차·형식 그리고 내용상의 위법이 있는 경우를 말한다. 그리고 재결(심리)의 범위를 벗어난 재결(행정심판법 제47조 ① 위원회는 심판청구의 대상이 되는 처분 또는 부작위 외의 사항에 대하여는 재결하지 못한다. ② 위원회는 심판청구의 대상이 되는 처분보다 청구인에게 불리한 재결을 하지 못한다)도 재결만의 고유한 하자가 될 수 있다.

(2) 주체·절차·형식의 위법

① 권한이 없는 기관이 재결하거나 행정심판위원회의 구성원에 결격자가 있다거나 정족수 흠결 등의 사유가 있는 경우 주체의 위법에 해당한다. ② 절차의 위법은 행정심판법상의 심판절차를 준수하지 않은 경우를 말한다. ③ 형식의 위법은 서면에 의하지 아니하고 구두로 한 재결이나 행정심판법 제46조 제2항 소정의 주요기재 사항이 누락된 경우 등을 말한다.

(3) 내용의 위법

내용상의 위법에 대해서는 학설이 대립된다. ① 내용의 위법은 재결 자체의 고유한 위법에 포함되지 않는다는 견해도 있고, 내용상의 위법도 포함된다는 견해(다수견해)도 있다. ② 판례는 「행정소송법 제19조에서 말하는 재결 자체에 고유한 위법이란 원처분에는 없고 재결에만 있는 재결청(현행법상으로는 위원회)의 권한 또는 구성의 위법, 재결의 절차나 형식의 위법, 내용의 위법 등을 뜻하고, 그 중 내용의 위법에는 위법·부당하게 인용재결을 한 경우가 해당한다(대판 1997. 9. 12. 96누14661)」고 판시하고 있다. ③ 재결이 원처분과는 달리 새롭게 권리·의무에 위법한 변동(침해)을 초래하는 경우도 재결 자체의 고유한 위법이므로 내용상 위법이 포함된다는 견해가 타당하다.

### (4) 인용재결의 경우

1) 문 제 점

행정심판청구인은 자신의 심판청구가 받아들여진 인용재결에 대하여서는 불복할 이유가 없다. 그러나 인용재결로 말미암아 권리침해 등의 불이익을 받게 되는 제3자는 인용재결을 다툴 필요가 있다. 다만 제3자효 있는 행정행위에서 인용재결을 제3자가 다투는 경우 소송의 성질에 관해 학설의 대립이 있다.

2) 학 설

ⓐ 인용재결은 원처분과 내용을 달리하는 것이므로 인용재결의 취소를 주장하는 것은 원처분에 없는 재결에 고유한 하자를 주장하는 셈이어서 인용재결의 취소를 구하는 소송은 재결취소소송이라는 견해(다수견해), ⓑ 재결이란 행정청의 위법 또는 부당한 처분이나 부작위에 불복하여 행정심판을 제기한 경우 위원회 등이 행한 판단을 말하는데, 이 경우 인용재결은 제3자가 불복하여 위원회 등이 행한 판단이 아니기 때문에 이는 형식상으로는 재결이나 제3자에게는 실질적으로 처분이며, 따라서 이 인용재결을 다투는 것은 재결취소소송이 아니라 처분취소소송이라는 견해도 있다.

3) 판 례

위원회의 인용재결로 비로소 권리·이익의 침해를 받은 제3자가 인용재결을 다투는 경우 그 인용재결은 원처분과 내용을 달리하는 것이므로 판례는 이를 재결취소소송으로 본다(대판 1997. 12. 23. 96누10911).

4) 검 토

이때 인용재결은 제3자의 심판제기로 이루어진 것은 아니라고 할지라도 이미 원처분은 존재하기 때문에 인용재결에 대한 소송은 재결취소소송으로 보는 것이 타당하다.

### (5) 설 문

(가) 을은 자신에게 수익적인 시외버스 운송사업면허를 다툴 이유는 없고 위원회의 취소재결을 다투어야 하는데, 위원회의 취소재결은 원처분인 시외버스 운송사업면허와는 내용을 달리하기 때문에 재결 자체에 고유한 위법이 있는 경우에 해당한다. 따라서 을은 행정심판위원회를 상대로 취소재결의 취소(무효확인)소송을 제기하여야 한다.

(나) 판례도 「원처분의 상대방이 아닌 제3자가 행정심판을 청구하여 재결청이 원처분을 취소하는 형성재결을 한 경우에 그 원처분의 상대방은 그 재결에 대하여 항고소송을 제기할 수밖에 없고, 이 경우 재결은 원처분과 내용을 달리하는 것이어서 재결의 취소를 구하는 것은 원처분에 없는 재결 고유의 위법을 주장하는 것이 된다(대판 1998. 4. 24. 97누17131)」고 본다.

기출 10 〈제3문〉

Y구 의회의원 갑은 평소 의원간담회나 각종 회의 때 동료의원의 의견을 무시한 채 자기만의 독단적인 발언과 주장으로 회의분위기를 망치고, 'Y구 의회는 탄압의회'라고 적힌 현수막을 Y구 청사현관에 부착하고 홀로 철야농성을 하였으며, 만취한 상태에서 공무원의 멱살을 잡는 등 추태를 부려 의원으로서의 품위를 현저히 손상하였다. 이에 Y구 의회는 갑을 의원직에서 제명하는 의결을 하였다.

(1) 갑은 위 제명의결에 대하여 행정소송을 제기할 수 있는가? 10.

(2) 만일 법원이 갑의 행정소송을 받아들여 소송의 계속 중 갑의 임기가 만료되었다면, 수소법원은 어떠한 판결을 하여야 하는가? 10.

[제53회 행정고시(2009년)]

**기출 10** (1) 갑은 위 제명의결에 대하여 행정소송을 제기할 수 있는가? 10.

# Ⅰ. 제명의결에 대한 행정소송의 제기가능성

## 1. 소송요건 일반(취소소송임을 전제)

(가) 갑의 취소소송은 관할권 있는 법원에(행정소송법 제9조), 원고적격(동법 제12조)과 피고적격을 갖추어(동법 제13조), 처분 등을 대상으로(동법 제19조), 제소기간 내에(동법 제20조) 제기하고, 그 밖에 권리보호필요성 요건을 갖추고 있어야 한다.

(나) 먼저 제명의결이 취소소송의 대상인 처분인지가 문제되고, 갑이 취소소송을 제기하는 경우 침익적 행위의 상대방이므로 원고적격은 문제되지 않지만 피고가 누구인지를 검토해야 한다.

## 2. 제명의결이 취소소송의 대상인지 여부

### (1) 문 제 점

(가) 취소소송의 대상에 대해 행정소송법 제19조 본문은 "취소소송은 처분등을 대상으로 한다"고 규정하고, 동법 제2조 제1항 제1호는 취소소송의 대상인 '처분등'을 ① 처분인 ⓐ 공권력의 행사, ⓑ 그 거부, ⓒ 그 밖에 이에 준하는 행정작용과 ② 행정심판에 대한 재결이라고 정의하고 있다.

(나) 설문에서는 적극적 공권력행사가 문제되는데, 먼저 행정행위와 처분의 관계를 검토한 후 제명의결이 취소소송의 대상인 처분인지를 살펴본다.

### (2) 행정행위와 처분의 관계

1) 문 제 점

학문상 개념인 행정행위와는 달리 행정소송법 제2조 제1항 제1호는 취소소송의 대상인 '처분'을 "행정청이 행하는 구체적 사실에 관한 법집행으로서의 공권력의 행사 또는 그 거부와 그 밖에 이에 준하는 행정작용"이라고 정의하고 있다. 이처럼 행정소송법은 '처분'개념을 광의로 정의(그 밖에 이에 준하는 행정작용)하고 있어 행정소송법상의 처분개념이 강학상 개념인 행정행위와 동일한 것인지에 대해 학설이 대립된다.

2) 학 설

a. 실체법적 (행정행위) 개념설(일원설, 형식적 행정행위 부정설) 행정쟁송법상 처분을 강학상 행정행위와 동일한 것으로 보는 입장이다. 행정소송법 제2조 제1항 제1호는 처분을 '공권력의 행사(또는 그 거부)'와 '이에 준하는 행정작용'이라고 규정하지만 '이에 준하는 행정작용'은 공권력행사에 준하는 행정작용을 말하는 것이며, 쟁송법적 개념설이 처분개념에 포함시키고 있는 비권력적 행정작용에 대한 권리구제수단은 항고소송이 아니라 당사자소송(비권력적 사실행위로

발생한 법률관계를 다투는 당사자소송)이나 법정외소송(일반적 이행소송)을 활용해야 한다는 점을 근거로 한다(김남진 · 김연태, 류지태 · 박종수, 박윤흔 · 정형근, 김성수, 정하중).

b. 쟁송법적 (행정행위) 개념설(이원설, 형식적 행정행위 긍정설) 행정쟁송법상 처분을 강학상 행정행위와는 별개의 것으로 보는 입장이다. 행정소송법 제2조 제1항 제1호는 처분개념에 '공권력의 행사(또는 그 거부)'에 '이에 준하는 행정작용'을 더하고 있기 때문에 현행법상 처분은 강학상 행정행위보다 더 광의의 개념으로 보아야 하며, 다양한 행정작용(특히 비권력적 행정작용)에 대해 항고소송을 인정함으로써 실효적인 권리구제가 가능하다는 점을 근거로 한다(김동희, 박균성).

3) 판　　례

판례는 쟁송법적 개념설이 대표적으로 주장하는 비권력적 사실행위에 대해 처분성을 부정하고 있어 기본적으로 실체법적 개념설의 입장이다. 다만, 처분개념이 확대될 여지를 인정한 판결도 있다(행정청의 어떤 행위를 행정처분으로 볼 것이냐의 문제는 … 행정처분이 그 주체, 내용, 절차, 형식에 있어서 어느 정도 성립 내지 효력요건을 충족하느냐에 따라 개별적으로 결정하여야 하며, … 행정청의 행위로 인하여 그 상대방이 입는 불이익 내지 불안이 있는지 여부도 그 당시에 있어서의 법치행정의 정도와 국민의 권리의식 수준 등은 물론 행위에 관련한 당해 행정청의 태도 등도 고려하여 판단하여야 한다(대판 1993. 12. 10. 93누12619)).

4) 검　　토

취소소송은 법률관계를 발생시키는 행정작용의 효력을 깨뜨리기 위한 형성소송(행정소송법 제29조 제1항 참조)이므로 취소소송의 대상을 법률관계를 발생시키는 행정행위에 한정하는 실체법적 개념설이 타당하다.

### (3) 항고소송의 대상인 적극적 처분의 요건

1) 행정청의 적극적인 공권력 행사

ⓐ 행정청(전통적 의미의 행정청뿐만 아니라 합의제기관, 실질적 의미의 처분을 하는 경우 법원이나 국회의 기관, 행정소송법 제2조 제2항의 행정청등 자신의 명의로 처분을 할 수 있는 모든 행정청(기능적 의미의 행정청)을 말한다)이 행하는 행위로 ⓑ 구체적 사실(규율대상이 구체적 — 시간적으로 1회적, 공간적으로 한정 — 이어야 한다)에 대한 ⓒ 법집행행위(입법이 아니라 법의 집행행위라야 한다)이며 ⓓ 공권력행사(행정청이 공법에 근거하여 우월한 지위에서 일방적으로 행사하여야 한다)이어야 한다.

2) 법적 행위

a. 문 제 점 '법적 행위'는 행정소송법 제2조 제1항 제1호의 처분개념의 요소는 아니다. 그러나 판례와 전통적인 견해는 취소소송의 본질을 위법한 법률관계의 소급적 제거로 이해하기 때문에(=취소소송을 형성소송으로 보기 때문) 법적 행위를 항고소송의 대상인 처분의 요건으로 본다. 이러한 견해에 따르면 항고소송의 대상이 되는 처분은 행정소송법 제2조 제1항 제1호의 처분의 개념요소를 구비하는 것 외에 법적 행위일 것을 요한다(무효등확인소송과 부작위위법확인소송도 행정소송법 제38조 제1항, 제2항에서 취소소송의 대상(동법 제19조)을 준용하고 있기 때문에 취소소송의 대상과 나머지 항고소송의 대상은 같다).

b. 내 용 법적 행위란 ① 외부적 행위이며 ② 권리·의무와 직접 관련되는 행위를 말한다. 판례도 「항고소송의 대상이 되는 행정처분이라 함은 행정청의 공법상의 행위로서 특정 사항에 대하여 법규에 의한 권리의 설정 또는 의무의 부담을 명하거나 기타 법률상 효과를 발생하게 하는 등 국민의 구체적인 권리의무에 직접적 변동을 초래하는 행위를 말하는 것이고, … 상대방 또는 기타 관계자들의 법률상 지위에 직접적인 법률적 변동을 일으키지 아니하는 행위 등은 항고소송의 대상이 될 수 없다(대판 2008. 9. 11. 2006두18362)」고 한다.

(4) 설 문

(가) 설문의 제명의결은 행정청인 지방의회가 행하는 갑 의원의 품위손상행위라는 사실에 대한 법집행행위(지방자치법 제88조 제1항 제4호)로 우월한 지위에서 일방적으로 행하는 공권력 행사에 해당한다.

(나) 그리고 의원에 대한 징계로서 제명의결은 상대방의 권리·의무에 직접 영향을 미치는 행위이기 때문에 법적 행위이다. 따라서 항고소송의 대상인 처분이다.

(다) 판례도 「지방자치법 제78조 내지 제81조의 규정에 의거한 지방의회의 의원징계의결은 그로 인해 의원의 권리에 직접 법률효과를 미치는 행정처분의 일종으로서 행정소송의 대상이 된다(대판 1993. 11. 26. 93누7341)」고 본다.

## 3. 피고적격

### (1) 취소소송의 피고적격

(가) 다른 법률에 특별한 규정이 없는 한 취소소송에서는 그 처분등을 행한 행정청이 피고가 된다(행정소송법 제13조 제1항 본문). 재결소송의 경우는 위원회가 피고가 된다. 논리적으로 보면 피고는 처분등의 효과가 귀속하는 권리주체인 국가나 지방자치단체가 되어야 하지만, 행정소송법은 소송수행의 편의를 위해 행정청을 피고로 규정하고 있다(당사자소송은 권리주체를 피고로 한다. 행정소송법 제39조 참조).

(나) '처분등을 행한 행정청'이란 원칙적으로 소송의 대상인 처분등을 외부에 자신의 명의로 행한 행정청을 의미한다. 합의제기관(예: 방송위원회, 공정거래위원회) 외에 법원이나 국회의 기관도 실질적 의미의 행정적인 처분을 하는 범위에서 행정청에 속한다(예: 법원장의 법원공무원에 대한 징계처분을 다투는 경우 법원장, 지방의회의 지방의회의원에 대한 징계나 지방의회의장에 대한 불신임의결을 다투는 경우 지방의회).

### (2) 설 문

취소소송의 피고는 처분청이지만, 그 처분청은 기능적 의미의 행정청을 말하기 때문에 제명의결 취소소송의 피고는 지방의회가 된다.

### 4. 소 결

갑은 지방의회를 상대로 제명의결 취소소송을 제기할 수 있다.

**기출 10** (2) 만일 법원이 갑의 행정소송을 받아들여 소송의 계속 중 갑의 임기가 만료되었다면, 수소법원은 어떠한 판결을 하여야 하는가? 10.

## Ⅱ. 제명의결 취소소송 중 임기가 만료된 경우 법원의 판결

### 1. 문제 상황

갑은 제명의결에 대해 취소소송을 제기할 수 있지만, 해당 소송 중 임기가 만료된다면 소송에서 인용판결을 받을지라도 지방의회의원으로서의 지위를 회복할 수 없다. 따라서 권리보호필요성이 없을 것이다. 다만 행정소송법 제12조 제2문은 회복되는 법률상 이익이 있는 경우 예외로 보기 때문에 이 부분을 검토해야 한다(소송요건). 또한 설문은 어떤 판결을 해야 하는지도 묻고 있는바, 지방의회가 갑을 제명의결한 것이 재량권 일탈·남용은 아닌지도 검토해 본다(본안요건).

### 2. 권리보호필요성 여부(소송요건 관련)

#### (1) 의 의

권리보호필요성(=협의의 소익)이란 원고의 재판청구에 대하여 법원이 판단을 행할 구체적 실익 내지 필요성을 말한다.

#### (2) 권리보호필요성이 부정되는 경우

취소소송에서 대상적격과 원고적격이 인정된다면 협의의 소익은 일반적으로는 긍정된다. 그러나 ⓐ 보다 간이한 방법이 있는 경우, ⓑ 원고가 추구하는 권리보호가 오로지 이론상으로만 의미 있는 경우, ⓒ 소권남용금지에 해당하는 경우에는 협의의 소익은 부정된다.

#### (3) 처분의 효력이 소멸된 경우

1) 문 제 점

처분의 효력이 소멸된 경우에는 일반적으로 처분의 취소를 구할 권리보호필요성은 없다(앞의 '② 원고가 추구하는 권리보호가 오로지 이론상으로만 의미 있는 경우'에 해당한다). 그러나 행정소송법 제12조 제2문은 "처분등의 효과가 기간의 경과, 처분등의 집행 그 밖의 사유로 인하여 소멸된 뒤에도 그 처분등의 취소로 인하여 회복되는 법률상 이익이 있는 경우에는 소의 이익이 있다"고 규정하여 처분등의 효과가 소멸된 후에도 이를 다툴 소의 이익을 인정하고 있어 문제가 된다.

2) 행정소송법 제12조 제2문 일반론

a. 소송의 성격 ① ⓐ 취소소송으로 보는 견해(위법한 처분의 효력은 소멸되었으나 처분의 외관이 존재하는 경우 그 처분에 대한 취소청구는 단지 확인의 의미를 넘어서 형성소송으로서의 성격을 가지므로 행정소송법 제12조 제2문에 따른 소송을 취소소송으로 보는 견해이다)와 ⓑ 계속적(사후적) 확인소송으로 보는 견해(제재기간의 경과 등으로 소멸해버린 처분을 '취소'하거나 '취소로 인해 회복되는' 법률상 이익이 있다고 함은 이론상 불가능하므로 행정소송법 제12조 제2문의 문언이 '취소'소송으로 되어 있더라도 취소소송이 아니라 '확인'소송으로 보는 것이 타당하다는 견해이다)가 대립된다. ② 처분의 효력이 소멸된 후에는 취소가 불가능하기에 행정소송법 제12조 제2문의 소송은 (사후적) 확인소송으로 봄이 타당하다.

b. 소송요건으로서의 지위(제12조 제2문의 성격) ① ⓐ 협의의 소익에 관한 조항이라는 견해(행정소송법 제12조 제1문은 원고적격에 관한 것이고, 제2문은 협의의 소익에 관하여 규정한 것이라고 본다(입법상 과오설))와 ⓑ 원고적격 조항이라는 견해(행정소송법 제12조 제1문은 처분의 효력이 존재하는 경우의 원고적격조항이며, 제2문은 처분의 효력이 사후에 소멸된 경우의 원고적격조항이라고 본다(입법상 비과오설))가 대립된다. ② 행정소송법 제12조 제2문은 처분 등의 취소로 인하여 '회복되는 법률상 이익'이라고 하고 있어 그 이익은 협의의 소익으로 보는 것이 타당하다(다수설).

c. '회복되는 법률상 이익'의 의미(범위) ① ⓐ 회복되는 법률상 이익(제2문)을 원고적격의 법률상 이익(제1문)과 같은 개념으로 보고, 명예·신용 등은 포함되지 않는다고 보는 견해(제1설)와 ⓑ 회복되는 법률상 이익(제2문)을 원고적격으로서의 법률상 이익(제1문)보다 넓은 개념으로 원고의 경제·정치·사회·문화적 이익을 모두 포함하는 개념으로 보는 견해(제2설)가 대립된다. ② 판례는 제2문의 회복되는 법률상 이익과 제1문의 법률상 이익을 구별하지 않고, 간접적·사실적·경제적 이해관계나 명예, 신용 등의 인격적 이익을 가지는 데 불과한 경우는 법률상 이익에 해당하지 않는다고 본다(제1설)(대판(전원) 1995. 10. 17. 94누14148). ③ 제12조 제2문을 협의의 소익조항으로 본다면 제1문과 제2문의 이익을 일치시킬 필요가 없으며, 권리구제의 확대라는 면에서 제2설이 타당하다.

3) 권리보호필요성이 인정되는 경우

행정소송법 제12조 제2문은 처분등의 효과가 소멸되는 사유로 ① 기간의 경과, ② 처분등의 집행, ③ 그 밖의 사유를 들면서 이 경우에도 처분등의 취소로 회복되는 법률상 이익이 있다면 권리보호필요성을 인정하고 있다.

4) 설 문

㈎ 설문은 제명의결에 대한 취소소송 중 임기가 만료된 경우이기 때문에 위의 ③ 그 밖의 사유로 처분의 효과가 소멸된 경우에 해당한다.

㈏ 그리고 갑은 지방의회를 상대로 제명의결 취소소송 계속 중 임기가 만료되었지만, 제명의결이 위법하다면 제명의결시부터 임기만료일까지의 기간에 대해 월정수당의 지급을 구할 수 있는 등의 이익이 있기 때문에 처분등의 취소로 회복되는 법률상 이익이 있는 경우에 해당한다.

㈐ 판례도 「원고가 이 사건 제명의결 취소소송 계속중 임기가 만료되어 제명의결의 취소로

지방의회 의원으로서의 지위를 회복할 수는 없다 할지라도, 그 취소로 인하여 최소한 제명의결 시부터 임기만료일까지의 기간에 대해 월정수당의 지급을 구할 수 있는 등 여전히 그 제명의결의 취소를 구할 법률상 이익은 남아 있다고 보아야 한다(대판 2009. 1. 30. 2007두13487)」고 하여 권리보호필요성을 인정한다.

### 3. 재량권 일탈 · 남용 여부(본안요건 관련)

㈎ 지방자치법 제86조는 징계의 사유를 '지방의회는 의원이 이 법이나 자치법규에 위배되는 행위를 하면 의결로써 징계할 수 있다'고 규정하고, 동법 제88조 제1항은 징계의 종류를 '1. 공개회의에서의 경고 2. 공개회의에서의 사과 3. 30일 이내의 출석정지 4. 제명'으로 규정한다. 즉 징계의 종류는 재량이지만 설문과 관련해 갑에게 대한 제명의결이 재량권 일탈 · 남용이 아닌지가 문제된다.

㈏ 설문에서 갑이 평소 의원간담회나 각종 회의 때 동료의원의 의견을 무시한 채 자기만의 독단적인 발언과 주장으로 회의분위기를 망치고, 'Y구 의회는 탄압의회'라고 적힌 현수막을 Y구 청사현관에 부착하고 홀로 철야농성을 하였으며, 만취한 상태에서 공무원의 멱살을 잡는 등 추태를 부려 의원으로서의 품위를 현저히 손상하였다면 지방의회의 제명의결은 비례원칙에 반한다고 보기 어렵다. 따라서 갑에 대한 제명의결은 적법한 처분이다.

### 4. 소 결

제명의결 취소소송 중 지방의회의원인 갑의 임기가 만료되었다고 하더라도 해당 소송은 권리보호필요성을 갖추고 있어 그 소송은 각하되지 않는다. 그러나 제명의결은 비례원칙에 위반되는 과도한 처분이라고 보기 어려워 수소법원은 갑의 소송에 대해 기각판결을 해야 한다.

기출 11 〈제1문〉

행정청 을의 관할 구역 내에 있는 A도시공원을 찾는 등산객이 증가하고 있다. 등산객들이 공원입구를 주차장처럼 이용하여 공원의 경관과 이미지를 훼손하고 있다. 이에 관할 행정청 을은 이곳에 휴게 광장을 조성하여 주민들에게 만남의 장소를 제공하고, 도시 경관을 향상시키기 위해 갑의 토지를 포함한 일단의 지역에 대해서 광장의 설치를 목적으로 하는 도시관리계획을 입안·결정하였다. 그런데 행정청 을은 지역 발전에 대한 의욕이 앞선 나머지 인구, 교통, 환경, 토지이용 등에 대한 기초조사를 하지 않고 도시관리계획을 입안·결정하였다. 갑은 자신의 토지 전부를 광장에 포함시키는 을의 도시관리계획 입안·결정이 법적으로 문제가 있다고 보고, 위 도시관리계획결정의 취소를 구하는 소송을 제기하였다.

(1) 위 취소소송에서 갑의 청구는 인용될 수 있는가? 30.

(2) 갑의 청구가 인용된 경우에 행정청 을은 동일한 내용의 도시관리계획결정을 할 수 있는가? 20.

[제51회 사법시험(2009년)]

참조조문

국토의 계획 및 이용에 관한 법률

제13조(광역도시계획의 수립을 위한 기초조사) ① 국토해양부장관, 시·도시자, 시장 또는 군수는 광역도시계획을 수립하거나 변경하려면 미리 인구, 경제, 사회, 문화, 토지 이용, 환경, 교통, 주택, 그 밖에 대통령령으로 정하는 사항 중 그 광역도시계획의 수립 또는 변경에 필요한 사항을 대통령령으로 정하는 바에 따라 조사하거나 측량하여야 한다.

제27조(도시관리계획의 입안을 위한 기초조사 등) ① 도시관리계획을 입안하는 경우에는 제13조를 준용한다.

**기출 11** (1) 위 취소소송에서 갑의 청구는 인용될 수 있는가? 30.

# Ⅰ. 취소소송의 인용가능성

## 1. 문제 상황

갑의 취소소송의 인용가능성에서는 소송요건과 관련해서는 대상적격과 원고적격이 특히 문제되고, 본안요건인 도시관리계획결정의 위법성과 관련해서는 기초조사를 하지 않은 절차적 위법성 그리고 계획재량에 있어 형량명령에 위반(내용상 위법성)되는 것은 아닌지가 문제된다.

## 2. 소송요건의 구비 여부

### (1) 소송요건 일반

(가) 갑의 취소소송은 관할권 있는 법원에(행정소송법 제9조), 원고적격(동법 제12조)과 피고적격을 갖추어(동법 제13조), 처분등을 대상으로(동법 제19조), 제소기간 내에(동법 제20조), 권리보호필요성 요건을 갖추고 있어야 한다.

(나) 설문의 경우는 다른 요건은 문제되지 않고 대상적격과 원고적격이 특히 문제된다.

### (2) 도시관리계획결정이 항고소송의 대상이 되는 처분인지 여부

1) 문 제 점

도시관리계획결정이 항고소송의 대상이 되는지를 밝히기 위해서는 먼저 행정계획의 법적 성질을 살펴보고, 그 성질 여하에 따라 행정소송법상 처분개념에 포섭되는지 검토해야 한다.

2) 행정계획의 법적 성격

a. 학 설 ① 입법행위설(행정계획은 국민을 향한 일반·추상적인 규율이라는 견해이다), ② 행정행위설(행정계획이 고시나 공고되면 각종의 권리제한 등의 효과를 가져오기 때문에 행정행위라는 견해이다), ③ 혼합행위설(입법과 행정행위의 혼합이라는 견해이다), ④ 독자성설(입법도 아니고 행정행위도 아닌 이질적 유형이라는 견해이다), ⑤ 개별검토설(복수성질설)(행정계획은 그 내용에 따라 법규명령(입법)적인 것도 있고 행정행위에 해당하는 것도 있으므로 개별적으로 검토해 보아야 한다는 견해이다)(통설)이 대립된다.

b. 판 례 판례는 ⓐ 도시관리계획결정(현행 도시·군 관리계획결정)의 처분성은 긍정한 반면(대판 1982. 3. 9. 80누105), ⓑ 도시기본계획(현행 도시·군 기본계획)의 처분성을 부정한 바 있다(대판 2002. 10. 11. 2000두8226). ⓒ 또한 재건축조합이 도시 및 주거환경정비법에 따라 수립하는 관리처분계획은 항고소송의 대상인 처분으로 본다(대판(전원) 2009. 9. 17. 2007다2428). 결국 판례도 행정계획의 법적 성질을 개별적으로 판단한다.

c. 검 토 행정계획은 종류와 내용이 매우 다양하고 상이한바, 모든 종류의 계획에 적합한 하나의 법적 성격을 부여한다는 것은 불가능하다. 따라서 행정계획은 법규범으로 나타날 수도 있고, 행정행위로 나타날 수도 있고 단순한 사실행위로 나타날 수도 있는 것이므로 계

획의 법적 성질은 개별적으로 검토되어야 한다(개별검토설).

3) 설문의 도시관리계획결정이 항고소송의 대상이 되는지 여부

a. 문 제 점  ㈎ 취소소송의 대상에 대해 행정소송법 제19조 본문은 "취소소송은 처분등을 대상으로 한다"고 규정하고, 동법 제2조 제1항 제1호는 취소소송의 대상인 '처분등'을 ① 처분인 ⓐ 공권력의 행사, ⓑ 그 거부, ⓒ 그 밖에 이에 준하는 행정작용과 ② 행정심판에 대한 재결이라고 정의하고 있다.

㈏ 설문에서는 적극적 공권력행사가 문제되는데, 먼저 행정행위와 처분의 관계를 검토한 후 도시관리계획결정이 항고소송의 대상인 처분인지를 살펴본다.

b. 행정행위와 처분의 관계

(i) 문 제 점  학문상 개념인 행정행위와는 달리 행정소송법 제2조 제1항 제1호는 취소소송의 대상인 '처분'을 "행정청이 행하는 구체적 사실에 관한 법집행으로서의 공권력의 행사 또는 그 거부와 그 밖에 이에 준하는 행정작용"이라고 정의하고 있다. 이처럼 행정소송법은 '처분'개념을 광의로 정의(그 밖에 이에 준하는 행정작용)하고 있어 행정소송법상의 처분개념이 강학상 개념인 행정행위와 동일한 것인지에 대해 학설이 대립된다.

(ii) 학  설

ⓐ 실체법적 (행정행위) 개념설(일원설, 형식적 행정행위 부정설)  행정쟁송법상 처분을 강학상 행정행위와 동일한 것으로 보는 입장이다. 행정소송법 제2조 제1항 제1호는 처분을 '공권력의 행사(또는 그 거부)'와 '이에 준하는 행정작용'이라고 규정하지만 '이에 준하는 행정작용'은 공권력행사에 준하는 행정작용을 말하는 것이며, 쟁송법적 개념설이 처분개념에 포함시키고 있는 비권력적 행정작용에 대한 권리구제수단은 항고소송이 아니라 당사자소송(비권력적 사실행위로 발생한 법률관계를 다투는 당사자소송)이나 법정외소송(일반적 이행소송)을 활용해야 한다는 점을 근거로 한다(김남진·김연태, 류지태·박종수, 박윤흔·정형근, 김성수, 정하중).

ⓑ 쟁송법적 (행정행위) 개념설(이원설, 형식적 행정행위 긍정설)  행정쟁송법상 처분을 강학상 행정행위와는 별개의 것으로 보는 입장이다. 행정소송법 제2조 제1항 제1호는 처분개념에 '공권력의 행사(또는 그 거부)'에 '이에 준하는 행정작용'을 더하고 있기 때문에 현행법상 처분은 강학상 행정행위보다 더 광의의 개념으로 보아야 하며, 다양한 행정작용(특히 비권력적 행정작용)에 대해 항고소송을 인정함으로써 실효적인 권리구제가 가능하다는 점을 근거로 한다(김동희, 박균성).

(iii) 판  례  판례는 쟁송법적 개념설이 대표적으로 주장하는 비권력적 사실행위에 대해 처분성을 부정하고 있어 기본적으로 실체법적 개념설의 입장이다. 다만, 처분개념이 확대될 여지를 인정한 판결도 있다(행정청의 어떤 행위를 행정처분으로 볼 것이냐의 문제는 … 행정처분이 그 주체, 내용, 절차, 형식에 있어서 어느 정도 성립 내지 효력요건을 충족하느냐에 따라 개별적으로 결정하여야 하며, … 행정청의 행위로 인하여 그 상대방이 입는 불이익 내지 불안이 있는지 여부도 그 당시에 있어서의 법치행정의 정도와 국민의 권리의식 수준 등은 물론 행위에 관련한 당해 행정청의 태도 등도 고려하여 판단하여야 한다(대판 1993. 12. 10. 93누12619)).

(ⅳ) 검　토　취소소송은 법률관계를 발생시키는 행정작용의 효력을 깨뜨리기 위한 형성소송(행정소송법 제29조 제1항 참조)이므로 취소소송의 대상을 법률관계를 발생시키는 행정행위에 한정하는 실체법적 개념설이 타당하다.

c. 항고소송의 대상인 적극적 처분의 요건

(ⅰ) 행정청의 적극적인 공권력 행사　ⓐ 행정청(전통적 의미의 행정청뿐만 아니라 합의제기관, 실질적 의미의 처분을 하는 경우 법원이나 국회의 기관, 행정소송법 제2조 제2항의 행정청등 자신의 명의로 처분을 할 수 있는 모든 행정청(기능적 의미의 행정청)을 말한다)이 행하는 행위로 ⓑ 구체적 사실(규율대상이 구체적 — 시간적으로 1회적, 공간적으로 한정 — 이어야 한다)에 대한 ⓒ 법집행행위(입법이 아니라 법의 집행행위라야 한다)이며 ⓓ 공권력행사(행정청이 공법에 근거하여 우월한 지위에서 일방적으로 행사하여야 한다)이어야 한다.

(ⅱ) 법적 행위

ⓐ 문 제 점　'법적 행위'는 행정소송법 제2조 제1항 제1호의 처분개념의 요소는 아니다. 그러나 판례와 전통적인 견해는 취소소송의 본질을 위법한 법률관계의 소급적 제거로 이해하기 때문에(=취소소송을 형성소송으로 보기 때문) 법적 행위를 항고소송의 대상인 처분의 요건으로 본다. 이러한 견해에 따르면 항고소송의 대상이 되는 처분은 행정소송법 제2조 제1항 제1호의 처분의 개념요소를 구비하는 것 외에 법적 행위일 것을 요한다(무효등확인소송과 부작위위법확인소송도 행정소송법 제38조 제1항, 제2항에서 취소소송의 대상(동법 제19조)을 준용하고 있기 때문에 취소소송의 대상과 나머지 항고소송의 대상은 같다).

ⓑ 내　용　법적 행위란 ① 외부적 행위이며 ② 권리·의무와 직접 관련되는 행위를 말한다. 판례도 「항고소송의 대상이 되는 행정처분이라 함은 행정청의 공법상의 행위로서 특정사항에 대하여 법규에 의한 권리의 설정 또는 의무의 부담을 명하거나 기타 법률상 효과를 발생하게 하는 등 국민의 구체적인 권리의무에 직접적 변동을 초래하는 행위를 말하는 것이고, … 상대방 또는 기타 관계자들의 법률상 지위에 직접적인 법률적 변동을 일으키지 아니하는 행위 등은 항고소송의 대상이 될 수 없다(대판 2008. 9. 11. 2006두18362)」고 한다.

d. 설　문　㈎ 도시관리계획결정은 행정청 을이 행하는 휴게광장설치라는 사실에 대한 국토의 계획 및 이용에 관한 법률의 집행행위이며 공권력행사로 행정소송법 제2조 제1항 제1호의 처분에 해당한다.

㈏ 그리고 도시관리계획결정이 있으면 각 도시계획의 내용에 따라 국민의 권리의무에 구체적·개별적 영향을 미치게 되므로 도시관리계획결정은 국민의 권리·의무에 직접 영향을 미치는 법적 행위이다. 따라서 설문의 도시관리계획결정은 항고소송의 대상이 되는 처분이다.

### (3) 갑의 원고적격

설문의 도시관리계획결정이 있게 되면 갑은 토지의 소유권 또는 사용·수익권을 잃게 되므로 재산권의 침해를 받는 자이다. 따라서 행정소송법 제12조 제1문의 처분등의 취소를 구할 법률상 이익이 있는 자에 해당한다.

## 3. 도시관리계획결정의 위법성

### (1) 절차적 위법성

1) 국토의 계획 및 이용에 관한 법률에 위반한 도시관리계획결정

(가) 설문에서 기초조사를 거치지 않았으므로 절차상 하자를 인정할 수 있다.

(나) 판례도 기초조사절차를 거치지 않는 하자를 (현행) 도시관리계획결정의 절차상 하자로 보고 있다(대판 1990. 6. 12. 90누2178).

2) 절차상 하자의 독자적 위법사유 인정 여부

a. 문 제 점 절차상 하자의 효과에 관한 명문의 규정이 있는 경우(국가공무원법 제13조)라면 문제가 없으나, 절차상 하자의 효과에 관한 명문의 규정이 없는 경우 특히 그 행정행위가 기속행위인 경우 행정절차를 거치지 아니한 경우라고 하여도 그 내용은 행정절차를 거친 경우와 동일한 것일 수 있기 때문에 절차상의 하자가 독자적인 위법사유인지가 문제된다.

b. 학 설

(ⅰ) 소 극 설 절차규정이란 적정한 행정결정을 확보하기 위한 수단에 불과하며, 절차상의 하자만을 이유로 취소하는 것은 행정능률 및 소송경제에 반한다는 점을 근거로 절차상 하자는 독자적인 위법사유가 될 수 없다고 본다.

(ⅱ) 적 극 설 소극설을 취하는 경우에는 절차적 규제가 유명무실해질 우려가 있어 행정절차의 실효성 확보를 위해 적극설이 타당하고, 법원이 절차상 하자를 이유로 취소한 후 행정청이 적법한 절차를 거쳐 다시 처분을 하는 경우 재량행위뿐 아니라 기속행위의 경우에도 처분의 발령에 이르기까지의 사실판단이나 요건 판단을 달리하여 당초 처분과 다른 내용의 결정에 이를 수 있기 때문에 반드시 동일한 내용의 처분을 반복한다고 말할 수 없다는 점을 근거로 절차상 하자는 독자적인 위법사유가 될 수 있다고 본다(다수설).

(ⅲ) 절 충 설 기속행위와 재량행위를 나누어 재량행위는 절차의 하자가 존재할 때 위법해지지만, 기속행위는 내용상 하자가 존재하지 않는 한 절차상 하자만으로 행정행위가 위법해지지 않는다고 본다. 기속행위의 경우 법원이 절차상 하자를 이유로 취소하더라도 행정청은 절차상 하자를 보완하여 동일한 내용으로 다시 처분을 할 수 있으므로 행정능률에 반한다는 점을 근거로 한다.

c. 판 례 대법원은 재량행위 · 기속행위를 불문하고 적극적인 입장이다(대판 1991. 7. 9. 91누971).

d. 검 토 행정의 법률적합성원칙에 따라 행정작용은 실체상뿐만 아니라 절차상으로도 적법하여야 하며, 취소소송 등의 기속력이 절차의 위법을 이유로 하는 경우에 준용된다는 점(행정소송법 제30조 제3항) 등에 비추어 적극설이 타당하다.

3) 위법성의 정도

중대명백설에 따르면 기초조사를 하지 않은 위법은 외관상 명백하지만, 적법요건의 중대한

위법으로 보기는 어려워 취소사유로 보아야 한다(대판 1990. 6. 12. 90누2178).

⑵ 내용상 위법성

1) 계획재량의 의의

행정기관은 행정계획을 수립·변경함에 있어서 계획재량을 가지는데, 계획재량은 행정주체가 계획법률에 따라 계획을 책정함에 있어 갖는 광범위한 형성의 자유를 말한다. 그러나 계획재량은 무제한적인 것은 아니며, 일정한 한계를 준수해야 한다.

2) 재량행위와의 구별

① ⓐ 질적차이긍정설은 재량행위는 요건과 효과 부분으로 구성된 조건프로그램(조건규범구조)이나 계획재량은 목적과 수단의 형식인 목적프로그램(목적규범구조)으로 규범구조가 다르며, 재량행위를 통제하는 대표적인 수단은 비례원칙이지만, 계획재량을 통제하는 수단(계획재량의 한계)은 비례원칙과는 다른 특수한 원리라고 본다. ⓑ 질적차이부정설은 재량행위와 계획재량의 규범구조의 차이는 본질적인 것이 아니며, 재량행위의 통제수단으로서 비례원칙과 계획재량의 한계는 실질적 내용이 같다고 보면서, 양자는 질적으로 동일하지만 양적으로만 차이가 있다고 본다(류지태·박종수). ② 질적차이긍정설이 다수설이며, 타당하다.

3) 계획재량의 한계

㈎ ⓐ 행정계획의 목적은 근거법에 부합해야 하며, ⓑ 행정계획은 그 목적실현에 필요한 수단이어야 하며, ⓒ 행정계획이 목적실현에 필요한 수단이라고 하더라도 전체로서 계획관련자 모두의 이익(공익 상호 간, 사익 상호 간 및 공익과 사익 상호 간)을 정당하게 형량하여야 한다(형량명령의 준수).

㈏ 특히 형량명령의 준수는 내용적으로 비교·형량하여야 할 관련이익(관련공익과 사익)의 조사[조사단계], 관련이익의 중요도에 따른 평가[평가단계], 협의의 비교형량[비교·형량단계]의 3단계에 걸쳐 행해진다(김동희). 만일 이러한 형량명령에 위반한다면 해당 행정계획은 위법한 것이 된다(형량명령의 위반=형량하자).

㈐ 이처럼 형량하자가 있는 경우를 학설은 ⓐ 형량이 전혀 없던 경우(형량의 해태), ⓑ 형량에서 반드시 고려되어야 할 특정이익이 고려되지 않은 경우(형량의 흠결), ⓒ 관련된 공익 또는 사익의 의미(가치, 내용)를 잘못 평가한 경우, ⓓ 공익과 사익 사이의 조정이 객관적으로 보아 비례원칙을 위반한 것으로 판단되는 경우(오형량)로 나누고 있다.

㈑ 판례도 「행정주체는 구체적인 행정계획을 입안·결정함에 있어서 비교적 광범위한 형성의 자유를 가지는 것이지만, 행정주체가 가지는 이와 같은 형성의 자유는 무제한적인 것이 아니라 그 행정계획에 관련되는 자들의 이익을 공익과 사익 사이에서는 물론이고 공익 상호간과 사익 상호간에도 정당하게 비교교량하여야 한다는 제한이 있으므로, 행정주체가 행정계획을 입안·결정함에 있어서 이익형량을 전혀 행하지 아니하거나 이익형량의 고려 대상에 마땅히 포함시켜야 할 사항을 누락한 경우 또는 이익형량을 하였으나 정당성과 객관성이 결여된 경우에는 그 행정계획결정은 형량에 하자가 있어 위법하게 된다(대판 2007. 4. 12. 2005두1893)(원지동 추모공원 사건)」라고

하여 형량명령과 형량하자의 법리를 인정하고 있다.

4) 설 문

㈎ 주민들에게 만남의 장소를 제공하고 도시 경관을 향상시킨다는 행정계획의 목적은 근거법에 부합하며, 광장설치를 위해 도시관리계획결정을 하는 것도 목적실현을 위한 필요한 수단으로 보인다.

㈏ 형량명령과 관련해서 ① 형량이 전혀 없지는 않았다고 보아야 하며, ② 형량에서 반드시 고려되어야 할 이익이 고려되지 않은 사정도 발견하기 어렵다(설문은 인구, 교통, 환경, 토지이용 등에 대한 기초조사를 하지 않고 도시관리계획을 입안·결정하였다고 되어 있기 때문에 형량이 없었다거나 고려해야 할 이익이 고려되지 않았다고 볼 여지도 있다). ③ 공익(휴게 광장을 조성하여 주민들에게 만남의 장소를 제공하고, 도시 경관을 향상시키기 위한다는 공익적인 사정)과 사익(갑의 토지전부에 대한 가치 등)의 중요성 내지 가치를 잘못 평가했다고 볼 여지는 있을 수 있으나 그러한 사정도 설문상 분명하지는 않다. ④ 다만, 공익과 사익 간의 조정이 객관적으로 비례원칙에 위반되는 것으로 볼 수는 있다. 왜냐하면 만남의 장소를 제공하고, 도시 경관을 향상시키기 위한 목적은 그리 중대한 공익으로 보이지 않지만 갑의 토지는 그 전부가 광장으로 포함되기에, 행정청이 추구하는 공익목적에 비해 사익에 대한 침해가 더 크다고 볼 수 있기 때문이다.

### 4. 갑의 청구의 인용가능성(소결)

설문의 갑의 취소소송은 소송요건을 갖추고 있다. 국토의 계획 및 이용에 관한 법률상 기초조사를 하지 않아 절차상의 위법이 있고, 형량명령에도 위반되어 내용상의 위법도 존재한다. 그러한 사유는 중대명백설에 따를 때 취소사유이기 때문에 갑의 취소소송은 인용될 수 있을 것이다.

**기출 11** (2) 갑의 청구가 인용된 경우에 행정청 을은 동일한 내용의 도시관리계획결정을 할 수 있는가? 20.

## Ⅱ. 동일한 내용의 도시관리계획결정의 가능성

### 1. 문제 상황

갑의 도시관리계획결정취소소송이 인용되었음에도 불구하고 행정청 을이 동일한 내용의 도시관리계획결정을 한다면 이것이 확정판결의 기속력에 위반되는 것은 아닌지가 문제된다. 확정판결의 기속력에 반하지 않는다면 행정청 을은 다시 동일한 내용의 도시관리계획결정을 할 수 있기 때문이다.

### 2. 기속력의 의의

기속력은 처분등을 취소하는 확정판결이 당사자인 행정청과 관계행정청에 대하여 판결의 취지에 따라야 할 실체법상의 의무를 발생시키는 효력을 말한다(행정소송법 제30조 제1항). 그리고 기속력은 인용판결에만 미치고 기각판결에서는 인정되지 않는다.

### 3. 기속력의 법적 성질

① 기속력은 기판력과 동일하다는 기판력설과 기속력은 판결 그 자체의 효력이 아니라 취소판결의 효과의 실질적인 보장을 위해 행정소송법이 특별히 인정한 효력이라는 특수효력설(다수설)이 대립된다. ② 판례는 기판력과 기속력이라는 용어를 구분하지 않은 채 혼용하고 있어 그 입장이 불분명하다. ③ 기속력은 취소판결(인용판결)에서의 효력이지만 기판력은 모든 본안판결에서의 효력이라는 점, 기속력은 당사자인 행정청과 그 밖의 관계행정청에 미치지만 기판력은 당사자와 후소법원에 미친다는 점, 기속력은 일종의 실체법적 효력이지만 기판력은 소송법상 효력이라는 점에서 양자는 상이하므로, 특수효력설이 타당하다.

### 4. 기속력의 내용

㈎ 기속력은 반복금지의무(반복금지효), 재처분의무, 결과제거의무를 내용으로 한다.

① 반복금지의무란 처분이 위법하다는 이유로 취소하는 판결이 확정된 후 당사자인 행정청 등이 동일한 내용의 처분을 반복해서는 안 되는 부작위의무를 말한다(이 의무는 행정소송법 제30조 제1항의 해석상 인정된다).

② 재처분의무란 행정청이 판결의 취지에 따라 신청에 대한 처분을 하여야 할 의무(작위의무)를 말한다. 재처분의무는 행정청이 당사자의 신청을 거부하거나 부작위하는 경우 주로 문제된다(즉 당사자의 신청이 있는 경우)(행정소송법 제30조 제2항, 제38조 제2항 참조). 구체적으로 보면 이 재처분의무는 ㉠ 재처분을 해야 하는 의무와 ㉡ 재처분을 하는 경우 그 재처분은 판결의 취지에 따른(판결의 기속력에 위반되지 않는) 것이어야 하는 의무, 양자를 포함하는 개념이다.

③ 취소소송에서 인용판결이 있게 되면 행정청은 위법처분으로 인해 야기된 상태를 제거하여야 할 의무가 발생하는데 이를 결과제거의무라고 한다(이 의무는 행정소송법 제30조 제1항의 해석상 인정된다).

㈏ 설문은 반복금지의무가 문제된다.

### 5. 기속력의 범위

아래의 기속력의 범위에 모두 해당하면 기속력이 미치는 위법사유가 되는 것이므로 행정청과 관계행정청은 판결의 취지에 따라 기속력에 위반되는 재처분을 해서는 아니 된다(기속력이 미치지 않는 범위에서(사유)는 재처분이 가능하다).

(1) 주관적 범위

처분을 취소하는 확정판결은 그 사건(취소된 처분)에 관하여 당사자인 행정청과 그 밖의 관계 행정청을 기속한다. 여기서 그 밖의 관계행정청이란 취소된 처분 등을 기초로 하여 그와 관련되는 처분이나 부수되는 행위를 할 수 있는 행정청을 총칭하는 것이다.

(2) 시간적 범위

처분의 위법성 판단의 기준시점을 어디로 볼 것이냐에 따라 기속력이 미치는 시간적 범위가 결정된다.

1) 학　설

ⓐ 처분시설(다수견해)(행정처분의 위법 여부는 처분 당시를 기준으로 판단하여야 한다는 견해이다. 처분시 이후의 사정고려는 법원에 의한 행정청의 1차적 판단권의 침해를 의미하며, 법원은 행정청의 처분에 대해 사후적인 판단을 하는 역할에 그친다고 보기 때문이라고 한다), ⓑ 판결시설(항고소송의 목적을 행정법규의 정당한 적용이라는 공익실현으로 보면서, 법원은 처분시 이후 발생한 공익적 사정도 고려하여 처분의 효력을 유지시킬 것인지를 결정해야 한다는 입장이다), ⓒ 절충설(ⓐ 원칙적으로 처분시를 기준으로 하면서, 예외적으로 영업허가취소나 물건의 압수처분 등과 같이 계속효 있는 처분에 대하여는 판결시를 기준으로 하는 견해와 ⓑ 적극적 침익적 처분의 경우 처분시를 기준으로 하고, 거부처분의 경우 판결시를 기준으로 하는 견해가 있다)이 대립된다.

2) 판　례

판례는 행정소송에서 행정처분의 위법 여부는 행정처분이 있을 때의 법령과 사실상태를 기준으로 하여 판단해야 한다고 본다(처분시설)(대판 1993. 5. 27. 92누19033).

3) 검　토

항고소송의 주된 목적은 개인의 권익구제에 있기 때문에 처분시 이후의 공익적 사정은 고려할 필요가 없으며, 위법성 판단의 기준을 판결시로 할 경우 판결지체 여하에 따라 처분시에 위법하였던 행위가 적법한 행위가 될 수도 있고, 반대로 처분시에는 적법했던 행위가 후에 위법한 것으로 될 수 있어 이론적으로 문제가 있다. 따라서 처분시설이 타당하다.

4) 소　결

처분시설에 따르면 처분시에 존재하던 사유만이 기속력이 미치는 처분사유가 될 수 있다. 그러나 처분시에 존재하던 사유라고 할지라도 아래의 객관적 범위에 포함되는 사유라야 기속력이 미친다.

(3) 객관적 범위

판결의 기속력은 판결주문 및 이유에서 판단된 처분 등의 구체적 위법사유에만 미친다.

1) 절차나 형식의 위법이 있는 경우

이 경우 판결의 기속력은 판결에 적시된 개개의 위법사유에 미치기 때문에 확정판결 후 행정청이 판결에 적시된 절차나 형식의 위법사유를 보완한 경우에는 다시 동일한 내용의 처분을 하더라도 기속력에 위반되지 않는다(대판 1987. 2. 10. 86누91).

2) 내용상 위법이 있는 경우

a. 범 위　　이 경우는 처분사유의 추가·변경과의 관계로 인해 판결주문 및 이유에서 판단된 위법사유와 기본적 사실관계가 동일한 사유를 말한다(당초사유인 A사유와 B사유가 기본적 사실관계의 동일성이 있는 사유이어서 취소소송 계속 중 당초사유에 B사유를 추가·변경할 수 있었음에도 행정청이 이를 하지 않아 행정청이 패소하였다면, 확정판결 후에는 B사유로는 행정청이 재처분을 할 수 없도록 해야 한다—B사유를 추가·변경하지 않아 패소한 것은 행정청의 귀책사유이기 때문—. 따라서 B사유로의 재처분을 막으려면 B사유에 기속력이 미치게 하면 된다. 결국 기속력의 범위는 A사유와 B사유로 처분사유의 추가·변경의 범위와 같게 된다). 따라서 당초처분사유와 기본적 사실관계가 동일하지 않은 사유라면 동일한 내용의 처분을 하더라도 판결의 기속력에 위반되지 않는다.

b. 기본적 사실관계의 동일성 판단　　(가) 판례는 기본적 사실관계의 동일성 유무는 처분사유를 법률적으로 평가하기 이전의 구체적인 사실에 착안하여 그 기초인 사회적 사실관계가 기본적인 점에서 동일한지 여부에 따라 결정된다고 한다(대판 2004. 11. 26. 2004두4482). 구체적인 판단은 시간적·장소적 근접성, 행위 태양·결과 등의 제반사정을 종합적으로 고려해야 한다(법원실무제요, 석호철).

(나) 즉, 처분청이 처분 당시에 적시한 구체적 사실을 변경하지 아니하는 범위 내에서 단지 그 처분의 근거법령만을 추가·변경하거나 당초의 처분사유를 구체적으로 표시하는 것에 불과한 경우처럼 처분사유의 내용이 공통되거나 취지가 유사한 경우에는 기본적 사실관계의 동일성을 인정하고 있다(대판 2007. 2. 8. 2006두4899).

(다) 판례는 시장이 주택건설사업계획승인신청을 거부하면서 제시한 '미디어밸리 조성을 위한 시가화예정 지역'이라는 당초거부사유와 거부처분취소판결확정 후 다시 거부처분을 하면서 제시한 '해당 토지 일대가 개발행위허가 제한지역으로 지정되었다'는 사유는 기본적 사실관계의 동일성이 없기 때문에 재거부처분은 확정판결의 기속력에 반하지 않는 처분이라고 보았다(대판 2011. 10. 27. 2011두14401).

## 6. 소결(동일한 내용의 도시관리계획결정의 가능성)

### (1) 갑의 청구가 인용된 이후 새로운 사정이 발생한 경우

처분시설에 따르면 처분시에 존재하던 사유만이 기속력이 미치기 때문에, 처분시 이후에 새로운 법률관계나 사실관계가 발생하였다면 행정청 을은 처분시 이후의 새로운 사정을 이유로 동일한 내용의 도시관리계획결정을 할 수 있다.

### (2) 갑의 청구가 절차상의 위법을 이유로 인용된 경우

절차상 위법으로 판결이 인용된 경우 판결의 기속력은 판결에 적시된 개개의 위법사유에 미치기 때문에, 행정청 을은 확정판결 후에 적법한 절차를 거친다면 다시 동일한 내용의 도시관리계획결정을 할 수 있다.

### (3) 갑의 청구가 내용상의 위법을 이유로 인용된 경우

내용상 위법으로 판결이 인용된 경우 판결의 기속력은 판결주문 및 이유에서 판단된 위법 사유와 기본적 사실관계가 동일한 사유에 미치기 때문에, 기본적 사실관계의 동일성 없는 사유가 있다면 행정청 을은 그 사유를 이유로 다시 동일한 내용의 도시관리계획결정을 할 수 있다.

**기출 12** 〈제2문의1〉

A장관은 소속 일반직공무원인 갑이 '재직 중 국가공무원법 제61조 제1항을 위반하여 금품을 받았다'는 이유로 적법한 징계절차를 거쳐 2008. 4. 3. 갑에 대해 해임처분을 하였고, 갑은 2008. 4. 8. 해임처분서를 송달받았다. 이에 갑은 소청심사위원회에 이 해임처분이 위법·부당하다고 주장하며 소청심사를 청구하였다. 소청심사위원회는 2008. 7. 25. 해임을 3개월의 정직처분으로 변경하라는 처분명령재결을 하였고, 갑은 2008. 7. 30. 재결서를 송달받았다. A장관은 2008. 8. 5. 갑에 대해 정직처분을 하였다. 2008. 8. 10. 정직처분서를 송달받은 갑은 취소소송을 제기하고자 한다.

(1) 소청심사위원회의 법적 지위와 처분변경명령재결의 효력을 설명하시오. 10.

(2) 처분을 대상으로 취소소송을 제기하는 경우 어떠한 처분을 대상으로 할 것인가? 또 이 취소소송에서 어느 시점을 제소기간 준수여부의 기준시점으로 하여야 하는가? 20.

[제51회 사법시험(2009년)]

기출 12 (1) 소청심사위원회의 법적 지위와 처분변경명령재결의 효력을 설명하시오. 10.

# Ⅰ. 소청심사위원회의 법적 지위와 처분변경명령재결의 효력

## 1. 소청심사위원회의 법적 지위

### (1) 소청심사제도의 의의

소청심사는 징계처분 기타 의사에 반하는 불리한 처분을 받고 불복하는 자의 심사청구에 대해 심사하고 결정하는 행정심판제도의 일종이다(국가공무원법 제9조 제1항).

### (2) 소청심사위원회의 유형

국가공무원의 경우 국가공무원법 제9조 제1항이, 지방공무원의 경우 지방공무원법 제13조가, 학교 교원의 경우 교원지위향상을위한특별법 제7조 제1항에서 규정하고 있다.

### (3) 소청심사위원회의 법적 지위

㈎ 소청심사위원회는 공무원에게 발령된 징계처분 등을 심사·결정하기 위한 특별행정심판기관으로서의 성격을 가진다. 또한, 공무원의 권리구제를 위한 준사법적인 성격을 가진 기관이다.

㈏ 그리고 소청심사위원회는 의원의 합의로 의사를 결정한다는 점에서 합의제 기관이며, 의사를 결정하고 자신의 이름으로 외부에 표시한다는 점에서 행정청의 성격을 가진다. 따라서 소청심사위원회의 결정에 불복하여 행정소송을 제기하는 경우 소청심사위원회는 행정소송법 제13조 제1항의 '처분등을 행한 행정청'으로 피고가 된다.

## 2. 변경명령재결의 효력

### (1) 국가공무원법 규정, 성격

㈎ 국가공무원법 제14조 제5항 제3호는 소청심사위원회는 인용재결로서 취소·변경재결, 취소명령·변경명령재결을 할 수 있다고 규정한다.

㈏ 설문의 재결은 위원회가 장관에게 처분의 변경을 명하는 명령재결의 성격을 가진다.

### (2) 변경명령재결의 효력

1) 행정행위로서 재결의 효력

소청심사위원회의 재결도 행정행위의 일종이기에 구속력, 공정력, 구성요건적 효력, 형식적 존속력, 실질적 존속력 등을 갖는다.

2) 기 속 력

㈎ 소청심사위원회의 결정은 처분 행정청을 기속한다(국가공무원법 제15조). 따라서 처분청은 동일한 상황하에서 동일한 처분을 반복할 수 없는 반복금지의무와 재결의 취지에 따라 적극적

인 재처분을 하여야 할 의무가 발생한다(행정심판법 제49조 참조).

(나) 행정심판법 제49조 제2항은 의무이행심판의 경우이고, 제3항은 절차위법의 경우인바 설문의 경우는 제49조 제1항이 적용되는 경우이다. 즉 설문의 처분변경명령재결의 경우 처분청인 장관이 변경처분을 하여야 할 의무(변경처분의무)는 행정심판법 제49조 제1항에서 나온다. 따라서 장관은 변경처분(3개월의 정직처분)을 하여야 한다.

**기출 12** (2) 처분을 대상으로 취소소송을 제기하는 경우 어떠한 처분을 대상으로 할 것인가? 또 이 취소소송에서 어느 시점을 제소기간 준수여부의 기준시점으로 하여야 하는가? 20.

## Ⅱ. 취소소송의 대상인 처분, 제소기간의 기준시점

### 1. 취소소송의 대상인 처분

#### (1) 문 제 점

소청심사위원회의 변경명령재결 후 피청구인인 A장관이 3개월 정직처분을 한 경우, 남은 부분(3개월 정직처분)을 변경처분과 변경된 원처분 중 어느 행위라고 볼 것인지와 관련해 항고소송의 대상이 문제된다.

#### (2) 학　　설

ⓐ 변경처분과 변경된 원처분은 독립된 처분으로 모두 소송의 대상이라는 견해(병존설), ⓑ 변경처분으로 원처분은 전부취소되고 변경처분이 원처분을 대체(변경처분에 흡수됨)하기 때문에 변경처분(일부취소처분)만이 소의 대상이 된다는 견해(흡수설), ⓒ 변경처분은 원처분의 일부취소이므로 (축소)변경된 원처분으로 존재하고 변경처분은 원처분에 흡수되기 때문에 변경된 원처분(남은 원처분)만이 소의 대상이라는 견해(역흡수설), ⓓ 행정청이 발령한 처분서의 문언의 취지를 충실하게 해석하여, 변경처분이 일부취소의 취지인 경우 변경된 원처분이 소송의 대상이 되고, 변경처분이 원처분의 전부취소와 변경처분의 발령의 취지인 경우 변경처분이 소송의 대상이 된다는 견해(류광해)가 대립된다.

#### (3) 판　　례

판례는 ① 행정심판위원회의 변경명령재결에 따라 처분청이 변경처분을 한 경우, 변경처분에 의해 원처분이 소멸하는 것이 아니라 변경된 원처분으로 존재하기 때문에 소송의 대상은 변경된 원처분(당초처분)이라고 한다. 따라서 제소기간의 준수 여부도 변경된 '원처분'을 기준으로 한다(대판 2007. 4. 27. 2004두9302). ② 그리고 처분청이 스스로 일부취소처분을 한 경우에도, 일부취소처분(감액처분)은 원처분 중 일부취소부분에만 법적 효과가 미치는 것이며 원처분과 별개의 독립한 처분이 아니므로 소송의 대상은 취소되지 않고 남은 원처분이라고 한다. 따라서 제소기간의 준수 여부도 남은 '원처분'을 기준으로 한다(대판 2012. 9. 27. 2011두27247).

(4) 검 토

원처분에 대한 변경행위(일부취소의 경우 일부취소행위)는 그 부분에만 법적 효과를 미치는 것으로 원처분과 별도의 독립한 처분이 아니므로 원처분의 연속성이라는 관점에서 소송의 대상은 변경된 원처분(일부취소의 경우 남은 원처분)이 된다는 견해가 타당하다.

(5) 설 문

취소소송의 대상인 처분은 3월 정직으로 변경된 내용의 원처분이다.

## 2. 제소기간의 기준시점

### (1) 행정소송법 제20조

1) 안 날부터 90일

a. 행정심판을 거치지 않은 경우 취소소송은 처분등이 있음을 안 날부터 90일 이내에 제기하여야 한다(행정소송법 제20조 제1항 제1문). '처분등이 있음을 안 날'이란 통지·공고 기타의 방법에 의하여 당해 처분이 있었다는 사실을 현실적으로 안 날을 의미한다(대판 1964. 9. 8. 63누196).

b. 행정심판을 거친 경우 행정심판을 거친 경우에는 재결서의 정본을 송달받은 날부터 90일내에 소송을 제기해야 한다. '재결서정본을 송달받은 날'이란 재결서 정본을 민사소송법이 정한 바에 따라 적법하게 송달받은 경우를 말한다.

c. 불변기간 앞의 90일은 불변기간이다(행정소송법 제20조 제3항).

2) 있은 날부터 1년

a. 행정심판을 거치지 않은 경우 취소소송은 처분등이 있은 날부터 1년을 경과하면 이를 제기하지 못한다(행정소송법 제20조 제2항). '처분등이 있은 날'이란 처분의 효력이 발생한 날을 말한다. 처분은 행정기관의 내부적 결정만으로 부족하며 외부로 표시되어 상대방에게 도달되어야 효력이 발생한다(대판 1990. 7. 13. 90누2284).

b. 행정심판을 거친 경우 행정심판을 거친 경우에는 재결이 있은 날로부터 1년내에 소송을 제기해야 한다. '재결이 있은 날'이란 재결의 효력이 발생한 날을 말하며, 행정심판법 제48조 제1항에 따라 재결의 효력이 발생한 날은 재결서 정본을 송달받은 날이 된다. 결국 행정소송법 제20조 제1항의 '재결서정본을 송달받은 날'의 의미와 제2항의 '재결이 있은 날'의 의미는 같다.

c. 정당한 사유가 있는 경우 정당한 사유가 있으면 1년이 경과한 후에도 제소할 수 있다(행정소송법 제20조 제2항 단서). 일반적으로 행정처분의 직접 상대방이 아닌 제3자(예: 이웃소송에서 이웃하는 자)는 행정처분이 있음을 알 수 없는 처지이므로 특별한 사정이 없는 한 정당한 사유가 있는 경우에 해당한다(대판 1989. 5. 9. 88누5150). 따라서 이러한 제3자에게는 제소기간이 연장될 수

있다.

3) 안 날과 있은 날의 관계

처분이 있음을 안 날과 처분이 있은 날 중 어느 하나의 기간만이라도 경과하면 제소할 수 없다.

(2) 설 문

취소소송의 대상은 정직처분으로 변경된 내용의 원처분이지만, 설문은 행정심판을 거친 경우에 해당하기 때문에 재결서의 정본을 송달받은 날(7. 30.)부터 90일 내에 소송을 제기해야 한다.

기출 13 〈제2문의2〉

A군 소유의 임야에 25가구가 주택을 지어 살고 있다. 이 주택가 내에는 어린이들의 놀이터로 사용되어 온 약 10여 평 정도의 공터가 있고 공터의 뒤편에는 암벽이 있는데, 이 암벽은 높이가 약 3미터로서 그 상층부가 하단부보다 약 1미터가량 앞으로 튀어나와 있다. 지역 주민들은 이 암벽이 붕괴 위험이 있으므로 이를 보수해달라는 민원을 수차례 제기하였으나, A군은 아무런 조치를 취하지 않았다. 그런데 해빙기에 얼었던 암벽이 녹아 균열이 생기면서 상층부의 암벽이 붕괴되어 이 공터에서 놀던 어린이 3명이 사망하였다. 사고 후 사망한 어린이의 부모 갑 등은 A군을 상대로 국가배상청구소송을 제기하였다. 이 경우 A군에 대하여 국가배상법 제2조의 배상책임요건 중 위법·과실을 인정할 수 있는 것인가(지방자치단체가 붕괴 위험이 있는 암벽에 대한 안전관리조치를 취하여야 한다는 법령규정은 존재하지 않는다)?

[제51회 사법시험(2009년)]

## Ⅰ. 논점의 정리

(가) 위법성과 관련해서는 국가배상법 제2조 제1항의 위법성의 본질이 무엇인지, 안전관리조치를 취하여야 한다는 법령의 규정이 존재하지 않아 조리상의 작위의무를 인정할 수 있는지 그리고 안전조치를 취할 직무가 사익을 보호하기 위한 직무인지가 문제(사익보호성 논의를 위법성의 문제로 본다는 것을 전제한다)된다.

(나) 과실과 관련해서는 과실인정을 용이하게 하기 위한 논의들과 과실의 인정 여부가 검토될 수 있을 것이다.

## Ⅱ. 위 법 성

### 1. 국가배상법 제2조 제1항의 위법의 본질

#### (1) 학　　설

1) 행위위법설

이 견해는 위법을 공권력행사가 규범에 적합한지 여부(법규 위반이 있는지 여부)를 기준으로 판단하는 견해이다. 엄격한 의미의 법규위반을 위법으로 보는 일원설(협의설)과 엄격한 의미의 법규위반뿐 아니라 인권존중·권력남용금지·신의성실의 원칙 위반도 위법으로 보는 이원설(광의설)이 대립되는데, 후자가 다수설이다.

2) 결과불법설

공무원의 직무행위로 받은 손해를 국민이 수인할 수 있는가를 기준으로 위법성 여부를 판단하는 견해이다. 즉, 손해를 국민이 수인할 수 없다면 위법한 행위로 본다.

3) 상대적 위법성설

직무행위 자체의 위법·적법뿐만 아니라 피침해이익의 성격과 침해의 정도, 가해행위의 태양(모습) 등을 고려하여 위법성 인정 여부를 상대적으로 판단하자는 견해이다(위법의 의미가 개개 경우마다 상대화된다는 의미이다).

#### (2) 판　　례

(가) 판례의 주류적인 입장은 행위위법설이다. 즉 시위자들의 화염병으로 인한 약국화재에 대한 국가배상책임이 문제된 사건에서 「공무원의 직무집행이 법령이 정한 요건과 절차에 따라 이루어진 것이라면 특별한 사정이 없는 한 이는 법령에 적합한 것이고 그 과정에서 개인의 권리가 침해되는 일이 생긴다고 하여 그 법령 적합성이 곧바로 부정되는 것은 아니라고 할 것(대판 1997. 7. 25. 94다2480)」이라고 하여 행위위법설을 취하고 있다.

(나) 특히 행위위법설 중 이원설(광의설)의 입장으로 평가된다(대판 2009. 12. 24. 2009다70180).

(다) 다만, 일부 판결에서 상대적 위법성설을 취한 것으로 보이는 경우도 있다(행정처분이 객관

적 정당성을 상실하였다고 인정될 정도에 이른 경우에 국가배상법 제2조 소정의 국가배상책임의 요건을 충족하였다고 봄이 상당할 것이며, 이때에 객관적 정당성을 상실하였는지 여부는 피침해이익의 종류 및 성질, 침해행위가 되는 행정처분의 태양 및 그 원인, 행정처분의 발동에 대한 피해자 측의 관여의 유무, 정도 및 손해의 정도 등 제반 사정을 종합하여 손해의 전보책임을 국가 또는 지방자치단체에게 부담시켜야 할 실질적인 이유가 있는지 여부에 의하여 판단하여야 한다(대판 2000. 5. 12. 99다70600)).

⑶ 검토 및 설문

㈎ 법규위반은 없으나 특별한 희생이 있는 경우 그러한 손해에 대한 전보수단이 손실보상이라면 국가배상은 법규위반(위법)이 있는 경우에 그에 대한 대한 손해전보수단이어야 하며, 항고소송의 본안판단에서의 위법의 본질이 법규위반임을 고려할 때 위법이란 '법질서 위반'이라는 단일한 가치판단으로 보아야 할 것인바 행위위법설이 타당하다(특히 권리구제의 확대라는 측면에서 이원설이 타당하다).

㈏ 그러나 설문에서 안전관리조치를 취하여야 한다는 법령의 규정이 존재하지 않아 작위의무를 인정할 수 있는지가 문제된다. 작위의무를 인정할 수 있어야 부작위의 위법을 인정할 수 있기 때문이다.

## 2. 조리상의 작위의무의 인정 여부

⑴ 문 제 점

행위위법설에 따를 때 위법이란 법규위반을 말한다. 법규위반에는 적극적인 작위에 의한 위반과 소극적인 부작위에 의한 위반이 있다. 특히 부작위의 경우에는 작위의무가 있어야 한다. 이와 관련하여 명문의 근거가 없는 경우 헌법 및 행정법의 일반원칙(조리라 불리기도 한다)을 근거로 작위의무를 인정할 수 있는지가 문제된다.

⑵ 학 설

ⓐ 법률에 의한 행정의 원칙에 비추어 법률상의 근거를 결하는 작위의무를 인정할 수 없다는 부정설과, ⓑ 법치행정의 목적이 인권보장과 생명과 재산보호라는 점에서 법치행정을 근거로 조리상의 작위의무를 부정하는 견해는 부당하며 공서양속(공공의 질서와 선량한 풍속) · 조리 내지 건전한 사회통념에 근거하여 작위의무를 인정할 수 있다는 긍정설(다수설)이 대립한다.

⑶ 판 례

판례는 에이즈항체검사의 관리 및 판정상의 위법성이 문제된 사건에서 「여기서 '법령에 위반하여'라고 하는 것이 엄격하게 형식적 의미의 법령에 명시적으로 공무원의 작위의무가 규정되어 있는데도 이를 위반하는 경우만을 의미하는 것은 아니고, … 국가가 초법규적, 일차적으로 그 위험 배제에 나서지 아니하면 국민의 생명, 신체, 재산 등을 보호할 수 없는 경우에는 형식적 의미의 법령에 근거가 없더라도 국가나 관련 공무원에 대하여 그러한 위험을 배제할 작위의무를 인정할 수 있을 것(대판 1998. 10. 13. 98다18520)」이라고 하여 긍정적인 입장이다.

(4) 검 토

작위의무는 명문의 법규정뿐 아니라 각 행정 분야에서의 객관적 법질서(조리) 및 인권존중의 원칙으로부터도 도출될 수 있는 것으로 보아야 하기에 긍정함이 타당하다.

(5) 설 문

(가) 국가배상법 제2조 제1항의 위법은 법규위반으로 보아야 한다. 그러나 설문에는 안전조치의무에 관한 법령의 규정이 존재하지 않아 조리에 의한 작위의무를 인정할 수 있는지가 문제되지만 이를 인정하는 것이 타당하다.

(나) 따라서 주택가 내에 어린이들의 놀이터로 사용되어온 약 10여 평 정도의 공터의 뒤편에는 암벽이 있었다는 점, 주민들이 암벽붕괴 위험이 있으므로 이를 보수해달라는 민원을 수차례 제기하였다는 점을 고려할 때 명문의 규정이 없더라도 A군(소속공무원)에게 조리상의 안전조치를 취할 작위의무가 발생한다고 보아야 한다. 따라서 위법성을 인정할 수 있다.

(다) 판례도 유사한 사안에서 「자치단체로서는 의당 주민들의 복리를 위하여 주택가 내에 돌출하여 위험이 예견되는 자연암벽을 사전에 제거하여야 할 의무도 부담한다 할 것인데 그 의무를 해태한 부작위로 인하여 붕괴 사고가 일어나서 주민들이 손해를 입었다면 그 자치단체로서는 국가배상법 제2조에 의한 책임을 면할 수 없다(대판 1980. 2. 26. 79다2341)」고 하여 국가배상책임을 인정하고 있다.

(라) 다만, 직무의 사익보호성 논의를 위법성의 문제로 본다면 사익보호성도 인정되어야 위법성 요건을 충족할 것이다.

## 3. 직무의 사익보호성 인정 여부

(1) 문 제 점

직무를 집행하는 공무원에 대하여는 법규 또는 행정규칙 등에 의하여 여러 가지의 직무상 의무가 부여된다(공무원에게 부과된 직무상 의무는 ① 개개 국민의 이익보호를 위한 것, ② 개개 국민의 이익과는 관계없이 전체로서 공공 일반의 이익을 유지·조장하기 위한 것, ③ 그리고 개개 국민은 물론 전체로서의 국민의 이익과도 관계없이 순전히 행정기관 내부의 질서를 규율하기 위한 것 등이 있다(손지열)). 그런데 국가 등의 국가배상책임이 인정되려면 공무원에게 부과된 이러한 직무가 부수적으로라도 개개 국민(피해자)의 이익을 위해 부과된 것이어야만 하는지 그리고 이를 인정한다면 국가배상청구 성립요건 중 어느 것과 관련하여 논의할 것인지의 문제이다.

(2) 학 설

(가) 학설은 ① 직무의 사익보호성은 항고소송의 원고적격문제이므로 국가배상책임에는 적용되지 않으며, 공무원은 개개 국민(피해자)과의 관계에서 직무상 의무를 부담하지는 않는다는 점을 근거로 하는 불요설과 ② 국가배상법의 입법목적이 행정작용으로 인하여 국민 개인이 입은 손해의 전보라는 점을 근거로 국가의 손해배상책임이 인정되려면 공무원이 전적으로 또는

부수적으로라도 개개 국민의 이익을 위한 직무를 집행하는 과정에서 상대방이 손해를 입은 경우라야 국가배상책임이 긍정된다고 보는 필요설이 대립된다.

(나) 필요설에는 이 문제(직무의 사익보호성 논의)를 ⓐ 위법성요건에 포함시켜 설명하는 견해, ⓑ 손해요건에 포함시켜 설명하는 견해, ⓒ 직무요건에 포함시켜 설명하는 견해가 있다.

#### (3) 판 례

(가) 판례는 유람선극동호화재와 관련하여 국가와 충무시의 손해배상책임이 문제된 사건에서 「공무원에게 부과된 직무상 의무의 내용이 단순히 공공 일반의 이익을 위한 것이거나 행정기관 내부의 질서를 규율하기 위한 것이 아니고 전적으로 또는 부수적으로 사회구성원 개인의 안전과 이익을 보호하기 위하여 설정된 것이라면 공무원이 그와 같은 직무상 의무를 위반함으로 인하여 피해자가 입은 손해에 대하여는 상당인과관계가 인정되는 범위 내에서 국가가 배상책임을 지는 것(대판 1993. 2. 12. 91다43466)」이라고 판시하여 사익보호성이 필요하다고 본다.

(나) 학설의 대립은 있으나 직무의 사익보호성의 논의를 판례는 위법성 또는 인과관계의 문제로 본다.

#### (4) 검 토

공무원의 과실이나 부작위 등으로 인한 사인의 간접적 손해에 대해 국가 등의 책임범위를 제한하기 위해 직무의 사익보호성을 긍정함이 타당하다. 그리고 국가배상법 제2조 제1항의 성립요건과 관련해서는 직무의 문제로 보는 것이 정당하다. 다만 설문과 관련해서는 위법성만이 문제될 수 있는바 위법성의 문제로 보아 후술한다.

#### (5) 설 문

생명 · 신체 · 재산에 중대한 위험이나 장해를 발행하게 할 우려가 있는 암벽에 대해 안전조치를 취할 작위의무는 단순히 공공 일반의 이익을 위한 것이거나 행정기관 내부의 질서를 규율하기 위한 것이 아니고 전적으로 또는 부수적으로 사회구성원 개인의 안전과 이익을 보호하기 위한 것이라고 보아야 한다. 따라서 사익보호성을 인정할 수 있다.

### 4. 소 결

설문에서 안전관리조치를 취하여야 한다는 법령의 규정이 존재하지 않아 조리상 안전관리조치를 취할 작위의무를 인정할 수 있는지가 문제되는데 이를 인정함이 타당하며, 그러한 의무는 전적으로 또는 부수적으로 사회구성원 개인의 안전과 이익을 보호하기 위한 것이므로 사익보호성도 긍정된다. 따라서 위법성은 인정된다.

# Ⅲ. 과 실

## 1. 과실의 의의

과실이란 공무원의 부주의로 인해 어떤 위법한 결과를 초래하는 것을 말한다. 과실의 유무는 당해 공무원을 기준으로 판단한다. 하지만 주의의무 위반 여부를 공무원의 주관적 인식능력만을 기준으로 한다면(구체적 과실로 본다면) 피해자 보호에 문제가 있을 수 있다. 따라서 다양한 논의들이 검토될 수 있다.

## 2. 과실인정을 용이하게 하려는 논의

### (1) 과실개념의 객관화

다수설과 판례는 과실을 '공무원이 그 직무를 수행함에 있어 당해 직무를 담당하는 평균인이 통상 갖추어야 할 주의의무를 게을리한 것'이라고 하여 당해 공무원이 아니라 당해 직무를 담당하는 평균적 공무원을 기준으로 한다.

### (2) 가해공무원의 특정 불요

누구의 행위인지가 판명되지 않더라도 손해의 발생상황으로 보아 공무원의 행위에 의한 것이 인정되면 국가는 배상책임을 진다(다수설).

### (3) 객관적 과실

일부 견해는 국가배상법상의 과실을 객관적으로 보고, 국가배상법 제2조의 과실을 '국가작용의 하자'로 해석하여 피해자의 권리구제에 유리하도록 하여야 한다고 한다.

### (4) 위법과 과실의 일원화

일부 견해는 위법성과 과실을 통합하여 위법성과 과실 중 어느 하나가 입증되면 다른 요건은 당연히 인정된다고 주장하기도 한다.

### (5) 검 토

ⓐ 과실개념을 객관화하자는 논의와 가해공무원이 특정될 필요가 없다는 견해는 타당하다(다수견해). ⓑ 국가배상법상의 과실을 객관적 과실로 보는 견해는 국가배상법 제2조 제1항이 공무원의 고의·과실에 대한 국가 등의 책임을 규정한 것이라는 취지에 맞지 않는다. ⓒ 위법과 과실을 일원화하자는 견해는 국가배상법 제2조 제1항이 위법성과 고의·과실 요건을 별도로 규정하고 있음을 간과한다는 비판이 있다. 판례도 부산세관장의 위법한 통관보류처분에 대한 국가배상을 청구한 사건에서 「행정청이 관계 법령의 해석이 확립되기 전에 어느 한 설을 취하여 업무를 처리한 것이 결과적으로 위법하게 되어 그 법령의 부당집행이라는 결과를 빚었다고 하더라도 처분 당시 그와 같은 처리방법 이상의 것을 성실한 평균적 공무원에게 기대하기 어려웠던 경

우라면 특별한 사정이 없는 한 이를 두고 공무원의 과실로 인한 것이라고는 볼 수 없기 때문이다 (대판 2001. 3. 13. 2000다20731)」라고 하여 양자를 분리 판단하고 있다.

### 3. 소 결

어린이들의 놀이터로 사용되어 온 공터의 뒤편에는 암벽이 있었고 주민들이 암벽붕괴 위험이 있으므로 이를 보수해달라는 민원을 수차례 제기하였지만 이를 이행하지 않았으므로, 담당 공무원은 당해 직무를 담당하는 평균인이 통상 갖추어야 할 주의의무를 게을리한 것으로 보아야 하며, 설사 담당하는 공무원이 특정되어 있지 않다고 하더라도 손해발생의 상황이 공무원의 부작위로 인한 것으로 인정될 수 있기에 과실을 인정할 수 있다.

## Ⅳ. 결 론

㈎ 설문에서 안전관리조치를 취하여야 한다는 법령의 규정이 존재하지 않아 조리상 안전관리조치를 취할 작위의무를 인정할 수 있는지가 문제되는데 이를 인정함이 타당하며, 그러한 의무는 전적으로 또는 부수적으로 사회구성원 개인의 안전과 이익을 보호하기 위한 것이므로 사익보호성도 긍정된다. 따라서 위법성은 인정된다.

㈏ 어린이놀이터 뒤에 암벽이 있었고, 주민들의 민원을 묵살하였다는 점에서 담당 공무원은 당해 직무를 담당하는 평균인이 통상 갖추어야 할 주의의무를 게을리한 것으로 보아야 하며, 설사 담당하는 공무원이 특정되어 있지 않다고 하더라도 과실을 인정할 수 있다.

기출 14 〈제1문〉

국민건강보험공단은 갑이 국민건강보험법 규정에 따라 건강보험의 직장가입자로서의 요건을 갖추고 있음에도 그 자격이 누락되어 있음을 확인하고 갑에게 보험료부과처분을 하였다. 이에 갑은 이를 전액 납부하였으나, 나중에 위 보험료부과처분에 하자가 있다는 사실을 알게 되었다. 이러한 사실관계를 바탕으로 다음의 물음에 답하시오.

(1) 보험료부과처분에 취소사유에 해당하는 하자가 있는 경우, 갑이 이미 납부한 보험료를 돌려받기 위하여 제기할 수 있는 소송에 대하여 검토하시오(제소기간은 준수한 것으로 본다). 35.

(2) 보험료부과처분에 무효사유에 해당하는 하자가 있는 경우, 갑이 이미 납부한 보험료를 돌려받기 위하여 무효확인소송을 제기하였다면 수소법원은 어떠한 판단을 하여야 하는가? 15.

[제26회 입법고시(2010년)]

**기출 14** (1) 보험료부과처분에 취소사유에 해당하는 하자가 있는 경우, 갑이 이미 납부한 보험료를 돌려받기 위하여 제기할 수 있는 소송에 대하여 검토하시오(제소기간은 준수한 것으로 본다). 35.

## Ⅰ. 납부한 보험료를 돌려받기 위한 소송(부당이득반환청구는 특정 재화와 그 이용을 정당한 권리자에게 귀속시킴을 규율하는 것이고, 손해배상청구는 국가 등의 귀책사유로 손해가 발생한 경우 가해행위 전의 피해자의 이익상태와 가해행위 후 이익상태의 차이를 전보하는 제도(국가배상청구는 적극적·소극적·정신적 손해를 포함한다)이므로 설문은 "이미 납부한 보험료를 돌려받기 위하여 제기할 수 있는 소송"을 묻고 있어 국가배상청구는 직접적인 논점이 아니다)

### 1. 문제 상황

이미 납부한 보험료를 돌려받기 위하여 갑이 제기할 수 있는 소송은 부당이득반환청구소송이다. 그런데 보험료부과처분에 취소사유의 하자가 있다면 먼저 보험료부과처분취소소송을 제기하여야 하는지가 문제된다. 따라서 보험료부과처분취소소송을 제기하지 않고 부당이득반환청구소송을 제기한 경우, 보험료부과처분취소소송제기 후 부당이득반환청구소송을 제기한 경우, 보험료부과처분취소소송과 부당이득반환청구소송을 행정소송법 제10조에 따라 병합하여 제기하는 경우로 나누어 검토해 본다.

### 2. 보험료부과처분취소소송을 제기하지 않고 부당이득반환청구소송을 제기한 경우

#### (1) 부당이득반환청구권의 성질

㈎ 부당이득반환청구권의 성질에 대해 학설은 ① ⓐ 공권설과 ⓑ 사권설이 대립되나, ② 판례는 처분이 무효이거나 취소된 이상 부당이득반환의 법률관계는 민사관계로 보고 민사소송절차에 따르고 있다(대판 1995. 12. 22. 94다51253).

㈏ 판례에 따라 민사소송으로 본다면 갑은 국가를 상대로 민사소송으로 부당이득반환청구소송을 제기할 수 있는데 이 경우 민사법원은 민법 제741조에 따라 국가가 법률상 원인 없이 갑에게 손해를 가하고 있는지를 살펴보아야 한다.

㈐ 그런데 '법률상 원인 없음'이 설문과 관련해서 '보험료부과처분이 무효'인지에 대한 문제가 되기 때문에(보험료부과처분이 무효이어야 법률상 원인이 없는 것이 되고 부당이득이 된다) 민사법원이 처분의 효력 유무를 판단할 수 있는지 즉 선결문제를 검토해야 한다.

#### (2) 선결문제

1) 의 의

㈎ 선결문제란 민사(당사자소송)·형사법원의 본안판단에서 행정행위의 효력 유무(존재 여부)나 위법 여부가 선결될 문제인 경우 그 효력 유무(존재 여부)나 위법 여부를 말한다. 선결문제를 행정행위의 효력 중 공정력의 문제로 보는 견해가 있었으나(공정력과 구성요건적 효력을 구별하지 않는 견해), 현재는 구성요건적 효력의 문제로 보는 견해가 다수견해이며(공정력과 구성요건적 효력을 구별

하는 견해), 타당하다.

(나) 공정력이란 행정행위에 하자가 있다고 하더라도 권한을 가진 기관에 의해 취소될 때까지 그 효력을 부정할 수 없는 상대방(이해관계인)에게 미치는 구속력을 말하며, 구성요건적 효력이란 유효한 행정행위의 존재가 다른 국가기관의 결정에 영향을 미치는 효력(구속력)을 말한다.

2) 형 태

(가) 선결문제는 민사사건(당사자소송)의 경우와 형사사건의 경우로 나눌 수 있고, 각각 행정행위의 효력 유무(존재 여부)가 선결문제로 되는 경우와 행정행위의 위법 여부가 선결문제로 되는 경우가 있다(행정사건 중 당사자소송사건도 문제될 수 있으나 대법원은 부당이득반환청구소송, 국가배상청구소송을 민사소송으로 보고 있는바 선결문제 해결에서는 민사소송으로 제기하는 경우와 당사자소송으로 제기하는 경우에 차이가 없다). 행정소송법 제11조 제1항은 선결문제의 일부(민사사건에서 효력 유무(존재 여부)가 문제되는 경우)에 관해서만 규정하고 있는바 나머지 사항은 학설과 판례에서 해결하여야 한다.

(나) 설문은 판례에 따르면 민사사건의 경우이고 보험료부과처분의 효력 유무가 문제되는 경우이다.

3) 해결(민사법원이 처분의 효력 유무를 판단할 수 있는지 여부)

선결문제가 행정행위의 효력 유무인 경우, ① 당해 행정행위가 무효이면 민사법원은 행정행위가 무효임을 전제로 본안(예를 들어 부당이득반환청구권의 존부)을 인용할 수 있다는 것이 실정법(행정소송법 제11조 제1항) · 학설 · 판례의 입장이다. 왜냐하면 무효인 행정행위는 구성요건적 효력이 없기 때문이다. 그리고 행정행위의 하자가 단순위법인 경우에도 민사법원은 당해 행정행위가 유효임을 전제로 본안 판단을 할 수 있다. ② 그러나 민사법원은 행정행위의 구성요건적 효력으로 인해 유효한 행정행위의 효력을 부정(취소)할 수는 없다.

(3) 설 문

보험료부과처분은 취소사유이기에 행정행위의 구성요건적 효력으로 인해 민사법원은 보험료부과처분의 효력을 부정(취소)할 수 없다. 따라서 보험료부과처분의 효력이 살아 있는 한 법률상 원인이 없는 것이 아니어서 갑은 별도의 절차 없이(행정청이 스스로 직권취소하거나 갑이 쟁송취소를 받은 후라면 가능하겠지만) 바로 부당이득반환청구소송을 제기해서는 보험료를 돌려받을 수 없다.

### 3. 보험료부과처분취소소송제기 후 부당이득반환청구소송을 제기한 경우

(가) 갑이 보험료부과처분취소소송을 제기하여 승소의 확정판결을 받는다면 보험료부과처분은 소급하여 무효가 된다. 그러면 행정청은 행정소송법 제30조에 따라 기속력을 받게 되어 결과제거의무(설문에서 갑이 납부한 보험료를 반환할 의무)가 발생하며, 후소인 부당이득반환청구소송에서 당사자 및 후소법원은 보험료부과처분의 유효성을 주장할 수 없는 기판력을 받는다.

(나) 따라서 갑은 납부한 보험료에 대해 국가를 상대로 부당이득반환을 민사소송으로 제기한다면 보험료를 돌려받을 수 있다.

### 4. 보험료부과처분취소소송과 부당이득반환청구소송을 행정소송법 제10조에 따라 병합한 경우

#### (1) 청구의 병합의 개념

1) 의 의

청구의 병합이란 하나의 소송절차에서 수개의 청구를 하거나(소의 객관적 병합), 하나의 소송절차에서 수인이 공동으로 원고가 되거나 수인을 공동피고로 하여 소를 제기하는 것(소의 주관적 병합)을 말한다.

2) 형 태

행정소송법은 제10조 제2항과 제15조에서 특별규정을 두고 민사소송에서는 인정되지 않는 서로 다른 소송절차에 의한 청구의 병합을 인정하고 있다(민사소송법은 소의 객관적 병합에 관하여 동종의 소송절차에 의해서 심리되어질 것을 요건으로 하며, 각 청구 간의 관련성을 요건으로 하고 있지 않다).

a. 객관적 병합(복수의 청구) ㈎ 취소소송의 원고는 관련청구를 병합(원시적 병합)하여 제소하거나 또는 사실심변론종결시까지 추가하여 병합(후발적 병합)할 수 있다(행정소송법 제10조 제2항).

㈏ 행정소송도 민사소송과 마찬가지로 객관적 병합의 형태로 단순 병합(원고가 서로 양립하는 여러 청구를 병합하여 그 전부에 대해 판결을 구하는 형태를 말한다(예: 손해배상청구에서 적극적 손해·소극적 손해·정신적 손해를 함께 청구하는 경우)) · 선택적 병합(원고가 서로 양립하는 여러 청구를 택일적으로 병합하여 그 중 어느 하나라도 인용하는 판결을 구하는 형태를 말한다(예: 물건의 인도를 소유권과 점유권에 기하여 청구하는 경우)) · 예비적 병합(주위적 청구(주된 청구)가 허용되지 아니하거나 이유 없는 경우를 대비하여 예비적 청구(보조적 청구)를 병합하여 제기하는 형태를 말한다(예: 주위적으로 무효확인소송을, 예비적으로 취소소송을 제기하는 경우))이 허용된다.

b. 주관적 병합(복수의 당사자) ㈎ 행정소송법 제10조 제2항은 '피고 외의 자를 상대로 한 관련청구소송'을, 동법 제15조는 '수인의 청구 또는 수인에 대한 청구가 처분등의 취소청구와 관련되는 청구인 경우'를 규정하고 있다. 따라서 취소소송의 원고는 피고 외의 자를 상대로 한 관련청구소송을 원시적 또는 후발적으로 병합하여 제기할 수 있지만(동법 제10조 제2항), 행정소송법은 제3자에 의한 추가적 병합을 인정하고 있지 않으므로 수인의 원고는 처음부터 공동소송인(공동소송이란 하나의 소송절차에 여러 사람의 원고 또는 피고가 관여하는 소송을 말한다)으로 제소하여야 하고 소송계속 중에는 소송참가가 허용될 뿐이다(이상규, 오진환).

㈏ 공동소송은 통상의 공동소송(공동소송인 사이에 합일확정(분쟁의 승패가 공동소송인 모두에 대해 일률적으로 결정되는 것을 말한다(재판의 통일))을 필요로 하지 않는 공동소송을 말한다)과 필수적 공동소송(공동소송인 사이에 소송의 승패가 통일적으로 결정되어야 하는 공동소송을 말한다(합일확정이 필요한 소송))이 모두 가능하다.

#### (2) 관련청구소송의 병합의 요건

㈎ ① 관련청구의 병합은 그 청구를 병합할 취소소송을 전제로 하여 그 취소소송에 관련되

는 청구를 병합하는 것이므로, 관련청구소송이 병합될 기본인 취소소송이 적법한 것이 아니면 안 된다. 따라서 관련청구를 병합할 취소소송은 그 자체로서 소송요건, 예컨대 출소기간의 준수, 협의의 소익 등을 갖춘 적법한 것이어야 한다(취소소송의 적법성).

② 행정소송법 제10조 제1항 제1호 · 제2호의 관련청구소송이어야 한다(관련청구소송). 제1호(당해 처분등과 관련되는 손해배상 · 부당이득반환 · 원상회복 등 청구소송)는 청구의 내용 또는 발생 원인이 법률상 또는 사실상 공통되어 있는 소송을 말하며(예: 운전면허취소처분에 대한 취소소송과 위법한 운전면허취소처분으로 발생한 손해에 대한 손해배상청구소송), 제2호(당해 처분등과 관련되는 취소소송)는 개방적 · 보충적 규정으로 증거관계, 쟁점, 공격 · 방어방법 등의 상당부분이 공통되어 함께 심리함이 타당한 사건을 말한다(법원실무제요)(예: ① 하나의 절차를 구성하는 대집행계고처분과 대집행영장통지처분에 대한 취소소송, ② 원처분과 재결에 대한 취소소송).

③ 관련청구의 병합은 사실심변론종결 전에 하여야 한다(행정소송법 제10조 제2항)(병합의 시기). 그러나 사실심변론종결 전이라면 원시적 병합이든 추가적 병합이든 가릴 것 없이 인정된다.

④ 행정사건에 관련 민사사건이나 행정사건을 병합하는 방식이어야 하고, 반대로 민사사건에 관련행정사건을 병합할 수는 없다. 행정소송 상호간에는 어느 쪽을 병합하여도 상관없다(행정사건에의 병합).

⑤ 행정청을 피고로 하는 취소소송에 국가를 피고로 하는 손해배상청구를 병합하는 경우처럼 관련청구소송의 피고는 원래 소송의 피고와 동일할 필요가 없다(피고의 동일성 불요).

(나) 설문의 보험료부과처분취소소송은 적법하며, 부당이득반환청구는 행정소송법 제10조 제1항 제1호의 관련청구소송이며, 사실심변론종결 전이며, 보험료부과처분취소소송에 병합하는 것이고, 피고가 동일할 필요가 없기 때문에 문제는 없다. 따라서 관련청구소송의 병합은 가능하다.

(3) 설　　문

갑은 원시적 또는 후발적으로 보험료부과처분취소소송에 부당이득반환청구소송을 이송 · 병합할 수 있다. 다만, 미리 보험료부과처분의 취소가 확정되어야 법원은 부당이득반환청구를 인용할 수 있는지가 문제되는데, 대법원은 해당 소송절차에서 보험료부과처분을 취소하면서 바로 갑의 부당이득반환청구를 인용할 수 있다는 입장이다(대판 2009. 4. 9. 2008두23153).

**기출 14** (2) 보험료부과처분에 무효사유에 해당하는 하자가 있는 경우, 갑이 이미 납부한 보험료를 돌려받기 위하여 무효확인소송을 제기하였다면 수소법원은 어떠한 판단을 하여야 하는가? 15.

## Ⅱ. 보험료부과처분무효확인소송에 대한 수소법원의 판단

### 1. 문제 상황

설문에서 보험료를 납부하였고 보험료부과처분이 무효라면 갑은 부당이득반환을 청구하면서 보험료부과처분의 무효를 선결문제로 주장하면 보험료를 돌려 받을 수 있기 때문에, 갑이 별도로 무효확인소송을 제기할 협의의 소의 이익이 있는지가 문제된다(다른 소송요건이나 본안은 문제되지 않는다).

## 2. 무효확인소송에서 즉시확정의 이익의 필요 여부

### (1) 문 제 점

민사소송으로 확인소송을 제기하려면 즉시확정의 이익이 요구된다. 따라서 확인소송이 아닌 다른 직접적인 권리구제수단(예를 들면 이행소송)이 있는 경우에는 확인소송이 인정되지 않는다. 즉 확인소송이 보충성을 가지는 것으로 본다. 그런데 민사소송인 확인소송에서 요구되는 즉시확정의 이익이 행정소송인 무효등확인소송의 경우에도 요구되는지(즉, 확인소송의 보충성이 요구되는지)가 문제된다.

### (2) 학 설

1) 긍정설(즉시확정이익설)

취소소송의 경우와 달리 행정소송법 제35조는 원고적격에 관한 규정일 뿐만 아니라 권리보호필요성(협의의 소익)에 관한 의미도 가지고 있는 것이며(동법 제35조의 '확인을 구할'이라는 표현을 즉시확정이익으로 본다), 민사소송에서의 확인의 소와 같이 무효등확인소송의 경우에도 '즉시확정의 이익'이 필요하다고 보는 견해이다. 결국 당사자에게 별도의 직접적인 권리구제수단이 없는 경우라야 무효등확인소송이 인정된다고 본다.

2) 부정설(법적보호이익설)

행정소송법 제35조의 '법률상 이익'은 원고적격의 범위에 대한 것이어서 즉시확정의 이익으로 해석될 수 없고, 무효등확인소송에서는 취소판결의 기속력을 준용하므로 민사소송과 달리 무효판결 자체로도 판결의 실효성 확보가 가능하므로 민사소송에서와 같이 확인의 이익 여부를 논할 이유가 없다는 점, 그리고 무효등확인소송이 확인소송이라는 점에만 집착하여 즉시확정의 이익을 내세운다면 부작위위법확인소송도 확인소송으로서의 성질을 가지므로 즉시확정의 이익이 필요하다고 판단되어야 한다는 문제가 있다는 점을 들고 있다(다수견해).

### (3) 판 례

ⓐ 과거 판례는 행정소송인 무효등확인소송에도 민사소송처럼 확인소송의 일반적 요건인 '즉시확정의 이익'이 요구된다고 하였다. ⓑ 그러나 수원시장의 하수도원인자부담금부과처분의 무효확인을 구한 사건에서 대법원은 행정소송은 민사소송과는 목적·취지 및 기능 등을 달리하며, 무효등확인소송에도 확정판결의 기속력규정(행정소송법 제38조, 제30조)을 준용하기에 무효확인판결만으로도 실효성확보가 가능하며, 행정소송법에 명문의 규정이 없다는 점을 이유로 무효등확인소송의 보충성이 요구되지 않는다고 판례를 변경하였다(대판(전원) 2008. 3. 20. 2007두6342). 따라서 행정처분의 무효를 전제로 한 이행소송 즉 부당이득반환청구소송, 소유물반환청구소송, 소유권이

전등기말소청구소송, 소유물방해제거청구소송 등과 같은 구제수단이 있다고 하더라도 무효등확인소송을 제기할 수 있다고 본다.

(4) 검 토

무효등확인소송은 처분의 하자정도가 중대명백한 것일 뿐 취소소송과 본질을 달리하는 것이 아니기 때문에 무효등확인소송에만 즉시확정의 이익이 필요하다는 것은 정당하지 않고, 무효등확인소송에서 즉시확정의 이익이 요구되지 않아 원고가 소권을 남용한다면(원고가 권리구제에 도움이 되지 않는 우회적인 소송을 제기하는 경우) 법원은 권리보호필요의 일반 원칙으로 이를 통제할 수 있기 때문에 문제되지 않는다. 따라서 즉시확정의 이익은 요구되지 않는다는 견해가 타당하다.

## 3. 소 결

다수견해와 판례인 부정설에 의하면 갑은 보험료를 이미 납부한 경우에도 부담금부과처분의 무효확인을 구할 협의의 소의 이익이 있다. 따라서 수소법원은 갑의 무효확인소송을 인용하여야 한다.

기출 15 〈제1문〉

갑은 숙박시설을 경영하기 위하여 「건축법」 등 관계 법령이 정하는 요건을 구비하여 관할 A시 시장 을에게 건축허가를 신청하였다. 그러나 시장 을은 「건축법」 제11조 제4항에 따라 해당 숙박시설의 규모나 형태 등이 주거환경이나 교육환경 등 주변환경을 고려할 때 부적합하다는 이유로 건축허가를 거부하였고, 갑은 이에 대해 건축허가거부처분취소소송을 제기하였다. 이와 관련하여 아래 물음에 답하시오.

(1) 을이 제시한 '주거환경이나 교육환경 등 주변환경을 고려할 때 부적법하다'는 거부사유에 대한 사법심사의 가부(可否) 및 한계는? 10.

(2) 갑이 을의 거부처분과 관련하여 처분의 법적 근거, 의견제출기한 등을 사전에 통지하지 않았으므로 위법하여 취소되어야 한다고 주장한다면, 법원의 판단은 어떠해야 하는가? 20.

(3) 한편, 갑의 취소소송은 인용되었으나, 동 소송의 계속 중 A시 건축조례가 개정되어 건축허가 요건으로 「건축법」 제49조 등 건축법령의 규정보다 강화된 피난시설의 구비를 요구하게 되었으며, 갑이 허가 신청한 건축물은 현재에도 여전히 이를 구비하지 못한 상태이다. 이 경우 시장 을은 위 취소소송의 인용판결에도 불구하고 강화된 피난시설요건의 미비를 이유로 갑에게 재차 건축허가거부처분을 할 수 있는가?(단, A시 개정건축조례가 적법함을 전제로 함) 20.

[제54회 행정고시(2010년)]

**기출 15** (1) 을이 제시한 '주거환경이나 교육환경 등 주변환경을 고려할 때 부적법하다'는 거부사유에 대한 사법심사의 가부(可否) 및 한계는? 10.

# Ⅰ. 거부사유에 대한 사법심사의 가능성과 한계

## 1. 문제 상황

'해당 대지에 건축하려는 건축물의 용도·규모 또는 형태가 주거환경이나 교육환경 등 주변 환경을 고려할 때 부적합'은 건축법상 건축허가의 법률요건이다(건축법 제11조 제4항 참조). 따라서 설문은 불확정개념을 규정한 요건판단에 있어 판단여지의 인정가능성과 한계를 묻고 있다.

## 2. 판단여지의 의의·근거

(가) 판단여지란 불확정개념과 관련하여 사법심사가 불가능하거나 가능하지만 행정청의 자유영역을 인정하는 것이 타당한 행정청의 평가·결정영역을 말한다.

(나) 불확정개념에 대해서는 하나의 정당한 결정만이 존재하는 것은 아니며(다수의 정당한 결정의 존재), 행정청이 더 많은 전문지식과 경험을 가지고 있을 수 있으며, 대체불가능한 결정이 존재할 수 있다는 점을 판단여지의 인정근거로 주장한다.

## 3. 판단여지의 인정 여부

### (1) 학 설

ⓐ 판단여지는 법률요건에 대한 인식(판단)의 문제이고, 재량은 법률효과 선택(결정)행위의 문제라는 점에서 판단여지와 재량을 구별하는 견해(다수견해)와 ⓑ 판단여지와 재량은 사법심사의 배제라는 면에서 실질적 차이가 없으며, 재량은 입법자에 의해 요건의 측면에서도 존재할 수 있음을 근거로 구별을 부정하는 견해로 나뉜다.

### (2) 판 례

판례는 공무원임용면접전형, 감정평가사시험의 합격기준, 사법시험출제, 교과서검정처분등을 재량의 문제로 보고 있어 판단여지와 재량을 구별하지 않는다(구별부정).

### (3) 검 토

법치국가원리상 법령의 요건충족의 판단은 예견 가능한 것이어야 하므로 요건 판단에 있어 행정청에게 재량을 부여할 수는 없다. 따라서 구별하는 견해가 타당하다.

## 4. 판단여지의 적용영역

일반적 견해는 ⓐ 비대체적 결정영역(사람의 인격·적성·능력 등에 관한 판단과 관련하여 대체할 수 없는 결정을 말한다), ⓑ 구속적 가치평가영역(구속적 가치평가란 예술·문화 등의 분야에 있어 어떤 물건이나 작품의 가치 또는 유해성 등에 대한 전문성·중립성을 가진 합의제 기관의 판단을 말한다. 예: 문화재의 지정, 청소년 유해도서 판정), ⓒ 예측적 결정영역(예측결정)(환경법 및 경제행정법분야 등에서 미래예측적 성질을 가진 행정결정을 말한다), ⓓ 행정정책적인 결정영역(형성적 결정)(전쟁무기의 생산 및 수출 등의 외교정책, 자금지원대상업체의 결정과 같은 경제정책, 기타 사회정책 및 교통환경 등 행정정책적인 결정들에 대한 판단을 말한다) 등에 판단여지가 인정된다고 본다.

### 5. 판단여지의 한계

판단여지가 존재하는 경우에도 ① 판단기관이 적법하게 구성되었는지 여부, ② 절차규정 준수 여부, ③ 정당한 사실관계에서의 판단 여부, ④ 일반적으로 승인된 평가척도(행정법의 일반원칙 준수여부)위반 여부 등은 사법심사의 대상이 될 수 있다. 다만 이러한 한계를 준수하였다고 하면 행정청의 판단을 존중하여 법원은 위법 여부를 심사할 수 없다.

### 6. 소 결

설문의 주변환경에 대한 고려는 행정정책적 결정영역 또는 예측결정으로 판단여지가 인정되는 영역이어서 법원은 사법심사를 할 수 없다. 그러나 정당한 사실관계의 판단 여부에 문제가 있거나(예를 들어 한옥숙박시설임에도 일반 모텔로 오인하여 주변 한옥마을과 조화되지 않는다고 판단한 경우) 평등원칙이나 비례원칙 등의 위반이 있다면 사법심사가 가능할 것이다.

**기출 15** (2) 갑이 을의 거부처분과 관련하여 처분의 법적 근거, 의견제출기한 등을 사전에 통지하지 않았으므로 위법하여 취소되어야 한다고 주장한다면, 법원의 판단은 어떠해야 하는가? 20.

## Ⅱ. 거부처분에서 처분의 사전통지의 필요성 등

### 1. 처분의 사전통지의 필요성

#### (1) 처분의 사전통지의 요건

행정절차법 제21조는 행정청이 ⓐ 의무를 부과하거나 권익을 제한하는, ⓑ 처분을 하는 경우, ⓒ 예외사유에 해당하지 않는다면(제4항) 사전통지가 필요하다고 한다. 설문은 사전통지의 요건과 관련해 수익적 처분의 신청에 대한 거부가 '당사자에게 의무를 과하거나 권익을 제한하는 것(사전통지의 요건 ⓐ와 관련)'인지가 문제된다.

#### (2) 거부처분의 사전통지의 필요성

1) 문 제 점

조세부과처분이나 영업허가의 취소와 같은 당사자의 권익을 제한하는 처분은 '당사자에게 의무를 부과하거나 권익을 제한하는 처분'에 해당함에 문제가 없으나, 수익적인 처분(건축허가)을 신청한 것에 대한 거부처분도 불이익처분에 포함될 것인지가 문제된다.

2) 학 설

a. 불 요 설 처분의 사전통지는 법문상 의무부과와 권익을 제한하는 경우에만 적용되므로 수익적인 행위나 수익적 행위의 거부의 경우는 적용이 없고, 거부처분의 경우 신청과정에서 행정청과 대화를 계속하고 있는 상태이므로 사전통지를 요하지 않는다고 한다.

b. 필 요 설 당사자가 신청을 한 경우 신청에 따라 긍정적인 처분이 이루어질 것을 기대하고 거부처분을 기대하지는 아니하고 있으므로 거부처분은 당사자의 권익을 제한하는 처분에 해당하며, 따라서 거부처분의 경우에도 사전통지가 필요하다고 한다.

c. 중간설(절충설) 원칙적으로 거부처분은 사전통지의 대상이 되지 않지만, 신청인이 신청서에 기재하지 않은 사실을 근거로 거부하거나 신청서에 기재한 사실을 인정할 수 없다는 이유로 거부하거나 신청인이 자료를 제출하지 않았다는 이유로 거부하는 등의 경우에는 신청인의 예측가능성을 보호하기 위해 예외적으로 사전통지절차가 필요하다고 본다(최계영).

3) 판 례

판례는 「행정절차법 제21조 제1항은 행정청은 당사자에게 의무를 과하거나 권익을 제한하는 처분을 하는 경우에는 … 당사자 등에게 통지하도록 하고 있는바, 신청에 따른 처분이 이루어지지 아니한 경우에는 아직 당사자에게 권익이 부과되지 아니하였으므로 특별한 사정이 없는 한 신청에 대한 거부처분이라고 하더라도 직접 당사자의 권익을 제한하는 것은 아니어서 신청에 대한 거부처분을 여기에서 말하는 '당사자의 권익을 제한하는 처분'에 해당한다고 할 수 없는 것이어서 처분의 사전통지대상이 된다고 할 수 없다(대판 2003. 11. 28. 2003두674)」고 하여 불요설의 입장이다.

4) 검토 및 설문

(가) 거부처분은 행정절차법 제21조 제1항의 당사자의 권익을 제한하거나 의무를 부과하는 처분으로 볼 수 없어 사전통지의 대상이 되지 않는다는 견해가 타당하다.

(나) 건축허가거부처분의 경우 사전통지를 하지 않아도 위법이 되지는 않는다. 다만 사전통지가 필요하다는 견해에 따라 논의를 계속한다.

(3) 처분의 사전통지의 예외 사유

설문은 행정절차법 제21조 제4항의 예외사유에 해당사항이 없다.

## 2. 절차상 하자의 독자적 위법사유 여부

(1) 문 제 점

절차상 하자의 효과에 관한 명문의 규정이 있는 경우(국가공무원법 제13조)라면 문제가 없으나, 절차상 하자의 효과에 관한 명문의 규정이 없는 경우 특히 그 행정행위가 기속행위인 경우 행정절차를 거치지 아니한 경우라고 하여도 그 내용은 행정절차를 거친 경우와 동일한 것일 수 있기 때문에 절차상의 하자가 독자적인 위법사유인지가 문제된다.

(2) 학 설

a. 소 극 설 　절차규정이란 적정한 행정결정을 확보하기 위한 수단에 불과하며, 절차상의 하자만을 이유로 취소하는 것은 행정능률 및 소송경제에 반한다는 점을 근거로 절차상 하자는 독자적인 위법사유가 될 수 없다고 본다.

b. 적 극 설 　소극설을 취하는 경우에는 절차적 규제가 유명무실해질 우려가 있어 행정절차의 실효성 확보를 위해 적극설이 타당하고, 법원이 절차상 하자를 이유로 취소한 후 행정청이 적법한 절차를 거쳐 다시 처분을 하는 경우 재량행위뿐 아니라 기속행위의 경우에도 처분의 발령에 이르기까지의 사실판단이나 요건 판단을 달리하여 당초 처분과 다른 내용의 결정에 이를 수 있기 때문에 반드시 동일한 내용의 처분을 반복한다고 말할 수 없다는 점을 근거로 절차상 하자는 독자적인 위법사유가 될 수 있다고 본다(다수설).

c. 절 충 설 　기속행위와 재량행위를 나누어 재량행위는 절차의 하자가 존재할 때 위법해지지만, 기속행위는 내용상 하자가 존재하지 않는 한 절차상 하자만으로 행정행위가 위법해지지 않는다고 본다. 기속행위의 경우 법원이 절차상 하자를 이유로 취소하더라도 행정청은 절차상 하자를 보완하여 동일한 내용으로 다시 처분을 할 수 있으므로 행정능률에 반한다는 점을 근거로 한다.

(3) 판 례

대법원은 재량행위·기속행위를 불문하고 적극적인 입장이다(대판 1991. 7. 9. 91누971).

(4) 검토 및 설문

(가) 행정의 법률적합성원칙에 따라 행정작용은 실체상뿐만 아니라 절차상으로도 적법하여야 하며, 취소소송 등의 기속력이 절차의 위법을 이유로 하는 경우에 준용된다는 점(행정소송법 제30조 제3항) 등에 비추어 적극설이 타당하다.

(나) 건축허가거부처분의 경우 사전통지가 필요하다는 견해에 따르고, 절차상 하자의 독자적 위법사유에서 적극설에 따르면 절차상 하자만으로도 위법사유가 될 수 있다.

### 3. 위법성의 정도

중대명백설에 따르면 사전통지를 하지 않은 위법은 외관상 명백하지만, 적법요건의 중대한 위법으로 보기는 어려워 취소사유로 보아야 한다.

### 4. 소 결

건축허가거부처분도 처분의 사전통지의 대상이 된다는 견해(필요설)에 따른다면 법원은 갑의 거부처분취소소송을 인용해야 한다.

기출 15 (3) 한편, 갑의 취소소송은 인용되었으나, 동 소송의 계속 중 A시 건축조례가 개정되어 건축허가요건으로 「건축법」 제49조 등 건축법령의 규정보다 강화된 피난시설의 구비를 요구하게 되었으며, 갑이 허가 신청한 건축물은 현재에도 여전히 이를 구비하지 못한 상태이다. 이 경우 시장 을은 위 취소소송의 인용판결에도 불구하고 강화된 피난시설요건의 미비를 이유로 갑에게 재차 건축허가거부처분을 할 수 있는가?(단, A시 개정건축조례가 적법함을 전제로 함) 20.

## Ⅲ. 시장의 건축허가 재거부처분의 가능성

### 1. 문제 상황

건축허가거부처분에 대한 취소소송 계속 중 개정된 건축조례를 근거로 당초 거부처분취소소송의 인용판결 후 다시 건축허가거부처분을 할 수 있는지의 문제이다. 이는 확정판결의 기속력 특히 기속력의 시적 범위에 대한 문제이다.

### 2. 기속력의 의의

기속력은 처분등을 취소하는 확정판결이 당사자인 행정청과 관계행정청에 대하여 판결의 취지에 따라야 할 실체법상의 의무를 발생시키는 효력을 말한다(행정소송법 제30조 제1항). 그리고 기속력은 인용판결에만 미치고 기각판결에서는 인정되지 않는다.

### 3. 기속력의 법적 성질

① 기속력은 기판력과 동일하다는 기판력설과 기속력은 판결 그 자체의 효력이 아니라 취소판결의 효과의 실질적인 보장을 위해 행정소송법이 특별히 인정한 효력이라는 특수효력설(다수설)이 대립된다. ② 판례는 기판력과 기속력이라는 용어를 구분하지 않은 채 혼용하고 있어 그 입장이 불분명하다. ③ 기속력은 취소판결(인용판결)에서의 효력이지만 기판력은 모든 본안판결에서의 효력이라는 점, 기속력은 당사자인 행정청과 그 밖의 관계행정청에 미치지만 기판력은 당사자와 후소법원에 미친다는 점, 기속력은 일종의 실체법적 효력이지만 기판력은 소송법상 효력이라는 점에서 양자는 상이하므로, 특수효력설이 타당하다.

### 4. 기속력의 내용

(가) 기속력은 반복금지의무(반복금지효), 재처분의무, 결과제거의무를 내용으로 한다.

① 반복금지의무란 처분이 위법하다는 이유로 취소하는 판결이 확정된 후 당사자인 행정청 등이 동일한 내용의 처분을 반복해서는 안 되는 부작위의무를 말한다(이 의무는 행정소송법 제30조 제1항의 해석상 인정된다).

② 재처분의무란 행정청이 판결의 취지에 따라 신청에 대한 처분을 하여야 할 의무(작위의무)를 말한다. 재처분의무는 행정청이 당사자의 신청을 거부하거나 부작위하는 경우 주로 문제

된다(즉 당사자의 신청이 있는 경우)(행정소송법 제30조 제2항, 제38조 제2항 참조). 구체적으로 보면 이 재처분의무는 ㉠ 재처분을 해야 하는 의무와 ㉡ 재처분을 하는 경우 그 재처분은 판결의 취지에 따른(판결의 기속력에 위반되지 않는) 것이어야 하는 의무, 양자를 포함하는 개념이다.

③ 취소소송에서 인용판결이 있게 되면 행정청은 위법처분으로 인해 야기된 상태를 제거하여야 할 의무가 발생하는데 이를 결과제거의무라고 한다(이 의무는 행정소송법 제30조 제1항의 해석상 인정된다).

(나) 설문은 시장이 재차 건축허가거부처분을 할 수 있는지를 묻고 있는바 재처분의무가 문제된다.

## 5. 기속력의 범위

아래의 기속력의 범위에 모두 해당하면 기속력이 미치는 위법사유가 되는 것이므로 행정청과 관계행정청은 판결의 취지에 따라 기속력에 위반되는 재처분을 해서는 아니 된다(기속력이 미치지 않는 범위에서(사유)는 재처분이 가능하다).

### (1) 주관적 범위

처분을 취소하는 확정판결은 그 사건(취소된 처분)에 관하여 당사자인 행정청과 그 밖의 관계행정청을 기속한다. 여기서 그 밖의 관계 행정청이란 취소된 처분 등을 기초로 하여 그와 관련되는 처분이나 부수되는 행위를 할 수 있는 행정청을 총칭하는 것이다.

### (2) 시간적 범위

처분의 위법성 판단의 기준시점을 어디로 볼 것이냐에 따라 기속력이 미치는 시간적 범위가 결정된다.

1) 학　설

ⓐ 처분시설(다수견해)(행정처분의 위법 여부는 처분 당시를 기준으로 판단하여야 한다는 견해이다. 처분시 이후의 사정고려는 법원에 의한 행정청의 1차적 판단권의 침해를 의미하며, 법원은 행정청의 처분에 대해 사후적인 판단을 하는 역할에 그친다고 보기 때문이라고 한다), ⓑ 판결시설(항고소송의 목적을 행정법규의 정당한 적용이라는 공익실현으로 보면서, 법원은 처분시 이후 발생한 공익적 사정도 고려하여 처분의 효력을 유지시킬 것인지를 결정해야 한다는 입장이다), ⓒ 절충설(ⓐ 원칙적으로 처분시를 기준으로 하면서, 예외적으로 영업허가취소나 물건의 압수처분 등과 같이 계속효 있는 처분에 대하여는 판결시를 기준으로 하는 견해와 ⓑ 적극적 침익적 처분의 경우 처분시를 기준으로 하고, 거부처분의 경우 판결시를 기준으로 하는 견해가 있다)이 대립된다.

2) 판　례

판례는 행정소송에서 행정처분의 위법 여부는 행정처분이 있을 때의 법령과 사실상태를 기준으로 하여 판단해야 한다고 본다(처분시설)(대판 1993. 5. 27. 92누19033).

3) 검　토

항고소송의 주된 목적은 개인의 권익구제에 있기 때문에 처분시 이후의 공익적 사정은 고려할 필요가 없으며, 위법성 판단의 기준을 판결시로 할 경우 판결지체 여하에 따라 처분시에 위법하였던 행위가 적법한 행위가 될 수도 있고, 반대로 처분시에는 적법했던 행위가 후에 위법한 것으로 될 수 있어 이론적으로 문제가 있다. 따라서 처분시설이 타당하다.

4) 소 결

처분시설에 따르면 처분시에 존재하던 사유만이 기속력이 미치는 처분사유가 될 수 있다. 그러나 처분시에 존재하던 사유라고 할지라도 아래의 객관적 범위에 포함되는 사유라야 기속력이 미친다.

(3) 객관적 범위

판결의 기속력은 판결주문 및 이유에서 판단된 처분 등의 구체적 위법사유에만 미친다.

1) 절차나 형식의 위법이 있는 경우

이 경우 판결의 기속력은 판결에 적시된 개개의 위법사유에 미치기 때문에 확정판결 후 행정청이 판결에 적시된 절차나 형식의 위법사유를 보완한 경우에는 다시 동일한 내용의 처분을 하더라도 기속력에 위반되지 않는다(대판 1987. 2. 10. 86누91).

2) 내용상 위법이 있는 경우

a. 범 위 이 경우는 처분사유의 추가·변경과의 관계로 인해 판결주문 및 이유에서 판단된 위법사유와 기본적 사실관계가 동일한 사유를 말한다(당초사유인 A사유와 B사유가 기본적 사실관계의 동일성이 있는 사유이어서 취소소송 계속 중 당초사유에 B사유를 추가·변경할 수 있었음에도 행정청이 이를 하지 않아 행정청이 패소하였다면, 확정판결 후에는 B사유로는 행정청이 재처분을 할 수 없도록 해야 한다 — B사유를 추가·변경하지 않아 패소한 것은 행정청의 귀책사유이기 때문 —. 따라서 B사유로의 재처분을 막으려면 B사유에 기속력이 미치게 하면 된다. 결국 기속력의 범위는 A사유와 B사유로 처분사유의 추가·변경의 범위와 같게 된다). 따라서 당초처분사유와 기본적 사실관계가 동일하지 않은 사유라면 동일한 내용의 처분을 하더라도 판결의 기속력에 위반되지 않는다.

b. 기본적 사실관계의 동일성 판단 (가) 판례는 기본적 사실관계의 동일성 유무는 처분사유를 법률적으로 평가하기 이전의 구체적인 사실에 착안하여 그 기초인 사회적 사실관계가 기본적인 점에서 동일한지 여부에 따라 결정된다고 한다(대판 2004. 11. 26. 2004두4482). 구체적인 판단은 시간적·장소적 근접성, 행위 태양·결과 등의 제반사정을 종합적으로 고려해야 한다(법원실무제요, 석호철).

(나) 즉, 처분청이 처분 당시에 적시한 구체적 사실을 변경하지 아니하는 범위 내에서 단지 그 처분의 근거법령만을 추가·변경하거나 당초의 처분사유를 구체적으로 표시하는 것에 불과한 경우처럼 처분사유의 내용이 공통되거나 취지가 유사한 경우에는 기본적 사실관계의 동일성을 인정하고 있다(대판 2007. 2. 8. 2006두4899).

(다) 판례는 시장이 주택건설사업계획승인신청을 거부하면서 제시한 '미디어밸리 조성을 위한 시가화예정 지역'이라는 당초거부사유와 거부처분취소판결확정 후 다시 거부처분을 하면서 제시한 '해당 토지 일대가 개발행위허가 제한지역으로 지정되었다'는 사유는 기본적 사실관계의 동일성이 없기 때문에 재거부처분은 확정판결의 기속력에 반하지 않는 처분이라고 보았다(대판 2011. 10.

27. 2011두14401).

## 6. 소　　결

(가) 건축조례의 개정으로 건축허가 요건이 강화되었다는 사정은 당초 건축허가거부처분 이후의 새로운 사정이므로 기속력이 미치지 않는다.

(나) 그리고 당초 거부사유인 '해당 숙박시설의 규모나 형태 등이 주거환경이나 교육환경 등 주변환경을 고려할 때 부적합하다'라는 사정과 '강화된 피난시설요건의 미비'라는 사정은 당초 사유가 환경상의 이유라면 새로운 거부사유는 안전상의 이유이기에 내용이 공통되거나 취지가 유사하지 않아 기본적 사실관계를 달리한다.

(다) 따라서 시장은 다시 건축허가거부처분을 할 수 있다.

〈제2문〉

A시에서 육류판매업을 영위하고 있는 을은 살모넬라병에 감염된 쇠고기를 보관·판매하였던바, A시 시장은 이를 인지하고 「식품위생법」 제5조와 제72조에 근거하여 담당공무원 갑에게 해당 제품을 폐기조치하도록 명하였다. 이에 따라 갑은 을이 보관·판매하고 있던 감염된 쇠고기를 수거하여 폐기행위를 개시하였고, 을은 즉시 갑의 폐기행위에 대해 취소소송을 제기하였다. 이 소송의 적법 여부를 설명하시오. 25.

[제54회 행정고시(2010년)]

참조조문

식품위생법 시행규칙

제4조(판매 등이 금지되는 병든 동물 고기 등) 법 제5조에서 "보건복지부령으로 정하는 질병"이란 다음 각 호의 질병을 말한다.

1. 「축산물가공처리법 시행규칙」 별표 3 제1호다목에 따라 도축이 금지되는 가축전염병
2. 리스테리아병, 살모넬라병, 파스튜렐라병 및 선모충증

## Ⅰ. 취소소송의 소송요건 일반

㈎ 을의 취소소송은 관할권 있는 법원에(행정소송법 제9조), 원고적격(동법 제12조)과 피고적격을 갖추어(동법 제13조), 처분등을 대상으로(동법 제19조), 제소기간 내에(동법 제20조), 권리보호필요성 요건을 갖추고 있어야 한다.

㈏ 설문의 경우는 다른 요건은 문제되지 않고 대상적격과 협의의 소익이 특히 문제된다.

## Ⅱ. 대상적격

### 1. 문 제 점

㈎ 취소소송의 대상에 대해 행정소송법 제19조 본문은 "취소소송은 처분등을 대상으로 한다"고 규정하고, 동법 제2조 제1항 제1호는 취소소송의 대상인 '처분등'을 ① 처분인 ⓐ 공권력의 행사, ⓑ 그 거부, ⓒ 그 밖에 이에 준하는 행정작용과 ② 행정심판에 대한 재결이라고 정의하고 있다.

㈏ 설문에서는 적극적 공권력행사가 문제되는데, 먼저 행정행위와 처분의 관계를 검토한 후 행정청의 폐기행위가 취소소송의 대상인 처분인지를 살펴본다.

### 2. 행정행위와 처분의 관계

#### (1) 문 제 점

학문상 개념인 행정행위와는 달리 행정소송법 제2조 제1항 제1호는 취소소송의 대상인 '처분'을 "행정청이 행하는 구체적 사실에 관한 법집행으로서의 공권력의 행사 또는 그 거부와 그 밖에 이에 준하는 행정작용"이라고 정의하고 있다. 이처럼 행정소송법은 '처분'개념을 광의로 정의(그 밖에 이에 준하는 행정작용)하고 있어 행정소송법상의 처분개념이 강학상 개념인 행정행위와 동일한 것인지에 대해 학설이 대립된다.

#### (2) 학 설

1) **실체법적** (행정행위) **개념설**(일원설, 형식적 행정행위 부정설)

행정쟁송법상 처분을 강학상 행정행위와 동일한 것으로 보는 입장이다. 행정소송법 제2조 제1항 제1호는 처분을 '공권력의 행사(또는 그 거부)'와 '이에 준하는 행정작용'이라고 규정하지만 '이에 준하는 행정작용'은 공권력행사에 준하는 행정작용을 말하는 것이며, 쟁송법적 개념설이 처분개념에 포함시키고 있는 비권력적 행정작용에 대한 권리구제수단은 항고소송이 아니라 당사자소송(비권력적 사실행위로 발생한 법률관계를 다투는 당사자소송)이나 법정외소송(일반적 이행소송)을 활용해야 한다는 점을 근거로 한다(김남진 · 김연태, 류지태 · 박종수, 박윤흔 · 정형근, 김성수, 정하중).

2) 쟁송법적 (행정행위) 개념설(이원설, 형식적 행정행위 긍정설)

행정쟁송법상 처분을 강학상 행정행위와는 별개의 것으로 보는 입장이다. 행정소송법 제2조 제1항 제1호는 처분개념에 '공권력의 행사(또는 그 거부)'에 '이에 준하는 행정작용'을 더하고 있기 때문에 현행법상 처분은 강학상 행정행위보다 더 광의의 개념으로 보아야 하며, 다양한 행정작용(특히 비권력적 행정작용)에 대해 항고소송을 인정함으로써 실효적인 권리구제가 가능하다는 점을 근거로 한다(김동희, 박균성).

(3) 판 례

판례는 쟁송법적 개념설이 대표적으로 주장하는 비권력적 사실행위에 대해 처분성을 부정하고 있어 기본적으로 실체법적 개념설의 입장이다. 다만, 처분개념이 확대될 여지를 인정한 판결도 있다(행정청의 어떤 행위를 행정처분으로 볼 것이냐의 문제는 … 행정처분이 그 주체, 내용, 절차, 형식에 있어서 어느 정도 성립 내지 효력요건을 충족하느냐에 따라 개별적으로 결정하여야 하며, … 행정청의 행위로 인하여 그 상대방이 입는 불이익 내지 불안이 있는지 여부도 그 당시에 있어서의 법치행정의 정도와 국민의 권리의식 수준 등은 물론 행위에 관련한 당해 행정청의 태도 등도 고려하여 판단하여야 한다(대판 1993. 12. 10. 93누12619)).

(4) 검 토

취소소송은 법률관계를 발생시키는 행정작용의 효력을 깨뜨리기 위한 형성소송(행정소송법 제29조 제1항 참조)이므로 취소소송의 대상은 법률관계를 발생시키는 행정행위에 한정하는 실체법적 개념설이 타당하다.

### 3. 항고소송의 대상인 적극적 처분의 요건

(1) 행정청의 적극적인 공권력 행사

ⓐ 행정청(전통적 의미의 행정청뿐만 아니라 합의제기관, 실질적 의미의 처분을 하는 경우 법원이나 국회의 기관, 행정소송법 제2조 제2항의 행정청등 자신의 명의로 처분을 할 수 있는 모든 행정청(기능적 의미의 행정청)을 말한다)이 행하는 행위로 ⓑ 구체적 사실(규율대상이 구체적 — 시간적으로 1회적, 공간적으로 한정 — 이어야 한다)에 대한 ⓒ 법집행행위(입법이 아니라 법의 집행행위라야 한다)이며 ⓓ 공권력행사(행정청이 공법에 근거하여 우월한 지위에서 일방적으로 행사하여야 한다)이어야 한다.

(2) 법적 행위

1) 문 제 점

'법적 행위'는 행정소송법 제2조 제1항 제1호의 처분개념의 요소는 아니다. 그러나 판례와 전통적인 견해는 취소소송의 본질을 위법한 법률관계의 소급적 제거로 이해하기 때문에(=취소소송을 형성소송으로 보기 때문) 법적 행위를 항고소송의 대상인 처분의 요건으로 본다. 이러한 견해에 따르면 항고소송의 대상이 되는 처분은 행정소송법 제2조 제1항 제1호의 처분의 개념요소를 구비하는 것 외에 법적 행위일 것을 요한다(무효등확인소송과 부작위위법확인소송도 행정소송법 제38조 제1항, 제2항에서 취소소송의 대상(동법 제19조)을 준용하고 있기 때문에 취소소송의 대상과 나머지 항고소송의 대상은 같다).

2) 내 용

법적 행위란 ① 외부적 행위이며 ② 권리·의무와 직접 관련되는 행위를 말한다. 판례도 「항고소송의 대상이 되는 행정처분이라 함은 행정청의 공법상의 행위로서 특정사항에 대하여 법규에 의한 권리의 설정 또는 의무의 부담을 명하거나 기타 법률상 효과를 발생하게 하는 등 국민의 구체적인 권리의무에 직접적 변동을 초래하는 행위를 말하는 것이고, … 상대방 또는 기타 관계자들의 법률상 지위에 직접적인 법률적 변동을 일으키지 아니하는 행위 등은 항고소송의 대상이 될 수 없다(대판 2008. 9. 11. 2006두18362)」고 한다.

### 4. 설 문

㈎ 폐기행위는 행정청이 하는 을이 감염된 쇠고기를 보관·판매하였다는 사실에 대한 식품위생법령의 집행행위로 공권력행사에 해당한다고 보는 것이 일반적인 견해이다. 또한 의무를 명령하는 하명을 수반한다는 점에서 법적인 행위이므로 항고소송의 대상이 되는 처분이다.

㈏ ① 대법원은 명시적 태도를 보이고 있지는 않으나, 권력적 사실행위로 보이는 단수(斷水)조치를 처분에 해당하는 것으로 판시하였다(대판 1985. 12. 24. 84누598). ② 그리고 헌법재판소는 「수형자의 서신을 교도소장이 검열하는 행위는 이른바 권력적 사실행위로서 행정심판이나 행정소송의 대상이 되는 행정처분으로 볼 수 있다(헌재 1999. 8. 27. 96헌마398)」고 하여 명시적으로 권력적 사실행위의 처분성을 인정하고 있다.

## Ⅲ. 원고적격

갑은 침익적 처분의 상대방으로 원고적격이 인정된다.

## Ⅳ. 권리보호필요성

### 1. 의 의

원고의 재판청구에 대하여 법원이 판단을 행할 구체적 실익 내지 필요성을 말하며, '소의 객관적 이익' 또는 '권리보호의 필요'라고도 한다.

### 2. 소의 이익이 부인되는 경우

취소소송에서 대상적격과 원고적격이 인정된다면 협의의 소익은 일반적으로는 긍정된다. 그러나 ⓐ 보다 간이한 방법이 있는 경우, ⓑ 원고가 추구하는 권리보호가 오로지 이론상으로만 의미 있는 경우, ⓒ 소권남용금지에 해당하는 경우에는 협의의 소익은 부정된다.

### 3. 설　　문

갑은 행정청이 폐기행위를 개시하자 즉시 취소소송을 제기하였기 때문에 권리보호필요성은 인정된다. 그러나 폐기행위가 완료된 뒤에는 행정소송법 제12조 제2문의 회복되는 법률상 이익이 있는 경우에 해당하지 않는 한 권리보호필요성이 없어 각하될 것이다.

## Ⅴ. 소　　결

갑의 폐기행위에 대한 취소소송은 소송요건을 모두 구비한 적법한 소송이다.

기출 17 〈제3문〉

A 공연기획사는 연휴를 맞이하여 유명 가수 B를 초청하여 음악회를 열고자 계획하였다. 그런데 가수 B는 갑작스런 질병을 이유로 공연장에 나타나지 않았다. 공연장에 갔던 관람객들은 환불조치를 요구하였고, A사가 환불을 약속했음에도 분을 이기지 못해 거리를 점거하고 소동을 피웠으며 인근 상가의 간판을 떼어내어 도로에 바리케이트를 쳤다. 이 경우 경찰상 책임에 대하여 설명하시오. 25.

[제54회 행정고시(2010년)]

# Ⅰ. 경찰책임의 원칙

## 1. 의 의

경찰책임이란 경찰목적 달성을 위해 법률이나 법률에 근거한 행위로 개인에게 부과되는 의무(책임)를 말하며, 경찰책임의 원칙이란 경찰권은 경찰책임자에게 발동되어야 한다는 원칙을 말한다. 즉 경찰책임의 원칙이란 경찰권발동의 상대방이 누구인가에 대한 문제이다.

## 2. 경찰책임의 종류

### (1) 행위책임

1) 의 의

자연인이나 법인이 자신의 행위(자신을 위해 행위하는 타인의 행위)를 통해서 공공의 안녕이나 질서에 대한 위험을 야기시킴으로써 발생되는 경찰책임을 말한다.

2) 인과관계

지배적인 입장은 원칙적으로 위험에 대하여 직접적으로 원인을 야기하는 행위만이 원인제공적이고, 그러한 행위를 한 자만이 경찰책임을 부담한다는 견해(직접원인제공이론)이다.

3) 행위책임의 주체

행위책임은 원칙적으로 행위자가 진다. 다만, 타인에 대한 감독의무가 있는 경우에는 피감독자의 행위에 대해서 감독자도 행위책임을 진다. 다만, 피감독자가 감독자의 지시에 종속하는 경우라야 한다.

### (2) 상태책임

1) 의 의

상태책임이란 물건으로 인해 위험이나 장해를 야기시킴으로써 발생되는 경찰책임을 말한다.

2) 인과관계

행위책임과 마찬가지로 원칙적으로 위험에 대하여 직접적으로 원인을 야기하는 물건의 상태만이 원인제공적이고, 그러한 물건의 소유자 등만이 경찰책임을 부담한다는 견해(직접원인제공이론)가 지배적이다.

3) 상태책임의 주체, 인정 범위

㈎ 상태책임의 주체는 물건의 소유자다. 다만, 사실상 지배권자가 있는 경우는 그 자가 되며, 이차적으로는 소유자도 경찰책임자가 될 수 있다.

㈏ 원칙적으로 소유자의 상태책임이 인정되는 범위에는 제한이 없다. 따라서 원칙적으로는 원인(예: 자연재해, 제3자 행위의 개입)에 상관없이 당해 물건의 상태로부터 발생한 위해에 대해 소유자는 전적인 책임이 있다. 이 경우 소유권을 포기한다고 상태책임이 소멸되지 않는다.

## Ⅱ. 설문에서 경찰책임

### 1. A공연기획사의 경찰책임

상태책임은 문제되지 않고 행위책임이 문제되는데, 공연이 무산된 것은 가수 B가 공연장에 나타나지 않았기 때문이고 A사는 환불약속을 하였기 때문에 관람객이 거리에서 소동을 피운 것과 도로에 바리케이트를 설치한 것에 대해 A사의 행위책임을 인정할 수는 없다. 다만 감독자로서 행위책임이 문제될 수 있지만, A사의 가수에 대한 감독행위와 관람객의 난동행위간에는 인과관계가 없다고 봐야 한다.

### 2. 가수 B의 경찰책임

가수 B의 경우도 행위책임이 문제될 수는 있지만 B가 공연장에 나타나지 않은 것이 관람객의 난동행위에 간접적인 원인은 될 수 있으나 직접원인은 될 수 없어 B에게 행위책임이 인정되지 않는다.

### 3. 관람객들의 경찰책임

관람객들은 거리에서 소동을 피운 것과 도로에 바리케이트를 설치한 것에 대해 행위책임 및 (바리케이트를 치고 점유하고 있다면 점유자로서) 상태책임을 진다.

### 4. 상가간판 소유권자의 경찰책임

상가간판 소유권자는 바리케이트가 된 상가간판으로 인한 경찰책임을 부담하는지가 문제되는데 물건의 소유권자는 원인에 상관없이 물건의 상태로 인한 위험에 대해 경찰책임을 부담하기 때문에 상가간판 소유권자는 상태책임을 부담한다.

기출 18 〈제1문〉

약사법 제23조 제6항은 "한약사가 한약을 조제할 때에는 한의사의 처방전에 따라야 한다. 다만, 보건복지부장관이 정하는 한약처방의 종류 및 조제 방법에 따라 조제하는 경우에는 한의사의 처방전 없이도 조제할 수 있다."고 규정하고 있다. 이 조항에 근거하여 보건복지부장관은 한약사가 임의로 조제할 수 있는 한약처방의 종류를 100가지로 제한하는 보건복지부고시('한약처방의 종류 및 조제 방법에 관한 규정')를 제정하였다. 그런데 한약사 갑은 보건복지부고시를 위반하여 한약을 조제하였다는 사실이 적발되어 약사법에 따라 을시장으로부터 약국업무정지 1개월에 갈음하여 2,000만원의 과징금을 납부하라는 통지서를 받았다. 이에 갑은 보건복지부고시가 위헌이며, 따라서 과징금부과처분도 위법이라고 생각한다. 갑이 주장할 수 있는 법적 논거와 그에 대한 자신의 견해를 논술하고 권리구제수단을 설명하시오. 40.

[제54회 행정고시(2010년)]

# Ⅰ. 보건복지부고시의 위헌성과 관련된 과징금부과처분의 위법성을 주장할 수 있는 법적 근거

## 1. 보건복지부고시에 법규성을 인정하는 것이 헌법 제75조·제95조에 반하는 것이 아닌지 여부

### (1) 문 제 점

㈎ 갑은 보건복지부고시와 약사법에 근거하여 시장으로부터 약국업무정지 1개월에 갈음하여 2,000만원의 과징금을 납부하라는 통지서를 받았기 때문에, 헌법 제75조·제95조에 비추어 고시에 법규성을 인정하는 것은 위헌이며 따라서 과징금부과처분도 위법하다고 주장할 수 있다.

㈏ 행정기관은 상위법령의 위임이 없이도 행정조직 내부를 규율하기 위해 행정규칙을 자율적으로 제정할 수 있는데, 만일 고시·훈령 등 행정규칙을 상위법령의 위임에 따라 제정하였다면 헌법 제75조·제95조와의 관계(헌법 제75조와 제95조는 법규명령의 형식을 대통령령, 총리령, 부령으로 규정하고 있다)에서 이러한 고시·훈령의 법적 성질이 무엇인지가 문제된다.

### (2) 학 설

ⓐ 헌법 제75조·제95조의 법규명령의 형식은 예시적이기 때문에 상위법령을 보충·구체화하는 기능이 있는 고시 등은 법규명령이라는 견해, ⓑ 행정규칙이지만 대외적 구속력을 인정하는 규범구체화 행정규칙으로 보자는 견해(규범구체화 행정규칙이란 입법기관이 대상의 전문성을 이유로 세부사항을 행정기관에게 권한을 위임한 경우 행정기관이 당해 규범을 구체화하는 내용의 행정규칙을 말한다), ⓒ 상위법령의 위임이 있다면 형식이 고시 등임에도 불구하고 법규명령으로 보는 수권 여부를 기준으로 하는 견해, ⓓ 헌법 제75조·제95조가 법규명령의 형식을 한정하고 있으므로 고시 등을 법규명령으로 인정하는 것은 위헌무효라는 견해, ⓔ 대통령령·총리령·부령을 법규명령으로 인정하는 것은 국회입법원칙(헌법 제40조)의 예외이므로 헌법상 명문으로 인정되지 않은 형식인 고시 등은 행정규칙이라는 견해가 대립된다.

### (3) 판 례

㈎ 대법원은 '소득세법시행령에 근거한 국세청훈령인 재산제세사무처리규정'의 법규성을 인정한 이래 행정규칙형식의 법규명령에 대해 그 성질을 법규명령으로 보면서 대외적 효력을 인정하고 있다(대판 1987. 9. 29. 86누484). 다만, ⓐ 상위법령의 위임(수권)이 있어야 하고, ⓑ 상위법령의 내용을 보충·구체화하는 기능을 가져야 한다고 본다. 또한 ⓒ 행정규칙형식의 법규명령도 법규명령이므로 상위법령의 위임의 한계를 벗어나지 않는다면, ⓓ 상위법령과 결합하여 대외적 효력이 인정된다고 본다.

㈏ 헌법재판소도 '공무원임용령 제35조의2의 위임에 따라 제정된 대우공무원선발에 관한 총무처 예규와 관련된 헌법소원사건'에서 대법원과 동일한 입장을 취하였다(헌재 1992. 6. 26. 91헌마25).

(4) 검 토

(가) 행정규칙의 형식이지만 법규명령의 효력을 인정한다면 다양한 행정환경에 효율적으로 대응할 수 있으며, 내용상 상위법령의 구체적 위임에 근거하여 제정되는 것이고 실질적으로 법령을 보충하는 기능을 한다는 면에서 행정규칙형식의 법규명령을 법규명령으로 봄이 타당하다.

(나) 행정규제기본법 제4조 제2항 본문은 '행정규제법정주의'를 규정하면서 단서에서 '다만, 법령에서 전문적 · 기술적 사항이나 경미한 사항으로서 업무의 성질상 위임이 불가피한 사항에 관하여 구체적으로 범위를 정하여 위임한 경우에는 고시 등으로 정할 수 있다'고 하고 있는데, 법규명령설은 이 조항이 행정규칙형식의 법규명령의 법리를 명문으로 인정한 것으로 본다.

(5) 설 문

법규명령설에 따르면 설문의 보건복지부고시의 법적 성질을 법규명령으로 보아도 위헌이 아니다. 따라서 보건복지부고시에 법규성을 인정하는 것은 위헌이며 과징금부과처분도 위법하다는 갑의 주장은 타당하지 않다.

## 2. 보건복지부고시가 헌법상 평등 · 비례원칙에 위반되는지 여부

### (1) 평등원칙 위반 여부

1) 의 의

평등원칙이란 행정청이 행정작용을 하면서 합리적인 근거가 없는 한 모든 행정객체를 동등하게 처우하여야 한다는 원칙이다.

2) 설 문

보건복지부고시가 한약사에 대해 처방전 없이 한약을 조제할 권한을 100가지로 제한하고 있다고 하더라도 이는 합리적 근거가 있는 차별이기 때문에 한의사와의 관계에서 한약사의 평등권을 침해하는 것이 아니다.

### (2) 비례원칙 위반 여부

1) 비례원칙의 의의, 내용

(가) 비례원칙이란 행정목적을 실현하기 위한 구체적인 수단과 목적 간에 적정한 비례관계가 있어야 한다는 원칙이다.

(나) 비례원칙은 ⓐ 행정목적과 목적달성을 위해 동원되는 수단 간에 객관적 관련성이 있어야 한다는 적합성의 원칙, ⓑ 여러 적합한 수단 가운데 최소 침해를 가져오는 것이 선택되어야 한다는 필요성의 원칙(최소침해의 원칙), ⓒ 행정목적달성을 위한 적합하고 필요한 수단이라고 하더라도 이러한 수단을 통해 달성하려는 공익과 수단으로 인한 사익침해가 합리적인 비례관계를 이루어야 한다는 상당성의 원칙(협의의 비례원칙)으로 이루어져 있으며, 이 세 가지 원칙은 단계구조를 이룬다.

2) 설 문

한약사와 한의사는 그 자격 및 주된 업무의 내용, 진단 및 처방 등 의료행위를 할 수 있는지 여부 등에서 전혀 다르다 할 것이므로 보건복지부고시가 한약사가 임의로 조제할 수 있는 한약처방의 종류를 100가지로 제한한다고 하더라도 필요성의 원칙이나 상당성의 원칙에 반하지 않는다(헌재 2008. 7. 31. 2005헌마667, 2006헌마674(병합)).

## Ⅱ. 권리구제수단(보건복지부고시가 위헌이며, 과징금부과처분이 위법함을 전제로 함)

### 1. 무효인 보건복지부고시에 근거한 과징금부과처분의 위법성의 정도

#### ⑴ 무효와 취소의 구별기준

행정의 법률적합성을 고려할 때 위법한 행정행위의 효력은 부정하는 것이 정당하지만, 법적 안정성(공정력의 인정근거)을 근거로 일단 잠정적으로 유효성을 인정한다. 그러나 행정행위의 하자가 중대하고도 명백한 경우에는 법적 안정성을 침해할 우려가 없고 그러한 행정행위에 효력을 인정하는 것은 행정의 법률적합성에 반하기 때문에 중대명백설이 타당하다(다수설).

#### ⑵ 설 문

원칙적으로 처분의 근거인 법규명령이 위헌·위법하다는 사정은 처분의 적법요건에 중대한 하자이기는 하지만 당해 법규명령이 위헌·위법으로 결정되기 전에는 그에 근거한 처분의 하자가 명백하다고 보기는 어려워 취소사유라고 보아야 한다. 따라서 시장의 과징금부과처분은 취소사유에 해당한다.

### 2. 행정심판

#### ⑴ 보건복지부고시에 대한 취소심판

보건복지부고시는 행정심판법 제2조 제1호의 구체적 사실에 대한 법집행행위인 처분이 아니므로 갑은 취소심판을 제기할 수는 없다.

#### ⑵ 과징금부과처분에 대한 취소심판에서 고시의 위헌성 주장

㈎ 행정심판에서 행정심판위원회가 보건복지부고시(법규명령)의 위헌·위법성을 심사할 수 있는지가 문제된다. ⓐ 위원회는 법률에 대한 위헌심사권은 없으나 명령에 대한 위헌·위법심사권은 있다는 견해와 위원회는 처분 또는 부작위의 법령적합성만을 심사할 뿐이며 명령에 대한 위헌·위법심사권은 없다는 견해가 대립한다. ⓑ 위원회가 명령에 대한 위헌·위법을 심사할 수 있다는 명문의 규정이 없고, 행정심판법 제3조가 행정심판의 대상은 '처분과 부작위'에 한정하고 있음을 고려할 때 부정함이 타당하다.

㈏ 따라서 행정심판위원회는 해당 법령(설문에서는 보건복지부고시)은 합헌·합법임을 전제로 과징금부과처분의 위법성을 판단해야 하기 때문에, 갑은 행정심판을 제기해서는 권리구제를 반

을 수 없다(설문에서 갑은 과징금부과처분의 위법성이 보건복지부고시에 근거한다고 주장하고 있으므로).

## 3. 취소소송

### (1) 보건복지부고시에 대한 취소소송

① 보건복지부고시(법규명령)는 그 적용이 시간적·장소적으로 제한 없이 적용되기 때문에 '구체적' 적용이 아니라 '추상적' 적용이며, 그 자체는 법(규범)이지 법의 집행행위가 아니므로 항고소송의 대상인 처분이 아니라는 것이 일반적인 견해와 판례의 입장이다(대판 1992. 3. 10. 91누12639). ② 따라서 갑은 보건복지부고시에 대해 취소소송을 제기할 수는 없다.

### (2) 과징금부과처분취소소송에서 고시의 위헌성 주장(구체적 규범통제)

1) 구체적 규범통제의 의의

헌법 제107조 제2항은 "명령·규칙 또는 처분이 헌법이나 법률에 위반되는 여부가 재판의 전제가 된 경우에는 대법원은 이를 최종적으로 심사할 권한을 가진다"고 하여 각급 법원이 위헌·위법한 법규명령 등을 심사할 권한 있음을 규정하고 있다. 이처럼 특정 법규범이 구체적 사건에 적용되는 상태에서 그 법규범이 상위법 규범에 위반되는지를 심사하는 제도를 구체적 규범통제라고 한다(규범통제란 특정 법규범이 상위 법규범에 위반되는지를 심사하는 제도를 말한다. 그리고 특정 법규범이 구체적 사건에 적용되지 않더라도 그 범규범이 상위 법규범에 위반되는지를 심사할 수 있는 제도를 추상적 규범통제라 한다).

2) 구체적 규범통제의 주체

구체적 규범통제의 주체는 각급법원이다. 대법원은 최종적으로 심사할 권한을 갖는다.

3) 재판의 전제성

여기서 '재판의 전제가 된 경우'란 처분의 위법성이 법규명령 등에 기한 것일 때 법규명령 등의 위헌·위법성을 선결문제로 다투는 것을 말한다.

4) 대 상

대상은 명령과 규칙이다. '명령'이란 행정입법으로서 법규명령을 말하며, '규칙'이란 국회규칙·대법원규칙·헌법재판소규칙 등을 말한다. 그리고 지방자치단체의 조례나 규칙도 포함된다.

5) 구체적 규범통제의 효력

a. 학 설 ① 위헌인 법규명령은 당해 사건에만 적용이 거부된다는 견해(개별적 효력설)(다수견해)와, ② 위헌인 법규명령은 일반적으로 무효가 된다는 견해(일반적 효력설)가 대립된다.

b. 판 례 대법원은 명령·규칙이 헌법에 위반될 때 '무효'라고 판시하고 있지만 이런 판단이 명령·규칙의 적용을 배제하는 것인지 아니면 무효로서 일반적으로 효력을 상실시키는지는 분명하지 않다.

c. 검 토 법원은 구체적 사건의 심사를 목적으로 하고 법령의 심사를 목적으로 하지는 아니하며, 모든 법원 특히 하급심법원에 의해 위헌·위법으로 판시된 명령·규칙의 일반적

무효를 인정하기 어렵다는 점을 고려할 때 개별적 효력설이 타당하다.

6) 설 문

보건복지부고시는 과징금부과처분의 근거법령이므로 과징금부과처분에 대해 취소소송을 제기한다면 재판의 전제성과 대상은 문제가 없다. 따라서 보건복지부고시가 위헌이라면 그 고시는 무효이고, 무효인 고시에 근거한 과징금부과처분은 위법하기 때문에 갑은 취소소송을 제기하여 권리구제를 받을 수 있다.

### 4. 국가배상

갑은 자신의 손해를 전보받기 위해 국가배상을 청구한다면 판례에 따르면 민사법원은 이를 심리할 수 있다. 그러나 인용판결을 받기 위해서는 국가배상법 제2조 제1항의 요건을 충족해야 하는데, 공무원은 원칙상 법령의 위헌·위법 심사권이 없기 때문에 고의·과실을 인정받기 어려울 것이다.

### 5. 보건복지부고시에 대한 헌법소원

(1) 문 제 점

헌법재판소법 제68조 제1항은 공권력의 행사 또는 불행사로 헌법상 보장된 기본권을 침해받은 자는 헌법재판소에 헌법소원심판을 청구할 수 있음을 규정하고 있고, 법규명령(설문에서는 보건복지부고시)도 공권력행사의 하나로 볼 수 있어 기본권을 침해받은 사인은 법규명령(직접성 있는 법규명령)에 대해 헌법소원을 제기할 수 있다. 그러나 헌법 제107조 제2항이 명령·규칙 등이 헌법이나 법률에 위반되는 여부가 재판의 전제가 된 경우 대법원이 이를 최종적으로 심사할 권한을 가진다고 규정하고 있어 헌법재판소가 법규명령에 대한 헌법소원심판을 할 수 있는지가 문제된다.

(2) 학 설

ⓐ 헌법 제107조 제2항이 명령·규칙의 최종적인 심사권을 대법원에 부여하고 있으므로 명령과 규칙의 헌법소원은 부정함이 타당하다는 견해와 ⓑ 헌법 제107조 제2항은 재판의 전제가 된 경우 명령과 규칙에 대한 한 법원의 심사권을 규정한 것이고, 재판의 전제가 되지 않은 법규명령이 별도의 집행행위를 기다리지 않고 직접 기본권을 침해하는 경우 헌법소원이 가능하다고 보아야 한다는 견해(다수견해)가 대립된다.

(3) 판 례

법규명령에 대한 헌법재판소의 헌법소원에 대해 대법원은 부정적인 입장이지만, 헌법재판소는 긍정한다(헌재 1997. 5. 29. 94헌마33).

(4) 검 토

기본권을 침해하는 법규명령 등을 직접 다투는 항고소송이 인정되지 않기에 헌법소원의 보충성에도 문제가 없고, 법규명령이 기본권을 직접 침해하는 것이라면 직접성 요건도 문제되지 않는다. 따라서 긍정설이 타당하다.

(5) 설 문

보건복지부고시는 한약사가 임의로 조제할 수 있는 처방을 100가지로 제한하고 있어 동 고시 자체만으로도 국민의 권리제한이나 의무부과의 효과가 발생한다(직접성이 있는 법규명령이다). 또한 보건복지부고시 자체에 대한 항고소송이 인정되지 않기 때문에 보충성 요건도 충족한다. 따라서 갑은 보건복지부고시에 대해 자신의 기본권 침해를 이유로 헌법소원을 제기할 수 있다.

기출 19 〈제2문〉

K도지사 갑은 공무원의 근무기강 확립차원에서 K도 내의 시장·군수에게 '근무지 이탈자에 대한 징계업무처리지침'을 시달하여 소속 공무원이 업무시간에 개인업무를 처리하기 위하여 자리를 비우는 일이 없도록 복무관리를 철저히 할 것을 당부하였다. 그런데 K도 Y시의 공무원 A가 근무시간 중에 자리를 비운 것이 사회적 문제가 되자 갑은 Y시 시장 을에게 A에 대하여 징계의결을 요구할 것을 지시하였다. 그러나 을은 오히려 근무성적평정이 양호한 것을 이유로 A에 대한 승진임용처분을 행하였는바, 이와 관련하여 다음의 질문에 답하시오.

(1) 을의 승진임용처분에 대한 갑의 취소가능여부를 논하시오. 20.

(2) 만일 A에 대한 승진임용처분이 갑에 의하여 취소된 경우 을이 다툴 수 있는 방법에 대해 논하시오. 10.

[제54회 행정고시(2010년)]

**기출 19** (1) 을의 승진임용처분에 대한 갑의 취소가능여부를 논하시오. 20.

# Ⅰ. 승진임용처분에 대한 감독청의 취소가능성

## 1. 문제 상황

설문은 시장 을의 공무원 A에 대한 승진임용처분을 도지사 갑이 취소할 수 있는지 여부를 묻고 있는바, 지방자치법 제169조의 시정명령 및 취소·정지의 요건을 검토해야 한다.

## 2. 승진임용에 대한 도지사의 취소가능성

### (1) 의 의

시정명령(취소·정지)권이란 지방자치단체의 사무에 관한 단체장의 명령이나 처분이 위법하거나 부당한 경우 감독청이 시정을 명하고, 정해진 기간 내에 이행하지 않는 경우 취소·정지하는 사후적인 감독수단이다(지방자치법 제169조 제1항).

### (2) 시정명령의 행사요건

1) 주체와 상대방

시·도에 대하여는 주무부장관이, 시·군 및 자치구에 대하여는 시·도지사가 시정을 명한다.

2) 대 상

① 시정명령은 지방자치단체의 사무를 대상으로 한다. 지방자치단체의 사무에는 자치사무와 단체위임사무가 있으므로 자치사무와 단체위임사무가 시정명령의 대상이 된다. ② 그리고 지방자치단체의 사무에 관한 단체장의 명령이나 처분을 대상으로 한다. 명령이란 일반추상적인 입법(예: 규칙)을 말하고, 처분이란 개별구체적인 행위(예: 행정행위)를 말한다.

3) 사 유

단체장의 명령이나 처분이 위법하여야 한다. 다만, 단체위임사무의 경우 위법한 경우 외에 현저히 부당하여 공익을 해치는 경우도 포함된다.

4) 형 식

감독청은 적합한 이행기간을 정하여 서면으로 시정을 명령한다.

### (3) 설 문

다른 요건은 문제되지 않으나 시장의 공무원 A에 대한 승진임용의 성질이 지방자치단체의 사무인지, 그리고 시장 을의 A에 대한 승진임용처분이 위법한지가 문제된다.

1) 시장의 공무원 A에 대한 승진임용처분의 성질

(가) ⓐ 먼저 법률의 규정형식과 취지를 먼저 고려하여 판단하고, ⓑ 불분명하다면 전국적·통일적 처리가 요구되는 사무인지 여부, 경비부담, 책임귀속주체 등도 고려한다. ⓒ 그리고 지방자치법 제9조 제2항(지방자치단체사무의 예시)이 판단기준이 된다. ⓓ 만일 그래도 불분명하다면

지방자치단체사무의 포괄성의 원칙에 따라 자치단체사무로 추정한다.

㈏ 지방자치법 제9조 제2항 제1호 마목은 '소속 공무원의 인사 · 후생복지 및 교육'을 지방자치단체사무의 예시로 규정하고 있고, 지방공무원법 제6조 제1항은 "지방자치단체의 장(특별시 · 광역시 · 도의 교육감을 포함한다. 이하 같다)은 이 법이 정하는 바에 따라 그 소속공무원의 임명 · 휴직 · 면직과 징계를 행하는 권한(이하 "임용권"이라 한다)을 가진다"라고 규정하며, 지방자치단체사무의 포괄성의 원칙에 비추어 보면, 결국 시장이 공무원 A를 승진임용하는 것은 Y시의 자치사무로 보아야 한다.

2) 시장의 공무원 A에 대한 승진임용처분의 위법성

㈎ 지방공무원법 제69조 제1항은 "공무원이 다음 각호의 1에 해당하는 때(1. 이 법 또는 이 법에 따른 명령이나 지방자치단체의 조례 또는 규칙을 위반하였을 때 2. 직무상의 의무(다른 법령에서 공무원의 신분으로 인하여 부과된 의무를 포함한다)를 위반하거나 직무를 태만히 하였을 때)에는 징계의결의 요구를 하여야 하고 동 징계의결의 결과에 따라 징계처분하여야 한다"고 규정하고, 동법 제48조는 성실의무를, 제49조는 복종의무를, 제50조는 직장이탈금지의무를 규정하고 있다. 따라서 설문의 공무원 A는 근무시간 중 자리를 비운 것이 사회적 문제가 되어 명백히 징계사유에 해당함에도 불구하고 근무성적평정이 양호하다는 이유로 시장이 승진임용을 하였기에 이 처분은 법률이 임용권자에게 부여한 승진임용에 관한 재량권의 범위를 현저하게 일탈한 것으로서 위법한 처분이다.

㈏ 판례도 전국공무원노동조합의 불법파업에 참가하여 징계사유에 해당함에도 울산광역시 북구청장이 공무원을 승진임용을 한 사건에서 「임용권자인 하급 지방자치단체장으로서는 위 공무원들에 대하여 지체 없이 관할 인사위원회에 징계의결의 요구를 하여야 함에도 불구하고 상급 지방자치단체장의 여러 차례에 걸친 징계의결요구 지시를 이행하지 않고 오히려 그들을 승진임용시키기에 이른 경우, 하급 지방자치단체장의 위 승진처분은 법률이 임용권자에게 부여한 승진임용에 관한 재량권의 범위를 현저하게 일탈한 것으로서 위법한 처분이라 할 것이다. 따라서 상급 지방자치단체장이 하급 지방자치단체장에게 기간을 정하여 그 시정을 명하였음에도 이를 이행하지 아니하자 지방자치법 제157조 제1항에 따라 위 승진처분을 취소한 것은 적법(대판(전원) 2007. 3. 22. 2005추62)」이라고 보았다.

3) 소　결

설문은 지방자치법 제169조 제1항의 시정명령의 요건을 모두 갖추고 있기 때문에, 도지사 갑이 시장 을에게 공무원 A의 승진임용에 대해 시정명령을 하였음에도 시장 을이 이를 이행하지 않는다면 도지사 갑은 시장 을의 승진임용처분을 취소할 수 있다.

기출 19 (2) 만일 A에 대한 승진임용처분이 갑에 의하여 취소된 경우 을이 다툴 수 있는 방법에 대해 논하시오. 10.

## Ⅱ. 시장의 불복방법

### 1. 단체장의 불복소송

지방자치법 제169조 제2항은 지방자치단체의 장은 자치사무에 관한 명령이나 처분의 취소 또는 정지에 대하여 이의가 있으면 그 취소처분 또는 정지처분을 통보받은 날부터 15일 이내에 대법원에 소를 제기할 수 있다고 규정한다.

### 2. 제소 요건

#### (1) 소의 대상

자치사무에 관한 단체장의 명령이나 처분에 대한 감독청의 취소·정지가 소의 대상이 된다. 주의할 것은 감독청의 시정명령과 취소·정지 모두 성질은 항고소송의 대상인 처분이지만, 지방자치법 제169조 제2항은 취소·정지에 대해서만 제소할 수 있음을 규정하고 있다.

#### (2) 원고와 피고

원고는 지방자치단체의 장이며, 피고는 감독청이다.

#### (3) 제소기간

감독청의 취소·정지를 통보받은 날로부터 15일 이내에 제소하여야 한다.

#### (4) 관할법원

대법원이 관할한다.

### 3. 감독청의 취소·정지에 대한 단체장의 불복소송의 성질

단체장의 불복소송의 성질에 대해 ⓐ 지방자치법 제169조 제2항의 불복소송을 기관소송으로 보는 견해(한견우)와 ⓑ 기관소송을 동일한 행정주체 내부의 기관 상호 간의 쟁송으로 제한적으로 이해한다면 지방자치법 제169조 제2항의 불복소송은 기관소송이 아니라 항고소송이라는 견해가 대립된다. ⓒ 기관소송은 기본적으로 동일한 행정주체의 문제이기 때문에 감독청의 자치사무에 대한 취소·정지는 항고소송의 대상인 처분이므로 항고소송이라는 견해가 타당하다.

### 4. 설　　문

ⓐ 승진임용처분은 자치사무에 대한 처분이며, 소송의 대상은 감독청의 취소(정지)이다. ⓑ 원고는 지방자치단체의 장인 Y시의 시장인 을이며, 피고는 감독청인 K도지사 갑이다. ⓒ 제소기간은 15일이다. ⓓ 대법원에 제기해야 한다.

기출 20 〈제1문〉

A시는 택지개발사업을 위해 관련 법령에 따른 절차를 거쳐 갑 소유의 토지 등을 취득하고자 갑과 보상에 관하여 협의하였으나 협의가 성립되지 않았다. 이에 A시는 관할 토지수용위원회에 재결을 신청하여 "A시는 갑의 토지를 수용하고, 갑은 그 지상 공작물을 이전한다. A시는 갑에게 보상금으로 1억원을 지급한다"라는 취지의 재결을 받았다. 그러나 갑은 보상금이 너무 적다는 이유로 보상금 수령을 거절하였다. 그러자 A시는 보상금을 공탁하였고, A시장은 갑에게 보상 절차가 완료되었음을 이유로 위 토지상의 공작물을 이전하고 토지를 인도하라고 명하였다.

(1) 갑이 토지수용위원회의 재결에 불복할 경우 적절한 구제 수단은? 20.

(2) 갑이 공작물이전명령 및 토지인도명령에 응하지 않을 경우 A시장은 이를 대집행할 수 있는가? 8.

(3) 만약 A시장이 대집행했을 때, 갑이 "위법한 명령에 기초한 대집행으로 말미암아 손해를 입었다"라고 주장하면서 관할 민사법원에 국가배상청구소송을 제기한다면 민사법원은 위 명령의 위법성을 스스로 심사할 수 있는가? 12.

(4) 갑이 위 명령에 대해 관할 행정법원에 취소소송을 제기하여 청구기각판결을 받아 그 판결이 확정되었더라도 갑은 후소인 국가배상청구소송에서 위 명령의 위법을 주장할 수 있는가? 10.

[제52회 사법시험(2010년)]

**기출 20** (1) 갑이 토지수용위원회의 재결에 불복할 경우 적절한 구제 수단은? 20.

# Ⅰ. 수용재결에 대한 불복 수단

## 1. 이의신청

### (1) 의 의

토지수용위원회의 재결에 대해 이의가 있는 자가 중앙토지수용위원회에 불복을 신청하는 것으로 특수한 행정심판이다(공익사업을 위한 토지 등의 취득 및 보상에 관한 법률(이하 토지보상법) 제83조).

### (2) 이의신청의 요건

1) 신 청 인

토지수용위원회의 재결에 불복이 있는 토지소유자(관계인) 또는 사업시행자이다.

2) 신청기간

재결서의 정본을 받은 날부터 30일 이내에 하여야 한다(토지보상법 제83조 제3항).

3) 신청의 대상

이의신청의 대상은 토지수용위원회의 재결이다.

4) 임의적 전치

토지보상법상의 이의신청은 임의적이다. 따라서 이의신청 없이도 행정소송을 제기할 수 있다(토지보상법 제85조 참조).

### (3) 이의신청의 효력

1) 재결의 내용

중앙토지수용위원회는 재결이 위법 또는 부당하다고 인정하는 때에는 그 재결의 전부 또는 일부를 취소하거나 보상액을 변경할 수 있다(토지보상법 제84조 제1항).

2) 재결의 효력

이의신청에 대한 재결이 확정된 때에는 '민사소송법'상의 확정판결이 있은 것으로 보며, 재결서 정본은 집행력있는 판결의 정본과 동일한 효력을 가진다(토지보상법 제86조 제1항).

3) 처분효력의 부정지

이의의 신청은 사업의 진행 및 토지의 수용 또는 사용을 정지시키지 아니한다(토지보상법 제88조 제1항).

### (4) 설 문

토지수용위원회의 수용재결에 대해 갑은 재결서의 정본을 받은 날부터 30일 이내에 토지보상법 제83조 제1항에 따라 중앙토지수용위원회에 이의신청을 할 수 있다.

## 2. 행정소송의 제기

### (1) 갑이 제기할 수 있는 행정소송

(가) ① 토지수용위원회는 행정소송법상 행정청으로 수용재결(토지보상법 제34조)이든 이의재결(토지보상법 제84조)이든 행정소송법 제2조 제1항 제1호의 '처분등'에 해당한다. 따라서 수용재결과 이의재결은 항고소송의 대상이 될 수 있다(다만, 토지보상법 제85조 제1항은 제소기간의 특례를 두고 있다). ② 그러나 동법 제85조 제2항은 수용재결 및 이의재결에 관한 행정소송이 보상금의 증감에 관한 소송인 경우에는 당해 소송을 제기하는 자가 토지소유자 또는 관계인인 때에는 사업시행자를, 사업시행자인 때에는 토지소유자 또는 관계인을 각각 피고로 보상금증감청구소송을 제기할 수 있음을 규정하고 있다.

(나) 설문에서 갑은 보상금이 너무 적다는 이유로 수용재결에 불복하고자 하기 때문에 갑이 제기하는 소송은 토지보상법 제85조 제2항에 따른 보상금증감청구소송이다.

### (2) 보상금증감청구소송(토지보상법 제85조 제2항)

1) 의　　의

수용재결이나 이의재결 중 보상금에 대한 재결에 불복이 있는 경우 보상금의 증액 또는 감액을 청구하는 소송을 보상금증감소송이라 한다(토지보상법 제85조 제2항).

2) 법적 성질

a. 단일소송　　공익사업을 위한 토지 등의 취득 및 보상에 관한 법률상 보상금증감소송은 1인의 원고와 1인의 피고를 당사자로 하는 단일소송이다(토지수용위원회는 제외된다).

b. 형식적 당사자소송　　보상금증감청구소송은 실질적으로 행정청의 처분등(위원회의 재결)을 다투는 것이나 형식적으로는 처분등으로 인해 형성된 법률관계를 다투기 위해 제기하는 이러한 소송을 형식적 당사자소송이라 한다.

c. 형성소송인지 확인·급부소송인지 여부　　① ⓐ 재결의 처분성과 공정력(구성요건적 효력)을 강조하면서 보상금증감청구소송을 재결에서 정한 보상액의 취소·변경을 구하는 소송으로 보는 견해(형성소송설)와, ⓑ 보상금증감청구소송을 법규에 의해 객관적으로 발생하여 확정된 보상금액을 확인하거나 부족한 액수의 지급을 청구하는 소송으로 보는 견해(확인·급부소송설)가 대립된다. ② 현행 공익사업을 위한 토지 등의 취득 및 보상에 관한 법률 제85조 제2항이 토지수용위원회를 피고에서 제외하여 보상금증감청구소송이 가지는 재결에 대한 취소·변경의 의미를 축소하고 있는바 확인·급부소송설이 타당하다(김철용).

3) 소송요건

a. 원고적격　　토지소유자와 관계인이다.

b. 피고적격　　공익사업을 위한 토지 등의 취득 및 보상에 관한 법률 제85조 제2항은 보상금증액청구소송에서의 피고를 '사업시행자'로 하고 있다. 사업시행자란 재결에 의하여 토지

의 소유권 등의 권리를 취득하고 그로 인하여 토지소유자 또는 관계인이 입은 손실을 보상하여야 할 의무를 지는 권리·의무의 주체인 국가·지방자치단체 등을 의미하는 것이므로 행정청은 피고가 아니다.

c. 제소기간　　수용재결인 경우는 재결서를 받은 날부터 60일 이내에, 이의재결인 경우는 이의신청에 대한 재결서를 받은 날부터 30일 이내에 소송을 제기할 수 있다(토지보상법 제85조 제1항).

4) 설　　문

설문은 수용재결이 있는 경우이므로 갑은 재결서를 받은 날부터 60일 이내 A시를 상대로 보상금증액청구소송을 제기하여야 한다. 보상금증액청구의 소송에서 입증책임은 원고인 갑에게 있다(대판 1997. 11. 28. 96누2255).

**기출 20** (2) 갑이 공작물이전명령 및 토지인도명령에 응하지 않을 경우 A시장은 이를 대집행할 수 있는가? 8.

## Ⅱ. 대집행의 가능성

### 1. 공익사업을 위한 토지 등의 취득 및 보상에 관한 법률 제43조 및 제44조·제89조를 근거로 대집행할 수 있는지 여부

#### (1) 공작물의 이전의무

공작물의 이전의무는 대체적 작위의무로 토지보상법 제44조 등에 따라 대집행이 가능하다.

#### (2) 토지의 인도의무

1) 문 제 점

점유이전은 점유자만이 할 수 있고 대체성이 없기에 대집행의 대상이 되지 않는다는 것이 판례와 학설의 일반적인 입장이다. 그러나 토지보상법 제43조 및 제44조·제89조가 시장 등이 토지나 물건의 인도를 대집행할 수 있음을 규정하고 있어 문제가 된다.

2) 학　　설

a. 부 정 설　　대집행의 본질에 비추어 대집행은 대체적 작위의무에만 가능하고, 토지나 건물의 인도의무는 대체적 작위의무가 아니기에 대집행에 적합하지 않다는 견해이다.

b. 긍 정 설　　토지보상법 제44조 등은 대집행을 규정하고 있으므로 동 조항은 대집행은 대체적 작위의무위반행위만을 대상으로 한다는 원칙(행정대집행법 제2조)의 예외규정으로 보는 견해이다.

c. 목적론적으로 해석하는 견해　　토지보상법 제44조 등을 목적론적으로 해석하여, 공용

수용의 효과가 발생하였으나 토지소유자 등이 인도를 지연하는 경우 이미 인도가 된 것으로 보고 대집행이 가능하다고 보는 견해이다(김남철).

3) 판　　례

토지나 건물의 인도(명도)의무는 직접적인 실력행사가 필요한 것이지 대체적 작위의무라고 볼 수 없어 (구)토지수용법 제63조 등(현행 토지보상법 제43조 등)에도 불구하고 행정대집행법에 의한 대집행의 대상이 될 수 없다는 입장이다(대판 2005. 8. 19. 2004다2809).

4) 검토 및 소결

㈎ 토지나 건물의 인도의무의 불이행은 대체적 작위의무의 불이행이 아니기에 토지보상법 제44조 등에 대집행은 포함되지 않는다는 견해가 타당하다.

㈏ 따라서 시장은 토지보상법 제44조 등에 따라 대집행을 할 수는 없다.

### 2. 행정대집행법 제2조에 따라 대집행할 수 있는지 여부

#### (1) 대집행의 요건

㈎ 대집행할 수 있는 요건은 ① 법률이나 명령에 따른 공법상 의무의 불이행이 있을 것, ② 불이행된 의무는 대체적 작위의무일 것, ③ 다른 방법이 없을 것(보충성), ④ 공익을 해할 것을 요한다.

㈏ 명령에 따른 의무의 불이행이 있고, 보충성요건도 충족하며(시장의 행정지도와 같은 방법으로는 공작물의 이전이나 토지의 인도라는 결과를 얻어내기가 어려워 보인다), 그리고 A시장의 갑에 대한 보상절차가 완료되었음에도 공작물의 이전과 토지인도의무를 불이행하고 있기에 공익침해요건도 문제되지 않는다. 따라서 설문의 경우 대체적 작위의무위반일 것의 요건이 문제된다.

#### (2) 공작물의 이전의무

공작물의 이전의무는 대체적 작위의무로 의무위반시 행정대집행법에 따라 대집행이 가능하다.

#### (3) 토지의 인도의무

토지 · 건물의 인도명령으로 인도의무를 부과한 경우 그 의무부과의 목적은 토지 등의 점유이전이다. 점유이전은 점유자만이 할 수 있고 대체성이 없기에 대집행의 대상이 되지 않는다는 것이 판례와 학설의 일반적인 입장이다(대결 1998. 10. 23. 97누157). 따라서 토지인도명령의 불이행에 대해서는 행정대집행법에 따라 대집행할 수 없다.

기출 20 (3) 만약 A시장이 대집행했을 때, 갑이 "위법한 명령에 기초한 대집행으로 말미암아 손해를 입었다"라고 주장하면서 관할 민사법원에 국가배상청구소송을 제기한다면 민사법원은 위 명령의 위법성을 스스로 심사할 수 있는가? 12.

## Ⅲ. 민사법원의 명령의 위법성에 대한 심사가능성

### 1. 문제 상황

민사법원이 국가배상청구권의 존부(국가배상청구소송의 소송물)를 판단하기에 앞서 명령의 위법성을 심리·판단할 수 있는지가 문제된다. 즉, 선결문제를 검토해야 한다.

### 2. 선결문제

#### (1) 의 의

(가) 선결문제란 민사(당사자소송)·형사법원의 본안판단에서 행정행위의 효력 유무(존재 여부)나 위법 여부가 선결될 문제인 경우 그 효력 유무(존재 여부)나 위법 여부를 말한다. 선결문제를 행정행위의 효력 중 공정력의 문제로 보는 견해가 있었으나(공정력과 구성요건적 효력을 구별하지 않는 견해), 현재는 구성요건적 효력의 문제로 보는 견해가 다수견해이며(공정력과 구성요건적 효력을 구별하는 견해), 타당하다.

(나) 공정력이란 행정행위에 하자가 있다고 하더라도 권한을 가진 기관에 의해 취소될 때까지 그 효력을 부정할 수 없는 상대방(이해관계인)에게 미치는 구속력을 말하며, 구성요건적 효력이란 유효한 행정행위의 존재가 다른 국가기관의 결정에 영향을 미치는 효력(구속력)을 말한다.

#### (2) 형 태

(가) 선결문제는 민사사건(당사자소송)의 경우와 형사사건의 경우로 나눌 수 있고, 각각 행정행위의 효력 유무(존재 여부)가 선결문제로 되는 경우와 행정행위의 위법 여부가 선결문제로 되는 경우가 있다(행정사건 중 당사자소송사건도 문제될 수 있으나 대법원은 부당이득반환청구소송, 국가배상청구소송을 민사소송으로 보고 있는바 선결문제 해결에서는 민사소송으로 제기하는 경우와 당사자소송으로 제기하는 경우에 차이가 없다). 행정소송법 제11조 제1항은 선결문제의 일부(민사사건에서 효력 유무(존재 여부)가 문제되는 경우)에 관해서만 규정하고 있는바 나머지 사항은 학설과 판례에서 해결하여야 한다.

(나) 설문은 민사사건의 경우이고, 행정행위(시장의 명령)의 위법 여부가 문제되는 경우이다.

#### (3) 해결(민사법원이 명령의 위법성을 심사할 수 있는지 여부)

1) 학 설

① 소극설은 ⓐ 행정소송법 제11조 제1항은 민사법원에 대한 처분의 효력 유무 또는 존재 여부만을 선결문제심판권으로 규정한다고 제한적으로 해석되며, ⓑ 행정행위의 위법성을 포함하여 행정사건의 심판권은 행정법원이 배타적으로 관할함으로 인해 민사법원은 행정행위의 위

법성에 대한 판단권이 없음을 근거로 한다. ② 적극설(일반적인 견해)은 ⓐ 행정소송법 제11조 제1항은 선결문제심판권에 대한 예시적 규정이며, ⓑ 민사법원이 위법성을 확인해도 행정행위의 효력을 부정하는 것이 아니므로 구성요건적 효력(공정력)에 저촉되지 않음을 근거로 한다.

2) 판 례

판례는「행정처분의 취소판결이 있어야만 그 행정처분의 위법임을 이유로 피고에게 배상을 청구할 수 있는 것은 아니라고 해석함이 상당할 것(대판 1972. 4. 28. 72다337)」이라고 하여 일반적인 견해와 같이 적극적인 입장이다.

3) 검 토

민사법원이 국가배상청구소송을 심리함은 그 처분의 효력을 부정하는 것이 아니므로 선결문제로서 행정행위의 위법성을 판단할 수 있다는 적극설이 타당하다.

### 3. 소 결

민사법원이 명령의 위법성을 심리하여도 그 명령의 효력을 부정하는 것이 아니므로 국가배상청구소송에서 명령의 위법성을 심리·판단할 수 있다.

**기출 20** (4) 갑이 위 명령에 대해 관할 행정법원에 취소소송을 제기하여 청구기각판결을 받아 그 판결이 확정되었더라도 갑은 후소인 국가배상청구소송에서 위 명령의 위법을 주장할 수 있는가? 10.

## Ⅳ. 취소소송의 기판력이 발생한 후 국가배상청구소송에서 명령의 위법 주장 가능성

### 1. 문제 상황

(가) 다수설에 따르면 취소소송의 소송물은 처분의 위법성이며, 국가배상청구소송의 소송물은 국가배상청구권의 존부인바, 취소판결의 기판력은 국가배상청구소송에 미치지 않음이 일반적인 논리이다(기판력의 객관적 범위는 소송물이므로). 다만, 전소와 후소의 소송물이 동일하지 아니하여도 전소의 기판력 있는 법률관계가 후소의 선결관계가 되는 때에는 전소 판결의 기판력이 후소에 미칠 수 있다.

(나) 설문은 갑이 명령에 대해 취소소송을 제기하여 청구기각판결을 받아 그 판결이 확정되었더라도 후소인 국가배상청구소송에서 위 명령의 위법을 주장할 수 있는가를 묻고 있는바 취소소송의 소송물을 어떻게 볼 것인지, 취소소송에서의 위법성과 국가배상청구소송에서의 위법성의 본질이 동일한지 등에 따라 결론은 달라진다.

## 2. 취소소송의 소송물

(가) 취소소송의 소송물에 대해 ① 행정행위의 위법성 일반으로 보는 견해, ② 처분등이 위법하고 또한 자기의 권리를 침해한다는 원고의 법적 주장이라는 견해, ③ 처분을 통해 자신의 권리가 침해되었다는 원고의 법적 주장이라는 견해가 대립된다.

(나) 행정소송법이 취소소송의 법률상 이익을 원고적격의 요건(행정소송법 제12조)으로 규정하고 있을 뿐 본안요건은 위법성에 한정(동법 제4조 제1호)하고 있고 소송물은 본안판단에 관한 사항만을 대상으로 하는 것이므로 ②·③설은 타당하지 않고 ①설이 타당하다(다수설·판례). 여기서 '위법'이란 외부효를 갖는 법규(성문의 법령, 행정법의 일반원칙)위반을 말한다.

## 3. 취소판결의 기판력이 국가배상청구소송에 영향을 미치는지 여부

### (1) 학 설

1) 취소소송의 소송물을 처분이 위법하다는 법적 주장으로 보는 견해

a. 국가배상법 제2조 제1항의 위법을 법규위반으로 보지 않는 견해 결과불법설(위법한 행위로 받은 손해를 국민이 수인할 수 있는가를 기준으로 위법성 여부를 판단하는 견해이다. 즉, 손해를 국민이 수인할 수 없다면 위법한 행위로 본다), 상대적 위법성설(직무행위 자체의 위법·적법뿐만 아니라 피침해이익의 성격과 침해의 정도, 가해행위의 태양 등을 고려하여 위법성 인정 여부를 상대적으로 판단하자는 견해이다)은 국가배상청구소송에서의 위법의 본질을 법규위반으로 보지 않는다. 이렇게 취소소송과 국가배상청구소송에서의 위법의 의미가 질적으로 다르다는 견해는 양 소송이 선결관계가 되지 않기 때문에 취소판결의 기판력은 국가배상청구소송에 영향을 미치지 않는다고 본다(기판력 부정설).

b. 국가배상법 제2조 제1항의 위법을 법규위반으로 보는 견해(행위위법설) 이 견해는 국가배상청구에서 위법을 취소소송의 위법과 같이 공권력행사의 규범위반 여부를 기준으로 한다. 그러나 이 견해에도 ⓐ 취소소송의 위법과 국가배상청구소송에서의 위법이 양적으로도 같다는 협의설(일원설)과 ⓑ 취소소송의 위법보다 국가배상청구소송의 위법이 더 넓다는 광의설(이원설)이 있다.

(i) 취소소송의 위법과 국가배상청구소송의 위법이 양적으로도 같다는 견해(일원설) 양 위법이 질적·양적으로 일치되므로 취소판결의 기판력은 인용이든 기각이든 국가배상청구소송에 영향을 미친다고 본다(기판력 긍정설).

(ii) 취소소송의 위법보다 국가배상청구소송의 위법이 더 광의라는 견해(이원설) 이 견해는 위법의 범위를 일원설이 말하는 엄격한 의미의 법규위반뿐 아니라 인권존중·권력남용금지·신의성실의 원칙 위반도 위법으로 보아 취소소송의 위법보다 국가배상청구소송의 위법을 더 광의로 본다. 이 견해에 따르면 취소소송의 인용판결은 기판력이 국가배상청구소송에 영향을 미치지만, 기각판결은 국가배상청구소송의 위법이 더 광의이므로 기판력이 미치지 않는다고 본다(제한적 긍정설).

2) 취소소송의 소송물을 처분이 위법하고 그러한 처분으로 권리가 침해되었다는 법적 주장으로 보는 견해(국가배상청구소송에서 위법을 행위위법설로 봄)

취소소송의 인용판결의 경우 기판력이 국가배상청구소송에 영향을 미치지만 기각판결의 경우에는 위법성 인정 여부가 불분명하기에 기판력이 미치지 않는다고 본다(제한적 긍정설).

3) 취소소송의 소송물을 권리가 침해되었다는 법적 주장으로 보는 견해(국가배상청구소송에서 위법을 행위위법설로 봄)

이 견해에 따르면 취소소송과 국가배상청구소송은 선결관계가 되지 않기 때문에 취소소송의 기판력은 국가배상청구소송에 영향을 주지 않는다(기판력 부정설).

(2) 검 토

법규위반은 없으나 특별한 희생이 있는 경우 손해전보수단이 손실보상이라면 국가배상은 법규위반(위법)이 있는 경우 그에 대한 손해전보수단이어야 하며, 항고소송의 본안판단에서의 위법의 본질이 법규위반임을 고려할 때 위법이란 '법규 위반'이라는 단일한 가치판단으로 보아야 할 것인바 행위위법설이 타당하다(특히 권리구제의 확대라는 측면에서 이원설이 타당하다). 따라서 취소소송의 청구인용판결의 기판력은 국가배상청구소송에 영향을 미치지만, 청구기각판결은 기판력이 미치지 않는다고 보아야 한다(제한적 긍정설).

## 4. 소 결

제한적 긍정설에 따르면 명령에 대한 취소소송에서 갑이 기각판결을 받았다고 하더라도 후소에서 명령의 위법성을 주장할 수 있다.

**기출 21** 〈제2문의1〉

B군에서는 정부의 자유무역협정체결에 대응하여 지역특산물인 녹차산업을 진흥하고 이를 통해 지역 경제를 육성하고자 「녹차산업 육성 및 지원에 관한 조례」를 제정, 공포하였다. 이 조례에는 녹차산업 지원을 위한 기술지도 및 보조금 지급에 관한 내용이 포함되어 있다. 이에 주민 갑은 이 조례에 근거하여 녹차 원료 생산을 위한 보조금을 신청하여 지원받았다. 그러나 주민 을은 위 보조금 지급행위가 갑과 군수의 인척관계에 기인했을 뿐만 아니라 위 보조금지급제도가 군수의 인기영합 정책에 의한 부당한 재정지출의 원인이 된다고 생각하고 있다.

(1) 위 조례의 제정가능성에 대하여 논하시오. 15.

(2) 주민 을이 취할 수 있는 「지방자치법」에 의한 쟁송수단에 관하여 설명하시오. 15.

[제52회 사법시험(2010년)]

기출 21 (1) 위 조례의 제정가능성에 대하여 논하시오. 15.

# Ⅰ. '녹차산업 육성 및 지원에 관한 조례'의 제정가능성

## 1. 문제 상황

㈎ 조례가 적법·유효하게 효력을 발생하려면 지방의회가 일정한 절차와 공포요건을 갖추어(지방자치법 제26조) 감독청에 보고해야 한다(지방자치법 제28조). 뿐만 아니라 내용상의 적법요건으로 조례제정 대상인 사무에 대하여만 제정할 수 있다는 사항적 한계를 준수하여야 하고, 법률유보의 원칙과 법률우위의 원칙에 반하여서는 아니 된다. 설문의 경우 절차와 공포, 보고요건은 문제되지 않으므로 내용상의 적법요건만을 검토한다(지방자치법 제22조).

㈏ 지방자치법 제22조는 "지방자치단체는 법령의 범위 안에서 그 사무에 관하여 조례를 제정할 수 있다. 다만, 주민의 권리 제한 또는 의무 부과에 관한 사항이나 벌칙을 정할 때에는 법률의 위임이 있어야 한다"고 규정한다. 즉 ① 그 사무에 대해 조례를 제정할 수 있으며(조례제정 대상인 사무), ② 일정한 경우 법률의 위임이 있어야 하고(법률유보의 원칙), ③ 법령의 범위에서만 제정할 수 있다(법률우위의 원칙).

## 2. 조례제정사항인 사무

### (1) 지방자치법 제22조와 제9조 제1항

지방자치법 제22조 본문은 "지방자치단체는 법령의 범위 안에서 '그 사무'에 관하여 조례를 제정할 수 있다"고 규정하고 있으며, 제9조 제1항은 "지방자치단체는 관할 구역의 '자치사무와 법령에 따라 지방자치단체에 속하는 사무'를 처리한다"고 하므로 조례로 제정할 수 있는 사무는 자치사무와 단체위임사무이며 기관위임사무는 제외된다. 다만 예외적으로 법령이 기관위임사무를 조례로 정하도록 규정한다면 기관위임사무도 조례로 정할 수는 있다(대판 1999. 9. 17. 99추30).

### (2) 자치사무와 (기관)위임사무의 구별

ⓐ 먼저 입법자의 의사에 따라 법률의 규정형식과 취지를 먼저 고려하여 판단하고, ⓑ 불분명하다면 전국적·통일적 처리가 요구되는 사무인지 여부, 경비부담, 책임귀속주체 등도 고려한다. ⓒ 그리고 지방자치법 제9조 제2항(지방자치단체사무의 예시)이 판단기준이 된다. ⓓ 만일 그래도 불분명하다면 지방자치단체사무의 포괄성의 원칙에 따라 자치단체사무로 추정한다.

### (3) 설　문

조례제정의 목적이 '지역특산물인 녹차산업을 진흥하고 이를 통해 지역 경제를 육성'하는 것이고, 지방자치법 제9조 제2항 제3호(농림·상공업 등 산업 진흥에 관한 사무)와 제4호(지역개발과 주민의 생활환경시설의 설치·관리에 관한 사무)를 고려할 때 해당 조례는 자치사무에 대한 조례이다. 따라서 조례제정이 가능한 사무이다.

### 3. 법률유보의 원칙

#### (1) 지방자치법 제22조 단서의 위헌 여부

1) 문 제 점

헌법 제117조 제1항은 "지방자치단체는 … 법령의 범위 안에서 자치에 관한 규정을 제정할 수 있다"고 하여 형식적으로만 본다면 법률우위원칙만을 규정하고 있다. 그러나 지방자치법 제22조는 본문에서 조례는 법률우위원칙을, 단서에서 법률유보원칙을 준수해야 함을 규정하고 있다. 따라서 지방자치법 제22조 단서가 헌법상 인정된 지방의회의 포괄적 자치권을 제한하는 위헌적인 규정이 아닌지에 대해 학설의 대립이 있다.

2) 학 설

ⓐ 위헌설(지방자치법 제22조 단서는 헌법이 부여하는 지방자치단체의 자치입법권(조례제정권)을 지나치게 제약하고 있으며, 지방자치단체의 포괄적 자치권과 전권한성의 원칙에 비추어 위헌이라는 입장이다)과 ⓑ 합헌설(헌법 제117조 제1항에 법률유보에 대한 명시적 규정이 없더라도 지방자치법 제22조 단서는 헌법 제37조 제2항(국민의 모든 자유와 권리는 국가안전보장·질서유지 또는 공공복리를 위하여 필요한 경우에 한하여 법률로써 제한할 수 있으며…)에 따른 것이므로 합헌이라는 입장이다)(다수설)이 대립한다.

3) 판 례

대법원은 지방자치법 제15조(현행 제22조)는 기본권 제한에 대하여 법률유보원칙을 선언한 헌법 제37조 제2항의 취지에 부합하기 때문에 합헌이라고 본다(대판 1995. 5. 12. 94추28).

4) 검 토

지방자치법 제22조 단서는 헌법 제37조 제2항에 따른 확인적인 규정에 불과하며, 조례제정에 법적 근거가 필요하다는 내용을 법률에 직접 규정할 것인지는 입법정책적인 사항이므로 합헌설이 타당하다.

#### (2) 지방자치법 제22조 단서의 적용

1) 법률유보가 필요한 경우

지방자치법 제22조 단서는 조례가 ⓐ 주민의 권리제한 또는 ⓑ 의무부과에 관한 사항이나 ⓒ 벌칙을 정할 때에만 법률의 위임이 필요하다고 한다. 따라서 수익적인 내용의 조례나 수익적 내용도 침익적 내용도 아닌 조례(비침익적인 조례)는 법률의 근거를 요하지 않는다.

2) 법률유보의 정도(포괄적 위임의 가능성)

조례는 지방의회가 지역적 민주적 정당성을 가지고 있고 헌법이 포괄적인 자치권을 보장하고 있는 점에 비추어 포괄적인 위임으로 족하다는 다수설과 판례(대판 1991. 8. 27. 90누6613)(헌재 1995. 4. 20. 92헌마264·279)가 타당하다.

#### (3) 설 문

해당 조례는 녹차산업 지원을 위한 기술지도 및 보조금 지급에 관한 내용이 포함되어 있어 수익적인 조례이기에 법률의 위임이 없더라도 그 사무에 대해 조례를 제정할 수 있다.

### 4. 법률우위의 원칙

#### (1) 헌법과 법률규정

헌법 제117조 제1항(지방자치단체는 주민의 복리에 관한 사무를 처리하고 재산을 관리하며, 법령의 범위안에서 자치에 관한 규정을 제정할 수 있다), 지방자치법 제22조 본문(지방자치단체는 법령의 범위 안에서 그 사무에 관하여 조례를 제정할 수 있다)·제24조(시·군 및 자치구의 조례나 규칙은 시·도의 조례나 규칙을 위반하여서는 아니 된다)는 조례에도 법률우위원칙은 당연히 적용된다고 한다. 여기서 말하는 법률은 지방자치법, 지방재정법, 지방공무원법을 포함한 모든 개별법령과 행정법의 일반원칙을 말한다.

#### (2) 법률우위원칙 위반 여부 판단

**1) 조례규정사항과 관련된 법령의 규정이 없는 경우**(양자의 입법목적이 다른 경우도 포함)

조례규정사항과 관련된 법령의 규정이 없거나 조례와 법령의 입법목적이 다른 경우는 일반적으로 지방자치법 제22조 단서의 법률유보의 원칙에 반하지 않는 한 조례로서 규정할 수 있다. 다만, 행정법의 일반원칙에 위반됨은 없어야 한다.

**2) 조례규정사항과 관련된 법령의 규정이 있는 경우**

a. 조례내용이 법령의 규정보다 더 침익적인 경우 헌법 제117조 제1항과 지방자치법 제22조 본문에 비추어 법령의 규정보다 더욱 침익적인 조례는 법률우위원칙에 위반되어 위법하며 무효이다. 판례도 수원시의회가 재의결한 법령상 자동차등록기준보다 더 엄격한 기준을 정한 차고지확보조례안에 대한 무효확인사건에서 같은 입장이다(대판 1997. 4. 25. 96추251).

b. 조례내용이 법령의 규정보다 더 수익적인 경우(수익도 침익도 아닌 경우도 포함) ① 조례의 내용이 수익적(또는 수익도 침익도 아닌 경우)이라고 할지라도 성문의 법령에 위반되어서는 아니 된다는 것이 일반적인 입장이다(판례도 인천광역시의회가 재의결한 지방자치단체가 소속 공무원의 대학생 자녀에게 학비를 지급하기 위하여 만든 장학기금출연조례안 무효확인사건에서 수익적인 조례도 성문법령에 위반되어서는 아니 된다고 보았다(대판 1996. 10. 25, 96추107)). 다만, 판례와 일반적 견해는 조례가 성문의 법령에 위반된다고 하더라도 국가법령의 취지가 지방자치단체의 실정에 맞도록 별도 규율을 용인하려는 것이라면 국가법령보다 더 수익적인 조례 또는 법령과 다른 별도 규율내용을 담은 조례의 적법성을 인정하고 있다(판례는 광주광역시 동구의회가 재의결한 자활보호대상자에 대한 생계비 지원조례안 무효확인사건에서 국가법령이 별도 규율을 용인하려는 취지라면 법령보다 더 수익적인 조례의 적법성을 인정하고 있다(대판 1997. 4. 25, 96추244))(침익적 조례의 경우는 이러한 법리가 인정되지 않고 성문의 법령보다 더 침익적인 조례는 무효이다). ② 이 경우도 지방자치법 제122조, 지방재정법 제3조 등의 건전재정운영의 원칙과 행정법의 일반원칙에 위반되어서는 아니 된다.

### (3) 설　문

1) 지방자치법 제13조 제1항 위반 여부

지방자치법 제13조 제1항은 주민이 지방자치단체로부터 행정적 혜택을 균등하게 받을 수 있다는 권리를 추상적이고 선언적으로 규정한 것으로서 위 규정에 의하여 주민에게 구체적이고 특정한 권리가 발생하는 것이 아닐 뿐만 아니라, 지방자치단체가 주민에 대하여 균등한 행정적 혜택을 부여할 구체적인 법적 의무가 발생하는 것도 아니므로 해당 조례안은 지방자치법 제13조 제1항에 위반되지 않는다(대판 2009. 10. 15. 2008추32).

2) 지방자치법 제122조, 지방재정법 제3조 등의 건전재정운영의 원칙 위반 여부

해당 조례가 이러한 원칙에 위반되는지는 분명하지 않다.

3) 평등원칙에 위반되는지 여부

평등의 원칙은 국가(지방자치단체도 마찬가지이다)가 언제 어디에서 어떤 계층을 대상으로 하여 기본권에 관한 사항이나 제도의 개선을 시작할 것인지를 선택하는 것을 방해하지 않는다(헌재 2005. 9. 29. 2004헌바53). 따라서 해당 조례안이 B군의 녹차산업지원에 대한 내용만을 포함하고 있다고 하더라도 평등원칙에 위반되지 않는다.

## 5. 소　결

해당 조례는 적법하며, 조례제정이 가능하다.

**기출 21** (2) 주민 을이 취할 수 있는 「지방자치법」에 의한 쟁송수단에 관하여 설명하시오. 15.

# Ⅱ. 주민 을의 '지방자치법'에 의한 쟁송수단

## 1. 문제 상황

주민 을이 취할 수 있는 지방자치법에 의한 쟁송수단은 주민소송이다. 주민소송이란 지방자치단체의 장, 직원 등의 위법한 재무회계행위에 대해 지방자치법 제17조에 따라 주민이 제기하는 소송을 말하다. 다만 지방자치법은 주민감사청구를 전치하도록 규정한다.

## 2. 주민감사청구전치주의

(가) 지방자치단체의 19세 이상의 주민들은 일정한 주민 수 이상의 연서로 해당 지방자치단체의 감독청에게 그 지방자치단체와 그 장의 권한에 속하는 사무(자치사무, 단체위임사무, 기관위임사무)의 처리가 법령에 위반되거나 공익을 현저히 해친다고 인정되면 감사를 청구할 수 있다. 이 경우 감독청은 감사결과에 따라 해당 지방자치단체의 장에게 필요한 조치를 요구할 수 있다(지

방자치법 제16조 참조).

(나) 을은 19세 이상의 일정한 수의 주민의 연서(連署)로, B군의 감독청에게 그 조례가 법령에 위반되거나 공익을 현저히 해한다는 이유로 감사를 청구할 수 있다(지방자치법 제16조).

### 3. 주민소송

#### (1) 주민소송의 대상

(가) 주민소송은 위법한 재무회계행위를 대상으로 하는바, ⓐ 공금의 지출, ⓑ 재산의 취득·관리·처분, ⓒ 계약의 체결·이행, ⓓ 공금의 부과·징수를 게을리한 사실 등의 네 종류로 유형화되어 있다(지방자치법 제17조 제1항).

(나) 설문의 보조금의 지급행위는 공금의 지출에 관한 사항으로서 주민소송의 대상이 된다.

#### (2) 당 사 자

1) 원 고

감사청구한 주민이면 1인이라도 가능하다(지방자치법 제17조 제1항).

2) 피 고

해당 지방자치단체의 장(해당 사항의 사무처리에 관한 권한을 소속 기관의 장에게 위임한 경우에는 그 소속 기관의 장을 말한다)이 피고가 된다(지방자치법 제17조 1항).

#### (3) 제소사유

주민소송의 대상이 되는 감사청구사항에 대하여 ① 주무부장관이나 시·도지사가 감사청구를 수리한 날부터 60일(제16조 제3항 단서에 따라 감사기간이 연장된 경우에는 연장기간이 끝난 날을 말한다)이 지나도 감사를 끝내지 아니한 경우, ② 제16조 제3항 및 제4항에 따른 감사결과 또는 제16조 제6항에 따른 조치요구에 불복하는 경우, ③ 제16조 제6항에 따른 주무부장관이나 시·도지사의 조치요구를 지방자치단체의 장이 이행하지 아니한 경우, ④ 제16조 제6항에 따른 지방자치단체의 장의 이행 조치에 불복하는 경우에 주민소송을 제기할 수 있다(지방자치법 제17조 제1항).

#### (4) 을이 제기할 수 있는 주민소송의 형태

1) 문 제 점

(가) 지방자치법 제17조 제2항은 제1호 소송(손해발생행위의 중지소송), 제2호 소송(처분의 취소·무효확인소송), 제3호 소송(해태사실의 위법확인소송), 제4호 소송(손해배상등 요구소송)으로 주민소송을 네 종류로 나누고 있다.

(나) 지방자치법 제17조 제2항의 소송 중 설문의 경우는 제1호·제2호 소송과 제4호 소송이 문제된다(제4호 소송은 본문소송과 단서소송으로 나누어지며 설문에서는 본문소송만이 문제된다).

2) 제1호 소송

a. 의 의 제1호 소송은 '해당 행위를 계속하면 회복하기 곤란한 손해를 발생시킬 우려가 있는 경우에는 그 행위의 전부나 일부를 중지할 것을 요구하는 소송'이다.

b. 대　상　　제1호 소송의 대상이 되는 행위는 공권력 행사 외에도 비권력적인 행위나 사실행위도 포함된다. 예를 들어 공금지출의 중지를 구하거나, 계약체결의 중지를 구하거나 계약이행의 중지를 구하는 등의 소송이 있다(김용찬 · 선정원 · 변성완).

c. 요　건　　요건은 ⓐ 당해 행위를 계속할 경우 지방자치단체에 회복하기 곤란한 손해를 발생시킬 우려가 있을 것, ⓑ 당해 행위를 중지할 경우에도 생명이나 신체에 중대한 위해가 생길 우려나 그 밖에 공공복리를 현저하게 저해할 우려가 없을 것(지방자치법 제17조 제3항)이다.

d. 효　과　　이 소송에서 원고승소판결이 확정되면 지방자치단체는 중지소송의 대상이 된 재무회계행위를 해서는 안 되는 중지의무가 발생한다.

e. 설　문　　설문의 보조금지급행위를 계속할 경우 지방자치단체에 회복하기 곤란한 손해를 발생시킬 우려가 있고, 해당 행위를 중지하여도 생명이나 신체에 중대한 위해가 생길 우려가 없으며 그 밖에 공공복리를 현저하게 저해할 우려가 없다면, 갑은 군수를 상대로 제1호 소송을 제기하여 승소할 수 있다.

3) 제2호 소송

a. 의　의　　제2호 소송은 '행정처분인 해당 행위의 취소 또는 변경을 요구하거나 그 행위의 효력 유무 또는 존재 여부의 확인을 요구하는 소송'이다. 재무회계행위 중 행정처분의 성질을 갖는 행위를 취소하거나 무효 등임을 확인하는 소송이다.

b. 제소기간　　행정소송법과는 달리 취소소송 외에 무효등확인소송도 제소기간의 제한이 있다(지방자치법 제17조 제4항).

c. 설　문　　보조금지급행위 이전에 군수의 보조금지급결정(법적 성질에 대해 학설의 대립이 있지만 처분으로 보는 것이 타당하다)이 있었다면 을은 취소소송 또는 무효확인소송을 제기하여 보조금지급행위를 막을 수 있을 것이다.

4) 제4호 본문 소송

a. 의　의　　제4호 소송은 주민이 직접 지방의회의원이나 직원 등을 상대로 손해배상 등을 청구하는 것이 아니라, 단체장이 지방자치법 제17조 제2항 제4호의 전단이나 후단의 상대방에게 손해배상 등을 청구할 것을 주민이 요구하는 소송을 말한다.

b. 제4호 본문 소송의 종류　　㈎ 본문 소송은 주민이 단체장에게 '해당 지방자치단체의 장 및 직원, 지방의회의원, 해당 행위와 관련이 있는 상대방에게 손해배상청구 또는 부당이득반환청구를 할 것을 요구하는 소송(이행청구요구소송)'을 말한다. 그리고 본문 소송은 전단소송(해당 지방자치단체의 장 및 직원, 지방의회의원을 상대로 하는 소송)과 후단소송(해당 행위와 관련이 있는 상대방)으로 나눌 수 있는데, ① 전단소송은 예컨대 지방자치단체의 직원 등이 위법한 급여를 지급하거나 보조금을 교부한 경우, 위법한 공유지 매각 등을 통해 지방자치단체에 손해를 발생시킨 경우, 해당 직원 등에게 손해배상청구할 것을 요구하는 소송을 말하며, ② 후단소송은 예컨대 위법하게 보조금을 수령한 자에게 손해배상청구 또는 부당이득반환청구할 것을 요구하는 소송을 말한다(김용찬 · 선정원 · 변성완).

(나) 설문에서 위법한 보조금집행행위와 관련 있는 군수나 직원 등이 있거나(전단의 경우) 위법하게 보조금을 수령한 상대방이 있다면(후단의 경우) 주민 을은 군수를 상대로 그 자들에게 손해배상청구 또는 부당이득반환청구를 할 것을 요구하는 소송을 제기할 수 있다(동법 제17조 제2항 제4호 본문).

c. 효 과

(ⅰ) 손해배상금 또는 부당이득금의 지불청구 이 소송에서 원고승소 판결이 확정되면 그 판결이 확정된 날부터 60일 이내를 기한으로 하여 지방자치단체의 장은 당사자에게 그 판결에 따라 결정된 손해배상금이나 부당이득반환금의 지불을 청구하여야 한다. 다만, 손해배상금이나 부당이득반환금을 지불하여야 할 당사자가 지방자치단체의 장이면 지방의회 의장이 지불을 청구하여야 한다(지방자치법 제18조 제1항).

(ⅱ) 불이행하는 경우 — 소송의 제기 만일 지불청구를 받은 자가 손해배상금이나 부당이득반환금을 지불하지 아니하면 지방자치단체는 손해배상·부당이득반환의 청구를 목적으로 하는 소송을 제기하여야 한다. 이 경우 그 소송의 상대방이 지방자치단체의 장이면 그 지방의회 의장이 그 지방자치단체를 대표한다(지방자치법 제18조 제2항).

(ⅲ) 설 문 주민 을의 승소의 판결이 있으면 판결이 확정된 날부터 60일 이내를 기한으로 하여 군수는 상대방인 갑에게, 지방의회 의장은 군수에게(동법 제18조 제1항 단서) 판결에 따라 결정된 손해배상금이나 부당이득반환금의 지불을 청구하여야 한다(동법 제18조 제1항). 만일 지불청구를 받은 자가 손해배상금이나 부당이득반환금을 지불하지 아니하면 전자의 경우 군수가, 후자의 경우 지방의회 의장이 손해배상·부당이득반환의 청구를 목적으로 하는 소송을 제기하여야 한다(지방자치법 제18조 제2항).

### (5) 소 결

주민 을은 주민소송 중 지방자치법 제17조 제2항의 제1호·제2호 소송과 제4호 본문소송을 제기할 수 있다.

기출 22 〈제1문〉

X광역시 Y구(區)의 구청장 병은 「부동산 가격공시 및 감정평가에 관한 법률」 제11조 제1항에 따라 개별공시지가를 결정·공시하였다. 갑은 자신의 토지에 대하여 결정·공시된 위 개별공시지가가 합리적인 이유 없이 주변 토지의 시세에 비하여 높게 평가되었음을 주장하면서 재조사청구를 하였다. 이에 병구청장은 위 개별공시지가를 감액조정하여 2010. 7. 18. 갑에게 통지하고 같은 달 23. 공고하였다. 그러나 갑은 2010년도 개별공시지가 결정에 대하여 한 재조사청구에 따른 조정결정을 통지받고서도 이에 대해 더 이상 다투지 아니하고, 재조사 청구에 따른 조정결정이 있기 전인 같은 해 6. 19. Y구에 해당 토지를 협의매도한 후 2011. 3. 31. 양도가액을 위 조정된 개별공시지가로 하여 산출한 양도소득세를 확정신고하고, 을세무서장으로부터 과세처분을 받았다. 위 개별공시지가 결정에 대한 쟁송제기기간은 이미 도과하였다.

(1) 이 경우 갑은 을의 과세처분에 대한 취소소송을 제기하면서 조정된 개별공시지가의 위법성을 주장할 수 있는지를 검토하시오. 30.

(2) 위 사례에서 2010년 개별공시지가의 결정을 위해 Y구 소속 공무원 정은 개별공시지가의 산정을 위해 갑의 토지를 출입하였고, 적법절차를 준수하여 출입할 날의 3일 전에 갑에게 일시와 장소를 통지하였다. 그러나 정은 갑의 토지에 출입하여 측량 또는 조사를 하면서 갑에게 재산상 피해를 발생시켰다. 「부동산 가격공시 및 감정평가에 관한 법률」에는 이에 대한 손실보상을 규정하거나 준용규정을 두고 있지 않다. 이 경우 갑이 손실보상을 청구할 수 있는지를 검토하시오. 20.

[제27회 입법고시(2011년)]

참조조문

부동산 가격공시 및 감정평가에 관한 법률

제3조(표준지공시지가의 조사·평가 및 공시) ① 국토해양부장관은 토지이용상황이나 주변환경 그 밖의 자연적·사회적 조건이 일반적으로 유사하다고 인정되는 일단의 토지 중에서 선정한 표준지에 대하여 매년 공시기준일 현재의 적정가격을 조사·평가하고, 제19조의 규정에 의한 중앙부동산평가위원회의 심의를 거쳐 이를 공시하여야 한다.

제11조(개별공시지가의 결정·공시 등) ① 시장·군수 또는 구청장은 「개발이익환수에 관한 법률」에 의한 개발부담금의 부과 그 밖의 다른 법령이 정하는 목적을 위한 지가산정에 사용하도록 하기 위하여 제20조의 규정에 의한 시·군·구부동산평가위원회의 심의를 거쳐 매년 공시지가의 공시기준일 현재 관할 구역 안의 개별토지의 단위면적당 가격(이하 "개별공시지가"라 한다)을 결정·공시하고, 이를 관계행정기관등에 제공하여야 한다. 다만, 표준지로 선정된 토지, 조세 또는 부담금 등의 부과대상이 아닌 토지 그 밖에 대통령령이 정하는 토지에 대하여는 개별공시지가를 결정·공시하지 아니할수 있다. 이 경우 표준지로 선정된 토지에 대하여는 당해 토지의 공시지가를 개별공시지가로 본다.

제14조(타인토지에의 출입 등) ① 공무원 또는 감정평가업자는 제5조 제1항의 규정에 의한 표준지가격의 조사·평가 또는 제11조 제3항의 규정에 의한 토지가격의 산정을 위하여 필요한 때에는 타인의 토지에 출입할 수 있다.

② 공무원 또는 감정평가업자가 제1항의 규정에 의하여 택지 또는 담장이나 울타리로 둘러싸인 타인의 토지에 출입하고자 할 때에는 시장·군수 또는 구청장의 허가(감정평가업자에 한한다)를 받아 출입할 날의 3일 전에 그 점유자에게 일시와 장소를 통지하여야 한다. 다만, 점유자를 알 수 없거나 부득이한 사유가 있는 경우에는 그러하지 아니하다.
③ 일출 전·일몰 후에는 그 토지의 점유자의 승인없이 택지 또는 담장이나 울타리로 둘러싸인 타인의 토지에 출입할 수 없다.
④ 제2항의 규정에 의한 출입을 하고자 하는 자는 그 권한을 표시하는 증표와 허가증을 지니고 이를 관계인에게 내보여야 한다.
⑤ 제4항의 증표와 허가증에 관하여 필요한 사항은 국토해양부령으로 정한다.

기출 22 (1) 이 경우 갑은 을의 과세처분에 대한 취소소송을 제기하면서 조정된 개별공시지가의 위법성을 주장할 수 있는지를 검토하시오. 30.

# Ⅰ. 개별공시지가의 하자가 과세처분에 승계되는지 여부

## 1. 문제 상황

갑은 개별공시지가에 대한 불복기간도과 후 과세처분을 다투며 개별공시지가의 위법성을 주장하고 있으므로 행정행위의 하자의 승계문제가 된다.

## 2. 행정행위의 하자의 승계의 의의

행정행위의 하자의 승계란 둘 이상의 행정행위가 연속적으로 행해지는 경우 선행행위의 하자가 후행행위에 승계되는 것을 말한다. 즉 후행행위를 다투며 선행행위의 하자를 주장할 수 있는지의 문제를 말한다.

## 3. 하자승계논의의 전제

㈎ 하자승계의 논의가 특별히 문제되는 경우는 ⓐ 선행행위와 후행행위가 모두 항고소송의 대상이 되는 행정처분이고, ⓑ 선행행위는 당연무효가 아닌 취소사유가 존재하고(선행행위가 무효라면 선행행위를 다툴 수도 있으며－무효인 행위는 제소기간의 제한이 없다－, 연속되는 후행행위에 항상 하자가 승계되므로 논의의 실익이 적다), ⓒ 선행행위에는 하자가 존재하나 후행행위는 적법해야 하고, ⓓ 선행행위의 하자가 제소기간 도과 등으로 불가쟁력이 발생하여 선행행위를 다툴 수 없는 경우라야 한다.

㈏ ⓑ 중대명백설에 따르면 자신의 토지에 대한 결정·공시된 개별공시지가가 합리적인 이유 없이 주변 토지의 시세에 비하여 높게 평가되었다는 사정은 중대·명백한 사유로 보기는 어렵고 평등원칙이나 비례원칙에 위반되는 것으로 단순위법사유로 보아야 하며, ⓒ 과세처분 자체의 위법사유는 특별히 보이지 않으며, ⓓ 개별공시지가결정에 대해 제소기간이 도과되었기 때문에 ⓐ를 제외하고는 하자승계의 논의의 전제는 갖추었다.

### ⑴ 개별공시지가결정의 법적 성질

1) 문 제 점

㈎ 개별공시지가란 시장·군수 또는 구청장이 개발이익환수에 관한 법률에 의한 개발부담금의 부과 그 밖의 다른 법령이 정하는 목적을 위한 지가산정에 사용하도록 하기 위하여 시·군·구부동산평가위원회의 심의를 거쳐 매년 공시하는 관할구역 안의 개별토지의 단위면적당 가격을 말한다(부동산 가격공시 및 감정평가에 관한 법률 제11조 제1항).

㈏ 개별공시지가는 부담금이나 일정한 조세 산정의 기준이 되는데, 이러한 개별공시지가결

정 그 자체가 국민의 권리·의무에 구체적인 영향을 미칠 수 있는 행위인지가 문제된다.

2) 학 설

a. 행정처분설 개별공시지가에 대한 이의절차가 마련되어 있다는 점, 개별공시지가에 근거한 조세부과 등의 행정처분에 있어서 당해 행정청은 개별공시지가에 절대적 또는 상당한 정도의 기속을 받으므로 개별공시지가는 이미 그 자체로서 국민의 권리의무에 직접적인 영향을 미친다는 점 등을 이유로 행정처분으로 보아야 한다는 견해이다.

b. 입법행위설 개별공시지가는 불특정 다수인에 대하여(일반적) 무제한적으로 적용될 수 있는(추상적) 행정작용으로서의 성질을 가지고 있기 때문에 행정입법으로 보는 견해로 개별공시지가결정 자체는 국민의 권리·의무가 발생하는 법집행행위로 보기 어렵다고 본다.

c. 사실행위설 개별공시지가는 토지가격의 지침으로서의 기능이 있으며, 따라서 개별가격은 정보제공이라는 사실적 효과를 갖기 때문에 개별공시지가 결정행위는 사실행위가 된다는 견해이다.

d. 행정계획설 이 견해는 개별공시지가가 대내적으로 행정주체에 대하여만 법적 의무를 부과하는 구속적 행정계획에 해당한다는 견해이다.

3) 판 례

개별공시지가결정은 토지초과이득세, 택지초과소유부담금 또는 개발부담금 산정 등의 기준이 되어 국민의 권리, 의무 내지 법률상 이익에 직접적으로 관계되므로 행정처분이라고 본다(대판 1993. 1. 15. 92누12407).

4) 검 토

부동산 가격공시 및 감정평가에 관한 법률은 개별공시지가에 대하여 토지소유자 기타 이해관계인의 의견청취(동법 제11조 제4항), 이의신청 및 처리절차와 이의제기기간의 제한 등을 규정하고 있는바(동법 제12조), 이는 개별공시지가결정이 행정처분임을 전제로 한 것이라고 볼 수 있고, 더욱이 조세부과 등의 행정처분을 함에 있어서 통상적으로 개별공시지가에 기속된다는 점에서 국민의 권리·의무에 직접 영향을 미치는 행위라고 볼 수 있으므로 행정처분으로 보아야 할 것이다.

⑵ 설 문

개별공시지가결정은 항고소송의 대상인 처분이므로, 설문은 행정행위의 하자 승계에 관한 전제조건을 모두 갖추었다.

## 4. 인정 범위

⑴ 학 설

1) 하자의 승계론(전통적 견해)

원칙적으로 행정행위의 하자는 행정행위마다 독립적으로 판단되어야 한다는 전제하에 선행행위와 후행행위가 일련의 절차에서 하나의 법률효과를 목적으로 하는 경우에는 예외적으로 하자의 승계를 인정한다.

2) 구속력설(규준력설)

a. 의 의 구속력이란 선행행정행위의 내용과 효과가 후행행정행위를 구속함으로써 상대방(관계인, 법원)은 선행행위의 하자를 이유로 후행행위를 다투지 못하는 효과를 말한다.

b. 한 계 (가) 구속력은 ⓐ 선·후의 행위가 법적 효과가 일치하는 범위에서(객관적 한계(내용적·사물적 한계)), ⓑ 처분청과 처분의 직접상대방(이해관계 있는 제3자도 포함) 및 법원에게(주관적 한계(대인적 한계)), ⓒ 선행행정행위의 기초를 이루는 사실적·법적 상황의 동일성이 유지되는 한도까지 미친다(시간적 한계). 이처럼 선행행위의 구속력이 후행행위에 미치는 한 처분의 상대방 등은 선행행위의 하자를 이유로 후행행위를 다투지 못한다.

(나) 그러나 객관적·주관적·시간적 한계 내에서 선행행정행위의 후행행정행위에 대한 구속력이 인정됨으로 인해(행정행위의 하자의 승계를 주장하지 못함으로 인해) 사인의 권리보호가 부당하게 축소될 수 있기 때문에 관련자에게 예측불가능하거나 수인불가능한 경우에는 구속력이 미치지 않는다(추가적 요건). 따라서 이 경우에는 후행행위를 다투며 선행행위의 위법을 주장할 수 있게 된다.

(2) 판 례

(가) 판례는 원칙상 하자의 승계론에 따라 선·후의 행위가 단계적인 일련의 절차로 연속하여 행하여지는 것으로서 서로 결합하여 하나의 법률효과를 발생시키는 것이라면 후행처분에 하자가 없다고 하더라도 후행처분의 취소를 청구하는 소송에서 선행처분의 위법성을 주장할 수 있다고 본다. 즉, 대집행절차상 계고처분과 대집행영장발부통보처분(대판 1996. 2. 9. 95누12507), 국세징수법상 독촉과 가산금·중가산금 징수처분(대판 1986. 10. 28. 86누147)에 대해 하자의 승계를 인정하였고, 건물철거명령과 대집행계고처분(대판 1998. 9. 8. 97누20502), 과세처분과 체납처분(대판 1977. 7. 12. 76누51)은 하자의 승계를 부정하였다.

(나) ⓐ 그러나 개별공시지가결정의 위법을 이유로 그에 기초하여 부과된 양도소득세부과처분의 취소를 구한 판결에서 선행행위와 후행행위가 별개의 법률효과를 목적으로 하는 경우에도 수인성의 원칙(입법작용이나 행정작용은 그 효과를 사인이 수인할 수 있는 것이어야 한다는 원칙)을 이유로 하자의 승계를 예외적으로 인정하였다(대판 1994. 1. 25. 93누8542). ⓑ 그리고 최근 표준지공시지가결정의 위법이 수용재결에 승계될 것인지가 문제된 판결에서도 양자는 별개의 법률효과를 목적으로 하지만 수인성의 원칙을 이유로 하자의 승계를 긍정하였다(대판 2008. 8. 21. 2007두13845). ⓒ 또한 친일반민족행위진상규명위원회가 원고의 사망한 직계존속을 친일반민족행위자로 결정(선행처분)하였으나 이를 원고에게 통지하지 않아 원고는 이 사실을 모른 상태에서 그 이후 지방보훈지청장이 원고를 독립유공자법 적용배제자결정(후행처분)을 하자 원고가 후행처분을 다툰 사건에서, 양자는 별개의 법률효과를 목적으로 하지만 선행처분의 하자를 이유로 후행처분을 다투지 못하는 것은 원고에게 수인불가능하고 예측불가능한 불이익을 강요하는 것이므로 선행처분의

후행처분에 대한 구속력이 인정되지 않아 원고는 하자의 승계를 주장할 수 있다고 보았다(대판 2013. 3. 14. 2012두6964).

#### (3) 검 토

판례의 태도가 타당하다. 즉, 선·후의 행위가 하나의 법률효과를 목적으로 하는 경우에는 하자의 승계를 인정하는 것이 타당하다. 다만, 선·후의 행위가 하나의 법률효과를 목적으로 하지 않는 경우에도 특히 예측불가능하거나 수인불가능한 사정이 있는 경우에는 예외적으로 하자의 승계를 인정하여야 한다.

### 5. 소 결

(가) 판례는 원칙적으로 개별공시지가의 결정은 이를 기초로 한 과세처분 등과는 별개의 독립된 처분으로서 서로 독립하여 별개의 법률효과를 목적으로 하는 것이라고 본다.

(나) 다만, 「위법한 개별공시지가의 결정에 대하여 그 정해진 시정절차를 통하여 시정하도록 요구하지 아니하였다는 이유로 위법한 개별공시지가를 기초로 한 과세처분 등 후행행정처분에서 개별공시지가결정의 위법을 주장할 수 없도록 하는 것은 수인한도를 넘는 불이익을 강요하는 것으로서 국민의 재산권과 재판받을 권리를 보장한 헌법의 이념에도 부합하는 것이 아니라고 할 것」이라고 하여 수인성의 원칙상 과세처분 등 행정처분의 취소를 구하는 행정소송에서도 선행처분인 개별공시지가결정의 위법을 독립된 위법사유로 주장할 수 있다고 본다(대판 1994. 1. 25. 93누8542).

(다) 그러나 설문의 경우처럼 이의신청과 감액조정결정 그리고 감액조정된 개별공시지가에 따라 양도소득세를 신고까지 한 사안에서는 「원고가 … 개별공시지가 결정에 대하여 한 재조사 청구(현행법상 이의신청)에 따른 조정결정을 통지받고서도 더 이상 다투지 아니한 경우까지 선행처분인 개별공시지가 결정의 불가쟁력이나 구속력이 수인한도를 넘는 가혹한 것이거나 예측불가능하다고 볼 수 없어, 위 개별공시지가 결정의 위법을 이 사건 과세처분의 위법사유로 주장할 수 없다(대판 1998. 3. 13. 96누6059)」고 보았다.

(라) 즉 판례의 입장에 따른다면 설문과 같은 경우에는 예측불가능하거나 수인불가능한 경우가 아니므로 원칙적 입장인 하나의 법률효과라는 기준에 따라 하자의 승계가능성이 부정된다. 따라서 갑은 과세처분취소소송에서 조정된 개별공시지가의 위법성을 주장할 수 없다.

**기출 22** (2) 위 사례에서 2010년 개별공시지가의 결정을 위해 Y구 소속 공무원 정은 개별공시지가의 산정을 위해 갑의 토지를 출입하였고, 적법절차를 준수하여 출입할 날의 3일 전에 갑에게 일시와 장소를 통지하였다. 그러나 정은 갑의 토지에 출입하여 측량 또는 조사를 하면서 갑에게 재산상 피해를 발생시켰다. 「부동산 가격공시 및 감정평가에 관한 법률」에는 이에 대한 손실보상을 규정하거나 준용규정을 두고 있지 않다. 이 경우 갑이 손실보상을 청구할 수 있는지를 검토하시오. 20.

## Ⅱ. 수용적 침해보상의 가능성

### 1. 문제 상황

소속공무원 정은 적법절차를 준수하면서 갑의 토지에 출입하여 측량 또는 조사를 하였지만 갑에게 재산상의 피해를 발생시켰다. 이 경우 「부동산 가격공시 및 감정평가에 관한 법률」이 손실보상을 규정하거나 준용규정을 두고 있지 않다면 정의 행위로 인해 갑의 재산에 손실이 발생한 경우 손실보상이 인정될 수 있는지가 문제된다. 즉, 갑의 재산상의 손해는 공공의 필요에 따른 희생으로 볼 수 있기 때문에 적법하게 그러나 의도하지 않은 침해로 재산상 손해를 입은 경우 갑이 손실보상을 청구할 수 있는지가 문제되고, 이는 수용적 침해보상 인정 여부와 관련된다.

### 2. 수용적 침해보상의 의의

수용적 침해보상이란 적법한 행정작용의 비의도적·비전형적인 결과로 재산권에 특별한 희생을 가하는 경우 그 손실을 보상하자는 이론을 말한다.

### 3. 인정 여부

#### (1) 학 설

1) 수용적 침해보상 도입을 긍정하는 견해

예상치 못한 부수적인 결과로 인한 피해에 대하여 적절한 보상입법이 행하여지지 않는 우리 현실을 감안하면 수용적 침해보상이론을 원용하여 권리구제의 수요를 충족시키는 것이 타당하다는 견해이다.

2) 수용적 침해보상 도입을 부정하는 견해

a. 보상부정설(보상입법필요설) 수용적 침해가 논의되는 상황은 행정작용에 의해 의도된 손해가 발생한 경우가 아니어서 헌법 제23조 제3항이 적용될 수 없는 경우에 해당하므로 결국 입법적으로 별도의 손실보상규정을 마련하기 전에는 손실보상을 인정할 수 없다는 입장이다.

b. 헌법규정에 근거한 보상긍정설(헌법 제23조 제3항 확대적용설) 이 견해는 독일의 수용적 침해보상법리가 우리에게 적용될 수 없다는 전제하에 수용적 침해보상이 문제되는 경우도 적법한 공권력 행사에 의해 직접 가해진 손실이므로, 적법한 재산권 침해에 대한 보상의 일반적 근거조항인 헌법 제23조 제3항에 따라 보상을 청구할 수 있다는 견해이다.

#### (2) 검 토

헌법 제23조 제1항의 재산권보장의 원리, 제11조의 평등의 원리 그리고 제23조 제3항의 특별희생의 원리, 제37조 제1항의 기본권보장의 원리를 종합적으로 고려한다면, 의도되지 아니한 재산권의 제약의 경우에도 수용적 침해보상을 긍정해야 한다는 견해가 타당하다(간접효력규정설).

## 4. 성립 요건

### (1) 공공의 필요

공공의 필요란 일정한 공익사업을 시행하거나 공공복리를 달성하기 위해 재산권의 제한이 불가피한 경우를 말한다. 따라서 단순히 사익을 위하거나 국가의 재정수입을 늘리기 위한 수용은 허용되지 않는다. 구체적인 공공필요의 여부는 공권적 침해로 얻게 되는 공익과 재산권보장이라는 사익간의 이익형량을 통해서 판단되어야 한다.

### (2) 재산권에 대한 수용·사용·제한

(가) 재산권은 원칙적으로 현재 법적으로 보호받는 개인의 재산적 가치 있는 권리를 말한다.

(나) 공용침해에는 수용·사용·제한이 있다. 침해에는 재산권의 박탈, 재산권의 대상인 물건의 파괴, 재산권의 이용제한 및 처분제한 등이 있을 수 있다. 즉 침해는 법적 행위 외에 사실행위로도 이루어질 수 있다.

### (3) 적법하고 비의도적인 침해

수용보상(전통적인 손실보상)의 경우와 같이 적법한 것이어야 한다. 그러나 수용보상은 의도적인 경우인데 수용적 침해보상은 의도하지 않은 결과가 발생한 경우이며, 또한 수용보상이 공권력행사로 인한 손해라면 수용적 침해가 문제되는 경우는 주로 원인행위가 사실행위로 인한 손해가 된다.

### (4) 특별한 희생

ⓐ 행정기관의 행위에 의해 재산권에 대한 제약을 받는 자가 특정되어 있는지를 기준으로 특별한 희생 여부를 구분하는 형식적 기준설과 ⓑ 재산권에 대한 침해의 성질과 정도라는 실질적 기준으로 특별한 희생 여부를 구분하는 실질적 기준설이 있다. 그러나 ⓒ 일반적 견해는 양자를 모두 고려하여 특별한 희생 여부를 판단한다(형식적 기준설 중 특별희생설(특정한 개인(집단)이 타인에 비해 불평등하게 다루어지고 또한 타인에게는 요구되지 않는 수인할 수 없는 희생을 강요하는 경우 특별한 희생이 있다고 본다)과 실질적 기준설의 중대설(공용침해가 재산권에 미치는 침해의 중대성과 범위를 기준으로 하는 견해)·목적위배설(공용침해 이후 재산권이 객관적인 이용목적으로부터 이탈되었는지를 기준으로 하는 견해이다)을 결합하는 것이 대표적이다).

## 5. 소 결

정이 갑의 토지에 출입하여 측량 또는 조사를 한 것은 공공의 필요에 따른 것이고, 갑에게 발생한 재산상 손실은 적법하고 의도하지 않은 손실이다. 따라서 갑의 재산상 피해가 다른 자에게 요구되지 않는 수인불가능한 희생을 강요한 것이고, 재산권에 대한 중대한 제약이라면 재산상 피해에 대해 수용적 침해보상을 청구할 수 있다.

기출 23 〈제1문〉

서울특별시 X구에 위치한 사설학원에서 대학입학전문상담사로 근무하는 갑은 과학적이고 체계적인 학생입학지도를 위해 '공공기관의 정보공개에 관한 법률'에 따라 교육과학기술부장관 을에게 학교별 성적분포도를 포함하여 서울지역 2010년 대학수학능력시험평가 원데이터에 대한 정보(수능시험정보)의 공개를 청구하였다. 이에 대해 을은 갑의 청구대로 응할 경우 학교의 서열화를 야기할 뿐만 아니라 업무의 공정한 수행에 현저한 지장을 초래한다는 이유로 비공개결정을 하였다. 갑의 권리구제와 관련하여 다음의 질문에 답하시오. (단, 무효확인심판과 무효확인소송은 제외한다).

(1) 갑이 현행 행정쟁송법상 권리구제와 수단으로 선택할 수 있는 방식에 대하여 기술하시오. 10.

(2) 을이 비공개결정을 한 이유의 타당성을 검토하시오. 10.

(3) 만약 갑이 행정심판을 제기한 경우에 행정심판위원회는 어떠한 재결을 할 수 있는지 행정심판 유형에 따라 기술하고 이때 행정심판법상 갑의 권리구제수단의 한계에 대해서도 검토하시오. 20.

(4) 만약 갑이 취소소송을 제기하여 인용판결이 확정되었음에도 불구하고 을이 계속 정보를 공개하지 않을 경우 갑의 권리구제를 위한 행정소송법상 실효성 확보수단과 그 요건 및 성질에 대해 기술하시오. 10.

[제55회 5급공채(2011년)]

기출 23 (1) 갑이 현행 행정쟁송법상 권리구제와 수단으로 선택할 수 있는 방식에 대하여 기술하시오. 10.

# Ⅰ. 행정쟁송법상 권리구제수단

## 1. 문제 상황

장관 을의 정보비공개결정에 관해 갑이 선택할 수 있는 수단으로 행정심판 중 의무이행심판·거부처분취소심판과 행정소송 중 취소소송, 가구제 수단으로 행정심판에서 집행정지와 임시처분 그리고 행정소송에서 집행정지의 가능성을 검토해 보고, 손해전보수단으로 국가배상청구를 살펴본다.

## 2. 행정심판

### (1) 의무이행심판

공공기관의 정보공개에 관한 법률(정보공개법) 제19조 제1항은 "청구인이 정보공개와 관련한 공공기관의 결정에 대하여 불복이 있거나 정보공개 청구 후 20일이 경과하도록 정보공개 결정이 없는 때에는 「행정심판법」에서 정하는 바에 따라 행정심판을 청구할 수 있다"고 규정하고 있으며, 장관의 비공개결정은 행정심판법 제2조 제1호의 처분에 해당하는바 갑은 장관의 정보비공개결정에 대해 행정심판법 제5조 제3호의 의무이행심판을 청구할 수 있다.

### (2) 거부처분취소심판의 가능성

1) 문 제 점

청구인이 거부처분을 받은 후 의무이행심판이 아니라 거부처분취소심판을 청구한 경우 이러한 심판청구가 인정될 수 있는지가 문제된다.

2) 학　　설

ⓐ 행정심판법 제5조 제3호에 따르면 거부처분은 의무이행심판의 대상이지 취소심판의 대상이 아니라는 견해도 있으나, ⓑ 행정심판법 제2조 제1호("처분"이란 행정청이 행하는 구체적 사실에 관한 법집행으로서의 공권력의 행사 또는 그 거부, 그 밖에 이에 준하는 행정작용을 말한다)와 제5조 제1호(취소심판: 행정청의 위법 또는 부당한 처분을 취소하거나 변경하는 행정심판)를 근거로 거부처분취소심판의 가능성을 인정하는 견해가 다수설이다.

3) 판　　례

판례는 거부처분취소심판의 제기가능성을 인정한다(대판 1988. 12. 13. 88누7880).

4) 검토 및 설문

(가) 당사자의 효과적인 권리구제를 위해 거부처분취소심판의 가능성을 인정하는 것이 타당하다.

(나) 따라서 갑은 장관의 정보비공개결정에 대해 거부처분취소심판을 청구할 수도 있다.

(3) 가 구 제

1) 집행정지

행정심판법 제30조 제1항은 행정심판청구가 처분의 효력이나 그 집행 또는 절차의 속행에 영향을 주지 않는다고 집행부정지의 원칙을 규정하면서 일정한 요건을 충족하는 경우 집행정지를 인정하고 있다. 다만 거부처분에 대해 집행정지가 인정될 것인지에 대한 학설의 대립이 있으나 이를 부정하는 것이 다수설이다.

2) 임시처분

다수설은 거부처분에 대한 집행정지를 인정하지 않기 때문에 임시처분의 보충성요건도 만족한다. 따라서 행정심판위원회는 장관의 정보공개거부처분이 위법·부당하다고 상당히 의심되는 경우로서 갑의 중대한 불이익이나 급박한 위험을 막기 위하여 임시지위를 정하여야 할 필요가 있는 경우에는 직권으로 또는 갑의 신청에 의하여 임시처분을 결정할 수 있다(행정심판법 제31조).

## 3. 행정소송

### (1) 취소소송

장관의 비공개결정은 행정소송법 제2조 제1호의 처분(행정청이 행하는 구체적 사실에 관한 법집행으로서의 공권력의 행사 또는 그 거부와 그 밖에 이에 준하는 행정작용)에 해당하는바 갑은 장관의 정보비공개결정에 대해 행정소송법 제4조 제1호의 취소소송을 제기할 수 있다.

### (2) 집행정지

행정소송법은 집행부정지원칙을 채택하여, 당사자가 취소소송을 제기하였다 하더라도 행정청이 발령한 처분 등의 효력이나 그 집행 또는 절차의 속행에 영향을 주지 않는다고 규정한다(행정소송법 제23조 제1항). 다만 집행정지의 요건을 충족하는 경우 원고의 권리보호를 위해 처분의 효력정지 등을 인정하고 있다(동법 제23조 제2항). 그러나 다수설과 판례는 거부처분의 집행정지를 인정하지 않는다. 따라서 다수설과 판례에 따르면 갑은 집행정지를 신청할 수는 없다.

### (3) 당사자소송

정보비공개결정처분으로 인하여 발생한 법률관계가 있다면 갑은 국가를 상대로 해당 법률관계에 관해 당사자소송을 제기할 수 있다(행정소송법 제3조 제2호).

## 4. 국가배상청구

판례에 따르면 국가배상청구소송은 민사소송에 의할 것이나, 다수설은 이를 공법상 당사자소송으로 본다. 따라서 다수설에 따르면 장관의 비공개결정에 고의·과실, 위법성이 인정되고 그로 인해 갑에게 손해가 발생하였다면 갑은 국가배상을 청구할 수 있다.

기출 23 (2) 을이 비공개결정을 한 이유의 타당성을 검토하시오. 10.

## Ⅱ. 장관의 비공개결정의 타당성

### 1. 문제 상황

정보공개법 제3조는 공공기관이 보유·관리하는 정보에 대해 공개를 원칙으로 하고 있고, 동법은 제9조 제1항 단서에서 비공개대상정보를 규정하고 있다. 장관이 업무의 공정한 수행에 현저한 지장을 초래한다는 등의 이유로 수능시험정보의 공개를 거부한 행위가 정보공개법 제9조 제1항 단서에 비추어 타당한지를 검토한다.

### 2. 정보공개청구권자와 공개대상정보

#### (1) 정보공개청구권자

공공기관의 정보공개에 관한 법률 제5조 제1항은 '모든 국민은 정보의 공개를 청구할 권리를 가진다'고 규정한다.

#### (2) 공개대상정보

공공기관이 보유·관리하는 정보는 공개대상이 된다(공공기관의 정보공개에 관한 법률 제9조 제1항 본문). "공공기관"이란 국가기관(① 국회, 법원, 헌법재판소, 중앙선거관리위원회 ② 중앙행정기관(대통령 소속 기관과 국무총리 소속 기관을 포함한다) 및 그 소속 기관 ③「행정기관 소속 위원회의 설치·운영에 관한 법률」에 따른 위원회), 지방자치단체,「공공기관의 운영에 관한 법률」 제2조에 따른 공공기관, 그 밖에 대통령령으로 정하는 기관을 말한다(동법 제2조 제3호).

#### (3) 정보공개청구의 제한사유로서 권리남용

판례는 정보공개청구권자가 오로지 상대방을 괴롭힐 목적으로 정보공개를 구하고 있다는 등의 특별한 사정이 없는 한 정보공개청구가 신의칙에 반하거나 권리남용에 해당한다고 볼 수 없어 정보를 공개하여야 한다고 본다(대판 2006. 8. 24. 2004두2783).

#### (4) 검 토

갑은 정보공개법 제5조 제1항에 따라 정보공개청구권을 가지며, 설문의 정보는 국가기관이 보유·관리하는 정보이므로 문제없으며, 권리남용 등이 특별히 문제되는 경우도 아니다.

### 3. 교육과학기술부장관 을의 주장의 타당성(소결)

설문과 관련해서는 정보공개법 제9조 제1항 제5호 사유에 해당여부가 문제된다.

**(1) 감사·감독·검사·시험·규제·입찰계약·기술개발·인사관리·의사결정과정 또는 내부검토과정에 있는 사항일 것**

판례는 정보공개법 제9조 제1항 제5호의 비공개사항들은 한정적인 것이 아니라 예시적으로 열거한 것으로 보지만(대판 2003. 8. 22. 2002두12946), 설문은 시험과 관련된 사항이므로 문제 없다.

**(2) 공개될 경우 업무의 공정한 수행이나 연구·개발에 현저한 지장을 초래한다고 인정할 만한 상당한 이유가 있는 정보일 것**

(가) 판례는 '공개될 경우 업무의 공정한 수행에 현저한 지장을 초래한다고 인정할 만한 상당한 이유가 있는 경우'라 함은 공개될 경우 업무의 공정한 수행이 객관적으로 현저하게 지장을 받을 것이라는 고도의 개연성이 존재하는 경우를 의미한다고 보고, 여기에 해당하는지 여부는 비공개에 의하여 보호되는 업무수행의 공정성 등의 이익과 공개에 의하여 보호되는 국민의 알권리의 보장과 국정에 대한 국민의 참여 및 국정운영의 투명성 확보 등의 이익을 비교·교량하여 판단하여야 한다고 한다(대판 2003. 8. 22. 2002두12946).

(나) 또한 판례는 대학교수와 주식회사 대표이사 등이 교육실태를 연구하기 위한 목적으로 대학입학수학능력시험 원데이터 등에 대해 장관에 대해 정보공개를 청구한 사건에서 「학교 간 학력격차가 엄연히 존재하고 있고, 이미 과도한 입시경쟁으로 사교육에 대한 의존도가 심화되어 있는 현실에서는 학교식별정보를 포함한 수능시험정보를 비공개하는 것보다 이를 연구자 등에게 공개하여 위와 같은 현실의 개선에 활용될 수 있도록 하는 것이 더 정보공개법의 목적에 부합한다고 볼 수 있다. … 원심이 이와 같은 취지에서 수능시험정보가 정보공개법 제9조 제1항 제5호 소정의 비공개대상정보에 해당하지 아니한다고 판단한 것은 정당하다(대판 2010. 2. 25. 2007두9877)」고 보았다.

(다) 그러나 설문은 사설학원에서 대학입학전문상담사로 근무하는 갑이 학생입학지도를 위해 교육과학기술부장관에게 서울지역 2010년 대학수학능력시험평가 원데이터에 대한 정보(수능시험정보)의 공개를 청구하고 있는바, 만일 사설학원의 대학입학전문상담사 갑에게 수능시험정보가 공개된다면 수능시험 업무의 공정한 수행이 객관적으로 현저하게 지장을 받을 것이라는 고도의 개연성이 존재한다고 볼 수 있다. 따라서 수능시험정보에 대한 장관 을의 비공개결정은 정당하다.

기출 23 (3) 만약 갑이 행정심판을 제기한 경우에 행정심판위원회는 어떠한 재결을 할 수 있는지 행정심판 유형에 따라 기술하고 이때 행정심판법상 갑의 권리구제수단의 한계에 대해서도 검토하시오. 20.

## Ⅲ. 행정심판의 유형에 따른 재결과 행정심판법상 갑의 권리구제수단의 한계

### 1. 행정심판의 유형에 따른 재결

#### (1) 의무이행심판

1) 문 제 점

행정심판법 제43조 제5항은 "위원회는 의무이행심판의 청구가 이유가 있다고 인정하면 지체 없이 신청에 따른 처분을 하거나 처분을 할 것을 피청구인에게 명한다"고 규정한다.

2) 처분재결과 처분명령(이행)재결의 선택

a. 학 설 ① 행정심판위원회가 전적으로 선택에 재량을 갖는다는 견해, ② 행정심판위원회가 충분한 심사를 할 수 있다면 당사자의 신속한 권리구제를 위하여 처분재결을 활용하고, 기타의 경우에는 처분명령재결을 활용하자는 견해, ③ 처분청의 권한존중을 이유로 원칙적으로 처분명령재결을 활용하고, 예외적으로 처분재결을 활용해야 한다는 견해가 대립된다.

b. 검 토 행정심판법 제42조 제5항은 '처분을 하거나 처분을 할 것을 피청구인에게 명한다'고 규정하고 있으므로 ①설이 타당하다.

3) 기속행위 및 재량행위에서의 재결

a. 처분재결 기속행위의 경우 위원회는 재결로 청구인의 청구 내용대로의 처분을 할 수 있으나(특정처분재결), 재량행위라면 처분 여부가 처분청의 재량이므로 처분재결을 할 수 없다.

b. 처분명령재결 기속행위의 경우 특정처분을 할 것을 명하는 재결을, 재량행위라면 처분청으로 하여금 다시 처분을 하도록 하는 재결정명령재결을 한다.

#### (2) 거부처분취소심판

㈎ 행정심판법 제43조 제3항은 "위원회는 취소심판의 청구가 이유가 있다고 인정하면 처분을 취소 또는 다른 처분으로 변경하거나 처분을 다른 처분으로 변경할 것을 피청구인에게 명한다"고 규정한다.

㈏ 거부처분취소심판을 제기한 경우 취소심판의 재결은 형성재결인 취소재결과 변경재결 그리고 이행명령재결인 변경명령재결이 있다.

### 2. 행정심판법상 갑의 권리구제의 한계

#### (1) 의무이행심판을 제기한 경우

㈎ 행정심판위원회는 수능시험정보를 갖고 있지 않기에 성질상 처분재결을 할 수는 없어 처분명령재결을 할 수밖에 없다.

(나) 처분명령재결을 하였음에도 장관이 이를 이행하지 않는 경우 행정심판위원회는 행정심판법 제49조 제2항(당사자의 신청을 거부하거나 부작위로 방치한 처분의 이행을 명하는 재결이 있으면 행정청은 지체 없이 이전의 신청에 대하여 재결의 취지에 따라 처분을 하여야 한다)과 제50조 제1항 본문(위원회는 피청구인이 제49조 제2항에도 불구하고 처분을 하지 아니하는 경우에는 당사자가 신청하면 기간을 정하여 서면으로 시정을 명하고 그 기간에 이행하지 아니하면 직접 처분을 할 수 있다)에 따라 직접처분을 할 수 있는데 이것 역시 위원회는 수능시험정보를 갖고 있지 않기에 불가능하다. 따라서 직접처분에 의해 실효성을 확보할 수는 없다. 행정심판법 제50조 제1항 단서도 "그 처분의 성질이나 그 밖의 불가피한 사유로 위원회가 직접 처분을 할 수 없는 경우에는 그러하지 아니하다"고 규정한다.

(2) 거부처분취소심판을 제기한 경우

1) 거부처분취소심판을 제기한 경우 재처분의무의 인정 여부

a. 문 제 점 　거부처분에 대해 의무이행심판을 제기하여 처분명령재결을 받은 경우는 재처분의무를 규정하고 있지만(행정심판법 제49조 제2항은 "거부하거나 부작위로 방치한 처분의 이행을 명하는 재결"이라고 규정한다), 거부처분에 대해 취소심판을 청구하여 인용재결을 받은 경우 명문으로 재처분의무를 규정하고 있지는 않다. 따라서 설문에서 거부처분취소심판의 인용재결이 있는 경우 장관이 재처분의무를 지는지가 문제된다.

b. 학 설 　ⓐ 행정심판법상 거부처분은 의무이행심판의 대상이므로 거부처분에 대해서는 취소심판을 인정할 수 없고 따라서 재처분의무가 발생할 수 없다는 견해와 ⓑ 거부처분에 대해 취소심판을 제기할 수는 있지만, 인용재결에 대해 재처분의무를 인정하기 위해서는 명문의 근거가 필요한데 행정심판법은 의무이행심판의 이행재결 등의 경우만 재처분의무를 규정(행정심판법 제49조 제2항·제3항)하고 있어 취소심판의 경우에는 재처분의무가 발생하지 않는다는 견해, ⓒ 거부처분에 대한 취소심판이 인용된 경우에도 처분청은 재결의 기속력에 따라 원래의 신청에 따른 재처분을 행하여야 할 의무를 진다는 견해(이 견해는 행정심판법 제49조 제1항을 기속력의 일반적 근거규정으로 본다)가 대립된다.

c. 판 례 　판례는 「당사자의 신청을 거부하는 처분을 취소하는 재결이 있는 경우에는 행정청은 그 재결의 취지에 따라 다시 이전의 신청에 대한 처분을 하여야 하는 것(대판 1988. 12. 13. 88누7880)」이라고 하고 있어 긍정하는 것으로 보인다.

d. 검 토 　행정심판법 제5조 제1호와 제2조 제1호를 고려할 때 거부처분취소심판은 인정될 수 있고(전술한 거부처분취소심판의 가능성 참조(설문(1))), 행정심판법 제49조 제1항은 기속력의 일반적 규정이며 재처분의무는 기속력의 내용을 이루는 것인바 행정심판법 제49조 제1항을 근거로 거부처분취소심판의 인용재결의 경우에도 재처분의무가 인정된다는 견해가 타당하다.

e. 설 문 　거부처분취소심판의 인용재결의 경우 재처분의무가 인정된다는 견해에 따른다면 갑이 거부처분취소심판을 제기한 경우에도 장관 을은 재처분의무를 부담하기 때문에 권리구제수단에는 문제가 없다. 다만, 재처분의무를 장관이 불이행한 경우 직접처분이 문제될 수 있다.

2) 직접처분의 가능성

행정심판법 제50조 제1항 본문은 '피청구인이 제49조 제2항에도 불구하고 처분을 하지 아니하는 경우' 직접처분을 할 수 있음을 규정하는데, 거부처분취소심판을 제기하여 인용재결을 받은 경우 전술한 바처럼 재처분의무는 인정될 수 있다고 하더라도 직접처분에 대한 명문의 규정은 없어 갑의 권리구제수단에는 한계가 있다. 설사 이 경우 해석상 직접처분을 인정할 수 있다고 하더라도 이것 역시 행정심판위원회는 수능시험정보를 갖고 있지 않기에 현실적으로 불가능하다.

기출 23 (4) 만약 갑이 취소소송을 제기하여 인용판결이 확정되었음에도 불구하고 을이 계속 정보를 공개하지 않을 경우 갑의 권리구제를 위한 행정소송법상 실효성 확보수단과 그 요건 및 성질에 대해 기술하시오. 10.

## Ⅳ. 취소판결 후 권리구제를 위한 행정소송법상 실효성 확보수단

### 1. 문제 상황

갑의 거부처분취소소송이 인용되었음에도 장관이 정보공개를 하지 않는 경우 갑의 행정소송법상 실효성 확보수단은 행정소송법 제34조의 간접강제가 된다.

### 2. 간접강제의 의의

간접강제란 거부처분취소판결이나 부작위위법확인판결이 확정되었음에도 행정청이 행정소송법 제30조 제2항의 판결의 취지에 따른 처분을 하지 않는 경우 판결의 실효성을 확보하기 위해 법원이 행정청에게 일정한 배상을 명령하는 제도를 말한다(행정소송법 제34조 제1항, 제38조 제2항).

### 3. 적용요건

① 거부처분취소판결 등이 확정되었을 것을 요한다. 거부처분취소판결이나 부작위위법확인판결이 확정되거나 신청에 따른 처분이 절차위법을 이유로 취소가 확정되어야 한다(행정소송법 제30조 제2항 · 제3항, 제38조 제2항). ② 행정청이 재처분의무를 이행하지 않아야 한다. 즉, 행정청이 아무런 처분을 하지 않고 있을 때라야 간접강제가 가능하다.

### 4. 배상금의 법적 성격

간접강제결정에 따른 배상금의 법적 성격과 관련하여, 결정에서 정한 예고기간이 경과한 후에 행정청이 재처분을 한 경우, 행정청에게 배상금지급의무가 인정되는가가 문제된다. 판례는 「행정소송법 제34조 소정의 간접강제결정에 기한 배상금은 확정판결의 취지에 따른 재처분의 지연에 대한 제재나 손해배상이 아니고 재처분의 이행에 관한 심리적 강제수단에 불과한 것으로 보아야 하므로, 간접강제결정에서 정한 의무이행기한이 경과한 후에라도 확정판결의 취지에 따른 재처분이 행하여지면 배상금을 추심함으로써 심리적 강제를 꾀한다는 당초의 목적이 소멸하여 처분상대방이 더 이상 배상금을 추심하는 것이 허용되지 않는다(대판 2010. 12. 23. 2009다37725)」고 본다.

### 5. 간접강제의 절차

간접강제는 당사자가 제1심 수소법원에 신청하여야 한다. 심리의 결과 간접강제의 신청이 이유 있다고 인정되면 간접강제결정을 하게 된다. 결정의 내용은 “상당한 기간을 정하고 행정청이 그 기간 내에 이행하지 아니하는 때에는 그 연장기간에 따라 일정한 배상을 할 것을 명하거나 즉시 손해배상할 것을 명하는 것”이 된다.

기출 24 〈제3문〉

갑은 K국립도서관의 허가를 받아 지하에서 4년 동안 구내식당을 운영하여 왔다. 그런데 K국립도서관은 당해 시설을 문서보관실 등의 용도로 직접 사용할 필요가 발생하자, 허가를 취소하고 갑의 구내식당을 반환하여 줄 것을 요구하였다. 이에 대해 갑은 사용기간이 아직 1년이 남아있다고 주장하며 구내식당의 반환을 거부하였다. K국립도서관의 취소행위가 적법한지 여부와 갑의 구내식당을 반환받기 위한 K국립도서관의 행정법상 대응수단에 관하여 설명하시오. 25.

[제55회 5급공채(2011년)]

## Ⅰ. 문제 상황

먼저 K국립도서관의 취소행위가 적법한지 여부와 관련해서는 국립도서관으로부터 구내식당을 허가 받은 후 이 허가가 취소되었기 때문에 구내식당허가의 법적 성질이 무엇인지를 국유재산법 제30조의 행정재산의 목적외 사용과 관련해 검토하고 허가취소의 적법성은 행정행위의 철회 및 행정법의 일반원칙과 관련해 살펴본다. 그리고 구내식당을 반환받기 위한 K국립도서관의 행정법상 대응수단으로 행정상 즉시강제 및 강제집행을 검토한다.

## Ⅱ. K국립도서관의 취소행위의 적법 여부

### 1. 구내식당허가의 법적 성질

#### (1) 문 제 점

국유재산법 제6조 제2항에 따르면 K국립도서관 공공용재산으로 행정재산이지만, 동법 제30조 제1항에 따라 그 용도나 목적에 장애가 되지 않는다면 중앙관서의 장은 이를 사인에게 사용하게 할 수 있다. 그런데 국유재산법 제30조 제1항(공유재산 및 물품 관리법 제20조 제1항)의 행정재산의 사용허가는 실제에서 임대차계약의 형식으로 이루어지고 있어 이러한 행정재산의 목적외 사용허가가 행정처분인지 사법상 계약인지가 문제된다.

#### (2) 학 설

1) 행정처분설

이 견해는 국유재산법이 사용료의 징수를 조세체납절차에 의하도록 규정하고 있다는 점(국유재산법 제73조 제2항), 국유재산법은 국가 외의 자의 행정재산의 사용·수익은 사용허가라 하고(국유재산법 제2조 제7호) 국가 외의 자의 일반재산의 사용·수익은 대부계약이라 하여(국유재산법 제2조 제8호) 양자를 구분하고 있다는 점을 근거로 사용허가를 행정처분으로 본다(다수견해).

2) 사법상 계약설

이 견해는 국유재산법 제30조 제1항에 의한 사용에 행정청과 사인 사이에 우열관계 내지 상하관계가 존재한다고 보기 어렵다는 점, 국유재산법상 사용허가는 승낙으로 그리고 사용허가의 취소·철회는 계약의 해제 등으로 볼 수 있다는 점을 근거로 사용허가를 사법상 계약으로 본다.

3) 이원적 법률관계설

행정재산의 사용·수익관계는 그 실질에 있어서는 사법상의 임대차와 같다고 할 것이므로 특수한 공법적 규율이 있는 사항(공법인 국유재산법이 명시적으로 규율하는 사항, 즉 사용허가·사용료의 징수·사용허가의 취소와 철회 등은 공법관계이다)을 제외하고는 행정재산의 목적외 사용의 법률관계는 사법관계라고 보는 견해이다.

(3) 판 례

판례는 국유재산법 제30조의 사용허가를 관리청이 공권력을 가진 우월적 지위에서 행한 것으로서 항고소송의 대상이 되는 행정처분이라고 보면서 강학상 특허라는 입장이다(대판 1998. 2. 27. 97누1105).

(4) 검 토

국유재산법 제2조 제7호는 사용허가를 "행정재산을 국가 외의 자가 일정 기간 유상이나 무상으로 사용·수익할 수 있도록 '허용하는 것'을 말한다"고 하여 사용허가를 관리청의 일방적인 의사표시로 규정하고 있고, 국유재산법 제36조가 관리청의 사용허가의 취소와 철회를 규정하여 관리청의 우월한 지위를 인정하고 있음에 비추어 행정재산의 사용허가는 행정처분으로 보는 것이 타당하다.

(5) 설 문

K국립도서관이 갑에게 구내식당을 운영하도록 허가한 것은 행정처분으로 강학상 특허에 해당한다. 따라서 구내식당허가가 행정처분이라면 허가의 취소는 행정행위의 취소(특히 철회)가 된다.

## 2. 허가취소의 적법성

(1) 문 제 점

K국립도서관은 해당 시설을 문서보관실 등의 용도로 직접 사용할 필요가 발생하자, 허가를 취소하였는데 이는 강학상 행정행위의 철회이다. 철회의 법적 근거 필요 여부에 대해 학설·판례가 대립하지만, 국유재산법 제36조 제2항은 '중앙관서의 장은 사용허가한 행정재산을 국가나 지방자치단체가 직접 공용이나 공공용으로 사용하기 위하여 필요하게 된 경우에는 그 허가를 철회할 수 있다'고 규정하고 있기 때문에 K국립도서관은 허가를 취소할 수 있다(법적 근거라는 면에서는 문제가 없다). 다만 이러한 허가취소가 행정법의 일반원칙 특히 신뢰보호원칙이나 비례원칙에 위반되는 것은 아닌지가 문제된다.

(2) 신뢰보호원칙 위반 여부

1) 의의·근거

행정청의 행위를 사인이 신뢰한 경우 보호가치 있는 신뢰라면 보호되어야 한다는 원칙을 말한다. 과거 논리적 근거로 여러 학설이 언급되었지만 현재는 법치국가의 구성부분인 법적 안정성을 근거로 인정한다.

2) 요 건

a. 행정청의 선행조치 (가) 신뢰의 대상이 되는 행위인 선행조치에는 법령·행정계획·행정행위·행정지도 등이 포함되며, 적극적인 것인가 소극적인 것인가 그리고 명시적인 행위인

가 묵시적인 행위인가도 가리지 않는다.

(나) 판례는 '공적인 견해표명'이라고 하며 이는 행정청의 선행조치를 의미하는 것으로 보여진다. 공적인 견해표명의 판단기준은 「반드시 행정조직상의 형식적인 권한분장에 구애될 것은 아니고 담당자의 조직상의 지위와 임무, 당해 언동을 하게 된 구체적인 경위 및 그에 대한 상대방의 신뢰가능성에 비추어 실질에 의하여 판단하여야 한다(대판 1997. 9. 12. 96누18380)」고 한다.

b. 보호가치 있는 사인의 신뢰 사인에게 특별한 귀책사유가 있는 경우에는 보호가치 있는 사인의 신뢰라고 보기 어렵다. 판례는 귀책사유를 「행정청의 견해표명의 하자가 상대방 등 관계자의 사실은폐나 기타 사위의 방법에 의한 신청행위 등 부정행위에 기인한 것이거나 그러한 부정행위가 없다고 하더라도 하자가 있음을 알았거나 중대한 과실로 알지 못한 경우 등을 의미(대판 2002. 11. 8. 2001두1512)」한다고 본다.

c. 사인의 처리 행정청의 선행조치를 믿은 것 외에도 사인의 처리가 있을 것이 요구된다. 그리고 사인의 처리는 적극적인 것 외에 소극적·묵시적인 것도 포함된다.

d. 인과관계

e. 선행조치에 반하는 후행처분

3) 한 계

(가) 신뢰보호의 원칙은 법적 안정성을 위한 것이지만, 법치국가원리의 또 하나의 내용인 행정의 법률적합성의 원리와 충돌되는 문제점을 갖는다. 결국 양자의 충돌은 법적 안정성과 법률적합성의 비교형량에 의해 어느 이념이 우선하는지를 결정해야 한다(동위설 또는 비교형량설). 만일 법률적합성에 비해 법적 안정성이 우선한다면 신뢰보호원칙은 인정될 수 있다.

(나) 또한 이 문제는 공익상 요청과 사익보호 간의 형량으로도 문제될 수 있다. 이 경우에도 공익과 사익 간의 비교형량에 의해 어느 이익이 우선하는지를 결정해야 한다(동위설 또는 비교형량설). 만일 공익에 비해 사익이 우월하다면 신뢰보호원칙은 인정될 수 있다.

4) 설 문

(가) ⓐ K국립도서관은 5년간 갑에게 구내식당을 허가하였고, ⓑ 특별히 갑에게 귀책사유가 없고, ⓒ 갑은 구내식당허가를 받아 별다른 사정 없이 식당을 운영하였고, ⓓ 인과관계도 인정되며, ⓔ 그 후 K국립도서관은 구내식당허가를 취소하였기 때문에 신뢰보호원칙의 요건은 구비되었다.

(나) 그러나 K국립도서관은 행정재산이며, 당해 시설을 문서보관실 등의 용도로 직접 사용할 필요가 발생하였다면, 갑의 식당허가에 대한 사용기간이 남아 있어 사익보호필요성이 있다고 하더라도 공익적 사정이 우월하기 때문에 설문에서 K국립도서관의 허가취소행위는 신뢰보호원칙에 위반되지 않는다(논자에 따라서 결론은 달라질 수 있다).

(3) 비례원칙 위반 여부

1) 의의, 내용

(가) 행정의 목적과 그 목적을 실현하기 위한 구체적인 수단간에 적정한 비례관계가 있어야

한다는 원칙이다.

(나) 비례원칙은 ⓐ 행정목적과 목적달성을 위해 동원되는 수단간에 객관적 관련성이 있어야 한다는 적합성의 원칙(전혀 부적합한 수단은 현실적으로 인정되기 어려워 통상 이 원칙은 충족된다), ⓑ 여러 적합한 수단 가운데 최소 침해를 가져오는 것이 선택되어야 한다는 필요성의 원칙(최소침해의 원칙), ⓒ 행정목적달성을 위한 적합하고 필요한 수단이라고 하더라도 이러한 수단을 통해 달성하려는 공익과 수단으로 인한 사익침해가 합리적인 비례관계를 이루어야 한다는 상당성의 원칙(협의의 비례원칙)으로 이루어져 있으며, 이 3가지 원칙은 단계구조를 이룬다.

2) 설 문

ⓐ K국립도서관의 식당허가취소는 문서보관소로 이용할 행정목적을 위한 적합한 수단이며, ⓑ 최소침해를 가져오는 수단이다. ⓒ 또한 사익을 공익과 형량하더라도 공익적 사정이 우월하기 때문에 설문에서 K국립도서관의 허가취소행위는 비례원칙에도 위반되지 않는다(논자에 따라서 결론은 달라질 수 있다).

### 3. 소 결

K국립도서관의 식당허가취소의 법적 성질은 행정행위의 철회이며, 허가취소행위는 신뢰보호원칙이나 비례원칙에 위반되지 않는 적법한 처분이다.

## Ⅲ. K국립도서관의 행정법상 대응수단

### 1. 문 제 점

(가) 행정의 실효성 확보수단은 ① 간접적 의무이행확보수단, ② 직접적 의무이행확보수단, ③ 새로운 의무이행확보수단, ④ 자료(정보)수집 작용으로 나눌 수 있다. ①에는 행정벌(행정형벌, 행정질서벌(과태료)), ②에는 행정상 강제집행(대집행, 직접강제, 이행강제금, 행정상 강제징수)과 행정상 즉시강제가 있고, ③에는 과징금(부과금), 가산세, 가산금, 관허사업제한, 공급거부, 공표 등이 있고, ④에는 행정조사가 있다.

(나) 설문은 갑의 구내식당을 반환받기 위한 K국립도서관의 행정법상 대응수단을 묻고 있는바, 직접적 의무이행확보수단인 행정상 강제집행 및 즉시강제의 가능성을 검토한다.

### 2. 강제징수, 직접강제의 가능성

(가) 행정상 강제징수란 의무자가 공법상 금전급부의무를 불이행한 경우 강제로 그 의무이행을 실현하는 행정작용을 말한다. 그런데 설문은 금전급부의무불이행에 대한 실효성확보수단이 아니어서 강제징수는 불가능하다.

(나) 직접강제는 행정기관이 직접 의무자의 신체·재산에 실력을 가하여 의무자가 직접 의무를 이행한 것과 같은 상태를 실현하는 작용을 말한다. 직접강제는 침익적 행위이므로 법적 근거가 필

요한데 설문의 경우 법에 근거가 있다면 가능하고, 법적 근거가 없다면 직접강제는 불가능하다.

## 3. 행정대집행의 가능성

### (1) 의　의

대집행이란 타인이 대신하여 행할 수 있는 의무(대체적 작위의무)의 불이행이 있는 경우 행정청이 불이행된 의무를 스스로 행하거나 제3자로 하여금 이행하게 하고 그 비용을 의무자로부터 징수하는 것을 말한다.

### (2) 대집행의 요건

대집행의 일반적 요건은 행정대집행법 제2조가 정하고 있다. 즉 ① 법률이나 명령에 따른 의무의 불이행이 있을 것 ② 대체적 작위의무의 불이행일 것 ③ 다른 수단으로 의무이행확보가 곤란할 것(보충성) ④ 공익을 해할 것을 요한다.

1) 법률이나 명령에 따른 공법상 의무의 불이행이 있을 것

공법상 의무는 법률에 의해 직접 명령되는 경우도 있지만, 대부분 법률에 의거한 행정청의 명령에 의해 발생한다.

2) 대체적 작위의무의 불이행

(가) 대집행의 대상인 의무는 대체적 작위의무라야 하며, 비대체적 작위의무나 부작위의무 또는 수인의무의 불이행의 경우에는 대집행이 적용될 수 없다.

(나) 행정청이 의무자에게 토지나 건물의 인도의무(인도명령을 발령하는 경우)를 부과한 경우 그 의무부과의 목적은 토지 등의 점유이전이다. 그러나 이러한 의무는 대체적 의무가 아니어서 대집행은 불가능하다.

(다) 부작위의무는 철거명령 등을 통해 작위의무로 전환시킨 후에 대집행의 대상이 될 수 있다. 그러나 작위의무로 전환시킬 수 있는 법적 근거가 없다면, 법률유보의 원칙상 금지규정만으로는 의무를 과하는 명령을 발령할 수 없고 그렇다면 대집행은 불가능하다는 것이 일반적 견해이자 판례의 입장이다.

3) 다른 수단으로 의무이행확보가 곤란할 것(보충성)

다른 수단으로 불이행된 의무이행을 확보할 수 있다면 대집행은 불가능하다. 여기서 다른 수단이란 대집행보다 더 경미한 수단인 행정지도 등을 말하며 직접강제나 행정벌은 해당하지 않는다.

4) 공익을 해할 것

의무이행을 방치하는 것이 심히 공익을 해친다고 인정되는 경우라야 한다. 영세건축물이나 초대형건축물의 철거의무불이행의 경우처럼 공익침해보다 사익에 대한 보호필요성이 더 우월한 경우에는 대집행이 불가능하다.

#### (3) 설　　문

① K국립도서관이 법령에 근거하여 구내식당의 반환을 명하였음에도 갑이 이를 이행하지 않는다면 명령에 따른 공법상 의무의 불이행은 존재한다. ② 그러나 갑의 구내식당반환의무(인도의무)는 대체적 작위의무가 아니다(특히 대체성이 없다). 따라서 다른 요건을 만족한다고 하여도 K국립도서관은 구내식당을 반환받기 위해 행정대집행을 할 수 없다.

### 4. 이행강제금부과의 가능성

이행강제금이란 의무자의 의무불이행이 있는 경우 의무의 이행을 강제하는 금전을 부과하여 그 의무의 이행을 간접적으로 실현하는 수단을 말한다. 이행강제금부과 역시 침익적 행위로 법적 근거가 필요한데 설문의 경우 법에 근거가 있다면 가능하고, 법적 근거가 없다면 이행강제금부과는 불가능하다.

### 5. 즉시강제의 가능성

① 행정상 즉시강제란 미리 의무를 부과할 시간적 여유가 없거나 의무를 부과하여서는 목적달성이 곤란한 경우에 직접 국민의 신체 또는 재산에 실력을 가하여 행정상 필요한 상태를 실현하는 것을 말한다. ② 설문에서 K국립도서관은 구내식당의 반환을 갑에게 명하면 되기 때문에, 미리 의무를 부과할 시간적 여유가 없거나 의무를 부과하여서는 목적달성이 곤란한 경우에 해당한다고 보기 어려워 즉시강제는 불가능하다.

### 6. 소　　결

설문은 금전급부의무불이행에 대한 것이 아니어서 강제징수는 불가능하며, 직접강제나 이행강제금의 부과는 법적 근거가 있어야 가능하고, 행정대집행법 제2조의 요건을 구비하지 못하기 때문에 행정대집행은 불가능하다. 또한 설문은 미리 의무를 부과할 시간적 여유가 없거나 의무를 부과하여서는 목적달성이 곤란한 경우에 해당한다고 보기 어려워 즉시강제는 불가능하다.

기출 25 〈제2문〉

갑은 자신의 5번째 자녀(女)의 이름을 첫째에서 넷째 자녀의 돌림자인 '자(子)'자를 넣어, '말자(末子)'라고 지어 출생신고를 하였다. 가족관계의 등록 등에 관한 규칙 [별표 1]에 의하면 '末'자와 '子'자는 이름으로 사용할 수 있는 한자이다. 그러나 갑의 출생신고서를 접수한 공무원 을은 '末子'라는 이름이 개명(改名) 신청이 잦은 이름이라는 이유로 출생신고서의 수리를 거부하였다.

(1) 을의 수리거부행위가 항고소송의 대상이 되는지 검토하시오. 15.

(2) 을의 수리거부행위에 대해 행정소송법상 집행정지가 가능한지 검토하시오. 15.

[제55회 5급공채(2011년)]

참조조문

가족관계의 등록 등에 관한 법률

제44조(출생신고의 기재사항) ① 출생의 신고는 출생 후 1개월 이내에 하여야 한다.

② 신고서에는 다음 사항을 기재하여야 한다.

1. 자녀의 성명·본·성별 및 등록기준지
2. 자녀의 혼인 중 또는 혼인 외의 출생자의 구별
3. 출생의 연월일시 및 장소
4. 부모의 성명·본·등록기준지 및 주민등록번호(부 또는 모가 외국인인 때에는 그 성명·출생연월일·국적 및 외국인등록번호)
5. 「민법」 제781조 제1항 단서에 따른 협의가 있는 경우 그 사실
6. 자녀가 복수국적자(複數國籍者)인 경우 그 사실 및 취득한 외국 국적

③ 자녀의 이름에는 한글 또는 통상 사용되는 한자를 사용하여야 한다. 통상 사용되는 한자의 범위는 대법원규칙으로 정한다.

④ 출생신고서에는 의사·조산사 그 밖에 분만에 관여한 사람이 작성한 출생증명서를 첨부하여야 한다. 다만, 부득이한 사유가 있는 경우에는 그러하지 아니하다.

가족관계의 등록 등에 관한 규칙

제37조(인명용 한자의 범위) ① 법 제44조 제3항에 따른 한자의 범위는 다음과 같이 한다.

1. 교육과학기술부가 정한 한문교육용 기초한자
2. 별표 1에 기재된 한자. 다만, 제1호의 기초한자가 변경된 경우에, 그 기초한자에서 제외된 한자는 별표 1에 추가된 것으로 보고, 그 기초한자에 새로 편입된 한자 중 별표 1의 한자와 중복되는 한자는 별표 1에서 삭제된 것으로 본다.

② 제1항의 한자에 대한 동자(同字)·속자(俗字)·약자(略字)는 별표 2에 기재된 것만 사용할 수 있다.

③ 출생자의 이름에 사용된 한자 중 제1항과 제2항의 범위에 속하지 않는 한자가 포함된 경우에는 등록부에 출생자의 이름을 한글로 기록한다.

**기출 25** (1) 을의 수리거부행위가 항고소송의 대상이 되는지 검토하시오. 15.

# Ⅰ. 출생신고수리거부가 항고소송의 대상인 처분인지 여부

## 1. 문제 상황

㈎ 취소소송의 대상에 대해 행정소송법 제19조 본문은 "취소소송은 처분등을 대상으로 한다"고 규정하고, 동법 제2조 제1항 제1호는 취소소송의 대상인 '처분등'을 ① 처분인 ⓐ 공권력의 행사, ⓑ 그 거부, ⓒ 그 밖에 이에 준하는 행정작용과 ② 행정심판에 대한 재결이라고 정의하고 있다. 따라서 취소소송의 대상은 적극적인 공권력 행사, 소극적인 공권력 행사인 거부처분, 이에 준하는 행정작용 그리고 행정심판에 대한 재결이 된다.

㈏ 설문에서는 소극적인 공권력 행사가 문제되는데, 먼저 행정행위와 처분의 관계를 검토한 후 행정청의 수리거부행위가 항고소송의 대상인지를 살펴본다.

## 2. 행정행위와 처분의 관계

### (1) 문 제 점

행정소송법 제2조 제1항 제1호는 취소소송의 대상인 '처분'을 "행정청이 행하는 구체적 사실에 관한 법집행으로서의 공권력의 행사 또는 그 거부와 그 밖에 이에 준하는 행정작용"이라고 정의하고 있다. 이처럼 행정소송법은 '처분'개념을 광의로 정의(그 밖에 이에 준하는 행정작용)하고 있어 행정소송법상의 처분개념이 강학상 개념인 행정행위와 동일한 것인지에 대해 학설이 대립된다.

### (2) 학　　설

1) **실체법적** (행정행위) **개념설**(일원설, 형식적 행정행위 부정설)

행정쟁송법상 처분을 강학상 행정행위와 동일한 것으로 보는 입장이다. 행정소송법 제2조 제1항 제1호는 처분을 '공권력의 행사(또는 그 거부)'와 '이에 준하는 행정작용'이라고 규정하지만 '이에 준하는 행정작용'은 공권력행사에 준하는 행정작용을 말하는 것이며, 쟁송법적 개념설이 처분개념에 포함시키고 있는 비권력적 행정작용에 대한 권리구제수단은 항고소송이 아니라 당사자소송(비권력적 사실행위로 발생한 법률관계를 다투는 당사자소송)이나 법정외소송(일반적 이행소송)을 활용해야 한다는 점을 근거로 한다(김남진·김연태, 류지태·박종수, 박윤흔·정형근, 김성수, 정하중).

2) **쟁송법적** (행정행위) **개념설**(이원설, 형식적 행정행위 긍정설)

행정쟁송법상 처분을 강학상 행정행위와는 별개의 것으로 보는 입장이다. 행정소송법 제2조 제1항 제1호는 처분개념에 '공권력의 행사(또는 그 거부)'에 '이에 준하는 행정작용'을 더하고 있기 때문에 현행법상 처분은 강학상 행정행위보다 더 광의의 개념으로 보아야 하며, 다양한 행정작용(특히 비권력적 행정작용)에 대해 항고소송을 인정함으로써 실효적인 권리구제가 가능하다는 점을 근거로 한다(김동희, 박균성).

### (3) 판 례

판례는 쟁송법적 개념설이 대표적으로 주장하는 비권력적 사실행위에 대해 처분성을 부정하고 있어 기본적으로 실체법적 개념설의 입장이다. 다만, 처분개념이 확대될 여지를 인정한 판결도 있다(행정청의 어떤 행위를 행정처분으로 볼 것이냐의 문제는 … 행정처분이 그 주체, 내용, 절차, 형식에 있어서 어느 정도 성립 내지 효력요건을 충족하느냐에 따라 개별적으로 결정하여야 하며, … 행정청의 행위로 인하여 그 상대방이 입는 불이익 내지 불안이 있는지 여부도 그 당시에 있어서의 법치행정의 정도와 국민의 권리의식 수준 등은 물론 행위에 관련한 당해 행정청의 태도 등도 고려하여 판단하여야 한다(대판 1993. 12. 10. 93누12619)).

### (4) 검 토

취소소송은 법률관계를 발생시키는 행정작용의 효력을 깨뜨리기 위한 형성소송(행정소송법 제29조 제1항 참조)이므로 취소소송의 대상은 법률관계를 발생시키는 행정행위에 한정하는 실체법적 개념설이 타당하다.

## 3. 항고소송의 대상인 거부처분의 요건

### (1) 공권력행사의 거부일 것(거부의 내용(=신청의 내용)이 공권력 행사일 것)

항고소송의 대상인 거부처분이 되기 위해서는 사인의 공권력행사의 신청에 대한 거부이어야 한다. 즉, 거부의 내용(=신청의 내용)이 ⓐ 행정청(전통적 의미의 행정청뿐만 아니라 합의제기관, 실질적 의미의 처분을 하는 경우 법원이나 국회의 기관, 행정소송법 제2조 제2항의 행정청등 자신의 명의로 처분을 할 수 있는 모든 행정청(기능적 의미의 행정청)을 말한다)이 행하는 행위로 ⓑ 구체적 사실(규율대상이 구체적 — 시간적으로 1회적, 공간적으로 한정 — 이어야 한다)에 대한 ⓒ 법집행행위(입법이 아니라 법의 집행행위라야 한다)이며 ⓓ 공권력행사(행정청이 공법에 근거하여 우월한 지위에서 일방적으로 행사하여야 한다)이어야 한다.

### (2) 거부로 인하여 국민의 권리나 법적 이익에 직접 영향을 미치는 것일 것

㈎ '국민의 권리나 법적 이익에 직접 영향을 미치는 것일 것(법적 행위일 것)'은 행정소송법 제2조 제1항 제1호에서 명시된 거부처분의 요소는 아니다. 그러나 판례와 전통적인 견해는 적극적 공권력행사와 마찬가지로 취소소송의 본질을 위법한 법률관계를 발생시키는 행정작용의 효력을 소급적으로 제거하는 것으로 이해하기 때문에 행정청의 소극적인 공권력행사의 경우에도 법적 행위를 거부처분의 성립요건으로 보고 있다.

㈏ '법적 행위'란 외부적 행위이며 국민의 권리나 법적 이익과 관련되는 행위를 말한다. 판례도 「토지분할신청에 대한 거부행위는 국민의 권리관계에 영향을 미친다고 할 것이므로 이를 항고소송의 대상이 되는 처분으로 보아야 할 것이다(대판 1993. 3. 23. 91누8968)」라고 본다.

### (3) 거부처분의 성립에 신청권이 필요한지 여부

1) 문 제 점

거부처분의 성립 요건으로 ① 공권력행사의 거부일 것, ② 거부로 인하여 국민의 권리나 법적 이익에 직접 영향을 미치는 것일 것 외에 ③ 신청권이 필요한지에 대해 학설이 대립한다.

2) 학 설

학설은 ① 부작위의 성립에 (행정청의) 처분의무가 요구되는 것처럼 거부처분의 성립에도 처분의무가 요구된다고 하면서(이러한 행정청의 처분의무에 대응하여 상대방은 '권리'를 가지는데 그 권리를 신청권이라고 본다)(행정소송법 제2조 제1항 제2호 참조) 이러한 신청권을 가진 자의 신청에 대한 거부라야 항고소송의 대상적격이 인정된다는 견해(대상적격설)(박균성), ② 취소소송의 소송물을 '처분의 위법성과 당사자의 권리침해'로 이해하면서 신청권은 소송요건의 문제가 아니라 본안의 문제로 보는 견해(본안요건설)(홍준형), ③ 어떠한 거부행위가 행정소송의 대상이 되는 처분에 해당하는가의 여부는 그 거부된 행위가 행정소송법 제2조 제1항 제1호의 처분에 해당하는가의 여부에 따라 판단하여야 하며 행정소송법 제12조를 고려할 때(법률상 이익(신청권)은 원고적격의 판단기준이다) 신청권은 원고적격의 문제로 보아야 한다는 견해(원고적격설)가 대립된다.

3) 판 례

(가) 판례는 잠수기어업불허가처분취소 사건에서 「거부처분의 처분성을 인정하기 위한 전제요건이 되는 신청권의 존부는 구체적 사건에서 신청인이 누구인가를 고려하지 않고 관계 법규의 해석에 의하여 일반 국민에게 그러한 신청권을 인정하고 있는가를 살펴 추상적으로 결정되는 것이고 … 따라서 국민이 어떤 신청을 한 경우에 그 신청의 근거가 된 조항의 해석상 행정발동에 대한 개인의 신청권을 인정하고 있다고 보여지면 그 거부행위는 항고소송의 대상이 되는 처분으로 보아야 할 것(대판 1996. 6. 11. 95누12460)」이라고 하여 거부처분의 성립에 신청권이 필요하다고 본다.

(나) 그리고 신청권은 신청인이 그 신청에 따른 단순한 응답을 받을 권리를 넘어서 신청의 인용이라는 만족적 결과를 얻을 권리를 의미하는 것은 아니라고 한다(대판 1996. 6. 11. 95누12460).

(다) 신청권의 근거는 법규상 또는 조리상 인정될 수 있는데, 법규상 신청권이 있는지 여부는 관련법규의 해석에 따라 결정되며, 조리상 신청권 인정 여부는 거부행위에 대해 항고소송 이외의 다른 권리구제수단이 없거나, 행정청의 거부행위로 인해 국민이 수인불가능한 불이익을 입는 경우 조리상의 신청권은 인정될 수 있다고 한다(하명호).

4) 검 토

거부처분의 성립에 신청권이 필요하다는 판례와 대상적격설의 입장은 대상적격과 원고적격의 구분을 무시한 것이고, 신청권(권리)을 대상적격의 요건으로 본다면 행정청의 동일한 행위가 권리(신청권)를 가진 자에게는 대상적격이 인정되고 권리(신청권)를 가지지 못한 자에게는 대상적격이 부정되어 부당한 결론을 가져오게 된다(김유환). 따라서 권리인 신청권은 원고적격의 문제로 보아야 한다.

### 4. 설　　문

#### (1) 출생신고가 수리를 요하는 신고인지 여부

가족관계의 등록 등에 관한 법률 제44조 제2항은 출생신고서에 자녀의 성명 등을 기재할 것을 규정하고, 제3항은 이름은 한글 또는 통상 사용되는 한자를 사용하여야 한다고 규정하고 있지만, 설문에서 갑의 출생신고서를 접수한 공무원 을은 '말자'라는 이름이 개명(改名) 신청이 잦은 이름이라는 이유로 출생신고서의 수리를 거부하였다는 것은 출생신고의 요건을 실질적으로 심사하고 있음을 보여준다. 따라서 출생신고는 수리를 요하는 신고이며, 수리를 요하는 신고의 거부행위는 항고소송의 대상인 처분으로 보는 것이 일반적 견해와 판례의 입장이다.

#### (2) 출생신고거부행위가 항고소송의 대상인 처분인지 여부

① 출생신고수리(이 수리는 준법률행위적 행정행위이다)는 행정청이 행하는 갑의 자녀 출생이라는 사실에 대한 공권력행사에 해당하기 때문에 출생신고수리의 거부는 공권력행사의 거부에 해당한다. ② 출생신고수리가 거부된다면 자녀는 법률관계를 형성할 수 없기 때문에 출생신고수리 거부는 국민의 권리나 법적 이익에 직접 영향을 미치는 행위이다. ③ 그리고 거부처분의 성립에 신청권을 필요로 하는 판례에 따른다고 하더라도 가족관계의 등록 등에 관한 법률 제44조가 출생신고에 관한 명시적인 규정을 두고 있기에 갑에게 법규상 신청권이 인정된다. 결국 출생신고수리거부행위는 항고소송의 대상인 처분이다.

**기출 25** (2) 을의 수리거부행위에 대해 행정소송법상 집행정지가 가능한지 검토하시오. 15.

## Ⅱ. 출생신고수리거부에 대한 집행정지의 가능성

### 1. 문제 상황

행정소송법은 집행부정지원칙을 채택하여, 당사자가 취소소송을 제기하였다 하더라도 행정청이 발령한 처분등의 효력이나 그 집행 또는 절차의 속행에 영향을 주지 않는다고 규정한다(행정소송법 제23조 제1항). 다만 일정한 요건을 충족하는 경우 원고의 권리보호를 위해 처분의 효력정지 등을 인정하고 있다(행정소송법 제23조 제2항). 설문에서는 을의 출생신고수리거부행위에 대해 행정소송법상 집행정지가 가능한지가 문제된다.

### 2. 집행정지의 요건

집행정지의 적극적 요건은 신청인이 주장·소명하며, 소극적 요건은 행정청이 주장·소명한다(행정소송법 제23조 제4항 참조)(대결 1999. 12. 20. 99무42).

(1) 적극적 요건

1) 본안이 계속 중일 것

갑은 집행정지를 신청하기 위해서는 출생신고수리거부처분에 대해 항고소송을 제기해야 한다.

2) 정지대상인 처분등의 존재

처분등이 존재해야 한다. 다만 거부처분취소소송에서 집행정지신청이 가능한지에 대해 학설이 대립된다.

a. 문 제 점 집행정지가 인용되려면 처분등이 존재해야 하지만, 거부처분취소소송에서 집행정지신청이 가능한지에 대해 학설이 대립된다. 즉, 집행정지제도는 소극적으로 처분이 없었던 것과 같은 상태를 만드는 효력은 있으나(소극적 형성력. 예: ○ → ×), 행정청에 대하여 어떠한 처분을 명하는 등 적극적인 상태를 만드는 효력(적극적 형성력. 예: × → ○)은 인정되지 않기 때문에 거부처분에 집행정지가 인정될 수 있는지가 문제된다.

b. 학 설

(ⅰ) 부 정 설 이 견해는 거부처분에 집행정지를 인정한다고 하여도 신청인의 지위는 거부처분이 없는 상태(사인의 신청만 있는 상태)로 돌아가는 것에 불과하며 처분이 인용된 것과 같은 상태를 만들지는 못하기 때문에 신청인에게 집행정지를 신청할 이익이 없고, 행정소송법 제23조 제6항은 집행정지결정의 기속력과 관련하여 기속력에 관한 원칙규정인 행정소송법 제30조 제1항만을 준용할 뿐 재처분의무를 규정한 제30조 제2항을 준용하고 있지 아니함을 근거로 한다.

(ⅱ) 제한적 긍정설 원칙적으로 부정설이 타당하지만, 예를 들어 기간에 제한이 있는 허가사업을 영위하는 자가 허가기간의 만료전 갱신허가를 신청하였음에도 권한행정청이 거부한 경우에는 집행정지를 인정할 실익도 있기 때문에 이러한 경우에는 제한적으로 긍정할 필요가 있다는 견해이다.

c. 판 례 판례는 거부처분은 그 효력이 정지되더라도 그 (거부)처분이 없었던 것과 같은 상태를 만드는 것에 지나지 아니하고 행정청에게 어떠한 처분을 명하는 등 적극적인 상태를 만들어 내는 경우를 포함하지 아니하기에 거부처분의 집행정지를 인정할 필요가 없다고 본다(대판 1992. 2. 13. 91두47). 이에 따라 접견허가거부처분(대결 1991. 5. 2. 91두15), 투전기영업허가갱신거부처분(대결 1992. 2. 13. 91두47) 등의 집행정지신청을 모두 부적법하다고 보았다(부정).

d. 검 토 거부처분의 집행정지에 의하여 거부처분이 행해지지 아니한 상태(신청만 있는 상태)가 된다면 신청인에게 법적 이익이 인정될 수 있고, 그러한 경우에는 예외적으로 집행정지신청의 이익이 있다고 할 것이다. 따라서 제한적 긍정설이 타당하다.

e. 설 문 설문은 출생신고수리가 거부된 경우이므로 집행정지결정에 의하여 출생

신고수리거부처분 전의 상태가 됨에 따라 갑에게 법적 이익이 있는 경우에 해당하지 않는다(제한적 긍정설이 말하는 예외적인 경우에 해당하지 않는다). 따라서 출생신고수리거부에 대해서는 집행정지가 인정되지 않는다.

3) 회복하기 어려운 손해발생의 우려

㈎ 집행정지결정을 하기 위해서는 처분등이나 그 집행 또는 절차의 속행으로 인하여 회복하기 어려운 손해가 발생할 우려가 있어야 한다. 판례는 '회복하기 어려운 손해'를 일반적으로 사회통념상 금전배상이나 원상회복이 불가능하거나, 금전배상으로는 사회통념상 당사자가 참고 견딜 수 없거나 참고 견디기가 현저히 곤란한 경우의 유형·무형의 손해를 말한다고 본다(대결 2004. 5. 17. 2004무6). 기업의 경우에는 사업 자체를 계속할 수 없거나 중대한 경영상의 위기가 있다면 회복하기 어려운 손해로 볼 수 있다는 판결(대결 2003. 4. 25. 2003무2)도 있다.

㈏ 설문에서 출생신고수리거부행위에 대한 집행정지가 인정되지 않는다면 이는 금전배상이나 원상회복이 불가능한 회복하기 어려운 손해가 발생할 수 있다.

4) 긴급한 필요

㈎ 이는 회복곤란한 손해가 발생될 가능성이 시간적으로 절박하여 본안판결을 기다릴 여유가 없는 것을 말한다.

㈏ 설문은 긴급한 필요가 있는 경우에 해당한다.

(2) 소극적 요건

1) 공공복리에 중대한 영향이 없을 것

㈎ 행정소송법 제23조 제3항에서 집행정지의 요건으로 규정하고 있는 '공공복리에 중대한 영향을 미칠 우려'가 없을 것이라고 할 때의 '공공복리'는 그 처분의 집행과 관련된 구체적이고도 개별적인 공익을 말하는 것이다.

㈏ 설문에서 문제되지 않는다.

2) 본안에 이유 없음이 명백하지 아니할 것

㈎ ① 명문에 규정된 요건은 아니지만 판례는 본안에 이유 없음이 명백하다면 집행을 정지할 이유가 없다고 보면서 이를 집행정지의 소극적 요건으로 본다(대판 1997. 4. 28. 96두75). ② 다만 학설은 집행정지요건이 아니라는 견해, 집행정지의 소극적 요건이라는 견해, 집행정지의 적극적 요건이라는 견해가 대립한다. ③ 본안에서 처분의 취소가능성이 명백히 없다면 처분의 집행정지를 인정한 취지에 반하므로 집행정지의 요건으로 보아야 하며 이는 행정청이 주장·소명하여야 한다(소극적 요건).

㈏ 분명하진 않지만 설문은 본안에 이유 없음이 명백한 경우는 아니다.

### 3. 설　　문

집행정지의 다른 요건을 충족한다고 하더라도 출생신고수리'거부'행위에 대한 집행정지가 인정되지 않기 때문에 갑의 집행정지신청은 인용되지 않을 것이다.

### 4. 보충논의 — 가처분의 가능성

판례는 항고소송에서 가처분의 가능성을 부정하지만, 집행정지제도가 실효적인 권리구제가 되지 않는 범위에는 가처분제도가 인정된다고 보는 제한적 긍정설이 있는바 설문의 출생신고수리거부행위에 대해서는 집행정지제도가 실효적인 가구제 수단이 될 수 없다. 따라서 설문의 경우 제한적 긍정설에 따라 가처분을 인정함이 타당하다.

기출 26 〈제3문〉

A시 소재의 유흥주점에서 여종업원 갑이 화재로 인하여 질식·사망하였다. 화재가 발생한 유흥주점은 관할 행정청의 허가를 득하지 아니하고 용도가 변경되었고, 시설기준을 위반하여 개축되었다. 특히 화재 발생시 비상구가 확보되어 있지 않았다.

(1) A시 담당공무원 을이 식품위생법상 유흥주점의 관리·감독과 관련하여 시정명령 등 취하여야 할 직무상 조치를 해태한 사실이 밝혀진 경우, A시의 배상책임이 인정되는가? 15.

(2) 만약 화재발생 1주일 전에 실시한 점검에서 유흥주점이 관련법령에 위반되었음을 인지하고서도 담당공무원 을이 '이상없음'이라는 보고서를 작성하고 시정조치를 취하지 아니한 경우, 을의 배상책임에 대해 검토하시오. 15.

[제55회 5급공채(2011년)]

기출 26 (1) A시 담당공무원 을이 식품위생법상 유흥주점의 관리·감독과 관련하여 시정명령 등 취하여야 할 직무상 조치를 해태한 사실이 밝혀진 경우, A시의 배상책임이 인정되는가? 15.

# Ⅰ. A시의 배상책임

## 1. 문제 상황

국가배상법 제2조 제1항 본문 전단에 따라 A시의 배상책임이 인정되려면 공무원(공무를 위탁받아 실질적으로 공무에 종사하는 광의의 공무원을 말한다), 직무를(공법상 권력작용과 비권력작용을 포함한 공행정작용을 말한다고 본다(광의설)(판례, 다수설)), 집행하면서(공무원의 행위의 외관을 객관적으로 관찰하여 직무행위로 판단될 수 있는지를 기준으로 한다(외형설)(판례, 다수설)), 고의·과실(고의란 위법행위의 발생가능성을 인식하고 인용하는 것을 말하고 과실이란 주의의무위반을 말하는데, 과실은 그 직무를 담당하는 평균적인 공무원이 갖추어야 할 주의의무위반을 말한다(과실개념의 객관화)), 위법(엄격한 의미의 법규위반뿐만 아니라 인권존중·권력남용금지·신의성실의 원칙위반도 위법으로 보는 행위위법설 중 이원설이 다수설과 판례의 입장이다), 타인, 손해, 인과관계(상당인과관계가 있어야 한다), 직무의 사익보호성(대법원은 국가배상법 제2조 제1항에서 말하는 직무란 사익의 보호를 위한 직무를 뜻하며, 사회 일반의 공익만을 위한 직무나 행정기관 내부의 질서를 규율하기 위한 직무는 이에 포함되지 않는다고 한다) 등의 요건이 만족되어야 한다.

## 2. 국가배상법 제2조 제1항 본문 전단의 요건 구비 여부

### (1) 공무원, 직무, 집행하면서

을은 공무원이며, 직무를 집행하는 과정에서 갑에게 손해가 발생하였기 때문에 이 요건들은 설문에서 문제되지 않는다.

### (2) 직무의 사익보호성

(가) 국가 등의 국가배상책임이 인정되려면 공무원에게 부과된 이러한 직무가 전적으로 또는 부수적으로라도 개개 국민(피해자)의 이익을 위해 부과된 것이어야만 하는지가 문제되는데, 다수설과 판례는 공무원에게 부과된 직무상 의무의 내용이 전적으로 또는 부수적으로 사회구성원 개인의 안전과 이익을 보호하기 위하여 설정된 것이라야 국가 등이 배상책임을 진다고 본다.

(나) 담당공무원 을이 식품위생법상 유흥주점의 관리·감독과 관련하여 시정명령 등 취하여야 할 직무는 당연히 전적으로 또는 부수적으로 사회구성원 개인의 안전과 이익을 보호하기 위하여 설정된 것이라고 보아야 한다.

(다) 설문과 유사한 사건에서 판례도 「식품위생법상 식품접객업의 시설기준을 정하여, 그 위반행위에 대하여 시설개수명령, 영업정지 등을 부과하도록 한 취지 및 건축법에서 무단 용도변경행위를 금지하고, 이에 위반한 건축물에 대하여 철거, 개축 등 필요한 조치를 명할 수 있도록 한 취지는 부수적으로라도 사회구성원 개인의 안전과 이익을 보호하기 위하여 설정된 것이라고 보아

야 할 것(대판 2008. 04. 10. 2005다48994)」이라고 보았다.

⑶ 고의·과실

1) 의　　의

고의란 위법한 결과의 발생을 인식하는 것을 말하고, 과실이란 위법한 결과의 발생을 부주의로 인식하지 못하는 것(주의의무위반)을 말한다.

2) 판단대상

고의·과실의 유무는 국가가 아니라 당해 공무원을 기준으로 판단한다.

3) 과실개념의 객관화

다수설과 판례는 과실을 '공무원이 그 직무를 수행함에 있어 당해 직무를 담당하는 평균인이 통상 갖추어야 할 주의의무를 게을리한 것'이라고 하여 과실의 수준을 당해 공무원이 아니라 당해 직무를 담당하는 평균적 공무원을 기준으로 한다(대판 1997. 7. 11. 97다7608).

4) 가해공무원의 특정 불필요

구체적으로 어느 공무원의 행위인지가 판명되지 않더라도 손해의 발생상황으로 보아 공무원의 행위에 의한 것이 인정되면 국가 등은 배상책임을 진다(다수설).

5) 설　　문

설문처럼 담당공무원 을이 식품위생법상 유흥주점의 관리·감독과 관련하여 시정명령 등 취하여야 할 직무상 조치를 해태한 사실이 밝혀진 경우 공무원의 과실을 인정할 수 있다.

⑷ 위 법 성

1) 학　　설

위법의 본질(개념)과 관련해 ⓐ 행위위법설(위법을 공권력행사가 규범에 적합한지 여부(법규 위반이 있는지 여부)를 기준으로 판단하는 견해이다. 엄격한 의미의 법규위반을 위법으로 보는 일원설(협의설)과 엄격한 의미의 법규위반뿐 아니라 인권존중·권력남용금지·신의성실의 원칙 위반도 위법으로 보는 이원설(광의설)이 대립되는데, 후자가 다수설이다), ⓑ 결과불법설(위법한 행위로 받은 손해를 국민이 수인할 수 있는가를 기준으로 위법성 여부를 판단하는 견해이다), ⓒ 상대적 위법성설(직무행위 자체의 위법·적법뿐만 아니라 피침해이익의 성격과 침해의 정도, 가해행위의 태양 등을 고려하여 위법성 인정 여부를 상대적으로 판단하자는 견해이다)이 대립된다.

2) 판　　례

㈎ 판례의 주류적인 입장은 행위위법설이다. 즉 시위자들의 화염병으로 인한 약국화재에 대한 국가배상책임이 문제된 사건에서 판례는 결과불법설을 배제하고 행위위법설을 취한 것으로 평가된다(대판 1997. 7. 25. 94다2480).

㈏ 특히 행위위법설 중 이원설(광의설)의 입장으로 평가된다(대판 2009. 12. 24. 2009다70180).

㈐ 다만, 위법한 소규모자력개간허가취소로 인한 고창군의 손해배상책임이 문제된 사건에서 「행정처분이 객관적 정당성을 상실하였다고 인정될 정도에 이른 경우에 국가배상법 제2조 소정의 국가배상책임의 요건을 충족하였다고 봄이 상당할 것이며, 이때에 객관적 정당성을 상실하

였는지 여부는 피침해이익의 종류 및 성질, 침해행위가 되는 행정처분의 태양 및 그 원인, 행정처분의 발동에 대한 피해자 측의 관여의 유무, 정도 및 손해의 정도 등 제반 사정을 종합하여 손해의 전보책임을 국가 또는 지방자치단체에게 부담시켜야 할 실질적인 이유가 있는지 여부에 의하여 판단하여야 한다(대판 2000. 5. 12. 99다70600)」고 하여 상대적 위법성설을 취한 것으로 평가되는 판결도 있다.

3) 검 토

법규위반은 없으나 특별한 희생이 있는 경우 그 손해에 대한 전보수단이 손실보상이라면 국가배상은 법규위반(위법)이 있는 경우 그에 대한 손해전보수단이어야 하며(위법한 행위에 대한 손해전보는 손해배상, 적법한 행위에 대한 손해전보는 손실보상의 문제이므로), 취소소송의 본안판단에서의 위법의 본질이 법규위반임을 고려할 때 국가배상법상의 위법도 '법질서 위반'이라는 단일한 가치판단으로 보아야 할 것인바 행위위법설이 타당하다(특히 권리구제의 확대라는 측면에서 이원설이 타당하다)(다수설).

4) 설 문

(가) 화재가 발생한 유흥주점은 관할 행정청의 허가를 득하지 아니하고 용도가 변경되었고, 시설기준을 위반하여 개축되었고, 화재 발생시 비상구가 확보되어 있지 않았으며, 또한 담당공무원 을은 시정명령 등을 취하여야 함에도 이를 해태하였다. 따라서 식품위생법, 건축법, 소방법에 위반되는 위법한 직무집행에 해당한다.

(나) 설문과 유사한 사건에서 판례도 「유흥주점에 감금된 채 윤락을 강요받으며 생활하던 여종업원들이 유흥주점에 화재가 났을 때 미처 피신하지 못하고 유독가스에 질식해 사망한 사안에서, 소방공무원이 위 유흥주점에 대하여 화재 발생 전 실시한 소방점검 등에서 구 소방법상 방염 규정 위반에 대한 시정조치 및 화재 발생시 대피에 장애가 되는 잠금장치의 제거 등 시정조치를 명하지 않은 직무상 의무 위반은 현저히 불합리한 경우에 해당하여 위법하다(대판 2008. 4. 10. 2005다48994)」고 보았다.

**(5) 타인, 손해, 인과관계**

(가) 타인인 갑에게 손해가 발생하였고, 갑은 질식·사망하였기에 손해가 있었으며, 위법한 직무집행과 손해의 발생간에 상당인과관계도 인정할 수 있다.

(나) 설문과 유사한 사안에서 판례는 「원심이 경찰관직무집행법이나 형사소송법, 풍속영업의 규제에 관한 법률의 각 규범 목적, 이 사건 화재의 발생 및 망인들이 사망에 이르게 된 경위 등에 비추어 … 피고 군산시의 담당 공무원이 이 사건 유흥주점들에 관한 용도변경, 무허가 영업 및 시설기준에 위배된 개축에 대하여 시정명령 등 식품위생법상 취하여야 하는 조치를 게을리한 직무상의 의무위반행위와 망인들의 사망이라는 결과 사이에 상당한 인과관계가 있다고 할 수 없다고 본 원심 판단은 수긍할 수 있고, … 구 소방법상의 방염 규정 위반에 대한 시정조치를 명하지 않은 소방공무원의 직무상 의무 위반은 현저히 불합리한 경우에 해당하여 위법하다고 할 것이며, 이러한 직무상 의무 위반과 망인들이 화재로 사망한 결과와 사이에는 상당인과관계가 존재한

다고 봄이 상당하다(대판 2008. 4. 10. 2005다48994)」고 보았다.

### 3. 소　결

국가배상법 제2조 제1항 본문 전단의 요건을 모두 구비하고 있는바, A시는 배상책임이 인정된다.

**기출 26** (2) 만약 화재발생 1주일 전에 실시한 점검에서 유흥주점이 관련법령에 위반되었음을 인지하고서도 담당공무원 을이 '이상없음'이라는 보고서를 작성하고 시정조치를 취하지 아니한 경우, 을의 배상책임에 대해 검토하시오. 15.

## Ⅱ. 공무원 을의 대외적 배상책임

### 1. 문제 상황

민법 제750조(고의 또는 과실로 인한 위법행위로 타인에게 손해를 가한 자는 그 손해를 배상할 책임이 있다)에 따르면 피해자는 가해자에게 손해배상을 청구할 수 있는데, 만일 가해자가 설문의 을과 같은 공무원이라면 공무원의 직무집행행위는 국가 등을 위한 것이므로 헌법 제29조 제1항과 국가배상법 제2조의 취지를 고려할 때 공무원 개인이 어떤 경우 배상책임을 부담하는지가 문제된다(국가배상책임도 성립하고, 가해공무원에게도 책임이 성립된다면 피해자는 선택하여 청구할 수 있기에 이를 선택적 청구권의 문제라고도 한다).

### 2. 학　설

가해공무원의 대외적 배상책임에 대한 학설은 크게 국가 등의 배상책임의 성질과 가해공무원의 대외적 배상책임에 대한 논의가 논리적 관련성이 있다는 견해와 논리적 관련성이 없다는 견해로 나누어진다.

#### (1) 국가배상책임의 성질과 관련된다는 견해

1) 대위책임설

공무원의 위법한 행위는 국가 등의 행위로 볼 수 없어 배상책임은 공무원 자신이 부담해야 할 것이지만 피해자보호를 위해 국가 등이 공무원을 대신하여 책임을 부담하므로 가해공무원은 피해자에게 책임이 없다는 입장이다.

2) 자기책임설

국가배상책임은 공무원의 행위에 대한 책임이 아니라 국가행위에 대한 책임이기 때문에, 공무원의 불법행위에 대한 개인책임(민법상 손해배상책임)은 국가배상책임과는 별개의 책임이며 두 책임은 양립할 수 있다고 본다. 따라서 이 학설에 따르면 피해자는 가해공무원에게 손해배상을 청구할 수 있다.

3) 중 간 설

이 학설은 경과실로 피해자에게 손해가 발생한 경우 국가는 자신의 행위에 대해 책임(자기책임)을 부담하며, 공무원의 고의·중과실로 피해자에게 손해가 발생한 경우 국가는 공무원을 대신하여 책임(대위책임)을 부담한다고 본다. 따라서 어느 경우나 국가 등이 배상책임을 지고 있기에 공무원은 대외적으로 배상책임을 지지 않는다고 한다.

4) 절 충 설

이 학설은 공무원이 행위가 경과실에 기한 경우에는 국가기관의 행위로 볼 수 있어 국가는 배상책임을 지고 공무원은 배상책임을 지지 않는다고 한다. 그러나 공무원의 고의·중과실에 따른 행위는 국가기관의 행위로 볼 수 없어 공무원만이 배상책임을 지지만, 그 행위가 직무로서 외형을 갖춘 경우에는 피해자와의 관계에서 국가도 배상책임을 지기 때문에 이 경우에는 공무원과 국가에 대해 피해자는 선택적으로 청구할 수 있다.

(2) 국가배상책임의 성질과 무관하다는 견해

1) 긍 정 설

ⓐ 헌법 제29조 제1항 단서는 공무원 자신의 책임은 면제되지 않는다고 규정하는바, 여기서 면제되지 않는 책임은 공무원의 민사상 책임을 포함하고, ⓑ 손해배상은 가해공무원에 대한 경고 및 제재의 기능을 가지므로 공무원 개인의 직권남용과 위법행위를 방지할 수 있고, ⓒ 선택적 청구가 가능함으로써 피해자의 권리구제에도 만전을 기할 수 있다는 점을 근거로 한다.

2) 부 정 설

ⓐ 헌법 제29조 제1항 단서의 면제되지 않는 공무원의 책임은 내부적인 구상책임(국가배상법 제2조 제2항), 징계책임 내지 형사상의 책임을 의미하는 것이기에 민사상 책임은 면제되고, ⓑ 가해공무원에 대한 경고 및 제재는 국가배상법 제2조 제2항의 구상책임과 징계책임을 통해 충분히 담보되며, ⓒ 경제적 부담 능력 있는 국가가 손해배상책임을 부담하면 피해자 구제에도 문제가 없다는 점을 근거로 한다.

## 3. 판 례

판례는 군용버스가 군용지프차를 추돌하여 지프차에 탑승했던 피해자가 군용버스운전자에게 손해배상을 청구한 사건에서 「공무원이 직무를 수행함에 있어 경과실로 타인에게 손해를 입힌 경우에는 그 직무수행상 통상 예기할 수 있는 흠이 있는 것에 불과하므로, … 전적으로 국가 등에만 귀속시키고 … 반면에 공무원의 위법행위가 고의·중과실에 기한 경우에는 … 그 본질에 있어서 기관행위로서의 품격을 상실하여 국가 등에게 그 책임을 귀속시킬 수 없으므로 공무원 개인에게 불법행위로 인한 손해배상책임을 부담시키되, 다만 이러한 경우에도 그 행위의 외관을 객관적으로 관찰하여 공무원의 직무집행으로 보여질 때에는 피해자인 국민을 두텁게 보호하기 위하여 국가 등이 공무원 개인과 중첩적으로 배상책임을 부담한다(대판(전원) 1996. 2. 15. 95다38677)」고 하여 경과실의 경우와 고의·중과실의 경우를 구별하고 있다(일부 견해는 대상판결을 절충설을 취한 것으로 평가한다).

## 4. 소결(판례)

㈎ 판례에 따르면 피해자는 담당공무원 을에게 고의·중대한 과실이 있는 경우에만 손해배상을 청구할 수 있다.

㈏ 설문처럼 화재발생 1주일 전에 실시한 점검에서 유흥주점이 관련법령에 위반되었음을 인지하고서도 담당공무원 을이 '이상없음'이라는 보고서를 작성하고 시정조치를 취하지 아니하였다면 공무원 을은 중대한 과실로 손해를 입힌 경우에 해당한다. 따라서 공무원 을은 피해자에게 손해배상책임을 부담한다.

기출 27 〈제1문〉

X시장은 개발제한구역의 지정 및 관리에 관한 특별조치법 제12조 제1항 제1호 마목과 동법 시행령 및 동법 시행규칙의 관련 규정에 의거하여, 개발제한구역 내의 간선도로 중 특정 구간에 고시된 선정 기준에 따라 사업자 1인을 선정하여 자동차용 액화석유가스충전소(이하 '가스충전소'라고 한다) 건축을 허가하기로 하는 가스충전소의 배치 계획을 고시하였다. 이에 A와 B는 각자 자신이 고시된 선정 기준에 따른 우선순위자임을 주장하며 가스충전소의 건축을 허가해 줄 것을 신청하였다. 이에 X시장은 각 신청 서류를 검토한 결과 B가 고시된 선정 기준에 따른 우선순위자라고 인정하여 B에 대한 가스충전소 건축을 허가하였다.

(1) A는 우선순위자 결정의 하자를 주장하면서 X시장의 B에 대한 건축허가 결정을 다투려고 한다. 이 경우 A는 행정소송법상 원고적격이 있는가? 15.

(2) 만약 A가 X시장의 B에 대한 건축허가처분 취소심판을 제기하여 인용재결이 된 경우, B는 인용재결에 대해 취소소송을 제기할 수 있는가? 10.

(3) A가 X시장의 처분에 불복하여 소송을 제기하였을 경우, B는 이에 대응하여 행정소송법상 어떤 방법(B가 아무런 조치를 취하지 못하는 사이 A가 제기한 위 소송에서 A가 승소하여 그 판결이 확정된 경우를 포함한다)을 강구할 수 있는가? 15.

(4) X시장이 B에게 가스충전소 건축허가를 한 후 B가 허위, 기타 부정한 방법으로 건축허가 신청을 하였다는 것을 발견하고 건축허가를 취소하였다. 이에, B는 X시장의 허가를 신뢰하여 가스충전소 신축공사계약 체결을 비롯한 새로운 법률관계를 형성하였기 때문에 취소할 수 없다고 주장한다. B의 주장은 타당성이 있는가? 10.

[제53회 사법시험(2011년)]

**기출 27** (1) A는 우선순위자 결정의 하자를 주장하면서 X시장의 B에 대한 건축허가 결정을 다투려고 한다. 이 경우 A는 행정소송법상 원고적격이 있는가? 15.

# Ⅰ. A의 원고적격

## 1. 문제 상황

(가) 원고적격이란 행정소송에서 원고가 될 수 있는 자격을 말한다. 취소소송의 원고적격에 대해 **행정소송법 제12조 제1문**은 '취소소송은 처분 등의 취소를 구할 법률상 이익이 있는 자가 제기할 수 있다'고 규정한다.

(나) 설문에서 건축허가처분의 상대방은 B인데 이를 처분의 직접상대방이 아닌 A가 B에게 발령된 처분을 다툴 수 있는 원고적격이 있는지가 문제된다.

(다) 일반적 견해는 법률상 이익의 범위(의미)를 취소소송의 본질에 대한 논의를 통해 결정한다.

## 2. 취소소송의 본질

(가) 학설은 취소소송의 본질(기능)에 관해 ⓐ 취소소송의 목적은 위법한 처분으로 야기된 개인의 권리침해의 회복에 있다는 권리구제설(권리구제설이 말하는 권리는 좁은 의미의 권리이다), ⓑ 위법한 처분으로 (좁은 의미) 권리뿐 아니라 **법에 의해 보호되는** 이익을 침해당한 자도 처분을 다툴 수 있다는 법률상 보호이익설(통설), ⓒ 처분의 효력을 다투어 이를 부정하는 것이 당사자에게 실질적 이익이 있다면 그것이 법률상 이익이든 사실상의 이익이든 그러한 이익이 침해된 자는 소송을 제기할 수 있다는 보호가치 있는 이익설, ⓓ 취소소송은 개인의 권리구제보다는 처분의 적법성을 유지하는 것이 주된 기능으로 처분의 적법성 확보에 가장 적합한 이익 상태에 있는 자가 원고적격을 갖는다는 적법성보장설이 있다.

(나) 판례는 「행정소송에서 소송의 원고는 행정처분에 의하여 직접 권리를 침해당한 자임을 보통으로 하나 직접 <u>권리의 침해를 받은 자가 아닐지라도</u> 소송을 제기할 <u>법률상의 이익을 가진 자는</u> 그 <u>행정처분의 효력을 다툴 수 있다</u>(대판 1974. 4. 9. 73누173)」고 하여 법률상 보호이익설의 입장이다.

(다) 취소소송은 주관적 소송이므로 적법성보장설은 타당하지 않으며, 행정소송법 제12조가 취소소송은 법률상 이익이 있는 자가 제기할 수 있다고 규정하기 때문에 법률상 보호이익설이 타당하다.

### 3. 법률상 이익이 있는 자의 분석

#### (1) 법률상 이익에서 '법률(법규)'의 범위

1) 학 설

일반적인 견해는 처분의 근거법규의 규정과 취지, 관련법규의 규정과 취지 외에 헌법상 기본권 규정도 고려해야 한다는 입장이다.

2) 판 례

(가) 판례는 기본적으로 당해 처분의 근거가 되는 법규가 보호하는 이익만을 법률상 이익으로 본다(대판 1989. 5. 23. 88누8135).

(나) 최근에는 폐기물처리시설입지결정사건에서 근거법규 외에 관련법규까지 고려하여 법률상 이익을 판단하고 있다(대판 2005. 5. 12. 2004두14229).

(다) 하지만 헌법상의 기본권 및 기본원리를 법률상 이익의 해석에서 일반적으로 고려하지는 않는다. 다만, ⓐ 대법원은 접견허가거부처분사건에서 '접견권'을(대판 1992. 5. 8. 91누7552), ⓑ 헌법재판소는 국세청장의 납세병마개제조자지정처분과 관련된 헌법소원사건에서 '경쟁의 자유'를(헌재 1998. 4. 30. 97헌마141) 기본권이지만 법률상 이익으로 인정(또는 고려)하였다고 일반적으로 해석한다.

3) 검 토

취소소송은 법률상 보호이익의 구제를 목적으로 하는 소송(법률상 보호이익설)이기 때문에 처분의 근거법규의 규정과 취지, 관련법규의 규정과 취지 외에 기본권 규정도 고려해야 한다는 일반적인 견해가 타당하다.

#### (2) '이익이 있는'의 의미

(가) 판례는 법률상의 이익이란 당해 처분등의 근거가 되는 법규에 의하여 보호되는 개별적·직접적이고 구체적인 이익을 말하고, 단지 간접적이거나 사실적·경제적인 이해관계를 가지는 데 불과한 경우에는 행정소송을 제기할 법률상의 이익이 아니라고 본다(대판 1992. 12. 8. 91누13700).

(나) 그리고 법률상 이익에 대한 침해 또는 침해 우려가 있어야 원고적격이 인정된다(대판 2006. 3. 16. 2006두330).

#### (3) '자'의 범위

(가) 법률상 이익의 주체에는 자연인, 법인, 법인격 없는 단체, 다수인(행정소송법 제15조 참조)도 가능하다.

(나) 행정주체가 아닌 행정기관은 항고소송을 제기할 원고적격이 인정되지 않는다. 그러나 대법원은 경기도선거관리위원회 위원장이 국민권익위원회를 상대로 불이익처분원상회복등요구처분취소를 구한 사건에서 경기도선관위원장은 비록 국가기관이지만 원고적격을 가진다고 보았다(대판 2013. 7. 25. 2011두1214).

### 4. 소 결

㈎ 개발제한구역의 지정 및 관리에 관한 특별조치법령은 개발제한구역 내의 간선도로 중 특정 구간에 고시된 선정 기준에 따라 사업자 1인을 선정하여 가스충전소건축을 허가하기로 하였고, 시장은 A의 신청을 반려한 반면 B에게 이를 허가하였기에 A와 B는 경원자관계이다.

㈏ 경원자관계란 일방에 대한 면허나 인·허가 등의 행정처분이 타방에 대한 불면허·불인가·불허가 등으로 귀결될 수밖에 없는 경우를 말하는데(대판 1992. 5. 8. 91누13274), 일반적인 견해와 판례는 당해 법령(근거법령 또는 관련법령)이 경원자관계를 예정하고 있다면 그 법령은 허가 등의 처분을 받지 못한 자의 이익을 보호하는 것으로 본다(대판 1992. 5. 8. 91누13274 등). 따라서 A는 시장의 B에 대한 충전소건축허가처분을 다툴 법률상 이익이 인정된다.

㈐ 설문과 유사한 사안에서 판례도 「원고(설문에서 A)와 참가인(설문에서 B)들은 경원관계에 있다 할 것이므로 원고에게는 이 사건 처분의 취소를 구할 당사자적격이 있다고 하여야 함은 물론 나아가 이 사건 처분이 취소된다면 원고가 허가를 받을 수 있는 지위에 있음에 비추어 처분의 취소를 구할 정당한 이익도 있다(대판 1992. 5. 8. 91누13274)」라고 하여 원고적격을 인정하고 있다.

**기출 27** (2) 만약 A가 X시장의 B에 대한 건축허가처분 취소심판을 제기하여 인용재결이 된 경우, B는 인용재결에 대해 취소소송을 제기할 수 있는가? 10.

## Ⅱ. 인용재결에 대한 제3자의 취소소송 제기가능성

### 1. 문제 상황

설문에서 경원자관계에 있는 A가 B에게 발령된 건축허가처분에 대해 취소심판을 제기하여 인용재결을 받았다면 B가 그 인용재결에 대해 취소소송을 제기할 수 있는지는 행정소송법 제19조 단서의 원처분주의와 관련해 문제된다. 즉, B의 입장에서는 행정심판위원회의 인용재결을 다투어야 하는데 행정소송법 제19조 단서는 원칙적으로 원처분을 다투어야 하고 재결은 예외적인 경우 소송의 대상이 된다고 규정하고 있기 때문이다(행정심판법 제43조 제3항은 취소심판의 인용재결에 대해 취소, 변경, 변경명령재결로 구분하고 있지만, 설문과 관련해서는 취소재결에 한하여 논의한다).

### 2. 재결소송의 개념

#### (1) 재결소송의 의의

재결소송이란 재결을 분쟁대상으로 하는 항고소송을 말한다. 여기서 재결이란 행정심판법에서 말하는 재결(행정심판법 제2조 3. '재결'이란 행정심판의 청구에 대하여 행정심판법 제6조에 따른 행정심판위원회가 행하는 판단"을 말한다)만을 뜻하는 것이 아니라 개별법상의 행정심판이나 이의신청에 따른 재결도 포함된다.

(2) 원처분주의

행정소송법상 재결에 대한 취소소송은 재결 자체에 고유한 위법이 있는 경우에 한한다(행정소송법 제19조 단서). 즉 취소소송은 원칙적으로 원처분을 대상으로 해야 하며, 재결은 예외적으로만 취소소송의 대상이 될 수 있다. 이를 원처분주의라고 하며 재결주의(재결만이 항고소송의 대상이며, 재결소송에서 재결의 위법뿐만 아니라 원처분의 위법도 주장할 수 있다는 입장)와 구별된다.

## 3. 재결(취소)소송의 사유

(1) '재결 자체에 고유한 위법'의 의의

재결소송은 재결 자체에 고유한 위법(원처분에는 없는 재결만의 고유한 위법)이 있는 경우에 가능하다. 여기서 '재결 자체에 고유한 위법'이란 재결 자체에 주체·절차·형식 그리고 내용상의 위법이 있는 경우를 말한다. 그리고 재결(심리)의 범위를 벗어난 재결(행정심판법 제47조 ① 위원회는 심판청구의 대상이 되는 처분 또는 부작위 외의 사항에 대하여는 재결하지 못한다. ② 위원회는 심판청구의 대상이 되는 처분보다 청구인에게 불리한 재결을 하지 못한다)도 재결만의 고유한 하자가 될 수 있다.

(2) 주체·절차·형식의 위법

① 권한이 없는 기관이 재결하거나 행정심판위원회의 구성원에 결격자가 있다거나 정족수 흠결 등의 사유가 있는 경우 주체의 위법에 해당한다. ② 절차의 위법은 행정심판법상의 심판절차를 준수하지 않은 경우를 말한다. ③ 형식의 위법은 서면에 의하지 아니하고 구두로 한 재결이나 행정심판법 제46조 제2항 소정의 주요기재 사항이 누락된 경우 등을 말한다.

(3) 내용의 위법

내용상의 위법에 대해서는 학설이 대립된다. ① 내용의 위법은 재결 자체의 고유한 위법에 포함되지 않는다는 견해도 있고, 내용상의 위법도 포함된다는 견해(다수견해)도 있다. ② 판례는 「행정소송법 제19조에서 말하는 재결 자체에 고유한 위법이란 원처분에는 없고 재결에만 있는 재결청(현행법상으로는 위원회)의 권한 또는 구성의 위법, 재결의 절차나 형식의 위법, 내용의 위법 등을 뜻하고, 그 중 내용의 위법에는 위법·부당하게 인용재결을 한 경우가 해당한다(대판 1997. 9. 12. 96누14661)」고 판시하고 있다. ③ 재결이 원처분과는 달리 새롭게 권리·의무에 위법한 변동(침해)을 초래하는 경우도 재결 자체의 고유한 위법이므로 내용상 위법이 포함된다는 견해가 타당하다.

(4) 인용재결의 경우

1) 문 제 점

행정심판청구인은 자신의 심판청구가 받아들여진 인용재결에 대하여서는 불복할 이유가 없다. 그러나 인용재결로 말미암아 권리침해 등의 불이익을 받게 되는 제3자는 인용재결을 다툴 필요가 있다. 다만 제3자효 있는 행정행위에서 인용재결을 제3자가 다투는 경우 소송의 성질에 관해 학설의 대립이 있다.

2) 학 설

ⓐ 인용재결은 원처분과 내용을 달리하는 것이므로 인용재결의 취소를 주장하는 것은 원처분에 없는 재결에 고유한 하자를 주장하는 셈이어서 인용재결의 취소를 구하는 소송은 재결취소소송이라는 견해(다수견해), ⓑ 재결이란 행정청의 위법 또는 부당한 처분이나 부작위에 불복하여 행정심판을 제기한 경우 위원회 등이 행한 판단을 말하는데, 이 경우 인용재결은 제3자가 불복하여 위원회 등이 행한 판단이 아니기 때문에 이는 형식상으로는 재결이나 제3자에게는 실질적으로 처분이며, 따라서 이 인용재결을 다투는 것은 재결취소소송이 아니라 처분취소소송이라는 견해도 있다.

3) 판 례

위원회의 인용재결로 비로소 권리·이익의 침해를 받은 제3자가 인용재결을 다투는 경우 그 인용재결은 원처분과 내용을 달리하는 것이므로 판례는 이를 재결취소소송으로 본다(대판 1997. 12. 23. 96누10911).

4) 검 토

이때 인용재결은 제3자의 심판제기로 이루어진 것은 아니라고 할지라도 이미 원처분은 존재하기 때문에 인용재결에 대한 소송은 재결취소소송으로 보는 것이 타당하다.

(5) 설 문

㈎ B는 위원회의 취소재결을 다투어야 하는데, 위원회의 취소재결은 원처분인 건축허가와는 내용을 달리하기 때문에 재결 자체에 고유한 위법이 있는 경우에 해당한다. 따라서 B는 행정심판위원회를 상대로 취소재결의 취소소송을 제기할 수 있다.

㈏ 판례도 「원처분의 상대방이 아닌 제3자가 행정심판을 청구하여 재결청이 원처분을 취소하는 형성재결을 한 경우에 그 원처분의 상대방은 그 재결에 대하여 항고소송을 제기할 수밖에 없고, 이 경우 재결은 원처분과 내용을 달리 하는 것이어서 재결의 취소를 구하는 것은 원처분에 없는 재결 고유의 위법을 주장하는 것이 된다(대판 1998. 4. 24. 97누17131)」고 본다.

기출 27 (3) A가 X시장의 처분에 불복하여 소송을 제기하였을 경우, B는 이에 대응하여 행정소송법상 어떤 방법(B가 아무런 조치를 취하지 못하는 사이 A가 제기한 위 소송에서 A가 승소하여 그 판결이 확정된 경우를 포함한다)을 강구할 수 있는가? 15.

## Ⅲ. 제3자인 B의 행정소송법상 구제수단

### 1. 문제 상황

A의 소송이 인용된다면 B에게 발령되었던 건축허가처분은 취소된다. 즉 해당 소송의 원고는 A이며 피고는 시장이지만 판결이 확정된다면 제3자인 B는 취소판결의 형성력을 받아(행정소송법 제29조 제1항 참조) 행정청의 별도의 의사표시 없이 자신에게 발령된 건축허가처분이 소멸하게 된다. 그럼에도 B에게 소송상 구제수단을 부여하지 않는다면 소송법의 원칙에도 어긋나며, 국민의 재판청구권을 침해할 가능성이 있다. 따라서 행정소송법은 취소판결의 제3자효와의 조화를 위하여 제3자의 소송참가(행정소송법 제16조)와 제3자의 재심청구(행정소송법 제31조) 규정을 두고 있다.

### 2. 확정판결 전의 구제수단(제3자의 소송참가)

#### (1) 소송참가의 의의, 종류

1) 소송참가의 의의

참가인이란 소송에 참가하는 자를 말하는데, 소송참가란 타인 간의 소송 계속 중에 소송 외의 제3자가 타인의 소송의 결과에 따라 자기의 법률상 이익에 영향을 받게 되는 경우 자기의 이익을 위해 타인의 소송절차에 가입하는 것을 말한다. 이는 행정소송의 공정한 해결, 모든 이해관계자의 이익의 보호 및 충분한 소송자료의 확보를 위해 취소소송과 이해관계 있는 제3자나 다른 행정청을 소송에 참여시키는 제도이다.

2) 소송참가의 종류

㈎ 행정소송법상 소송참가에는 ① 제3자의 소송참가(행정소송법 제16조)와 ② 행정청의 소송참가(행정소송법 제17조), ③ 민사소송법에 의한 소송참가(행정소송법 제8조 제2항)가 있다.

㈏ 설문의 경우는 제3자의 소송참가가 문제된다.

#### (2) B의 소송참가 여부

1) 제3자의 소송참가의 의의

법원은 소송의 결과에 따라 권리 또는 이익의 침해를 받을 제3자가 있는 경우에는 당사자 또는 제3자의 신청 또는 직권에 의하여 결정으로써 그 제3자를 소송에 참가시킬 수 있다(행정소송법 제16조 제1항). 이를 제3자의 소송참가라고 한다. 이처럼 제3자의 소송참가가 인정되는 것은 취소판결의 효력(형성력)이 제3자에게도 미치기 때문이다(행정소송법 제29조 제1항). 이는 주로 복효적 행정행위에서 문제된다.

2) 요　　건

a. 타인 간에 소송이 계속 중일 것　　소송참가의 성질상 당연히 타인 간의 취소소송이 계속되고 있어야 한다. 소송이 계속되는 한 심급을 가리지 않고 참가할 수 있다.

b. 소송의 결과에 따라 권리 또는 이익의 침해를 받을 제3자일 것　　㈎ ① '소송의 결과'에 따라 권리 또는 이익의 침해를 받는다는 것은 취소판결의 주문에 의하여 직접 자기의 권리 또는 이익을 침해받는 것을 말하므로 그 취소판결의 효력, 즉 형성력에 의하여 직접 권리 또는 이익을 침해받는 경우를 말한다. ② 또한 학설은 취소판결의 기속력 때문에 이루어지는 행정청의 새로운 처분에 의해서 권리 또는 이익을 침해받는 경우도 해석상 여기서 말하는 권리 또는 이익을 침해받는 경우에 해당한다고 본다.

㈏ '권리 또는 이익'이란 단순한 경제상의 이익이 아니라 법률상 이익을 의미한다.

㈐ 권리 또는 이익의 '침해를 받을'이라는 것은 소송참가시 소송의 결과가 확정되지 않은 상태이므로 실제로 침해받았을 것을 요하는 것이 아니라 소송의 결과에 따라 침해될 개연성이 있는 것으로 족하다(주석행정소송법).

㈑ '제3자'란 해당 소송당사자 이외의 자를 말하는 것으로서 개인에 한하지 않고 국가 또는 공공단체도 포함되나, 행정청은 권리나 이익을 침해 받을 수 없어 행정소송법 제17조의 행정청의 소송참가규정에 의한 참가만이 가능하다(행정청은 권한만 가지며, 권리는 없다).

3) 절　　차

a. 신청 또는 직권　　법원은 당사자 또는 제3자의 신청 또는 직권에 의하여 소송참가를 결정한다(행정소송법 제16조 제1항).

b. 의견청취　　소송참가결정을 하고자 할 때에는 미리 당사자 및 제3자의 의견을 들어야 한다(행정소송법 제16조 제2항).

c. 불　　복　　참가신청이 각하된 경우 신청을 한 제3자는 즉시항고할 수 있다(행정소송법 제16조 제3항).

4) 소송참가인의 지위

㈎ 제3자를 소송에 참가시키는 결정이 있으면 그 제3자는 참가인의 지위를 취득한다. 이때 제3자는 행정소송법 제16조 제4항에 따라 민사소송법 제67조의 규정이 준용되어 피참가인과의 사이에 필수적 공동소송에서의 공동소송인에 준하는 지위에 서게 되나, 당사자적격이 없어 강학상 공동소송적 보조참가인(제3자임에도 판결의 효력을 받는 자에게 공동소송인에 준하는 소송수행권을 인정해 주는 제도를 말한다)의 지위에 있다고 보는 것이 통설이다.

㈏ 그리고 소송참가인으로의 지위를 취득한 제3자는 실제 소송에 참가하여 소송행위를 하였는지 여부를 불문하고 판결의 효력(기판력)을 받는다. 또한 참가인이 된 제3자는 판결확정 후 행정소송법 제31조의 재심의 소를 제기할 수 없다(행정소송법 제31조 참조).

5) 설 문

A의 취소소송이 인용된다면 건축허가처분은 취소되고 그 취소판결의 형성력은 행정소송법 제29조 제1항에 따라 B에게도 미친다. 따라서 B는 A의 취소소송의 결과인 취소판결의 형성력에 의해 자신의 법률상 이익이 침해받을 개연성이 있는 자이므로 A가 제기한 소송에 참가할 수 있다. 소송참가 결정이 있다면 B는 강학상 공동소송적 보조참가인의 지위를 가지게 되며, 실제 소송에 참가하여 소송행위를 하였는지 여부를 불문하고 판결의 효력(기판력)을 받는다.

### 3. 확정판결 후의 구제수단(제3자의 재심청구)

#### (1) 문 제 점

B는 형성력이 미치는 제3자에 해당하므로 취소판결의 제3자효와의 조화를 위하여 제3자의 소송참가(행정소송법 제16조)를 할 수 있는데, 자기에게 책임 없는 사유로 소송에 참가하지 못함으로써 판결의 결과에 영향을 미칠 공격 또는 방어방법을 제출하지 못한 경우 그러한 자의 권리구제를 위해 행정소송법 제31조는 제3자의 재심청구제도를 두고 있다.

#### (2) 의 의

㈎ 제3자의 재심이란 처분등을 취소하는 판결에 의하여 권리 또는 이익의 침해를 받은 제3자가 자기에게 책임 없는 사유로 소송에 참가하지 못함으로써 판결의 결과에 영향을 미칠 공격 또는 방어방법을 제출하지 못하고 판결이 확정된 경우 이 확정판결에 대한 취소와 동시에 판결 전 상태로 복구시켜줄 것을 구하는 불복방법을 말한다(행정소송법 제31조). 이는 행정소송법 제29조 제1항(제38조 제1항 · 제2항)에서 취소판결의 제3자효를 규정하고 있기 때문이다.

㈏ 즉 취소판결의 효력(형성력)을 받은 제3자는 불측의 손해를 입지 않기 위해 소송참가를 할 수도 있으나(행정소송법 제16조 참조) 본인에게 귀책사유 없이 소송에 참가하지 못하는 경우도 있을 수 있으므로 그런 경우 제3자의 불이익을 구제하기 위한 방법이 재심청구제도이다. 그리고 당사자가 제기하는 일반적인 재심은 민사소송법 제451조가 적용된다(행정소송법 제8조 제2항).

#### (3) 재심청구의 요건

1) 재심의 전제조건

재심은 처분등을 취소하는 종국판결의 확정을 전제로 한다.

2) 당 사 자

㈎ 재심청구의 원고는 처분 등을 취소하는 판결에 의해 권리 또는 이익의 침해를 받은 제3자이다. 여기서 '처분 등을 취소하는 판결에 의하여 권리 또는 이익의 침해를 받은 제3자'란 행정소송법 제16조 제1항에서 소송참가를 할 수 있는 '소송의 결과에 따라 권리 또는 이익의 침해를 받을 제3자'와 같은 의미라는 것이 다수견해이다(주석행정소송법, 행정구제법(사법연수원)).

㈏ 행정소송법 제31조 제1항을 분설하면, ⓐ '처분등을 취소하는 판결'에 의하여 권리 또는 이익의 침해를 받는다는 것은 취소판결의 형성력이 미침으로써 권리 또는 이익의 침해를 받

는 것을 말한다. ⓑ '권리 또는 이익'이란 단순한 경제상의 이익이 아니라 법률상 이익을 의미한다. ⓒ 판결에 의하여 권리 또는 이익의 '침해를 받은' 제3자라야 한다. ⓓ '제3자'란 당해 소송당사자 이외의 자를 말하는 것으로서 개인에 한하지 않고 국가 또는 공공단체도 포함되나, 행정청은 권리나 이익을 침해 받을 수 없어 해당되지 않는다.

3) 재심사유

① 자기에게 책임 없는 사유로 소송에 참가하지 못한 경우이며, ② 판결의 결과에 영향을 미칠 공격 또는 방어방법을 제출하지 못하였을 것을 요한다.

4) 재심청구기간

확정판결이 있음을 안 날로부터 30일 이내, 판결이 확정된 날로부터 1년 이내에 제기하여야 한다.

(4) 설 문

A의 취소소송이 인용되면 건축허가처분은 취소되고 그 취소판결의 형성력은 행정소송법 제29조 제1항에 따라 B에게도 미친다. 따라서 취소판결이 확정된다면 B는 A의 취소판결의 형성력에 의해 자신의 법률상 이익이 침해받은 제3자이므로 재심을 청구할 수 있다. 다만, B가 소송에 참가하게 된다면 '책임 없는 사유로 소송에 참가하지 못한 자'가 아니므로 행정소송법 제31조에 의한 재심의 소를 제기할 수 없다.

**기출 27** (4) X시장이 B에게 가스충전소 건축허가를 한 후 B가 허위, 기타 부정한 방법으로 건축허가 신청을 하였다는 것을 발견하고 건축허가를 취소하였다. 이에, B는 X시장의 허가를 신뢰하여 가스충전소 신축공사계약 체결을 비롯한 새로운 법률관계를 형성하였기 때문에 취소할 수 없다고 주장한다. B의 주장은 타당성이 있는가? 10.

# Ⅳ. B 주장의 타당성

## 1. 문제 상황

B가 허위 기타 부정한 방법으로 건축허가를 신청하였지만 시장의 허가를 신뢰하여 새로운 법률관계를 형성하였음을 이유로 신뢰보호원칙을 주장한다면 그러한 주장이 정당한지가 문제된다.

## 2. 신뢰보호원칙 주장의 타당성

### (1) 의의 · 근거

행정청의 행위를 사인이 신뢰한 경우 보호가치 있는 신뢰라면 보호되어야 한다는 원칙을 말한다. 과거 논리적 근거로 여러 학설이 언급되었지만 현재는 법치국가의 구성부분인 법적 안정성을 근거로 인정한다.

(2) 요 건

1) 행정청의 선행조치

㈎ 신뢰의 대상이 되는 행위인 선행조치에는 법령·행정계획·행정행위·행정지도 등이 포함되며, 적극적인 것인가 소극적인 것인가 그리고 명시적인 행위인가 묵시적인 행위인가도 가리지 않는다.

㈏ 판례는 '공적인 견해표명'이라고 하며 이는 행정청의 선행조치를 의미하는 것으로 보여진다. 공적인 견해표명의 판단기준은 「반드시 행정조직상의 형식적인 권한분장에 구애될 것은 아니고 담당자의 조직상의 지위와 임무, 당해 언동을 하게 된 구체적인 경위 및 그에 대한 상대방의 신뢰가능성에 비추어 실질에 의하여 판단하여야 한다(대판 1997. 9. 12. 96누18380)」고 한다.

2) 보호가치 있는 사인의 신뢰

사인에게 특별한 귀책사유가 있는 경우에는 보호가치 있는 사인의 신뢰라고 보기 어렵다. 판례는 귀책사유를 「행정청의 견해표명의 하자가 상대방 등 관계자의 사실은폐나 기타 사위의 방법에 의한 신청행위 등 부정행위에 기인한 것이거나 그러한 부정행위가 없다고 하더라도 하자가 있음을 알았거나 중대한 과실로 알지 못한 경우 등을 의미(대판 2002. 11. 8. 2001두1512)」한다고 본다.

3) 사인의 처리

행정청의 선행조치를 믿은 것 외에도 사인의 처리가 있을 것이 요구된다. 그리고 사인의 처리는 적극적인 것 외에 소극적·묵시적인 것도 포함된다.

4) 인과관계

5) 선행조치에 반하는 후행처분

(3) 한계(법적 안정성과 법률적합성 원칙과의 충돌 및 공익과 사익의 충돌)

㈎ 신뢰보호의 원칙은 법적 안정성을 위한 것이지만, 법치국가원리의 또 하나의 내용인 행정의 법률적합성의 원리와 충돌되는 문제점을 갖는다. 결국 양자의 충돌은 법적 안정성과 법률적합성의 비교형량에 의해 어느 이념이 우선하는지를 결정해야 한다(동위설 또는 비교형량설). 만일 법률적합성에 비해 법적 안정성이 우선한다면 신뢰보호원칙은 인정될 수 있다.

㈏ 또한 이 문제는 공익상 요청과 사익보호 간의 형량으로도 문제될 수 있다. 이 경우에도 공익과 사익 간의 비교형량에 의해 어느 이익이 우선하는지를 결정해야 한다(동위설 또는 비교형량설). 만일 공익에 비해 사익이 우월하다면 신뢰보호원칙은 인정될 수 있다.

(4) 설 문

B는 건축허가를 받았지만 허위 기타 부정한 방법으로 건축허가를 신청하였기에 B의 신뢰는 보호가치가 없다. 따라서 X시장의 허가를 신뢰하여 가스충전소 신축공사계약 체결을 비롯한 새로운 법률관계를 형성하였기 때문에 취소할 수 없다는 B의 주장은 타당하지 않다.

**기출 28** 〈제2문의1〉

건축업자 A는 공사시행을 위하여 Y시장에게 도로점용허가를 신청하였고, Y시장은 2006. 11. 23. 소정의 기간을 붙여 점용허가를 하였다. 그 기간 만료 후 A는 공사가 아직 완료되지 않아 새로이 점용허가를 신청하였다. Y시장은 도로의 점용이 일반인의 교통을 현저히 방해하지 않음에도 인근 상가 주민의 민원이 있다는 이유로 점용허가를 거부하였다. 그런데 Y시장은 이러한 불허가처분을 하기 전에 '의견을 제출할 수 있다는 뜻과 의견을 제출하지 아니하는 경우의 처리방법'을 알리지 아니하였다.

(1) Y시장의 불허가처분은 적법한가? 15.

(2) 만약 Y시장이 새로이 점용허가를 하면서 기간을 지나치게 짧게 정한 경우, A의 행정소송상 권리구제방법은? 20.

[제53회 사법시험(2011년)]

기출 28 (1) Y시장의 불허가처분은 적법한가? 15.

# Ⅰ. Y시장의 불허가처분의 적법성

## 1. 문제 상황

Y시장이 도로의 점용이 일반인의 교통을 현저히 방해하지 않음에도 인근 상가 주민의 민원이 있다는 이유로 A의 점용허가신청을 거부한 것이 내용상 위법성은 없는지 그리고 불허가처분 전에 '의견을 제출할 수 있다는 뜻과 의견을 제출하지 아니하는 경우의 처리방법'을 알리지 아니한 절차상의 위법은 없는지가 문제된다.

## 2. 불허가처분의 내용상 위법성

### (1) 도로점용허가의 재량성

(가) 도로점용허가는 도로사용의 독점적 이익을 보호하고 있어 상대방에게 수익적이며, 공익적 판단이 주된 기준이 된다는 면에서 이를 재량행위로 보는 것이 타당하다. 판례도 같은 입장이다(대판 2002. 10. 25. 2002두5795).

(나) 도로점용허가가 재량행위라면 재량권 일탈·남용이 없어야 하는바 Y시장이 도로의 점용이 일반인의 교통을 현저히 방해하지 않음에도 인근 상가 주민의 민원이 있다는 이유로 A의 점용허가신청을 거부한 것이 행정법의 일반원칙(특히 비례원칙)에 위반되지 않는지가 문제된다.

### (2) 비례원칙 위반 여부

1) 의의·내용

(가) 행정목적을 실현하기 위한 구체적인 수단과 목적간에 적정한 비례관계가 있어야 한다는 원칙이다.

(나) 비례원칙은 ⓐ 행정목적과 목적달성을 위해 동원되는 수단간에 객관적 관련성이 있어야 한다는 적합성의 원칙, ⓑ 여러 적합한 수단 가운데 최소 침해를 가져오는 것이 선택되어야 한다는 필요성의 원칙(최소침해의 원칙), ⓒ 행정목적달성을 위한 적합하고 필요한 수단이라고 하더라도 이러한 수단을 통해 달성하려는 공익과 수단으로 인한 사익침해가 합리적인 비례관계를 이루어야 한다는 상당성의 원칙(협의의 비례원칙)으로 이루어져 있으며, 이 3가지 원칙은 단계구조를 이룬다.

2) 설 문

인근 상가주민의 민원이 있다는 공익적 사정과 도로점용불허가처분은 객관적 관련성이 인정되며, 행정지도와 같은 수단으로는 이러한 공익적 사정을 해소하기 어려워 불허가처분은 최소침해 원칙에도 위반되지 않지만, A는 당초 도로점용허가를 받아 공사를 하고 있었으나 공사가 완료되지 않은 상태에서 상가 주민의 민원을 이유로 점용허가가 거부된다면 A에게 막대한 손해가 예상되는바 시장의 불허가처분은 상당성의 원칙에 위반되는 처분이다.

## 3. 불허가처분의 절차상 위법성

### (1) 처분의 사전통지의 요건

행정절차법 제21조는 행정청이 ⓐ 의무를 부과하거나 권익을 제한하는, ⓑ 처분을 하는 경우, ⓒ 예외사유에 해당하지 않는다면(제4항) 사전통지가 필요하다고 한다. 설문은 사전통지의 요건과 관련해 수익적 처분의 신청에 대한 거부가 '당사자에게 의무를 부과하거나 권익을 제한하는 것(사전통지의 요건 ⓐ와 관련)'인지가 특히 문제된다.

### (2) 거부처분에서 처분의 사전통지의 필요성

1) 문 제 점

조세부과처분이나 영업허가의 취소와 같은 당사자의 권익을 제한하는 처분은 '당사자에게 의무를 부과하거나 권익을 제한하는 처분'에 해당함에 문제가 없으나, 수익적인 처분(건축허가)을 신청한 것에 대한 거부처분도 불이익처분에 포함될 것인지가 문제된다.

2) 학 설

a. 불 요 설 처분의 사전통지는 법문상 의무부과와 권익을 제한하는 경우에만 적용되므로 수익적인 행위나 수익적 행위의 거부의 경우는 적용이 없고, 거부처분의 경우 신청과정에서 행정청과 대화를 계속하고 있는 상태이므로 사전통지를 요하지 않는다고 한다.

b. 필 요 설 당사자가 신청을 한 경우 신청에 따라 긍정적인 처분이 이루어질 것을 기대하고 거부처분을 기대하지는 아니하고 있으므로 거부처분은 당사자의 권익을 제한하는 처분에 해당하며, 따라서 거부처분의 경우에도 사전통지가 필요하다고 한다.

c. 중간설(절충설) 원칙적으로 거부처분은 사전통지의 대상이 되지 않지만, 신청인이 신청서에 기재하지 않은 사실을 근거로 거부하거나 신청서에 기재한 사실을 인정할 수 없다는 이유로 거부하거나 신청인이 자료를 제출하지 않았다는 이유로 거부하는 등의 경우에는 신청인의 예측가능성을 보호하기 위해 예외적으로 사전통지절차가 필요하다고 본다(최계영).

3) 판 례

판례는 「행정절차법 제21조 제1항은 행정청은 당사자에게 의무를 과하거나 권익을 제한하는 처분을 하는 경우에는 … 당사자 등에게 통지하도록 하고 있는바, 신청에 따른 처분이 이루어지지 아니한 경우에는 아직 당사자에게 권익이 부과되지 아니하였으므로 특별한 사정이 없는 한 신청에 대한 거부처분이라고 하더라도 직접 당사자의 권익을 제한하는 것은 아니어서 신청에 대한 거부처분을 여기에서 말하는 '당사자의 권익을 제한하는 처분'에 해당한다고 할 수 없는 것이어서 처분의 사전통지대상이 된다고 할 수 없다(대판 2003. 11. 28. 2003두674)」고 하여 불요설의 입장이다.

4) 검토 및 설문

㈎ 거부처분은 행정절차법 제21조 제1항의 당사자의 권익을 제한하거나 의무를 부과하는

처분으로 볼 수 없어 사전통지가 필요 없다는 견해가 타당하다(불요설).

(나) 시장의 불허가처분은 사전통지의 대상이 되지 않으므로 A에게 사전통지를 하지 않았다고 하더라도 절차상 위법하지 않다.

(다) 다만, 아래에서는 불허가처분(거부처분)도 사전통지의 대상이 된다는 견해에 따라 서술한다.

### (3) 처분의 사전통지의 예외 사유

행정절차법 제21조 제4항은 제1호에서 제3호까지 사전통지의 예외사유를 규정하고 있으나, 설문에서는 예외사유에 해당사항이 없다.

### (4) 절차상 하자의 독자적 위법사유 여부

1) 문 제 점

절차상 하자의 효과에 관한 명문의 규정이 있는 경우(국가공무원법 제13조)라면 문제가 없으나, 절차상 하자의 효과에 관한 명문의 규정이 없는 경우 특히 그 행정행위가 기속행위인 경우 행정절차를 거치지 아니한 경우라고 하여도 그 내용은 행정절차를 거친 경우와 동일한 것일 수 있기 때문에 절차상의 하자가 독자적인 위법사유인지가 문제된다.

2) 학 설

a. 소 극 설 절차규정이란 적정한 행정결정을 확보하기 위한 수단에 불과하며, 절차상의 하자만을 이유로 취소하는 것은 행정능률 및 소송경제에 반한다는 점을 근거로 절차상 하자는 독자적인 위법사유가 될 수 없다고 본다.

b. 적 극 설 소극설을 취하는 경우에는 절차적 규제가 유명무실해질 우려가 있어 행정절차의 실효성 확보를 위해 적극설이 타당하고, 법원이 절차상 하자를 이유로 취소한 후 행정청이 적법한 절차를 거쳐 다시 처분을 하는 경우 재량행위뿐 아니라 기속행위의 경우에도 처분의 발령에 이르기까지의 사실판단이나 요건 판단을 달리하여 당초 처분과 다른 내용의 결정에 이를 수 있기 때문에 반드시 동일한 내용의 처분을 반복한다고 말할 수 없다는 점을 근거로 절차상 하자는 독자적인 위법사유가 될 수 있다고 본다(다수설).

c. 절 충 설 기속행위와 재량행위를 나누어 재량행위는 절차의 하자가 존재할 때 위법해지지만, 기속행위는 내용상 하자가 존재하지 않는 한 절차상 하자만으로 행정행위가 위법해지지 않는다고 본다. 기속행위의 경우 법원이 절차상 하자를 이유로 취소하더라도 행정청은 절차상 하자를 보완하여 동일한 내용으로 다시 처분을 할 수 있으므로 행정능률에 반한다는 점을 근거로 한다.

3) 판 례

대법원은 재량행위·기속행위를 불문하고 적극적인 입장이다(대판 1991. 7. 9. 91누971).

4) 검 토

행정의 법률적합성원칙에 따라 행정작용은 실체상뿐만 아니라 절차상으로도 적법하여야 하며, 취소소송 등의 기속력이 절차의 위법을 이유로 하는 경우에 준용된다는 점(행정소송법 제30조 제3항) 등에 비추어 적극설이 타당하다.

(5) 소 결

판례에 따르면 시장의 불허가처분은 사전통지의 대상이 되지 않아 절차상의 위법은 없으나, 불허가처분(거부처분)도 사전통지의 대상이 된다는 견해에 따른다면 시장의 불허가처분은 절차상 위법이 인정될 수 있다.

### 4. 결 론

Y시장의 불허가처분은 내용상 비례원칙에 위반되는 처분이지만, 판례에 따르면 거부처분은 사전통지의 대상이 되지 않기에 절차상의 위법은 없다.

**기출 28** (2) 만약 Y시장이 새로이 점용허가를 하면서 기간을 지나치게 짧게 정한 경우, A의 행정소송상 권리구제방법은? 20.

## Ⅱ. 행정소송상 권리구제방법

### 1. 문제 상황

행정소송을 제기하기 위한 전제로 해당 부관(기한)의 위법성을 먼저 검토한 후 부관에 대한 독립쟁송가능성과 쟁송형태, 그리고 집행정지를 살펴본다. 그리고 국가배상청구소송과 의무이행소송의 가능성도 검토한다.

### 2. 부관의 위법성 · 위법성의 정도

(1) 부관의 부가가능성

1) 문 제 점

법률유보원칙에 비추어 부관의 부가가능성에 대한 명시적 법적 근거가 없더라도 침익적 부관을 부가할 수 있는지가 문제된다.

2) 학설 · 판례

① 전통적인 견해와 판례는 법률행위적 행정행위이며 재량행위인 경우에는 부관이 가능하고, 준법률행위적 행정행위와 기속행위는 부관이 불가능하다고 한다. ② 그러나 최근의 다수견해는 준법률행위적 행정행위와 기속행위도 부관이 가능한 경우가 있고(전자의 예: 여권의 유효기간, 후자의 예: 요건충족적 부관), 재량행위도 부관이 불가능한 경우(예: 귀화허가나 개명허가에 조건이나 기한을 부가하는 경우)가 있으므로 행정행위와 부관의 성질을 개별적으로 검토하여 부관의 가능성을 판단

하는 입장이다.

3) 검 토

원칙적으로 기속행위에는 침익적 부관을 부가할 수 없고 재량행위에는 부관을 부가할 수 있지만, 개개의 행정행위와 부관의 성질에 따라 예외가 있을 수 있음을 인정하는 최근의 다수견해의 입장이 타당하다.

4) 설 문

행정행위의 성질을 개별적으로 검토하여 부관의 가능성을 검토하는 다수견해에 따른다면 도로점용허가는 재량행위이므로, 시장은 성질상 제한이 없는 한 원칙적으로 부관을 붙일 수 있다.

#### (2) 부관의 한계

(가) 부관은 부관부 행정행위의 구성부분이므로 성문의 법령이나 행정법의 일반원칙에 위반되어서는 아니 된다. 설문과 관련해서는 행정법의 일반원칙 중 비례원칙 위반이 문제된다.

(나) 공사가 아직 완료되지 않았고, A의 도로점용이 일반인의 교통을 현저히 방해하지 않음에도 Y시장이 새로이 점용허가를 하면서 기간을 지나치게 짧게 정하였다면 해당 부관은 비례원칙(최소침해의 원칙이나 상당성의 원칙 위반)에 위반되어 위법하다.

#### (3) 위법성의 정도

(가) 행정의 법률적합성을 고려할 때 위법한 행정행위의 효력은 부정하는 것이 정당하지만, 법적 안정성(공정력의 인정근거)을 근거로 일단 잠정적으로 유효성을 인정한다. 그러나 행정행위의 하자가 중대하고도 명백한 경우에는 법적 안정성을 침해할 우려가 없고 그러한 행정행위에 효력을 인정하는 것은 행정의 법률적합성에 반하기 때문에 중대명백설이 타당하다(다수설).

(나) 중대명백설에 따르면, 비례원칙에 위반되는 기간은 적법요건에 중대한 하자는 있으나, 일반인의 관점에서 외관상 명백한 하자가 있다고 보기는 어렵다. 따라서 설문의 부관은 취소사유에 해당한다.

### 3. 부관에 대한 취소소송

#### (1) 부관의 성질

(가) 부관의 종류 중 어디에 해당하는지는 ⓐ 그 표현에 관계없이 행정청의 객관적인 의사에 따라 판단하여야 한다. ⓑ 다만 그 의사가 불분명하다면 최소침해의 원칙상 상대방인 사인에게 유리하도록 판단한다.

(나) 설문의 도로점용기간은 부관 중 기한에 해당한다. 기한이란 행정행위의 효력의 발생·소멸을 장래에 발생 여부가 확실한 사실에 종속시키는 부관을 말한다.

### (2) 부관의 독립쟁송가능성

1) 문 제 점

(가) 사인이 수익적 행정행위를 발급받을 때 그 효과를 제한하는 기한, 조건 등이 부가되거나 의무를 과하는 부담이 부가되는 경우 상대방은 침익적인 부관이 부가되지 않는 수익적인 주된 행정행위의 발급만을 원할 것이다. 따라서 부관만의 독립쟁송가능성이 문제된다. 만일 부관부 행정행위 전체가 취소된다면 이미 발급받은 수익적인 행정행위도 소멸되므로 상대방에게는 더 침익적일 수 있기 때문이다.

(나) 부관에 대한 소송형태로는 ① 행정행위의 일부만을 취소소송의 대상으로 하는 소송인 진정일부취소소송(형식상으로나 내용상으로도 부관만의 취소를 구하는 소송이다), ② 형식상으로는 부관부 행위 전체를 소송의 대상으로 하면서 내용상 일부의 취소를 구하는 소송인 부진정일부취소소송, ③ 형식상으로나 내용상으로 부관부 행정행위의 전체의 취소를 구하거나, 부관의 변경을 청구하고 거부하는 경우 거부처분취소를 구하는 소송이 있을 수 있다.

2) 학 설

a. 모든 부관이 독립쟁송가능하다는 견해

(i) 부담과 기타 부관의 쟁송형태가 다르다는 견해 부담은 행정행위이므로 부담만으로도 쟁송의 대상이 될 수 있지만, 그 이외의 부관은 부관부행정행위 전체를 쟁송의 대상으로 하여야 한다는 견해이다. 즉, 부관은 모두 독립쟁송이 가능하지만, 부담은 진정일부취소소송의 형태로, 부담 이외의 부관은 부진정일부취소소송의 형태로 쟁송을 제기해야 한다고 한다.

(ii) 모든 부관의 쟁송형태가 같다는 견해 부담이든 다른 부관이든 구별하지 않고 모든 부관은 독립쟁송가능하다는 견해이다. 다만, (다수설은 부담을 행정행위로 보지만) 부담이 행정행위인지에 대해 의문을 가지면서 부관에 대한 쟁송은 모두 부진정일부취소소송의 형태를 취해야 한다고 본다.

b. 분리가능성을 기준으로 하는 견해 ① 이 견해는 주된 행정행위와 부관의 분리가능성을 기준으로 독립쟁송가능성을 판단한다. 즉, 주된 행정행위와 분리가능성이 없는 부관은 독립쟁송이 불가능하지만, 주된 행위와의 분리가능성이 인정되는 부관이라면 독립쟁송이 가능하다는 견해이다. ② 즉, 주된 행정행위와 분리가능성이 없는 부관은 (진정 또는 부진정 일부취소소송이 아니라) 부관부 행정행위 전체에 대해 쟁송을 제기해야 하고, 분리가능성이 인정되는 부관은 ⓐ 처분성이 인정되는 것은 진정일부취소소송의 형태로, ⓑ 처분성이 인정되지 않는 것은 부진정일부취소소송의 형태로 쟁송을 제기해야 한다고 본다. 그리고 분리가능성의 판단기준은 ⓐ 부관 없이도 주된 행정행위가 적법하게 존속할 수 있을 것과 ⓑ 부관이 없는 주된 행정행위가 공익상의 장애를 발생시키지 않을 것을 든다.

3) 판 례

(가) 판례는 「행정행위의 부관은 행정행위의 일반적인 효력이나 효과를 제한하기 위하여 의

사표시의 주된 내용에 부가되는 종된 의사표시이지 그 자체로서 직접 법적 효과를 발생하는 독립된 처분이 아니므로 현행 행정쟁송제도 아래서는 부관 그 자체만을 독립된 쟁송의 대상으로 할 수 없는 것이 원칙이나 부담의 경우에는 다른 부관과는 달리 행정행위의 불가분적인 요소가 아니고 그 존속이 본체인 행정행위의 존재를 전제로 하는 것일 뿐이므로 부담 그 자체로서 행정쟁송의 대상이 될 수 있다(대판 1992. 1. 21. 91누1264)」라고 하여 부담만 독립쟁송이 가능하다는 입장이다.

(나) 즉, 판례는 부진정일부취소소송을 인정하지 않기 때문에 부담 이외의 부관에 대해서는 독립쟁송이 불가능하고 부관부행정행위전체를 소의 대상으로 하든지 아니면 부관이 없는 처분으로의 변경을 청구한 다음 그것이 거부된 경우에 거부처분취소소송을 제기하여야 한다는 입장이다.

4) 검토 및 설문

(가) 모든 부관이 독립쟁송가능하다는 견해 중 부담과 기타 부관의 쟁송형태가 다르다는 견해가 타당하다. 분리가능성을 기준으로 하는 견해에 대해서는 분리가능성의 문제는 독립'쟁송'가능성(소송 요건)이 아니라 독립'취소'가능성(본안 판단)의 문제라는 비판이 있다. 또한 부진정일부취소소송을 인정하지 않는 판례는 부담 이외의 부관에 대해서는 부관부행정행위 전체를 소의 대상으로 하든지 아니면 부관이 없는 처분으로의 변경을 청구한 다음 그것이 거부된 경우에 거부처분취소소송을 제기해야 하기 때문에 상대방의 권리구제에 문제점이 있다.

(나) 설문의 부관은 기한으로 A는 기한부 도로점용허가 전체를 소의 대상으로 하여 부진정일부취소소송을 제기해야 한다.

### 4. 국가배상청구소송

판례에 따르면 국가배상청구소송은 민사소송으로 해결할 것이나, 다수설은 이를 공법상 당사자소송으로 보기 때문에, 다수설의 입장에 따르고 시장의 직무상 행위(비례원칙에 위반되는 부관의 부가행위)에 고의·과실, 위법성이 인정된다면 갑은 시를 상대로 국가배상을 청구할 수 있다.

### 5. 의무이행소송

A는 행정청에 지나치게 짧은 기간(부관)의 변경을 청구하고, 행정청이 거부하는 경우 의무이행소송의 제기를 생각해볼 수 있다. 하지만 판례는 이를 부정한다.

**기출 29** 〈제1문〉

갑은 2011년 9월 15일 A시에 다세대주택 건축허가를 받아 건축 중이었다. 2012년 1월 20일에 A시 시장은 대지 중 일부에 이웃 건축물 소유자의 담장이 설치되어 있다는 등의 이유로 갑에게 공사의 중지를 명령하였다. 그러나 갑은 A시 시장의 명령을 무시하고 공사를 계속하여 다세대주택을 완공하였다. 이후 2012년 3월 20일에 대지면적과 연면적을 일정 부분 증가하고, 세대수를 11세대 등으로 변경하는 내용의 건축변경허가를 신청하였다. 이에 A시 시장은 4월 24일 건축변경허가를 하면서 "건축사용승인 신청시까지 단지 내 침범된 인근 건축물의 담장 부분을 철거하고 대지경계에 담장을 설치한 후 사용승인신청을 하여야 한다."는 내용을 부가하였다. 갑은 "건축사용승인 신청시까지 단지 내 침범된 인근 건축물의 담장 부분을 철거하고 대지경계에 담장을 설치한 후 사용승인신청을 하여야 한다."고 한 부분만의 취소를 구하는 소송을 제기하였다. 이 사안을 보고 다음 물음에 답하시오.

(1) 갑의 소제기는 적법한 것인지 설명하시오. 25.

(2) 적법하게 소송이 제기되었다면 수소법원이 원고의 청구를 인용할 수 있는지 그 판단 방법과 기준에 관하여 설명하시오. 25.

[제28회 입법고시(2012년)]

참조조문

건축법

제83조(옹벽 등의 공작물에의 준용) ① 대지를 조성하기 위한 옹벽, 굴뚝, 광고탑, 고가수조(高架水槽), 지하 대피호, 그 밖에 이와 유사한 것으로서 대통령령으로 정하는 공작물을 축조하려는 자는 대통령령으로 정하는 바에 따라 특별자치도지사 또는 시장·군수·구청장에게 신고하여야 한다.

건축법시행령

제118조(옹벽 등의 공작물에의 준용) ① 법 제83조 제1항에 따라 공작물을 축조(건축물과 분리하여 축조하는 것을 말한다. 이하 이 조에서 같다)할 때 특별자치도지사 또는 시장·군수·구청장에게 신고를 하여야 하는 공작물은 다음 각 호와 같다.

1. 높이 6미터를 넘는 굴뚝
2. 높이 6미터를 넘는 장식탑, 기념탑, 그 밖에 이와 비슷한 것
3. 높이 4미터를 넘는 광고탑, 광고판, 그 밖에 이와 비슷한 것
4. 높이 8미터를 넘는 고가수조나 그 밖에 이와 비슷한 것
5. 높이 2미터를 넘는 옹벽 또는 담장
6. 바닥면적 30제곱미터를 넘는 지하대피호
7. 높이 6미터를 넘는 골프연습장 등의 운동시설을 위한 철탑, 주거지역·상업지역에 설치하는 통신용 철탑, 그 밖에 이와 비슷한 것
8. 높이 8미터(위험을 방지하기 위한 난간의 높이는 제외한다) 이하의 기계식 주차장 및 철골 조립식 주차장(바닥면이 조립식이 아닌 것을 포함한다)으로서 외벽이 없는 것
9. 건축조례로 정하는 제조시설, 저장시설(시멘트사일로를 포함한다), 유희시설, 그 밖에 이와 비슷한 것
10. 건축물의 구조에 심대한 영향을 줄 수 있는 중량물로서 건축조례로 정하는 것

기출 29 (1) 갑의 소제기는 적법한 것인지 설명하시오. 25.

# Ⅰ. 부관에 대한 소 제기의 적법성

## 1. 문제 상황

갑이 건축변경허가를 받으며 시장으로부터 부가받았던 "건축사용승인 신청시까지 단지 내 침범된 인근 건축물의 담장 부분을 철거하고 대지경계에 담장을 설치한 후 사용승인신청을 하여야 한다"고 한 부분(부관)만의 취소를 구하는 것이 적법한지(독립쟁송가능성)를 판단하기 위해서는 해당 부관의 성질에 대한 논의가 선행되어야 한다.

## 2. 부관의 성질

㈎ 부관의 종류 중 어디에 해당하는지는 ⓐ 그 표현에 관계없이 행정청의 객관적인 의사에 따라 판단하여야 한다. ⓑ 다만 그 의사가 불분명하다면 최소침해의 원칙상 상대방인 사인에게 유리하도록 판단한다.

㈏ 설문의 부관은 시장이 건축변경허가를 하면서 의무(담장철거의무 및 담장설치의무)를 부담시킨 것이므로 부담에 해당한다. 부담이란 수익적인 주된 행정행위에 부가된 것으로 상대방에게 작위·부작위·수인·급부 등 의무를 과하는 부관을 말한다.

## 3. 부관의 독립쟁송가능성

### (1) 문 제 점

㈎ 사인이 수익적 행정행위를 발급받을 때 그 효과를 제한하는 기한, 조건 등이 부가되거나 의무를 과하는 부담이 부가되는 경우 상대방은 침익적인 부관이 부가되지 않는 수익적인 주된 행정행위의 발급만을 원할 것이다. 따라서 부관만의 독립쟁송가능성이 문제된다. 만일 부관부 행정행위 전체가 취소된다면 이미 발급받은 수익적인 행정행위도 소멸되므로 상대방에게는 더 침익적일 수 있기 때문이다.

㈏ 부관에 대한 소송형태로는 ① 행정행위의 일부만을 취소소송의 대상으로 하는 소송인 진정일부취소소송(형식상으로나 내용상으로도 부관만의 취소를 구하는 소송이다), ② 형식상으로는 부관부 행위 전체를 소송의 대상으로 하면서 내용상 일부의 취소를 구하는 소송인 부진정일부취소소송, ③ 형식상으로나 내용상으로 부관부 행정행위의 전체의 취소를 구하거나, 부관의 변경을 청구하고 거부하는 경우 거부처분 취소를 구하는 소송이 있을 수 있다.

### (2) 학 설

1) 모든 부관이 독립쟁송가능하다는 견해

a. 부담과 기타 부관의 쟁송형태가 다르다는 견해 부담은 행정행위이므로 부담만으로도

쟁송의 대상이 될 수 있지만, 그 이외의 부관은 부관부행정행위 전체를 쟁송의 대상으로 하여야 한다는 견해이다. 즉, 부관은 모두 독립쟁송이 가능하지만, 부담은 진정일부취소소송의 형태로, 부담 이외의 부관은 부진정일부취소소송의 형태로 쟁송을 제기해야 한다고 한다.

b. 모든 부관의 쟁송형태가 같다는 견해 부담이든 다른 부관이든 구별하지 않고 모든 부관은 독립쟁송가능하다는 견해이다. 다만, (다수설은 부담을 행정행위로 보지만) 부담이 행정행위인지에 대해 의문을 가지면서 부관에 대한 쟁송은 모두 부진정일부취소소송의 형태를 취해야 한다고 본다.

2) 분리가능성을 기준으로 하는 견해

① 이 견해는 주된 행정행위와 부관의 분리가능성을 기준으로 독립쟁송가능성을 판단한다. 즉, 주된 행정행위와 분리가능성이 없는 부관은 독립쟁송이 불가능하지만, 주된 행위와의 분리가능성이 인정되는 부관이라면 독립쟁송이 가능하다는 견해이다. ② 즉, 주된 행정행위와 분리가능성이 없는 부관은 (진정 또는 부진정 일부취소소송이 아니라) 부관부 행정행위 전체에 대해 쟁송을 제기해야 하고, 분리가능성이 인정되는 부관은 ⓐ 처분성이 인정되는 것은 진정일부취소소송의 형태로, ⓑ 처분성이 인정되지 않는 것은 부진정일부취소소송의 형태로 쟁송을 제기해야 한다고 본다. 그리고 분리가능성의 판단기준은 ⓐ 부관 없이도 주된 행정행위가 적법하게 존속할 수 있을 것과 ⓑ 부관이 없는 주된 행정행위가 공익상의 장애를 발생시키지 않을 것을 든다.

### (3) 판 례

㈎ 판례는 「행정행위의 부관은 행정행위의 일반적인 효력이나 효과를 제한하기 위하여 의사표시의 주된 내용에 부가되는 종된 의사표시이지 그 자체로서 직접 법적 효과를 발생하는 독립된 처분이 아니므로 현행 행정쟁송제도 아래서는 부관 그 자체만을 독립된 쟁송의 대상으로 할 수 없는 것이 원칙이나 부담의 경우에는 다른 부관과는 달리 행정행위의 불가분적인 요소가 아니고 그 존속이 본체인 행정행위의 존재를 전제로 하는 것일 뿐이므로 부담 그 자체로서 행정쟁송의 대상이 될 수 있다(대판 1992. 1. 21. 91누1264)」라고 하여 부담만 독립쟁송이 가능하다는 입장이다.

㈏ 즉, 판례는 부진정일부취소소송을 인정하지 않기 때문에 부담이외의 부관에 대해서는 독립쟁송이 불가능하고 부관부행정행위전체를 소의 대상으로 하든지 아니면 부관이 없는 처분으로의 변경을 청구한 다음 그것이 거부된 경우에 거부처분취소소송을 제기하여야 한다는 입장이다.

### (4) 검토 및 설문

㈎ 모든 부관이 독립쟁송가능하다는 견해 중 부담과 기타 부관의 쟁송형태가 다르다는 견해가 타당하다. 분리가능성을 기준으로 하는 견해에 대해서는 분리가능성의 문제는 독립'쟁송'가능성(소송 요건)이 아니라 독립'취소'가능성(본안 판단)의 문제라는 비판이 있다. 또한 부진정일부취소소송을 인정하지 않는 판례는 부담 이외의 부관에 대해서는 부관부행정행위 전체를 소의

대상으로 하든지 아니면 부관이 없는 처분으로의 변경을 청구한 다음 그것이 거부된 경우에 거부처분취소소송을 제기해야 하기 때문에 상대방의 권리구제에 문제점이 있다.

(나) 설문의 부관은 부담이므로 갑은 부담을 대상으로 진정일부취소소송을 제기할 수 있다.

### 4. 소 결

갑의 "건축사용승인 신청시까지 단지 내 침범된 인근 건축물의 담장 부분을 철거하고 대지 경계에 담장을 설치한 후 사용승인신청을 하여야 한다"고 한 부분만의 취소를 구하는 소송은 적법하다.

**기출 29** (2) 적법하게 소송이 제기되었다면 수소법원이 원고의 청구를 인용할 수 있는지 그 판단 방법과 기준에 관하여 설명하시오. 25.

## Ⅱ. 부관에 대한 취소소송의 인용가능성

### 1. 문제 상황

갑의 부관만의 취소소송이 적법하다면 수소법원이 갑의 청구를 인용할 수 있는지와 관련해 해당 부관이 위법한지를 먼저 검토하고, 위법하다면 부관만의 독립취소가 가능한지를 살펴본다.

### 2. 부관의 위법성

#### (1) 부관의 부가가능성

1) 문 제 점

법률유보원칙에 비추어 부관의 부가가능성에 대한 명시적 법적 근거가 없더라도 침익적 부관을 부가할 수 있는지가 문제된다.

2) 학설·판례

① 전통적인 견해와 판례는 법률행위적 행정행위이며 재량행위인 경우에는 부관이 가능하고, 준법률행위적 행정행위와 기속행위는 부관이 불가능하다고 한다. ② 그러나 최근의 다수견해는 준법률행위적 행정행위와 기속행위도 부관이 가능한 경우가 있고(전자의 예: 여권의 유효기간. 후자의 예: 요건충족적 부관), 재량행위도 부관이 불가능한 경우(예: 귀화허가나 개명허가에 조건이나 기한을 부가하는 경우)가 있으므로 행정행위와 부관의 성질을 개별적으로 검토하여 부관의 가능성을 판단하는 입장이다.

3) 검 토

원칙적으로 기속행위에는 침익적 부관을 부가할 수 없고 재량행위에는 부관을 부가할 수 있지만, 개개의 행정행위와 부관의 성질에 따라 예외가 있을 수 있음을 인정하는 최근의 다수견해의 입장이 타당하다.

4) 설 문

㈎ 일반적 견해와 판례는 건축(변경)허가를 기속행위라고 본다(대판 2006. 11. 9. 2006두1227). 따라서 시장은 건축변경허가를 하면서 "건축사용승인 신청시까지 단지 내 침범된 인근 건축물의 담장 부분을 철거하고 대지경계에 담장을 설치한 후 사용승인신청을 하여야 한다"라는 부담을 부가할 수 없다.

㈏ 기속행위의 경우 법령에 근거가 있으면 가능하지만, 설문의 건축법령은 담장을 설치하는 경우 신고를 하도록 규정할 뿐 담장설치의무를 과하는 취지의 근거규정은 될 수 없으므로 설문의 부담은 위법하다.

(2) 부관의 한계

㈎ 부관은 부관부 행정행위의 구성부분이므로 성문의 법령이나 행정법의 일반원칙에 위반되어서는 아니 된다. 또한 부관의 내용은 실현 가능해야 하고 주된 행정행위의 목적에 반하여서는 아니 된다.

㈏ 시장이 건축변경허가를 하면서 담장철거 및 설치의무를 부과하는 부관을 부가한 것은 부당결부금지원칙에 위반될 가능성도 크다.

(3) 부관의 위법성의 정도

㈎ 행정의 법률적합성을 고려할 때 위법한 행정행위의 효력은 부정하는 것이 정당하지만, 법적 안정성(공정력의 인정근거)을 근거로 일단 잠정적으로 유효성을 인정한다. 그러나 행정행위의 하자가 중대하고도 명백한 경우에는 법적 안정성을 침해할 우려가 없고 그러한 행정행위에 효력을 인정하는 것은 행정의 법률적합성에 반하기 때문에 중대명백설이 타당하다(다수설).

㈏ 중대명백설에 따르면, 건축법령의 해석상 설문의 담장철거 및 담장설치 부담이 적법요건에 중대한 하자는 있으나, 일반인의 관점에서 외관상 명백한 하자가 있다고 보기는 어렵다. 따라서 설문의 부관은 취소사유에 해당한다.

## 3. 부관의 독립취소가능성

(1) 문 제 점

원고가 부관만의 취소를 구하는 경우에 법원이 심리를 통하여 부관이 위법하다고 판단한 경우 부관만을 독립하여 취소할 수 있는지(아니면 부관부 행정행위 전체를 취소하거나 기각해야 하는지) 여부가 문제된다.

(2) 학 설

1) 재량행위와 기속행위를 구분하는 견해

ⓐ 기속행위의 경우는 행정청이 임의로 부관을 붙일 수 없으므로 부관만의 취소는 가능하

지만, ⓑ 재량행위의 경우에는 부관이 행정행위의 본질적 요소이어서 행정청이 부관 없이는 당해 행위를 하지 않았을 것으로 판단되는 경우에는 부관만의 취소는 인정되지 아니한다고 한다. 왜냐하면 그러한 부관이 없이는 행정청이 발하지 않았을 처분을 법원이 강요하는 결과가 되기 때문이라고 한다. ⓒ 그리고 요건충족적 부관의 경우에는 부관만의 취소가 인정될 수 없다고 본다(요건충족적 부관만 취소된다면 요건미비인 처분이 되기 때문에).

2) 중요성을 기준으로 하는 견해

법원은 위법한 부관이 주된 행정행위의 중요한 요소가 되지 않은 경우에는 부관만을 일부 취소할 수 있지만, 부관이 주된 행정행위의 중요한 요소가 되는 경우에는 부관부 행정행위 전체를 취소해야 한다고 본다.

3) 부관의 위법성을 기준으로 하는 견해

부관에 대한 취소소송의 소송물은 부관 자체의 위법성이기 때문에 부관에 위법성이 존재하면 부관만을 취소할 수 있다는 견해이다.

(3) 판 례

위법한 부관이 부담이면 독립취소가 가능하지만, 그 외의 부관에 대해 판례는 독립쟁송가능성을 부정하기 때문에 소송의 대상은 부관부 행정행위 전체가 되고 결국 독립취소가능성은 부정된다. 따라서 부담 이외의 부관은 2가지 경우로 나누어 위법한 부관이 행정행위의 중요부분이면 부관부 행정행위 전부를 취소하는 판결을, 그렇지 않다면 기각판결을 해야 한다는 입장이다.

(4) 검 토

중요성을 기준으로 하는 견해가 타당하다. 이 견해에 따르면 부관이 주된 행정행위의 중요한 요소가 되는 경우에는 부관뿐만이 아니라 행정행위도 취소해야 하기 때문에 처분권주의에 반한다는 비판이 있지만, 처분권주의는 당사자가 자유로이 처분할 수 있는 개인적 이익인 경우 적용되는 것인데 '부관이 주된 행정행위의 중요한 요소이어서 부관만을 취소할 수 없는 경우임에도 불구하고 부관만의 취소를 구하는 것'은 원고가 자유로이 처분할 수 있는 성질의 것이 아니어서 처분권주의가 적용되지 않는다고 보아야 한다(송영천). 따라서 당사자는 부관만의 위법성을 주장하였지만 부관이 주된 행정행위의 중요한 요소가 되는 경우라면 법원은 부관부 행정행위 전체를 취소할 수 있다.

(5) 설 문

설문의 담장철거 및 담장설치 부담은 건축변경허가의 중요한 요소가 된다고 보기 어렵기 때문에 법원은 해당 부담만을 독립하여 취소할 수 있다(논자에 따라 결론은 달라질 수 있다).

## 4. 소 결

설문의 담장철거 및 담장설치 부담은 위법하며, 취소사유에 해당하기 때문에 수소법원은 해당 부담만을 취소하는 판결을 할 수 있다.

**기출 30** 〈제1문〉

A시의 시장은 건물 소유자인 갑에게 건축법 제79조 및 행정대집행법 제3조에 따라 동 건물이 무허가건물이라는 이유로 일정기간까지 철거할 것을 명함과 아울러 불이행할 때에는 대집행한다는 내용의 계고를 하였다. 그 후 갑이 이에 불응하자 다시 2차계고서를 발송하여 일정기간까지 자진철거를 촉구하고 불이행하면 대집행한다는 내용을 고지하였다. 그러나 갑은 동 건물이 무허가건물이 아니라고 다투고 있다(단, 대집행 요건의 구비 여부에 대하여는 아래 각 질문사항에 따라서만 검토하기로 한다).

(1) 갑은 위 계고에 대하여 취소소송을 제기하려고 한다. 계고의 법적 성질을 논하고, 소송의 대상이 되는 계고가 어느 것인지를 검토하시오. 15.

(2) 철거명령과 함께 이루어진 1차 계고는 적법한가? 10.

(3) 철거명령의 위법을 이유로 계고의 위법을 다툴 수 있는가? 10.

(4) 위 사안에서 대집행에 대한 갑의 구제방안에 대하여 설명하시오. 15.

[제56회 5급공채(2012년)]

기출 30 (1) 갑은 위 계고에 대하여 취소소송을 제기하려고 한다. 계고의 법적 성질을 논하고, 소송의 대상이 되는 계고가 어느 것인지를 검토하시오. 15

# Ⅰ. 계고의 법적 성질, 소송의 대상인 계고

## 1. 계고의 법적 성질

### (1) 계고의 의의

계고란 대체적 작위의무를 불이행하는 자에게 의무를 계속 불이행하는 경우 대집행하겠다는 사실을 알리는 것을 말한다.

### (2) 계고의 법적 성질

1) 준법률행위적 행정행위 여부

(가) 법률행위적 행정행위란 행정청의 의사표시로 법적 효과가 발생하는 행정행위를 말하며, 준법률행위적 행정행위란 행정청의 의사표시가 아니라 행정청의 의사표시 이외의 정신작용(판단 내지 인식)의 표시에 대해 법률에서 일정한 법적 효과를 부여한 결과 행정행위의 개념요소를 구비하게 되는 행위를 말한다.

(나) 대집행계고는 일정한 사실을 특정인에게 알리는 행위다. 그러나 계고나 대집행영장통지 이후에도 갑이 계속 의무를 불이행한다면 행정대집행법은 대집행할 것을 규정하고 있다. 따라서 계고는 단순히 일정한 사실을 알리는 것이 아니라 상대방의 권리나 의무에 직접 영향을 미치는 법적 행위로 준법률행위적 행정행위이다.

(다) 특히 준법률행위적 행정행위 중 통지에 해당한다. 그리고 계고는 단순히 일정한 사실을 알리는 것이 아니라 작위하명의 성질을 가진다.

2) 항고소송의 대상인 처분인지 여부

계고는 행정청인 시장이 갑의 의무불이행에 대해 행한 행정대집행법의 집행행위로 공권력 행사에 해당하며, 작위하명으로서의 실질을 가지고 당사자의 권리·의무에 직접 영향을 미치는 행위로 항고소송의 대상인 처분이다.

3) 기속행위 여부

행정대집행법 제3조는 '상당한 이행기한을 정하여 그 기한까지 이행되지 아니할 때에는 대집행을 한다는 뜻을 미리 문서로써 계고하여야 한다(제1항)'고 규정하고 있으므로 계고는 기속행위이다.

## 2. 소송의 대상

(가) 계고처분 후 제2, 제3의 계고가 있다고 하더라도 제2, 제3의 계고는 독립한 처분이 아니라 대집행기한의 연기통지에 불과하다는 것이 판례의 입장이다(대판 1994. 10. 28. 94누5144).

(나) 따라서 갑이 취소소송을 제기하려면 1차 계고처분을 대상으로 해야 한다.

**기출 30** (2) 철거명령과 함께 이루어진 1차 계고는 적법한가? 10.

## Ⅱ. 1차 계고처분의 적법성 여부

### 1. 계고의 요건

(가) 계고는 ① 상당한 이행기간을 정하여, ② 문서로 하여야 하고(행정대집행법 제3조 제1항), ③ 행정대집행법 제3조 제1항에 명시적으로 규정된 것은 아니지만 계고의 범위(의무를 이행해야 할 범위, 의무불이행시 대집행할 행위의 내용 및 범위)는 특정되어 있어야 한다. ④ 대집행의 요건이 계고를 할 당시 충족되어야 하는지 학설의 대립이 있다. ⓐ 계고를 할 당시 대집행의 요건이 충족되어 있어야 한다는 견해(1설)와 ⓑ 대집행의 요건충족 여부는 대집행을 실행할 당시를 기준으로 한다는 견해(2설)가 대립된다. ⓒ 이 논의는 의무를 과하는 행정행위와 계고처분이 결합할 수 있는가에 실익이 있다. 제1설은 이를 부정하지만, 제2설은 이를 긍정한다. 제2설이 타당하다.

(나) 설문에서 계고를 문서로 하였고, 계고의 범위가 특정되어 있다면 계고의 요건에 문제는 없다. 다만 의무를 명하는 철거명령과 계고처분이 한 장의 문서로 발령되었다면 이것이 가능한지가 문제된다.

### 2. 의무를 명하는 철거명령과 계고처분의 결합가능성

#### (1) 문 제 점

대집행의 요건 중 하나인 공법상 의무의 불이행의 전제가 되는 의무의 이행을 명하는 행위(설문에서 철거명령)와 대집행의 사전 절차로서 계고가 한 장의 문서로 가능한지가 문제된다.

#### (2) 학 설

학설은 ⓐ 계고처분을 발령할 당시에 대집행 요건은 이미 충족되어 있어야 하기 때문에 의무를 명하는 행위와 계고처분은 한 장의 문서로 발령될 수 없고, 의무이행을 명하는 행위와 계고처분을 한 장의 문서로 발령하는 경우 상대방이 기한의 이익을 상실하게 된다는 점을 근거로 양자의 결합이 불가능하다는 견해와 ⓑ 대집행 요건은 계고처분시가 아니라 대집행(실행)할 당시에만 충족하면 되기 때문에 의무를 명하는 행위는 계고처분시에 발령되어도 무방하며, 상당한 기간만 부여된다면 한 장의 문서로 의무이행을 명하는 행위와 계고처분이 발령된다고 하여도 기한의 이익 상실이 문제되지 않기 때문에 양자의 결합이 가능하다는 견해가 있다.

#### (3) 판 례

판례는 「계고서라는 명칭의 한 장의 문서로서 일정기간 내에 위법건축물의 자진철거를 명함과 동시에 그 소정기한 내에 자진철거를 하지 않을 때에는 대집행할 뜻을 미리 계고한 경우 건축법에 의한 철거명령과 행정대집행법에 의한 계고처분은 독립하여 있는 것으로서 각 그 요건이 충족되었다(대판 1992. 6. 12. 91누13564)」고 하여 긍정하고 있다. 다만 상당한 기간은 부여되어야 한다고 본다.

(4) 검토 및 설문

(가) 의무이행에 필요한 상당한 기간만 주어진다면 의무이행을 명하는 행위와 계고처분은 한 장의 문서로 동시에 발령될 수 있다고 보아야 한다(긍정).

(나) 따라서 철거명령과 함께 이루어진 1차 계고는 적법하다.

기출 30 (3) 철거명령의 위법을 이유로 계고의 위법을 다툴 수 있는가? 10.

## Ⅲ. 철거명령의 위법을 이유로 계고의 위법을 다툴 수 있는지 여부

### 1. 문제 상황

계고처분에 위법이 있다면 계고처분을 다투면 되지만, 계고처분에 위법이 없어 계고처분을 다투는 소송에서 선행행위인 철거명령의 위법을 주장할 수 있는지가 문제된다.

### 2. 철거명령의 하자가 계고처분에 승계되는지 여부

#### (1) 행정행위의 하자의 승계의 의의

행정행위의 하자의 승계란 둘 이상의 행정행위가 연속적으로 행해지는 경우 선행행위의 하자가 후행행위에 승계되는 것을 말한다. 즉 후행행위를 다투며 선행행위의 하자를 주장할 수 있는지의 문제를 말한다.

#### (2) 하자승계의 논의의 전제

(가) 하자승계의 논의가 특별히 문제되는 경우는 ⓐ 선행행위와 후행행위가 모두 항고소송의 대상이 되는 행정처분이고, ⓑ 선행행위는 당연무효가 아닌 취소사유가 존재하고(선행행위가 무효라면 선행행위를 다툴 수도 있으며－무효인 행위는 제소기간의 제한이 없다－, 연속되는 후행행위에 항상 하자가 승계되므로 논의의 실익이 적다), ⓒ 선행행위에는 하자가 존재하나 후행행위는 적법해야 하고, ⓓ 선행행위의 하자가 제소기간 도과 등으로 불가쟁력이 발생하여 선행행위를 다툴 수 없는 경우라야 한다.

(나) 설문에서 철거명령과 계고처분은 모두 항고소송의 대상인 처분이다. 따라서 선행행위에 취소사유가 존재하고, 후행행위는 적법하며, 선행행위에 불가쟁력이 발생하였다면 하자승계의 논의의 전제는 충족하였다.

⑶ 인정범위

1) 학　설

a. 하자의 승계론(전통적 견해)　원칙적으로 행정행위의 하자는 행정행위마다 독립적으로 판단되어야 한다는 전제하에 선행행위와 후행행위가 일련의 절차에서 하나의 법률효과를 목적으로 하는 경우에는 예외적으로 하자의 승계를 인정한다.

b. 구속력설

(ⅰ) 의　의　구속력이란 선행행정행위의 내용과 효과가 후행행정행위를 구속함으로써 상대방(관계인, 법원)은 선행행위의 하자를 이유로 후행행위를 다투지 못하는 효과를 말한다.

(ⅱ) 한　계　㈎ 구속력은 ⓐ 선·후의 행위가 법적 효과가 일치하는 범위에서(객관적 한계(내용적·사물적 한계)), ⓑ 처분청과 처분의 직접상대방(이해관계 있는 제3자도 포함) 및 법원에게(주관적 한계(대인적 한계)), ⓒ 선행행정행위의 기초를 이루는 사실적·법적 상황의 동일성이 유지되는 한도까지 미친다(시간적 한계). 이처럼 선행행위의 구속력이 후행행위에 미치는 한 처분의 상대방 등은 선행행위의 하자를 이유로 후행행위를 다투지 못한다.

㈏ 그러나 객관적·주관적·시간적 한계 내에서 선행행정행위의 후행행정행위에 대한 구속력이 인정됨으로 인해(행정행위의 하자의 승계를 주장하지 못함으로 인해) 사인의 권리보호가 부당하게 축소될 수 있기 때문에 관련자에게 예측불가능하거나 수인불가능한 경우에는 구속력이 미치지 않는다(추가적 요건). 따라서 이 경우에는 후행행위를 다투며 선행행위의 위법을 주장할 수 있게 된다.

2) 판　례

㈎ 판례는 원칙상 하자의 승계론에 따라 선·후의 행위가 단계적인 일련의 절차로 연속하여 행하여지는 것으로서 서로 결합하여 하나의 법률효과를 발생시키는 것이라면 후행처분에 하자가 없다고 하더라도 후행처분의 취소를 청구하는 소송에서 선행처분의 위법성을 주장할 수 있다고 본다. 즉, 대집행절차상 계고처분과 대집행영장발부통보처분(대판 1996. 2. 9. 95누12507), 국세징수법상 독촉과 가산금·중가산금 징수처분(대판 1986. 10. 28. 86누147)에 대해 하자의 승계를 인정하였고, 건물철거명령과 대집행계고처분(대판 1998. 9. 8. 97누20502), 과세처분과 체납처분(대판 1977. 7. 12. 76누51)은 하자의 승계를 부정하였다.

㈏ ⓐ 그러나 개별공시지가결정의 위법을 이유로 그에 기초하여 부과된 양도소득세부과처분의 취소를 구한 판결에서 선행행위와 후행행위가 별개의 법률효과를 목적으로 하는 경우에도 수인성의 원칙(입법작용이나 행정작용은 그 효과를 사인이 수인할 수 있는 것이어야 한다는 원칙)을 이유로 하자의 승계를 예외적으로 인정하였다(대판 1994. 1. 25. 93누8542). ⓑ 그리고 최근 표준지공시지가결정의 위법이 수용재결에 승계될 것인지가 문제된 판결에서도 양자는 별개의 법률효과를 목적으로 하지만 수인성의 원칙을 이유로 하자의 승계를 긍정하였다(대판 2008. 8. 21. 2007두13845). ⓒ 또한 친일반민족행위진상규명위원회가 원고의 사망한 직계존속을 친일반민족행위자로 결정(선행처분)하였으나 이를 원고에게 통지하지 않아 원고는 이 사실을 모른 상태에서 그 이후 지방보훈지

청장이 원고를 독립유공자법 적용배제자결정(후행처분)을 하자 원고가 후행처분을 다툰 사건에서, 양자는 별개의 법률효과를 목적으로 하지만 선행처분의 하자를 이유로 후행처분을 다투지 못하는 것은 원고에게 수인불가능하고 예측불가능한 불이익을 강요하는 것이므로 선행처분의 후행처분에 대한 구속력이 인정되지 않아 원고는 하자의 승계를 주장할 수 있다고 보았다(대판 2013. 3. 14. 2012두6964).

3) 검 토

판례의 태도가 타당하다. 즉, 선·후의 행위가 하나의 법률효과를 목적으로 하는 경우에는 하자의 승계를 인정하는 것이 타당하다. 다만, 선·후의 행위가 하나의 법률효과를 목적으로 하지 않는 경우에도 특히 예측불가능하거나 수인불가능한 사정이 있는 경우에는 예외적으로 하자의 승계를 인정하여야 한다.

### 3. 소 결

철거명령은 건축법에 따른 것이고 계고처분은 행정대집행법에 따른 것이므로 양자는 하나의 법률효과를 목적으로 하는 행위가 아니어서 갑은 철거명령의 위법을 이유로 계고처분의 위법을 다툴 수 없다. 다만, 갑에게 수인불가능하거나 예측불가능한 사정이 있다면 예외적으로 하자의 승계가 인정될 수 있다.

**기출 30** (4) 위 사안에서 대집행에 대한 갑의 구제방안에 대하여 설명하시오. 15.

## Ⅳ. 대집행에 대한 권리구제방안

### 1. 행정쟁송(대집행이 단순위법사유라고 전제한다)

#### (1) 행정심판

갑은 대집행에 대해 취소심판을 청구할 수 있다(행정심판법 제5조 제1호)(행정심판의 대상은 취소소송의 대상에서 일괄 서술한다).

#### (2) 행정소송

1) 취소소송

a. 대상적격 (가) 취소소송의 대상은 '처분등'이며(행정소송법 제19조), '처분등'에는 처분과 재결이 있으며, '처분'은 행정청이 행하는 구체적 사실에 관한 법집행으로서의 공권력의 행사 등이다(동법 제2조 제1항 제1호). 따라서 공권력행사이면 취소소송의 대상이 된다. 다만, 판례와 전통적 견해는 취소소송의 대상은 처분등에 해당하여야 하는 것 외에도 당사자의 권리·의무에 영향을 미치는 법적 행위라야 한다고 보고 있다.

(나) 행정대집행은 권력적 사실행위이다. 권력적 사실행위는 사실행위의 요소와 하명(의무를 명하는 행정행위)적 요소가 결합된 합성적 행위이기 때문에 공권력 행사 및 법적 행위(국민의 권리·의무에 영향을 미치는 행위)의 요건을 충족하여 항고소송의 대상인 처분이라고 보는 일반적인 견해가 타당하다. 따라서 갑은 대집행에 대해 항고소송을 제기할 수 있다.

(다) 대법원은 명시적 태도를 보이고 있지는 않으나, 권력적 사실행위로 보이는 단수조치를 처분에 해당하는 것으로 판시하였다(대판 1985. 12. 24. 84누598). 그리고 헌법재판소는 「수형자의 서신을 교도소장이 검열하는 행위는 이른바 권력적 사실행위로서 행정심판이나 행정소송의 대상이 되는 행정처분으로 볼 수 있다(헌재 1999. 8. 27. 96헌마398)」고 하여 명시적으로 권력적 사실행위의 처분성을 인정하고 있다.

b. 원고적격 갑은 대집행이라는 침익적 처분의 상대방으로 원고적격이 인정된다.

c. 협의의 소익 (가) 갑이 취소소송을 제기하더라도 권력적 사실행위는 대부분 단시간에 실행이 완료되어 그 이후에는 권리보호필요성이 없어 부적법 각하될 가능성이 많다(다만, 행정소송법 제12조 제2문의 경우는 예외이다). 그러나 예외적으로 물건의 영치, 전염병환자의 격리 등 계속적인 성격을 갖는 권력적 사실행위는 권리보호필요성이 인정될 수 있다.

(나) 설문에서 대집행이 계속되는 한 협의의 소익은 인정된다. 다만 대집행의 진행을 막기 위해 갑은 집행정지를 신청해야 한다.

2) 집행정지

권력적 사실행위는 대부분 단시간에 실행이 완료되기에 갑은 취소소송 등을 제기하면서 집행정지를 신청하여야 실효적인 권리구제를 받을 수 있다(행정소송법 제23조 참조).

3) 당사자소송

대집행으로 인해 발생한 법률관계가 있다면 이에 대해 갑은 당사자소송을 제기할 수 있다(행정소송법 제3조 제2호).

### 2. 손해배상청구

권력적 사실행위(대집행)도 국가배상법 제2조 제1항의 성립요건(고의·과실, 위법성 등)을 충족한다면 갑은 A시를 상대로 손해배상을 청구할 수 있다.

### 3. 결과제거청구

(가) 위법한 공법상 사실행위로 인해 위법한 사실상태가 야기된 경우 침해받은 사인은 적법한 상태로의 원상회복을 위한 결과제거청구권을 갖는다.

(나) 대집행으로 위법한 사실상태가 야기되었다면 갑은 A시를 상대로 결과제거를 청구할 수 있다.

## 4. 기 타

### (1) 예방적 부작위소송(대집행이 발령되기 전)과 가처분

㈎ 예방적 부작위소송이란 위법한 행정작용을 미리 저지할 것을 목적으로 장래에 있을 특정한 행정행위 또는 그 밖의 행위의 발동에 대한 방지를 구하는 소송을 말하는데, 그 인정 여부에 관해 학설은 부정설, 긍정설, 제한적 긍정설이 대립하며 판례는 처분을 하여서는 아니 된다는 내용의 부작위를 구하는 청구는 행정소송에서 허용되지 아니한다고 본다(대판 1987. 3. 24. 86누182).

㈏ 가처분이란 다툼이 있는 법률관계에 관하여 잠정적으로 임시의 지위를 보전하는 것을 내용으로 하는 가구제제도이다(민사집행법 제300조). 행정소송에 민사집행법상 가처분규정을 적용할 수 있는지에 관해 학설은 적극설, 소극설, 절충설이 대립되지만, 판례는 민사집행법상의 보전처분은 민사판결절차에 의하여 보호받을 수 있는 권리에 관한 것이라고 보기 때문에 행정소송에 가처분을 인정하지 아니한다(대결 2011. 4. 18. 2010마1576).

㈐ 예방적 부작위소송을 긍정하고 가처분 규정을 적용하는 긍정설에 따른다면, 갑은 대집행이 실행되기 전에 예방적 부작위 소송을 제기하면서 잠정적 처분금지를 구하는 가처분을 신청할 수 있다.

### (2) 헌법소원

공법상 사실행위로 기본권을 침해받은 갑은 헌법재판소에 헌법소원을 청구할 수 있다.

**기출 30-1** 〈제2문〉

A광역시 B구는 2011년 2월 1일 A광역시 B구 의회 의원의 의정활동비 등 지급에 관한 조례를 개정하여 구의원들에게 전년대비 50만원이 인상된 금원 350만원에 해당하는 월정수당을 지급하도록 하였다. 이에 주민들은 의정활동비의 지급결정 과정에서 의정비심의위원회의 위원이 부적절하게 선정되었으며, 월정수당 인상이 재정자립도, 물가상승률 등을 제대로 감안하지 못하였고, 그동안 의정활동을 위한 업무추진비 집행이 적정하지 못하였다는 이유로 불만을 제기하고 있다. 특히 월정수당의 지급결정 시에는 지역주민들의 의견수렴절차를 의무적으로 거치도록 규정한 지방자치법 시행령 제34조 제6항에 의해 여론조사가 이루어졌으나, 심의위원회가 잠정적으로 결정한 월정수당액의 지급기준액, 지급기준 등을 누락하고, 설문문안 역시 월정수당 인상을 유도하기 위한 설문으로 구성되는 등 그 결정과정상의 문제점을 지적하고 있다.

(1) 주민들은 의정활동비 인상을 위한 의사결정과정에 대해 감사를 청구하고자 한다. 감사청구제도에 대하여 설명하시오. 10.

(2) 주민들은 기 지급된 의정활동비 인상분에 대해 이를 환수하고자 한다. 주민들이 취할 수 있는 방법과 그 인용가능성에 대해 설명하시오. 20.

[제56회 5급공채(2012년)]

참조조문

지방자치법 시행령

제33조(의정활동비·여비 및 월정수당의 지급기준 등) ① 법 제33조 제2항에 따라 지방의회 의원에게 지급하는 의정활동비·여비 및 월정수당의 지급기준은 다음 각 호의 범위에서 제34조에 따른 의정비심의위원회가 해당 지방자치단체의 재정 능력 등을 고려하여 결정한 금액 이내에서 조례로 정한다.

1. 의정활동비: 별표 4에 따른 금액
2. 여비: 별표 5와 별표 6에 따른 금액
3. 월정수당: 별표 7에 따른 금액

제34조(의정비심의위원회의 구성 등) ⑤ 심의회는 위원 위촉으로 심의회가 구성된 해의 10월 말까지 제33조 제1항에 따른 금액을 결정하고, 그 금액을 해당 지방자치단체의 장과 지방의회의 의장에게 지체 없이 통보하여야 하며, 그 금액은 다음 해부터 적용한다. 이 경우 결정은 위원장을 포함한 재적위원 3분의 2 이상의 찬성으로 의결한다.

⑥ 심의회는 제5항의 금액을 결정하려는 때에는 그 결정의 적정성과 투명성을 위하여 공청회나 객관적이고 공정한 여론조사기관을 통하여 지역주민의 의견을 수렴할 수 있는 절차를 거쳐야 하며, 그 결과를 반영하여야 한다.

**기출 30-1** (1) 주민들은 의정활동비 인상을 위한 의사결정과정에 대해 감사를 청구하고자 한다. 감사청구제도에 대하여 설명하시오. 10.

## Ⅰ. 주민감사청구제도

### 1. 의 의

19세 이상의 일정한 수의 주민은 연서(連署)로, 시·도에서는 주무부장관에게, 시·군 및 자치구에서는 시·도지사에게 그 지방자치단체와 그 장의 권한에 속하는 사무의 처리가 법령에 위반되거나 공익을 현저히 해한다는 이유로 감사를 청구할 수 있다(지방자치법 제16조).

### 2. 청구의 대상

주민감사청구의 대상은 그 지방자치단체와 그 장의 권한에 속하는 사무로서 그 처리가 법령에 위반되거나 공익을 현저히 해한다고 인정되는 사항이다(지방자치법 제16조 제1항 본문). 지방자치단체의 사무와 그 장의 권한에 속하는 사무는 자치사무, 단체위임사무, 기관위임사무도 포함된다. 다만 '1. 수사나 재판에 관여하게 되는 사항, 2. 개인의 사생활을 침해할 우려가 있는 사항, 3. 다른 기관에서 감사했거나 감사중인 사항(다른 기관에서 감사한 사항이라도 새로운 사항이 발견되거나 중요사항이 감사에서 누락된 경우와 제17조 제1항에 따라 주민소송의 대상이 되는 경우는 제외한다), 4. 동일한 사항에 대하여 제17조 제2항 각호의 어느 하나에 해당하는 소송이 계속중이거나 그 판결이 확정된 사항'은 감사청구의 대상에서 제외된다(지방자치법 제16조 제1항 단서).

### 3. 청구의 주체

시·도는 500명, 제175조에 따른 50만 이상 대도시는 300명, 그 밖의 시·군 및 자치구는 200명을 넘지 아니하는 범위에서 그 지방자치단체의 조례로 정하는 19세 이상의 주민이 청구의 주체가 된다(지방자치법 제16조 제1항 본문).

### 4. 청구의 상대방

감사청구의 상대방은 해당 지방자치단체의 장이 아니라 감독청이다. 즉, 시·도에서는 주무부장관, 시·군 및 자치구에서는 시·도지사가 주민감사청구의 상대방이 된다(지방자치법 제16조 제1항 본문).

### 5. 청구의 기한

감사청구는 사무처리가 있었던 날이나 끝난 날부터 2년이 지나면 제기할 수 없다(지방자치법 제16조 제2항).

## 6. 감사의 절차

### (1) 감사의 실시

주무부장관이나 시·도지사는 감사청구를 수리한 날부터 60일 이내에 감사청구된 사항에 대하여 감사를 끝내야 하며, 감사결과를 청구인의 대표자와 해당 지방자치단체의 장에게 서면으로 알리고 공표하여야 한다(지방자치법 제16조 제3항 본문).

### (2) 중복감사의 방지

주무부장관이나 시·도지사는 주민이 감사를 청구한 사항이 다른 기관에서 이미 감사한 사항이거나 감사 중인 사항이면 그 기관에서 실시한 감사결과 또는 감사 중인 사실과 감사가 끝난 후 그 결과를 알리겠다는 사실을 청구인의 대표자와 해당 기관에 알려야 한다(지방자치법 제16조 제4항).

### (3) 의견진술

주무부장관이나 시·도지사는 주민 감사청구를 처리할 때 청구인의 대표자에게 반드시 증거 제출 및 의견 진술의 기회를 주어야 한다(지방자치법 제16조 제5항).

## 7. 감사결과의 이행

주무부장관이나 시·도지사는 감사결과에 따라 기간을 정하여 해당 지방자치단체의 장에게 필요한 조치를 요구할 수 있다. 이 경우 그 지방자치단체의 장은 이를 성실히 이행하여야 하고 그 조치결과를 지방의회와 주무부장관 또는 시·도지사에게 보고하여야 한다(지방자치법 제16조 제6항).

## 8. 설 문

조례로 정한 19세 이상의 B구의 주민들은 연서로 B구의 감독청인 A광역시장에게 B구 의회 의원에게 인상된 의정활동비를 지급하도록 한 사무처리가 위법 또는 부당함을 이유로 사무처리가 있었던 날이나 끝난 날로부터 2년 이내에 주민감사를 청구할 수 있다.

기출 30-1 (2) 주민들은 기 지급된 의정활동비 인상분에 대해 이를 환수하고자 한다. 주민들이 취할 수 있는 방법과 그 인용가능성에 대해 설명하시오. 20.

## Ⅱ. 주민소송

### 1. 문제 상황

주민들이 B구 의회 의원들에게 기 지급된 의정활동비 인상분을 환수하기 위해 취할 수 있는 수단은 지방자치법 제17조 등에 따라 제기하는 주민소송이다. 따라서 주민소송과 설문에서 인용가능성을 검토해야 하는데 다만 지방자치법은 주민감사청구를 전치할 것을 규정한다.

### 2. 주민감사청구전치주의

㈎ 지방자치단체의 19세 이상의 주민들은 일정한 주민 수 이상의 연서로 해당 지방자치단체의 감독청에게 그 지방자치단체와 그 장의 권한에 속하는 사무(자치사무, 단체위임사무, 기관위임사무)의 처리가 법령에 위반되거나 공익을 현저히 해친다고 인정되면 감사를 청구할 수 있다. 이 경우 감독청은 감사결과에 따라 해당 지방자치단체의 장에게 필요한 조치를 요구할 수 있다(지방자치법 제16조 참조).

㈏ 주민소송을 제기하려면 B구 주민들은 19세 이상의 일정한 수의 주민의 연서(連署)로, B구의 감독청인 A광역시장에게 인상된 의정활동비를 지급하도록 한 사무처리가 위법 또는 부당함을 이유로 감사를 청구하여야 한다(지방자치법 제16조).

### 3. 주민소송

#### (1) 의 의

주민소송이란 지방자치단체의 장, 직원 등의 위법한 재무회계행위에 대해 지방자치법 제17조에 따라 주민이 제기하는 소송을 말한다.

#### (2) 주민소송의 대상

㈎ 주민소송은 위법한 재무회계행위를 대상으로 하는바, ⓐ 공금의 지출, ⓑ 재산의 취득·관리·처분, ⓒ 계약의 체결·이행, ⓓ 공금의 부과·징수를 게을리한 사실 등의 네 종류로 유형화되어 있다(지방자치법 제17조 제1항).

㈏ 설문의 의정활동비지급행위는 공금의 지출에 관한 사항으로서 주민소송의 대상이 된다.

#### (3) 당 사 자

1) 원 고

감사청구한 B구 주민이면 1인이라도 가능하다(지방자치법 제17조 제1항).

2) 피 고

해당 지방자치단체의 장인 B구 구청장이 피고가 된다(지방자치법 제17조 제1항).

(4) 제소사유

주민소송의 대상이 되는 감사청구사항에 대하여 ① 주무부장관이나 시·도지사가 감사청구를 수리한 날부터 60일(제16조 제3항 단서에 따라 감사기간이 연장된 경우에는 연장기간이 끝난 날을 말한다)이 지나도 감사를 끝내지 아니한 경우, ② 제16조 제3항 및 제4항에 따른 감사결과 또는 제16조 제6항에 따른 조치요구에 불복하는 경우, ③ 제16조 제6항에 따른 주무부장관이나 시·도지사의 조치요구를 지방자치단체의 장이 이행하지 아니한 경우, ④ 제16조 제6항에 따른 지방자치단체의 장의 이행 조치에 불복하는 경우에 주민소송을 제기할 수 있다(지방자치법 제17조 제1항).

(5) B구의 주민들이 제기할 수 있는 주민소송

1) 문 제 점

㈎ 지방자치법 제17조 제2항은 제1호 소송(손해발생행위의 중지소송), 제2호 소송(처분의 취소·무효확인소송), 제3호 소송(해태사실의 위법확인소송), 제4호 소송(손해배상등 요구소송)으로 주민소송을 네 종류로 나누고 있다.

㈏ 설문은 주민들이 기 지급된 의정활동비 인상분을 환수하고자 제기하는 소송이므로 지방자치법 제17조 제2항의 소송 중 제4호 소송이 문제된다(제4호 소송은 본문소송과 단서소송으로 나누어지며 설문에서는 본문소송만이 문제된다).

2) 제4호 본문 소송

a. 의 의 제4호 소송은 주민이 직접 지방의회의원이나 직원 등을 상대로 손해배상 등을 청구하는 것이 아니라, 단체장이 지방자치법 제17조 제2항 제4호의 전단이나 후단의 상대방에게 손해배상 등을 청구할 것을 주민이 요구하는 소송을 말한다.

b. 제4호 본문 소송의 종류 ㈎ 본문 소송은 주민이 단체장에게 '해당 지방자치단체의 장 및 직원, 지방의회의원, 해당 행위와 관련이 있는 상대방에게 손해배상청구 또는 부당이득반환청구를 할 것을 요구하는 소송(이행청구요구소송)'을 말한다.

㈏ 그리고 본문 소송은 전단소송(해당 지방자치단체의 장 및 직원, 지방의회의원을 상대로 하는 소송)과 후단소송(해당 행위와 관련이 있는 상대방)으로 나눌 수 있는데, ① 전단소송은 예컨대 지방자치단체의 직원 등이 위법한 급여를 지급하거나 보조금을 교부한 경우, 위법한 공유지 매각 등을 통해 지방자치단체에 손해를 발생시킨 경우, 해당 직원 등에게 손해배상청구할 것을 요구하는 소송을 말하며, ② 후단소송은 예컨대 위법하게 보조금을 수령한 자에게 손해배상청구 또는 부당이득반환청구할 것을 요구하는 소송을 말한다(김용찬·선정원·변성완).

c. 제4호 본문 소송의 제기 및 인용가능성 ㈎ 설문처럼 의정활동비의 지급결정 과정에서 의정비심의위원회의 위원이 부적절하게 선정되었으며, 월정수당 인상이 재정자립도, 물가상승률 등을 제대로 감안하지 못하였고, 그동안 의정활동을 위한 업무추진비 집행이 적정하지 못

하였으며, 월정수당의 지급결정 시에도 심의위원회가 잠정적으로 결정한 월정수당액의 지급기준액, 지급기준 등을 누락하고, 설문문안 역시 월정수당 인상을 유도하기 위한 설문으로 구성되는 등 그 결정과정상의 문제가 있었다면 인상된 의정활동비 지급행위는 위법하다고 보아야 한다(논자에 따라 결론은 달라질 수 있다).

(나) 따라서 B구의 주민들은 구청장을 상대로 인상된 의정활동비를 수령한 의원들에 대해 인상분을 환수하는 부당이득반환청구를 할 것을 요구하는 소송을 제기할 수 있고, 해당 주민소송은 인용될 수 있다(동법 제17조 제2항 제4호 본문).

d. 제4호 본문 소송의 인용판결의 효과

(ⅰ) 손해배상금 또는 부당이득금의 지불청구 이 소송에서 원고승소 판결이 확정되면 그 판결이 확정된 날부터 60일 이내를 기한으로 하여 지방자치단체의 장은 당사자에게 그 판결에 따라 결정된 손해배상금이나 부당이득반환금의 지불을 청구하여야 한다. 다만, 손해배상금이나 부당이득반환금을 지불하여야 할 당사자가 지방자치단체의 장이면 지방의회 의장이 지불을 청구하여야 한다(지방자치법 제18조 제1항).

(ⅱ) 불이행하는 경우 — 소송의 제기 만일 지불청구를 받은 자가 손해배상금이나 부당이득반환금을 지불하지 아니하면 지방자치단체는 손해배상·부당이득반환의 청구를 목적으로 하는 소송을 제기하여야 한다. 이 경우 그 소송의 상대방이 지방자치단체의 장이면 그 지방의회 의장이 그 지방자치단체를 대표한다(지방자치법 제18조 제2항).

(ⅲ) 설 문 B구 주민들의 승소의 판결이 있으면 판결이 확정된 날부터 60일 이내를 기한으로 하여 구청장은 상대방인 B구 의회 의원들에게 판결에 따라 결정된 부당이득반환금(기 지급된 의정활동비 인상분)의 지불을 청구하여야 한다(지방자치법 제18조 제1항). 만일 지불청구를 받은 B구 의회 의원들이 부당이득반환금을 지불하지 아니하면 B구는 의회 의원들을 상대로 부당이득반환의 청구를 목적으로 하는 소송을 제기하여야 한다(지방자치법 제18조 제2항).

### (6) 소 결

B구 주민들은 주민소송 중 지방자치법 제17조 제2항의 제4호 본문소송을 제기하여 기 지급된 의정활동비 인상분을 환수할 수 있다.

## 기출 31 〈제3문〉

갑은 단기복무부사관으로서 복무기간만료시점이 다가옴에 따라 복무기간연장을 신청하고자 한다. 그러나 복무기간연장을 위한 지원자심사에서 탈락하는 경우에 대비하여 전역지원서를 아울러 제출하도록 한 육군참모총장 을의 방침에 따라 갑도 복무연장지원서와 전역지원서를 함께 제출하였다. 그런데 을은 군인사법시행령 제4조에 근거하여, 갑의 전역지원서를 수리하여 전역처분을 하였다. 이에 대하여, 갑은 자신이 제출한 전역신청서는 을이 복무연장신청과 동시에 제출하게 한 서류로서 복무연장의 의사를 명백히 한 의사와 모순되어 전역신청으로서의 효력이 없는 것이므로 전역처분은 위법하다고 주장한다. 갑의 주장의 당부를 검토하시오. (단, 강박에 의한 의사표시의 쟁점은 논외로 한다). 20.

[제56회 5급공채(2012년)]

참조조문

**군인사법**

제6조(복무의 구분) ⑧ 단기복무부사관으로서 장기복무를 원하거나 복무기간을 연장하려는 사람은 대통령령으로 정하는 바에 따라 전형을 거쳐야 한다.

제44조(신분보장) ② 군인은 이 법에 따른 경우 외에는 그 의사에 반하여 휴직되거나 현역에서 전역되거나 제적되지 아니한다.

**군인사법시행령**

제3조(장기복무장교등의 전형) ① 법 제6조 제4항 제6항 및 제8항에 따라 단기복무장교 또는 단기복무부사관으로서 장기복무 또는 복무기간연장을 원하는 사람은 장기복무지원서 또는 복무기간연장지원서를 제출하고 정해진 전형을 거쳐야 한다. 이 경우 단기복무자의 복무연장기간은 의무복무기간의 만료일을 기준으로 하여 1년 단위로 정할 수 있다.

제4조(단기복무장교의 복무등) 제3조에 따른 전형에 합격하지 못한 단기복무장교 및 단기복무부사관은 의무복무기간을 초과하여 복무할 수 없다.

**군인사법시행규칙**

제2조(장기복무 및 복무기간연장지원) ① 단기복무장교 또는 단기복무부사관으로서 장기복무를 지원하는 자(이하 "장기복무지원자"라 한다) 및 복무기간연장을 지원하는 자(이하 "복무기간연장지원자"라 한다)는 별지 제1호서식의 장기복무·복무기간연장지원서를 소속 부대장을 거쳐 각군 참모총장(이하 "참모총장"이라 한다)에게 제출하여야 한다.

**민법**

제107조(진의 아닌 의사표시) ① 의사표시는 표의자가 진의아님을 알고한 것이라도 그 효력이 있다. 그러나 상대방이 표의자의 진의아님을 알았거나 이를 알 수 있었을 경우에는 무효로 한다.

## Ⅰ. 문제 상황

갑은 전역의 의사 없이 육군참모총장의 방침에 따라 전역지원서를 제출하여 전역을 신청하였는데, 그러한 전역신청에 따라 육군참모총장이 전역처분을 하였다면 이러한 전역처분이 위법하다는 갑의 주장이 정당한지를 검토한다. 즉, 갑은 전역처분의 근거가 된 전역지원서제출(전역신청)(사인의 공법행위)에 하자가 있어 전역처분이 위법하다고 주장하고 있다.

## Ⅱ. 사인의 공법행위의 적용법규

㈎ 사인의 공법행위를 규율하는 총칙적인 규정이 없기 때문에 여기에 사법규정이 적용(유추적용)될 수 있는지가 문제된다. 사인이 공법행위를 함에 있어 의사와 표시의 불일치가 있거나 의사표시에 하자가 있는 경우(민법 제107조~제110조) 일반적 규정이 없어 민법규정이 유추적용된다는 것이 일반적인 견해이다.

㈏ 다만, 설문의 경우 갑은 민법 제107조 제1항 단서를 주장하고 있는바 동조항이 사인의 공법행위에 적용되는지가 문제된다.

## Ⅲ. 행정요건적 사인의 공법행위의 하자와 행정행위의 효력

### 1. 민법 제107조 제1항 본문과 단서가 갑의 전역신청(사인의 공법행위)에 모두 적용된다고 보는 경우

#### (1) 문 제 점

㈎ 민법 제107조 제1항 본문과 단서가 갑의 전역신청(사인의 공법행위)에 모두 적용된다고 본다면, 전역신청은 육군참모총장 을의 방침에 따른 것이고 육군참모총장은 갑의 전역신청이 진의가 아님을 알았거나 이를 알 수 있었을 것이므로 동법 제107조 제1항 단서 따라 갑의 전역신청은 무효이다.

㈏ 이처럼 행정요건적 사인의 공법행위에서 행정행위의 발령을 구하는 사인이 신청·신고·동의 등을 함에 있어 능력이 결여되어 있거나, 권한 없이 대리행위를 하거나, 의사와 표시에 불일치가 있는 경우(하자 있는 의사표시가 있는 경우를 포함하여), 사인의 공법행위 그 자체는 규율하는 총칙적 규정이 없기 때문에 성질에 반하지 않는 한 사법규정이 적용되겠지만 이러한 경우 하자 있는 사인의 공법행위에 따른 행정행위는 어떠한 영향을 받는지가 문제된다.

#### (2) 학 설

1) 제1설(무효·유효설)

① 사인의 공법행위가 행정행위의 발령의 단순한 동기에 불과한 경우에 사인의 공법행위의

흠결은 행정행위의 효력에 영향을 미치지 않지만, ② 사인의 공법행위가 행정행위의 발령의 필수적인 전제요건인 경우에는 ⓐ 사인의 공법행위의 무효 또는 적법한 철회에 따른 행정행위는 무효이며, ⓑ 사인의 공법행위에 단순한 위법사유가 있을 때에는 행정행위는 원칙적으로 유효라고 한다(다수견해).

2) 제2설(원칙상 취소설)

사인의 공법행위에 흠이 있는 때에는 그에 의한 행정행위는 원칙상 취소할 수 있는 행정행위라고 보아야 한다는 견해이다. 다만, 법이 개별적으로 상대방의 동의를 행정행위의 효력발생요건으로 정하고 있는 경우(공무원의 임명 등)에 그에 동의하지 않은 경우, 행정행위가 공문서의 교부를 통하여 행해지는데 상대방이 그의 수령을 거부하는 경우, '신청을 요하는 행정행위'에 있어 신청의 결여가 명백한 경우에는 예외로서 무효로 본다.

3) 제3설(무효 · 취소사유설)

사인의 공법행위의 흠결이 중대하고 명백한 경우 그에 따른 행정행위는 무효이고, 중대·명백한 흠결에 이르지 않는 경우에는 행정행위는 취소할 수 있는 행위라는 견해이다.

### (3) 판　　례

대법원은 하자 있는 사인의 공법행위에 따른 행정행위의 효력에 대한 일반적인 입장은 없고, 개개의 사안별로 해결하고 있다(하명호). 즉, ⓐ 공포심에 따른 사직서의 교부로 이루어진 의원면직처분은 위법하다고 한다(대판 1968. 3. 19. 67누164). ⓑ 그리고 처분청의 변경처분에 사인이 동의를 한 후, 사인이 처분청의 기망과 강박을 이유로 이 동의를 취소하였다면 그 동의는 무효이므로 처분청의 변경처분은 위법하다고 보았다(대판 1990. 2. 23. 89누7061).

### (4) 검　　토

사인의 신고나 신청은 무효가 아닌 한 유효하게 존재하며, 사인이 행정행위의 발령을 원하지 않는다면 신고나 신청을 취소하면 되기 때문에 사인의 공법행위가 취소되지 않는 한 행정행위도 유효하다는 제1설이 타당하다.

### (5) 설　　문

설문에서 갑의 전역신청은 전역처분의 필수적 전제조건으로 무효이므로 그에 따른 전역처분도 무효가 된다. 전역처분이 위법하다는 갑의 주장은 정당하다.

## 2. 민법 제107조 제1항 본문만 갑의 전역신청(사인의 공법행위)에 적용되고 단서는 적용되지 않는다고 보는 경우

㈎ 민법 제107조 제1항 본문만 갑의 전역신청(사인의 공법행위)에 적용된다고 본다면, 전역신청이 갑의 진의가 아니라고 하더라도 동조항에 따라 효력이 있으며, 그에 따른 육군참모총장의 전역처분은 적법하다. 따라서 전역처분이 위법하다는 갑의 주장은 정당하지 않다.

㈏ 판례도 「군인사정책상 필요에 의하여 복무연장지원서와 전역(여군의 경우 면역임)지원서를

동시에 제출하게 한 피고측의 방침에 따라 위 양 지원서를 함께 제출한 이상, 그 취지는 복무연장 지원의 의사표시를 우선으로 하되, 그것이 받아들여지지 아니하는 경우에 대비하여 원에 의하여 전역하겠다는 조건부 의사표시를 한 것이므로 그 전역지원의 의사표시도 유효한 것으로 보아야 하고 가사 전역지원의 의사표시가 진의 아닌 의사표시라고 하더라도 그 무효에 관한 법리를 선언한 민법 제107조 제1항 단서의 규정은 그 성질상 사인의 공법행위에는 적용되지 않는다 할 것이므로 그 표시된 대로 유효한 것으로 보아야 할 것이다(대판 1994. 1. 11. 93누10057)」라고 본다.

**기출 32** 〈제1문〉

갑은 을로부터 면적 300㎡인 토지에 건축면적 100㎡인 가옥과 담장을 1980. 12. 31일자로 매수하여 등기한 후 소유하고 있었다. 갑은 그동안 해당 부동산에 대한 세금을 성실히 납부하였다. 그러나 토지가 소재하고 있는 지방자치단체 A시는 2012. 6. 1일자로 갑에게 도로를 침범하고 있는 담장을 철거하라는 통지서를 발부하였다. 철거통지서에는 갑이 점유하고 있는 토지의 30㎡는 A시소유의 도로로 현재 갑은 이를 불법점유하고 있으므로 2012. 7. 31일까지 위 담장을 철거하라고 기재되어 있었다.

(1) 갑은 아무런 하자 없이 을로부터 토지와 가옥을 매수하여 소유권이전등기를 마쳐 평온히 소유하여 왔으나, 30여 년이 지난 시점에서 A시는 토지의 일부가 A시소유의 도로인 토지라고 주장하고 있다. 갑은 어떻게 항변할 수 있겠는가? 15.

(2) A시는 담장의 철거를 강제집행할 수 있겠는가? 10.

(3) 철거통지서에는 철거 이유에 대한 구체적인 적시 없이 불법점유 상태이므로 철거하라고만 기재되어 있었다면, 갑은 이를 근거로 위 철거명령의 취소를 주장할 수 있겠는가? 15.

[제56회 5급공채(2012년)]

기출 32 (1) 갑은 아무런 하자 없이 을로부터 토지와 가옥을 매수하여 소유권이전등기를 마쳐 평온히 소유하여 왔으나, 30여 년이 지난 시점에서 A시는 토지의 일부가 A시소유의 도로인 토지라고 주장하고 있다. 갑은 어떻게 항변할 수 있겠는가? 15.

## Ⅰ. 갑의 항변 방법

### 1. 문제 상황

갑이 점유하는 A시소유의 도로는 공유재산 및 물품 관리법 제5조 제2항에 따라 행정재산이며, 공공용재산으로 공물이다. 그럼에도 A시는 자신소유의 토지임에도 갑의 점유와 갑소유의 등기를 방치하였고, 30여 년이 지난 시점에서 A시소유의 도로라고 주장하고 있다. 이러한 점이 A시소유의 도로(행정재산)의 공물성을 상실하게 하는지가 문제되고, 만일 해당 도로가 공물성을 상실하여 일반재산이 된다면 갑이 이를 시효취득할 수 있는지가 문제된다.

### 2. 해당 토지가 형태적으로 소멸되어 공용폐지되었다는 갑의 항변

#### (1) 학 설

1) 공용폐지불요설

공물이 원상회복이 불가능할 정도로 형태적 요소를 상실하였다면 그 물건은 공물로서의 성질을 잃는다는 견해이다.

2) 공용폐지필요설

공물의 성립에도 공용지정이라는 의사적 요소가 필요하듯 공물의 소멸에도 공용폐지라는 의사적 요소가 필요하므로 형태적 요소의 소멸은 공용폐지의 원인이 될 뿐이라는 견해이다.

3) 제한적 긍정설

자연공물은 그 물건이 형태적으로 소멸된 경우 당연히 공물로서의 성질을 상실하지만, 인공공물의 경우는 명시적이든 묵시적이든 공용폐지의 의사표시가 필요하다는 견해이다. 이 견해는 자연공물의 경우 자연적 상태 자체로 공물의 성질을 가지는 것이므로 물건이 형태적으로 소멸되었다면 공용폐지의 의사표시는 필요 없다고 본다.

#### (2) 판 례

㈎ 판례는 「이 사건 토지가 … 구거(도랑)로서의 기능을 상실하였다 하더라도, 그러한 사정만으로는 이 사건 토지가 당연히 취득시효의 대상이 되는 잡종재산으로 되었다거나 또는 묵시적인 공용폐지의 의사표시가 있었다고 볼 수 없다(대판 1998. 11. 10. 98다42974)」고 하여 형태적 요소의 소멸은 공용폐지의 원인이 될 뿐이며 공용폐지가 필요하다는 입장이다.

㈏ 다만, 판례는 공물의 소멸에 공용폐지가 필요하다고 보면서 공용폐지의 의사표시는 묵시적이어도 무방하다고 본다. 다만 묵시적 공용폐지가 인정되려면 공물이 사실상 본래의 용도에

사용되고 있지 않다거나, 행정주체가 점유를 상실하였다는 사정, 처분권한이 없는 행정청의 무효인 매각행위, 또는 관리주체에 의한 공물의 방치만으로는 부족하고 객관적으로 공용폐지 의사의 존재가 추단될 수 있는 사정이 있어야 할 것이라고 한다(대판 2009. 12. 10. 2006다87538; 대판 2009. 12. 10. 2006다19528).

#### (3) 검　토

물건의 형태적 요소가 영구히 소멸되어 공적 목적에 제공될 수 없다면 그로 인해 공물성을 상실한다고 보는 것이 타당하다(공용폐지불요설).

#### (4) 설　문

공용폐지불요설에 따른다면 공물의 형태적 요소의 소멸은 공용폐지의 효과를 가져오기 때문에 해당 토지는 행정재산인 공공용재산으로서의 성질(공물성)을 상실하고, 공유재산 및 물품 관리법 제5조 제3항의 일반재산이 된다(그러나 갑이 시효취득을 하기 전이라면 해당 토지는 여전히 A시의 소유이다). 따라서 갑은 해당 토지가 형태적으로 소멸되어 공용폐지되었다는 항변을 할 수 있다(판례의 태도에 따른다면 담장이 해당 도로를 침범하여 갑이 해당 도로를 점유하고 있고, 갑소유로 등기가 되어 있었으며, 30여 년이 지났다고 하더라도 행정청인 A시의 묵시적 공용폐지가 있었다고 보기 어렵다. 따라서 해당 도로는 여전히 A시의 소유로 행정재산인 공공용재산으로서의 성질을 유지한다).

### 3. 해당 토지를 시효취득하였다는 갑의 항변

(가) 공유재산 및 물품 관리법 제6조 제2항은 "행정재산은 「민법」 제245조에도 불구하고 시효취득의 대상이 되지 아니한다"고 규정한다. 따라서 행정재산(공용재산, 공공용재산, 기업용재산, 보존용재산)은 시효취득의 대상이 되지 않는다. 그러나 행정재산 외의 공유재산인 일반재산은 시효취득의 대상이 된다.

(나) 따라서 갑은 해당 재산이 공용폐지되었고, 민법 제245조 제2항(부동산의 소유자로 등기한 자가 10년간 소유의 의사로 평온, 공연하게 선의이며 과실 없이 그 부동산을 점유한 때에는 소유권을 취득한다)의 요건을 충족한다면 해당 토지를 시효취득하였다고 항변할 수 있다.

**기출 32** (2) A시는 담장의 철거를 강제집행할 수 있겠는가? 10.

## Ⅱ. 담장철거를 위한 강제집행수단

### 1. 문제 상황

행정상 강제집행이란 행정법상 의무의 불이행이 있는 경우 행정주체가 의무자(의무위반자)의 신체 · 재산에 실력을 가하여 그 의무가 이행된 것과 같은 상태를 실현하는 작용을 말한다. 강제집행에는 대집행, 강제징수, 직접강제, 이행강제금이 있다. 설문과 관련해 여러 강제집행 수단 중 어떠한 것으로 강제집행할 수 있는지를 검토한다.

### 2. 강제징수, 직접강제의 가능성

(가) 행정상 강제징수란 의무자가 공법상 금전급부의무를 불이행한 경우 강제로 그 의무이행을 실현하는 행정작용을 말한다. 그런데 설문의 경우 대체적 작위의무 불이행 상태인데 강제징수는 금전급부의무불이행에 대한 실효성확보수단이어서 강제징수는 불가능하다.

(나) 직접강제는 행정기관이 직접 의무자의 신체·재산에 실력을 가하여 의무자가 직접 의무를 이행한 것과 같은 상태를 실현하는 작용을 말한다. 그리고 직접강제는 침익적 행위이므로 법적 근거가 필요한데 설문에서 법에 근거가 없다면 직접강제는 불가능하다.

### 3. 행정대집행의 가능성

#### (1) 의 의

대집행이란 타인이 대신하여 행할 수 있는 의무(대체적 작위의무)의 불이행이 있는 경우 행정청이 불이행된 의무를 스스로 행하거나 제3자로 하여금 이행하게 하고 그 비용을 의무자로부터 징수하는 것을 말한다.

#### (2) 대집행의 요건

대집행의 일반적 요건은 행정대집행법 제2조가 정하고 있다. 즉 ① 법률이나 명령에 따른 의무의 불이행이 있을 것 ② 대체적 작위의무의 불이행일 것 ③ 다른 방법이 없을 것(보충성) ④ 공익상 요청이 있을 것을 요한다.

1) 법률이나 명령에 따른 공법상 의무의 불이행

공법상 의무는 법률에 의해 직접 명령되는 경우도 있지만, 대부분 법률에 의거한 행정청의 명령에 의해 발생한다.

2) 대체적 작위의무의 불이행

(가) 대집행의 대상인 의무는 대체적 작위의무라야 하며, 비대체적 작위의무나 부작위의무 또는 수인의무의 불이행의 경우에는 대집행이 적용될 수 없다.

(나) 행정청이 의무자에게 토지나 건물의 인도의무(인도명령을 발령하는 경우)를 부과한 경우 그 의무부과의 목적은 토지 등의 점유이전이다. 그러나 이러한 의무는 대체적 의무가 아니어서 대집행은 불가능하다.

(다) 부작위의무는 철거명령 등을 통해 작위의무로 전환시킨 후에 대집행의 대상이 될 수 있다. 그러나 작위의무로 전환시킬 수 있는 법적 근거가 없다면, 법률유보의 원칙상 금지규정만으로는 의무를 과하는 명령을 발령할 수 없고 그렇다면 대집행은 불가능하다는 것이 일반적 견해이자 판례의 입장이다.

3) 다른 수단으로 의무이행확보가 곤란할 것(보충성)

다른 수단으로 불이행된 의무이행을 확보할 수 있다면 대집행은 불가능하다. 여기서 다른 수단이란 대집행보다 더 경미한 수단인 행정지도 등을 말하며 직접강제나 행정벌은 해당하지 않는다.

4) 공익을 해할 것

의무이행을 방치하는 것이 심히 공익을 해친다고 인정되는 경우라야 한다. 영세건축물이나 초대형건축물의 철거의무불이행의 경우처럼 공익침해보다 사익에 대한 보호필요성이 더 우월한 경우에는 대집행이 불가능하다.

### (3) 설 문

㈎ 건축법령 등에 근거한 철거명령이 있었으나 갑은 이를 이행하지 않았고, 이러한 철거의무는 대체적 작위의무이다. 그리고 갑의 의무이행은 행정지도 등의 경미한 수단으로는 확보할 수 없을 것으로 보이고, 갑이 점유하는 토지는 도로이므로 이를 방치하는 것은 심히 공익을 해할 것으로 판단된다.

㈏ 따라서 철거의무를 부과한 행정청인 A시의 시장은 직접 또는 제3자를 통해 대집행(철거)한 후 비용을 갑에게 징수할 수 있다.

## 4. 이행강제금부과의 가능성

### (1) 문 제 점

건축법 제80조 제1항(허가권자는 제79조 제1항에 따라 시정명령을 받은 후 시정기간 내에 시정명령을 이행하지 아니한 건축주등에 대하여는 그 시정명령의 이행에 필요한 상당한 이행기한을 정하여 그 기한까지 시정명령을 이행하지 아니하면 다음 각 호의 이행강제금을 부과한다)에 따라 A시의 시장은 갑에게 이행강제금을 부과할 수 있다. 그러나 설문의 철거의무처럼 대체적 작위의무위반의 경우 대집행이 효과적인 실효성 확보수단이므로 이행강제금을 부과할 수 있는지에 대해 학설의 대립이 있다.

### (2) 학 설

ⓐ 대체적 작위의무위반에 대해서는 대집행이 실효적인 강제집행수단이므로 이행강제금부과를 인정할 필요가 없다는 견해와 ⓑ 경우에 따라서는 이행강제금 부과가 대집행보다 의무이행에 더욱 실효적인 수단이 될 수 있으므로 대체적 작위의무위반에 대해서도 이행강제금의 부과를 인정하는 것이 타당하다는 견해(다수 견해)로 나누어진다.

### (3) 판 례

헌법재판소는 「전통적으로 행정대집행은 대체적 작위의무에 대한 강제집행수단으로, 이행강제금은 부작위의무나 비대체적 작위의무에 대한 강제집행수단으로 이해되어 왔으나, … 이행강제금은 대체적 작위의무의 위반에 대하여도 부과될 수 있다. 현행 건축법상 위법건축물에 대한 이행강제수단으로 대집행과 이행강제금(제83조 제1항)이 인정되고 있는데, 양 제도는 각각의 장·단점이 있으므로 행정청은 개별사건에 있어서 위반내용, 위반자의 시정의지 등을 감안하여 대집행과 이행강제금을 선택적으로 활용할 수 있으며, 이처럼 그 합리적인 재량에 의해 선택하여 활용하는 이상 중첩적인 제재에 해당한다고 볼 수 없다(헌재 2004. 2. 26. 2001헌바80, 84, 102, 103, 2002헌바26(병합))」고 하여 긍정적인 입장이다.

(4) 검 토

대체적 작위의무위반이지만 대집행의 실행이 어려운 경우(예를 들어 초고층건물의 철거처럼 대집행실행이 사익에 대한 중대한 침해가 되는 경우) 이행강제금제도가 실효적인 의무이행확보수단이 될 수 있는바, 대체적 작위의무위반에 대해서도 이행강제금제도가 활용될 수 있다는 견해가 타당하다.

(5) 설 문

시장은 갑에게 이행강제금을 부과할 수 있다.

### 5. 소 결

설문은 금전급부의무불이행에 대한 것이 아니어서 강제징수는 불가능하며, 직접강제나 이행강제금의 부과는 법적 근거가 있으면 가능하고, 행정대집행법 제2조의 요건을 만족하기 때문에 A시는 담장철거를 대집행할 수 있다.

**기출 32** (3) 철거통지서에는 철거 이유에 대한 구체적인 적시 없이 불법점유 상태이므로 철거하라고만 기재되어 있었다면, 갑은 이를 근거로 위 철거명령의 취소를 주장할 수 있겠는가? 15.

## Ⅲ. 절차상 하자 있는 철거명령의 취소가능성

### 1. 문제 상황

행정절차법 제23조 제1항은 처분을 하는 때에 근거와 이유를 제시하도록 규정하는데, 설문의 철거통지서에는 철거 이유에 대한 구체적인 적시 없이 '불법점유 상태이므로 철거하라'고만 기재되어 있다면 이러한 기재가 적법한 이유제시에 해당하는지가 먼저 문제된다. 그리고 적법한 이유제시가 아니라면 그러한 절차상 하자만으로도 독자적인 위법사유가 될 수 있는지, 그리고 갑은 철거명령의 취소를 주장하였기 때문에 하자의 정도도 검토하여야 한다.

### 2. 철거통지서에 기재된 철거 이유의 적법성

(1) 이유제시의 의의

이유제시란 행정청이 처분을 하는 때에는 그 근거와 이유를 제시하여야 함을 말한다(행정절차법 제23조 제1항 본문). 따라서 이유제시를 생략할 수 있는 경우에 해당되지 않는 한, 수익적 · 침익적 처분을 불문하고 이유제시를 하여야 한다.

(2) 이유제시의 요건

1) 정 도

(가) 행정청이 자기의 결정에 고려하였던 사실상·법률상의 근거를 상대방이 이해할 수 있을 정도로 구체적으로 알려야 한다. 사실상 근거에는 행정행위의 결정에 근거로 삼은 사실관계가 포함되며, 법률상 근거에는 해석·포섭·형량이 포함된다.

(나) 판례도 「면허의 취소처분에는 그 근거가 되는 법령이나 취소권 유보의 부관 등을 명시하여야 함은 물론 처분을 받은 자가 어떠한 위반사실에 대하여 당해 처분이 있었는지를 알 수 있을 정도로 사실을 적시할 것을 요한다(대판 1990. 9. 11. 90누1786)」고 하여 근거법령과 주요사실이 구체적으로 기재될 것을 요하고 있다.

(다) 다만, 판례는 ① 당사자가 근거규정 등을 명시하여 신청하는 인·허가 등을 행정청이 거부하는 처분에 있어 당사자가 그 근거를 알 수 있을 정도로 상당한 이유를 제시한 경우, ② 처분 당시 당사자가 어떠한 근거와 이유로 처분이 이루어진 것인지를 충분히 알 수 있어서 그에 불복하여 행정구제절차로 나아가는 데에 별다른 지장이 없었던 것으로 인정되는 경우 등은 이유제시의 정도가 완화된다고 본다(대판 2002. 5. 17. 2000두8912; 대판 2013. 11. 14. 2011두18571).

2) 방 식

행정절차법 제24조 제1항의 규정에 의하여 원칙적으로 문서로 한다.

3) 기준시점

이유제시는 원칙적으로 처분이 이루어지는 시점에 이루어져야 한다(행정절차법 제23조 제1항 참조).

(3) 설 문

설문에서 철거통지서에 구체적인 이유의 적시 없이 불법점유 상태이므로 철거하라고만 기재되어 있다면 이는 철거명령의 근거되는 구체적 사실관계와 법률상의 근거를 제시한 것이 아니어서 행정절차법 제23조의 적법한 이유제시에 해당하지 않는다. 따라서 철거명령은 이유제시 미비의 절차상 하자가 있다.

## 3. 절차상 하자의 독자적 위법 사유 여부

(1) 문 제 점

절차상 하자의 효과에 관한 명문의 규정이 있는 경우(국가공무원법 제13조)라면 문제가 없으나, 절차상 하자의 효과에 관한 명문의 규정이 없는 경우 특히 그 행정행위가 기속행위인 경우 행정절차를 거치지 아니한 경우라고 하여도 그 내용은 행정절차를 거친 경우와 동일한 것일 수 있기 때문에 절차상의 하자가 독자적인 위법사유인지가 문제된다.

#### (2) 학 설

1) 소 극 설

절차규정이란 적정한 행정결정을 확보하기 위한 수단에 불과하며, 절차상의 하자만을 이유로 취소하는 것은 행정능률 및 소송경제에 반한다는 점을 근거로 절차상 하자는 독자적인 위법사유가 될 수 없다고 본다.

2) 적 극 설

소극설을 취하는 경우에는 절차적 규제가 유명무실해질 우려가 있어 행정절차의 실효성 확보를 위해 적극설이 타당하고, 법원이 절차상 하자를 이유로 취소한 후 행정청이 적법한 절차를 거쳐 다시 처분을 하는 경우 재량행위뿐 아니라 기속행위의 경우에도 처분의 발령에 이르기까지의 사실판단이나 요건 판단을 달리하여 당초 처분과 다른 내용의 결정에 이를 수 있기 때문에 반드시 동일한 내용의 처분을 반복한다고 말할 수 없다는 점을 근거로 절차상 하자는 독자적인 위법사유가 될 수 있다고 본다(다수설).

3) 절 충 설

기속행위와 재량행위를 나누어 재량행위는 절차의 하자가 존재할 때 위법해지지만, 기속행위는 내용상 하자가 존재하지 않는 한 절차상 하자만으로 행정행위가 위법해지지 않는다고 본다. 기속행위의 경우 법원이 절차상 하자를 이유로 취소하더라도 행정청은 절차상 하자를 보완하여 동일한 내용으로 다시 처분을 할 수 있으므로 행정능률에 반한다는 점을 근거로 한다.

#### (3) 판 례

대법원은 재량행위·기속행위를 불문하고 적극적인 입장이다(대판 1991. 7. 9. 91누971).

#### (4) 검 토

행정의 법률적합성원칙에 따라 행정작용은 실체상뿐만 아니라 절차상으로도 적법하여야 하며, 취소소송 등의 기속력이 절차의 위법을 이유로 하는 경우에 준용된다는 점(행정소송법 제30조 제3항) 등에 비추어 적극설이 타당하다.

#### (5) 설 문

이유제시의 절차상 위법만으로도 철거명령의 위법성을 인정할 수 있다. 그런데 갑은 철거명령의 취소를 주장하고 있기 때문에 위법성의 정도를 검토한다.

### 4. 이유제시의 하자 있는 철거명령의 위법성의 정도

#### (1) 무효와 취소의 구별기준

행정의 법률적합성을 고려할 때 위법한 행정행위의 효력은 부정하는 것이 정당하지만, 법적 안정성(공정력의 인정근거)을 근거로 일단 잠정적으로 유효성을 인정한다. 그러나 행정행위의 하자가 중대하고도 명백한 경우에는 법적 안정성을 침해할 우려가 없고 그러한 행정행위에 효력을 인정하는 것은 행정의 법률적합성에 반하기 때문에 중대명백설이 타당하다(다수설).

#### (2) 설 문

구체적인 이유제시 없는 철거명령은 그 하자가 일반인의 관점에서 외관상 명백하지만 중대한 것으로 보기는 어려워 취소사유라고 보아야 한다.

### 5. 소 결

갑은 이유제시의 하자를 근거로 철거명령의 취소를 주장할 수 있다.

기출 32-1 〈제2문〉

B시의회는 공공기관의 정보공개에 관한 법률의 정보공개에 관한 규정이 정보공개제도 본래의 취지를 완전히 충족시키지 못한다고 판단하여 주민의 정보공개에 관한 수요에 대응하기 위하여 B시 정보공개조례를 제정하였다. B시 정보공개조례와 관련하여 다음 물음에 답하시오.

(1) B시 정보공개조례는 지방자치법과 공공기관의 정보공개에 관한 법률에 비추어 적법한가? 10.

(2) B시 정보공개조례가 공공기관의 정보공개에 관한 법률이 규정하고 있는 비공개대상 정보에 대해서도 공개할 것을 규정하는 경우 적법하다고 할 수 있는가? 10.

(3) B시 정보공개조례가 자치사무만이 아니라 기관위임사무와 관련된 행정정보에 대해서도 공개하도록 규정한 경우 제기되는 법적 문제를 설명하시오. 10.

[제56회 5급공채(2012년)]

기출 32-1 (1) B시 정보공개조례는 지방자치법과 공공기관의 정보공개에 관한 법률에 비추어 적법한가? 10.

# Ⅰ. B시 정보공개조례의 적법성

## 1. 문제 상황

공공기관의 정보공개에 관한 법률에 정보공개에 관한 규정이 있음에도 B시 의회가 B시 정보공개조례를 제정하는 것이 법률유보의 원칙에 위반되지 않는지가 문제된다(원래 조례의 적법성이 문제되는 경우 조례제정대상인 사무, 법률유보의 원칙, 법률우위의 원칙 모두를 판단해야 하지만 설문(2), (3)과의 관계상 법률유보원칙이 쟁점인 것으로 보인다).

## 2. 지방자치법 제22조 단서의 위헌 여부

### (1) 문 제 점

헌법 제117조 제1항은 "지방자치단체는 … 법령의 범위 안에서 자치에 관한 규정을 제정할 수 있다"고 하여 형식적으로만 본다면 법률우위원칙만을 규정하고 있다. 그러나 지방자치법 제22조는 본문에서 조례는 법률우위원칙을, 단서에서 법률유보원칙을 준수해야 함을 규정하고 있다. 따라서 지방자치법 제22조 단서가 헌법상 인정된 지방의회의 포괄적 자치권을 제한하는 위헌적인 규정이 아닌지에 대해 학설의 대립이 있다.

### (2) 학 설

ⓐ 위헌설(지방자치법 제22조 단서는 헌법이 부여하는 지방자치단체의 자치입법권(조례제정권)을 지나치게 제약하고 있으며, 지방자치단체의 포괄적 자치권과 전권한성의 원칙에 비추어 위헌이라는 입장이다)과 ⓑ 합헌설(헌법 제117조 제1항에 법률유보에 대한 명시적 규정이 없더라도 지방자치법 제22조 단서는 헌법 제37조 제2항(국민의 모든 자유와 권리는 국가안전보장 · 질서유지 또는 공공복리를 위하여 필요한 경우에 한하여 법률로써 제한할 수 있으며…)에 따른 것이므로 합헌이라는 입장이다)(다수설)이 대립한다.

### (3) 판 례

대법원은 지방자치법 제15조(현행 제22조)는 기본권 제한에 대하여 법률유보원칙을 선언한 헌법 제37조 제2항의 취지에 부합하기 때문에 합헌이라고 본다(대판 1995. 5. 12. 94추28).

### (4) 검 토

조례의 내용이 침익적인 경우 법률유보는 당연히 적용되고, 지방자치법 제22조 단서는 헌법 제37조 제2항에 따른 확인적인 규정에 불과하며, 조례제정에 법적 근거가 필요하다는 내용을 법률에 직접 규정할 것인지는 입법정책적인 사항이므로 합헌설이 타당하다.

### 3. 지방자치법 제22조 단서의 적용

#### (1) 법률유보가 필요한 경우

지방자치법 제22조 단서는 조례가 ⓐ 주민의 권리제한 또는 ⓑ 의무부과에 관한 사항이나 ⓒ 벌칙을 정할 때에만 법률의 위임이 필요하다고 한다. 따라서 수익적인 내용의 조례나 수익적 내용도 침익적 내용도 아닌 조례(예를 들어 구청내 컴퓨터실 관리에 관한 조례)는 법률의 근거를 요하지 않는다.

#### (2) 법률유보의 정도(포괄적 위임의 가능성)

㈎ 조례의 경우도 법규명령(위임명령)처럼 구체적인 위임이 필요한지가 문제되는데, 조례는 지방의회가 지역적 민주적 정당성을 가지고 있고 헌법이 포괄적인 자치권을 보장하고 있는 점에 비추어 포괄적인 위임으로 족하다는 견해(다수견해)가 타당하다.

㈏ 대법원도 조례에 대한 포괄적 위임이 가능하다고 보았으며(대판 1991. 8. 27. 90누6613), 헌법재판소도 부천시담배자판기조례사건에서 같은 입장을 취하였다(헌재 1995. 4. 20. 92헌마264, 279).

### 4. 설 문

공공기관의 정보공개에 관한 법률 제4조 제2항은 '지방자치단체는 그 소관 사무에 관하여 법령의 범위에서 정보공개에 관한 조례를 정할 수 있다'고 규정하고 있으므로 B시 의회는 정보공개조례를 제정할 수 있고, 지방자치법 제22조 단서도 조례가 주민의 권리제한 또는 의무부과에 관한 사항이나 벌칙을 정할 때에만 법률의 위임이 필요하다고 규정하고 있는데 B시 정보공개조례는 일반적으로 수익적이므로 법률의 위임이 필요하지 않다. 따라서 B시 정보공개조례는 지방자치법과 공공기관의 정보공개에 관한 법률에 비추어 적법하다.

**기출 32-1** (2) B시 정보공개조례가 공공기관의 정보공개에 관한 법률이 규정하고 있는 비공개대상 정보에 대해서도 공개할 것을 규정하는 경우 적법하다고 할 수 있는가? 10.

## Ⅱ. B시 정보공개조례와 법률우위의 원칙

### 1. 문제 상황

B시 정보공개조례가 공공기관의 정보공개에 관한 법률이 규정하고 있는 비공개대상 정보에 대해서도 공개할 것을 규정하고 있다면 법률우위의 원칙에 비추어 해당 조례가 적법한지가 문제된다.

## 2. 헌법과 법률규정

헌법 제117조 제1항은 "지방자치단체는 … 법령의 범위 안에서 자치에 관한 규정을 제정할 수 있다," 지방자치법 제22조 본문은 "지방자치단체는 법령의 범위 안에서 그 사무에 관하여 조례를 제정할 수 있다" 그리고 동법 제24조는 "시·군 및 자치구의 조례나 규칙은 시·도의 조례나 규칙을 위반하여서는 아니 된다"고 규정하므로 조례에도 법률우위원칙은 당연히 적용된다.

## 3. 법률우위원칙 위반 여부 판단

### (1) 조례규정사항과 관련된 법령의 규정이 없는 경우(양자의 입법목적이 다른 경우도 포함)

조례규정사항과 관련된 법령의 규정이 없거나 조례와 법령의 입법목적이 다른 경우는 일반적으로 지방자치법 제22조 단서의 법률유보의 원칙에 반하지 않는 한 조례로서 규정할 수 있다. 다만, 행정법의 일반원칙에 위반됨은 없어야 한다.

### (2) 조례규정사항과 관련된 법령의 규정이 있는 경우

1) 조례내용이 법령의 규정보다 더 침익적인 경우

헌법 제117조 제1항과 지방자치법 제22조 본문에 비추어 법령의 규정보다 더욱 침익적인 조례는 법률우위원칙에 위반되어 위법하며 무효이다. 판례도 수원시의회가 재의결한 차고지확보조례안 무효확인사건에서 「하위법령인 조례로서 위 법령이 정한 자동차 등록기준보다 더 높은 수준의 기준(차고지 확보)을 부가하고 있는 이 사건 조례안 제4조, 제5조는 자동차관리법령에 위반된다고 할 것(대판 1997. 4. 25. 96추251)」이라고 판시하였다.

2) 조례내용이 법령의 규정보다 더 수익적인 경우(수익도 침익도 아닌 경우도 포함)

① 조례의 내용이 수익적(또는 수익도 침익도 아닌 경우)이라고 할지라도 성문의 법령에 위반되어서는 아니 된다는 것이 일반적인 입장이다(대판 1996. 10. 25, 96추107). 다만, 판례와 일반적 견해는 조례가 성문의 법령에 위반된다고 하더라도 국가법령의 취지가 지방자치단체의 실정에 맞도록 별도 규율을 용인하려는 것이라면 국가법령보다 더 수익적인 조례 또는 법령과 다른 별도 규율내용을 담은 조례의 적법성을 인정하고 있다(대판 1997. 4. 25. 96추244)(침익적 조례의 경우는 이러한 법리가 인정되지 않고 성문의 법령보다 더 침익적인 조례는 무효이다). ② 이 경우도 지방자치법 제122조, 지방재정법 제3조 등의 건전재정운영의 원칙과 행정법의 일반원칙에 위반되어서는 아니 된다.

## 4. 설 문

B시 정보공개조례가 공공기관의 정보공개에 관한 법률이 규정하고 있는 비공개대상 정보에 대해서도 공개할 것을 규정하고 있다면 이는 조례의 내용이 법령의 규정보다 더 수익적인 경우에 해당한다. 하지만 더 수익적인 조례라고 하더라도 정보공개조례가 공공기관의 정보공개에 관한 법률이 규정하고 있는 비공개대상 정보에 대해서도 공개할 것을 규정하고 있다면 이는 성문법에 위반되는 위법한 조례이다. 또한 공공기관의 정보공개에 관한 법률 제9조의 취지는 지방

자치단체의 실정에 맞도록 별로 규율을 용인하려는 것이라고 보기 어려워 공공기관의 정보공개에 관한 법률이 규정하고 있는 비공개대상 정보에 대해서도 공개할 것을 규정하는 B시 정보공개조례는 위법하다.

기출 32-1 (3) B시 정보공개조례가 자치사무만이 아니라 기관위임사무와 관련된 행정정보에 대해서도 공개하도록 규정한 경우 제기되는 법적 문제를 설명하시오. 10.

## Ⅲ. B시 정보공개조례와 조례제정대상인 사무

### 1. 문제 상황

B시 정보공개조례가 자치사무만이 아니라 기관위임사무와 관련된 행정정보에 대해서도 공개하도록 규정하고 있다면 조례제정대상인 사무와 관련해 해당 조례가 적법한지가 문제된다.

### 2. 지방자치법 제22조와 제9조 제1항

(가) 지방자치법 제22조 본문은 "지방자치단체는 법령의 범위 안에서 '그 사무'에 관하여 조례를 제정할 수 있다"고 규정하고 있으며, 동법 제9조 제1항은 "지방자치단체는 관할 구역의 '자치사무와 법령에 따라 지방자치단체에 속하는 사무'를 처리한다"고 하므로 조례로 제정할 수 있는 사무는 자치사무와 단체위임사무이며 기관위임사무는 제외된다(지방자치법의 해석상). 또한 기관위임사무는 국가(광역지방자치단체)의 사무가 광역(기초)지방자치단체의 장에게 위임된 것이어서 광역자치단체의 장만이 수임자이기에 원칙적으로 지방의회의 관여가 배제된다는 점에서도 조례가 활용될 수 없다.

(나) 다만 예외적으로 법령이 기관위임사무를 조례로 정하도록 규정한다면 기관위임사무도 조례로 정할 수는 있다(대판 1999. 9. 17. 99추30).

### 3. 자치사무와 (기관)위임사무의 구별

ⓐ 먼저 법률의 규정형식과 취지를 먼저 고려하여 판단하고(예를 들어 '중앙행정기관의 장이 행한다'고 규정한 경우는 국가의 사무이고, '지방자치단체의 장이 행한다'고 규정하는 경우는 일반적으로는 자치사무이다), ⓑ 불분명하다면 전국적·통일적 처리가 요구되는 사무인지 여부, 경비부담, 책임귀속주체 등도 고려한다. ⓒ 그리고 지방자치법 제9조 제2항(지방자치단체사무의 예시)이 판단기준이 된다. ⓓ 만일 그래도 불분명하다면 지방자치단체사무의 포괄성의 원칙에 따라 자치단체사무로 추정한다.

### 4. 설 문

조례로 제정할 수 있는 사무는 자치사무와 단체위임사무이며 기관위임사무는 제외되므로

B시 정보공개조례가 자치사무만이 아니라 기관위임사무와 관련된 행정정보에 대해서도 공개하도록 규정하고 있다면 법령에 기관위임사무를 조례로 정할 수 있음이 명시되지 않는 한 B시 정보공개조례는 위법하다.

기출 33 〈제3문〉

갑은 위치정보의 보호 및 이용 등에 관한 법률에 의한 위치정보사업을 하기 위하여 위치정보사업 허가신청서에 관련 서류를 첨부하여 방송통신위원회에 허가신청을 하였다. 방송통신위원회는 갑의 위치정보사업 관련 계획의 타당성 및 설비규모의 적정성 등을 종합 심사한 후에 허가기준에 미달되었음을 이유로 이를 거부하였다.

(1) 방송통신위원회가 설정·공표한 위 사업의 허가기준에 적합함에도 불구하고 갑의 허가신청이 거부되었다면 이에 대하여 갑은 어떠한 주장을 할 수 있겠는가? 15.

(2) 허가신청 거부에 대한 갑의 취소청구를 인용하는 수소법원의 판결이 확정되었고, 그 후에 방송통신위원회가 다시 허가신청을 거부하였다면, 이는 취소판결의 효력과 관련하여 어떠한 문제점이 있는지 설명하시오. 15.

[제56회 5급공채(2012년)]

기출 33 (1) 방송통신위원회가 설정·공표한 위 사업의 허가기준에 적합함에도 불구하고 갑의 허가신청이 거부되었다면 이에 대하여 갑은 어떠한 주장을 할 수 있겠는가? 15.

## Ⅰ. 방송통신위원회의 허가거부에 대한 갑의 주장

### 1. 문제 상황

갑은 방송통신위원회가 설정·공표한 사업의 허가기준(법률요건)에 적합하게 신청을 하였음에도 이를 위원회가 거부하였다면 이는 해당 허가처분이 기속행위인지 재량행위인지에 따라 갑의 주장이 달라진다. 즉, 사업허가가 기속행위라면 법률유보원칙 위반을 주장해야 하고 재량행위라면 재량권 일탈·남용(행정법의 일반원칙 위반)을 주장해야 한다.

### 2. 위치정보사업허가는 기속행위이므로 허가기준을 만족하는 한 허가를 거부할 수 없다는 갑의 주장

#### (1) 기속행위에서 허가기준을 만족하는 경우 허가거부의 가능성

기속행위에 있어서는 법령상의 요건 외의 이유로 처분을 거부하는 것은 그것이 공익상의 이유라고 하더라도, 행정의 법률적합성의 원칙(법률유보)에 반하므로 위법한 처분이 된다. 판례도 기속행위에 있어서는 법령에 정한 사유 외의 사유로 거부처분을 할 수 없다고 판시하고 있다(대판 2006. 11. 9. 2006두1227).

#### (2) 설 문

(가) 설문의 사업허가처분이 기속행위라면 갑이 사업허가기준을 만족하였음에도 방송통신위원회가 이를 거부하였기 때문에 갑은 허가거부처분이 법률유보원칙에 위반됨을 주장할 수 있다.

(나) 다만, 일부 판결에서 판례는 해당 행정행위를 원칙상 기속행위로 보면서도 중대한 공익상의 필요가 있는 경우에는 이를 재량행위로 보아 법령상 요건을 모두 구비한 신청에 대해서 공익상의 필요가 있으면 이를 거부할 수 있음을 인정하는 기속재량행위의 법리를 인정한다(대판 1998. 9. 25. 98두7503). 만일 이러한 경우라면 갑은 후술하는 재량권 일탈·남용을 주장하여야 한다.

### 3. 위치정보사업허가는 재량행위이지만 허가거부는 재량권 일탈·남용이라는 갑의 주장

#### (1) 재량행위에서 허가기준을 만족하는 경우 허가거부의 가능성

(가) 허가가 재량행위라면 허가기준을 만족하는 경우에도 행정청은 이를 거부할 수 있다. 재량행위는 재량권 일탈·남용이 없다면 재량범위에서는 법률요건을 충족하는 자에 대한 거부처분도 위법하지 않기 때문이다. 판례도 재량행위의 성격을 갖는 산림형질변경허가와 관련하여

「허가관청은 산림훼손허가신청 대상 토지의 현상과 위치 및 주위의 상황 등을 고려하여 국토 및 자연의 유지와 환경의 보전 등 중대한 공익상 필요가 있다고 인정될 때에는 허가를 거부할 수 있고, 그 경우 법규에 명문의 근거가 없더라도 거부처분을 할 수 있는 것(대판 1997. 8. 29. 96누15213)」이라고 판시하고 있다.

(나) 다만, 사업허가처분이 재량행위라고 하더라도 방송통신위원회의 허가거부처분은 행정법의 일반원칙에 위반되어서는 아니 된다.

(2) 소　　결

(가) 설문의 사업허가처분이 재량행위라면 갑이 사업허가기준을 만족하였음에도 방송통신위원회는 이를 거부할 수 있다.

(나) 다만 갑은 방송통신위원회의 허가거부처분이 행정법의 일반원칙에 위반되어 재량권 일탈·남용이 있다고 주장할 수는 있다. 설문에서는 신뢰보호원칙과 비례원칙이 문제될 수 있는데, 허가거부처분이 이러한 원칙에 위반되는지 여부는 불분명하다.

**기출 33** (2) 허가신청 거부에 대한 갑의 취소청구를 인용하는 수소법원의 판결이 확정되었고, 그 후에 방송통신위원회가 다시 허가신청을 거부하였다면, 이는 취소판결의 효력과 관련하여 어떠한 문제점이 있는지 설명하시오. 15.

## Ⅱ. 판결의 기속력, 간접강제

### 1. 문제 상황

방송통신위원회의 허가거부처분이 취소의 확정판결을 받았음에도 방송통신위원회가 다시 허가를 거부하였다면 이 (재)허가거부처분이 확정판결의 기속력에 위반되는 것은 아닌지, 그리고 기속력에 위반된다면 갑은 확정판결의 취지에 따른 (재)처분을 받기 위해 간접강제를 신청할 수는 없는지가 문제된다.

### 2. 재거부처분이 취소판결의 기속력에 위반되는지 여부

#### (1) 기속력의 의의

기속력은 처분등을 취소하는 확정판결이 당사자인 행정청과 관계행정청에 대하여 판결의 취지에 따라야 할 실체법상의 의무를 발생시키는 효력을 말한다(행정소송법 제30조 제1항). 그리고 기속력은 인용판결에만 미치고 기각판결에서는 인정되지 않는다.

#### (2) 기속력의 법적 성질

① 기속력은 기판력과 동일하다는 기판력설과 기속력은 판결 그 자체의 효력이 아니라 취

소판결의 효과의 실질적인 보장을 위해 행정소송법이 특별히 인정한 효력이라는 특수효력설(다수설)이 대립된다. ② 판례는 기판력과 기속력이라는 용어를 구분하지 않은 채 혼용하고 있어 그 입장이 불분명하다. ③ 기속력은 취소판결(인용판결)에서의 효력이지만 기판력은 모든 본안판결에서의 효력이라는 점, 기속력은 당사자인 행정청과 그 밖의 관계행정청에 미치지만 기판력은 당사자와 후소법원에 미친다는 점, 기속력은 일종의 실체법적 효력이지만 기판력은 소송법상 효력이라는 점에서 양자는 상이하므로, 특수효력설이 타당하다.

### (3) 기속력의 내용

(가) 기속력은 반복금지의무(반복금지효), 재처분의무, 결과제거의무를 내용으로 한다.

① 반복금지의무란 처분이 위법하다는 이유로 취소하는 판결이 확정된 후 당사자인 행정청 등이 동일한 내용의 처분을 반복해서는 안 되는 부작위의무를 말한다(이 의무는 행정소송법 제30조 제1항의 해석상 인정된다).

② 재처분의무란 행정청이 판결의 취지에 따라 신청에 대한 처분을 하여야 할 의무(작위의무)를 말한다. 재처분의무는 행정청이 당사자의 신청을 거부하거나 부작위하는 경우 주로 문제된다(즉 당사자의 신청이 있는 경우)(행정소송법 제30조 제2항, 제38조 제2항 참조). 구체적으로 보면 이 재처분의무는 ㉠ 재처분을 해야 하는 의무와 ㉡ 재처분을 하는 경우 그 재처분은 판결의 취지에 따른(판결의 기속력에 위반되지 않는) 것이어야 하는 의무, 양자를 포함하는 개념이다.

③ 취소소송에서 인용판결이 있게 되면 행정청은 위법처분으로 인해 야기된 상태를 제거하여야 할 의무가 발생하는데 이를 결과제거의무라고 한다(이 의무는 행정소송법 제30조 제1항의 해석상 인정된다).

(나) 설문의 경우 방송통신위원회가 갑의 허가를 다시 거부하였기 때문에 다시 거부하는 것이 판결의 취지에 따른 것인지 즉 재처분의무(특히 ㉡의 의무위반 여부) 위반 여부가 문제된다.

### (4) 기속력의 범위

아래의 기속력의 범위에 모두 해당하면 기속력이 미치는 위법사유가 되는 것이므로 행정청과 관계행정청은 판결의 취지에 따라 기속력에 위반되는 재처분을 해서는 아니 된다(기속력이 미치지 않는 범위에서(사유)는 재처분이 가능하다).

#### 1) 주관적 범위

처분을 취소하는 확정판결은 그 사건(취소된 처분)에 관하여 당사자인 행정청과 그 밖의 관계행정청을 기속한다. 여기서 그 밖의 관계 행정청이란 취소된 처분 등을 기초로 하여 그와 관련되는 처분이나 부수되는 행위를 할 수 있는 행정청을 총칭하는 것이다.

#### 2) 시간적 범위

처분의 위법성 판단의 기준시점을 어디로 볼 것이냐에 따라 기속력이 미치는 시간적 범위가 결정된다.

a. 학　설　　ⓐ 처분시설(다수견해)(행정처분의 위법 여부는 처분 당시를 기준으로 판단하여야 한다

는 견해이다. 처분시 이후의 사정고려는 법원에 의한 행정청의 1차적 판단권의 침해를 의미하며, 법원은 행정청의 처분에 대해 사후적인 판단을 하는 역할에 그친다고 보기 때문이라고 한다), ⓑ 판결시설(항고소송의 목적을 행정법규의 정당한 적용이라는 공익실현으로 보면서, 법원은 처분시 이후 발생한 공익적 사정도 고려하여 처분의 효력을 유지시킬 것인지를 결정해야 한다는 입장이다), ⓒ 절충설(ⓐ 원칙적으로 처분시를 기준으로 하면서, 예외적으로 영업허가취소나 물건의 압수처분 등과 같이 계속효 있는 처분에 대하여는 판결시를 기준으로 하는 견해와 ⓑ 적극적 침익적 처분의 경우 처분시를 기준으로 하고, 거부처분의 경우 판결시를 기준으로 하는 견해가 있다)이 대립된다.

b. 판 례 　판례는 행정소송에서 행정처분의 위법 여부는 행정처분이 있을 때의 법령과 사실상태를 기준으로 하여 판단해야 한다고 본다(처분시설)(대판 1993. 5. 27. 92누19033).

c. 검 토 　항고소송의 주된 목적은 개인의 권익구제에 있기 때문에 처분시 이후의 공익적 사정은 고려할 필요가 없으며, 위법성 판단의 기준을 판결시로 할 경우 판결지체 여하에 따라 처분시에 위법하였던 행위가 적법한 행위가 될 수도 있고, 반대로 처분시에는 적법했던 행위가 후에 위법한 것으로 될 수 있어 이론적으로 문제가 있다. 따라서 처분시설이 타당하다.

d. 소 결 　처분시설에 따르면 처분시에 존재하던 사유만이 기속력이 미치는 처분사유가 될 수 있다. 그러나 처분시에 존재하던 사유라고 할지라도 아래의 객관적 범위에 포함되는 사유라야 기속력이 미친다.

3) 객관적 범위

판결의 기속력은 판결주문 및 이유에서 판단된 처분등의 구체적 위법사유에만 미친다(대판 2001. 3. 23. 99두5238).

a. 절차나 형식의 위법이 있는 경우 　이 경우 판결의 기속력은 판결에 적시된 개개의 위법사유에 미치기 때문에 확정판결 후 행정청이 판결에 적시된 절차나 형식의 위법사유를 보완한 경우에는 다시 동일한 내용의 처분을 하더라도 기속력에 위반되지 않는다(대판 1987. 2. 10. 86누91).

b. 내용상 위법이 있는 경우

(i) 범 위 　이 경우는 처분사유의 추가·변경과의 관계로 인해 판결주문 및 이유에서 판단된 위법사유와 기본적 사실관계가 동일한 사유를 말한다. 따라서 당초처분사유와 기본적 사실관계가 동일하지 않은 사유라면 동일한 내용의 처분을 하더라도 판결의 기속력에 위반되지 않는다.

(ii) 기본적 사실관계의 동일성 판단 　(가) 판례는 기본적 사실관계의 동일성 유무는 처분사유를 법률적으로 평가하기 이전의 구체적인 사실에 착안하여 그 기초인 사회적 사실관계가 기본적인 점에서 동일한지 여부에 따라 결정된다고 한다(대판 2004. 11. 26. 2004두4482). 구체적인 판단은 시간적·장소적 근접성, 행위 태양·결과 등의 제반사정을 종합적으로 고려해야 한다(법원실무제요, 석호철).

(나) 즉, 처분청이 처분 당시에 적시한 구체적 사실을 변경하지 아니하는 범위 내에서 단지 그 처분의 근거법령만을 추가·변경하거나 당초의 처분사유를 구체적으로 표시하는 것에 불과한 경우처럼 처분사유의 내용이 공통되거나 취지가 유사한 경우에는 기본적 사실관계의 동일성을

인정하고 있다(대판 2007. 2. 8. 2006두4899).

㈐ 판례는 시장이 주택건설사업계획승인신청을 거부하면서 제시한 '미디어밸리 조성을 위한 시가화예정 지역'이라는 당초거부사유와 거부처분취소판결확정 후 다시 거부처분을 하면서 제시한 '해당 토지 일대가 개발행위허가 제한지역으로 지정되었다'는 사유는 기본적 사실관계의 동일성이 없기 때문에 재거부처분은 확정판결의 기속력에 반하지 않는 처분이라고 보았다(대판 2011. 10. 27. 2011두14401).

(5) 소　　결

㈎ 허가거부처분과 확정판결 후의 (재)허가거부처분의 주체는 방송통신위원회로 같기 때문에 주관적 범위는 문제되지 않는다.

㈏ 기속력의 범위 중 시간적 범위에 한정해서 보자면, 방송통신위원회의 재거부처분이 1차 허가거부처분 이후의 사정을 근거로 하였다면 재거부처분은 확정판결의 기속력에 위반되지 않겠지만, 1차 허가거부처분시에 존재하던 사정이라면 재거부처분은 확정판결의 기속력에 위반되는 위법한 처분이다.

㈐ 객관적 범위와 관련해서 1차 허가거부처분과 재거부처분이 기본적 사실관계 동일성이 인정되지 않는다면 재거부처분은 확정판결의 기속력에 위반되지 않겠지만, 기본적 사실관계 동일성이 인정된다면 재거부처분은 기속력에 위반(재처분의무 특히 재처분을 하는 경우 판결의 취지에 따른 처분을 해야 할 의무 위반)된다.

㈑ 아래에서는 재거부처분이 확정판결의 기속력에 위반된다고 전제하고 논의를 전개한다.

## 3. 확정판결에 위반되는 재거부처분의 위법성의 정도

### (1) 무효와 취소의 구별기준

행정의 법률적합성을 고려할 때 위법한 행정행위의 효력은 부정하는 것이 정당하지만, 법적 안정성(공정력의 인정근거)을 근거로 일단 잠정적으로 유효성을 인정한다. 그러나 행정행위의 하자가 중대하고도 명백한 경우에는 법적 안정성을 침해할 우려가 없고 그러한 행정행위에 효력을 인정하는 것은 행정의 법률적합성에 반하기 때문에 중대명백설이 타당하다(다수설).

### (2) 설　　문

㈎ 취소의 확정판결이 있었음에도 그 기속력에 반하는 처분은 하자의 정도가 중대·명백하여 무효라고 봄이 일반적인 견해이다.

㈏ 판례도 「피고가 원고의 토지형질변경허가신청에 대한 이 사건 불허가처분의 근거로 1988. 7. 1.자 서울특별시 예규 제499호의 토지형질변경행위 사무취급요령이 규정하는 규제대상에 해당함을 들고 있으나 이는 … 피고가 위 신청에 대한 1차 거부처분의 취소소송에서 이미 주장한 내용과 동일하여 1차 거부처분의 취소를 명한 확정판결의 사실심 변론종결이후에 생긴 새로운 사유로 볼 수 없으므로 이 사건 불허가처분은 위 확정판결에 저촉되는 것으로서 무효(대판

1990. 12. 11. 90누3560)」라고 본다.

(다) 결국 방송통신위원회의 재거부처분은 확정판결의 기속력에 위반되어 무효이다. 따라서 무효인 재거부처분이 행정소송법 제34조 제1항의 간접강제요건 중 '행정청이 재처분의무를 이행하지 않았을 것'에 해당하는지가 문제된다.

## 4. 간접강제신청의 가능성

### (1) 문 제 점

방송통신위원회의 재거부처분이 당연무효라면 갑은 행정소송법 제34조에 따라 간접강제를 신청할 수 있는지가 문제된다.

### (2) 간접강제의 의의

간접강제란 거부처분취소판결이나 부작위위법확인판결이 확정되었음에도 행정청이 행정소송법 제30조 제2항의 판결의 취지에 따른 처분을 하지 않는 경우 판결의 실효성을 확보하기 위해 법원이 행정청에게 일정한 배상을 명령하는 제도를 말한다(행정소송법 제34조 제1항, 제38조 제2항).

### (3) 간접강제의 요건

① 거부처분취소판결 등이 확정되었을 것을 요한다. 거부처분취소판결이나 부작위위법확인판결이 확정되거나 신청에 따른 처분이 절차위법을 이유로 취소가 확정되어야 한다(행정소송법 제30조 제2항 · 제3항, 제38조 제2항). ② 행정청이 재처분의무를 이행하지 않아야 한다. 즉, 행정청이 아무런 처분을 하지 않고 있을 때라야 간접강제가 가능하다.

### (4) 간접강제의 절차

간접강제는 당사자가 제1심 수소법원에 신청하여야 한다. 심리의 결과 간접강제의 신청이 이유 있다고 인정되면 간접강제결정을 하게 된다. 결정의 내용은 "상당한 기간을 정하고 행정청이 그 기간 내에 이행하지 아니하는 때에는 그 연장기간에 따라 일정한 배상을 할 것을 명하거나 즉시 손해배상할 것을 명하는 것"이 된다.

### (5) 설 문

(가) 설문의 경우 ②요건이 문제되는데 방송통신위원회는 아무런 처분을 하지 않은 것이 아니라 재처분의무에 위반되는 재거부처분을 한 것이며, 해당 재거부처분이 무효라면 기속력에 반하는 재거부처분을 한 것이 재처분의무를 이행한 것인지가 문제된다.

(나) 판례는 「거부처분에 대한 취소의 확정판결이 있음에도 행정청이 아무런 재처분을 하지 아니하거나, 재처분을 하였다 하더라도 그것이 종전 거부처분에 대한 취소의 확정판결의 기속력에 반하는 등으로 당연무효라면 이는 아무런 재처분을 하지 아니한 때와 마찬가지라 할 것이므로 이러한 경우에는 위 규정에 의한 간접강제신청에 필요한 요건을 갖춘 것으로 보아야 할 것이다(대판 2002. 12. 11. 2002무22)」라고 보고 있으며, 이 입장은 정당하다.

㈐ 따라서 갑은 제1심수소법원에 간접강제를 신청할 수 있고 당해 법원은 결정으로서 상당한 기간을 정하고, 그 기간 내에 행정청이 의무를 이행하지 않을 때에는 그 지연기간에 따라 일정한 배상을 할 것을 명하거나 즉시 손해배상을 할 것을 명할 수 있다(행정소송법 제34조 제1항). 이렇게 함으로써 방송통신위원회의 재처분의무의 이행을 간접적으로나마 확보할 수 있을 것이다.

기출 34 〈제1문〉

갑은 주택을 소유하고 있었는데 그 지역이 한국토지주택공사가 사업자가 되어 시행하는 주택건설사업의 사업시행지구로 편입되면서 갑의 주택도 수용되었다. 사업시행자인 한국토지주택공사는 「공익사업을 위한 토지 등의 취득 및 보상에 관한 법률」 제78조에 따라 이주대책의 일환으로 주택특별공급을 실시하기로 하였다. 그 후 갑은 「주택공급에 관한 규칙」 제19조 제1항 제3호 규정에 따라 A 아파트입주권을 특별분양하여 줄 것을 신청하였다. 그런데 한국토지주택공사는 갑이 A아파트의 입주자모집공고일을 기준으로 무주택세대주가 아니어서 특별분양 대상자에 해당되지 않는다는 이유로 특별분양신청을 거부하였다.

(1) 갑이 한국토지주택공사를 피고로 하여 특별분양신청 거부처분취소소송을 제기한 경우, 그 적법성은?(제소기간은 준수한 것으로 본다) 15.

(2) 취소소송을 제기하기 전에 특별분양신청거부에 대하여 행정심판을 제기하려는 경우, 갑이 제기할 수 있는 행정심판법상의 권리구제수단에 대하여 검토하시오. 15.

(3) 취소소송의 계속 중에 입주자모집공고일 당시 무주택세대주였다는 갑의 주장이 사실로 인정될 상황에 처하자 한국토지주택공사는 갑의 주택이 무허가주택이었기 때문에 갑은 특별분양대상자에 해당되지 않는다고 처분사유를 변경하였고, 심리결과 갑의 주택이 무허가주택이었음이 인정되었다. 이 경우 법원은 변경된 처분사유를 근거로 갑의 청구를 기각할 수 있는가? 법원의 판결 확정 후 한국토지주택공사가 갑의 주택이 무허가주택임을 이유로 특별분양신청을 재차 거부할 수 있는지 여부도 함께 검토하시오. 20.

[제54회 사법시험(2012년)]

참조조문

주택공급에 관한 규칙(국토해양부령)

제19조(주택의 특별공급) ① 사업주체가 국민주택 등의 주택을 건설하여 공급하는 경우에는 제4조에도 불구하고 입주자모집공고일 현재 무주택세대주로서 다음 각 호의 어느 하나에 해당하는 자에게 관련기관의 정하는 우선순위 기준에 따라 1회(제3호 · 제4호 · 제4호의 2에 해당하는 경우는 제외한다)에 한정하여 그 건설량의 10퍼센트의 범위에서 특별공급할 수 있다. 다만, 시 · 도지사의 승인을 받은 경우에는 10퍼센트를 초과하여 특별공급할 수 있다.

3. 다음 각 목의 어느 하나에 해당하는 주택(관계법령에 의하여 허가를 받거나 신고를 하고 건축하여야 하는 경우에 허가를 받거나 신고를 하지 아니하고 건축한 주택을 제외한다)을 소유하고 있는 자로서 당해 특별시장 · 광역시장 · 시장 또는 군수가 인정하는 자.
   가. 국가 · 지방자치단체 · 한국토지주택공사 및 지방공사인 사업주체가 당해 주택건설사업을 위하여 철거하는 주택

한국토지주택공사법

제1조(목적) 이 법은 한국토지주택공사를 설립하여 토지의 취득 · 개발 · 비축 · 공급, 도시의 개발 · 정비, 주택의 건설 · 공급 · 관리 업무를 수행하게 함으로써 국민주거생활의 향상 및 국토의 효율적인 이용을 도모하여 국민경제의 발전에 이바지함을 목적으로 한다.

제8조(사업) ① 공사는 제1조의 목적을 달성하기 위하여 다음 각 호의 사업을 행한다.

3. 주택(복리시설을 포함한다)의 건설 · 개량 · 매입 · 비축 · 공급 · 임대 및 관리

기출 34 (1) 갑이 한국토지주택공사를 피고로 하여 특별분양신청 거부처분취소소송을 제기한 경우, 그 적법성은?(제소기간은 준수한 것으로 본다) 15.

# Ⅰ. 특별분양신청 거부처분취소소송의 적법성

## 1. 문제 상황

(가) 갑의 특별분양신청거부처분취소소송은 관할권 있는 법원에(행정소송법 제9조), 원고적격(동법 제12조)과 피고적격을 갖추어(동법 제13조), 처분 등을 대상으로(동법 제19조), 제소기간내에(동법 제20조), 권리보호필요성 요건을 갖추고 있어야 한다.

(나) 갑은 한국토지주택공사를 상대로 특별분양신청거부처분취소소송을 제기하였는바, 설문과 관련해 문제되는 소송요건은 대상적격(특히 신청권의 문제), 원고적격, 피고적격 등이다.

## 2. 대상적격 — 특별분양신청 거부행위가 항고소송의 대상인 거부처분인지 여부

### (1) 문 제 점

(가) 취소소송의 대상에 대해 행정소송법 제19조 본문은 "취소소송은 처분등을 대상으로 한다"고 규정하고, 동법 제2조 제1항 제1호는 취소소송의 대상인 '처분등'을 ① 처분인 ⓐ 공권력의 행사, ⓑ 그 거부, ⓒ 그 밖에 이에 준하는 행정작용과 ② 행정심판에 대한 재결이라고 정의하고 있다. 따라서 취소소송의 대상은 적극적인 공권력 행사, 소극적인 공권력 행사인 거부처분, 이에 준하는 행정작용 그리고 행정심판에 대한 재결이 된다.

(나) 설문에서는 소극적인 공권력 행사가 문제되는데, 먼저 행정행위와 처분의 관계를 검토한 후 한국토지주택공사의 특별분양신청거부행위가 취소소송의 대상인지를 살펴본다.

### (2) 행정행위와 처분의 관계

#### 1) 문 제 점

행정소송법 제2조 제1항 제1호는 취소소송의 대상인 '처분'을 "행정청이 행하는 구체적 사실에 관한 법집행으로서의 공권력의 행사 또는 그 거부와 그 밖에 이에 준하는 행정작용"이라고 정의하고 있다. 이처럼 행정소송법은 '처분'개념을 **광의로 정의**(그 밖에 이에 준하는 행정작용)하고 있어 행정소송법상의 처분개념이 강학상 개념인 행정행위와 동일한 것인지에 대해 학설이 대립된다.

#### 2) 학 설

a. 실체법적 (행정행위) 개념설(일원설, 형식적 행정행위 부정설) 행정쟁송법상 처분을 강학상 행정행위와 동일한 것으로 보는 입장이다. 행정소송법 제2조 제1항 제1호는 처분을 '공권력의 행사(또는 그 거부)'와 '이에 준하는 행정작용'이라고 규정하지만 '이에 준하는 행정작용'은 공권력행사에 준하는 행정작용을 말하는 것이며, 쟁송법적 개념설이 처분개념에 포함시키고 있

는 비권력적 행정작용에 대한 권리구제수단은 항고소송이 아니라 당사자소송(비권력적 사실행위로 발생한 법률관계를 다투는 당사자소송)이나 법정외소송(일반적 이행소송)을 활용해야 한다는 점을 근거로 한다(김남진 · 김연태, 류지태 · 박종수, 박윤흔 · 정형근, 김성수, 정하중).

b. 쟁송법적 (행정행위) 개념설(이원설, 형식적 행정행위 긍정설) 행정쟁송법상 처분을 강학상 행정행위와는 별개의 것으로 보는 입장이다. 행정소송법 제2조 제1항 제1호는 처분개념에 '공권력의 행사(또는 그 거부)'에 '이에 준하는 행정작용'을 더하고 있기 때문에 현행법상 처분은 강학상 행정행위보다 더 광의의 개념으로 보아야 하며, 다양한 행정작용(특히 비권력적 행정작용)에 대해 항고소송을 인정함으로써 실효적인 권리구제가 가능하다는 점을 근거로 한다(김동희, 박균성).

3) 판 례

판례는 쟁송법적 개념설이 대표적으로 주장하는 비권력적 사실행위에 대해 처분성을 부정하고 있어 기본적으로 실체법적 개념설의 입장이다. 다만, 처분개념이 확대될 여지를 인정한 판결도 있다(행정청의 어떤 행위를 행정처분으로 볼 것이냐의 문제는 … 행정처분이 그 주체, 내용, 절차, 형식에 있어서 어느 정도 성립 내지 효력요건을 충족하느냐에 따라 개별적으로 결정하여야 하며, … 행정청의 행위로 인하여 그 상대방이 입는 불이익 내지 불안이 있는지 여부도 그 당시에 있어서의 법치행정의 정도와 국민의 권리의식 수준 등은 물론 행위에 관련한 당해 행정청의 태도 등도 고려하여 판단하여야 한다(대판 1993. 12. 10. 93누12619)).

4) 검 토

취소소송은 법률관계를 발생시키는 행정작용의 효력을 깨뜨리기 위한 형성소송(행정소송법 제29조 제1항 참조)이므로 취소소송의 대상은 법률관계를 발생시키는 행정행위에 한정하는 실체법적 개념설이 타당하다.

### (3) 항고소송의 대상인 거부처분의 요건

1) 공권력행사의 거부일 것(거부의 내용(=신청의 내용)이 공권력 행사일 것)

항고소송의 대상인 거부처분이 되기 위해서는 사인의 공권력행사의 신청에 대한 거부이어야 한다. 즉, 거부의 내용(=신청의 내용)이 ⓐ 행정청(전통적 의미의 행정청뿐만 아니라 합의제기관, 실질적 의미의 처분을 하는 경우 법원이나 국회의 기관, 행정소송법 제2조 제2항의 행정청등 자신의 명의로 처분을 할 수 있는 모든 행정청(기능적 의미의 행정청)을 말한다)이 행하는 행위로 ⓑ 구체적 사실(규율대상이 구체적 — 시간적으로 1회적, 공간적으로 한정 — 이어야 한다)에 대한 ⓒ 법집행행위(입법이 아니라 법의 집행행위라야 한다)이며 ⓓ 공권력행사(행정청이 공법에 근거하여 우월한 지위에서 일방적으로 행사하여야 한다)이어야 한다.

2) 거부로 인하여 국민의 권리나 법적 이익에 직접 영향을 미치는 것일 것

㈎ '국민의 권리나 법적 이익에 직접 영향을 미치는 것일 것(법적 행위일 것)'은 행정소송법 제2조 제1항 제1호에서 명시된 거부처분의 요소는 아니다. 그러나 판례와 전통적인 견해는 적극적 공권력행사와 마찬가지로 취소소송의 본질을 위법한 법률관계를 발생시키는 행정작용의 효력을 소급적으로 제거하는 것으로 이해하기 때문에 행정청의 소극적인 공권력행사의 경우에도 법적 행위를 거부처분의 성립요건으로 보고 있다.

㈏ '법적 행위'란 외부적 행위이며 국민의 권리나 법적 이익과 관련되는 행위를 말한다. 판

례도 「토지분할신청에 대한 거부행위는 국민의 권리관계에 영향을 미친다고 할 것이므로 이를 항고소송의 대상이 되는 처분으로 보아야 할 것이다(대판 1993. 3. 23. 91누8968)」라고 본다.

3) 거부처분의 성립에 신청권이 필요한지 여부

a. 문 제 점　　거부처분의 성립 요건으로 ① 공권력행사의 거부일 것, ② 거부로 인하여 국민의 권리나 법적 이익에 직접 영향을 미치는 것일 것 외에 ③ 신청권이 필요한지에 대해 학설이 대립한다.

b. 학　설　　학설은 ① 부작위의 성립에 (행정청의) 처분의무가 요구되는 것처럼 거부처분의 성립에도 처분의무가 요구된다고 하면서(이러한 행정청의 처분의무에 대응하여 상대방은 '권리'를 가지는데 그 권리를 신청권이라고 본다)(행정소송법 제2조 제1항 제2호 참조) 이러한 신청권을 가진 자의 신청에 대한 거부라야 항고소송의 대상적격이 인정된다는 견해(대상적격설)(박균성), ② 취소소송의 소송물을 '처분의 위법성과 당사자의 권리침해'로 이해하면서 신청권은 소송요건의 문제가 아니라 본안의 문제로 보는 견해(본안요건설)(홍준형), ③ 어떠한 거부행위가 행정소송의 대상이 되는 처분에 해당하는가의 여부는 그 거부된 행위가 행정소송법 제2조 제1항 제1호의 처분에 해당하는가의 여부에 따라 판단하여야 하며 행정소송법 제12조를 고려할 때(법률상 이익(신청권)은 원고적격의 판단기준이다) 신청권은 원고적격의 문제로 보아야 한다는 견해(원고적격설)가 대립된다.

c. 판　례　　㈎ 판례는 잠수기어업불허가처분취소 사건에서 「거부처분의 처분성을 인정하기 위한 전제요건이 되는 신청권의 존부는 구체적 사건에서 신청인이 누구인가를 고려하지 않고 관계 법규의 해석에 의하여 일반 국민에게 그러한 신청권을 인정하고 있는가를 살펴 추상적으로 결정되는 것이고 … 따라서 국민이 어떤 신청을 한 경우에 그 신청의 근거가 된 조항의 해석상 행정발동에 대한 개인의 신청권을 인정하고 있다고 보여지면 그 거부행위는 항고소송의 대상이 되는 처분으로 보아야 할 것(대판 1996. 6. 11. 95누12460)」이라고 하여 거부처분의 성립에 신청권이 필요하다고 본다.

㈏ 그리고 신청권은 신청인이 그 신청에 따른 단순한 응답을 받을 권리를 넘어서 신청의 인용이라는 만족적 결과를 얻을 권리를 의미하는 것은 아니라고 한다(대판 1996. 6. 11. 95누12460).

㈐ 신청권의 근거는 법규상 또는 조리상 인정될 수 있는데, 법규상 신청권이 있는지 여부는 관련법규의 해석에 따라 결정되며, 조리상 신청권 인정 여부는 거부행위에 대해 항고소송 이외의 다른 권리구제수단이 없거나, 행정청의 거부행위로 인해 국민이 수인불가능한 불이익을 입는 경우 조리상의 신청권은 인정될 수 있다고 한다(하명호).

d. 검　토　　거부처분의 성립에 신청권이 필요하다는 판례와 대상적격설의 입장은 대상적격과 원고적격의 구분을 무시한 것이고, 신청권(권리)을 대상적격의 요건으로 본다면 행정청의 동일한 행위가 권리(신청권)를 가진 자에게는 대상적격이 인정되고 권리(신청권)를 가지지 못한 자에게는 대상적격이 부정되어 부당한 결론을 가져오게 된다(김유환). 따라서 권리인 신청권은 원고적격의 문제로 보아야 한다.

### (4) 설 문

(가) ① 갑은 특별분양을 신청하였다. 이 특별분양은 행정청인 한국토지주택공사(공익사업을 위한 토지 등의 취득 및 보상에 관한 법률 제19조, 제78조, 행정소송법 제2조 제2항에 따라 법령상 권한을 부여받은 자)가 행하는 갑의 주택이 수용되어 이주대책의 일환으로 주택을 특별공급한다는 사실에 대한 공익사업을 위한 토지 등의 취득 및 보상에 관한 법률 등의 집행행위로 공권력행사에 해당한다. ② 이주대책의 일환인 주택특별공급이 거부된다면 주택공급을 받을 수 없게 되어 특별분양신청거부는 국민의 권리나 법적 이익에 직접 영향을 미치는 행위이다. 따라서 한국토지주택공사의 특별분양신청거부는 항고소송의 대상인 거부처분이다(공익사업을 위한 토지 등의 취득 및 보상에 관한 법률 제78조 제1항은 사업시행자에게 이주대책수립의무부과, 주택공급에 관한 규칙 제19조 제1항은 사업주체가 특별공급할 수 있음을 규정하고 있는바 판례에 따르더라도 법규상 신청권이 인정될 수 있다).

(나) 판례도 「특별공급의 기회를 부여하는 것으로서 그 취지는 단순히 사업주체로 하여금 그러한 대상자들에게 특별분양을 할 수 있는 권능을 부여하는 데 그치는 것이 아니라 그와 같은 요건을 갖추기 위하여 공공사업에 협력한 자에게 특별공급의 기회를 요구할 수 있는 법적인 이익을 부여하고 있는 것이라고 보아야 할 것이므로 그들에게는 특별공급신청권이 인정된다고 해석하여야 할 것이다 … 특별분양을 요구하는 원고에게 입주권 부여를 거부한 행위는 항고소송의 대상이 되는 거부처분이라 할 것(대판 1992. 1. 21. 91누2649)」이라고 하여 긍정한다.

## 3. 원고적격

### (1) 문제 상황

(가) 취소소송의 원고적격에 대해 행정소송법 제12조 제1문은 "취소소송은 처분등의 취소를 구할 법률상 이익이 있는 자가 제기할 수 있다"고 규정하는데, 그 "처분등"에는 거부처분이 포함되기 때문에 설문에서 원고적격 여부는 갑에게 한국토지주택공사의 특별분양신청거부처분의 취소를 구할 법률상 이익이 있는지에 따라 결정된다.

(나) 일반적 견해는 법률상 이익의 범위(의미)를 취소소송의 본질에 대한 논의를 통해 결정한다.

### (2) 취소소송의 본질

(가) 학설은 취소소송의 본질(기능)에 관해 ⓐ 취소소송의 목적은 위법한 처분으로 야기된 개인의 권리침해의 회복에 있다는 권리구제설(권리구제설이 말하는 권리는 좁은 의미의 권리이다), ⓑ 위법한 처분으로 (좁은 의미) 권리뿐 아니라 법에 의해 보호되는 이익을 침해당한 자도 처분을 다툴 수 있다는 법률상 보호이익설(통설), ⓒ 처분의 효력을 다투어 이를 부정하는 것이 당사자에게 실질적 이익이 있다면 그것이 법률상 이익이든 사실상의 이익이든 그러한 이익이 침해된 자는 소송을 제기할 수 있다는 보호가치 있는 이익설, ⓓ 취소소송은 개인의 권리구제보다는 처분의 적법성을 유지하는 것이 주된 기능으로 처분의 적법성 확보에 가장 적합한 이익 상태에 있는 자

가 원고적격을 갖는다는 적법성보장설이 있다.

㈏ 판례는「행정소송에서 소송의 원고는 행정처분에 의하여 직접 권리를 침해당한 자임을 보통으로 하나 직접 권리의 침해를 받은 자가 아닐지라도 소송을 제기할 법률상의 이익을 가진 자는 그 행정처분의 효력을 다툴 수 있다(대판 1974. 4. 9. 73누173)」고 하여 법률상 보호이익설의 입장이다.

㈐ 취소소송은 주관적 소송이므로 적법성보장설은 타당하지 않으며, 행정소송법 제12조가 취소소송은 법률상 이익이 있는 자가 제기할 수 있다고 규정하기 때문에 법률상 보호이익설이 타당하다.

(3) 법률상 이익이 있는 자의 분석

1) 법률상 이익에서 '법률(법규)'의 범위

a. 학 설 일반적인 견해는 처분의 근거법규의 규정과 취지, 관련법규의 규정과 취지 외에 헌법상 기본권 규정도 고려해야 한다는 입장이다.

b. 판 례 ㈎ 판례는 기본적으로 당해 처분의 근거가 되는 법규가 보호하는 이익만을 법률상 이익으로 본다(대판 1989. 5. 23. 88누8135).

㈏ 최근에는 폐기물처리시설입지결정사건에서 근거법규 외에 관련법규까지 고려하여 법률상 이익을 판단하고 있다(대판 2005. 5. 12. 2004두14229).

㈐ 하지만 헌법상의 기본권 및 기본원리를 법률상 이익의 해석에서 일반적으로 고려하지는 않는다. 다만, ⓐ 대법원은 접견허가거부처분사건에서 '접견권'을(대판 1992. 5. 8. 91누7552), ⓑ 헌법재판소는 국세청장의 납세병마개제조자지정처분과 관련된 헌법소원사건에서 '경쟁의 자유'를(헌재 1998. 4. 30. 97헌마141) 기본권이지만 법률상 이익으로 인정(또는 고려)하였다고 일반적으로 해석한다.

c. 검 토 취소소송은 법률상 보호이익의 구제를 목적으로 하는 소송(법률상 보호이익설)이기 때문에 처분의 근거법규의 규정과 취지, 관련법규의 규정과 취지 외에 기본권 규정도 고려해야 한다는 일반적인 견해가 타당하다.

2) '이익이 있는'의 의미

㈎ 판례는 법률상의 이익이란 당해 처분등의 근거가 되는 법규에 의하여 보호되는 개별적·직접적이고 구체적인 이익을 말하고, 단지 간접적이거나 사실적·경제적인 이해관계를 가지는 데 불과한 경우에는 행정소송을 제기할 법률상의 이익이 아니라고 본다(대판 1992. 12. 8. 91누13700).

㈏ 그리고 법률상 이익에 대한 침해 또는 침해 우려가 있어야 원고적격이 인정된다(대판 2006. 3. 16. 2006두330).

3) '자'의 범위

㈎ 법률상 이익의 주체에는 자연인, 법인, 법인격 없는 단체, 다수인(행정소송법 제15조 참조)도 가능하다.

㈏ 행정주체가 아닌 행정기관은 항고소송을 제기할 원고적격이 인정되지 않는다. 그러나

대법원은 경기도선거관리위원회 위원장이 국민권익위원회를 상대로 불이익처분원상회복등요구처분취소를 구한 사건에서 경기도선관위원장은 비록 국가기관이지만 원고적격을 가진다고 보았다(대판 2013. 7. 25. 2011두1214).

#### (4) 설　문

특별분양신청거부처분의 근거법규인 공익사업을 위한 토지 등의 취득 및 보상에 관한 법률 제78조 등과 주택공급에 관한 규칙 제19조가 사업시행자인 한국토지주택공사에게 의무를 인정하고 있고, 동 조항은 사익을 보호하기 위한 목적이라고 보여진다. 또한 갑은 자신의 주택이 수용되어 아파트입주권 특별분양을 신청한 자이므로 특별분양신청거부의 취소를 구할 법률상 이익이 인정된다.

### 4. 피고적격

#### (1) 항고소송의 피고적격

행정소송법은 다른 법률에 특별한 규정이 없는 한 그 처분 등을 행한 행정청이 피고가 된다고 규정한다(행정소송법 제13조 제1항 전단, 제38조). 여기서 '처분 등을 행한 행정청'이란 원칙적으로 소송의 대상인 행정처분 등을 외부적으로 그의 명의로 행한 행정청을 의미한다. 행정청에는 합의제기관, 공법인, 지방의회, 행정소송법 제2조 제2항의 행정청이 포함된다.

#### (2) 설　문

한국토지주택공사법 제8조 제1항은 일정한 목적을 위해 한국토지주택공사가 '주택의 건설 · 개량 · 매입 · 비축 · 공급 · 임대 및 관리'사업을 할 수 있음을 규정하고, 한국토지주택공사는 공익사업을 위한 토지 등의 취득 및 보상에 관한 법률에 따른 사업시행자이기 때문에, 행정소송법 제2조 제2항의 '행정권한의 위임 또는 위탁을 받은 공공단체'에 해당한다. 따라서 갑은 한국토지주택공사를 피고로 거부처분취소소송을 제기해야 한다.

### 5. 소　결

갑의 한국토지주택공사를 피고로 하여 제기한 특별분양신청 거부처분취소소송은 적법하다.

기출 34 (2) 취소소송을 제기하기 전에 특별분양신청거부에 대하여 행정심판을 제기하려는 경우, 갑이 제기할 수 있는 행정심판법상의 권리구제수단에 대하여 검토하시오. 15.

## Ⅱ. 행정심판법상 권리구제수단

### 1. 문제 상황

한국토지주택공사의 특별분양신청거부처분에 대해 갑이 선택할 수 있는 행정심판법상 권리구제수단은 의무이행심판·거부처분취소심판(거부처분무효확인심판도 같다)과 가구제 수단으로 집행정지와 임시처분 등이 있다.

### 2. 행정심판

#### (1) 의무이행심판

1) 의 의

행정심판법 제5조 제3호는 당사자의 신청에 대해 행정청의 위법 또는 부당한 거부처분이나 부작위가 있는 경우 일정한 처분을 하도록 하는 의무이행심판을 제기할 수 있음을 규정하고 있다.

2) 심판청구요건

a. 심판대상 설문에서 갑은 특별분양을 신청하였으나 한국토지주택공사가 이를 거부하였기에 이 거부처분은 의무이행심판의 대상이 된다(행정심판법 제5조 제3호).

b. 청구인적격 갑은 처분을 신청하였고 공익사업을 위한 토지 등의 취득 및 보상에 관한 법률 등이 갑의 이익을 보호하고 있기 때문에 행정심판청구인적격이 인정된다(행정심판법 제13조 제3항).

c. 피청구인적격 설문에서는 한국토지주택공사가 피청구인적격을 가진다(행정심판법 제17조 제1항).

d. 권리보호필요성 설문에서 권리보호필요성은 문제되지 않는다.

e. 심판청구기간 갑은 거부처분이 있음을 알게 된 날부터 90일 이내, 거부처분이 있었던 날부터 180일이 이내에 의무이행심판을 청구해야 한다(행정심판법 제27조 제1항, 제3항).

#### (2) 거부처분취소심판의 가능성

1) 문 제 점

심판청구인이 거부처분을 받은 후 의무이행심판이 아니라 거부처분취소심판을 청구한 경우 이러한 심판청구가 인정될 수 있는지가 문제된다.

2) 학 설

ⓐ 행정심판법 제5조 제3호에 따르면 거부처분은 의무이행심판의 대상이지 취소심판의 대상이 아니라는 견해도 있으나, ⓑ 행정심판법 제2조 제1호("처분"이란 행정청이 행하는 구체적 사실에

관한 법집행으로서의 공권력의 행사 또는 그 거부, 그 밖에 이에 준하는 행정작용을 말한다)와 제5조 제1호(취소심판: 행정청의 위법 또는 부당한 처분을 취소하거나 변경하는 행정심판)를 근거로 거부처분취소심판의 가능성을 인정하는 견해가 다수설이다.

3) 판 례

판례는 거부처분취소심판의 제기가능성을 인정한다(대판 1988. 12. 13. 88누7880).

4) 검 토

당사자의 효과적인 권리구제를 위해 거부처분취소심판의 가능성을 인정하는 것이 타당하다.

5) 소 결

갑은 의무이행심판 외에 거부처분취소심판을 제기할 수도 있다.

## 3. 가 구 제

1) 집행정지

(가) 행정심판법 제30조 제1항은 행정심판청구가 처분의 효력이나 그 집행 또는 절차의 속행에 영향을 주지 않는다고 집행부정지의 원칙을 규정하면서 일정한 요건을 충족하는 경우 집행정지를 인정하고 있다. 다만 거부처분에 대해 집행정지가 인정될 것인지에 대한 학설의 대립이 있으나 이를 부정하는 것이 다수설이다(김기표, 신행정심판법론).

(나) 다수설에 따르면 갑은 거부처분에 대해 행정심판을 청구하면서 집행정지를 신청할 수는 없다.

2) 임시처분

a. 의 의 임시처분이란 처분 또는 부작위가 위법·부당하다고 상당히 의심되는 경우로서 처분 또는 부작위 때문에 당사자가 받을 우려가 있는 중대한 불이익이나 당사자에게 생길 급박한 위험을 막기 위하여 임시지위를 정하여야 할 필요가 있는 경우 행정심판위원회가 발할 수 있는 가구제 수단이다(행정심판법 제31조 제1항). 가구제제도로서 집행정지는 소극적으로 침익적 처분의 효력을 정지시키는 기능만이 있을 뿐 행정청에게 일정한 처분의무를 지우는 등의 기능(적극적 형성력)은 없기 때문에 집행정지제도는 잠정적 권리구제 수단으로서 한계가 있었다. 따라서 임시처분제도의 도입은 거부처분이나 부작위에 대한 잠정적 권리구제의 제도적인 공백상태를 입법적으로 해소하고 청구인의 권리를 두텁게 보호하려는 데 취지가 있다(류지태·박종수).

b. 요 건

(ⅰ) 적극적 요건

(a) 심판청구의 계속 명시적 규정은 없지만 집행정지제도가 심판청구의 계속을 요건으로 하고 있는 것을 보면 가구제로서 임시처분도 심판청구의 계속을 요건으로 하고 있다고 보아야 한다(김동희, 류지태·박종수).

(b) 처분 또는 부작위가 위법·부당하다고 상당히 의심되는 경우일 것 ① 적극적 처분, 거부처분, 부작위가 모두 포함된다. ② 그리고 위법부당의 판단은 본안심리사항이지만 임시처분

을 위해서는 위법 또는 부당이 상당히 의심되는 경우라야 한다. 이는 임시처분이 본안판단에 앞서 처분이 있는 것과 같은 상태를 창출할 수 있기에 집행정지보다 더 엄격한 요건을 요하는 것이다(김동희).

(c) 당사자에게 생길 중대한 불이익이나 급박한 위험을 방지할 필요가 있을 것 이 요건은 집행정지의 요건 중 '중대한 손해가 생기는 것을 예방할 필요성이 긴급하다고 인정할 때'와 유사하게 판단하면 될 것이다(김동희, 류지태·박종수).

(ii) 소극적 요건 행정심판법 제31조 제2항은 동법 제30조 제3항을 준용하는 결과 임시처분도 공공복리에 중대한 영향을 미칠 우려가 있을 때에는 허용되지 아니한다.

c. 임시처분의 보충성 임시처분은 집행정지로 목적을 달성할 수 있는 경우에는 허용되지 아니한다(행정심판법 제31조 제3항).

d. 임시처분의 절차 ① 위원회는 직권으로 또는 당사자의 신청에 의하여 임시처분을 결정할 수 있다(행정심판법 제31조 제1항).

② 위원회는 임시처분을 결정한 후에 임시처분이 공공복리에 중대한 영향을 미치는 등의 사유가 있는 경우에는 직권 또는 당사자의 신청에 의하여 이 결정을 취소할 수 있다(행정심판법 제31조 제2항, 제30조 제4항).

③ 임시처분의 신청은 심판청구와 동시에 또는 심판청구에 대한 위원회나 소위원회의 의결이 있기 전까지, 임시처분 결정의 취소신청은 심판청구에 대한 위원회나 소위원회의 의결이 있기 전까지 신청의 취지와 원인을 적은 서면을 위원회에 제출하여야 한다. 다만, 심판청구서를 피청구인에게 제출한 경우로서 심판청구와 동시에 임시처분 신청을 할 때에는 심판청구서 사본과 접수증명서를 함께 제출하여야 한다(행정심판법 제31조 제2항, 제30조 제5항).

④ 위원회의 심리·결정을 기다릴 경우 중대한 손해가 생길 우려가 있다고 인정되면 위원장은 직권으로 위원회의 심리·결정을 갈음하는 결정을 할 수 있다(행정심판법 제31조 제2항, 제30조 제6항).

⑤ 위원회는 임시조치 또는 임시조치의 취소에 관하여 심리·결정하면 지체 없이 당사자에게 결정서 정본을 송달하여야 한다(행정심판법 제31조 제2항, 제30조 제7항).

e. 설 문 (가) ① 갑의 행정심판이 계속되고 있고, ② 한국토지주택공사의 특별분양 신청거부처분이 위법·부당하다고 상당히 의심되는 경우이고, ③ 갑에게 중대한 불이익이 발생될 가능성이 있다면, 임시처분은 인용될 수 있다. ④ 또한 다수설은 거부처분에 대한 집행정지를 인정하지 않기 때문에 임시처분의 보충성요건도 만족한다.

(나) 따라서 위원회는 직권으로 또는 당사자의 신청에 의하여 임시처분을 결정할 수 있다(행정심판법 제31조 제1항). 그리고 위원회의 심리·결정을 기다릴 경우 중대한 손해가 생길 우려가 있다고 인정되면 위원장은 직권으로 위원회의 심리·결정을 갈음하는 결정을 할 수도 있다(행정심판법 제31조 제2항, 제30조 제6항).

### 4. 소 결

갑은 한국토지주택공사의 특별분양신청거부처분에 대해 의무이행심판 혹은 거부처분취소(무효확인)심판을 제기하면서 가구제 수단으로 (일정한 요건이 충족됨을 전제로) 임시처분을 신청할 수 있다.

**기출 34** (3) 취소소송의 계속 중에 입주자모집공고일 당시 무주택세대주였다는 갑의 주장이 사실로 인정될 상황에 처하자 한국토지주택공사는 갑의 주택이 무허가주택이었기 때문에 갑은 특별분양대상자에 해당되지 않는다고 처분사유를 변경하였고, 심리결과 갑의 주택이 무허가주택이었음이 인정되었다. 이 경우 법원은 변경된 처분사유를 근거로 갑의 청구를 기각할 수 있는가? 법원의 판결 확정 후 한국토지주택공사가 갑의 주택이 무허가주택임을 이유로 특별분양신청을 재차 거부할 수 있는지 여부도 함께 검토하시오. 20.

## Ⅲ. 처분사유의 추가·변경, 판결의 기속력

### 1. 처분사유의 변경의 가능성

#### (1) 문 제 점

한국토지주택공사는 당초 '갑이 A아파트의 입주자모집공고일을 기준으로 무주택세대주가 아니어서 특별분양 대상자에 해당되지 않는다'는 이유로 특별분양신청을 거부하였으나, 소송계속 중 처분사유를 '갑의 주택이 무허가주택이었기 때문에 갑은 특별분양대상자에 해당되지 않는다'로 변경하였다면 법원은 변경된 처분사유를 근거로 갑의 청구를 기각할 수 있는지 즉, 처분사유의 변경이 가능한지가 문제된다.

#### (2) 처분사유의 추가·변경의 개념

1) 의 의

'처분사유의 추가·변경(처분이유의 사후변경)'이란 처분시에는 사유(이유)로 제시되지 않았던 사실상 또는 법률상의 근거를 사후에 행정쟁송절차에서 행정청이 새로이 제출하여 처분의 위법성판단(심리)에 고려하는 것을 말한다.

2) 구별개념

ⓐ 처분사유의 추가·변경은 실질적 적법성의 문제(적절하지 않은 처분사유를 제시하였다가 적절한 처분사유를 추가하거나 변경하는 것)이나 처분이유의 사후제시는 형식적 적법성의 문제(행정절차법 제23조에 따른 이유제시를 하지 않다가 사후에 이유를 제시하는 것)이며, ⓑ 처분사유의 추가·변경은 행정쟁송에서의 문제이나 처분이유의 사후제시(이유제시의 절차상 하자의 치유)는 행정절차의 문제이다.

(3) 처분사유의 추가·변경의 인정 여부

1) 학 설

a. 긍 정 설 일회적인 분쟁해결이라는 소송경제적 측면을 강조하며 소송당사자는 처분의 위법성(적법성)의 근거가 되는 모든 사실상·법률상의 사유를 추가·변경할 수 있다는 입장이다. 즉, 처분사유의 추가·변경을 부정하여 피고 행정청이 패소한 경우, 피고는 추가·변경하려 했던 사유로 다시 재처분할 수 있기 때문에 사인인 원고가 다시 행정청의 재처분을 다투게 하기보다는 처분사유의 추가·변경을 인정하여 당초 소송에서 재처분하려는 사유까지 심리할 수 있다면 소송경제에 이바지할 수 있다고 본다.

b. 부 정 설 처분사유의 추가·변경을 긍정하면 처분의 상대방은 예기하지 못한 불이익을 입을 수도 있고, 정당하지 않은 처분사유를 소송 계속 중에 정당한 처분사유로 변경을 인정하는 것은 실질적 법치주의에 반하기 때문에 인정될 수 없다는 견해이다.

c. 제한적 긍정설 당초의 처분사유와 기본적 사실관계의 동일성이 인정되는 범위 내에서 제한적으로 인정된다는 견해이다(다수설).

2) 판 례

대법원은 처분청은 당초 처분의 근거로 삼은 사유와 기본적 사실관계가 동일성이 있다고 인정되는 한도 내에서만 다른 사유를 추가하거나 변경할 수 있을 뿐, 기본적 사실관계의 동일성이 인정되지 않는 별개의 사실은 처분사유로 주장할 수 없다는 것이 일관된 입장이다(대판 1983. 10. 25. 83누396).

3) 검 토

분쟁의 일회적 해결의 필요성과 원고의 방어권보호 및 신뢰보호의 필요성을 고려할 때 제한적 긍정설이 타당하다.

(4) 처분사유의 추가·변경의 인정 범위

1) 시간적 범위

a. 처분사유의 추가·변경의 가능시점 처분사유의 추가·변경은 사실심변론종결시까지만 허용된다.

b. 처분사유의 추가·변경과 처분의 위법성판단 기준시점

(ⅰ) 학 설 ⓐ 처분시설(다수견해)(행정처분의 위법 여부는 처분 당시를 기준으로 판단하여야 한다는 견해이다. 처분시 이후의 사정고려는 법원에 의한 행정청의 1차적 판단권의 침해를 의미하며, 법원은 행정청의 처분에 대해 사후적인 판단을 하는 역할에 그친다고 보기 때문이라고 한다), ⓑ 판결시설(항고소송의 목적을 행정법규의 정당한 적용이라는 공익실현으로 보면서, 법원은 처분시 이후 발생한 공익적 사정도 고려하여 처분의 효력을 유지시킬 것인지를 결정해야 한다는 입장이다), ⓒ 절충설(ⓐ 원칙적으로 처분시를 기준으로 하면서, 예외적으로 영업허가취소나 물건의 압수처분 등과 같이 계속효 있는 처분에 대하여는 판결시를 기준으로 하는 견해와 ⓑ 적극적 침익적 처분의 경우 처분시를 기준으로 하고, 거부처분의 경우 판결시를 기준으로 하는 견해가 있다)이 대립된다.

(ii) 판 례 판례는 행정소송에서 행정처분의 위법 여부는 행정처분이 있을 때의 법령과 사실상태를 기준으로 하여 판단해야 한다고 본다(처분시설)(대판 1993. 5. 27. 92누19033).

(iii) 검 토 항고소송의 주된 목적은 개인의 권익구제에 있기 때문에 처분시 이후의 공익적 사정은 고려할 필요가 없으며, 위법성 판단의 기준을 판결시로 할 경우 판결지체 여하에 따라 처분시에 위법하였던 행위가 적법한 행위가 될 수도 있고, 반대로 처분시에는 적법했던 행위가 후에 위법한 것으로 될 수 있어 이론적으로 문제가 있다. 따라서 처분시설이 타당하다.

(iv) 소 결 처분시설에 따르면 처분시의 사유만이 추가·변경의 대상이 된다.

2) 객관적 범위

a. 소송물의 동일성 처분사유를 추가·변경하더라도 처분의 동일성은 유지되어야 한다. 만일 처분의 동일성이 변경된다면 이는 '처분사유'의 변경이 아니라 '처분'의 변경이 된다. 이 경우에는 처분사유의 변경이 아니라 행정소송법 제22조의 처분변경으로 인한 소의 변경을 해야 한다(홍준형).

b. 기본적 사실관계의 동일성 ㈎ 판례는 기본적 사실관계의 동일성 유무는 처분사유를 법률적으로 평가하기 이전의 구체적인 사실에 착안하여 그 기초인 사회적 사실관계가 기본적인 점에서 동일한지 여부에 따라 결정된다고 한다(대판 2004. 11. 26. 2004두4482). 구체적인 판단은 시간적·장소적 근접성, 행위 태양·결과 등의 제반사정을 종합적으로 고려해야 한다(법원실무제요, 석호철).

㈏ 즉, 처분청이 처분 당시에 적시한 구체적 사실을 변경하지 아니하는 범위 내에서 단지 그 처분의 근거법령만을 추가·변경하거나 당초의 처분사유를 구체적으로 표시하는 것에 불과한 경우처럼 처분사유의 내용이 공통되거나 취지가 유사한 경우에만 기본적 사실관계의 동일성을 인정하고 있다(대판 2007. 2. 8. 2006두4899).

㈐ 판례는 ① 산림형질변경불허가처분취소소송에서 준농림지역에서 행위제한이라는 사유와 자연환경보전의 필요성이라는 사유(대판 2004. 11. 26. 2004두4482)(준농림지역에서 일정한 행위를 제한한 이유가 자연환경보전을 위한 것이기 때문에 당초사유와 추가한 사유는 취지가 같다), ② 액화석유가스판매사업불허가처분취소소송에서 사업허가기준에 맞지 않는다는 사유와 이격거리허가기준에 위반된다는 사유(대판 1989. 7. 25. 88누11926)(이격거리허가기준도 해당법령상 사업허가기준이었기 때문에 두 사유는 내용이 공통된다)는 기본적 사실관계의 동일성을 인정하였으나, ① 부정당업자제재처분취소소송에서 정당한 이유없이 계약을 이행하지 않았다는 사유와 계약이행과 관련해 관계공무원에게 뇌물을 준 사유(대판 1999. 3. 9. 98두18565), ② 종합주류도매업면허취소처분취소소송에서 무자료주류판매 및 위장거래금액이 과다하다는 사유와 무면허판매업자에게 주류를 판매하였다는 사유(대판 1996. 9. 6. 96누7427), ③ 정보공개거부처분취소소송에서 정보공개법 제9조 제1항 제4호 및 제6호에 해당한다는 사유와 제5호에 해당한다는 사유(대판 2003. 12. 11. 2001두8827)는 기본적 사실관계의 동일성을 부정하였다.

3) 재량행위와 처분사유의 추가·변경

① 다툼 있는 행위가 재량행위인 경우 처분이유의 사후변경이 인정된다는 견해(다수설)와

부정된다는 견해(이 견해는 재량행위에서 처분사유의 추가·변경은 처분의 동일성을 변경시킨다고 본다)가 대립된다. ② 처분사유의 추가·변경은 분쟁대상인 행정행위가 본질적으로 변경되지 않음을 전제로 하는 것이므로 재량행위에서도 가능하다는 긍정설이 타당하다.

(5) 처분사유의 추가·변경의 효과

처분사유의 추가·변경이 인정되면 법원은 추가·변경되는 사유를 근거로 심리할 수 있고, 인정되지 않는다면 법원은 당초의 처분사유만을 근거로 심리하여야 한다.

(6) 설 문

(가) ① 변경한 처분사유인 '갑의 주택이 무허가주택이었기 때문에 갑은 특별분양대상자에 해당되지 않는다'는 사정이 특별분양신청거부처분시에 존재하였고, 한국토지주택공사가 사실심변론종결전까지 변경하였다면 시간적 범위는 문제되지 않는다. ② 그러나 '갑이 A아파트의 입주자모집공고일을 기준으로 무주택세대주가 아니어서 특별분양 대상자에 해당되지 않는다'는 당초의 사유와 소송계속 중 변경한 '갑의 주택이 무허가주택이었기 때문에 갑은 특별분양대상자에 해당되지 않는다'는 사유는 내용이 공통되거나 취지가 유사하지 않아 기본적 사실관계의 동일성이 인정되지 않는다.

(나) 따라서 한국토지주택공사는 처분사유를 변경할 수 없고 법원은 변경된 처분사유를 근거로 갑의 청구를 기각할 수 없다.

## 2. 판결의 기속력

(1) 문 제 점

갑이 입주자모집공고일 당시 무주택세대주였다면 특별분양신청거부처분은 취소되었을 것이고 이러한 판결이 확정된 후에 한국토지주택공사가 갑의 주택이 무허가주택임을 이유로 특별분양신청을 재차 거부할 수 있는지는 재거부처분이 앞선 특별분양신청거부처분취소판결이 기속력에 위반되지 않는지의 문제가 된다.

(2) 기속력의 의의

기속력은 처분 등을 취소하는 확정판결이 당사자인 행정청과 관계행정청에 대하여 판결의 취지에 따라야 할 실체법상의 의무를 발생시키는 효력을 말한다(행정소송법 제30조 제1항).

(3) 기속력의 법적 성질

① 기속력은 기판력과 동일하다는 기판력설과 기속력은 판결 그 자체의 효력이 아니라 취소판결의 효과의 실질적인 보장을 위해 행정소송법이 특별히 인정한 효력이라는 특수효력설이 대립된다. ② 판례는 기판력과 기속력이라는 용어를 구분하지 않은 채 혼용하고 있어 그 입장이 불분명하다. ③ 기속력은 취소판결(인용판결)에서의 효력이지만 기판력은 모든 본안판결에서의 효력이라는 점, 기속력은 당사자인 행정청과 그 밖의 관계행정청에 미치지만 기판력은 당사자

와 후소법원에 미친다는 점, 기속력은 일종의 실체법적 효력이지만 기판력은 소송법상 효력이라는 점에서 양자는 상이하므로, 특수효력설(다수설)이 타당하다.

(4) 기속력의 내용

(가) 기속력은 반복금지의무(반복금지효), 재처분의무, 결과제거의무를 내용으로 한다.

① 반복금지의무란 처분이 위법하다는 이유로 취소하는 판결이 확정된 후 당사자인 행정청 등이 동일한 내용의 처분을 반복해서는 안 되는 부작위의무를 말한다(이 의무는 행정소송법 제30조 제1항의 해석상 인정된다).

② 재처분의무란 행정청이 판결의 취지에 따라 신청에 대한 처분을 하여야 할 의무(작위의무)를 말한다. 재처분의무는 행정청이 당사자의 신청을 거부하거나 부작위하는 경우 주로 문제된다(즉 당사자의 신청이 있는 경우)(행정소송법 제30조 제2항, 제38조 제2항 참조). 구체적으로 보면 이 재처분의무는 ㉠ 재처분을 해야 하는 의무와 ㉡ 재처분을 하는 경우 그 재처분은 판결의 취지에 따른(판결의 기속력에 위반되지 않는) 것이어야 하는 의무, 양자를 포함하는 개념이다.

③ 취소소송에서 인용판결이 있게 되면 행정청은 위법처분으로 인해 야기된 상태를 제거하여야 할 의무가 발생하는데 이를 결과제거의무라고 한다(이 의무는 행정소송법 제30조 제1항의 해석상 인정된다).

(나) 설문의 경우 한국토지주택공사가 갑의 특별분양신청을 다시 거부할 수 있는지의 문제이기 때문에 재처분의무가 문제된다.

(5) 기속력의 범위

아래의 기속력의 범위에 모두 해당하면 기속력이 미치는 위법사유가 되는 것이므로 행정청과 관계행정청은 판결의 취지에 따라 기속력에 위반되는 재처분을 해서는 아니 된다(기속력이 미치지 않는 범위에서(사유)는 재처분이 가능하다).

1) 주관적 범위

처분을 취소하는 확정판결은 그 사건(취소된 처분)에 관하여 당사자인 행정청과 그 밖의 관계행정청을 기속한다. 여기서 그 밖의 관계 행정청이란 취소된 처분 등을 기초로 하여 그와 관련되는 처분이나 부수되는 행위를 할 수 있는 행정청을 총칭하는 것이다.

2) 시간적 범위

처분의 위법성 판단의 기준시점을 어디로 볼 것이냐에 따라 기속력이 미치는 시간적 범위가 결정된다.

a. 학 설 ⓐ 처분시설(다수견해)(행정처분의 위법 여부는 처분 당시를 기준으로 판단하여야 한다는 견해이다. 처분시 이후의 사정고려는 법원에 의한 행정청의 1차적 판단권의 침해를 의미하며, 법원은 행정청의 처분에 대해 사후적인 판단을 하는 역할에 그친다고 보기 때문이라고 한다), ⓑ 판결시설(항고소송의 목적을 행정법규의 정당한 적용이라는 공익실현으로 보면서, 법원은 처분시 이후 발생한 공익적 사정도 고려하여 처분의 효력을 유지시킬 것인지를 결정해야 한다는 입장이다), ⓒ 절충설(㉠ 원칙적으로 처분시를 기준으로 하면서, 예외적으로 영업허가취소

나 물건의 압수처분 등과 같이 계속효 있는 처분에 대하여는 판결시를 기준으로 하는 견해와 ㉡ 적극적 침익적 처분의 경우 처분시를 기준으로 하고, 거부처분의 경우 판결시를 기준으로 하는 견해가 있다)이 대립된다.

b. 판 례 판례는 행정소송에서 행정처분의 위법 여부는 행정처분이 있을 때의 법령과 사실상태를 기준으로 하여 판단해야 한다고 본다(처분시설)(대판 1993. 5. 27. 92누19033).

c. 검 토 항고소송의 주된 목적은 개인의 권익구제에 있기 때문에 처분시 이후의 공익적 사정은 고려할 필요가 없으며, 위법성 판단의 기준을 판결시로 할 경우 판결지체 여하에 따라 처분시에 위법하였던 행위가 적법한 행위가 될 수도 있고, 반대로 처분시에는 적법했던 행위가 후에 위법한 것으로 될 수 있어 이론적으로 문제가 있다. 따라서 처분시설이 타당하다.

d. 소 결 처분시설에 따르면 처분시에 존재하던 사유만이 기속력이 미치는 처분사유가 될 수 있다. 그러나 처분시에 존재하던 사유라고 할지라도 아래의 객관적 범위에 포함되는 사유라야 기속력이 미친다.

3) 객관적 범위

판결의 기속력은 판결주문 및 이유에서 판단된 처분등의 구체적 위법사유에만 미친다(대판 2001. 3. 23. 99두5238).

a. 절차나 형식의 위법이 있는 경우 이 경우 판결의 기속력은 판결에 적시된 개개의 위법사유에 미치기 때문에 확정판결 후 행정청이 판결에 적시된 절차나 형식의 위법사유를 보완한 경우에는 다시 동일한 내용의 처분을 하더라도 기속력에 위반되지 않는다(대판 1987. 2. 10. 86누91).

b. 내용상 위법이 있는 경우

(i) 범 위 이 경우는 처분사유의 추가·변경과의 관계로 인해 판결주문 및 이유에서 판단된 위법사유와 기본적 사실관계가 동일한 사유를 말한다. 따라서 당초처분사유와 기본적 사실관계가 동일하지 않은 사유라면 동일한 내용의 처분을 하더라도 판결의 기속력에 위반되지 않는다.

(ii) 기본적 사실관계의 동일성 판단 ㈎ 판례는 기본적 사실관계의 동일성 유무는 처분사유를 법률적으로 평가하기 이전의 구체적인 사실에 착안하여 그 기초인 사회적 사실관계가 기본적인 점에서 동일한지 여부에 따라 결정된다고 한다(대판 2004. 11. 26. 2004두4482). 구체적인 판단은 시간적·장소적 근접성, 행위 태양·결과 등의 제반사정을 종합적으로 고려해야 한다(법원실무제요, 석호철).

㈏ 즉, 처분청이 처분 당시에 적시한 구체적 사실을 변경하지 아니하는 범위 내에서 단지 그 처분의 근거법령만을 추가·변경하거나 당초의 처분사유를 구체적으로 표시하는 것에 불과한 경우처럼 처분사유의 내용이 공통되거나 취지가 유사한 경우에는 기본적 사실관계의 동일성을 인정하고 있다(대판 2007. 2. 8. 2006두4899).

㈐ 판례는 시장이 주택건설사업계획승인신청을 거부하면서 제시한 '미디어밸리 조성을 위한 시가화예정 지역'이라는 당초거부사유와 거부처분취소판결확정 후 다시 거부처분을 하면서 제시한 '해당 토지 일대가 개발행위허가 제한지역으로 지정되었다'는 사유는 기본적 사실관계의 동일

성이 없기 때문에 재거부처분은 확정판결의 기속력에 반하지 않는 처분이라고 보았다(대판 2011. 10. 27. 2011두14401).

(6) 소　결

㈎ 특별분양신청거부처분과 확정판결 후의 (재)거부처분의 주체는 한국토지주택공사로 같기 때문에 주관적 범위는 문제되지 않는다(기속력의 범위에 포함됨).

㈏ 기속력의 범위 중 시간적 범위에 한정해서 보자면, 재거부사유인 '갑의 주택이 무허가주택이었기 때문에 갑은 특별분양대상자에 해당되지 않는다'는 사정이 최초 특별분양신청거부처분시에 존재하였다면 시간적 범위도 문제되지 않는다(기속력의 범위에 포함됨). 그러나 재거부사유가 최초 특별분양신청거부처분 이후의 새로운 사정이라면 기속력의 시간적 범위를 벗어난 것이므로 한국토지주택공사는 재처거부처분을 할 수 있다.

㈐ 객관적 범위와 관련해서는, '갑이 A아파트의 입주자모집공고일을 기준으로 무주택세대주가 아니어서 특별분양 대상자에 해당되지 않는다'는 당초의 사유와 '갑의 주택이 무허가주택이었기 때문에 갑은 특별분양대상자에 해당되지 않는다'는 재거부사유는 내용이 공통되거나 취지가 유사하지 않아 기본적 사실관계의 동일성이 인정되지 않아 기속력의 객관적 범위를 벗어났다. 따라서 한국토지주택공사는 재처거부처분을 할 수 있다.

**기출 35** 〈제2문의1〉

A는 갑시에 소재하는 「국토의 계획 및 이용에 관한 법률」에 따른 관리지역 내 110㎡ 토지(이하 '이 사건 토지'라 한다) 위에 연면적 29.15㎡인 2층 건축물을 건축하기 위한 신고를 관할 X행정청에 하였다. 그런데 이 건물을 신축하면 이 사건 토지에 위치하고 있는 관정(管井)이 폐쇄됨으로써 인근주민의 유일한 식수원 사용관계에 중대한 위해가 있게 된다. 따라서 관할 X행정청은 A가 신청한 건축물이 건축될 경우 보건상 위해의 염려가 있음을 이유로 당해 건축신고의 수리를 거부하였다.

(1) A가 행한 건축신고의 법적 성질은 무엇이며 건축허가와는 어떻게 다른가? 15.

(2) X행정청이 건축법상 명문의 규정이 없음에도 불구하고 인근주민의 식수사용관계 등 보건상 위해를 이유로 한 건축신고 수리거부는 적법한가? 15.

[제54회 사법시험(2012년)]

참조조문

건축법

제11조(건축허가) ① 건축물을 건축하거나 대수선하려는 자는 특별자치도지사 또는 시장·군수·구청장의 허가를 받아야 한다. 다만, 21층 이상의 건축물 등 대통령령으로 정하는 용도 및 규모의 건축물을 특별시나 광역시에 건축하려면 특별시장이나 광역시장의 허가를 받아야 한다.

⑤ 제1항에 따른 건축허가를 받으면 다음 각 호의 허가 등을 받거나 신고를 한 것으로 보며, 공장건축물의 경우에는 「산업집적활성화 및 공장설립에 관한 법률」 제13조의2와 제14조에 따라 관련 법률의 인·허가등이나 허가등을 받은 것으로 본다.

3. 「국토의 계획 및 이용에 관한 법률」 제56조에 따른 개발행위허가

제14조(건축신고) ① 제11조에 해당하는 허가 대상 건축물이라 하더라도 다음 각 호의 어느 하나에 해당하는 경우에는 미리 특별자치도지사 또는 시장·군수·구청장에게 국토해양부령으로 정하는 바에 따라 신고를 하면 건축허가를 받은 것으로 본다.

2. 「국토의 계획 및 이용에 관한 법률」에 따른 관리지역, 농림지역 또는 자연환경보전지역에서 연면적이 200제곱미터 미만이고 3층 미만인 건축물의 건축. 다만, 「국토의 계획 및 이용에 관한 법률」 제51조 제3항에 따른 지구단위계획구역에서의 건축은 제외한다.

② 제1항에 따른 건축신고에 관하여는 제11조 제5항을 준용한다.

기출 35 (1) A가 행한 건축신고의 법적 성질은 무엇이며 건축허가와는 어떻게 다른가? 15.

# Ⅰ. 건축신고의 법적 성질, 건축허가와의 차이점

## 1. 건축신고의 법적 성질

### (1) 사인의 공법행위로서 건축신고

건축신고는 사인인 A가 행한 공법행위이다. 사인의 공법행위란 사인이 공법적 효과(공법상의 권리·의무의 발생·변경·소멸)의 발생을 목적으로 하는 행위를 말한다. 그리고 사인의 공법행위로서 신고란 사인이 공법적 효과의 발생을 목적으로 행정주체에 대하여 일정한 사실을 알리는 행위를 말한다.

### (2) 수리를 요하는 신고

1) 신고의 종류

신고에는 사인이 행정청에 대하여 일정한 사항을 알리고 그것이 도달함으로써 공법적 효과가 발생하는 수리를 요하지 않는 신고(자체완성적 사인의 공법행위로서 신고)와 사인이 행정청에 대하여 일정한 사항을 알리고 행정청이 이를 수리함으로써 공법적 효과가 발생하는 수리를 요하는 신고(행정요건적 사인의 공법행위로서 신고)가 있다.

2) 수리를 요하지 않는 신고와 수리를 요하는 신고의 구별기준

수리를 요하지 않는 신고와 수리를 요하는 신고의 구별은 ① 관련법령에서 수리에 관한 규정을 두고 있거나 수리(수리거부)에 일정한 법적 효과를 부여하는 경우는 수리를 요하는 신고이며, ② 신고와 등록을 구별하는 경우 이 신고는 수리를 요하지 않는 신고이며, ③ 신고 요건이 형식적 요건(심사)인 경우 수리를 요하지 않는 신고이며, 실질적 요건(심사)인 경우 수리를 요하는 신고로 보아야 한다(학설은 대립되지만 최근 대법원 판례는 이러한 입장이다. 그리고 이러한 입장의 근거는 행정절차법 제40조 제1항, 제2항이다). ④ 그럼에도 불분명한 경우 사인에게 유리하도록 수리를 요하지 않는 신고로 보아야 한다.

3) 설 문

(가) 판례는 건축법 제14조 제1항의 건축신고(일반적인 건축신고)는 행정청이 수리 등을 기다릴 필요가 없는 수리를 요하지 않는 신고로 보지만, 동법 제14조 제2항의 인·허가의제 효과를 수반하는 건축신고는 '건축신고와 인·허가의제사항은 각각 별개의 제도적 취지가 있으며 그 요건 또한 달리하며, 제14조 제2항은 건축신고를 수리하는 행정청으로 하여금 인·허가의제사항 관련 법률에 규정된 요건에 관하여도 심사를 하도록 하기 위한 것'이라는 이유로 이를 수리를 요하는 신고라고 본다(대판(전원) 2011. 1. 20. 2010두14954).

(나) 설문에서 A가 행한 건축신고는 건축법 외에 국토의 계획 및 이용에 관한 법률도 적용되는 복합민원으로 건축법 제14조 제2항의 인·허가의제효과를 수반하는 건축신고이므로 수리를

요하는 신고이다.

(3) 금지해제적 신고

신고를 정보제공적 신고와 금지해제적 신고로 구분할 수도 있는데, 건축신고는 금지된 일정한 행위를 할 수 있도록 하는 금지해제적 신고에 해당한다.

(4) 항고소송의 대상인 처분

(가) 수리를 요하는 신고에서 수리는 준법률행위적 행정행위로 당사자의 권리의무에 영향을 주는 법적 행위이므로 항고소송의 대상인 처분이다. 그리고 수리를 요하지 않는 신고의 경우에도 건축법 제14조 제1항의 일반적인 건축신고처럼 관련법령에서 미신고행위에 대해 제재규정을 두고 있다면 이는 사인에게 신고의무를 지우는 것이므로 수리를 요하지 않는 신고라 하더라도 신고거부의 처분성을 긍정하는 것이 타당하다.

(나) A가 행한 건축신고는 건축법 제14조 제2항의 인·허가의제를 수반하는 건축신고로 수리를 요하는 신고이므로 신고의 수리·수리거부는 항고소송의 대상인 처분이다.

### 2. 수리를 요하는 건축신고와 건축허가와의 차이

① 허가와 (수리를 요하는 신고에서) 수리는 아래의 3가지로 구별된다. ⓐ 허가는 법률행위적 행정행위이나 수리는 준법률행위적 행정행위이다. ⓑ 허가는 능동적인 행정행위이나 수리는 수동적인 행정행위이다. ⓒ 허가는 기속행위 또는 재량행위이지만, 수리는 일반적으로 기속행위이다. ② 수리를 요하는 신고는 변형된 허가제에 불과하기 때문에 양자는 실질적 차이가 없다는 견해도 있다.

**기출 35** (2) X행정청이 건축법상 명문의 규정이 없음에도 불구하고 인근주민의 식수사용관계 등 보건상 위해를 이유로 한 건축신고 수리거부는 적법한가? 15.

## Ⅱ. 보건상 위해를 이유로 한 건축신고 수리거부의 적법성

### 1. 문제 상황

보건상 위해라는 거부사유를 건축법상의 사유로 보는 경우는 설문의 건축신고가 기속행위인지 재량행위인지에 따라 건축신고수리거부의 적법성이 판단된다. 반면 보건상 위해라는 거부사유를 건축법상의 사유가 아니라 건축법에서 인·허가의제되는 국토의 계획 및 이용에 관한 법률상 거부사유로 보는 경우에는 인·허가의제제도의 집중의 정도에 따라 건축신고수리거부의 적법성이 판단될 것이다.

## 2. 보건상 위해라는 사유를 (인·허가 의제되는 법률상 사유가 아니라) 건축법상의 거부사유로 보는 경우

### (1) 설문의 건축신고가 기속행위인지 재량행위인지 여부

1) 학　설

재량행위와 기속행위의 구별기준에 대해 ⓐ 효과재량설, ⓑ 종합설, ⓒ 기본권기준설 등이 대립한다.

2) 판　례

판례는 ⓐ 관련법령에 대한 종합적인 판단을 전제로 하면서(대판 2001. 2. 9. 98두17593), ⓑ 효과재량설을 기준으로 활용하거나(대판 2011. 1. 27. 2010두23033), ⓒ 공익성을 구별기준으로 들기도 한다.

3) 검　토

재량행위와 기속행위의 구별은 하나의 단일한 기준보다는 해당 행위의 근거가 되는 법령의 규정에 대한 검토 및 그 행위가 수익적인지 침익적인지 그리고 헌법상의 기본권 및 공익성을 모두 고려하여 판단해야 한다. 따라서 판례의 입장이 타당하다.

4) 설　문

설문의 건축신고는 수리를 요하는 신고이다. 일반적 견해는 수리를 요하는 신고에서 수리는 준법률행위적 행정행위로 기속행위라고 본다. 그러나 설문의 건축신고는 국토의 계획 및 이용에 관한 법률 제56조에 따른 개발행위허가가 의제되는 건축신고로 건축법 외에 국토의 계획 및 이용에 관한 법률도 적용되는 복합민원이다. 따라서 관련법령의 취지를 모두 검토하여야 하는데, 건축신고 수리는 상대방에게 수익적이며 국토의 계획 및 이용에 관한 법률의 목적(이 법은 국토의 이용·개발과 보전을 위한 계획의 수립 및 집행 등에 필요한 사항을 정하여 공공복리를 증진시키고 국민의 삶의 질을 향상시키는 것을 목적으로 한다)을 고려할 때 재량행위로 보는 것이 타당하다.

### (2) 명문의 규정이 없이 재량행위인 건축신고를 거부할 수 있는지 여부

㈎ 설문의 건축신고가 재량행위라면 명문의 규정 없이도 일정한 공익적 사정을 이유로 행정청은 이를 거부할 수 있다. 재량행위는 재량권 일탈·남용이 없다면 재량범위에서는 위법하지 않기 때문이다. 다만 X행정청의 건축신고거부처분은 행정법의 일반원칙에 위반되어서는 아니 된다.

㈏ 판례도 재량행위의 성격을 갖는 산림형질변경허가와 관련하여 「허가관청은 산림훼손허가신청 대상 토지의 현상과 위치 및 주위의 상황 등을 고려하여 국토 및 자연의 유지와 환경의 보전 등 중대한 공익상 필요가 있다고 인정될 때에는 허가를 거부할 수 있고, 그 경우 법규에 명문의 근거가 없더라도 거부처분을 할 수 있는 것(대판 1997. 8. 29. 96누15213)」이라고 판시하고 있다.

### 3. 보건상 위해라는 사유를 (인·허가 의제되는 법률상 사유인) 국토의 계획 및 이용에 관한 법률상 거부사유로 보는 경우

(1) 문 제 점

A가 행한 건축신고는 건축법 제14조 제2항의 인·허가의제를 수반하는 건축신고로 복합민원이기 때문에 행정청은 건축법상 명문의 규정이 없더라도 보건상의 위해라는 이유가 인·허가 의제되는 법률인 국토의 계획 및 이용에 관한 법률에 규정된 요건이라면 이를 이유로 건축신고 수리거부처분을 할 수도 있는데, 이는 인·허가 의제에서 집중의 정도와 관련되는 문제이다.

(2) **집중의 정도**(계획확정기관(주무행정기관)의 심사정도)

1) 문 제 점

집중효가 있는 행정계획을 확정하거나 인·허가의제되는 행정행위를 발령하는 경우 원래 인·허가권한 있는 행정청(대체행정청. 인·허가의제의 경우 관계행정기관이라고 한다)을 구속하는 법령상 실체적·절차적 요건에 **계획확정기관**(인·허가의제의 경우 주무행정기관이라고 한다)이 얼마나 구속되는지가 문제된다.

2) 학　　설

a. 절차의 집중

(ⅰ) 절차집중 부정설(형식적 집중설)　　계획확정기관은 대체행정청이 준수해야 하는 절차적 요건에 모두 구속된다는 견해이다.

(ⅱ) 제한적 절차집중설　　계획확정기관은 절차요건 중에서도 이해관계 있는 제3자의 권익보호를 위한 절차에는 구속된다는 견해(박윤흔)이다. 즉 계획확정기관은 절차적 요건은 일정한 경우에만 준수하면 된다는 입장이다.

(ⅲ) 절차집중설　　계획확정기관은 절차적 요건에 구속되지 않는다는 견해이다(강현호, 김재광).

b. 실체의 집중

(ⅰ) 실체집중 부정설(형식적 집중설)　　계획확정기관은 대체행정청이 준수해야 하는 실체적 요건 모두에 구속된다는 견해이다. 즉 집중효는 대체행정청의 관할권을 계획확정기관에 이관하는 것을 의미하는 데 그친다고 한다.

(ⅱ) 제한적 실체집중설　　계획확정기관은 실체적 요건에도 엄격하게 구속되지 않고 완화된다는 견해이다.

(ⅲ) 실체집중설(비제한적 실체집중설)　　계획확정기관은 집중효의 대상이 되는 인·허가 등의 실체적 요건에 모두 구속되지 않고 자유롭게 판단할 수 있다는 견해이다.

3) 판　　례

판례는 ⓐ (구) 주택건설촉진법상 사업계획승인을 얻은 때에는 (구)도시계획법에 규정된 도시계획결정을 받은 것으로 보는데 이 경우 도시계획법에 규정된 도시계획위원회의 의결이나 이해관계인의 의견청취절차를 생략할 수 있다고 하여 절차집중을 인정하고 있으나(대판 1992. 11. 10. 92누1162), ⓑ 채광계획인가거부처분과 관련된 사건에서 의제되는 인·허가(공유수면점용허가)의 요건불비를 이유로 주된 인·허가(채광계획인가)신청을 거부할 수 있다고 하고 있어 실체집중은 부정한다(대판 2002. 10. 11. 2001두151). ⓒ 또한 판례는 건축법 제14조 제2항의 인·허가의제효과를 수반하는 건축신고의 경우 건축신고를 수리하는 행정청이 인·허가의제사항 관련 법률에 규정된 요건도 심사해야 한다고 보고 있어 역시 실체집중을 부정하고 있다(대판(전원) 2011. 1. 20. 2010두14954).

4) 검 토

ⓐ 집중효(인·허가의제제도)는 행정권한의 이전을 수반하기 때문에 행정조직법정주의 원칙상 법률에 명문의 규정이 없는 한 실체집중은 부정함이 타당하다. ⓑ 그러나 집중효의 취지가 절차간소화인 만큼 이를 위해 절차집중은 인정함이 타당하다. 다만, 이해관계인(제3자)의 권익보호는 존중되어야 하기에 제한적 절차집중설이 타당하다.

(3) 설 문

(가) 인·허가의제에서 집중의 정도에 대해 일반적 견해와 판례는 실체집중을 인정하지 않는바, 설문처럼 건축법상의 요건을 구비하여 명문의 수리거부사유가 존재하지 않는다고 하더라도 행정청은 의제되는 법률인 국토의 계획 및 이용에 관한 법률의 개발행위허가 요건의 미비를 이유로 A의 건축신고수리를 거부할 수 있다(예: 국토의 계획 및 이용에 관한 법률 제58조(개발행위허가의 기준) ① 특별시장·광역시장·특별자치시장·특별자치도지사·시장 또는 군수는 개발행위허가의 신청 내용이 다음 각 호의 기준에 맞는 경우에만 개발행위허가를 하여야 한다). 따라서 국토의 계획 및 이용에 관한 법률의 개발행위허가 요건의 미비를 이유로 한 행정청의 건축신고수리거부는 적법하다.

(나) 판례도 「일정한 건축물에 관한 건축신고는 건축법 제14조 제2항, 제11조 제5항 제3호에 의하여 국토의 계획 및 이용에 관한 법률 제56조에 따른 개발행위허가를 받은 것으로 의제되는데, 국토의 계획 및 이용에 관한 법률 제58조 제1항 제4호에서는 개발행위허가의 기준으로 주변 지역의 토지이용실태 또는 토지이용계획, 건축물의 높이, 토지의 경사도, 수목의 상태, 물의 배수, 하천·호소·습지의 배수 등 주변 환경이나 경관과 조화를 이룰 것을 규정하고 있으므로, 국토의 계획 및 이용에 관한 법률상의 개발행위허가로 의제되는 건축신고가 위와 같은 기준을 갖추지 못한 경우 행정청으로서는 이를 이유로 그 수리를 거부할 수 있다고 보아야 한다(대판(전원) 2011. 1. 20. 2010두14954)」고 본다.

**기출 35-1** 〈제2문의 2〉

Y시 소재 20㎡ 토지(이하 '이 사건 토지'라 한다)는 일제강점기의 토지조사사업 당시 토지조사부나 토지대장에 등록되지 않은 채 미등록 상태로 있었다. 그런데 1912. 7. 11. 작성된 Y군(현재 Y시)의 지적원도에는 이 사건 토지의 지목이 도로로 표시되어 있었다. 그러다가 관할 X행정청은 이 사건 토지에 관하여 1976. 12. 31. 처음으로 지번을 부여하고 토지대장을 작성하면서 토지대장에 지목을 도로로, 소유자를 국(國)으로 등록하였으며, 그 후 1995. 10. 20. 대한민국의 명의로 등기를 마쳤다. 한편 A는 이 사건 토지를 1950. 3. 1.부터 사찰부지의 일부로 사실상 점유하여 왔다.

(1) A가 이 사건 토지를 사찰부지의 일부로 점유함에 따라 도로의 기능을 사실상 상실한 경우에 도로의 공용폐지를 인정할 수 있는가? 10.

(2) A가 이 사건 토지의 점용허가를 받고 사찰부지의 일부로 사용한 경우에 일반인들도 당해 사찰부지의 일부를 통행할 수 있는가? 10.

[제54회 사법시험(2012년)]

기출 35-1 (1) A가 이 사건 토지를 사찰부지의 일부로 점유함에 따라 도로의 기능을 사실상 상실한 경우에 도로의 공용폐지를 인정할 수 있는가? 10.

## Ⅰ. 도로의 기능을 상실한 경우 도로의 공용폐지의 인정 여부

### 1. 문제 상황

설문의 토지는 토지대장에 지목은 도로로, 소유자는 국가로 등록되어 있고 등기 또한 대한민국 명의로 되어 있었지만, A가 해당 토지를 사찰부지의 일부로 점유함에 따라 도로의 기능을 사실상 상실하여 형태적 요소가 소멸된 경우라면 도로의 공용폐지를 인정할 수 있는지가 문제된다. 즉, 도로(공물)가 형태적으로 소멸된 경우 별도로 공용폐지의 의사표시가 필요한지가 문제된다.

### 2. 학 설

#### (1) 공용폐지불요설

공물이 원상회복이 불가능할 정도로 형태적 요소를 상실한다면 공물로서의 성질을 잃는다는 견해이다.

#### (2) 공용폐지필요설

공물의 성립에도 공용지정이라는 의사적 요소가 필요하듯 공물의 소멸에도 공용폐지라는 의사적 요소가 필요하므로 형태적 요소의 소멸은 공용폐지의 원인이 될 뿐이라는 견해이다.

#### (3) 제한적 긍정설

자연공물은 그 물건이 형태적으로 소멸된 경우 당연히 공물로서의 성질을 상실하지만, 인공공물의 경우는 명시적이든 묵시적이든 공용폐지의 의사표시가 필요하다는 견해이다. 이 견해는 자연공물의 경우 자연적 상태 자체로 공물의 성질을 가지는 것이므로 물건이 형태적으로 소멸되었다면 공용폐지의 의사표시는 필요 없다고 본다.

### 3. 판 례

㈎ 판례는「이 사건 토지가 … 구거(도랑)로서의 기능을 상실하였다 하더라도, 그러한 사정만으로는 이 사건 토지가 당연히 취득시효의 대상이 되는 잡종재산으로 되었다거나 또는 묵시적인 공용폐지의 의사표시가 있었다고 볼 수 없다(대판 1998. 11. 10. 98다42974)」고 하여 형태적 요소의 소멸은 공용폐지의 원인이 될 뿐이며 공용폐지가 필요하다는 입장이다.

㈏ 그러나 판례는 공물의 소멸에 공용폐지가 필요하다고 보면서 공용폐지의 의사표시는 묵시적이어도 무방하다고 본다. 다만 묵시적 공용폐지가 인정되려면 공물이 사실상 본래의 용도에 사용되고 있지 않다거나, 행정주체가 점유를 상실하였다는 사정, 처분권한이 없는 행정청의 무효

인 매각행위 또는 관리주체에 의한 공물의 방치만으로는 부족하고 객관적으로 공용폐지 의사의 존재가 추단될 수 있는 사정이 있어야 할 것이라고 한다(대판 2009. 12. 10. 2006다87538; 대판 2009. 12. 10. 2006다19528).

### 4. 검 토

물건의 형태적 요소가 영구히 소멸되어 공적 목적에 제공될 수 없다면 공물로서의 성질은 상실된다고 보는 것이 타당하다(공용폐지불요설).

### 5. 설 문

공용폐지불요설에 따르면, 해당 토지는 A가 사찰부지로 점유함에 따라 도로의 기능을 상실하였다면 도로로서의 성질은 상실되었기 때문에 별도의 공용폐지 없이도 공용폐지를 인정할 수 있다.

**기출 35-1** (2) A가 이 사건 토지의 점용허가를 받고 사찰부지의 일부로 사용한 경우에 일반인들도 당해 사찰부지의 일부를 통행할 수 있는가? 10.

## Ⅱ. 도로 점용허가에서 일반사용의 병존 여부

### 1. 문제 상황

공물의 자유사용은 공물주체의 특별한 행위 없이도 일반인이 자유롭게 사용할 수 있지만, 설문에서는 A가 도로법 제61조에 따라 점용허가를 받고 사찰부지로 사용하고 있음에도 일반인들이 사찰부지의 일부를 통행할 수 있는지를 살펴보아야 한다. 이는 도로법 제61조의 도로점용허가가 일반적인 특별사용과는 다른 특수성을 가지기 때문이다.

### 2. 도로법 제61조의 도로점용허가의 법적 성질

#### (1) 학 설

ⓐ 다수견해는 도로법 제61조의 도로점용허가를 사인이 도로관리청으로부터 특허를 받아 사용하는 것으로 본다. 그러나 ⓑ 소수견해는 도로법 제61조의 허가에 특별한 제한을 가하고 있지 않으므로 관리청은 허가시에 신청인에게 도로법상 금지된 사항을 일시 해제(소량의 건축자재의 일시 적재)하거나 신청인에게 독점적인 사용권을 부여(도로에 대형광고판 설치)할 수도 있다고 한다. 즉, 도로법 제61조의 허가는 학문상 허가와 특허를 포함하는 의미로 본다.

#### (2) 판 례

판례는 「도로법 제40조(현행 제61조) 제1항에 의한 도로점용은 … 일반사용과는 별도로 도로의 특정부분을 유형적·고정적으로 특정한 목적을 위하여 사용하는 이른바 특별사용을 뜻하는 것이고, 이러한 도로점용의 허가는 특정인에게 일정한 내용의 공물사용권을 설정하는 설권행위(대판 2007. 5. 31. 2005두1329)」라고 판시하여 강학상 특허로 본다.

#### (3) 검 토

도로법 제61조의 도로점용허가는 금지해제가 아니라 특정인에게 특별한 공물사용권을 설정해주는 행위이므로 특허로 보는 입장이 타당하다.

#### (4) 설 문

설문에서 A가 도로법 제61조에 따라 점용허가를 받고 도로를 사찰부지로 사용하는 것은 공물의 특허사용에 해당한다. 그런데 강학상 특허는 상대방에게 독점적인 사용권을 설정해주는 것인데, 과연 일반인들도 해당 사찰부지의 일부를 통행할 수 있는지가 문제된다.

### 3. 도로의 특별사용과 일반사용의 병존가능성

(가) 도로법 제61조의 도로점용허가는 도로가 일반 공중의 통행에 제공되는 일반사용과 구별되는 특별사용(그중 특허사용)에 해당하지만, 도로의 특별사용은 반드시 독점적·배타적인 것이 아니라 그 사용목적에 따라서는 도로의 일반사용과 병존이 가능한 경우도 있다(예를 들어 지하철역에서 백화점으로 연결되는 통로는 백화점이 통로(도로)에 대한 점용허가를 받은 것이지만 일반인도 통행할 수 있다). 즉, 이러한 경우에는 도로점용부분이 동시에 일반공중의 교통에 공용되고 있다고 하여 도로점용이 아니라고 말할 수 없다(대판 1995. 2. 14. 94누5830).

(나) 결국 도로의 점용이 특허사용에 해당하는지 일반사용에 해당하는지 그 기준을 정하는 것이 중요한 문제가 되는데, 판례는 「당해 도로의 점용을 위와 같은 특별사용으로 볼 것인지 아니면 일반사용으로 볼 것인지는 그 도로점용의 주된 용도와 기능이 무엇인지에 따라 가려져야 할 것(대판 1995. 2. 14. 94누5830)」이라고 본다.

### 4. 소 결

A가 도로법 제61조에 따라 점용허가를 받고 사찰부지로 특허사용하고 있다고 하더라도 도로의 특허사용은 일반사용과 병존이 가능하므로 일반인들도 사찰부지의 일부를 통행할 수 있다.

## 기출 36 〈제2문〉

A주식회사는 2000. 3.경 안동시장으로부터 분뇨수집·운반업 허가를 받은 다음 그 무렵 안동시장과 사이에 분뇨수집·운반 대행계약을 맺은 후 통상 3년 단위로 계약을 연장해 왔는데 2009. 3. 18. 계약기간을 그 다음 날부터 2012. 3. 18.까지로 다시 연장하였다. B주식회사는 안동시에서 분뇨수집·운반업을 영위하기 위하여 하수도법 및 같은 법 시행령 소정의 시설, 장비 등을 구비하고 2011. 11. 10. 안동시장에게 분뇨수집·운반업 허가를 신청하여 같은 해 12. 1. 허가처분(이하 '이 사건 처분'이라 한다)을 받았다.

안동시장은 이 사건 처분 후 안동시 전역을 2개 구역으로 나누어 A, B주식회사에 한 구역씩을 책임구역으로 배정하고 각각 2014. 12. 31.까지를 대행기간으로 하는 새로운 대행계약을 체결하였다. A주식회사는 과거 안동시 전역에서 단독으로 분뇨 관련 영업을 하던 기득권이 전혀 인정되지 않은데다가 수익성이 낮은 구역을 배정받은 데 불만을 품고, B주식회사에 대한 이 사건 처분은 허가기준에 위배되는 위법한 처분이라고 주장하면서 안동시장을 상대로 2011. 12. 20. 관할 법원에 그 취소를 구하는 행정소송을 제기하였다.

(1) 위 소송에서 A주식회사에게 원고적격이 인정되는가? 30.

(2) 만약, 이 사건 처분의 절차가 진행 중인 상태에서 A주식회사가 안동시장을 상대로 "안동시장은 B주식회사에게 분뇨수집·운반업을 허가하여서는 아니 된다."라는 판결을 구하는 행정소송을 관할 법원에 제기하였다면 이러한 소송이 현행 행정소송법상 허용될 수 있는가? 10.

(3) 안동시장은 이 사건 처분을 함에 있어 분뇨수집·운반업 허가에 필요한 조건을 붙일 수 있다는 하수도법 제45조 제5항에 따라 B주식회사에게 안동시립박물관 건립기금 5억 원의 납부를 조건으로 부가하였다.

1) 위 조건의 법적 성질은? 7.

2) 위 조건은 위법한가? 15.

3) B주식회사는 위 조건만의 취소 또는 무효확인을 구하는 행정소송을 제기할 수 있는가? 8.

[제1회 변호사시험(2012년)]

참조조문

하수도법

제1조(목적) 이 법은 하수도의 설치 및 관리의 기준 등을 정함으로써 하수와 분뇨를 적정하게 처리하여 지역사회의 건전한 발전과 공중위생의 향상에 기여하고 공공수역의 수질을 보전함을 목적으로 한다.

제2조(정의) 이 법에서 사용하는 용어의 정의는 다음과 같다.

2. "분뇨"라 함은 수거식 화장실에서 수거되는 액체성 또는 고체성의 오염물질(개인하수처리시설의 청소과정에서 발생하는 찌꺼기를 포함한다)을 말한다.

10. "분뇨처리시설"이라 함은 분뇨를 침전·분해 등의 방법으로 처리하는 시설을 말한다.

제3조(국가 및 지방자치단체의 책무) ① 국가는 하수도의 설치·관리 및 관련 기술개발 등에 관한 기본정책을 수립하고, 지방자치단체가 제2항의 규정에 따른 책무를 성실하게 수행할 수 있도록 필요한 기술적·재정적 지원을 할 책무를 진다.

② 지방자치단체의 장은 공공하수도의 설치·관리를 통하여 관할구역 안에서 발생하는 하수 및 분뇨를 적정하게 처리하여야 할 책무를 진다.

제41조(분뇨처리 의무) ① 특별자치도지사·시장·군수·구청장은 관할구역 안에서 발생하는 분뇨를 수집·운반 및 처리하여야 한다. 이 경우 특별자치도지사·시장·군수·구청장은 당해 지방자치단체의 조례가 정하는 바에 따라 제45조의 규정에 따른 분뇨수집·운반업자로 하여금 그 수집·운반을 대행하게 할 수 있다.

제45조(분뇨수집·운반업) ① 분뇨를 수집(개인하수처리시설의 내부청소를 포함한다)·운반하는 영업(이하 "분뇨수집·운반업"이라 한다)을 하고자 하는 자는 대통령령이 정하는 기준에 따른 시설·장비 및 기술인력 등의 요건을 갖추어 특별자치도지사·시장·군수·구청장의 허가를 받아야 하며, 허가받은 사항 중 환경부령이 정하는 중요한 사항을 변경하고자 하는 때에는 특별자치도지사·시장·군수·구청장에게 변경신고를 하여야 한다.

⑤ 특별자치도지사·시장·군수·구청장은 관할구역 안에서 발생하는 분뇨를 효율적으로 수집·운반하기 위하여 필요한 때에는 제1항에 따른 허가를 함에 있어 관할 구역의 분뇨 발생량, 분뇨처리시설의 처리용량, 분뇨수집·운반업자의 지역적 분포 및 장비보유 현황, 분뇨를 발생시키는 발생원의 지역적 분포 및 수집·운반의 난이도 등을 고려하여 영업구역을 정하거나 필요한 조건을 붙일 수 있다.

**기출 36** (1) 위 소송에서 A주식회사에게 원고적격이 인정되는가? 30.

# Ⅰ. A주식회사의 원고적격

## 1. 문제 상황

(가) 원고적격이란 행정소송에서 원고가 될 수 있는 자격을 말한다. 취소소송의 원고적격에 대해 행정소송법 제12조 제1문은 '취소소송은 처분 등의 취소를 구할 법률상 이익이 있는 자가 제기할 수 있다'고 규정한다.

(나) 설문에서 안동시장의 분뇨수집·운반업허가처분의 상대방은 주식회사 B임에도 불구하고 주식회사 A가 B에 대한 처분을 다툴 원고적격이 인정되는지가 문제된다.

(다) 일반적 견해는 법률상 이익의 범위(의미)를 취소소송의 본질에 대한 논의를 통해 결정한다.

## 2. 취소소송의 본질

(가) 학설은 취소소송의 본질(기능)에 관해 ⓐ 취소소송의 목적은 위법한 처분으로 야기된 개인의 권리침해의 회복에 있다는 권리구제설(권리구제설이 말하는 권리는 좁은 의미의 권리이다), ⓑ 위법한 처분으로 (좁은 의미) 권리뿐 아니라 법에 의해 보호되는 이익을 침해당한 자도 처분을 다툴 수 있다는 법률상 보호이익설(통설), ⓒ 처분의 효력을 다투어 이를 부정하는 것이 당사자에게 실질적 이익이 있다면 그것이 법률상 이익이든 사실상의 이익이든 그러한 이익이 침해된 자는 소송을 제기할 수 있다는 보호가치 있는 이익설, ⓓ 취소소송은 개인의 권리구제보다는 처분의 적법성을 유지하는 것이 주된 기능으로 처분의 적법성 확보에 가장 적합한 이익 상태에 있는 자가 원고적격을 갖는다는 적법성보장설이 있다.

(나) 판례는 「행정소송에서 소송의 원고는 행정처분에 의하여 직접 권리를 침해당한 자임을 보통으로 하나 직접 권리의 침해를 받은 자가 아닐지라도 소송을 제기할 법률상의 이익을 가진 자는 그 행정처분의 효력을 다툴 수 있다(대판 1974. 4. 9. 73누173)」고 하여 법률상 보호이익설의 입장이다.

(다) 취소소송은 주관적 소송이므로 적법성보장설은 타당하지 않으며, 행정소송법 제12조가 취소소송은 법률상 이익이 있는 자가 제기할 수 있다고 규정하기 때문에 법률상 보호이익설이 타당하다.

## 3. 법률상 이익이 있는 자의 분석

### (1) 법률상 이익에서 '법률(법규)'의 범위

1) 학　설

일반적인 견해는 처분의 근거법규의 규정과 취지, 관련법규의 규정과 취지 외에 헌법상 기본권 규정도 고려해야 한다는 입장이다.

2) 판　　례

(가) 판례는 기본적으로 당해 처분의 근거가 되는 법규가 보호하는 이익만을 법률상 이익으로 본다(대판 1989. 5. 23. 88누8135).

(나) 최근에는 폐기물처리시설입지결정사건에서 근거법규 외에 관련법규까지 고려하여 법률상 이익을 판단하고 있다(대판 2005. 5. 12. 2004두14229).

(다) 하지만 헌법상의 기본권 및 기본원리를 법률상 이익의 해석에서 일반적으로 고려하지는 않는다. 다만, ⓐ 대법원은 접견허가거부처분사건에서 '접견권'을(대판 1992. 5. 8. 91누7552), ⓑ 헌법재판소는 국세청장의 납세병마개제조자지정처분과 관련된 헌법소원사건에서 '경쟁의 자유'를(헌재 1998. 4. 30. 97헌마141) 기본권이지만 법률상 이익으로 인정(또는 고려)하였다고 일반적으로 해석한다.

3) 검　　토

취소소송은 법률상 보호이익의 구제를 목적으로 하는 소송(법률상 보호이익설)이기 때문에 처분의 근거법규의 규정과 취지, 관련법규의 규정과 취지 외에 기본권 규정도 고려해야 한다는 일반적인 견해가 타당하다.

(2) '이익이 있는'의 의미

(가) 판례는 법률상의 이익이란 당해 처분등의 근거가 되는 법규에 의하여 보호되는 개별적·직접적이고 구체적인 이익을 말하고, 단지 간접적이거나 사실적·경제적인 이해관계를 가지는 데 불과한 경우에는 행정소송을 제기할 법률상의 이익이 아니라고 본다(대판 1992. 12. 8. 91누13700).

(나) 그리고 법률상 이익에 대한 침해 또는 침해 우려가 있어야 원고적격이 인정된다(대판 2006. 3. 16. 2006두330).

(3) '자'의 범위

(가) 법률상 이익의 주체에는 자연인, 법인, 법인격 없는 단체, 다수인(행정소송법 제15조 참조)도 가능하다.

(나) 행정주체가 아닌 행정기관은 항고소송을 제기할 원고적격이 인정되지 않는다. 그러나 대법원은 경기도선거관리위원회 위원장이 국민권익위원회를 상대로 불이익처분원상회복등요구처분취소를 구한 사건에서 경기도선관위원장은 비록 국가기관이지만 원고적격을 가진다고 보았다(대판 2013. 7. 25. 2011두1214).

## 4. 소　　결

(1) A주식회사가 B주식회사에게 발령된 분뇨·수집운반업허가처분을 다투는 소송의 성질

A와 B는 경쟁자관계에 있어 설문에서 A가 제기하는 소송을 경쟁자소송이다. 경쟁자소송이란 서로 경쟁관계에 있는 자들 사이에서 특정인에게 주어지는 수익적 행위가 제3자에게는 법률

상 불이익을 초래하는 경우에 그 제3자가 자기의 법률상 이익의 침해를 다투는 소송을 말한다.

(2) A주식회사의 원고적격

1) 기존업자인 A주식회사의 분뇨수집·운반업허가처분의 성질에 따른 판단

(가) 하수도법 제1조와 제3조, 제41조를 고려할 때 분뇨를 수집·운반 및 처리하는 사무는 지방자치단체장이 처리해야 하는 공익적인 사업이다. 공익적인 사업을 모두 국가나 지방자치단체에서 처리하는 것을 아니며, 하수도법 제41조 제1항 제2문처럼 사인이 이러한 사업을 할 수도 있다. 이처럼 공익사업을 사인이 할 수 있도록 그 자에게 독점적인 권리를 설정해주는 행위를 강학상 '특허'라고 한다. 즉 설문의 분뇨·수집운반업허가는 강학상 특허에 해당한다.

(나) 일반적 견해와 판례는 강학상 특허는 상대방에게 일정한 권리나 능력 등의 법률상 힘을 발생시키기 때문에 특허를 받은 자의 이익은 법률상 이익으로 본다. 따라서 A주식회사는 B주식회사에게 발령된 허가처분을 다툴 원고적격이 인정된다.

2) 보호규범론에 따른 판단

(가) 판례는 법규에서 기존 업체 시설이 과다한 경우 분뇨등 수집·운반업에 대한 추가 허가를 제한할 수 있음을 규정하는 경우 기존업자의 이익을 법률상 이익이라고 하여 신규업자에 대한 분뇨등 관련 영업허가를 다툴 수 있다고 보았다(대판 2006. 7. 28. 2004두6716).

(나) 그리고 법규에서 담배소매업 영업자 간에 거리제한을 두고 있는 경우 기존업자 이익을 법률상 이익이라고 하여 기존업자는 신규 담배소매인지정처분을 다툴 수 있다고 보았다(대판 2008. 3. 27. 2007두23811).

(다) 하수도법 제45조 제5항은 허가를 함에 있어서 영업구역을 정하거나 필요한 조건을 붙일 수 있다고 규정하는바, 이는 영업구역내에 적정업체수를 고려하여 허가를 제한하겠다는 취지로 보인다. 따라서 하수도법은 기존업자인 A주식회사의 이익을 보호하는 근거법규가 될 수 있고 A는 원고적격이 인정된다.

**기출 36** (2) 만약, 이 사건 처분의 절차가 진행 중인 상태에서 A주식회사가 안동시장을 상대로 "안동시장은 B주식회사에게 분뇨수집·운반업을 허가하여서는 아니 된다."라는 판결을 구하는 행정소송을 관할 법원에 제기하였다면 이러한 소송이 현행 행정소송법상 허용될 수 있는가? 10.

## Ⅱ. 예방적 부작위소송의 인정 여부

### 1. 문제 상황

행정소송법 제4조(항고소송의 구분)는 처분등의 취소(변경)나 효력 유무·존재 여부의 확인을 구하거나, 처분의 신청에 대해 행정청이 부작위하는 경우 부작위가 위법함을 확인하는 소송만을 인정할 뿐 처분등의 발령 전에 해당 처분등을 발령하지 말것을 구하는 소송을 명문으로 인정

하고 있지는 않다. 설문에서 A주식회사는 처분이 발령되기 전에 안동시장을 상대로 허가처분을 발령하지 말 것을 구하는 행정소송을 제기하고 있는바, 이러한 소송 즉 예방적 부작위소송이 현행법상 허용될 수 있는지가 문제된다.

### 2. 의 의

예방적 부작위소송이란 위법한 행정작용을 미리 저지할 것을 목적으로 장래에 있을 특정한 행정행위 또는 그 밖의 행위의 발동에 대한 방지를 구하는 소송을 말한다.

### 3. 인정 여부

#### (1) 학 설

1) 부 정 설

행정소송법 제3조·제4조는 제한적 열거규정으로 보아야 하며, 행정에 대한 제1차적 판단권은 행정청이 가지기 때문에 행정작용의 발동·미발동에 대한 판단은 법원이 판단하는 것이 아니라 행정청의 고유권한이라는 점을 근거로 한다.

2) 긍 정 설

행정소송법 제3조·제4조는 예시적 규정으로 보아야 하며, 장래 침익적 처분의 발령이 확실하다면 행정청은 이미 제1차적 판단권을 행사하였다고 보아야 할 것이어서 그에 대한 예방적 소송은 행정청의 제1차적 판단권 침해가 아니라는 점을 근거로 한다(다수설).

3) 절충설(제한적 긍정설)

법정항고소송으로 실효적인 권리구제가 되지 않는 경우 보충적으로 무명항고소송을 인정하자는 견해로 ① 처분요건이 일의적이며(처분요건의 일의성), ② 미리 구제하지 않으면 회복하기 어려운 손해발생 우려가 있고(긴급성), ③ 다른 권리구제방법으로는 권리구제가 어려운 경우(보충성)라야 예방적 부작위 소송이 가능하다고 본다.

#### (2) 판 례

판례는「피고에 대하여 이 사건 신축건물의 준공처분을 하여서는 아니 된다는 내용의 부작위를 구하는 원고의 예비적 청구는 행정소송에서 허용되지 아니하는 것이므로 부적법하다(대판 1987. 3. 24. 86누182)」고 하여 부정한다.

#### (3) 검 토

취소소송은 침익적 처분에 대한 사후적인 권리구제수단에 불과하고 현행법상 항고소송에 침익적 처분에 대한 예방적인(사전적인) 권리구제수단이 인정되지 않으므로 실효적인 권리구제를 위해 긍정함이 타당하다(권력적 사실행위, 환경소송 등의 경우 인정필요성이 크다).

### 4. 설　　문

긍정설에 따르면, A주식회사는 안동시장을 상대로 허가처분을 발령하지 말 것을 구하는 행정소송을 제기할 수 있다.

**기출 36** (3) 안동시장은 이 사건 처분을 함에 있어 분뇨수집·운반업 허가에 필요한 조건을 붙일 수 있다는 하수도법 제45조 제5항에 따라 B주식회사에게 안동시립박물관 건립기금 5억 원의 납부를 조건으로 부가하였다.
1) 위 조건의 법적 성질은? 7.
2) 위 조건은 위법한가? 15.
3) B주식회사는 위 조건만의 취소 또는 무효확인을 구하는 행정소송을 제기할 수 있는가? 8.

## Ⅲ. 부관의 법적 성질, 부관의 위법성, 부관의 독립쟁송가능성

### 1. 조건의 법적 성질

㈎ 안동시장은 B주식회사에게 분뇨수집·운반업 허가를 하면서 안동시립박물관 건립기금 5억 원의 납부를 조건으로 부가하였기 때문에 해당 조건은 부관이다. 행정행위의 부관이란 행정행위의 효과를 제한 또는 보충하기 위하여 행정기관에 의하여 주된 행정행위(설문에서는 분뇨수집·운반업 허가)에 부가된 종된 규율을 말한다(다수설).

㈏ 부관의 종류 중 어디에 해당하는지는 ⓐ 그 표현에 관계없이 행정청의 객관적인 의사에 따라 판단하여야 한다. ⓑ 다만 그 의사가 불분명하다면 최소침해의 원칙상 상대방인 사인에게 유리하도록 판단한다.

㈐ 설문의 조건은 안동시장이 분뇨수집·운반업 허가를 하면서 B주식회사에게 의무(건립기금 5억원을 납부하라는 금전급부의무)를 부담시킨 것이므로 부담에 해당한다. 부담이란 수익적인 주된 행정행위에 부가된 것으로 상대방에게 작위·부작위·수인·급부 등 의무를 과하는 부관을 말한다.

### 2. 조건의 위법성

#### (1) 부관의 부가가능성

침익적인 부관의 부가에 대해 명시적인 법적 근거가 없는 경우 학설의 대립이 있으나, 설문의 조건은 분뇨수집·운반업 허가에 필요한 조건을 붙일 수 있다는 하수도법 제45조 제5항에 근거한 것이므로 조건의 부가는 가능하다.

(2) 부관의 한계

(가) 부관은 부관부 행정행위의 구성부분이므로 성문의 법령이나 행정법의 일반원칙에 위반되어서는 아니 된다. 또한 부관의 내용은 실현 가능해야 하고 주된 행정행위의 목적에 반하여서는 아니 된다.

(나) 안동시장은 분뇨수집 · 운반업을 허가하면서 안동시립박물관 건립기금 5억원의 납부를 조건으로 부가하였던바, 해당 조건이 부당결부금지원칙이나 비례원칙에 위반되는 것은 아닌지가 문제된다.

1) 부당결부금지원칙 위반 여부

a. 의의, 법적 근거 (가) 행정작용과 사인의 반대급부 간에 부당한 내적 관련이 있어서는 아니 된다는 원칙이다. 그러나 최근 이 원칙은 모든 행정작용에서 실질적 관련이 없는 사항으로는 국민의 권리 · 이익을 침해하지 못하게 하는 원칙으로 규범내용이 일반화되었다는 견해가 유력하다

(나) 이 원칙은 법치국가원리와 자의금지원칙에서 나오는 헌법상의 원칙이다(다수설).

b. 요 건 (가) ⓐ 행정청의 행정작용이 있어야 하며, ⓑ 그 작용은 상대방에게 부과되는 반대급부와 결부되어 있어야 하며, ⓒ 행정작용과 반대급부가 부당한 내적 관련을 가져서는 아니 된다는 원칙이다. '부당한 내적 관련'이란 원인적 관련성과 목적적 관련성이 없는 경우를 말하는데, 원인적 관련성이란 행정작용의 발령에 반대급부의 부가가 필요하게 되는 관계(인과관계의 필요성)를 말하며, 목적적 관련성이란 행정작용과 사인의 반대급부가 행정목적을 같이해야 함을 의미한다. 판례는 부당한 내적 관련이 있음을 '아무런 관련이 없는'이라고 표현하고 있다(대판 1997. 3. 11. 96다49650).

c. 설 문 분뇨수집 · 운반업허가와 안동시립박물관 건립기금 5억원 납부조건은 인과적 필요성이 요구되는 것도 아니며, 하수도법의 목적인 '지역사회의 건전한 발전과 공중위생의 향상에 기여하고 공공수역의 수질을 보전'과 지역주민의 문화적 혜택을 위한 안동시립박물관 건립기금 5억원 납부조건은 행정목적을 달리하기 때문에, 건립기금 납부조건은 부당결부금지원칙에 위반된다.

2) 비례원칙 위반 여부

a. 의의, 내용 (가) 행정목적을 실현하기 위한 구체적인 수단과 목적 간에 적정한 비례관계가 있어야 한다는 원칙이다.

(나) 비례원칙은 행정목적과 목적달성을 위해 동원되는 수단 간에 객관적 관련성이 있어야 한다는 적합성의 원칙, 여러 적합한 수단 가운데 최소 침해를 가져오는 것이 선택되어야 한다는 필요성의 원칙(최소침해의 원칙), 행정목적달성을 위한 적합하고 필요한 수단이라고 하더라도 이러한 수단을 통해 달성하려는 공익과 수단으로 인한 사익침해가 합리적인 비례관계를 이루어야 한다는 상당성의 원칙(협의의 비례원칙)으로 이루어져 있으며, 이 3가지 원칙은 단계구조를 이룬다.

b. 설　문　안동시립박물관 건립기금 5억원 납부조건은 하수와 분뇨를 적정하게 처리하기 위한 행정목적달성에 적합한 수단이라고 보기 어렵다(비례원칙은 단계구조를 이루고 있기 때문에 조건이 적합성원칙에 위반된다면 필요성이나 상당성원칙 위반은 큰 실익이 없다). 따라서 안동시장의 건립기금 납부조건은 비례원칙에 위반된다.

3) 소　결

안동시립박물관 건립기금 5억 원 납부조건은 부당결부금지원칙과 비례원칙에 위반되는 위법한 부관이다.

### 3. 조건의 독립쟁송가능성

(1) 문 제 점

(가) 사인이 수익적 행정행위를 발급받을 때 그 효과를 제한하는 기한, 조건 등이 부가되거나 의무를 과하는 부담이 부가되는 경우 상대방은 침익적인 부관이 부가되지 않는 수익적인 주된 행정행위의 발급만을 원할 것이다. 따라서 부관만의 독립쟁송가능성이 문제된다. 만일 부관부 행정행위 전체가 취소된다면 이미 발급받은 수익적인 행정행위도 소멸되므로 상대방에게는 더 침익적일 수 있기 때문이다.

(나) 부관에 대한 소송형태로는 ① 행정행위의 일부만을 취소소송의 대상으로 하는 소송인 진정일부취소소송(형식상으로나 내용상으로도 부관만의 취소를 구하는 소송이다), ② 형식상으로는 부관부 행위 전체를 소송의 대상으로 하면서 내용상 일부의 취소를 구하는 소송인 부진정일부취소소송, ③ 형식상으로나 내용상으로 부관부 행정행위의 전체의 취소를 구하거나, 부관의 변경을 청구하고 거부하는 경우 거부처분의 취소를 구하는 소송이 있을 수 있다.

(2) 학　설

1) 모든 부관이 독립쟁송가능하다는 견해

a. 부담과 기타 부관의 쟁송형태가 다르다는 견해　부담은 행정행위이므로 부담만으로도 쟁송의 대상이 될 수 있지만, 그 이외의 부관은 부관부행정행위 전체를 쟁송의 대상으로 하여야 한다는 견해이다. 즉, 부관은 모두 독립쟁송이 가능하지만, 부담은 진정일부취소소송의 형태로, 부담 이외의 부관은 부진정일부취소소송의 형태로 쟁송을 제기해야 한다고 한다.

b. 모든 부관의 쟁송형태가 같다는 견해　'처분의 일부취소'가 가능하기 때문에 부담이든 다른 부관이든 구별하지 않고 모든 부관은 독립쟁송가능하다는 견해이다. 다만, (다수설은 부담을 행정행위로 보지만) 부담이 행정행위인지에 대해 의문을 가지면서 부관에 대한 쟁송은 모두 부진정일부취소소송의 형태를 취해야 한다고 본다.

2) 분리가능성을 기준으로 하는 견해

① 이 견해는 주된 행정행위와 부관의 분리가능성을 기준으로 독립쟁송가능성을 판단한다. 즉, 주된 행정행위와 분리가능성이 없는 부관은 독립쟁송이 불가능하지만, 주된 행위와의 분리

가능성이 인정되는 부관이라면 독립쟁송이 가능하다는 견해이다. ② 즉, 주된 행정행위와 분리가능성이 없는 부관은 (진정 또는 부진정 일부취소소송이 아니라) 부관부 행정행위 전체에 대해 쟁송을 제기해야 하고, 분리가능성이 인정되는 부관은 ⓐ 처분성이 인정되는 것은 진정일부취소소송의 형태로, ⓑ 처분성이 인정되지 않는 것은 부진정일부취소소송의 형태로 쟁송을 제기해야 한다고 본다. 그리고 분리가능성의 판단기준은 ⓐ 부관 없이도 주된 행정행위가 적법하게 존속할 수 있을 것과 ⓑ 부관이 없는 주된 행정행위가 공익상의 장애를 발생시키지 않을 것을 든다.

### (3) 판 례

(가) 판례는 「행정행위의 부관은 행정행위의 일반적인 효력이나 효과를 제한하기 위하여 의사표시의 주된 내용에 부가되는 종된 의사표시이지 그 자체로서 직접 법적 효과를 발생하는 독립된 처분이 아니므로 현행 행정쟁송제도 아래서는 부관 그 자체만을 독립된 쟁송의 대상으로 할 수 없는 것이 원칙이나 부담의 경우에는 다른 부관과는 달리 행정행위의 불가분적인 요소가 아니고 그 존속이 본체인 행정행위의 존재를 전제로 하는 것일 뿐이므로 부담 그 자체로서 행정쟁송의 대상이 될 수 있다(대판 1992. 1. 21. 91누1264)」라고 하여 부담만 독립쟁송이 가능하다는 입장이다.

(나) 즉, 판례는 부진정일부취소소송을 인정하지 않기 때문에 부담 이외의 부관에 대해서는 독립쟁송이 불가능하고 부관부 행정행위 전체를 소의 대상으로 하든지 아니면 부관이 없는 처분으로의 변경을 청구한 다음 그것이 거부된 경우에 거부처분취소소송을 제기하여야 한다는 입장이다.

### (4) 검토 및 설문

(가) 모든 부관이 독립쟁송가능하다는 견해 중 부담과 기타 부관의 쟁송형태가 다르다는 견해가 타당하다. 분리가능성을 기준으로 하는 견해에 대해서는 분리가능성의 문제는 독립'쟁송'가능성(소송 요건)이 아니라 독립'취소'가능성(본안 판단)의 문제라는 비판이 있다. 또한 부진정일부취소소송을 인정하지 않는 판례는 부담 이외의 부관에 대해서는 부관부행정행위 전체를 소의 대상으로 하든지 아니면 부관이 없는 처분으로의 변경을 청구한 다음 그것이 거부된 경우에 거부처분취소소송을 제기해야 하기 때문에 상대방의 권리구제에 문제점이 있다.

(나) 설문의 건립기금 납부조건은 부담이므로 독립하여 쟁송의 대상이 될 수 있다(진정일부취소소송). 따라서 B주식회사는 건립기금 납부조건만의 취소 또는 무효확인을 구하는 행정소송을 제기할 수 있다.

기출 37 〈제1문〉

'미래호프'라는 상호로 일반음식점을 운영하던 갑은 청소년 3명에게 주류를 제공한 것이 적발되어 관할 구청장 을로부터 2012. 2. 3. 영업정지 2월의 처분을 받았다. 한편, 갑은 2월의 영업정지기간이 도과하였지만 추후 있을지도 모르는 가중처벌을 우려하여, 2012. 2. 3. 자 영업정지처분에 대해 2012. 4. 25. 관할법원에 취소소송을 제기하였다. 갑은 위조된 주민등록증을 식별하기가 실질적으로 불가능한 점, 법령 위반으로 인한 처분 전력이 없으며 청소년 선도 모범표창을 수차례 받은 점, 그리고 영업정지로 인해 수입이 없게 되면 암투병 중인 아내의 병원비 조달이 어려운 점 등 제반 사정을 종합적으로 고려할 때 2월의 영업정지처분은 과중하여 취소되어야 한다고 주장하고 있다.

(1) 갑이 제기한 취소소송의 인용가능성을 논하라. 30.

(2) 위 영업정지처분 취소소송에서 법원은 인용판결을 하였고, 이 판결은 피고의 항소포기로 확정되었다. 이에 따라 갑은 영업정지처분으로 인한 재산적·정신적 손해에 대해 국가배상청구소송을 제기하였다. 갑의 국가배상청구는 인용될 수 있는가? 20.

[제29회 입법고시(2013년)]

참조조문

식품위생법

제44조(영업자 등의 준수사항) ② 식품접객영업자는 「청소년 보호법」 제2조에 따른 청소년에게 다음 각 호의 어느 하나에 해당하는 행위를 하여서는 아니 된다.

4. 청소년에게 주류(酒類)를 제공하는 행위

제75조(허가취소 등) ① 식품의약품안전처장 또는 특별자치도지사·시장·군수·구청장은 영업자가 다음 각 호의 어느 하나에 해당하는 경우에는 대통령령으로 정하는 바에 따라 영업허가 또는 등록을 취소하거나 6개월 이내의 기간을 정하여 그 영업의 전부 또는 일부를 정지하거나 영업소 폐쇄를 명할 수 있다.

13. 제44조 제2항을 위반한 경우

④ 제1항에 따른 행정처분의 세부기준은 그 위반 행위의 유형과 위반 정도 등을 고려하여 보건복지부령으로 정한다.

식품위생법 시행규칙

제89조(행정처분의 기준) 법 제75조에 따른 행정처분의 기준은 별표 23과 같다.

[별표23] 행정처분기준(제89조 관련)

Ⅰ. 일반기준

15. 다음 각 목의 어느 하나에 해당하는 경우에는 영업정지처분 기간의 2분의 1 이하의 범위에서 처분을 경감할 수 있다.

마. 위반사항 중 그 위반의 정도가 경미하거나 고의성이 없는 사소한 부주의로 인한 것인 경우

Ⅱ. 개별기준

3. 식품접객업

| 위반사항 | 근거 법령 | 행정처분기준 | | |
|---|---|---|---|---|
| | | 1차 위반 | 2차 위반 | 3차 위반 |
| 법 제44조 제2항을 위반한 경우(청소년에게 주류를 제공하는 행위를 한 경우) | 법 제75조 | 영업정지 2개월 | 영업정지 3개월 | 영업허가취소 또는 영업소 폐쇄 |

**기출 37** (1) 갑이 제기한 취소소송의 인용가능성을 논하라. 30.

# Ⅰ. 취소소송의 인용가능성

## 1. 취소소송의 요건 구비 여부

### (1) 문 제 점

(가) 갑의 취소소송은 관할권 있는 법원에(행정소송법 제9조), 원고적격(동법 제12조)과 피고적격을 갖추어(동법 제13조), 처분등을 대상으로(동법 제19조), 제소기간 내에(동법 제20조), 권리보호필요성 요건을 갖추고 있어야 한다.

(나) 2월의 영업정지처분이 항고소송의 대상임은 명백하며, 갑은 침익적 처분의 상대방이므로 원고적격도 인정되며, 제소기간도 준수하였다. 따라서 특히 문제되는 것은 권리보호필요성 요건이다.

### (2) 영업정지기간 경과한 후 영업정지처분의 취소를 구하는 경우 권리보호필요성(협의의 소익)

1) 문 제 점

일반적으로 영업정지기간이 경과한 후에는 영업정지처분의 효력이 소멸하였으므로 영업정지처분의 취소를 구할 협의의 소익은 없다. 그러나 행정소송법 제12조 제2문에 의하면 "처분 등의 효과가 기간의 경과, 처분 등의 집행 그 밖의 사유로 인하여 소멸된 뒤에도 그 처분 등의 취소로 인하여 회복되는 법률상 이익이 있는 경우에는 소의 이익이 있다"고 규정하는바, 갑은 영업정지기간이 경과되어 정지처분의 효력이 소멸한 상황이지만 동일한 위반사항을 반복하는 경우 식품위생법시행규칙의 처분기준(개별기준)에 따라 가중된 제재처분을 받을 수 있으므로, 가중된 제재처분을 받지 않기 위하여 영업정지기간이 경과한 후이지만 그 처분의 취소를 구할 협의의 소익이 있는지가 문제된다.

2) 협의의 소익

a. 의 의 　협의의 소익(소의 이익)이란 원고의 재판청구에 대하여 법원이 판단을 행할 구체적 실익 내지 필요성을 말하며, '소의 객관적 이익' 또는 '권리보호의 필요'라고도 한다.

b. 소의 이익이 부인되는 경우 　(가) 취소소송에서 대상적격과 원고적격이 인정된다면 협의의 소익은 일반적으로는 긍정된다. 그러나 그 소송이 ⓐ 보다 간이한 방법이 있는 경우, ⓑ 원고가 추구하는 권리보호가 오로지 이론상으로만 의미 있는 경우(소송으로 원고의 법적 지위에 도움이 되지 않는 경우), ⓒ 소권남용의 금지에 반하는 경우에는 협의의 소익이 부정된다.

(나) 특히 처분 등의 효과가 기간의 경과 등의 사유로 인하여 소멸된 뒤에 그 처분 등의 취소를 구하는 소송은 ⓑ의 경우에 해당하여 협의의 소익이 부정될 것이다. 그러나 행정소송법 제12조 제2문은 그 경우도 예외적으로 협의의 소익이 인정될 수 있음을 인정하고 있다.

3) 행정소송법 제12조 제2문 일반론

a. 소송의 성격 ① ⓐ 취소소송으로 보는 견해(위법한 처분의 효력은 소멸되었으나 처분의 외관이 존재하는 경우 그 처분에 대한 취소청구는 단지 확인의 의미를 넘어서 형성소송으로서의 성격을 가지므로 행정소송법 제12조 제2문에 따른 소송을 취소소송으로 보는 견해이다)와 ⓑ 계속적(사후적) 확인소송으로 보는 견해(제재기간의 경과 등으로 소멸해버린 처분을 '취소'하거나 '취소로 인해 회복되는' 법률상 이익이 있다고 함은 이론상 불가능하므로, 행정소송법 제12조 제2문의 문언이 '취소'소송으로 되어 있더라도 취소소송이 아니라 '확인'소송으로 보는 것이 타당하다는 견해이다)가 대립된다. ② 처분의 효력이 소멸된 후에는 취소가 불가능하기에 행정소송법 제12조 제2문의 소송은 (사후적) 확인소송으로 봄이 타당하다.

b. 소송요건으로서의 지위(제12조 제2문의 성격) ① ⓐ 협의의 소익에 관한 조항이라는 견해(행정소송법 제12조 제1문은 원고적격에 관한 것이고, 제2문은 협의의 소익에 관하여 규정한 것이라고 본다(입법상 과오설))와 ⓑ 원고적격 조항이라는 견해(행정소송법 제12조 제1문은 처분의 효력이 존재하는 경우의 원고적격조항이며, 제2문은 처분의 효력이 사후에 소멸된 경우의 원고적격조항이라고 본다(입법상 비과오설))가 대립된다. ② 행정소송법 제12조 제2문은 처분 등의 취소로 인하여 '회복되는 법률상 이익'이라고 하고 있어 그 이익은 협의의 소익으로 보는 것이 타당하다(다수설).

c. '회복되는 법률상 이익'의 의미(범위) ① ⓐ 회복되는 법률상 이익(제2문)을 원고적격의 법률상 이익(제1문)과 같은 개념으로 보고, 명예 · 신용 등은 포함되지 않는다고 보는 견해(제1설)와 ⓑ 회복되는 법률상 이익(제2문)을 원고적격으로서의 법률상 이익(제1문)보다 넓은 개념으로 원고의 경제 · 정치 · 사회 · 문화적 이익을 모두 포함하는 개념으로 보는 견해(제2설)가 대립된다. ② 판례는 제2문의 회복되는 법률상 이익과 제1문의 법률상 이익을 구별하지 않고, 간접적 · 사실적 · 경제적 이해관계나 명예, 신용 등의 인격적 이익을 가지는 데 불과한 경우는 법률상 이익에 해당하지 않는다고 본다(제1설)(대판(전원) 1995. 10. 17. 94누14148). ③ 제12조 제2문을 협의의 소익조항으로 본다면 제1문과 제2문의 이익을 일치시킬 필요가 없으며, 권리구제의 확대라는 면에서 제2설이 타당하다.

4) 법규명령형식의 행정규칙에 규정된 자격정지처분의 효력기간 경과 후 자격정지처분을 다툴 협의의 소익 인정 여부

a. 학 설

(ⅰ) 법규명령형식의 행정규칙의 법적 성질을 기준으로 권리보호필요성을 판단하는 견해

ⓐ 법규명령설 ㈎ 제재적 처분기준의 형식은 대통령령 등이므로 법규명령으로 보아야 하고, 제재적 처분기준이 법규명령이라면 행정청은 그러한 처분기준에 따라 처분을 하게 되므로 법적 안정성 확보에 도움이 된다는 점을 근거로 한다.

㈏ 법규명령형식의 행정규칙의 법적 성질을 법규명령으로 보는 경우 행정청은 법규명령인 제재적 처분기준에 따라 처분할 것이므로 가중된 제재적 처분을 받을 불이익은 분명하며, 따라서 권리보호필요성이 긍정된다고 본다.

ⓑ 행정규칙설 ㈎ 제재적 처분기준은 재량준칙(행정규칙)으로 그 실질이 행정규칙이므

로 법규명령의 형식으로 정한다고 하더라도 그 성질은 변하지 않으며, 제재적 처분기준을 행정규칙으로 보면 행정청은 재량적으로 처분할 수 있음을 규정한 법률에 따라 처분을 하게 되므로 구체적 타당성과 탄력성 확보가 가능하다는 점을 근거로 한다.

(나) 법규명령형식의 행정규칙의 법적 성질을 행정규칙으로 본다면 행정청은 반드시 제재적 처분기준에 따라 처분한다고 볼 수 없기 때문에 가중된 제재적 처분을 받을 불이익은 확정적이지 않고 따라서 권리보호필요성이 부정된다고 본다.

(ii) 현실적 불이익을 받을 가능성을 기준으로 하는 견해 법규명령형식의 행정규칙의 법적 성질이 아니라(법규명령인지 여부), 현실적으로 불이익을 받을 가능성이 있는지를 기준으로 하는 견해이다. 즉 현실적 불이익을 받을 가능성이 있다면 법규명령인지 행정규칙인지 구별하지 않고 권리보호필요성을 긍정하는 견해이다.

b. 판 례 (가) 판례는 과거 법규명령형식의 행정규칙의 법적 성질을 기준으로 권리보호필요성을 판단하는 입장에 따라 시행령에 규정된 처분기준은 법규명령으로 보고 협의의 소익을 긍정한 반면, 시행규칙에 규정된 처분기준은 행정규칙으로 보고 협의의 소익을 부정하였다.

(나) 그러나 환경영향평가대행영업정지처분취소와 관련한 전원합의체판결을 통해 현실적 불이익을 받을 가능성을 기준으로 하는 입장을 취하고 있다. 즉, 제재적 처분기준의 법적 성질이 대외적 구속력을 갖는 법규명령 · 행정규칙인지 여부에 상관없이 선행처분을 받은 상대방이 장래에 불이익한 후행처분을 받을 위험은 현실적으로 존재하기 때문에 협의의 소익을 긍정하고 있다(대판(전원) 2006. 6. 22. 2003두1684).

c. 검 토 법규명령형식의 행정규칙의 법적 성질에 대한 논의와 권리보호필요성 인정 여부의 논의는 직접적인 관련성이 없다. 왜냐하면 법규명령형식의 행정규칙을 행정규칙으로 보고 법규성을 부정하더라도 원고가 가중된 제재처분을 받을 불이익의 가능성은 여전히 존재하기 때문에, 설사 이를 행정규칙으로 보더라도 협의의 소익을 긍정하는 것이 타당하다(이는 제재적 처분기준을 단순한 행정규칙으로 정하더라도 마찬가지이다). 또한 법규명령형식의 행정규칙을 행정규칙으로 보고 권리보호필요성을 부정한다면 권리보호필요성의 범위를 너무 좁히게 되어 원고의 재판청구권을 침해할 가능성도 높다. 결국 법규명령형식의 행정규칙의 법적 성질이 법규명령인지 여부와 상관없이 현실적으로 불이익을 받을 가능성이 있는지를 기준으로 권리보호필요성을 판단하는 견해가 타당하다. 물론 법규명령형식의 행정규칙의 법적 성질은 법규명령으로 보는 것이 타당하다.

5) 설 문

2월의 영업정지처분 기간이 경과한 후이지만 만일 갑이 법령에 위반되는 행위를 다시 한다면 가중된 처분을 받을 위험이 현실적으로 존재하기 때문에 처분등의 취소로 회복되는 법률상 이익이 있으며, 따라서 갑의 취소소송은 협의의 소익이 인정된다.

(3) 소 결

갑의 취소소송은 모든 소송요건을 구비하였다.

## 2. 본안요건의 구비 여부

### ⑴ 문 제 점

2월 영업정지처분의 위법성을 검토하기 위해서는 식품위생법 시행규칙 제89조 [별표 23] 행정처분기준의 법적 성질이 먼저 논의되어야 한다. 그에 따라 영업정지처분이 재량행위인지 기속행위인지가 결정되고, 그 결과에 따라 행정법의 일반원칙(특히 비례원칙) 위반 여부가 논의될 수 있기 때문이다.

### ⑵ 식품위생법 시행규칙 제89조 [별표 23] 행정처분기준의 법적 성질

1) 문 제 점

식품위생법 시행규칙 제89조 [별표 23] 행정처분기준(제재적 처분기준)은 그 실질이 행정규칙인 재량준칙(법령에 규정된 재량을 통일적으로 행사하기 위한 행정내부적인 기준)이기 때문에 고시, 훈령의 형식으로 규정되는 것이 정당한데 이러한 제재적 처분기준을 대통령령 등에 규정한 경우 그 법적 성질이 무엇인지의 문제된다.

2) 학 설

a. 법규명령설 ㈎ 제재적 처분기준의 형식은 대통령령 등이므로 법규명령으로 보아야 하고, 제재적 처분기준이 법규명령이라면 행정청은 그러한 처분기준에 따라 처분을 하게 되므로 법적 안정성 확보에 도움이 된다는 점을 근거로 한다.

㈏ 법규명령설도 ⓐ 처분기준을 기속적(한정적)으로 보는 견해(엄격한 대외적 구속력을 인정하는 견해)(제1설)와 ⓑ 처분기준을 최고한도로 보는 견해(최고한도로서의 구속력을 인정하는 견해)(제2설)로 나눌 수 있다(예를 들어 '1회 법위반–1개월 영업정지'라는 규정이 있다면 제1설은 1개월 영업정지처분만을 해야 한다는 입장인 반면, 제2설은 1개월을 넘지 않는 범위에서 영업정지처분을 할 수 있는 것으로 본다).

b. 행정규칙설 제재적 처분기준은 재량준칙(행정규칙)으로 그 실질이 행정규칙이므로 법규명령의 형식으로 정한다고 하더라도 그 성질은 변하지 않으며, 제재적 처분기준을 행정규칙으로 보면 행정청은 재량적으로 처분할 수 있음을 규정한 법률에 따라 처분을 하게 되므로 구체적 타당성과 탄력성 확보가 가능하다는 점을 근거로 한다.

c. 수권여부기준설 법규명령과 행정규칙의 구별은 상위 법령의 수권 여부로 결정되기에 법령의 수권에 근거하여 대통령령·총리령·부령 형식으로 정한 제재적 처분기준은 법규명령으로 보아야 한다는 견해이다(수권이 없는 경우 행정규칙으로 본다).

3) 판 례

㈎ 판례는 ① '대통령령으로 정한 제재적 처분기준'은 법규명령으로 본다. 다만 ⓐ 한 판결에서 '<u>주택건설촉진법시행령상의 영업정지처분기준</u>'은 영업정지기간을 일률적으로 규정하는 형식을 취하고 있기 때문에 재량의 여지가 없다고 하면서 처분기준을 기속적으로 보았으나(대판 1997. 12. 26. 97누15418)(학설로 보면 법규명령설 중 제1설), ⓑ 다른 판결에서는 '<u>구 청소년보호법시행령상</u>

의 과징금처분기준'은 법규명령으로 보면서도 그 기준을 처분의 최고한도로 보아야 한다고 판시하였다(대판 2001. 3. 9. 99두5207)(학설로 보면 법규명령설 중 제2설). ② 그러나 '부령으로 정한 제재적 처분기준'은 행정규칙으로 본다. 즉, 도로교통법시행규칙상의 운전면허행정처분기준을 행정규칙으로 보았다(대판(전원) 1995. 10. 17. 94누14148)). 다만, 환경영향평가대행영업정지처분취소를 구한 사건의 별개의견으로 환경영향평가법시행규칙상 영업정지처분기준을 법규명령으로 보아야 한다는 입장이 제시된 바 있다(대판(전원) 2006. 6. 22. 2003두1684의 별개의견)).

(나) 판례는 제재적 처분기준을 대통령령으로 정하는 경우와 부령으로 정하는 경우 법규성 인정 여부를 달리하는 근거를 제시하지 않는다는 비판이 있다. 왜냐하면 대통령령으로 정할지 부령으로 정할지 여부에 대한 행정청의 선택은 규율내용이 아니라 실무편의에 따른 것이기 때문이다(류지태).

4) 검 토

대부분의 입법이 개별적인 처분기준(예: 1회 법위반-1개월 영업정지) 외에 제재의 정도를 가감할 수 있는 **가중·감경규정**(일반적 처분기준)을 두고 있어 법규명령으로 보더라도 행정청은 개개 사안에 따라 탄력적인 처분을 할 수 있으며, 법규명령은 법제처의 심사 또는 국무회의의 심의, 입법예고, 공포 등 절차적 정당성이 부여된다는 점(김남진·김연태)에서 법규명령설, 그 중 제1설이 타당하다. 법규명령설 중 제2설은 명문 규정 없이 일의적으로 규정된 사항을 최고한도로 보는 것은 법령해석의 한계를 초과한 것이며, 처분기준을 최고한도로 본다면 감경규정의 취지와도 모순된다.

5) 설 문

(가) 식품위생법 시행규칙 제89조 [별표 23] 행정처분기준을 기속적으로 보는 법규명령설에 따른다면, 청소년에게 주류제공 금지를 1차 위반한 갑에게 구청장이 2개월의 영업정지처분을 발령한 것은 식품위생법령에 따른 것이므로 문제되지 않는다.

(나) 그러나 설문의 경우 위조된 주민등록증을 식별하기 실질적으로 불가능한 사정이 있었기 때문에 식품위생법 시행규칙 제89조 [별표 23] 행정처분기준 중 Ⅰ. 일반기준 15호(다음 각 목의 어느 하나에 해당하는 경우에는 영업정지처분 기간의 2분의 1 이하의 범위에서 처분을 경감할 수 있다) 마목(위반사항 중 그 위반의 정도가 경미하거나 고의성이 없는 사소한 부주의로 인한 것인 경우)에 해당하는 사정이 있다고 볼 수 있다. 따라서 일반기준(감경사유)에 해당하는 사정이 있었다면 제15호에 따라 처분의 정도를 감경할 수 있기 때문에 그 범위에서는 구청장의 재량행위가 되며, 갑은 2월의 영업정지처분이 비례원칙에 위반됨을 주장할 수 있다.

### (3) 비례원칙 위반 여부

1) 의의, 내용

(가) 행정목적을 실현하기 위한 구체적인 수단과 목적 간에 적정한 비례관계가 있어야 한다는 원칙이다.

(나) 비례원칙은 행정목적과 목적달성을 위해 동원되는 수단 간에 객관적 관련성이 있어야

한다는 적합성의 원칙, 여러 적합한 수단 가운데 최소 침해를 가져오는 것이 선택되어야 한다는 필요성의 원칙(최소침해의 원칙), 행정목적달성을 위한 적합하고 필요한 수단이라고 하더라도 이러한 수단을 통해 달성하려는 공익과 수단으로 인한 사익침해가 합리적인 비례관계를 이루어야 한다는 상당성의 원칙(협의의 비례원칙)으로 이루어져 있으며, 이 3가지 원칙은 단계구조를 이룬다.

2) 설 문

ⓐ 2월 영업정지처분이라는 수단은 청소년을 유해한 환경으로부터 보호하기 위한 행정목적간에 객관적 관련성을 인정할 수 있다. ⓑ 2월의 영업정지처분은 청소년에게 주류의 제공을 금지하여 청소년을 보호하기 위한 행정목적 달성에 적합한 수단으로 보인다(행정지도와 같은 경미한 수단만으로는 행정목적을 달성하기 어려워 보인다). ⓒ 그러나 청소년보호라는 중요한 행정목적을 고려하더라도 설문에서 위조된 주민등록증을 식별하기가 실질적으로 불가능하였고, 법령 위반으로 인한 처분 전력이 없으며, 청소년 선도 모범표창을 수차례 받았고, 영업정지로 인해 수입이 없게 되면 암투병 중인 아내의 병원비 조달이 어려운 점 등을 종합적으로 고려할 때 갑의 사익보호필요성은 공익에 비해 더 중대해 보인다. 따라서 구청장의 2월의 영업정지처분은 비례원칙에 위반되는 위법한 처분이다.

### ⑷ 2월의 영업정지처분의 위법성의 정도

1) 무효와 취소의 구별기준

행정의 법률적합성을 고려할 때 위법한 행정행위의 효력은 부정하는 것이 정당하지만, 법적 안정성(공정력의 인정근거)을 근거로 일단 잠정적으로 유효성을 인정한다. 그러나 행정행위의 하자가 중대하고도 명백한 경우에는 법적 안정성을 침해할 우려가 없고 그러한 행정행위에 효력을 인정하는 것은 행정의 법률적합성에 반하기 때문에 중대명백설이 타당하다(다수설).

2) 설 문

구청장의 2월의 영업정지처분은 비례원칙에 위반되는 위법한 처분이다. 비례원칙위반은 적법요건에 중대한 하자이기는 하지만 일반인의 관점에서 외관상 명백하다고 보기는 어렵다. 따라서 2월의 영업정지처분은 취소사유에 해당한다.

## 3. 소 결

갑의 취소소송은 모든 소송요건을 구비하였고, 구청장의 2월의 영업정지처분은 비례원칙에 위반되는 위법한 처분이며, 취소사유이므로 갑의 취소소송은 인용될 수 있다.

기출 37 (2) 위 영업정지처분 취소소송에서 법원은 인용판결을 하였고, 이 판결은 피고의 항소포기로 확정되었다. 이에 따라 갑은 영업정지처분으로 인한 재산적·정신적 손해에 대해 국가배상청구소송을 제기하였다. 갑의 국가배상청구는 인용될 수 있는가? 20.

## Ⅱ. 국가배상청구의 인용가능성

### 1. 문제 상황

갑의 국가배상청구 즉, 국가배상법 제2조 제1항 본문 전단에 따른 국가 등의 배상책임이 인용되려면 공무원(공무를 위탁받아 실질적으로 공무에 종사하는 광의의 공무원을 말한다), 직무를(공법상 권력작용과 비권력작용을 포함한 공행정작용을 말한다고 본다(광의설)(판례, 다수설)), 집행하면서(공무원의 행위의 외관을 객관적으로 관찰하여 직무행위로 판단될 수 있는지를 기준으로 한다(외형설)(판례, 다수설)), 고의·과실(고의란 위법행위의 발생가능성을 인식하고 인용하는 것을 말하고 과실이란 주의의무위반을 말하는데, 과실은 그 직무를 담당하는 평균적인 공무원이 갖추어야 할 주의의무위반을 말한다(과실개념의 객관화)), 위법(엄격한 의미의 법규위반뿐만 아니라 인권존중·권력남용금지·신의성실의 원칙위반도 위법으로 보는 행위위법설 중 이원설이 다수설과 판례의 입장이다), 타인, 손해, 인과관계(상당인과관계가 있어야 한다), 직무의 사익보호성(대법원은 국가배상법 제2조 제1항에서 말하는 직무란 사익의 보호를 위한 직무를 뜻하며, 사회 일반의 공익만을 위한 직무나 행정기관 내부의 질서를 규율하기 위한 직무는 이에 포함되지 않는다고 한다) 요건을 구비해야 한다.

### 2. 국가배상법 제2조 제1항 본문 전단의 요건 구비 여부

#### (1) 공무원, 직무, 집행하면서

구청장 을은 공무원이며, 직무를 집행하는 과정에서 갑에게 손해가 발생하였기 때문에 이 요건들은 설문에서 문제되지 않는다.

#### (2) 직무의 사익보호성

(가) 국가 등의 국가배상책임이 인정되려면 공무원에게 부과된 이러한 직무가 전적으로 또는 부수적으로라도 개개 국민(피해자)의 이익을 위해 부과된 것이어야만 하는지가 문제되는데, 다수설과 판례는 공무원에게 부과된 직무상 의무의 내용이 전적으로 또는 부수적으로 사회구성원 개인의 안전과 이익을 보호하기 위하여 설정된 것이라야 국가 등이 배상책임을 진다고 본다.

(나) 식품위생법 제1조는 "이 법은 식품으로 인하여 생기는 위생상의 위해(危害)를 방지하고 식품영양의 질적 향상을 도모하며 식품에 관한 올바른 정보를 제공하여 국민보건의 증진에 이바지함을 목적으로 한다"고 규정하고, 청소년보호법 제1조는 "이 법은 청소년에게 유해한 매체물과 약물 등이 청소년에게 유통되는 것과 청소년이 유해한 업소에 출입하는 것 등을 규제하고 청소년을 유해한 환경으로부터 보호·구제함으로써 청소년이 건전한 인격체로 성장할 수 있도록 함을 목적으로 한다"고 규정하고 있으므로 청소년에게 주류를 제공한 자의 영업을 정지하는 직무는 사익을 보호하기 위한 것이므로 이 요건도 문제되지 않는다.

### ⑶ 고의·과실

1) 의　　의

고의란 위법한 결과의 발생을 인식하는 것을 말하고, 과실이란 위법한 결과의 발생을 부주의로 인식하지 못하는 것(주의의무위반)을 말한다.

2) 판단대상

고의·과실의 유무는 국가가 아니라 당해 공무원을 기준으로 판단한다.

3) 과실개념의 객관화

다수설과 판례는 과실을 '공무원이 그 직무를 수행함에 있어 당해 직무를 담당하는 평균인이 통상 갖추어야 할 주의의무를 게을리한 것'이라고 하여 과실의 수준을 당해 공무원이 아니라 당해 직무를 담당하는 평균적 공무원을 기준으로 한다(대판 1997. 7. 11. 97다7608).

4) 가해공무원의 특정 불필요

구체적으로 어느 공무원의 행위인지가 판명되지 않더라도 손해의 발생상황으로 보아 공무원의 행위에 의한 것이 인정되면 국가 등은 배상책임을 진다(다수설).

5) 설　　문

설문에서 구청장 을에게 주의의무위반이 있었는지는 불분명하다.

### ⑷ 위 법 성

1) 문 제 점

㈎ 설문에서 갑은 구청장의 영업정지처분이 위법하다는 확정판결을 받은 후 국가배상법 제2조 제1항 본문 전단의 손해배상을 청구하는 소송을 제기한 것이므로, 취소판결의 기판력이 발생한 후 국가배상청구소송을 제기한다면 후소법원인 국가배상청구소송의 수소법원이 국가배상법 제2조 제1항 본문 전단의 위법성 판단을 함에 있어 구속력을 받는지가 문제된다.

㈏ 다수설에 따르면 취소소송의 소송물은 처분의 위법성이며, 국가배상청구소송의 소송물은 국가배상청구권의 존부인바, 취소판결의 기판력은 국가배상청구소송에 미치지 않음이 일반적인 논리이다(기판력의 객관적 범위는 소송물이므로). 다만, 전소와 후소의 소송물이 동일하지 아니하여도 전소의 기판력 있는 법률관계가 후소의 선결관계가 되는 때에는 전소 판결의 기판력이 후소에 미칠 수 있다. 그러나 취소소송의 소송물을 어떻게 볼 것인지, 취소소송에서의 위법성과 국가배상청구소송에서의 위법성의 본질이 동일한지 등에 따라 결론은 달라진다.

2) 취소소송의 소송물

㈎ 취소소송의 소송물에 대해 ① 행정행위의 위법성 일반으로 보는 견해, ② 처분등이 위법하고 또한 자기의 권리를 침해한다는 원고의 법적 주장이라는 견해, ③ 처분을 통해 자신의 권리가 침해되었다는 원고의 법적 주장이라는 견해가 대립된다.

㈏ 행정소송법이 취소소송의 법률상 이익을 원고적격의 요건(행정소송법 제12조)으로 규정하고 있을 뿐 본안요건은 위법성에 한정(동법 제4조 제1호)하고 있고 소송물은 본안판단에 관한 사항

만을 대상으로 하는 것이므로 ②·③설은 타당하지 않고 ①설이 타당하다(다수설·판례). 여기서 '위법'이란 외부효를 갖는 법규(성문의 법령, 행정법의 일반원칙)위반을 말한다.

3) 취소판결의 기판력이 국가배상청구소송에 영향을 미치는지 여부

a. 학 설

(ⅰ) 취소소송의 소송물을 처분이 위법하다는 법적 주장으로 보는 견해

(a) 국가배상법 제2조 제1항의 위법을 법규위반으로 보지 않는 견해 결과불법설(위법한 행위로 받은 손해를 국민이 수인할 수 있는가를 기준으로 위법성 여부를 판단하는 견해이다. 즉, 손해를 국민이 수인할 수 없다면 위법한 행위로 본다), 상대적 위법성설(직무행위 자체의 위법·적법뿐만 아니라 피침해이익의 성격과 침해의 정도, 가해행위의 태양 등을 고려하여 위법성 인정 여부를 상대적으로 판단하자는 견해이다)은 국가배상청구소송에서의 위법의 본질을 법규위반으로 보지 않는다. 이렇게 취소소송과 국가배상청구소송에서의 위법의 의미가 질적으로 다르다는 견해는 양 소송이 선결관계가 아니기 때문에 취소판결의 기판력은 국가배상청구소송에 영향을 미치지 않는다고 본다(기판력 부정설).

(b) 국가배상법 제2조 제1항의 위법을 법규위반으로 보는 견해(행위위법설) 이 견해는 국가배상청구에서 위법을 취소소송의 위법과 같이 공권력행사의 규범위반 여부를 기준으로 한다. 그러나 이 견해에도 ⓐ 취소소송의 위법과 국가배상청구소송에서의 위법이 양적으로도 같다는 협의설(일원설)과 ⓑ 취소소송의 위법보다 국가배상청구소송의 위법이 더 넓다는 광의설(이원설)이 있다.

(ㄱ) 취소소송의 위법과 국가배상청구소송의 위법이 양적으로도 같다는 견해(일원설) 양 위법이 질적·양적으로 일치되므로 취소판결의 기판력은 인용이든 기각이든 국가배상청구소송에 영향을 미친다고 본다(기판력 긍정설).

(ㄴ) 취소소송의 위법보다 국가배상청구소송의 위법이 더 광의라는 견해(이원설) 이 견해는 위법의 범위를 일원설이 말하는 엄격한 의미의 법규위반뿐 아니라 인권존중·권력남용금지·신의성실의 원칙 위반도 위법으로 보아 취소소송의 위법보다 국가배상청구소송의 위법을 더 광의로 본다. 이 견해에 따르면 취소소송의 인용판결은 기판력이 국가배상청구소송에 영향을 미치지만, 기각판결은 국가배상청구소송의 위법이 더 광의이므로 기판력이 미치지 않는다고 본다(제한적 긍정설).

(ⅱ) 취소소송의 소송물을 처분이 위법하고 그러한 처분으로 권리가 침해되었다는 법적 주장으로 보는 견해(국가배상청구소송에서 위법을 행위위법설로 봄) 취소소송의 인용판결의 경우 기판력이 국가배상청구소송에 영향을 미치지만 기각판결의 경우에는 위법성 인정 여부가 불분명하기에 기판력이 미치지 않는다고 본다(제한적 긍정설).

(ⅲ) 취소소송의 소송물을 권리가 침해되었다는 법적 주장으로 보는 견해(국가배상청구소송에서 위법을 행위위법설로 봄) 이 견해에 따르면 취소소송과 국가배상청구소송은 선결관계가 되지 않기 때문에 취소소송의 기판력은 국가배상청구소송에 영향을 주지 않는다(기판력 부정설).

b. 검 토 법규위반은 없으나 특별한 희생이 있는 경우 손해전보수단이 손실보상이

라면 국가배상은 법규위반(위법)이 있는 경우 그에 대한 손해전보수단이어야 하며, 항고소송의 본안판단에서의 위법의 본질이 법규위반임을 고려할 때 위법이란 '법규 위반'이라는 단일한 가치판단으로 보아야 할 것인바 행위위법설이 타당하다(특히 권리구제의 확대라는 측면에서 이원설이 타당하다). 따라서 취소소송의 청구인용판결의 기판력은 국가배상청구소송에 영향을 미치지만, 청구기각판결은 기판력이 미치지 않는다고 보아야 한다(제한적 긍정설).

4) 설 문

설문은 영업정지처분취소소송에서 인용판결이 난 경우이기에 행위위법설(이원설)에 따르면 인용판결의 기판력이 국가배상청구소송에 영향을 미치고, 따라서 국가배상청구소송의 수소법원은 국가배상법 제2조 제1항의 요건 판단에 있어서 반드시 위법하다고 해야 한다(취소소송에서 승소하였다고 모든 경우 국가배상청구소송에서 승소하는 것은 아니다. 왜냐하면 법규 위반 외에 고의·과실이나 인과관계를 요하기 때문에 이러한 요건에서 상당부분 차단될 것이기 때문이다).

#### (5) 타인, 손해, 인과관계

타인인 갑에게 손해가 발생하였고, 위법한 영업정지처분을 받았다면 재산상 정신적 손해가 있었음은 분명하며, 위법한 영업정지처분과 손해의 발생 간에 상당인과관계도 인정할 수 있다.

### 3. 소 결

갑의 국가배상청구는 국가배상법 제2조 제1항 본문 전단의 다른 요건은 모두 구비하고 있기 때문에, 구청장에게 과실이 인정된다면 갑의 국가배상청구소송은 인용될 수 있을 것이다.

## 기출 38 〈제1문〉

일반음식점을 운영하는 업주 갑은 2012. 12. 25. 2명의 청소년에게 주류를 제공한 사실이 경찰의 연말연시 일제 단속에 적발되어 2013. 2. 15. 관할 구청장 을로부터 영업정지 2개월의 처분을 통지 받았다. 갑은 자신의 업소가 대학가에 소재하고 있어서 주된 고객이 대학생인데, 고등학생이 오는 경우도 있어 신분증으로 나이를 확인하고 출입을 시키도록 종업원 A에게 철저히 교육을 하였다. 그런데 종업원 A는 사건 당일은 성탄절이라 점포 내 많은 손님들로 북적거려서 신분증을 일일이 확인하는 것은 어렵겠다고 판단하여 간헐적으로 신분증 확인을 하였고, 경찰의 단속에서 청소년이 발견된 것이다. 한편 갑은 평소 청소년 선도활동을 활발히 한 유공으로 표창을 받았을 뿐 아니라 지금까지 관계 법령 위반으로 인한 영업정지 등 행정처분과 행정벌을 받은 바가 전혀 없으며, 간암으로 투병중인 남편과 초등학생인 자식 2명을 부양하고 있다.

(1) 남편에 대한 간병과 영업정지처분의 충격으로 경황이 없던 갑은 2013. 4. 25. 위 영업정지처분에 대한 취소소송을 제기하였다. 갑의 소송상 청구의 인용가능성을 설명하시오. 25.

(2) 만약, 위 (1)의 소송에서 갑이 인용판결을 받아 확정되었고 이에 갑은 위법한 영업정지처분으로 인한 재산적·정신적 손해에 대한 국가배상청구소송을 제기한다면, 법원은 어떤 판결을 내려야 하는가? 15.

(3) 만약, 위 사례에서 영업정지 2개월의 처분에 대해 2013. 2. 20. 을이 영업정지 1개월의 처분에 해당하는 과징금으로 변경하는 처분을 하였고 갑이 2013. 2. 23. 이 처분의 통지를 받았다면, 갑이 이에 대해 취소소송을 제기할 경우 취소소송의 기산점과 그 대상을 설명하시오. 10.

[제57회 5급공채(2013년)]

참조조문

식품위생법

제44조(영업자 등의 준수사항) ② 식품접객영업자는 청소년 보호법 제2조에 따른 청소년(이하 이 항에서 "청소년"이라 한다)에게 다음 각 호의 어느 하나에 해당하는 행위를 하여서는 아니 된다.

4. 청소년에게 주류(酒類)를 제공하는 행위

제75조(허가취소 등) ① 식품의약품안전처장 또는 특별자치도지사·시장·군수·구청장은 영업자가 다음 각 호의 어느 하나에 해당하는 경우에는 대통령령으로 정하는 바에 따라 영업허가 또는 등록을 취소하거나 6개월 이내의 기간을 정하여 그 영업의 전부 또는 일부를 정지하거나 영업소 폐쇄(제37조 제4항에 따라 신고한 영업만 해당한다. 이하 이 조에서 같다)를 명할 수 있다.

13. 제44조 제1항·제2항 및 제4항을 위반한 경우

제82조(영업정지 등의 처분에 갈음하여 부과하는 과징금 처분) ① 식품의약품안전처장, 시·도지사 또는 시장·군수·구청장은 영업자가 제75조 제1항 각 호 또는 제76조 제1항 각 호의 어느 하나에 해당하는 경우에는 대통령령으로 정하는 바에 따라 영업정지, 품목 제조정지 또는 품목류 제조정지처분을 갈음하여 2억원 이하의 과징금을 부과할 수 있다. 다만, 제6조를 위반하여 제75조 제1항에 해당하는 경우와 제4조, 제5조, 제7조, 제10조, 제12조의2, 제13조, 제37조 및 제42조부터 제44조까지의 규정을 위반하여 제75조 제1항 또는 제76조 제1항에 해당하는 중대한 사항으로서 총리령으로 정하는 경우는 제외한다.

식품위생법 시행규칙

제89조(행정처분의 기준) 법 제71조, 법 제72조, 법 제74조부터 법 제76조까지 및 법 제80조에 따른 행정처분의 기준은 별표 23과 같다.

[별표 23]

Ⅰ. 일반기준

15. 다음 각 목의 어느 하나에 해당하는 경우에는 행정처분의 기준이, 영업정지 또는 품목·품목류 제조정지인 경우에는 정지처분 기간의 2분의 1 이하의 범위에서, 영업허가 취소 또는 영업장 폐쇄인 경우에는 영업정지 3개월 이상의 범위에서 각각 그 처분을 경감할 수 있다.

마. 위반사항 중 그 위반의 정도가 경미하거나 고의성이 없는 사소한 부주의로 인한 것인 경우

Ⅱ. 개별기준

3. 식품접객업

| 위반사항 | 근거 법령 | 행정처분기준 | | |
|---|---|---|---|---|
| | | 1차 위반 | 2차 위반 | 3차 위반 |
| 11. 법 제44조 제2항을 위반한 경우<br>라. 청소년에게 주류를 제공하는 행위를 한 경우 | 법 제75조 | 영업정지 2개월 | 영업정지 3개월 | 영업허가·등록취소 또는 영업소 폐쇄 |

**기출 38** (1) 남편에 대한 간병과 영업정지처분의 충격으로 경황이 없던 갑은 2013. 4. 25. 위 영업정지처분에 대한 취소소송을 제기하였다. 갑의 소송상 청구의 인용가능성을 설명하시오. 25.

# Ⅰ. 취소소송의 인용가능성

## 1. 취소소송의 요건 구비 여부

### (1) 문 제 점

(가) 갑의 취소소송은 관할권 있는 법원에(행정소송법 제9조), 원고적격(동법 제12조)과 피고적격을 갖추어(동법 제13조), 처분등을 대상으로(동법 제19조), 제소기간 내에(동법 제20조), 권리보호필요성 요건을 갖추고 있어야 한다.

(나) 2월의 영업정지처분이 항고소송의 대상임은 명백하며, 갑은 침익적 처분의 상대방이므로 원고적격도 인정되며, 제소기간도 준수하였다. 따라서 특히 문제되는 것은 권리보호필요성 요건이다.

### (2) 영업정지기간 경과한 후 영업정지처분의 취소를 구하는 경우 권리보호필요성(협의의 소익)

1) 문 제 점

일반적으로 영업정지기간이 경과한 후에는 영업정지처분의 효력이 소멸하였으므로 영업정지처분의 취소를 구할 협의의 소익은 없다. 그러나 **행정소송법 제12조 제2문**에 의하면 "처분 등의 효과가 기간의 경과, 처분 등의 집행 그 밖의 사유로 인하여 소멸된 뒤에도 그 처분 등의 취소로 인하여 회복되는 법률상 이익이 있는 경우에는 소의 이익이 있다"고 규정하는바, 갑은 영업정지기간이 경과되어 정지처분의 효력이 소멸한 상황이지만 동일한 위반사항을 반복하는 경우 식품위생법시행규칙의 처분기준(개별기준)에 따라 가중된 제재처분을 받을 수 있으므로, 가중된 제재처분을 받지 않기 위하여 영업정지기간이 경과한 후이지만 그 처분의 취소를 구할 협의의 소익이 있는지가 문제된다.

2) 협의의 소익

a. 의　　의　　협의의 소익(소의 이익)이란 원고의 재판청구에 대하여 법원이 판단을 행할 구체적 실익 내지 필요성을 말하며, '소의 객관적 이익' 또는 '권리보호의 필요'라고도 한다.

b. 소의 이익이 부인되는 경우　　(가) 취소소송에서 대상적격과 원고적격이 인정된다면 협의의 소익은 일반적으로는 긍정된다. 그러나 그 소송이 ⓐ 보다 간이한 방법이 있는 경우, ⓑ 원고가 추구하는 권리보호가 오로지 이론상으로만 의미 있는 경우(소송으로 원고의 법적 지위에 도움이 되지 않는 경우), ⓒ 소권남용의 금지에 반하는 경우에는 협의의 소익이 부정된다.

(나) 특히 처분 등의 효과가 기간의 경과 등의 사유로 인하여 소멸된 뒤에 그 처분 등의 취소를 구하는 소송은 ⓑ의 경우에 해당하여 협의의 소익이 부정될 것이다. 그러나 행정소송법 제12조 제2문은 그 경우도 예외적으로 협의의 소익이 인정될 수 있음을 인정하고 있다(협의의 소익

에 관한 조항이라는 견해에 따른다는 것을 전제).

3) 행정소송법 제12조 제2문 일반론

a. 소송의 성격 ① ⓐ 취소소송으로 보는 견해(위법한 처분의 효력은 소멸되었으나 처분의 외관이 존재하는 경우 그 처분에 대한 취소청구는 단지 확인의 의미를 넘어서 형성소송으로서의 성격을 가지므로 행정소송법 제12조 제2문에 따른 소송을 취소소송으로 보는 견해이다)와 ⓑ 계속적(사후적) 확인소송으로 보는 견해(제재기간의 경과 등으로 소멸해버린 처분을 '취소'하거나 '취소로 인해 회복되는' 법률상 이익이 있다고 함은 이론상 불가능하므로 행정소송법 제12조 제2문의 문언이 '취소'소송으로 되어 있더라도 취소소송이 아니라 '확인'소송으로 보는 것이 타당하다는 견해이다)가 대립된다. ② 처분의 효력이 소멸된 후에는 취소가 불가능하기에 행정소송법 제12조 제2문의 소송은 (사후적) 확인소송으로 봄이 타당하다.

b. 소송요건으로서의 지위(제12조 제2문의 성격) ① ⓐ 협의의 소익에 관한 조항이라는 견해(행정소송법 제12조 제1문은 원고적격에 관한 것이고, 제2문은 협의의 소익에 관하여 규정한 것이라고 본다(입법상 과오설))와 ⓑ 원고적격 조항이라는 견해(행정소송법 제12조 제1문은 처분의 효력이 존재하는 경우의 원고적격조항이며, 제2문은 처분의 효력이 사후에 소멸된 경우의 원고적격조항이라고 본다(입법상 비과오설))가 대립된다. ② 행정소송법 제12조 제2문은 처분 등의 취소로 인하여 '회복되는 법률상 이익'이라고 하고 있어 그 이익은 협의의 소익으로 보는 것이 타당하다(다수설).

c. '회복되는 법률상 이익'의 의미(범위) ① ⓐ 회복되는 법률상 이익(제2문)을 원고적격의 법률상 이익(제1문)과 같은 개념으로 보고, 명예·신용 등은 포함되지 않는다고 보는 견해(제1설)와 ⓑ 회복되는 법률상 이익(제2문)을 원고적격으로서의 법률상 이익(제1문)보다 넓은 개념으로 원고의 경제·정치·사회·문화적 이익을 모두 포함하는 개념으로 보는 견해(제2설)가 대립된다. ② 판례는 제2문의 회복되는 법률상 이익과 제1문의 법률상 이익을 구별하지 않고, <u>간접적·사실적·경제적 이해관계나 명예, 신용 등의 인격적 이익을 가지는 데 불과한 경우는 법률상 이익에 해당하지 않는다</u>고 본다(제1설)(대판(전원) 1995. 10. 17. 94누14148). ③ 제12조 제2문을 협의의 소익조항으로 본다면 제1문과 제2문의 이익을 일치시킬 필요가 없으며, 권리구제의 확대라는 면에서 제2설이 타당하다.

4) 법규명령형식의 행정규칙에 규정된 자격정지처분의 효력기간 경과 후 자격정지처분을 다툴 협의의 소익 인정 여부

a. 학 설

(i) 법규명령형식의 행정규칙의 법적 성질을 기준으로 권리보호필요성을 판단하는 견해

(a) 법규명령설 (가) 제재적 처분기준의 형식은 대통령령 등이므로 법규명령으로 보아야 하고, 제재적 처분기준이 법규명령이라면 행정청은 그러한 처분기준에 따라 처분을 하게 되므로 법적 안정성 확보에 도움이 된다는 점을 근거로 한다.

(나) 법규명령형식의 행정규칙의 법적 성질을 법규명령으로 보는 경우 행정청은 법규명령인 제재적 처분기준에 따라 처분할 것이므로 가중된 제재적 처분을 받을 불이익은 분명하며, 따라서 권리보호필요성이 긍정된다고 본다.

(b) 행정규칙설 (가) 제재적 처분기준은 재량준칙(행정규칙)으로 그 실질이 행정규칙이므로 법규명령의 형식으로 정한다고 하더라도 그 성질은 변하지 않으며, 제재적 처분기준을 행정규칙으로 보면 행정청은 재량적으로 처분할 수 있음을 규정한 법률에 따라 처분을 하게 되므로 구체적 타당성과 탄력성 확보가 가능하다는 점을 근거로 한다.

(나) 법규명령형식의 행정규칙의 법적 성질을 행정규칙으로 본다면 행정청은 반드시 제재적 처분기준에 따라 처분한다고 볼 수 없기 때문에 가중된 제재적 처분을 받을 불이익은 확정적이지 않고 따라서 권리보호필요성이 부정된다고 본다.

(ii) 현실적 불이익을 받을 가능성을 기준으로 하는 견해 법규명령형식의 행정규칙의 법적 성질이 아니라(법규명령인지 여부), 현실적으로 불이익을 받을 가능성이 있는지를 기준으로 하는 견해이다. 즉 현실적 불이익을 받을 가능성이 있다면 법규명령인지 행정규칙인지 구별하지 않고 권리보호필요성을 긍정하는 견해이다.

b. 판 례 (가) 판례는 과거 법규명령형식의 행정규칙의 법적 성질을 기준으로 권리보호필요성을 판단하는 입장에 따라 시행령에 규정된 처분기준은 법규명령으로 보고 협의의 소익을 긍정한 반면, 시행규칙에 규정된 처분기준은 행정규칙으로 보고 협의의 소익을 부정하였다.

(나) 그러나 환경영향평가대행영업정지처분취소와 관련한 전원합의체판결을 통해 현실적 불이익을 받을 가능성을 기준으로 하는 입장을 취하고 있다. 즉, 제재적 처분기준의 법적 성질이 대외적 구속력을 갖는 법규명령·행정규칙인지 여부에 상관없이 선행처분을 받은 상대방이 장래에 불이익한 후행처분을 받을 위험은 현실적으로 존재하기 때문에 협의의 소익을 긍정하고 있다(대판(전원) 2006. 6. 22. 2003두1684).

c. 검 토 법규명령형식의 행정규칙의 법적 성질에 대한 논의와 권리보호필요성 인정 여부의 논의는 직접적인 관련성이 없다. 왜냐하면 법규명령형식의 행정규칙을 행정규칙으로 보고 법규성을 부정하더라도 원고가 가중된 제재처분을 받을 불이익의 가능성은 여전히 존재하기 때문에, 설사 이를 행정규칙으로 보더라도 협의의 소익을 긍정하는 것이 타당하다(이는 제재적 처분기준을 단순한 행정규칙으로 정하더라도 마찬가지이다). 또한 법규명령형식의 행정규칙을 행정규칙으로 보고 권리보호필요성을 부정한다면 권리보호필요성의 범위를 너무 좁히게 되어 원고의 재판청구권을 침해할 가능성도 높다. 결국 법규명령형식의 행정규칙의 법적 성질이 법규명령인지 여부와 상관없이 현실적으로 불이익을 받을 가능성이 있는지를 기준으로 권리보호필요성을 판단하는 견해가 타당하다. 물론 법규명령형식의 행정규칙의 법적 성질은 법규명령으로 보는 것이 타당하다.

5) 설 문

2월의 영업정지처분 기간이 경과한 후이지만 만일 갑이 법령에 위반되는 행위를 다시 한다면 가중된 처분을 받을 위험이 현실적으로 존재하기 때문에 처분등의 취소로 회복되는 법률상 이익이 있으며, 따라서 갑의 취소소송은 협의의 소익이 인정된다.

#### ⑶ 소 결

갑의 취소소송은 모든 소송요건을 구비하였다.

### 2. 본안요건의 구비 여부

#### ⑴ 문 제 점

2월 영업정지처분의 위법성을 검토하기 위해서는 식품위생법 시행규칙 제89조 [별표 23] 행정처분기준의 법적 성질이 먼저 논의되어야 한다. 그래야 영업정지처분이 재량행위인지 기속행위인지가 결정되고, 그 결과에 따라 행정법의 일반원칙(특히 비례원칙) 위반 여부가 논의될 수 있기 때문이다.

#### ⑵ 식품위생법 시행규칙 제89조 [별표 23] 행정처분기준의 법적 성질

1) 문 제 점

식품위생법 시행규칙 제89조 [별표 23] 행정처분기준(제재적 처분기준)은 그 실질이 행정규칙인 재량준칙(법령에 규정된 재량을 통일적으로 행사하기 위한 행정내부적인 기준)이기 때문에 고시, 훈령의 형식으로 규정되는 것이 정당한데 이러한 제재적 처분기준을 대통령령 등에 규정한 경우 그 법적 성질이 무엇인지의 문제된다.

2) 학 설

a. 법규명령설 ㈎ 제재적 처분기준의 형식은 대통령령 등이므로 법규명령으로 보아야 하고, 제재적 처분기준이 법규명령이라면 행정청은 그러한 처분기준에 따라 처분을 하게 되므로 법적 안정성 확보에 도움이 된다는 점을 근거로 한다.

㈏ 법규명령설도 ⓐ 처분기준을 기속적(한정적)으로 보는 견해(엄격한 대외적 구속력을 인정하는 견해)(제1설)와 ⓑ 처분기준을 최고한도로 보는 견해(최고한도로서의 구속력을 인정하는 견해)(제2설)로 나눌 수 있다(예를 들어 '1회 법위반-1개월 영업정지'라는 규정이 있다면 제1설은 1개월 영업정지처분만을 해야 한다는 입장인 반면, 제2설은 1개월을 넘지 않는 범위에서 영업정지처분을 할 수 있는 것으로 본다).

b. 행정규칙설 제재적 처분기준은 재량준칙(행정규칙)으로 그 실질이 행정규칙이므로 법규명령의 형식으로 정한다고 하더라도 그 성질은 변하지 않으며, 제재적 처분기준을 행정규칙으로 보면 행정청은 재량적으로 처분할 수 있음을 규정한 법률에 따라 처분을 하게 되므로 구체적 타당성과 탄력성 확보가 가능하다는 점을 근거로 한다.

c. 수권여부기준설 법규명령과 행정규칙의 구별은 상위 법령의 수권 여부로 결정되기에 법령의 수권에 근거하여 대통령령·총리령·부령 형식으로 정한 제재적 처분기준은 법규명령으로 보아야 한다는 견해이다(수권이 없는 경우 행정규칙으로 본다).

3) 판 례

㈎ 판례는 ① '대통령령으로 정한 제재적 처분기준'은 법규명령으로 본다. 다만 ⓐ 한 판결에서 '주택건설촉진법시행령상의 영업정지처분기준'은 영업정지기간을 일률적으로 규정하는 형

식을 취하고 있기 때문에 재량의 여지가 없다고 하면서 처분기준을 기속적으로 보았으나(대판 1997. 12. 26. 97누15418)(학설로 보면 법규명령설 중 제1설), ⓑ 다른 판결에서는 '구 청소년보호법시행령상의 과징금처분기준'은 법규명령으로 보면서도 그 기준을 처분의 최고한도로 보아야 한다고 판시하였다(대판 2001. 3. 9. 99두5207)(학설로 보면 법규명령설 중 제2설). ② 그러나 '부령으로 정한 제재적 처분기준'은 행정규칙으로 본다. 즉, 도로교통법시행규칙상의 운전면허행정처분기준을 행정규칙으로 보았다(대판(전원) 1995. 10. 17. 94누14148)). 다만, 환경영향평가대행영업정지처분취소를 구한 사건의 별개의견으로 환경영향평가법시행규칙상 영업정지처분기준을 법규명령으로 보아야 한다는 입장이 제시된 바 있다(대판(전원) 2006. 6. 22. 2003두1684의 별개의견)).

㈏ 판례는 제재적 처분기준을 대통령령으로 정하는 경우와 부령으로 정하는 경우 법규성 인정 여부를 달리하는 근거를 제시하지 않는다는 비판이 있다. 왜냐하면 대통령령으로 정할지 부령으로 정할지 여부에 대한 행정청의 선택은 규율내용이 아니라 실무편의에 따른 것이기 때문이다(류지태).

4) 검　토

대부분의 입법이 개별적인 처분기준(예: 1회 법위반－1개월 영업정지) 외에 제재의 정도를 가감할 수 있는 가중·감경규정(일반적 처분기준)을 두고 있어 법규명령으로 보더라도 행정청은 개개 사안에 따라 탄력적인 처분을 할 수 있으며, 법규명령은 법제처의 심사 또는 국무회의의 심의, 입법예고, 공포 등 절차적 정당성이 부여된다는 점(김남진·김연태)에서 법규명령설, 그 중 제1설이 타당하다. 법규명령설 중 제2설은 명문 규정 없이 일의적으로 규정된 사항을 최고한도로 보는 것은 법령해석의 한계를 초과한 것이며, 처분기준을 최고한도로 본다면 감경규정의 취지와도 모순된다.

5) 설　문

㈎ 식품위생법 시행규칙 제89조 [별표 23] 행정처분기준을 기속적으로 보는 법규명령설에 따른다면, 청소년에게 주류제공 금지를 1차 위반한 갑에게 구청장이 2개월의 영업정지처분을 발령한 것은 식품위생법령에 따른 것이므로 문제되지 않는다.

㈏ 그러나 설문의 경우 갑은 고등학생이 오는 경우를 대비하여 신분증으로 나이를 확인하고 출입을 시키도록 종업원 A에게 철저히 교육을 하였지만 종업원 A는 사건 당일은 성탄절이라 점포 내 많은 손님들로 북적거려서 신분증을 일일이 확인하는 것은 어렵겠다고 판단하여 간헐적으로 신분증 확인을 하다 경찰의 단속에서 청소년이 발견된 사정이 있었기 때문에 식품위생법 시행규칙 제89조 [별표 23] 행정처분기준 중 Ⅰ. 일반기준 15호(다음 각 목의 어느 하나에 해당하는 경우에는 영업정지처분 기간의 2분의 1 이하의 범위에서 처분을 경감할 수 있다) 마목(위반사항 중 그 위반의 정도가 경미하거나 고의성이 없는 사소한 부주의로 인한 것인 경우)에 해당하는 사정이 있다고 볼 수 있다. 따라서 일반기준(감경사유)에 해당하는 사정이 있었다면 15호에 따라 처분의 정도를 감경할 수 있기 때문에 그 범위에서는 구청장의 재량행위가 되며, 갑은 2월의 영업정지처분이 비례원칙에 위반됨을 주장할 수 있다.

(3) 비례원칙 위반 여부

1) 의의, 내용

㈎ 행정목적을 실현하기 위한 구체적인 수단과 목적 간에 적정한 비례관계가 있어야 한다는 원칙이다.

㈏ 비례원칙은 행정목적과 목적달성을 위해 동원되는 수단 간에 객관적 관련성이 있어야 한다는 적합성의 원칙, 여러 적합한 수단 가운데 최소 침해를 가져오는 것이 선택되어야 한다는 필요성의 원칙(최소침해의 원칙), 행정목적달성을 위한 적합하고 필요한 수단이라고 하더라도 이러한 수단을 통해 달성하려는 공익과 수단으로 인한 사익침해가 합리적인 비례관계를 이루어야 한다는 상당성의 원칙(협의의 비례원칙)으로 이루어져 있으며, 이 3가지 원칙은 단계구조를 이룬다.

2) 설 문

ⓐ 2월 영업정지처분이라는 수단은 청소년을 유해한 환경으로부터 보호하기 위한 행정목적 간에 객관적 관련성을 인정할 수 있다. ⓑ 2월의 영업정지처분은 청소년에게 주류의 제공을 금지하여 청소년을 보호하기 위한 행정목적 달성에 적합한 수단으로 보인다(행정지도와 같은 경미한 수단만으로는 행정목적을 달성하기 어려워 보인다). ⓒ 그러나 청소년보호라는 중요한 행정목적을 고려하더라도 설문에서 갑은 고등학생이 오는 경우를 대비하여 신분증으로 나이를 확인하고 출입을 시키도록 종업원 A에게 철저히 교육을 하였고, 평소 청소년 선도활동을 활발히 한 유공으로 표창을 받았을 뿐 아니라 지금까지 관계 법령 위반으로 인한 영업정지 등 행정처분과 행정벌을 받은 바가 전혀 없으며, 간암으로 투병중인 남편과 초등학생인 자식 2명을 부양하고 있다는 점 등을 종합적으로 고려할 때 갑의 사익보호필요성은 공익에 비해 더 중대해 보인다. 따라서 구청장의 2월의 영업정지처분은 비례원칙에 위반되는 위법한 처분이다.

(4) 2월의 영업정지처분의 위법성의 정도

1) 무효와 취소의 구별기준

행정의 법률적합성을 고려할 때 위법한 행정행위의 효력은 부정하는 것이 정당하지만, 법적 안정성(공정력의 인정근거)을 근거로 일단 잠정적으로 유효성을 인정한다. 그러나 행정행위의 하자가 중대하고도 명백한 경우에는 법적 안정성을 침해할 우려가 없고 그러한 행정행위에 효력을 인정하는 것은 행정의 법률적합성에 반하기 때문에 중대명백설이 타당하다(다수설).

2) 설 문

구청장의 2월의 영업정지처분은 비례원칙에 위반되는 위법한 처분이다. 비례원칙위반은 적법요건에 중대한 하자이기는 하지만 일반인의 관점에서 외관상 명백하다고 보기는 어렵다. 따라서 2월의 영업정지처분은 취소사유에 해당한다.

### 3. 소 결

갑의 영업정지처분취소소송은 모든 소송요건을 구비하였고, 구청장의 2월의 영업정지처분은 비례원칙에 위반되는 위법한 처분이며, 취소사유이므로 갑의 취소소송은 인용될 수 있다.

**기출 38** (2) 만약, 위 (1)의 소송에서 갑이 인용판결을 받아 확정되었고 이에 갑은 위법한 영업정지처분으로 인한 재산적·정신적 손해에 대한 국가배상청구소송을 제기한다면, 법원은 어떤 판결을 내려야 하는가? 15.

## Ⅱ. 국가배상청구에서 수소법원의 판결

### 1. 문제 상황

갑의 국가배상청구 즉, 국가배상법 제2조 제1항 본문 전단에 따른 국가 등의 배상책임이 인용되려면 공무원(공무를 위탁받아 실질적으로 공무에 종사하는 광의의 공무원을 말한다), 직무를(공법상 권력작용과 비권력작용을 포함한 공행정작용을 말한다고 본다(광의설)(판례, 다수설)), 집행하면서(공무원의 행위의 외관을 객관적으로 관찰하여 직무행위로 판단될 수 있는지를 기준으로 한다(외형설)(판례, 다수설)), 고의·과실(고의란 위법행위의 발생가능성을 인식하고 인용하는 것을 말하고 과실이란 주의의무위반을 말하는데, 과실은 그 직무를 담당하는 평균적인 공무원이 갖추어야 할 주의의무위반을 말한다(과실개념의 객관화)), 위법(엄격한 의미의 법규위반뿐만 아니라 인권존중·권력남용금지·신의성실의 원칙위반도 위법으로 보는 행위위법설 중 이원설이 다수설과 판례의 입장이다), 타인, 손해, 인과관계(상당인과관계가 있어야 한다), 직무의 사익보호성(대법원은 국가배상법 제2조 제1항에서 말하는 직무란 사익의 보호를 위한 직무를 뜻하며, 사회 일반의 공익만을 위한 직무나 행정기관 내부의 질서를 규율하기 위한 직무는 이에 포함되지 않는다고 한다) 요건을 구비해야 한다.

### 2. 국가배상법 제2조 제1항 본문 전단의 요건 구비 여부

#### (1) 공무원, 직무, 집행하면서

구청장은 공무원이며, 직무를 집행하는 과정에서 갑에게 손해가 발생하였기 때문에 이 요건들은 설문에서 문제되지 않는다.

#### (2) 직무의 사익보호성

㈎ 국가 등의 국가배상책임이 인정되려면 공무원에게 부과된 이러한 직무가 전적으로 또는 부수적으로라도 개개 국민(피해자)의 이익을 위해 부과된 것이어야만 하는지가 문제되는데, 다수설과 판례는 공무원에게 부과된 직무상 의무의 내용이 전적으로 또는 부수적으로 사회구성원 개인의 안전과 이익을 보호하기 위하여 설정된 것이라야 국가 등이 배상책임을 진다고 본다.

㈏ 식품위생법 제1조는 "이 법은 식품으로 인하여 생기는 위생상의 위해(危害)를 방지하고 식품영양의 질적 향상을 도모하며 식품에 관한 올바른 정보를 제공하여 국민보건의 증진에 이바지함을 목적으로 한다"고 규정하고, 청소년보호법 제1조는 "이 법은 청소년에게 유해한 매체물과 약물 등이 청소년에게 유통되는 것과 청소년이 유해한 업소에 출입하는 것 등을 규제하고

청소년을 유해한 환경으로부터 보호·구제함으로써 청소년이 건전한 인격체로 성장할 수 있도록 함을 목적으로 한다"고 규정하고 있으므로 청소년에게 주류를 제공한 자의 영업을 정지하는 직무는 사익을 보호하기 위한 것이므로 이 요건도 문제되지 않는다.

(3) 고의·과실

1) 의　　의

고의란 위법한 결과의 발생을 인식하는 것을 말하고, 과실이란 위법한 결과의 발생을 부주의로 인식하지 못하는 것(주의의무위반)을 말한다.

2) 판단대상

고의·과실의 유무는 국가가 아니라 당해 공무원을 기준으로 판단한다.

3) 과실개념의 객관화

다수설과 판례는 과실을 '공무원이 그 직무를 수행함에 있어 당해 직무를 담당하는 평균인이 통상 갖추어야 할 주의의무를 게을리한 것'이라고 하여 과실의 수준을 당해 공무원이 아니라 당해 직무를 담당하는 평균적 공무원을 기준으로 한다(대판 1997. 7. 11. 97다7608).

4) 가해공무원의 특정 불필요

구체적으로 어느 공무원의 행위인지가 판명되지 않더라도 손해의 발생상황으로 보아 공무원의 행위에 의한 것이 인정되면 국가 등은 배상책임을 진다(다수설).

5) 설　　문

설문에서 구청장에게 주의의무위반이 있었는지는 불분명하다.

(4) 위 법 성

1) 문 제 점

(가) 설문에서 갑은 구청장의 영업정지처분이 위법하다는 확정판결을 받은 후 국가배상법 제2조 제1항 본문 전단의 손해배상을 청구하는 소송을 제기한 것이므로, 취소판결의 기판력이 발생한 후 국가배상청구소송을 제기한다면 후소법원인 국가배상청구소송의 수소법원이 국가배상법 제2조 제1항 본문 전단의 위법성 판단을 함에 있어 구속력을 받는지가 문제된다.

(나) 다수설에 따르면 취소소송의 소송물은 처분의 위법성이며, 국가배상청구소송의 소송물은 국가배상청구권의 존부인바, 취소판결의 기판력은 국가배상청구소송에 미치지 않음이 일반적인 논리이다(기판력의 객관적 범위는 소송물이므로). 다만, 전소와 후소의 소송물이 동일하지 아니하여도 전소의 기판력 있는 법률관계가 후소의 선결관계가 되는 때에는 전소 판결의 기판력이 후소에 미칠 수 있다. 그러나 취소소송의 소송물을 어떻게 볼 것인지, 취소소송에서의 위법성과 국가배상청구소송에서의 위법성의 본질이 동일한지 등에 따라 결론은 달라진다.

2) 취소소송의 소송물

(가) 취소소송의 소송물에 대해 ① 행정행위의 위법성 일반으로 보는 견해, ② 처분등이 위법하고 또한 자기의 권리를 침해한다는 원고의 법적 주장이라는 견해, ③ 처분을 통해 자신의

권리가 침해되었다는 원고의 법적 주장이라는 견해가 대립된다.

(나) 행정소송법이 취소소송의 법률상 이익을 원고적격의 요건(행정소송법 제12조)으로 규정하고 있을 뿐 본안요건은 위법성에 한정(동법 제4조 제1호)하고 있고 소송물은 본안판단에 관한 사항만을 대상으로 하는 것이므로 ②·③설은 타당하지 않고 ①설이 타당하다(다수설·판례). 여기서 '위법'이란 외부효를 갖는 법규(성문의 법령, 행정법의 일반원칙)위반을 말한다.

3) 취소판결의 기판력이 국가배상청구소송에 영향을 미치는지 여부

a. 학 설

(ⅰ) 취소소송의 소송물을 처분이 위법하다는 법적 주장으로 보는 견해

(a) 국가배상법 제2조 제1항의 위법을 법규위반으로 보지 않는 견해 결과불법설(위법한 행위로 받은 손해를 국민이 수인할 수 있는가를 기준으로 위법성 여부를 판단하는 견해이다. 즉, 손해를 국민이 수인할 수 없다면 위법한 행위로 본다), 상대적 위법성설(직무행위 자체의 위법·적법뿐만 아니라 피침해이익의 성격과 침해의 정도, 가해행위의 태양 등을 고려하여 위법성 인정 여부를 상대적으로 판단하자는 견해이다)은 국가배상청구소송에서의 위법의 본질을 법규위반으로 보지 않는다. 이렇게 취소소송과 국가배상청구소송에서의 위법의 의미가 질적으로 다르다는 견해는 양 소송이 선결관계가 아니기 때문에 취소판결의 기판력은 국가배상청구소송에 영향을 미치지 않는다고 본다(기판력 부정설).

(b) 국가배상법 제2조 제1항의 위법을 법규위반으로 보는 견해(행위위법설) 이 견해는 국가배상청구에서 위법을 취소소송의 위법과 같이 공권력행사의 규범위반 여부를 기준으로 한다. 그러나 이 견해에도 ⓐ 취소소송의 위법과 국가배상청구소송에서의 위법이 양적으로도 같다는 협의설(일원설)과 ⓑ 취소소송의 위법보다 국가배상청구소송의 위법이 더 넓다는 광의설(이원설)이 있다.

(ㄱ) 취소소송의 위법과 국가배상청구소송의 위법이 양적으로도 같다는 견해(일원설) 양 위법이 질적·양적으로 일치되므로 취소판결의 기판력은 인용이든 기각이든 국가배상청구소송에 영향을 미친다고 본다(기판력 긍정설).

(ㄴ) 취소소송의 위법보다 국가배상청구소송의 위법이 더 광의라는 견해(이원설) 이 견해는 위법의 범위를 일원설이 말하는 엄격한 의미의 법규위반뿐 아니라 인권존중·권력남용금지·신의성실의 원칙 위반도 위법으로 보아 취소소송의 위법보다 국가배상청구소송의 위법을 더 광의로 본다. 이 견해에 따르면 취소소송의 인용판결은 기판력이 국가배상청구소송에 영향을 미치지만, 기각판결은 국가배상청구소송의 위법이 더 광의이므로 기판력이 미치지 않는다고 본다(제한적 긍정설).

(ⅱ) 취소소송의 소송물을 처분이 위법하고 그러한 처분으로 권리가 침해되었다는 법적 주장으로 보는 견해(국가배상청구소송에서 위법을 행위위법설로 봄) 취소소송의 인용판결의 경우 기판력이 국가배상청구소송에 영향을 미치지만 기각판결의 경우에는 위법성 인정 여부가 불분명하기에 기판력이 미치지 않는다고 본다(제한적 긍정설).

(ⅲ) 취소소송의 소송물을 권리가 침해되었다는 법적 주장으로 보는 견해(국가배상청구소송에서 위법을 행위위법설로 봄) 이 견해에 따르면 취소소송과 국가배상청구소송은 선결관계가 되지 않기 때문에 취소소송의 기판력은 국가배상청구소송에 영향을 주지 않는다(기판력 부정설).

b. 검 토 법규위반은 없으나 특별한 희생이 있는 경우 손해전보수단이 손실보상이라면 국가배상은 법규위반(위법)이 있는 경우 그에 대한 손해전보수단이어야 하며, 항고소송의 본안판단에서의 위법의 본질이 법규위반임을 고려할 때 위법이란 '법규 위반'이라는 단일한 가치판단으로 보아야 할 것인바 행위위법설이 타당하다(특히 권리구제의 확대라는 측면에서 이원설이 타당하다). 따라서 취소소송의 청구인용판결은 기판력은 국가배상청구소송에 영향을 미치지만, 청구기각판결은 기판력이 미치지 않는다고 보아야 한다(제한적 긍정설).

4) 설 문

설문은 영업정지처분취소소송에서 인용판결이 난 경우이기에 행위위법설(이원설)에 따르면 인용판결의 기판력이 국가배상청구소송에 영향을 미치고, 따라서 국가배상청구소송의 수소법원은 국가배상법 제2조 제1항의 요건 판단에 있어서 반드시 위법하다고 해야 한다(취소소송에서 승소하였다고 모든 경우 국가배상청구소송에서 승소하는 것은 아니다. 왜냐하면 법규 위반 외에 고의·과실이나 인과관계를 요하기 때문에 이러한 요건에서 상당부분 차단될 것이기 때문이다).

(5) 타인, 손해, 인과관계

타인인 갑에게 손해가 발생하였고, 위법한 영업정지처분을 받았다면 재산상·정신적 손해가 있었음은 분명하며, 위법한 영업정지처분과 손해의 발생 간에 상당인과관계도 인정할 수 있다.

### 3. 소 결

갑의 국가배상청구는 국가배상법 제2조 제1항 본문 전단의 다른 요건은 모두 구비하고 있기 때문에, 구청장에게 과실이 인정된다면 수소법원은 인용판결을 하여야 한다.

**기출 38** (3) 만약, 위 사례에서 영업정지 2개월의 처분에 대해 2013. 2. 20. 을이 영업정지 1개월의 처분에 해당하는 과징금으로 변경하는 처분을 하였고 갑이 2013. 2. 23. 이 처분의 통지를 받았다면, 갑이 이에 대해 취소소송을 제기할 경우 취소소송의 기산점과 그 대상을 설명하시오. 10.

## Ⅲ. 취소소송의 대상과 기산점

### 1. 취소소송의 대상

(1) 문 제 점

2013. 2. 15. 구청장이 2개월의 영업정지처분을 발령한 후 2013. 2. 20. 이를 영업정지 1개월의 처분에 해당하는 과징금으로 변경하는 처분을 한 경우, 남은 부분(1개월 정직처분에 해당하는 과징

금부과처분)을 변경처분과 변경된 원처분 중 어느 행위라고 볼 것인지와 관련해 항고소송의 대상이 문제된다.

(2) 학 설

ⓐ 변경처분과 변경된 원처분은 독립된 처분으로 모두 소송의 대상이라는 견해(병존설), ⓑ 변경처분으로 원처분은 전부취소되고 변경처분이 원처분을 대체(변경처분에 흡수됨)하기 때문에 변경처분(일부취소처분)만이 소의 대상이 된다는 견해(흡수설), ⓒ 변경처분은 원처분의 일부취소이므로 (축소)변경된 원처분으로 존재하고 변경처분은 원처분에 흡수되기 때문에 변경된 원처분(남은 원처분)만이 소의 대상이라는 견해(역흡수설), ⓓ 행정청이 발령한 처분서의 문언의 취지를 충실하게 해석하여, 변경처분이 일부취소의 취지인 경우 변경된 원처분이 소송의 대상이 되고, 변경처분이 원처분의 전부취소와 변경처분의 발령의 취지인 경우 변경처분이 소송의 대상이 된다는 견해(류광해)가 대립된다.

(3) 판 례

판례는 ① 행정심판위원회의 변경명령재결에 따라 처분청이 변경처분을 한 경우, 변경처분에 의해 원처분이 소멸하는 것이 아니라 변경된 원처분으로 존재하기 때문에 소송의 대상은 변경된 원처분(당초처분)이라고 한다. 따라서 제소기간의 준수 여부도 변경된 '원처분'을 기준으로 한다(대판 2007. 4. 27. 2004두9302). ② 그리고 처분청이 스스로 일부취소처분을 한 경우에도, 일부취소처분(감액처분)은 원처분 중 일부취소부분에만 법적 효과가 미치는 것이며 원처분과 별개의 독립한 처분이 아니므로 소송의 대상은 취소되지 않고 남은 원처분이라고 한다. 따라서 제소기간의 준수 여부도 남은 '원처분'을 기준으로 한다(대판 2012. 9. 27. 2011두27247).

(4) 검 토

원처분에 대한 변경행위(일부취소의 경우 일부취소행위)는 그 부분에만 법적 효과를 미치는 것으로 원처분과 별도의 독립한 처분이 아니므로 원처분의 연속성이라는 관점에서 소송의 대상은 변경된 원처분(일부취소의 경우 남은 원처분)이 된다는 견해가 타당하다.

(5) 설 문

취소소송의 대상은 과징금으로 변경된 원처분이다.

## 2. 제소기간의 기준시점

### (1) 행정소송법 제20조

1) 안 날부터 90일

a. 행정심판을 거치지 않은 경우　　취소소송은 처분등이 있음을 안 날부터 90일 이내에 제기하여야 한다(행정소송법 제20조 제1항 제1문). '처분등이 있음을 안 날'이란 통지·공고 기타의 방법에 의하여 당해 처분이 있었다는 사실을 현실적으로 안 날을 의미한다(대판 1964. 9. 8. 63누196).

b. 행정심판을 거친 경우 행정심판을 거친 경우에는 재결서의 정본을 송달받은 날부터 90일 내에 소송을 제기해야 한다. '재결서 정본을 송달받은 날'이란 재결서 정본을 민사소송법이 정한 바에 따라 적법하게 송달 받은 경우를 말한다.

c. 불변기간 앞의 90일은 불변기간이다(행정소송법 제20조 제3항).

2) 있은 날부터 1년

a. 행정심판을 거치지 않은 경우 취소소송은 처분등이 있은 날부터 1년을 경과하면 이를 제기하지 못한다(행정소송법 제20조 제2항). '처분등이 있은 날'이란 처분의 효력이 발생한 날을 말한다. 처분은 행정기관의 내부적 결정만으로 부족하며 외부로 표시되어 상대방에게 도달되어야 효력이 발생한다(대판 1990. 7. 13. 90누2284).

b. 행정심판을 거친 경우 행정심판을 거친 경우에는 재결이 있은 날로부터 1년 내에 소송을 제기해야 한다. '재결이 있은 날'이란 재결의 효력이 발생한 날을 말하며, 행정심판법 제48조 제1항에 따라 재결의 효력이 발생한 날은 재결서 정본을 송달받은 날이 된다. 결국 행정소송법 제20조 제1항의 '재결서 정본을 송달받은 날'의 의미와 제2항의 '재결이 있은 날'의 의미는 같다.

c. 정당한 사유가 있는 경우 정당한 사유가 있으면 1년이 경과한 후에도 제소할 수 있다(행정소송법 제20조 제2항 단서). 일반적으로 행정처분의 직접 상대방이 아닌 제3자(예: 이웃소송에서 이웃하는 자)는 행정처분이 있음을 알 수 없는 처지이므로 특별한 사정이 없는 한 정당한 사유가 있는 경우에 해당한다(대판 1989. 5. 9. 88누5150). 따라서 이러한 제3자에게는 제소기간이 연장될 수 있다.

3) 안 날과 있은 날의 관계

처분이 있음을 안 날과 처분이 있은 날 중 어느 하나의 기간만이라도 경과하면 제소할 수 없다.

⑵ 설 문

취소소송의 대상은 변경처분이 아니라 과징금으로 변경된 원처분이다. 즉, 제소기간의 기산점은 원처분을 기준으로 한다. 따라서 원처분인 2월 정지처분이 있었던 2013. 2. 15.가 취소소송의 기산점이 된다.

기출 39 〈제2문〉

A시는 문화예술 진흥을 목적으로 지역주민들을 위한 대규모 무료 콘서트행사를 시립 운동장에서 개최하였다. 행사 시작 전 이미 참석인원이 시설수용인원을 과도하게 초과하였음에도 A시에서는 안전요원의 배치 등 적정한 안전조치를 취하지 않은 채 무리하게 행사를 강행하였다. 이에 행사 참석자들의 안전에 대한 위험이 존재한다고 판단한 관할 경찰서장은 A시 시장에 대하여 행사중지명령을 발하고자 한다. A시 시장에 대한 경찰서장의 경찰처분은 적법한가? 20.

[제57회 5급공채(2013년)]

## Ⅰ. 문제 상황

경찰서장의 행사중지명령이 적법하기 위해서는 그 경찰작용이 법적 근거가 있어야 하고, 경찰작용으로서 한계를 준수해야 한다. 또한 경찰서장이 행사중지명령을 발령하려는 상대방이 시장이기 때문에 공권력주체(행정기관)인 시장이 경찰명령의 상대방이 될 수 있는지도 검토해 보아야 한다.

## Ⅱ. 행사중지명령발동의 근거

### 1. 문 제 점

경찰작용의 법적 근거는 특별경찰법상의 특별조항, 일반경찰법상의 특별조항, 일반경찰법상의 일반조항 순으로 단계적으로 검토해야 한다. 설문에서 특별경찰법상의 근거는 주어져 있지 않으므로 먼저 일반경찰법상의 특별조항의 적용 여부를 검토한다(만일 설문이 일반경찰법상의 특별조항의 요건을 구비한다면 일반경찰법상의 일반조항의 인정 여부는 검토할 필요가 없다－일반조항의 보충성 때문).

### 2. 일반경찰법상의 특별조항의 적용가능성

㈎ 설문과 관련해서는 경찰관직무집행법 제5조의 위험발생방지가 문제되는데, 제1항은 "경찰관은 사람의 생명 또는 신체에 위해를 끼치거나 재산에 중대한 손해를 끼칠 우려가 있는 천재(天災), 사변(事變), 인공구조물의 파손이나 붕괴, 교통사고, 위험물의 폭발, 위험한 동물 등의 출현, 극도의 혼잡, 그 밖의 위험한 사태가 있을 때에는 다음 각 호의 조치를 할 수 있다"고 하면서 제3호에서 "그 장소에 있는 사람, 사물의 관리자, 그 밖의 관계인에게 위해를 방지하기 위하여 필요하다고 인정되는 조치를 하게 하거나 직접 그 조치를 하는 것"을 규정하고 있다.

㈏ 설문에서 A는 행사 시작 전 이미 참석인원이 시설수용인원을 과도하게 초과하였음에도 안전요원의 배치 등 적정한 안전조치를 취하지 않은 채 무리하게 행사를 강행하였기 때문에 경찰관직무집행법 제5조 제1항의 요건을 구비하였고 따라서 경찰서장은 그 장소에 있는 자, 사물의 관리자 기타 관계인에게 위해방지상 필요하다고 인정되는 조치(설문에서는 행사중지명령)를 하게 할 수 있다.

### 3. 설 문

설문에서 특별경찰법상의 근거는 주어져 있지 않지만, 경찰관직무집행법 제5조 제1항을 근거로 경찰서장은 행사중지명령을 발령할 수 있다.

## Ⅲ. 행사중지명령발동의 한계

경찰작용의 한계에는 성문법령상의 한계와 경찰법의 일반원칙상의 한계가 있는데, 설문과 관련해서는 경찰법의 일반원칙상의 한계가 문제된다.

### 1. 경찰소극의 원칙

(가) 경찰소극의 원칙이란 경찰권은 적극적인 복리의 증진이 아니라 소극적인 질서의 유지를 위해서만 발동될 수 있다는 원칙을 말한다.

(나) 설문에서 경찰서장의 행사중지명령은 행사참석자의 안전을 위한 것이므로 경찰소극의 원칙위반은 없다.

### 2. 경찰공공의 원칙

(가) 경찰권은 공공의 안녕이나 질서의 유지를 위해서만 발동될 수 있는 것이며, 사적 이익만을 위해 발동될 수는 없다는 원칙을 말한다.

(나) 설문에서 경찰서장의 행사중지명령은 행사참석자의 안전을 위한 것이므로 경찰공공의 원칙도 문제되지 않는다.

### 3. 경찰책임의 원칙

(1) 의　　의

경찰책임이란 경찰목적 달성을 위해 법률이나 법률에 근거한 행위로 개인에게 부과되는 의무(책임)를 말하며, 경찰책임의 원칙이란 경찰권은 경찰책임자에게 발동되어야 한다는 원칙을 말한다. 즉 경찰책임의 원칙은 경찰권발동의 상대방이 누구인가에 대한 문제이다.

(2) A시장(A시)이 경찰책임이 있는지 여부

1) 경찰책임의 종류

경찰책임에는 자연인이나 법인이 자신의 행위(또는 자신을 위해 행위하는 타인의 행위)를 통해서 공공의 안녕이나 질서에 대한 위험을 야기시킴으로써 발생되는 경찰책임인 행위책임과 물건으로 인해 위험이나 장해를 야기시킴으로써 발생되는 경찰책임인 상태책임이 있다.

2) 인과관계

일반적인 입장은 원칙적으로 위험에 대하여 직접적으로 원인을 야기하는 행위 또는 물건의 상태만이 원인제공적이고, 그러한 행위를 한 자 또는 물건의 소유자 등만이 경찰책임을 부담한다는 견해(직접원인제공이론)이다.

3) 책임의 주체

행위책임은 원칙적으로 행위자가 지며, 상태책임은 원칙적으로 물건의 소유자가 진다.

4) 설 문

A시는 문화예술 진흥을 목적으로 지역주민들을 위한 대규모 무료 콘서트행사를 시립 운동장에서 개최하여 참석인원이 시설수용인원을 과도하게 초과하였음에도 안전요원의 배치 등 적정한 안전조치를 취하지 않은 채 무리하게 행사를 강행하였기 때문에 행위책임자이며 상태책임자이다.

**(3) A시장(A시)이 행사중지명령의 상대방이 될 수 있는지 여부**(경찰책임자가 될 수 있는 자)

1) 문 제 점

자연인과 사법상 법인은 당연히 경찰책임자가 될 수 있지만, 공권력주체(행정기관)가 경찰책임자가 될 수 있는지 문제가 된다. 특히 설문과 관련해서는 A시 시장이 경찰서장의 행사중지명령에 복종해야 하는지 즉 시장에게 형식적 경찰책임이 인정되는지가 문제된다.

2) 형식적 경찰책임의 의의

형식적 경찰책임이란 실질적 경찰책임을 불이행한 자가 공공의 안녕과 질서의 회복을 위한 경찰행정청의 명령에 복종해야 하는 책임을 말한다.

3) 공법상 법인(공권력주체)의 형식적 경찰책임

a. 문 제 점  경찰행정청이 공공의 안녕이나 질서에 위해를 야기한 공권력주체(공무원)에 대해 경찰권을 발동할 수 있는지가 문제(공권력주체의 형식적 경찰책임)되는 이유는 공권력주체의 행위(행위책임)나 물건(상태책임)이 모두 공적인 임무 수행과 관련되어 있기 때문에, 공권력주체는 공적인 임무를 수행해야 한다는 점과 경찰상 위해를 발생시켜서는 아니 된다는 점이 충돌하기 때문이다.

b. 학 설

(i) 부 정 설  자신의 권한영역 내에서의 활동과 결합되어 나오는 위험은 스스로에 의해 극복되어야 하며, 만일 경찰행정청의 명령에 다른 국가기관이 복종해야 한다면(긍정설에 따른다면) 다른 행정기관에 대한 경찰행정청의 우위를 뜻하게 되는 문제를 가져온다는 견해이다.

(ii) 긍정설(제한적 긍정설)  국가기관의 활동이 그 가치에 있어 모두 동일한 것이 아니므로 경우에 따라서는 비교형량에 의해 경찰행정기관에 의한 목적수행이 우선시 되는 경우가 인정될 수 있기에 이때에는 다른 행정기관에 대한 경찰권행사가 인정된다고 본다. 즉, 다른 국가기관에 의해서 행해지는 적법한 임무수행을 방해하지 않는 범위 안에서는 위해방지를 위한 경찰행정기관의 다른 국가기관에 대한 경찰권행사는 허용되는 것으로 보는 견해이다.

c. 검 토  긍정설은 공권력주체의 공적인 임무의 수행과 경찰상의 위해발생의 방지라는 공법상의 가치들 간에 우열이 정해질 수 있다는 것을 전제로 비교형량이 가능하다고 보지만 그 가치간의 우열을 가리기는 어렵다(설문에서 지역주민들의 문화예술진흥의 필요성과 행사참석자들의 안전 간에 우열을 가리기는 어렵다). 따라서 부정설이 타당하다.

4) 설 문

A시 및 시장은 자신의 권한 영역에서 나오는 위험은 스스로 해결해야 하며 경찰서장이 시

장에 대해 행사중지명령을 발령할 수는 없다.

(4) 설　　문

A시(시장)는 행위책임자이며, 상태책임자이지만 그 위험과 장해는 공적인 임무수행과 관련해 발생된 것이므로 그 자신이 스스로 해결해야 하며 경찰서장이 시장에게 행사중지명령을 발령할 수는 없다.

### 4. 경찰비례의 원칙

(가) 행정목적을 실현하기 위한 구체적인 수단과 목적 간에 적정한 비례관계가 있어야 한다는 원칙을 말한다.

(나) 행사 시작 전 이미 참석인원이 시설수용인원을 과도하게 초과하였음에도 A시에서는 안전요원의 배치 등 적정한 안전조치를 취하지 않은 채 무리하게 행사를 강행하였다면 경찰서장의 행사중지명령은 비례원칙에 위반되지 않는다(논자에 따라 결론은 달라질 수 있다).

## Ⅳ. 소　　결

경찰서장의 시장에 대한 행사중지명령은 경찰관직무집행법 제5조 제1항에 근거한 것으로 법적 근거는 문제가 없으며, 경찰작용의 한계와 관련해서도 경찰소극·경찰공공·경찰비례의 원칙에는 위반되지 않지만, 행사중지명령의 상대방이 공권력주체인 시장이기 때문에 경찰명령의 상대방이 될 수 없다. 따라서 경찰서장의 처분은 위법하다.

기출 39-1 〈제3문〉

A시장은 B에 대하여 도로점용허가를 함에 있어서 점용기간을 1년으로 하고 월 10만원의 점용료를 납부할 것을 부관으로 붙였다. 이에 관한 다음 물음에 답하시오.

(1) B는 도로점용허가에 붙여진 부관부분에 대해 다투고자 하는 경우에 부관만을 독립하여 행정소송의 대상으로 할 수 있는가? 10.

(2) 부관을 다투는 소송에서 본안심리의 결과 부관이 위법하다고 인정되는 경우에 법원은 독립하여 부관만을 취소하는 판결을 내릴 수 있는가? 10.

(3) A시장은 B에 대하여 위 부관부 도로점용허가를 한 후에 추가로 도로점용 시간을 16시부터 22시까지로 제한하는 부관을 붙일 수 있는가? 10.

[제57회 5급공채(2013년)]

기출 39-1 (1) B는 도로점용허가에 붙여진 부관부분에 대해 다투고자 하는 경우에 부관만을 독립하여 행정소송의 대상으로 할 수 있는가? 10.

# Ⅰ. 부관의 독립쟁송가능성

## 1. 문제 상황

설문의 점용기간과 점용료의 납부는 도로점용허가가 부가된 종된 규율이지만, B는 침익적인 부관이 부가되지 않은 허가의 발령만을 원할 것이다. 따라서 설문의 부관은 부종성이 있음에도 독립하여 쟁송이 가능한지가 문제된다.

## 2. 조건의 법적 성질

(가) 부관의 종류 중 어디에 해당하는지는 ⓐ 그 표현에 관계없이 행정청의 객관적인 의사에 따라 판단하여야 한다. ⓑ 다만 그 의사가 불분명하다면 최소침해의 원칙상 상대방인 사인에게 유리하도록 판단한다.

(나) 설문의 점용기간 1년은 기한이며, 월 10만원 점용료의 납부부관은 의무를 과하는 부관인 부담이다.

## 3. 조건의 독립쟁송가능성

### (1) 문 제 점

(가) 부관에 대한 행정쟁송은 사인이 수익적 행정행위를 발급받을 때 그 효과를 제한하는 기한, 조건 등이 부가되거나 의무를 과하는 부담이 부가되는 경우 상대방은 침익적인 부관이 부가되지 않는 수익적인 주된 행정행위의 발급만을 원할 것이다. 따라서 부관만의 독립쟁송가능성이 문제된다. 만일 부관부 행정행위 전체가 취소된다면 이미 발급받은 수익적인 행정행위도 소멸되므로 상대방에게는 더 침익적일 수 있기 때문이다.

(나) 부관에 대한 소송형태로는 ① 행정행위의 일부만을 취소소송의 대상으로 하는 소송인 진정일부취소소송(형식상으로나 내용상으로도 부관만의 취소를 구하는 소송이다), ② 형식상으로는 부관부 행정행위 전체를 소송의 대상으로 하면서 내용상 일부의 취소를 구하는 소송인 부진정일부취소소송, ③ 형식상으로나 내용상으로 부관부 행정행위의 전체의 취소를 구하거나, 부관의 변경을 청구하고 거부하는 경우 거부처분의 취소를 구하는 소송이 있을 수 있다.

### (2) 학 설

1) 모든 부관이 독립쟁송가능하다는 견해

a. 부담과 기타 부관의 쟁송형태가 다르다는 견해 부담은 행정행위이므로 부담만으로도 쟁송의 대상이 될 수 있지만, 그 이외의 부관은 부관부행정행위 전체를 쟁송의 대상으로 하여야

한다는 견해이다. 즉, 부관은 모두 독립쟁송이 가능하지만, 부담은 진정일부취소소송의 형태로, 부담 이외의 부관은 부진정일부취소소송의 형태로 쟁송을 제기해야 한다고 한다.

b. 모든 부관의 쟁송형태가 같다는 견해 부담이든 다른 부관이든 구별하지 않고 모든 부관은 독립쟁송가능하다는 견해이다. 다만, (다수설은 부담을 행정행위로 보지만) 부담이 행정행위인지에 대해 의문을 가지면서 부관에 대한 쟁송은 모두 부진정일부취소소송의 형태를 취해야 한다고 본다.

2) 분리가능성을 기준으로 하는 견해

㈎ 이 견해는 주된 행정행위와 부관의 분리가능성을 기준으로 독립쟁송가능성을 판단한다. 즉, 주된 행정행위와 분리가능성이 없는 부관은 독립쟁송이 불가능하지만, 주된 행정행위와의 분리가능성이 인정되는 부관이라면 독립쟁송이 가능하다는 견해이다. 즉, 주된 행정행위와 분리가능성이 없는 부관은 (진정 또는 부진정 일부취소소송이 아니라) 부관부 행정행위 전체에 대해 쟁송을 제기해야 하고, 분리가능성이 인정되는 부관은 ⓐ 처분성이 인정되는 것은 진정일부취소소송의 형태로, ⓑ 처분성이 인정되지 않는 것은 부진정일부취소소송의 형태로 쟁송을 제기해야 한다고 본다.

㈏ 그리고 분리가능성의 판단기준은 ⓐ 부관 없이도 주된 행정행위가 적법하게 존속할 수 있을 것과 ⓑ 부관이 없는 주된 행정행위가 공익상의 장애를 발생시키지 않을 것을 든다.

### (3) 판 례

㈎ 판례는 「행정행위의 부관은 행정행위의 일반적인 효력이나 효과를 제한하기 위하여 의사표시의 주된 내용에 부가되는 종된 의사표시이지 그 자체로서 직접 법적 효과를 발생하는 독립된 처분이 아니므로 현행 행정쟁송제도 아래서는 부관 그 자체만을 독립된 쟁송의 대상으로 할 수 없는 것이 원칙이나 부담의 경우에는 다른 부관과는 달리 행정행위의 불가분적인 요소가 아니고 그 존속이 본체인 행정행위의 존재를 전제로 하는 것일 뿐이므로 부담 그 자체로서 행정쟁송의 대상이 될 수 있다(대판 1992. 1. 21. 91누1264)」라고 하여 부담만 독립쟁송이 가능하다는 입장이다.

㈏ 즉, 판례는 부진정일부취소소송을 인정하지 않기 때문에 부담 이외의 부관에 대해서는 독립쟁송이 불가능하고 부관부 행정행위 전체를 소의 대상으로 하든지 아니면 부관이 없는 처분으로의 변경을 청구한 다음 그것이 거부된 경우에 거부처분취소소송을 제기하여야 한다는 입장이다.

### (4) 검토 및 설문

㈎ 모든 부관이 독립쟁송가능하다는 견해 중 부담과 기타 부관의 쟁송형태가 다르다는 견해가 타당하다. 분리가능성을 기준으로 하는 견해에 대해서는 분리가능성(주된 행정행위와 부관과의 관계에 대한 규명)의 문제는 독립'쟁송'가능성(소송 요건)이 아니라 독립'취소'가능성(본안 판단)의 문제라는 비판이 있다. 또한 부진정일부취소소송을 인정하지 않는 판례는 부담 이외의 부관에 대해

서는 부관부행정행위 전체를 소의 대상으로 하든지 아니면 부관이 없는 처분으로의 변경을 청구한 다음 그것이 거부된 경우에 거부처분취소소송을 제기해야 하기 때문에 상대방의 권리구제에 문제점이 있다.

(나) 설문의 부관은 모두 독립쟁송이 가능하지만, 점용기간 1년은 기한이므로 부진정일부취소소송의 형태로, 월 10만원 점용료의 납부부관은 부담이므로 진정일부취소소송의 형태로 소송을 제기해야 한다.

**기출 39-1** (2) 부관을 다투는 소송에서 본안심리의 결과 부관이 위법하다고 인정되는 경우에 법원은 독립하여 부관만을 취소하는 판결을 내릴 수 있는가? 10.

## Ⅱ. 부관의 독립취소가능성

### 1. 문제 상황

부관만의 취소를 구하는 경우에 법원이 심리를 통하여 부관이 위법하다고 판단한 경우 부관만을 독립하여 취소할 수 있는지(아니면 부관부 행정행위 전체를 취소하거나 기각해야 하는지) 여부가 문제된다.

### 2. 학 설

#### (1) 재량행위와 기속행위를 구분하는 견해

ⓐ 기속행위의 경우는 행정청이 임의로 부관을 붙일 수 없으므로 부관만의 취소는 가능하지만, ⓑ 재량행위의 경우에는 부관이 행정행위의 본질적 요소이어서 행정청이 부관 없이는 당해 행위를 하지 않았을 것으로 판단되는 경우에는 부관만의 취소는 인정되지 아니한다고 한다. 왜냐하면 그러한 부관이 없이는 행정청이 발하지 않았을 처분을 법원이 강요하는 결과가 되기 때문이라고 한다. ⓒ 그리고 요건충족적 부관의 경우에는 부관만의 취소가 인정될 수 없다고 본다.

#### (2) 중요성을 기준으로 하는 견해

법원은 위법한 부관이 주된 행정행위의 중요한 요소가 되지 않은 경우에는 부관만을 일부취소할 수 있지만, 부관이 주된 행정행위의 중요한 요소가 되는 경우에는 부관부 행정행위 전체를 취소해야 한다고 본다.

#### (3) 부관의 위법성을 기준으로 하는 견해

부관에 대한 취소소송의 소송물은 부관 자체의 위법성이기 때문에 부관에 위법성이 존재하면 부관만을 취소할 수 있다는 견해이다.

### 3. 판 례

위법한 부관이 부담이면 독립취소가 가능하지만, 그 외의 부관에 대해 판례는 독립쟁송가능성을 부정하기 때문에 소송의 대상은 부관부 행정행위 전체가 되고 결국 독립취소가능성은 부정된다. 따라서 부담 이외의 부관은 2가지 경우로 나누어 위법한 부관이 행정행위의 중요부분이면 부관부 행정행위 전부를 취소하는 판결을, 그렇지 않다면 기각판결을 해야 한다는 입장이다.

### 4. 검 토

재량행위와 기속행위를 구분하는 견해에 대해서는 부관의 취소 후에 남는 부분이 행정청의 의사에 반하는 것이라면 행정청은 행정행위의 철회·직권취소 또는 부관의 새로운 발령을 통해 자신의 의사를 관철시킬 수 있다는 비판이 있으며, 부관의 위법성을 기준으로 하는 견해에 대해서는 부관과 주된 행정행위와의 관계에 대한 규명을 독립쟁송가능성에서 판단한다는 비판이 있다. 따라서 중요성을 기준으로 하는 견해가 타당하다.

### 5. 설 문

도로점용허가에서 점용기간은 중요한 요소이므로 부관만의 독립취소는 허용되지 않아 전체를 취소하거나 기각판결을 해야 하며, 점용료납부부담은 중요한 요소라고 보기 어려워 독립취소가 가능하다.

**기출 39-1** (3) A시장은 B에 대하여 위 부관부 도로점용허가를 한 후에 추가로 도로점용 시간을 16시부터 22시까지로 제한하는 부관을 붙일 수 있는가? 10.

## Ⅲ. 사후부관의 가능성

### 1. 문제 상황

부관은 성질상 부종성이 있어 행정행위 발령과 동시에 부가되어야 하지만, 설문처럼 부관부 도로점용허가를 발령한 이후 추가로 도로점용시간을 제한하는 부관을 부가할 수 있는지가 부관의 시간적 한계와 관련해 문제된다.

### 2. 학 설

ⓐ 부관은 주된 행정행위에 부가된 종된 규율이므로 부관만의 독자적인 존재를 인정할 수 없다는 부정설, ⓑ 부담은 독립된 행정행위이므로 가능하다는 부담긍정설, ⓒ 명문의 규정이나 부관의 유보, 상대방의 동의가 있는 경우 가능하다는 제한적 긍정설(다수견해)이 대립한다.

### 3. 판　　례

판례는「행정처분에 이미 부담이 부가되어 있는 상태에서 그 의무의 범위 또는 내용 등을 변경하는 부관의 사후변경은, 법률에 명문의 규정이 있거나 그 변경이 미리 유보되어 있는 경우 또는 상대방의 동의가 있는 경우에 한하여 허용되는 것이 원칙이지만, 사정변경으로 인하여 당초에 부담을 부가한 목적을 달성할 수 없게 된 경우에도 그 목적달성에 필요한 범위 내에서 예외적으로 허용된다(대판 2007. 9. 21. 2006두7973)」고 본다.

### 4. 검　　토

주된 행정행위를 발령한 후 부관의 부가가 필요한 사정변경이 발생하였음에도 사후부관의 부가가 불가능하다면 행정청은 주된 행정행위를 철회할 것이므로 당사자의 권리보호라는 면에서 사후부관의 가능성을 긍정하는 판례의 입장이 타당하다. 다만, 사후부관은 목적 달성을 위해 필요한 범위 내에 한정되어야 한다.

### 5. 설　　문

부관부 도로점용허가를 한 후 도로점용 시간을 16시부터 22시까지로 제한하는 부관을 부가할 사정변경이 발생하였다면 시장은 부관을 사후에 부가할 수 있다. 다만, 해당 사후부관은 목적달성이 필요한 범위에서 비례원칙을 준수하는 범위에 한정되어야 한다.

기출 40 〈제1문〉

정부는 문화한국의 기치를 내걸고 전국에 문화시설을 확충하기로 하였다. 이에 부응하여 국회는 새로 개발되는 지역에는 반드시 일정규모의 문화시설을 갖추도록 하고 문화시설의 용지 확보를 위하여 개발사업지역에서 단독주택건축을 위한 토지 또는 공동주택 등을 분양받는 자에게 부담금을 부과·징수할 수 있도록 하는 것을 골자로 하는 문화시설용지 확보에 관한 특례법(가상의 법률임. 이하 '특례법'이라 한다)을 제정·공포하였고, 특례법은 2012. 1. 1.부터 시행되었다. 이에 A도(道)의 B군수는 A도로부터 A도 조례가 정하는 바에 의하여 권한을 위임받아 도시 및 주거환경정비법에 따른 개발사업을 실시하였다. 이에 따라 건축된 관내 C아파트를 분양받은 갑에 대하여 2012. 2. 26. 특례법 제3조 제1항에 따라 문화시설용지부담금을 부과하는 처분을 하였다. 이에 갑은 위 처분에 따라 부과된 부담금을 납부했다. 그 후 헌법재판소는 2013. 3. 31. "특례법 제3조 제1항 중 같은 법 제2조 제2호가 정한 도시 및 주거환경정비법에 의하여 시행하는 개발사업지역에서 공동주택을 분양받은 자에게 문화시설용지 확보를 위하여 부담금을 부과·징수할 수 있다는 부분은 헌법에 위반된다."는 결정을 하였다. 이에 갑은 자신이 이미 납부한 문화시설용지부담금을 되돌려 받고자 한다. 갑이 취할 수 있는 행정소송법상 수단과 그 승소 가능성은? 40.

[제57회 5급공채(2013년)]

참조조문

문화시설용지 확보에 관한 특례법(가상의 법률임)

제2조(정의) 이 법에서 사용하는 용어의 정의는 다음과 같다.

2. "개발사업"이라 함은 도시 및 주거환경정비법에 의하여 시행하는 사업 중 300세대 규모 이상의 주택건설용 토지를 조성·개발하는 사업을 말한다.

제3조(부담금의 부과·징수) ① 시·도지사는 문화시설용지의 확보를 위하여 개발사업지역에서 단독주택 건축을 위한 토지(공익사업을 위한 토지 등의 취득 및 보상에 관한 법률 에 의한 이주용 택지로 분양받은 토지를 제외한다) 또는 공동주택(임대주택을 제외한다) 등을 분양받는 자에게 부담금을 부과·징수할 수 있다.

제8조(권한의 위임) ① 시·도지사는 당해 시·도의 조례가 정하는 바에 의하여 제3조의 규정에 의한 부담금의 부과·징수에 관한 업무를 시장·군수·구청장(자치구의 구청장을 말한다)에게 위임할 수 있다.

# Ⅰ. 문제 상황

부담금부과처분은 특례법에 대한 헌법재판소의 위헌결정이 있기 전에 발령되었지만, 해당 법률에 대한 헌법재판소의 위헌결정이 소급효를 가질 수 있고, 소급효가 인정된다면 그 부담금 부과처분의 하자의 정도는 단순위법일 수도 무효일 수도 있다. 따라서 문화시설용지부담금 부과처분을 단순위법사유로 보는 경우와 문화시설용지부담금 부과처분을 무효사유로 보는 경우를 나누어 갑이 부담금을 반환받을 수 있는 행정소송법상 수단과 인용가능성을 검토해 본다.

# Ⅱ. 문화시설용지부담금 부과처분의 위법성과 정도

## 1. 문 제 점

먼저 2013. 3. 31.의 헌법재판소의 특례법 일부 조항에 대한 위헌결정이 시간적으로 선행하였던 갑에 대한 부담금부과처분 당시(2012. 2. 26.)의 특례법에도 미치는지(소급하는지)가 문제되며, 만일 소급효가 인정된다면 소급효의 범위에 따라 부담금부과처분의 위법 여부가 논의될 수 있고, 또한 처분에 위법성이 인정된다면 위법성의 정도도 검토해 보아야 한다.

## 2. 위헌결정의 소급효의 인정 여부 및 범위

### (1) 헌법재판소법 제47조 제2항·제3항과 소급효

㈎ 헌법재판소법 제47조 제2항은 '위헌으로 결정된 법률 또는 법률의 조항은 그 결정이 있는 날부터 효력을 상실한다', 제3항은 '제2항에도 불구하고 형벌에 관한 법률 또는 법률의 조항은 소급하여 그 효력을 상실한다. 다만, 해당 법률 또는 법률의 조항에 대하여 종전에 합헌으로 결정한 사건이 있는 경우에는 그 결정이 있는 날의 다음 날로 소급하여 효력을 상실한다'고 규정한다.

㈏ 따라서 논리적으로 위헌결정 이전에 당해 법률에 근거하여 발령된 처분이 근거법률이 위헌으로 선언됨으로써 위법하게 되는 문제는 생기지 않음이 원칙이라 할 것이다. 즉 처분 후에 근거법률이 위헌으로 결정된 경우의 처분의 위법 여부는 곧 위헌결정의 소급효가 인정됨을 전제로 한 논의라 할 것이며, 따라서 이 논의를 하기 위해서는 먼저 위헌결정의 소급효의 인정 여부 및 범위를 검토하는 것이 필요하다.

### (2) 위헌결정의 소급효의 인정 여부

1) 학 설

a. 당연무효설 헌법에 위반되는 법률은 처음부터 당연히 무효라는 견해로 헌법재판소의 위헌결정은 무효인 법률에 대해 사후적으로 무효임을 선언하는 데 불과하다고 본다(헌법재판소의 위헌결정을 확인적으로 본다). 이 견해에 따르면 위헌인 법률은 헌법재판소의 위헌 확인 이전으

로 소급하여 법률이 존재하던 시점부터 무효가 된다.

b. 폐지무효설　　헌법에 위반되는 법률은 처음부터 무효인 것이 아니라 헌법재판소의 위헌결정이라는 법률의 효력을 상실시키는 조치에 의해 비로소 효력이 소멸된다고 본다(헌법재판소의 위헌결정을 형성적으로 본다). 이 견해에 따르면 위헌으로 결정된 법률의 효력은 처음부터 소급하여 무효가 되는 것은 아니라고 본다. 따라서 소급효 또는 장래효 또는 미래효 중 정책적으로 선택할 수 있다고 본다.

2) 검　토

헌법재판소법 제47조 제2항은 '그 결정이 있는 날로부터' 효력을 상실하도록 규정하고 있으며, 헌법재판소의 위헌결정은 형성적 성질을 가지고 있기 때문에 폐지무효설이 타당하다. 결국 헌법재판소법 제47조 제2항을 고려할 때 우리 입법은 원칙적으로 장래효를 취하면서 예외적으로 소급효를 인정하고 있다고 보는 것이 타당하다(원칙적 장래효, 예외적 소급효).

#### (3) 위헌결정의 소급효의 인정 범위

1) 법정 소급효

헌법재판소법 제47조 제3항은 '형벌에 관한 법률 또는 법률의 조항은 소급하여 그 효력을 상실한다. 다만, 해당 법률 또는 법률의 조항에 대하여 종전에 합헌으로 결정한 사건이 있는 경우에는 그 결정이 있는 날의 다음 날로 소급하여 효력을 상실한다'고 규정한다.

2) 해석에 의한 소급효

a. 대 법 원　　(가) 대법원은 헌법재판소의 위헌결정의 효력은 위헌제청을 한 당해사건은 물론 위헌제청신청은 아니하였지만 당해 법률 또는 법률의 조항이 재판의 전제가 되어 법원에 계속 중인 사건(병행사건)뿐만 아니라 위헌결정 이후에 같은 이유로 제소된 일반사건에도 원칙적으로 소급효가 미친다고 한다(대판 1993. 2. 26. 92누12247).

(나) 다만, 일반사건의 경우 ⓐ 당해 처분에 이미 형식적 존속력(불가쟁력)이 발생하였거나(대판 1994. 10. 28. 92누9463), ⓑ 법적 안정성과 신뢰보호의 요청이 현저한 경우(대판 2005. 11. 10. 2005두5628)에는 소급효를 제한하고 있다.

b. 헌법재판소　　(가) 헌법재판소는 헌법재판소법 제47조 제2항에 따라 원칙적으로 위헌결정은 장래효이지만, 예외적으로 위헌결정에 부분적인 소급효를 인정할 수 있다고 한다. 즉, 헌법재판소는 위헌결정의 소급효가 당해사건, 병행사건에 대해서만 미칠 수 있다고 보면서 일반사건의 경우 원칙적으로 소급효를 부정한다.

(나) 다만 일반사건의 경우 원칙적으로 소급효를 부정하지만 '구체적 타당성의 요청이 현저한 반면에 법적 안정성을 침해할 우려가 없고 소급효의 부인이 오히려 헌법적 이념에 심히 배치되는 때'에는 예외적으로 소급효를 인정하고 있다(헌재 1993. 5. 13. 92헌가10, 91헌바7, 92헌바24, 50(병합)).

(4) 설　문

(가) 대법원은 위헌결정의 소급효를 위헌결정 이후에 같은 이유로 제소된 일반사건에까지 인정하는바, 헌법재판소의 특례법에 대한 위헌결정은 갑에게도 소급효가 인정될 수 있다. 다만, 대법원은 해당 처분에 이미 형식적 존속력이 발생하였거나, 법적 안정성과 신뢰보호의 요청이 현저한 경우에는 소급효를 제한하고 있다.

(나) 헌법재판소는 일반사건에 대해 원칙상 소급효를 부정하지만, 갑의 사안이 구체적 타당성의 요청이 현저한 반면에 법적 안정성을 침해할 우려가 없고 소급효의 부인이 오히려 헌법적 이념에 심히 배치되는 경우라면 예외적으로 소급효가 인정될 수 있다고 한다.

## 3. 위헌인 법률에 근거한 행정처분의 하자의 정도

### (1) 문제 상황

헌법재판소의 특례법에 대한 위헌결정에 소급효가 인정되지 않는 경우라면 특례법에 근거한 군수의 부담금부과처분은 적법할 것이다. 그러나 위헌결정에 소급효가 인정되는 경우라면 부담금부과처분은 (위헌인 특례법에 근거한 처분이므로) 위법하며, 따라서 부담금부과처분의 하자 정도가 문제된다.

### (2) 무효와 취소의 구별기준

행정의 법률적합성을 고려할 때 위법한 행정행위의 효력은 부정하는 것이 정당하지만, 법적 안정성(공정력의 인정근거)을 근거로 일단 잠정적으로 유효성을 인정한다. 그러나 행정행위의 하자가 중대하고도 명백한 경우에는 법적 안정성을 침해할 우려가 없고 그러한 행정행위에 효력을 인정하는 것은 행정의 법률적합성에 반하기 때문에 중대명백설이 타당하다(다수설).

### (3) 설　문

1) 대법원의 입장

(가) 대법원은 법률이 헌법에 위반된다는 사정이 헌법재판소의 위헌결정이 있기 전에는 객관적으로 명백한 것이라고 할 수는 없으므로, 특별한 사정이 없는 한 그 행정처분의 취소소송의 전제가 될 수 있을 뿐이라고 한다(대판 1994. 10. 28. 92누9463).

(나) 만일 설문이 위헌결정의 소급효가 인정되는 경우라면 군수의 부담금부과처분은 위법하며 하자의 정도는 취소사유이다.

2) 헌법재판소의 입장

(가) 헌법재판소 역시 「법률이 헌법에 위반된다는 사정은 헌법재판소의 위헌결정이 있기 전에는 객관적으로 명백한 것이라고 할 수 없으므로 특별한 사정이 없는 한 이러한 하자는 행정처분의 취소사유에 해당할 뿐(헌재 2005. 3. 31. 2003헌바113)」이라고 한다. 다만, 「행정처분 자체의 효력이 쟁송기간경과 후에도 존속 중인 경우, 특히 그 처분이 위헌법률에 근거하여 내려진 것이고 그 행

정처분의 목적달성을 위하여서는 후행 행정처분이 필요한데 후행 행정처분은 아직 이루어지지 않은 경우와 같이 그 행정처분을 무효로 하더라도 법적 안정성을 크게 해치지 않는 반면에 그 하자가 중대하여 그 구제가 필요한 경우에 대하여서는 그 예외를 인정하여 이를 당연무효사유로 보아서 쟁송기간 경과 후에라도 무효확인을 구할 수 있는 것(헌재 1994. 6. 30. 92헌바23)」이라고 하여 위헌한 법률에 근거한 처분이 예외적으로 무효사유가 될 수 있음을 인정한다.

(나) 만일 설문이 위헌결정의 소급효가 인정되는 경우라면 군수의 부담금부과처분은 위법하며 하자의 정도는 원칙상 취소사유이지만 예외적으로 무효사유가 될 수 있다.

## Ⅲ. 문화시설용지부담금반환을 위한 행정소송법상 수단과 승소가능성

갑이 이미 납부한 문화시설용지부담금을 반환받기 위한 행정소송법상 수단과 승소가능성은 문화시설용지부담금부과처분을 단순위법사유로 볼 것인지, 무효사유로 볼 것인지에 따라 달라진다(실제 시험에서는 두 경우 중 한 경우만 설시하면 충분하다).

### 1. 문화시설용지부담금 부과처분을 단순위법사유로 보는 경우

#### (1) 부담금부과처분취소소송을 제기하지 않고 바로 부당이득반환청구소송을 제기한 경우

1) 부당이득반환청구권의 성질

(가) 부당이득반환청구권의 성질에 대해 학설은 ① ⓐ 공권설과 ⓑ 사권설이 대립되나, ② 판례는 처분이 무효이거나 취소된 이상 부당이득반환의 법률관계는 민사관계로 보고 민사소송절차에 따르고 있다(대판 1995. 12. 22. 94다51253).

(나) 공법상의 부당이득반환청구권은 공법상 원인에 의해 발생된 것이고, 행정소송법 제3조 제2호의 입법취지에 비추어 볼 때 공법상의 부당이득반환청구권을 공권으로 보고 이에 관한 소송은 공법상 당사자소송에 의하여야 한다고 보는 것이 타당하다(설문은 행정소송법상 수단을 묻고 있다).

(다) 갑은 B군을 상대로 부당이득반환청구소송을 제기한 경우 법원은 민법 제741조를 유추하여 법률상 원인 없이 B군이 갑에게 손해를 가하고 있는지를 살펴보아야 한다. 그런데 '법률상 원인 없음'이 설문과 관련해서는 '부담금부과처분이 무효'인지에 대한 문제가 되는데 당사자소송(판례에 따르면 민사소송)의 수소법원이 처분의 효력 유무를 판단할 수 있는지 즉 선결문제를 검토해야 한다.

2) 선결문제

a. 의 의 (가) 선결문제란 민사(당사자소송)·형사법원의 본안판단에서 행정행위의 효력 유무(존재 여부)나 위법 여부가 선결될 문제인 경우 그 효력 유무(존재 여부)나 위법 여부를 말한다. 선결문제를 행정행위의 효력 중 공정력의 문제로 보는 견해가 있었으나(공정력과 구성요건적 효력을 구별하지 않는 견해), 현재는 구성요건적 효력의 문제로 보는 견해가 다수견해이며(공정력과 구성

요건적 효력을 구별하는 견해), 타당하다.

(나) 공정력이란 행정행위에 하자가 있다고 하더라도 권한을 가진 기관에 의해 취소될 때까지 그 효력을 부정할 수 없는 상대방(이해관계인)에게 미치는 구속력을 말하며, 구성요건적 효력이란 유효한 행정행위의 존재가 다른 국가기관의 결정에 영향을 미치는 효력(구속력)을 말한다.

b. 형 태 (가) 선결문제는 민사사건(당사자소송 사건)의 경우와 형사사건의 경우로 나눌 수 있고, 각각 행정행위의 효력 유무(존재 여부)가 선결문제로 되는 경우와 행정행위의 위법 여부가 선결문제로 되는 경우가 있다(행정사건 중 당사자소송사건도 문제될 수 있으나 대법원은 부당이득반환청구소송, 국가배상청구소송을 민사소송으로 보고 있는바 선결문제 해결에서는 민사소송으로 제기하는 경우와 당사자소송으로 제기하는 경우에 차이가 없다). 행정소송법 제11조 제1항은 선결문제의 일부(민사사건에서 효력 유무(존재 여부)가 문제되는 경우)에 관해서만 규정하고 있는바 나머지 사항은 학설과 판례에서 해결하여야 한다.

(나) 설문은 당사자소송 사건(판례에 따르면 민사소송 사건)의 경우이고 부담금부과처분의 효력 유무가 문제되는 경우이다.

c. 해 결(당사자소송 수소법원이 처분의 효력 유무를 판단할 수 있는지 여부) 선결문제가 행정행위의 효력 유무인 경우, ① 당해 행정행위가 무효이면 수소법원은 행정행위가 무효임을 전제로 본안(예를 들어 부당이득반환청구권의 존부)을 인용할 수 있다는 것이 학설의 입장이다. 왜냐하면 무효인 행정행위는 구성요건적 효력이 없기 때문이다. 그리고 행정행위의 하자가 단순위법인 경우에도 수소법원은 당해 행정행위가 유효임을 전제로 본안 판단을 할 수 있다. ② 그러나 수소법원은 행정행위의 구성요건적 효력으로 인해 유효한 행정행위의 효력을 부정(취소)할 수는 없다.

d. 설 문 부담금부과처분은 취소사유이기에 군수가 스스로 직권취소하거나 갑이 쟁송취소를 받기 전이라면 당사자소송 수소법원은 부담금부과처분의 효력을 부정(취소)할 수 없다. 따라서 갑은 부당이득반환청구소송만으로는 부담금을 돌려받을 수 없다.

#### (2) 부담금부과처분취소소송을 먼저 제기하는 경우

갑은 부담금부과처분은 2012. 2. 26.에 받았는데, 설문은 처분등이 있음을 안 날부터 90일이 지난 상황이기 때문에 부담금부과처분취소소송을 제기한다면 각하될 것이다(행정소송법 제20조 제1항 참조).

#### (3) 부담금부과처분취소소송과 부당이득반환청구소송을 행정소송법 제10조에 따라 병합한 경우

갑은 부담금부과처분취소소송과 부당이득반환청구소송을 행정소송법 제10조에 따라 병합하는 방법을 생각해 볼 수 있지만, 관련청구를 병합할 취소소송은 그 자체가 소송요건을 구비하고 있어야 하기 때문에 관련청구소송을 병합할 수도 없다(행정소송법 제10조 참조).

### 2. 문화시설용지부담금 부과처분을 무효사유로 보는 경우

#### (1) 부담금부과처분무효확인소송을 제기하지 않고 바로 부당이득반환청구소송을 제기한 경우

부담금부과처분이 무효라면 당사자소송 수소법원은 그 처분이 무효임을 전제로 본안(부당이득반환청구권의 존부)을 판단할 수 있기 때문에 갑은 B군을 상대로 당사자소송으로 부당이득반환청구소송을 제기하여 부담금을 반환받을 수 있다.

#### (2) 부담금부과처분무효확인소송을 제기한 이후 부당이득반환청구소송을 제기하는 경우

1) 문제 상황

설문에서 갑은 부담금을 납부하였고 부담금부과처분이 무효라면 갑은 부담금부과처분무효확인소송을 제기하지 않고도 부당이득반환을 청구하면서 부담금부과처분의 무효를 선결문제로 주장하면 부담금을 돌려받을 수 있기 때문에, 갑이 별도로 부담금부과처분무효확인소송을 제기할 협의의 소의 이익이 있는지가 문제된다.

2) 무효확인소송에서 즉시확정의 이익의 필요 여부

a. 문 제 점　　민사소송으로 확인소송을 제기하려면 즉시확정의 이익이 요구된다(즉시확정의 이익이 요구된다는 것은 ① 당사자의 권리 또는 법률상의 지위에 ② 현존하는 불안·위험이 있고 ③ 그 불안·위험을 제거함에는 확인판결을 받는 것이 가장 유효·적절한 수단일 때(=확인소송의 보충성)에만 확인소송이 인정된다는 것이다). 따라서 확인소송이 아닌 다른 직접적인 권리구제수단(예를 들면 이행소송)이 있는 경우에는 확인소송이 인정되지 않는다. 즉 확인소송이 보충성을 가지는 것으로 본다. 그런데 민사소송인 확인소송에서 요구되는 즉시확정의 이익이 행정소송인 무효등확인소송의 경우에도 요구되는지(즉, 확인소송의 보충성이 요구되는지)가 문제된다.

b. 학　　설

(ⅰ) 긍정설(즉시확정이익설)　　취소소송의 경우와 달리 행정소송법 제35조는 원고적격에 관한 규정일 뿐만 아니라 권리보호필요성(협의의 소익)에 관한 의미도 가지고 있는 것이며(동법 제35조의 '확인을 구할'이라는 표현을 즉시확정이익으로 본다), 민사소송에서의 확인의 소와 같이 무효등확인소송의 경우에도 '즉시확정의 이익'이 필요하다고 보는 견해이다. 결국 당사자에게 별도의 직접적인 권리구제수단이 없는 경우라야 무효등확인소송이 인정된다고 본다.

(ⅱ) 부정설(법적보호이익설)　　행정소송법 제35조의 '법률상 이익'은 원고적격의 범위에 대한 것이어서 즉시확정의 이익으로 해석될 수 없고, 무효등확인소송에서는 취소판결의 기속력을 준용하므로 민사소송과 달리 무효판결 자체로도 판결의 실효성 확보가 가능하므로 민사소송에서와 같이 확인의 이익 여부를 논할 이유가 없다는 점, 그리고 무효등확인소송이 확인소송이라는 점에만 집착하여 즉시확정의 이익을 내세운다면 부작위위법확인소송도 확인소송으로서의 성질을 가지므로 즉시확정의 이익이 필요하다고 판단되어야 한다는 문제가 있다는 점을 들고 있다(다수견해).

c. 판　　례　　ⓐ 과거 판례는 행정소송인 무효등확인소송에도 민사소송처럼 확인소송의 일반적 요건인 '즉시확정의 이익'이 요구된다고 하였다. ⓑ 그러나 수원시장의 하수도원인자

부담금부과처분의 무효확인을 구한 사건에서 대법원은 행정소송은 민사소송과는 목적·취지 및 기능 등을 달리하며, 무효등확인소송에도 확정판결의 기속력규정(행정소송법 제38조, 제30조)을 준용하기에 무효확인판결만으로도 실효성확보가 가능하며, 행정소송법에 명문의 규정이 없다는 점을 이유로 무효등확인소송의 보충성이 요구되지 않는다고 판례를 변경하였다(대판(전원) 2008. 3. 20. 2007두6342). 따라서 행정처분의 무효를 전제로 한 이행소송 즉 부당이득반환청구소송, 소유물반환청구소송, 소유권이전등기말소청구소송, 소유물방해제거청구소송 등과 같은 구제수단이 있다고 하더라도 무효등확인소송을 제기할 수 있다고 본다.

d. 검 토 무효등확인소송은 처분의 하자정도가 중대명백한 것일 뿐 취소소송과 본질을 달리하는 것이 아니기 때문에 무효등확인소송에만 즉시확정의 이익이 필요하다는 것은 정당하지 않고, 무효등확인소송에서 즉시확정의 이익이 요구되지 않아 원고가 소권을 남용한다면 (원고가 권리구제에 도움이 되지 않는 우회적인 소송을 제기하는 경우) 법원은 권리보호필요의 일반 원칙으로 이를 통제할 수 있기 때문에 문제되지 않는다. 따라서 즉시확정의 이익은 요구되지 않는다는 견해가 타당하다.

3) 설 문

다수견해와 판례인 부정설에 의하면 갑은 부담금을 이미 납부한 경우에도 부담금부과처분의 무효확인을 구할 협의의 소의 이익이 있다. 따라서 갑은 부담금부과처분무효확인소송을 제기한 후 부당이득반환청구소송을 제기하여 이미 납부한 부담금을 반환받을 수 있다.

(3) 부담금부과처분무효확인소송과 부당이득반환청구소송을 병합하는 경우

행정소송법 제38조 제1항은 동법 제10조의 '관련청구소송의 이송 및 병합' 규정을 준용하고 있다. 따라서 설문의 부담금부과처분무효확인소송의 제기가 적법하며, 부당이득반환청구는 행정소송법 제10조 제1항 제1호의 관련청구소송이며, 사실심변론종결전이며, 부담금부과처분무효확인소송에 병합한다면 갑은 부담금부과처분무효확인소송과 부당이득반환청구소송을 병합하여 제기할 수 있다.

## Ⅳ. 결 론

특례법에 대한 헌법재판소의 위헌결정이 있기 전에 그 법률에 근거하여 발령되었던 부담금부과처분도 해당 법률에 대한 위헌결정의 소급효가 있을 수 있고, 소급효가 인정된다면 그 처분의 하자의 정도는 단순위법일 수도 무효일 수도 있다. 문화시설용지부담금 부과처분을 단순위법사유로 본다면 (군수가 부담금부과처분을 스스로 직권취소나 철회하지 않는 한) 갑이 부담금을 돌려받을 수 있는 행정소송법상 수단은 없다. 그러나 문화시설용지부담금 부과처분을 무효사유로 본다면 갑은 부담금부과처분무효확인소송을 제기하지 않고 바로 부당이득반환청구소송을 제기하여도 되고, 부담금부과처분무효확인소송을 제기한 이후 부당이득반환청구소송을 제기하여도 되며, 부담금부과처분무효확인소송과 부당이득반환청구소송을 병합하여 제기하여도 부담금을 돌려받을 수 있다.

기출 41 〈제2문〉

갑은 1995. 1. 18. 서울특별시 지방공무원으로 임용된 후 근무하고 있다. 갑이 지방공무원으로 근무하던 중 업무와 관련하여 청탁을 받고 뇌물을 수수하였다는 이유로 서울북부지방법원에 기소되었다. 다음 각각의 경우에 따라 물음에 답하시오.

(1) 갑이 위 사안으로 2011. 7. 5. 징역 8월에 집행유예 2년을 선고받고 이후 그 판결은 확정되었다. 서울특별시장은 위 사실을 뒤늦게 알고 2013. 4. 9. 퇴직처분을 하였다. 이 경우 갑이 공무원의 신분을 유지하기 위하여 어떤 구제수단을 취할 수 있는지, 그리고 갑이 그 집행유예 판결이 확정된 이후에도 공무원으로서 각종 처분을 하여 왔는데, 그 처분의 효력은? 20.

(2) 갑이 위 사안으로 2011. 7. 5. 무죄 선고를 받고 이후 그 판결이 확정되었다. 서울특별시장은 위 사실을 뒤늦게 알고 2013. 4. 9. 공무원의 품위손상 등의 이유로 적법한 절차를 거쳐 해임의 징계처분을 하였다. 이 경우 갑이 취할 수 있는 구제수단은? (징계시효 및 제소기간은 고려하지 아니함) 10.

[제57회 5급공채(2013년)]

참조조문

지방공무원법

제31조(결격사유) 다음 각 호의 어느 하나에 해당하는 사람은 공무원이 될 수 없다.

4. 금고 이상의 형을 선고받고 그 집행유예기간이 끝난 날부터 2년이 지나지 아니한 사람

제61조(당연퇴직) 공무원이 제31조 각 호의 어느 하나에 해당할 때에는 당연히 퇴직한다. 다만, 같은 조 제5호는 형법 제129조부터 제132조까지 및 직무와 관련하여 형법 제355조 및 제356조에 규정된 죄를 범한 사람으로서 금고 이상의 형의 선고유예를 받은 경우만 해당한다.

**기출 41** (1) 갑이 위 사안으로 2011. 7. 5. 징역 8월에 집행유예 2년을 선고받고 이후 그 판결은 확정되었다. 서울특별시장은 위 사실을 뒤늦게 알고 2013. 4. 9. 퇴직처분을 하였다. 이 경우 갑이 공무원의 신분을 유지하기 위하여 어떤 구제수단을 취할 수 있는지, 그리고 갑이 그 집행유예 판결이 확정된 이후에도 공무원으로서 각종 처분을 하여 왔는데, 그 처분의 효력은? 20.

# Ⅰ. 공무원신분을 유지하기 위한 구제수단, 당연퇴직된 공무원이 행한 처분의 효력

## 1. 공무원신분을 유지하기 위한 구제수단

### (1) 문 제 점

갑이 공무원신분을 유지하기 위한 구제수단으로 소청심사청구, 서울특별시장의 퇴직처분에 대한 취소소송(무효등확인소송), 공무원지위존재확인소송(당사자소송)을 생각해 볼 수 있다.

### (2) 소청심사청구

(가) 지방공무원법 제20조의2는 '제67조에 따른 처분, 그 밖에 본인의 의사에 반한 불리한 처분이나 부작위에 관한 행정소송은 심사위원회의 심사·결정을 거치지 아니하면 제기할 수 없다'고 하여 취소소송을 제기하기 전에 소청심사청구를 필요적으로 전치할 것을 규정한다.

(나) 지방공무원법 제13조는 공무원의 징계, 그 밖에 그 의사에 반하는 불리한 처분이나 부작위에 대한 소청을 심사·결정하기 위하여 시·도에 제6조에 따른 임용권자별로 지방소청심사위원회 및 교육소청심사위원회를 두도록 규정하고 있다. 그러나 설문의 갑은 징역 8월에 집행유예 2년을 선고받고 그 판결이 확정되었기 때문에 지방공무원법 제61조의 당연퇴직 사유에 해당한다. 즉 당연퇴직의 경우는 임용권자의 행위에 의해 효력이 발생하는 것이 아니라 법률상 요건에 해당하면 당연히 효과가 발생하는 것이므로 소청심사의 대상이 되지 않는다는 것이 다수 견해이다.

### (3) 서울특별시장의 퇴직처분에 대한 취소소송(무효등확인소송)

(가) 설문의 갑은 징역 8월에 집행유예 2년을 선고받고 그 판결이 확정되었기 때문에 지방공무원법 제61조의 당연퇴직 사유에 해당한다. 당연퇴직이란 행정청의 별도의 행위를 요하지 않고 법이 정한 일정한 사유의 발생으로 당연히 공무원법관계가 소멸되는 것을 말한다.

(나) 따라서 서울특별시장이 갑에게 당연퇴직사유가 발생한 후 퇴직처분을 하였다고 하더라도 이 퇴직처분은 우월한 지위에서 행하는 공권력행사가 아니며, 갑에게 당연퇴직 사유가 발생한 때 갑의 공무원신분은 소멸되는 것이며 행정청의 특별한 행위가 필요하지 않기 때문에 서울특별시장의 퇴직처분은 상대방의 권리나 의무에 직접 영향을 미치는 행위가 아니다. 따라서 갑은 서울특별시장의 퇴직처분에 대해 취소 또는 무효확인소송을 제기할 수 없다.

(다) 판례도 「당연퇴직의 경우에는 결격사유가 있어 법률상 당연퇴직되는 것이지 공무원관계

를 소멸시키기 위한 별도의 행정처분을 요하지 아니한다 할 것이며 위와 같은 사유의 발생으로 당연퇴직의 인사발령이 있었다 하여도 이는 퇴직사실을 알리는 이른바 관념의 통지에 불과하여 행정소송의 대상이 되지 아니한다(대판 1992. 1. 21. 91누2687)」고 본다.

(4) **공무원지위존재확인소송**(당사자소송)

갑은 지방공무원법 제61조의 당연퇴직 사유에 해당하여 공무원신분이 소멸하였기 때문에 당사자소송으로 공무원지위존재확인소송을 제기하여도 인용판결을 받을 수 없다.

(5) 소 결

갑은 공무원신분을 유지하기 위한 구제수단으로 소청심사를 청구할 수도 없으며, 서울특별시장의 퇴직처분은 항고소송의 대상이 아니기 때문에 취소소송(무효등확인소송)을 제기할 수도 없고, 당사자소송으로 공무원지위존재확인소송을 제기하더라도 권리구제를 받을 수 없다.

## 2. 당연퇴직된 공무원이 행한 처분의 효력

(1) 문 제 점

집행유예 판결이 확정되어 공무원신분이 소멸한 후에도 갑이 공무원으로서 각종의 처분을 하였다면 그 처분은 주체상의 하자로 위법하다. 다만 그 처분의 하자정도에 따라 처분의 효력 유무가 판단될 것이다.

(2) **무효와 취소할 수 있는 행위의 구별 기준**

행정의 법률적합성을 고려할 때 위법한 행정행위의 효력은 부정하는 것이 정당하지만, 법적 안정성(공정력의 인정근거)을 근거로 일단 잠정적으로 유효성을 인정한다. 그러나 행정행위의 하자가 중대하고도 명백한 경우에는 법적 안정성을 침해할 우려가 없고 그러한 행정행위에 효력을 인정하는 것은 행정의 법률적합성에 반하기 때문에 중대명백설이 타당하다(다수설).

(3) 설 문

(가) 집행유예 판결이 확정되어 공무원신분이 소멸한 후에도 갑이 공무원으로서 각종의 처분을 하였다면, 갑은 권한 있는 공무원이 아니므로 해당 처분에는 주체상의 하자가 있다. 이러한 하자는 중대명백설에 따르면 적법요건에 중대한 하자이면서 일반인의 관점에서도 외관상 명백한 하자로 그 처분은 무효이다.

(나) 다만, 무권한자인 갑의 처분이지만 국민과의 관계에서 국민의 신뢰보호와 법적 안정성을 위해 사실상의 공무원이론에 따라 유효한 행위로 보아야 할 경우도 있을 것이다.

**기출 41** (2) 갑이 위 사안으로 2011. 7. 5. 무죄 선고를 받고 이후 그 판결이 확정되었다. 서울특별시장은 위 사실을 뒤늦게 알고 2013. 4. 9. 공무원의 품위손상 등의 이유로 적법한 절차를 거쳐 해임의 징계처분을 하였다. 이 경우 갑이 취할 수 있는 구제수단은? (징계시효 및 제소기간은 고려하지 아니함) 10.

## Ⅱ. 공무원 갑의 권리구제수단

### 1. 문제 상황

해임처분에 대한 갑의 불복수단은 특별행정심판으로서 소청과 취소소송(또는 무효확인소송)을 들 수 있다. 그리고 지방공무원법 제20조의2는 취소소송을 제기하기 전에 소청심사청구를 필요적으로 전치할 것을 규정한다.

### 2. 소 청

#### (1) 소청의 의의

소청이란 공무원의 징계처분 기타 그 의사에 반한 불리한 처분(예를 들어 의원면직·전보·강임·휴직·면직처분·복직청구)이나 부작위를 받은 자가 그 처분이나 부작위에 불복이 있는 경우 소청심사위원회에 그 심사를 청구하는 제도(특별행정심판)를 말한다(국가공무법 제9조 제1항, 지방공무원법 제13조).

#### (2) 소청심사위원회

지방공무원법 제13조는 소청을 심사·결정하기 위하여 시·도에 임용권자별로 지방소청심사위원회 및 교육소청심사위원회를 두도록 규정한다.

#### (3) 소청절차

1) 제 기

임용권자가 공무원에 대하여 징계처분을 할 때와 강임·휴직·직위해제 또는 면직처분을 할 때에는 그 공무원에게 처분의 사유를 적은 설명서를 교부하여야 하는데 이때 설명서를 받은 공무원이 그 처분에 불복할 때에는 설명서를 받은 날부터 30일 이내, 처분사유설명서를 받지 않은 기타 불이익처분을 받았을 때에는 그 처분이 있은 것을 안 날부터 30일 이내에 심사위원회에 그 처분에 대한 심사를 청구할 수 있다(지방공무원법 제67조 제1항·제2항).

2) 심 사

심사위원회는 소청을 접수하면 지체 없이 심사하여야 하며, 필요하다고 인정하면 사실조사를 하거나 증인을 소환하여 질문을 하거나 관계 서류를 제출하도록 명할 수 있다(지방공무원법 제17조 제1항·제2항). 그리고 소청인의 진술권은 보장되며 진술기회를 주지 아니한 결정은 무효가 된다(지방공무원법 제18조).

3) 결 정

심사위원회의 결정은 재적위원 3분의 2 이상의 출석과 출석위원 과반수의 합의에 따르며

(지방공무원법 제19조 제1항), 심사위원회의 결정은 처분행정청을 기속한다(지방공무원법 제20조 제1항). 그러나 원징계처분에서 부과한 징계보다 무거운 징계를 부과하는 결정을 하지 못한다(불이익변경금지의 원칙)(지방공무원법 제19조 제5항).

#### (4) 설 문

갑은 해임처분사유설명서를 받은 날로부터 30일 이내에 소청심사위원회에 소청심사를 청구할 수 있다.

### 3. 취소소송(무효확인소송)

#### (1) 필요적 심판전치

지방공무원법 제20조의2는 "제67조에 따른 처분(처분사유설명서를 교부하는 경우 및 교부하지 않는 경우), 그 밖에 본인의 의사에 반한 불리한 처분이나 부작위에 관한 행정소송은 심사위원회의 심사·결정을 거치지 아니하면 제기할 수 없다"고 하여 필요적 심판전치를 규정한다.

#### (2) 원처분주의

(가) 행정소송법 제18조 제2항·제3항의 예외에 해당하지 않는 한 지방공무원법은 필요적 심판전치를 규정하고 있으므로 불이익처분 등을 받은 공무원이 소청심사를 거치면 행정청의 행위는 원래의 불이익처분과 소청심사위원회의 결정 두 가지가 된다. 그러나 행정소송법 제19조 단서는 원처분주의 원칙을 규정하고 있으므로 해당 공무원은 원래의 불이익처분을 소의 대상으로 하여야 한다.

(나) 다만, 소청심사위원회의 결정에 고유한 위법이 있다면 위원회의 결정을 소의 대상으로 할 수 있다.

(다) 그리고 원징계처분도 위법하며 소청심사위원회의 결정에도 고유한 위법이 있다면 관련청구소송으로 병합하여 제기할 수도 있다(행정소송법 제10조 참조).

#### (3) 피 고

원래의 불이익처분을 소의 대상으로 하는 경우에는 당해 처분청이 피고가 되고, 소청심사결정을 소의 대상으로 하는 경우에는 소청심사위원회가 피고가 된다.

#### (4) 설 문

갑은 행정소송법상 필요적 심판전치의 예외사유(행정소송법 제18조 제2항·제3항)에 해당하지 않는 한 소청심사위원회의 심사·결정을 거쳐야 하며, 소청심사결정에 고유한 위법이 없는 한 원처분인 해임처분을 소의 대상으로 하여 서울특별시장을 피고로 취소소송을 제기할 수 있다.

### 4. 소 결

갑은 해임처분사유설명서를 받은 날로부터 30일 이내에 소청심사위원회에 소청심사를 청구할 수 있고, 소청심사결정에 고유한 위법이 없는 한 원처분인 해임처분을 소의 대상으로 하여 서울특별시장을 피고로 취소소송을 제기할 수 있다.

〈제3문〉

갑은 A시에서 공동주택을 건축하기 위하여 주택건설사업계획승인신청을 하였는데, A시장은 해당지역이 용도변경을 추진 중에 있고 일반 여론에서도 보존의 목소리가 높은 지역이라는 이유로 거부처분을 하였다. 이에 갑은 A시장의 거부처분에 있어서 사전통지가 없었으며 이유제시 또한 미흡하다는 이유로 그 거부처분의 무효를 주장한다. 이러한 갑의 주장의 타당 여부를 검토하시오. 30.

[제57회 5급공채(2013년)]

## Ⅰ. 문제 상황

행정절차법 제21조는 처분의 사전통지를, 동법 제23조는 처분의 이유제시를 규정하는데, 설문처럼 거부처분을 하면서 시장이 사전통지를 하지 않았거나 이유제시가 미흡하였다면 그러한 승인거부처분이 행정절차법에 비추어 위법한지 그리고, 그러한 절차상 하자만으로도 독자적인 위법사유가 될 수 있는지, 그리고 갑은 거부처분의 무효를 주장하였기 때문에 하자의 정도도 검토하여야 한다.

## Ⅱ. 처분의 사전통지와 관련된 갑의 주장

### 1. 처분의 사전통지의 요건

행정절차법 제21조는 행정청이 ⓐ 의무를 부과하거나 권익을 제한하는, ⓑ 처분을 하는 경우, ⓒ 예외사유에 해당하지 않는다면(제4항) 사전통지가 필요하다고 한다. 설문은 사전통지의 요건과 관련해 수익적 처분의 신청에 대한 거부가 '당사자에게 의무를 부과하거나 권익을 제한하는 것(사전통지의 요건 ⓐ와 관련)'인지가 특히 문제된다.

### 2. 거부처분에서 처분의 사전통지의 필요성

#### (1) 문 제 점

조세부과처분이나 영업허가의 취소와 같은 당사자의 권익을 제한하는 처분은 '당사자에게 의무를 부과하거나 권익을 제한하는 처분'에 해당함에 문제가 없으나, 수익적인 처분(건축허가)을 신청한 것에 대한 거부처분도 불이익처분에 포함될 것인지가 문제된다.

#### (2) 학　　설

1) 불 요 설

처분의 사전통지는 법문상 의무부과와 권익을 제한하는 경우에만 적용되므로 수익적인 행위나 수익적 행위의 거부의 경우는 적용이 없고, 거부처분의 경우 신청과정에서 거부처분 전까지 행정청과 협의를 계속하고 있는 상태이므로 사전통지를 요하지 않는다고 한다.

2) 필 요 설

당사자가 신청을 한 경우 신청에 따라 긍정적인 처분이 이루어질 것을 기대하고 거부처분을 기대하지는 아니하고 있으므로 거부처분은 당사자의 권익을 제한하는 처분에 해당하며, 따라서 거부처분의 경우에도 사전통지가 필요하다고 한다.

3) 중간설(절충설)

원칙적으로 거부처분은 사전통지의 대상이 되지 않지만, 신청인이 신청서에 기재하지 않은 사실을 근거로 거부하거나 신청서에 기재한 사실을 인정할 수 없다는 이유로 거부하거나 신청인이 자료를 제출하지 않았다는 이유로 거부하는 등의 경우에는 신청인의 예측가능성을 보호하기 위해 예외적으로 사전통지절차가 필요하다고 본다(최계영).

(3) 판 례

판례는「행정절차법 제21조 제1항은 행정청은 당사자에게 의무를 과하거나 권익을 제한하는 처분을 하는 경우에는 … 당사자 등에게 통지하도록 하고 있는바, 신청에 따른 처분이 이루어지지 아니한 경우에는 아직 당사자에게 권익이 부과되지 아니하였으므로 특별한 사정이 없는 한 신청에 대한 거부처분이라고 하더라도 직접 당사자의 권익을 제한하는 것은 아니어서 신청에 대한 거부처분을 여기에서 말하는 '당사자의 권익을 제한하는 처분'에 해당한다고 할 수 없는 것이어서 처분의 사전통지대상이 된다고 할 수 없다(대판 2003. 11. 28. 2003두674)」고 하여 불요설의 입장이다.

(4) 검토 및 설문

(가) 거부처분은 행정절차법 제21조 제1항의 당사자의 권익을 제한하거나 의무를 부과하는 처분으로 볼 수 없어 사전통지가 필요 없다는 견해가 타당하다.

(나) 시장의 거부처분은 사전통지의 대상이 되지 않으므로 갑에게 사전통지를 하지 않았다고 하더라도 절차상 위법하지 않다(거부처분에 사전통지가 필요하다는 견해에 따른다면 시장의 거부처분은 절차상 하자가 있다).

## Ⅲ. 이유제시와 관련된 갑의 주장

### 1. 문 제 점

갑의 주택건설사업계획승인신청에 대해 A시 시장은 해당지역이 용도변경을 추진 중에 있고 일반 여론에서도 보존의 목소리가 높은 지역이라는 이유로 거부처분을 하였는데, 이러한 이유제시가 행정절차법 제23조에 비추어 미흡한 것인지가 문제된다.

### 2. 이유제시의 의의

이유제시란 행정청이 처분을 하는 때에는 그 근거와 이유를 제시하여야 함을 말한다(행정절차법 제23조 제1항 본문). 따라서 이유제시를 생략할 수 있는 경우에 해당되지 않는 한, 수익적·침익적 처분을 불문하고 이유제시를 하여야 한다.

### 3. 이유제시의 요건

(1) 정 도

(가) 행정청이 자기의 결정에 고려하였던 사실상·법률상의 근거를 상대방이 이해할 수 있을 정도로 구체적으로 알려야 한다. 사실상 근거에는 행정행위의 결정에 근거로 삼은 사실관계가

포함되며, 법률상 근거에는 해석·포섭·형량이 포함된다.

(나) 판례도 「면허의 취소처분에는 그 근거가 되는 법령이나 취소권 유보의 부관 등을 명시하여야 함은 물론 처분을 받은 자가 어떠한 위반사실에 대하여 당해 처분이 있었는지를 알 수 있을 정도로 사실을 적시할 것을 요한다(대판 1990. 9. 11. 90누1786)」고 하여 근거법령과 주요사실이 구체적으로 기재될 것을 요하고 있다.

(다) 다만, 판례는 ① 당사자가 근거규정 등을 명시하여 신청하는 인·허가 등을 행정청이 거부하는 처분에 있어 당사자가 그 근거를 알 수 있을 정도로 상당한 이유를 제시한 경우, ② 처분 당시 당사자가 어떠한 근거와 이유로 처분이 이루어진 것인지를 충분히 알 수 있어서 그에 불복하여 행정구제절차로 나아가는 데에 별다른 지장이 없었던 것으로 인정되는 경우 등은 이유제시의 정도가 완화된다고 본다(대판 2002. 5. 17. 2000두8912; 대판 2013. 11. 14. 2011두18571).

#### (2) 방　　식

행정절차법 제24조 제1항의 규정에 의하여 원칙적으로 문서로 한다.

#### (3) 기준시점

이유제시는 원칙적으로 처분이 이루어지는 시점에 이루어져야 한다(행정절차법 제23조 제1항 참조).

### 4. 설　　문

(가) 설문에서 시장이 갑의 승인신청을 거부하면서 제시한 '해당지역이 용도변경을 추진 중에 있고 일반 여론에서도 보존의 목소리가 높은 지역'이라는 이유의 제시가 사실상·법률상의 근거를 이해할 수 있을 정도로 구체적으로 알린 것인지는 불분명하다.

(나) 설문에서 갑은 이유제시의 하자를 주장하고 있는바, 시장이 제시한 이유가 행정절차법 제23조의 적법한 이유제시에 해당하지 않아 절차상 하자가 있는 것으로 전제하고 논의를 계속한다.

## Ⅳ. 절차상 하자의 독자적 위법사유 여부

### 1. 문 제 점

절차상 하자의 효과에 관한 명문의 규정이 있는 경우(국가공무원법 제13조)라면 문제가 없으나, 절차상 하자의 효과에 관한 명문의 규정이 없는 경우 특히 그 행정행위가 기속행위인 경우 행정절차를 거치지 아니한 경우라고 하여도 그 내용은 행정절차를 거친 경우와 동일한 것일 수 있기 때문에 절차상의 하자가 독자적인 위법사유인지가 문제된다.

## 2. 학 설

### (1) 소 극 설

절차규정이란 적정한 행정결정을 확보하기 위한 수단에 불과하며, 절차상의 하자만을 이유로 취소하는 것은 행정능률 및 소송경제에 반한다는 점을 근거로 절차상 하자는 독자적인 위법사유가 될 수 없다고 본다.

### (2) 적 극 설

소극설을 취하는 경우에는 절차적 규제가 유명무실해질 우려가 있어 행정절차의 실효성 확보를 위해 적극설이 타당하고, 법원이 절차상 하자를 이유로 취소한 후 행정청이 적법한 절차를 거쳐 다시 처분을 하는 경우 재량행위뿐 아니라 기속행위의 경우에도 처분의 발령에 이르기까지의 사실판단이나 요건 판단을 달리하여 당초 처분과 다른 내용의 결정에 이를 수 있기 때문에 반드시 동일한 내용의 처분을 반복한다고 말할 수 없다는 점을 근거로 절차상 하자는 독자적인 위법사유가 될 수 있다고 본다(다수설).

### (3) 절 충 설

기속행위와 재량행위를 나누어 재량행위는 절차의 하자가 존재할 때 위법해지지만, 기속행위는 내용상 하자가 존재하지 않는 한 절차상 하자만으로 행정행위가 위법해지지 않는다고 본다. 기속행위의 경우 법원이 절차상 하자를 이유로 취소하더라도 행정청은 절차상 하자를 보완하여 동일한 내용으로 다시 처분을 할 수 있으므로 행정능률에 반한다는 점을 근거로 한다.

## 3. 판 례

대법원은 재량행위·기속행위를 불문하고 적극적인 입장이다(대판 1991. 7. 9. 91누971).

## 4. 검 토

행정의 법률적합성원칙에 따라 행정작용은 실체상뿐만 아니라 절차상으로도 적법하여야 하며, 취소소송 등의 기속력이 절차의 위법을 이유로 하는 경우에 준용된다는 점(행정소송법 제30조 제3항) 등에 비추어 적극설이 타당하다.

## 5. 소 결

거부처분에 사전통지가 필요하다는 견해나 시장이 제시한 이유가 행정절차법 제23조의 적법한 이유제시에 해당하지 않는다는 입장에 따른다면 이러한 절차상 하자만으로도 독자적인 위법사유가 될 수 있다.

## Ⅴ. 사전통지의 결여나 이유제시의 미흡과 같은 절차상 하자의 위법성의 정도

### 1. 무효와 취소의 구별기준

행정의 법률적합성을 고려할 때 위법한 행정행위의 효력은 부정하는 것이 정당하지만, 법적 안정성(공정력의 인정근거)을 근거로 일단 잠정적으로 유효성을 인정한다. 그러나 행정행위의 하자가 중대하고도 명백한 경우에는 법적 안정성을 침해할 우려가 없고 그러한 행정행위에 효력을 인정하는 것은 행정의 법률적합성에 반하기 때문에 중대명백설이 타당하다(다수설).

### 2. 설　　문

처분의 사전통지가 없거나 적법한 이유제시가 없는 거부처분은 그 하자가 명백하긴 하지만 중대하다고 보기는 어려워 취소사유라고 보아야 한다(논자에 따라서는 무효라고 볼 여지도 있다).

## Ⅵ. 결　　론

거부처분에 사전통지가 필요하다는 견해나 시장이 제시한 이유가 행정절차법 제23조의 적법한 이유제시에 해당하지 않는다는 입장에 따르고, 절차상 하자가 독자적인 위법사유가 된다고 하더라도 그 하자의 정도는 단순위법사유에 불과하기 때문에 시장의 거부처분이 무효라는 갑의 주장은 타당하지 않다.

**기출 43** 〈제1문〉

갑은 개발제한구역 내에 위치한 지역에서 폐기물 처리시설의 설치를 위하여 관할 시장 A에게 개발행위허가를 신청하였다. 위 처리시설의 예정지역에 거주하는 주민 을은 위 처리시설이 설치되면 주거생활에 심각한 침해를 받는다고 생각하여, 시장 A에게 위 신청을 반려할 것과 주민들의 광범위한 의견을 수렴한 후 다시 허가절차를 밟게 하라고 요구하였다. 그러나 시장 A는 위 처리시설이 필요하고, 개발제한구역이 아닌 지역에 입지하기가 곤란하다는 이유로 위 개발행위를 허가하였다. 다만 민원의 소지를 줄이기 위하여, 위 처리시설로 인하여 환경오염이 심각해질 경우 위 개발행위허가를 취소·변경할 수 있다는 내용의 부관을 붙였다. 그런데 위 처리시설이 가동된 지 얼마 지나지 않아 예상과 달리 폐기물 처리량이 대폭 증가하였다. 이에 주민 을은 위 처리시설로 인하여 평온한 주거생활을 도저히 영위하기 어렵다고 여겨, 시장 A에게 위 부관을 근거로 위 개발행위허가를 취소·변경하여 줄 것을 요구하였다. 그런데 시장 A는 이를 거부하였다.

(1) 위 개발행위허가의 법적 성질을 밝히고, 그 특징을 설명하시오. 15.

(2) 을이 위 개발행위허가가 행해지기 전에 고려할 수 있는 행정소송상의 수단을 검토하시오. 10.

(3) 위 부관을 근거로 한 을의 요구에 대한 시장 A의 거부행위와 관련하여, 을이 자신의 권익보호를 국가배상청구소송과 행정소송에서 실현할 수 있는지 검토하시오. 25.

[제55회 사법시험(2013년)]

참조조문

개발제한구역의 지정 및 관리에 관한 특별조치법

제1조(목적) 이 법은 「국토의 계획 및 이용에 관한 법률」 제38조에 따른 개발제한구역의 지정과 개발제한구역에서의 행위 제한, 주민에 대한 지원, 토지 매수, 그 밖에 개발제한구역을 효율적으로 관리하는 데에 필요한 사항을 정함으로써 도시의 무질서한 확산을 방지하고 도시 주변의 자연환경을 보전하여 도시민의 건전한 생활환경을 확보하는 것을 목적으로 한다.

제12조(개발제한구역에서의 행위제한) ① 개발제한구역에서는 건축물의 건축 및 용도변경, 공작물의 설치, 토지의 형질변경, 죽목(竹木)의 벌채, 토지의 분할, 물건을 쌓아놓는 행위 또는 「국토의 계획 및 이용에 관한 법률」 제2조 제11호에 따른 도시·군계획사업(이하 "도시·군계획사업"이라 한다)의 시행을 할 수 없다. 다만, 다음 각 호의 어느 하나에 해당하는 행위를 하려는 자는 특별자치시장·특별자치도지사·시장·군수 또는 구청장(이하 "시장·군수·구청장"이라 한다)의 허가를 받아 그 행위를 할 수 있다.

1. 다음 각 목의 어느 하나에 해당하는 건축물이나 공작물로서 대통령령으로 정하는 건축물의 건축 또는 공작물의 설치와 이에 따르는 토지의 형질변경

   다. 개발제한구역이 아닌 지역에 입지가 곤란하여 개발제한구역 내에 입지하여야만 그 기능과 목적이 달성되는 시설

※ "대통령령으로 정하는 건축물 또는 공작물"에 폐기물 처리시설이 포함되어 있음.

**기출 43** (1) 위 개발행위허가의 법적 성질을 밝히고, 그 특징을 설명하시오. 15.

# Ⅰ. 개발행위허가의 법적 성질과 특징

## 1. 법률행위적 행정행위

개발행위허가는 갑이 개발제한구역에서 일정한 행위를 할 수 있도록 하겠다는 시장의 의사표시에 따라 효력이 발생하는 행정행위이므로 법률행위적 행정행위이다.

## 2. 명령적 행위

개발행위허가는 시장이 갑에게 특정한 권리나 능력 등을 설정해주는 형성적 행위가 아니라, 금지되었던 자유를 해제(회복)하는 행위이므로 명령적 행위에 해당한다.

## 3. 예외적 허가(승인)

㈎ 허가란 위험의 방지(=경찰=질서유지)를 목적으로 금지하였던 바를 해제하여 개인의 자유권을 회복시켜주는 행위를 말하고, 예외적 허가(예외적 승인)는 사회적으로 유해하거나 바람직하지 않은 행위를 예외적으로 승인(허가)하는 것을 말한다. 즉, 허가는 일반적으로 해제가 예정되어 있는 금지를 해제(허가)하는 것을 말하고, 예외적 허가는 일반적으로는 금지이지만 예외적인 경우 이를 해제하는 경우를 말한다.

㈏ 개발제한구역의 지정 및 관리에 관한 특별조치법 제12조 제1항 본문에서 알 수 있듯이 원칙적으로 개발제한구역에서는 일정한 행위를 할 수 없지만, 예외적으로 시장 등이 이를 허가할 수 있도록 규정하고 있다. 따라서 설문의 개발행위허가는 원칙상 금지된 행위를 예외적으로 허가하는 행위이다.

## 4. 재량행위인지 기속행위인지 여부

### (1) 재량행위·기속행위 구별기준

1) 학　설

재량행위와 기속행위의 구별기준에 대해 ⓐ 효과재량설, ⓑ 종합설, ⓒ 기본권기준설 등이 대립한다.

2) 판　례

판례는 ① 관련법령에 대한 종합적인 판단을 전제로 하면서(대판 2001. 2. 9. 98두17593), ② 효과재량설을 기준으로 활용하거나(대판 2011. 1. 27. 2010두23033), ③ 공익성을 구별기준으로 들기도 한다.

3) 검　토

재량행위와 기속행위의 구별은 하나의 단일한 기준보다는 해당 행위의 근거가 되는 법령의 규정에 대한 검토 및 그 행위가 수익적인지 침익적인지 그리고 헌법상의 기본권 및 공익성을 모두 고려하여 판단해야 한다. 따라서 판례의 입장이 타당하다.

(2) 설 문

개발행위허가는 갑에게 수익적이며, 공익적 사정이 고려되어야 하기 때문에 재량행위라고 보는 것이 타당하다.

### 5. 부관이 가능한 행위인지 여부

#### (1) 부관의 가능성에 대한 학설·판례

1) 문 제 점

법률유보원칙에 비추어 부관의 부가가능성에 대한 명시적 법적 근거가 없더라도 침익적 부관을 부가할 수 있는지가 문제된다.

2) 학설·판례

① 전통적인 견해와 판례는 법률행위적 행정행위이며 재량행위인 경우에는 부관이 가능하고, 준법률행위적 행정행위와 기속행위는 부관이 불가능하다고 한다. ② 그러나 최근의 다수견해는 준법률행위적 행정행위와 기속행위도 부관이 가능한 경우가 있고(전자의 예: 여권의 유효기간. 후자의 예: 요건충족적 부관), 재량행위도 부관이 불가능한 경우(예: 귀화허가나 개명허가에 조건이나 기한을 부가하는 경우)가 있으므로 행정행위와 부관의 성질을 개별적으로 검토하여 부관의 가능성을 판단하는 입장이다.

3) 검 토

원칙적으로 기속행위에는 침익적 부관을 부가할 수 없고 재량행위에는 부관을 부가할 수 있지만, 개개의 행정행위와 부관의 성질에 따라 예외가 있을 수 있음을 인정하는 최근의 다수견해의 입장이 타당하다.

(2) 설 문

개발행위허가는 재량행위이며, 성질상 부관의 부가가 불가능한 경우가 아니므로 시장은 부관을 부가할 수 있다.

기출 43 (2) 을이 위 개발행위허가가 행해지기 전에 고려할 수 있는 행정소송상의 수단을 검토하시오. 10.

## Ⅱ. 개발행위허가가 행해지기 전의 행정소송상 수단

### 1. 문제 상황

행정소송법 제4조(항고소송의 구분)는 처분등의 취소(변경)나 효력 유무·존재 여부의 확인을 구하거나, 처분의 신청에 대해 행정청이 부작위하는 경우 부작위가 위법함을 확인하는 소송만을 인정할 뿐 처분등의 발령 전에 해당 처분등을 발령하지 말 것을 구하는 소송을 명문으로 인정하고 있지는 않다. 설문에서 을이 개발행위허가처분이 발령되기 전에 시장을 상대로 고려할 수 있는 행정소송상 수단을 묻고 있는바, 이러한 소송 즉 예방적 부작위소송이 현행법상 허용될 수 있는지가 문제된다. 그리고 예방적 부작위소송의 가구제수단으로 가처분의 인정가능성도 검토해 본다.

### 2. 예방적 부작위소송의 인정 여부

#### (1) 의 의

예방적 부작위소송이란 위법한 행정작용을 미리 저지할 것을 목적으로 장래에 있을 특정한 행정행위 또는 그 밖의 행위의 발동에 대한 방지를 구하는 소송을 말한다.

#### (2) 인정 여부

1) 학 설

a. 부 정 설 행정소송법 제3조·제4조는 제한적 열거규정으로 보아야 하며, 행정에 대한 제1차적 판단권은 행정청이 가지기 때문에 행정작용의 발동·미발동에 대한 판단은 법원이 판단하는 것이 아니라 행정청의 고유권한이라는 점을 근거로 한다.

b. 긍 정 설 행정소송법 제3조·제4조는 예시적 규정으로 보아야 하며, 장래 침익적 처분의 발령이 확실하다면 행정청은 이미 제1차적 판단권을 행사하였다고 보아야 할 것이어서 그에 대한 예방적 소송은 행정청의 제1차적 판단권 침해가 아니라는 점을 근거로 한다(다수설).

c. 절충설(제한적 긍정설) 법정항고소송으로 실효적인 권리구제가 되지 않는 경우 보충적으로 무명항고소송을 인정하자는 견해로 ① 처분요건이 일의적이며(처분요건의 일의성), ② 미리 구제하지 않으면 회복하기 어려운 손해발생 우려가 있고(긴급성), ③ 다른 권리구제방법으로는 권리구제가 어려운 경우(보충성)라야 예방적 부작위 소송이 가능하다고 본다.

2) 판 례

판례는 「피고에 대하여 이 사건 신축건물의 준공처분을 하여서는 아니 된다는 내용의 부작위를 구하는 원고의 예비적 청구는 행정소송에서 허용되지 아니하는 것이므로 부적법하다(대판

1987. 3. 24. 86누182)」고 하여 부정한다.

3) 검 토

취소소송은 침익적 처분에 대한 사후적인 권리구제수단에 불과하고 현행법상 항고소송에 침익적 처분에 대한 예방적인(사전적인) 권리구제수단이 인정되지 않으므로 실효적인 권리구제를 위해 긍정함이 타당하다(권력적 사실행위, 환경소송 등의 경우 인정필요성이 크다).

(3) 설 문

긍정설에 따르면, 을은 시장을 상대로 개발행위허가처분을 발령하지 말 것을 구하는 예방적 부작위소송을 제기할 수 있다.

## 3. 항고소송에서 가처분의 인정 여부

### (1) 문제 상황

행정소송법은 가구제수단으로 집행정지제도를 인정하고 있지만, 집행정지는 침익적 행정처분이 발해진 것을 전제로 그 효력을 정지시키는 소극적 형성력이 있을 뿐이므로 적극적 형성력이 없다. 따라서 집행정지는 잠정적으로 수익적 처분의 발령을 행정청에 명하는 기능이나 처분이 행해지기 전에 잠정적으로 발령금지를 명하는 기능을 할 수 없다. 따라서 이러한 기능적 한계로 인해 민사집행법상의 가처분제도가 항고소송에 준용될 수 있는지가 문제된다.

### (2) 가처분의 의의

가처분이란 다툼이 있는 법률관계에 관하여 잠정적으로 임시의 지위를 보전하는 것을 내용으로 하는 가구제제도이다(행정소송법 제8조 제2항, 민사집행법 제300조 참조).

### (3) 항고소송에서 가처분의 가능성

1) 학 설

a. 적 극 설 행정소송법 제8조 제2항에 의해 민사집행법상의 가처분 규정은 준용될 수 있으며, 현행법상 집행정지제도는 소극적 가구제 수단에 불과하기에 적극적 가구제 수단인 가처분이 필요하다는 점을 근거로 한다.

b. 소 극 설 법원이 행정처분의 위법 여부를 판단하는 것을 넘어 행정청에게 수익적 처분을 명하거나 예방적으로 부작위를 명하는 가처분을 하는 것은 사법권의 범위 밖이며, 현행법은 의무이행소송이나 예방적 부작위소송을 인정하고 있지 아니하므로 가처분의 본안소송이 있을 수 없는바, 긍정설을 취하여도 실익이 없다는 점을 근거로 한다.

c. 절충설(제한적 긍정설) 원칙적으로 가처분 규정을 준용할 수 있지만, 행정소송법이 집행정지제도를 두고 있는 관계상 집행정지제도가 실효적인 권리구제가 되는 경우에는 가처분이 인정될 수 없고 그 외의 범위에서만 가처분제도가 인정된다고 보는 견해이다.

2) 판　　례

판례는 민사집행법상의 보전처분은 민사판결절차에 의하여 보호받을 수 있는 권리에 관한 것이라고 보기 때문에 행정소송에 가처분을 인정하지 아니한다(대결 1992. 7. 6. 92마54).

3) 검　　토

행정청에게 수익적 처분을 명하는 등의 권한을 법원에게 인정하더라도 가처분은 잠정적인 권리구제수단에 불과하기 때문에 행정청의 권한 침해는 크게 문제되지 않으며, 당사자의 실효적인 권리구제 확대라는 측면에서 민사집행법상 가처분규정을 항고소송에도 적용함이 타당하다. 다만 현행법이 처분등에 대해 집행정지제도를 두고 있는 이상 절충설이 타당하다.

(4) 설　　문

시장이 개발행위허가를 하기 전이라면 집행정지는 불가능하기 때문에 가처분이 인정될 필요가 있다. 설문의 경우 가처분의 내용은 시장에게 잠정적으로 개발행위허가를 금지하라는 내용이 될 것이다.

### 4. 소　　결

시장의 개발행위허가가 행해지기 전에 을이 고려할 수 있는 행정소송상 수단은 예방적 부작위소송과 가처분이다.

**기출 43** (3) 위 부관을 근거로 한 을의 요구에 대한 시장 A의 거부행위와 관련하여, 을이 자신의 권익보호를 국가배상청구소송과 행정소송에서 실현할 수 있는지 검토하시오. 25.

## Ⅲ. 을의 권익보호를 위한 소송수단

### 1. 문제 상황

시장의 개발행위허가취소(변경)거부행위에 대한 권익실현수단을 검토하기 앞서 을의 권익의 내용이 무엇인지를 살펴본다. 그리고 국가배상청구소송과 관련해서는 선결문제와 국가배상법 제2조 제1항의 요건 성립 여부를 검토하고, 행정소송과 관련해서는 거부처분취소소송(거부처분무효확인소송)과 의무이행소송의 제기가능성을 살펴보고, 국가배상청구소송과 거부처분취소소송(무효확인소송)의 병합가능성도 검토한다.

### 2. 을의 권익의 내용

(가) 설문에서 을은 폐기물처리시설로 인하여 평온한 주거생활을 도저히 영위하기 어렵다고 여겨 시장에게 갑에 대한 개발행위허가를 취소·변경하여줄 것을 요구하고 있다. 즉, 자신의 이

익을 위해 제3자에게 시장의 권한을 행사할 것을 청구하는 것이다. 이처럼 사인이 자기의 이익을 위하여 제3자에게 행정권을 발동할 것을 청구할 수 있는 권리를 행정개입청구권이라 한다(넓은 의미로는 자기의 이익을 위해 자신에게 행정권을 발동해줄 것을 청구할 수 있는 권리(이를 특히 행정행위발급청구권이라 한다)까지 포함한다).

(나) 이러한 권리의 인정 여부에 대해 판례의 입장은 불분명하지만, 사인에게 생명·신체·재산에 대한 급박한 위험이 존재한다면 이러한 권리를 인정하여 행정청으로 하여금 개입의무를 지게 함으로써 권리구제의 실효성을 확보할 수 있다는 점에서 긍정하는 것이 일반적인 견해이다.

### 3. 국가배상청구소송

#### (1) 국가배상청구소송의 수소법원이 개발행위허가취소(변경)거부처분의 위법성을 심리할 수 있는지 여부

1) 문 제 점

행정행위의 구성요건적 효력(공정력)과 관련해 을이 국가배상청구소송을 제기하는 경우 민사법원(당사자소송의 수소법원)이 과연 개발행위허가취소(변경)거부처분의 위법성을 심리할 수 있는지가 문제된다.

2) 선결문제의 의의

(가) 선결문제란 민사(당사자소송)·형사법원의 본안판단에서 행정행위의 효력 유무(존재 여부)나 위법 여부가 선결될 문제인 경우 그 효력 유무(존재 여부)나 위법 여부를 말한다. 종래 선결문제를 행정행위의 효력 중 공정력의 문제로 보는 견해가 있었으나(공정력과 구성요건적 효력을 구별하지 않는 견해), 현재는 구성요건적 효력의 문제로 보는 견해가 다수견해이며(공정력과 구성요건적 효력을 구별하는 견해), 타당하다.

(나) 공정력이란 행정행위에 하자가 있다고 하더라도 권한을 가진 기관에 의해 취소될 때까지 그 효력을 부정할 수 없는 상대방(이해관계인)에게 미치는 구속력을 말하며, 구성요건적 효력이란 유효한 행정행위의 존재가 다른 국가기관의 결정에 영향을 미치는 효력(구속력)을 말한다.

3) 형　　태

(가) 선결문제는 민사사건(당사자소송 사건)의 경우와 형사사건의 경우로 나눌 수 있고, 각각 행정행위의 효력 유무(존재 여부)가 선결문제로 되는 경우와 행정행위의 위법 여부가 선결문제로 되는 경우가 있다(행정사건 중 당사자소송사건도 문제될 수 있으나 대법원은 부당이득반환청구소송, 국가배상청구소송을 민사소송으로 보고 있는바 선결문제 해결에서는 민사소송으로 제기하는 경우와 당사자소송으로 제기하는 경우에 차이가 없다). 행정소송법 제11조 제1항은 선결문제의 일부(민사사건에서 효력 유무(존재 여부)가 문제되는 경우)에 관해서만 규정하고 있는바 나머지 사항은 학설과 판례에서 해결하여야 한다.

(나) 설문은 민사사건이며, 개발행위허가취소(변경)거부처분의 위법 여부가 문제되는 경우이다.

4) 해 결

민사 법원이 처분의 위법성을 심리하는 것은 그 처분의 효력을 부정하는 것이 아니므로 선결문제로서 행정행위의 위법성을 판단할 수 있다는 적극설이 일반적 견해이며, 판례의 입상이다.

5) 설 문

국가배상청구소송의 수소법원은 시장의 개발행위허가취소(변경)거부처분의 위법성을 심리할 수 있다.

(2) 국가배상법 제2조 제1항 본문 요건의 구비 여부

1) 문 제 점

을의 국가배상청구 즉, 국가배상법 제2조 제1항 본문 전단에 따른 국가 등의 배상책임이 인용되려면 공무원(공무를 위탁받아 실질적으로 공무에 종사하는 광의의 공무원을 말한다), 직무를(공법상 권력작용과 비권력작용을 포함한 공행정작용을 말한다고 본다(광의설)(판례, 다수설)), 집행하면서(공무원의 행위의 외관을 객관적으로 관찰하여 직무행위로 판단될 수 있는지를 기준으로 한다(외형설)(판례, 다수설)), 고의·과실(고의란 위법행위의 발생가능성을 인식하고 인용하는 것을 말하고 과실이란 주의의무위반을 말하는데, 과실은 그 직무를 담당하는 평균적인 공무원이 갖추어야 할 주의의무위반을 말한다(과실개념의 객관화)), 위법(엄격한 의미의 법규위반뿐만 아니라 인권존중·권력남용금지·신의성실의 원칙위반도 위법으로 보는 행위위법설 중 이원설이 다수설과 판례의 입장이다), 타인, 손해, 인과관계(상당인과관계가 있어야 한다), 직무의 사익보호성(대법원은 국가배상법 제2조 제1항에서 말하는 직무란 사익의 보호를 위한 직무를 뜻하며, 사회 일반의 공익만을 위한 직무나 행정기관 내부의 질서를 규율하기 위한 직무는 이에 포함되지 않는다고 한다) 요건을 구비해야 한다.

2) 공무원, 직무, 집행하면서

시장은 공무원이며, 직무를 집행하는 과정에서 갑에게 손해가 발생하였기 때문에 이 요건들은 설문에서 문제되지 않는다.

3) 직무의 사익보호성

(가) 국가 등의 국가배상책임이 인정되려면 공무원에게 부과된 이러한 직무가 전적으로 또는 부수적으로라도 개개 국민(피해자)의 이익을 위해 부과된 것이어야만 하는지가 문제되는데, 다수설과 판례는 공무원에게 부과된 직무상 의무의 내용이 전적으로 또는 부수적으로 사회구성원 개인의 안전과 이익을 보호하기 위하여 설정된 것이라야 국가 등이 배상책임을 진다고 본다.

(나) 개발제한구역의 지정 및 관리에 관한 특별조치법 제1조는 "이 법은 … 도시의 무질서한 확산을 방지하고 도시 주변의 자연환경을 보전하여 도시민의 건전한 생활환경을 확보하는 것을 목적으로 한다"고 규정하고 있기 때문에 시장의 개발행위허가와 관련된 직무는 전적으로 또는 부수적으로 사익을 보호하는 것이다.

4) 고의·과실

시장이 개발행위를 허가하면서 사후에 처리시설로 인하여 환경오염이 심각해질 경우 개발행위허가를 취소·변경할 수 있다는 내용의 부관을 붙였고, 처리시설이 가동된 지 얼마 지나지 않아 예상과 달리 폐기물 처리량이 대폭 증가하였음에도 개발행위허가취소(변경)신청을 거부하

였다는 사정만으로 시장에게 과실을 인정하기는 어렵다.

5) 위 법 성

㈎ 국가배상법 제2조 제1항의 위법에 본질에 대해 다수설과 판례는 공권력행사의 규범위반 여부를 기준으로 한다(행위위법설). 그리고 시장의 개발행위허가취소(변경)는 공익적 사정이 고려되어야 하기 때문에 재량행위이다.

㈏ 재량행위는 일탈·남용이 있어서는 아니 되는데, 설문에서 주민 을의 평온한 주거생활을 고려하더라도 시장이 개발행위허가취소(변경)신청을 거부하였다는 사정만으로 재량권 일탈·남용을 인정하기는 어렵다. 따라서 시장의 개발행위허가취소(변경)신청을 거부행위는 위법하지 않다.

㈐ 또한, ⓐ 평온한 주거생활에 대한 방해가 중요한 법익에 대한 현저한 위험이라고 보기도 어렵고, ⓑ 주민 을은 폐기물처리시설 사업자 갑과의 관계에서 사적인 노력이나 법원에의 제소를 통해 권리구제를 받을 수 있다고 보이기 때문에 재량이 0으로 수축되어 시장의 개입의무가 인정되는 경우라고 보기도 어렵다.

6) 타인, 손해, 인과관계

평온한 주거생활에 대한 방해로 을이 손해를 입은 것인지는 불분명하며, 시장의 개발행위허가취소(변경)신청거부행위와 을의 손해 간에 상당인과관계가 있는지도 분명하지 않다.

(3) 설 문

시장에게 과실을 인정하기는 어렵고, 개발행위허가취소(변경)신청거부행위의 위법성도 인정되지 않으며, 손해와 인과관계도 불분명하기 때문에 을은 국가배상청구소송을 제기해서는 권리보호를 실현하기 어려울 것이다.

## 4. 행정소송

### (1) 거부처분취소소송(거부처분무효확인소송)

1) 거부처분취소소송의 제기

개발행위허가가 항고소송의 대상인 처분이므로 개발행위허가취소(변경) 및 그 거부도 항고소송의 대상인 처분이다. 따라서 을은 시장을 상대로 개발행위허가취소(변경)거부처분 취소소송(무효확인소송)을 제기할 수 있다.

2) 집행정지의 가능성

㈎ 거부처분에 대해 집행정지가 가능한지에 대해 학설은 부정설과 제한적 긍정설이 대립한다.

㈏ 판례는 거부처분은 그 효력이 정지되더라도 그 (거부)처분이 없었던 것과 같은 상태를 만드는 것에 지나지 아니하고 행정청에게 어떠한 처분을 명하는 등 적극적인 상태를 만들어 내는 경우를 포함하지 아니하기에 거부처분의 집행정지를 인정할 필요가 없다고 본다(대판 1992. 2. 13. 91

두47). 이에 따라 접견허가거부처분(대결 1991. 5. 2. 91두15), 투전기영업허가갱신거부처분(대결 1992. 2. 13. 91두47) 등의 집행정지신청을 모두 부적법하다고 보았다(부정).

(다) 판례에 따르면 개발행위허가취소(변경)거부처분에 대해 집행정지를 신청할 수 없다.

3) 판결의 기속력

(가) 을은 시장을 상대로 개발행위허가취소(변경)거부처분 취소소송(무효확인소송)을 제기하여 인용판결이 확정되면, 시장은 행정소송법 제30조 제2항에 의해 판결의 취지에 따른 재처분의무를 부담하게 된다.

(나) 그러나 판결의 기속력은 판결의 주문 및 이유에서 판단된 위법사유와 기본적 사실관계가 동일한 사유에만 미치는 것이므로, 시장은 당초 거부사유와 기본적 사실관계가 동일하지 않은 사유로 다시 거부처분을 하더라도 판결의 기속력에 위반되지 않는다.

4) 간접강제

을이 시장을 상대로 개발행위허가취소(변경)거부처분 취소소송(다만, 거부처분 무효확인소송은 간접강제의 준용규정이 없다)을 제기하여 인용판결이 확정되면 시장은 재처분의무가 발생하는데, 그럼에도 이를 이행하지 않는 경우에 을은 행정소송법 제34조에 의해 제1심수소법원에 간접강제를 신청할 수 있고 당해 법원은 결정으로서 상당한 기간을 정하고, 그 기간 내에 시장이 의무를 이행하지 않을 때에는 그 지연기간에 따라 일정한 배상을 할 것을 명하거나 즉시 손해배상을 할 것을 명할 수 있다.

(2) 의무이행소송과 가처분의 가능성

1) 의무이행소송의 인정 여부

(가) 의무이행소송이란 사인의 신청에 대해 행정청의 위법한 거부나 부작위가 있는 경우 당해 행정행위의 발령을 구하는 이행소송을 말한다.

(나) 학설은 긍정설, 부정설, 제한적 긍정설이 대립한다.

(다) 판례는 현행법상 규정이 없다는 이유로 부정한다(대판 1997. 9. 30. 97누3200).

2) 가처분의 인정 여부

(가) 가처분이란 다툼이 있는 법률관계에 관하여 잠정적으로 임시의 지위를 보전하는 것을 내용으로 하는 가구제제도이다(행정소송법 제8조 제2항, 민사집행법 제300조 참조).

(나) 가처분의 인정여부에 관해 긍정설, 부정설, 제한적 긍정설이 대립하지만, 판례는 민사집행법상의 보전처분은 민사판결절차에 의하여 보호받을 수 있는 권리에 관한 것이라고 보기 때문에 행정소송에 가처분을 인정하지 아니한다(대결 1992. 7. 6. 92마54).

3) 설 문

의무이행소송과 가처분을 인정하는 견해에 따른다면 을은 개발행위허가취소(변경)명령판결을 구하는 소송을 법원에 제기하면서 잠정적 처분의 발령을 요구하는 가처분을 신청할 수 있다.

### 5. 국가배상청구소송과 거부처분취소소송(무효확인소송)의 병합

을은 국가배상청구소송과 거부처분취소소송(무효확인소송)을 행정소송법 제10조에 따라 병합하여 제기할 수 있다. 다만 취소소송이 계속된 법원에 병합하여야 한다.

기출 44 〈제2문의1〉

X시 소속 공무원 갑은 다른 동료들과 함께 회식을 하던 중 옆자리에 앉아 있던 동료 병과 시비가 붙어 그를 폭행하였다. 이러한 사실이 지역 언론을 통하여 크게 보도되자, X시의 시장 을은 적법한 절차를 통해 갑에 대해 정직 3월의 징계처분을 하였다. 갑은 "해당 징계처분이 과도하기 때문에 위법이다."라고 주장하면서, X시 소청심사위원회에 소청을 제기하였다. 이에 대해 X시 소청심사위원회는 정직 3월을 정직 2월로 변경하는 결정을 내렸다.

(1) 갑은 2월의 정직기간 만료 후에 위 소청결정에 따른 시장 을의 별도 처분 없이 업무에 복귀하였다. 이와 관련하여 X시 소청심사위원회가 내린 위 결정의 효력에 대하여 설명하시오. 10.

(2) 갑은 2월의 정직기간 만료 전에 X시 소청심사위원회가 내린 정직 2월도 여전히 무겁다고 주장하면서 취소소송을 제기하려고 한다. 이 경우 취소소송의 피고 및 대상을 검토하시오. 20.

[제55회 사법시험(2013년)]

기출 44 (1) 갑은 2월의 정직기간 만료 후에 위 소청결정에 따른 시장 을의 별도 처분 없이 업무에 복귀하였다. 이와 관련하여 X시 소청심사위원회가 내린 위 결정의 효력에 대하여 설명하시오. 10.

## Ⅰ. 소청심사위원회의 결정의 효력

### 1. 소청심사위원회의 결정(재결)의 효력

#### (1) 소청심사위원회의 결정(재결)의 종류

㈎ 지방공무원법 제19조 제5항 제3호는 "처분의 취소 또는 변경을 구하는 심사청구가 이유 있다고 인정되면 처분을 취소 또는 변경하거나 처분행정청에 취소 또는 변경할 것을 명한다"고 규정하고 있다.

㈏ 소청심사위원회는 정직 3월을 정직 2월로 변경하는 결정을 하였기 때문에, 설문의 재결(결정)은 일부취소재결이며, 형성재결이다.

#### (2) 재결의 효력

1) 행정행위로서 재결의 효력

재결도 행정행위이기 때문에 행정행위의 일반적 효력을 가진다. 즉, 재결은 (좁은 의미의) 구속력(당사자를 구속하는 법적 효과를 발생시키는 힘을 말한다), 공정력(권한을 가진 기관에 의해 취소될 때까지 그 효력을 부정할 수 없는 구속력을 말한다), 구성요건적 효력(유효한 행정행위의 존재가 다른 국가기관의 결정에 영향을 미치는 효력을 말한다), 형식적 존속력(불가쟁력 — 일정한 사유가 존재하면 행정행위의 상대방 등이 행정행위의 효력을 쟁송절차에서 다툴 수 없게 되는 효력을 말한다), 실질적 존속력(불가변력 — 행정행위를 발령한 행정청도 직권으로 취소(변경)·철회할 수 없는 구속력을 말한다)을 가진다.

2) 형 성 력

재결의 형성력이란 형성재결이 확정되면 특별한 의사표시 내지 절차 없이 당연히 행정법상 법률관계의 발생·변경·소멸을 가져오는 효력을 말한다. 형성력은 처분에 대한 형성재결이 있으면 그 이후에는 행정처분의 취소나 통지 등의 별도의 절차를 요하지 않는 형성효, 처분이 발령된 시점으로 소급하여 행정법상 법률관계의 소멸(변경)을 가져오는 소급효, 제3자에게도 형성력이 발생하는 제3자효를 그 내용으로 한다.

3) 기 속 력

㈎ 재결의 기속력이란 심판청구를 인용하는 위원회의 재결이 피청구인과 그 밖의 관계행정청에 대하여 재결의 취지에 따라야 할 실체법상의 의무를 발생시키는 효력을 말한다(행정심판법 제49조 제1항). 여기서 기속이란 피청구인인 행정청과 관계행정청이 다시 처분(재처분)을 하는 경우 재결의 취지에 따라야 함을 의미한다.

㈏ 기속력의 내용은 반복금지의무, 재처분의무, 결과제거의무이며, 기속력은 재결의 주문 및 이유에서 판단된 처분등의 구체적 위법사유에 미친다.

### 2. 설문과 관련된 소청심사위원회의 결정(재결)의 효력

㈎ 2월의 정직기간 만료 후에 소청결정에 따른 시장 을의 별도 처분 없이 갑은 업무에 복귀하였기 때문에 이와 관련된 재결의 효력은 형성력이다.

㈏ 행정소송법 제29조 제1항은 간접적으로나마 취소판결의 형성력을 인정하고 있지만, 재결의 형성력에 대한 명문의 규정은 없다. 그러나 설문의 재결은 형성재결이므로 당연히 형성력이 인정된다. 그리고 판결의 형성력과 마찬가지로 제3자에게도 효력이 미친다(행정소송법 제29조 제1항 참조).

**기출 44** (2) 갑은 2월의 정직기간 만료 전에 X시 소청심사위원회가 내린 정직 2월도 여전히 무겁다고 주장하면서 취소소송을 제기하려고 한다. 이 경우 취소소송의 피고 및 대상을 검토하시오. 20.

## Ⅱ. 취소소송의 대상과 피고적격

### 1. 문제 상황

지방공무원법 제19조 제5항 제3호에 따라 소청심사위원회는 갑에 대한 징계를 정직 3월에서 정직 2월로 변경하는 일부인용결정(일부취소재결)을 하였지만, 갑은 여전히 정직 2월이 과중하다고 주장하면서 취소소송을 제기한다면 취소소송의 대상이 원처분(남은 원처분을 포함하여)인지 일부취소재결인지가 행정소송법 제19조 제1항 단서와 관련해 문제된다. 그리고 취소소송의 대상이 원처분인지 재결인지에 따라 피고가 결정될 것이다.

### 2. 재결소송의 개념

#### (1) 재결소송의 의의

재결소송이란 재결을 분쟁대상으로 하는 항고소송을 말한다. 여기서 재결이란 행정심판법에서 말하는 재결(행정심판법 제2조 3. '재결'이란 행정심판의 청구에 대하여 행정심판법 제6조에 따른 행정심판위원회가 행하는 판단을 말한다)만을 뜻하는 것은 아니고 개별법상의 행정심판이나 이의신청에 따른 재결도 포함된다.

#### (2) 원처분주의

행정소송법상 재결에 대한 취소소송은 재결 자체에 고유한 위법이 있는 경우에 한한다(행정소송법 제19조 단서). 즉 취소소송은 원칙적으로 원처분을 대상으로 해야 하며, 재결은 예외적으로만 취소소송의 대상이 될 수 있다. 이를 원처분주의라고 하며 재결주의(재결만이 항고소송의 대상이며, 재결소송에서 재결의 위법뿐만 아니라 원처분의 위법도 주장할 수 있다는 입장)와 구별된다.

### 3. 재결(취소)소송의 사유

#### (1) '재결 자체에 고유한 위법'의 의의

재결소송은 재결 자체에 고유한 위법(원처분에는 없는 재결만의 고유한 위법)이 있는 경우에 가능하다. 여기서 '재결 자체에 고유한 위법'이란 재결 자체에 주체·절차·형식 그리고 내용상의 위법이 있는 경우를 말한다. 그리고 재결(심리)의 범위를 벗어난 재결(행정심판법 제47조 ① 위원회는 심판청구의 대상이 되는 처분 또는 부작위 외의 사항에 대하여는 재결하지 못한다. ② 위원회는 심판청구의 대상이 되는 처분보다 청구인에게 불리한 재결을 하지 못한다)도 재결만의 고유한 하자가 될 수 있다.

#### (2) 주체·절차·형식의 위법

① 권한이 없는 기관이 재결하거나 행정심판위원회의 구성원에 결격자가 있다거나 정족수 흠결 등의 사유가 있는 경우 주체의 위법에 해당한다. ② 절차의 위법은 행정심판법상의 심판절차를 준수하지 않은 경우를 말한다. ③ 형식의 위법은 서면에 의하지 아니하고 구두로 한 재결이나 행정심판법 제46조 제2항 소정의 주요기재 사항이 누락된 경우 등을 말한다.

#### (3) 내용의 위법

내용상의 위법에 대해서는 학설이 대립된다. ① 내용의 위법은 재결 자체의 고유한 위법에 포함되지 않는다는 견해도 있고, 내용상의 위법도 포함된다는 견해(다수견해)도 있다. ② 판례는 「행정소송법 제19조에서 말하는 재결 자체에 고유한 위법이란 원처분에는 없고 재결에만 있는 재결청(현행법상으로는 위원회)의 권한 또는 구성의 위법, 재결의 절차나 형식의 위법, 내용의 위법 등을 뜻하고, 그 중 내용의 위법에는 위법·부당하게 인용재결을 한 경우가 해당한다(대판 1997. 9. 12. 96누14661)」고 판시하고 있다. ③ 재결이 원처분과는 달리 새롭게 권리·의무에 위법한 변동(침해)을 초래하는 경우도 재결 자체의 고유한 위법이므로 내용상 위법이 포함된다는 견해가 타당하다.

### 4. 소 결

#### (1) 취소소송의 대상

1) 문 제 점

침익적 처분에 대해 행정심판을 제기하여 일부취소재결(일부인용재결)을 받았지만 당사자는 여전히 남은 부분에 '내용상 위법'이 있다고 하여 불복하려는 경우 소송의 대상이 무엇인지가 문제된다.

2) 학 설

ⓐ 일부취소재결은 원처분의 일부취소이므로 남은 원처분이 존재하며, 행정소송법 제19조 단서의 원처분주의에 따라 남은 원처분이 소송의 대상이라는 견해와 ⓑ 일부취소재결은 위원회가 원처분을 전부취소하고(원처분은 소멸됨) 원처분을 대체하여 발령한 것이므로 일부취소재결이

소송의 대상이 된다는 견해가 대립된다.

3) 검 토

원처분의 연속성이라는 관점에서 일부취소재결은 원처분의 일부취소로 보아야 한다는 견해가 타당하다(일반적인 견해). 따라서 이 경우 행정소송법 제19조 단서의 원처분주의가 적용되어 남은 원처분이 소송의 대상이 된다.

4) 설 문

행정소송법 제19조 단서의 원처분주의에 따라 남은 원처분인 정직 2월처분이 소송의 대상이 된다. 왜냐하면 설문에서 갑은 정직 2월도 여전히 무겁다고 주장하는데 이는 (남은) 원처분의 위법을 주장하는 것이며, (일부취소) '재결의 고유한 위법'을 주장하는 것이 아니기 때문이다. 다만 설문의 일부취소재결에 내용상 위법이 아닌 주체나 절차상의 위법이 있다면 일부취소재결도 소의 대상이 될 수 있다.

(2) 피고적격

정직 2월의 남은 원처분이 소송의 대상이라면 피고는 원처분청인 시장이다. 다만, 일부취소재결을 소송의 대상으로 본다면 피고는 소청심사위원회가 된다.

기출 45 〈제1문〉

A광역시의 시장 을은 세수증대, 고용창출 등 지역발전을 위해 폐기물처리업의 관내 유치를 결심하고 갑이 제출한 폐기물처리사업계획서를 검토하여 그에 대한 적합통보를 하였다. 이에 따라 갑은 폐기물처리업 허가를 받기 위해 먼저 도시·군관리계획변경을 신청하였고, 을은 관계 법령이 정하는 바에 따라 해당 폐기물처리업체가 입지할 토지에 대한 용도지역을 폐기물처리업의 운영이 가능한 용도지역으로 변경하는 것을 내용으로 하는 도시·군관리계획변경안을 입안하여 열람을 위한 공고를 하였다. 그러나 을의 임기 만료 후 새로 취임한 시장 병은 폐기물처리업에 대한 인근 주민의 반대가 극심하여 실질적으로 폐기물사업 유치가 어려울 뿐만 아니라, 자신의 선거공약인 '생태중심, 자연친화적 A광역시 건설'의 실현 차원에서 용도지역 변경을 승인할 수 없다는 계획변경승인거부처분을 함과 동시에 해당 지역을 생태학습체험장 조성지역으로 결정하였다. 폐기물처리사업계획 적합통보에 따라 사업 착수를 위한 제반 준비를 거의 마친 갑은 병을 피고로 하여 관할 법원에 계획변경승인거부처분 취소소송을 제기하였다.

(1) 갑이 제기한 취소소송은 적법한가? (단, 제소기간은 준수하였음) 35.

(2) 폐기물처리사업계획 적합통보에 따라 이미 상당한 투자를 한 갑이 위 취소소송의 본안판결 이전에 잠정적인 권리구제를 도모할 수 있는 행정소송 수단에 관하여 검토하시오. 20.

(3) 갑은 위 취소소송의 청구이유로서 계획변경승인거부처분에 앞서 병이 처분의 내용, 처분의 법적 근거와 사실상의 이유, 의견청취절차 관련 사항 등을 미리 알려주지 않았으므로 위 거부처분이 위법하여 취소되어야 한다고 주장하였다. 갑의 주장은 타당한가? 15.

(4) 법원은 위 취소소송에서 갑의 소송상 청구를 인용하였고, 그 인용판결은 병의 항소 포기로 확정되었다. 그럼에도 불구하고 병은 재차 계획변경승인거부처분을 발령하였는데, 그 사유는 취소소송의 계속 중 A광역시의 관련 조례가 개정되어 계획변경을 승인할 수 없는 새로운 사유가 추가되었다는 것이었다. 병의 재거부처분은 적법한가? (단, 개정된 조례의 합헌·적법을 전제로 함) 20.

(5) 위 취소소송의 인용판결이 확정되었음에도 불구하고 병이 아무런 조치를 취하지 않을 경우 갑이 행정소송법상 취할 수 있는 효율적인 권리구제 수단을 설명하시오. 10.

[제2회 변호사시험(2013년)]

참조조문

폐기물관리법

제25조(폐기물처리업) ① 폐기물의 수집·운반, 재활용 또는 처분을 업(이하 "폐기물처리업"이라 한다)으로 하려는 자(음식물류 폐기물을 제외한 생활폐기물을 재활용하려는 자와 폐기물처리 신고자는 제외한다)는 환경부령으로 정하는 바에 따라 지정폐기물을 대상으로 하는 경우에는 폐기물처리사업계획서를 환경부장관에게 제출하고, 그 밖의 폐기물을 대상으로 하는 경우에는 시·도지사에게 제출하여야 한다. 환경부령으로 정하는 중요 사항을 변경하려는 때에도 또한 같다.

② 환경부장관이나 시·도지사는 제1항에 따라 제출된 폐기물처리사업계획서를 다음 각 호의 사항에 관하여 검토한 후 그 적합 여부를 폐기물처리사업계획서를 제출한 자에게 통보하여야 한다.

1.~4. 〈생략〉

③ 제2항에 따라 적합통보를 받은 자는 그 통보를 받은 날부터 2년(제5항 제1호에 따른 폐기물 수집·운반업의 경우에는 6개월, 폐기물처리업 중 소각시설과 매립시설의 설치가 필요한 경우에는 3년) 이내에 환경부령으로 정하는 기준에 따른 시설·장비 및 기술능력을 갖추어 업종, 영업대상 폐기물 및 처리분야별로 지정폐기물을 대상으로 하는 경우에는 환경부장관의, 그 밖의 폐기물을 대상으로 하는 경우에는 시·도지사의 허가를 받아야 한다. 이 경우 환경부장관 또는 시·도지사는 제2항에 따라 적합통보를 받은 자가 그 적합통보를 받은 사업계획에 따라 시설·장비 및 기술인력 등의 요건을 갖추어 허가신청을 한 때에는 지체 없이 허가하여야 한다.

국토의 계획 및 이용에 관한 법률

제2조(정의) 이 법에서 사용하는 용어의 뜻은 다음과 같다.

15. "용도지역"이란 토지의 이용 및 건축물의 용도, 건폐율(「건축법」 제55조의 건폐율을 말한다. 이하 같다), 용적률(「건축법」 제56조의 용적률을 말한다. 이하 같다), 높이 등을 제한함으로써 토지를 경제적·효율적으로 이용하고 공공복리의 증진을 도모하기 위하여 서로 중복되지 아니하게 도시·군관리계획으로 결정하는 지역을 말한다.

제36조(용도지역의 지정) ① 국토해양부장관, 시·도지사 또는 대도시 시장은 다음 각 호의 어느 하나에 해당하는 용도지역의 지정 또는 변경을 도시·군관리계획으로 결정한다.

1.~4. 〈생략〉

국토의 계획 및 이용에 관한 법률 시행령

제22조(주민 및 지방의회의 의견청취) ① 〈생략〉

② 특별시장·광역시장·특별자치시장·특별자치도지사·시장 또는 군수는 법 제28조 제4항에 따라 도시·군관리계획의 입안에 관하여 주민의 의견을 청취하고자 하는 때[법 제28조 제2항에 따라 국토해양부장관(법 제40조에 따른 수산자원보호구역의 경우 농림수산식품부장관을 말한다. 이하 이 조에서 같다) 또는 도지사로부터 송부받은 도시·군관리계획안에 대하여 주민의 의견을 청취하고자 하는 때를 포함한다]에는 도시·군관리계획안의 주요내용을 전국 또는 해당 특별시·광역시·특별자치시·특별자치도·시 또는 군의 지역을 주된 보급지역으로 하는 2 이상의 일간신문과 해당 특별시·광역시·특별자치시·특별자치도·시 또는 군의 인터넷 홈페이지 등에 공고하고 도시·군관리계획안을 14일 이상 일반이 열람할 수 있도록 하여야 한다.

기출 45 (1) 갑이 제기한 취소소송은 적법한가? (단, 제소기간은 준수하였음) 35.

# Ⅰ. 취소소송의 적법성

## 1. 소송요건 일반

(가) 갑의 계획변경승인거부처분취소소송은 관할권 있는 법원에(행정소송법 제9조), 원고적격(동법 제12조)과 피고적격을 갖추어(동법 제13조), 처분 등을 대상으로(동법 제19조), 제소기간 내에(동법 제20조) 제기하고, 그 밖에 권리보호필요성 요건을 갖추고 있어야 한다.

(나) 광역시장의 거부처분에 대한 것이므로 대상적격(특히 신청권)과 원고적격이 문제된다.

## 2. 대상적격

### (1) 문 제 점

(가) 취소소송의 대상에 대해 행정소송법 제19조 본문은 "취소소송은 처분등을 대상으로 한다"고 규정하고, 동법 제2조 제1항 제1호는 취소소송의 대상인 '처분등'을 ① 처분인 ⓐ 공권력의 행사, ⓑ 그 거부, ⓒ 그 밖에 이에 준하는 행정작용과 ② 행정심판에 대한 재결이라고 정의하고 있다. 따라서 취소소송의 대상은 적극적인 공권력 행사, 소극적인 공권력 행사인 거부처분, 이에 준하는 행정작용 그리고 행정심판에 대한 재결이 된다.

(나) 설문에서는 소극적인 공권력 행사가 문제되는데, 먼저 행정행위와 처분의 관계를 검토한 후 시장의 계획변경승인거부행위가 취소소송의 대상인지를 살펴본다.

### (2) 행정행위와 처분의 관계

#### 1) 문 제 점

행정소송법 제2조 제1항 제1호는 취소소송의 대상인 '처분'을 "행정청이 행하는 구체적 사실에 관한 법집행으로서의 공권력의 행사 또는 그 거부와 그 밖에 이에 준하는 행정작용"이라고 정의하고 있다. 이처럼 행정소송법은 '처분'개념을 광의로 정의(그 밖에 이에 준하는 행정작용)하고 있어 행정소송법상의 처분개념이 강학상 개념인 행정행위와 동일한 것인지에 대해 학설이 대립된다.

#### 2) 학 설

a. 실체법적 (행정행위) 개념설(일원설, 형식적 행정행위 부정설) 행정쟁송법상 처분을 강학상 행정행위와 동일한 것으로 보는 입장이다. 행정소송법 제2조 제1항 제1호는 처분을 '공권력의 행사(또는 그 거부)'와 '이에 준하는 행정작용'이라고 규정하지만 '이에 준하는 행정작용'은 공권력행사에 준하는 행정작용을 말하는 것이며, 쟁송법적 개념설이 처분개념에 포함시키고 있는 비권력적 행정작용에 대한 권리구제수단은 항고소송이 아니라 당사자소송(비권력적 사실행위로 발생한 법률관계를 다투는 당사자소송)이나 법정외소송(일반적 이행소송)을 활용해야 한다는 점을 근거로

한다(김남진 · 김연태, 류지태 · 박종수, 박윤흔 · 정형근, 김성수, 정하중).

b. 쟁송법적 (행정행위) 개념설(이원설, 형식적 행정행위 긍정설) 행정쟁송법상 처분을 강학상 행정행위와는 별개의 것으로 보는 입장이다. 행정소송법 제2조 제1항 제1호는 처분개념에 '공권력의 행사(또는 그 거부)'에 '이에 준하는 행정작용'을 더하고 있기 때문에 현행법상 처분은 강학상 행정행위보다 더 광의의 개념으로 보아야 하며, 다양한 행정작용(특히 비권력적 행정작용)에 대해 항고소송을 인정함으로써 실효적인 권리구제가 가능하다는 점을 근거로 한다(김동희, 박균성).

3) 판 례

판례는 쟁송법적 개념설이 대표적으로 주장하는 비권력적 사실행위에 대해 처분성을 부정하고 있어 기본적으로 실체법적 개념설의 입장이다. 다만, 처분개념이 확대될 여지를 인정한 판결도 있다(행정청의 어떤 행위를 행정처분으로 볼 것이냐의 문제는 … 행정처분이 그 주체, 내용, 절차, 형식에 있어서 어느 정도 성립 내지 효력요건을 충족하느냐에 따라 개별적으로 결정하여야 하며, … 행정청의 행위로 인하여 그 상대방이 입는 불이익 내지 불안이 있는지 여부도 그 당시에 있어서의 법치행정의 정도와 국민의 권리의식 수준 등은 물론 행위에 관련한 당해 행정청의 태도 등도 고려하여 판단하여야 한다(대판 1993. 12. 10. 93누12619)).

4) 검 토

취소소송은 법률관계를 발생시키는 행정작용의 효력을 깨뜨리기 위한 형성소송(행정소송법 제29조 제1항 참조)이므로 취소소송의 대상은 법률관계를 발생시키는 행정행위에 한정하는 실체법적 개념설이 타당하다.

(3) 항고소송의 대상인 거부처분의 요건

1) 공권력행사의 거부일 것(거부의 내용(=신청의 내용)이 공권력 행사일 것)

항고소송의 대상인 거부처분이 되기 위해서는 사인의 공권력행사의 신청에 대한 거부이어야 한다. 즉, 거부의 내용(=신청의 내용)이 ⓐ 행정청(전통적 의미의 행정청뿐만 아니라 합의제기관, 실질적 의미의 처분을 하는 경우 법원이나 국회의 기관, 행정소송법 제2조 제2항의 행정청등 자신의 명의로 처분을 할 수 있는 모든 행정청(기능적 의미의 행정청)을 말한다)이 행하는 행위로 ⓑ 구체적 사실(규율대상이 구체적 — 시간적으로 1회적, 공간적으로 한정 — 이어야 한다)에 대한 ⓒ 법집행행위(입법이 아니라 법의 집행행위라야 한다)이며 ⓓ 공권력행사(행정청이 공법에 근거하여 우월한 지위에서 일방적으로 행사하여야 한다)이어야 한다.

2) 거부로 인하여 국민의 권리나 법적 이익에 직접 영향을 미치는 것일 것

(가) '국민의 권리나 법적 이익에 직접 영향을 미치는 것일 것(법적 행위일 것)'은 행정소송법 제2조 제1항 제1호에서 명시된 거부처분의 요소는 아니다. 그러나 판례와 전통적인 견해는 적극적 공권력행사와 마찬가지로 취소소송의 본질을 위법한 법률관계를 발생시키는 행정작용의 효력을 소급적으로 제거하는 것으로 이해하기 때문에 행정청의 소극적인 공권력행사의 경우에도 법적 행위를 거부처분의 성립요건으로 보고 있다.

(나) '법적 행위'란 외부적 행위이며 국민의 권리나 법적 이익과 관련되는 행위를 말한다. 판례도 「토지분할신청에 대한 거부행위는 국민의 권리관계에 영향을 미친다고 할 것이므로 이를 항고소송의 대상이 되는 처분으로 보아야 할 것이다(대판 1993. 3. 23. 91누8968)」라고 본다.

3) 거부처분의 성립에 신청권이 필요한지 여부

a. 문 제 점 거부처분의 성립 요건으로 ① 공권력행사의 거부일 것, ② 거부로 인하여 국민의 권리나 법적 이익에 직접 영향을 미치는 것일 것 외에 ③ 신청권이 필요한지에 대해 학설이 대립한다.

b. 학 설 학설은 ① 부작위의 성립에 (행정청의) 처분의무가 요구되는 것처럼 거부처분의 성립에도 처분의무가 요구된다고 하면서(이러한 행정청의 처분의무에 대응하여 상대방은 '권리'를 가지는데 그 권리를 신청권이라고 본다)(행정소송법 제2조 제1항 제2호 참조) 이러한 신청권을 가진 자의 신청에 대한 거부라야 항고소송의 대상적격이 인정된다는 견해(대상적격설)(박균성), ② 취소소송의 소송물을 '처분의 위법성과 당사자의 권리침해'로 이해하면서 신청권은 소송요건의 문제가 아니라 본안의 문제로 보는 견해(본안요건설)(홍준형), ③ 어떠한 거부행위가 행정소송의 대상이 되는 처분에 해당하는가의 여부는 그 거부된 행위가 행정소송법 제2조 제1항 제1호의 처분에 해당하는가의 여부에 따라 판단하여야 하며 행정소송법 제12조를 고려할 때(법률상 이익(신청권)은 원고적격의 판단 기준이다) 신청권은 원고적격의 문제로 보아야 한다는 견해(원고적격설)가 대립된다.

c. 판 례 ㈎ 판례는 잠수기어업불허가처분취소 사건에서 「거부처분의 처분성을 인정하기 위한 전제요건이 되는 신청권의 존부는 구체적 사건에서 신청인이 누구인가를 고려하지 않고 관계 법규의 해석에 의하여 일반 국민에게 그러한 신청권을 인정하고 있는가를 살펴 추상적으로 결정되는 것이고 … 따라서 국민이 어떤 신청을 한 경우에 그 신청의 근거가 된 조항의 해석상 행정발동에 대한 개인의 신청권을 인정하고 있다고 보여지면 그 거부행위는 항고소송의 대상이 되는 처분으로 보아야 할 것(대판 1996. 6. 11. 95누12460)」이라고 하여 거부처분의 성립에 신청권이 필요하다고 본다.

㈏ 그리고 신청권은 신청인이 그 신청에 따른 단순한 응답을 받을 권리를 넘어서 신청의 인용이라는 만족적 결과를 얻을 권리를 의미하는 것은 아니라고 한다(대판 1996. 6. 11. 95누12460).

㈐ 신청권의 근거는 법규상 또는 조리상 인정될 수 있는데, 법규상 신청권이 있는지 여부는 관련법규의 해석에 따라 결정되며, 조리상 신청권 인정 여부는 거부행위에 대해 항고소송 이외의 다른 권리구제수단이 없거나, 행정청의 거부행위로 인해 국민이 수인불가능한 불이익을 입는 경우 조리상의 신청권은 인정될 수 있다고 한다(하명호).

d. 검 토 거부처분의 성립에 신청권이 필요하다는 판례와 대상적격설의 입장은 대상적격과 원고적격의 구분을 무시한 것이고, 신청권(권리)을 대상적격의 요건으로 본다면 행정청의 동일한 행위가 권리(신청권)를 가진 자에게는 대상적격이 인정되고 권리(신청권)를 가지지 못한 자에게는 대상적격이 부정되어 부당한 결론을 가져오게 된다(김유환). 따라서 권리인 신청권은 원고적격의 문제로 보아야 한다.

(4) 설 문

㈎ 설문에서 갑은 도시·군관리계획변경을 신청하였는데, 이러한 행정계획의 법적 성질에

대해 개별검토설(복수성질설)(행정계획은 그 내용에 따라 법규명령(입법)적인 것도 있고 행정행위에 해당하는 것도 있으므로 개별적으로 검토해 보아야 한다는 견해이다)이 통설이며, 판례도 행정계획의 법적 성질을 구체적 사안에 따라 개별적으로 판단한다.

(나) 설문의 도시·군관리계획(변경)결정은 행정청인 시장이 하는 용도지역의 변경이라는 사실에 대한 국토의 계획 및 이용에 관한 법령의 집행행위로 공권력행사에 해당한다. 따라서 시장의 계획변경승인거부행위는 공권력행사의 거부이다.

(다) 그리고 도시·군관리계획이 결정되면 도시계획구역 안의 토지나 건물 소유자는 토지형질변경, 건축물의 신축, 개축 또는 증축 등 권리행사가 일정한 제한을 받게 되는바 도시·군관리계획변경의 거부는 국민의 권리나 법적 이익에 직접 영향을 미치는 행위이다.

### 3. 원고적격

#### (1) 문제 상황

(가) 취소소송의 원고적격에 대해 행정소송법 제12조 제1문은 '취소소송은 처분 등의 취소를 구할 법률상 이익이 있는 자가 제기할 수 있다'고 규정하는데, 그 "처분등"에는 거부처분이 포함되기 때문에 설문에서 원고적격 여부는 갑에게 시장의 도시·군관리계획변경거부처분의 취소를 구할 법률상 이익이 있는지에 따라 결정된다.

(나) 일반적 견해는 법률상 이익의 범위(의미)를 취소소송의 본질에 대한 논의를 통해 결정한다.

#### (2) 취소소송의 본질

(가) 학설은 취소소송의 본질(기능)에 관해 ⓐ 취소소송의 목적은 위법한 처분으로 야기된 개인의 권리침해의 회복에 있다는 권리구제설(권리구제설이 말하는 권리는 좁은 의미의 권리이다), ⓑ 위법한 처분으로 (좁은 의미) 권리뿐 아니라 법에 의해 보호되는 이익을 침해당한 자도 처분을 다툴 수 있다는 법률상 보호이익설(통설), ⓒ 처분의 효력을 다투어 이를 부정하는 것이 당사자에게 실질적 이익이 있다면 그것이 법률상 이익이든 사실상의 이익이든 그러한 이익이 침해된 자는 소송을 제기할 수 있다는 보호가치 있는 이익설, ⓓ 취소소송은 개인의 권리구제보다는 처분의 적법성을 유지하는 것이 주된 기능으로 처분의 적법성 확보에 가장 적합한 이익 상태에 있는 자가 원고적격을 갖는다는 적법성보장설이 있다.

(나) 판례는「행정소송에서 소송의 원고는 행정처분에 의하여 직접 권리를 침해당한 자임을 보통으로 하나 직접 권리의 침해를 받은 자가 아닐지라도 소송을 제기할 법률상의 이익을 가진 자는 그 행정처분의 효력을 다툴 수 있다(대판 1974. 4. 9. 73누173)」고 하여 법률상 보호이익설의 입장이다.

(다) 취소소송은 주관적 소송이므로 적법성보장설은 타당하지 않으며, 행정소송법 제12조가 취소소송은 법률상 이익이 있는 자가 제기할 수 있다고 규정하기 때문에 법률상 보호이익설이 타당하다.

### (3) 법률상 이익이 있는 자의 분석

#### 1) 법률상 이익에서 '법률(법규)'의 범위

a. 학 설 일반적인 견해는 처분의 근거법규의 규정과 취지, 관련법규의 규정과 취지 외에 헌법상 기본권 규정도 고려해야 한다는 입장이다.

b. 판 례 ㈎ 판례는 기본적으로 당해 처분의 근거가 되는 법규가 보호하는 이익만을 법률상 이익으로 본다(대판 1989. 5. 23. 88누8135).

㈏ 최근에는 폐기물처리시설입지결정사건에서 근거법규 외에 관련법규까지 고려하여 법률상 이익을 판단하고 있다(대판 2005. 5. 12. 2004두14229).

㈐ 하지만 헌법상의 기본권 및 기본원리를 법률상 이익의 해석에서 일반적으로 고려하지는 않는다. 다만, ⓐ 대법원은 접견허가거부처분사건에서 '접견권'을(대판 1992. 5. 8. 91누7552), ⓑ 헌법재판소는 국세청장의 납세병마개제조자지정처분과 관련된 헌법소원사건에서 '경쟁의 자유'를(헌재 1998. 4. 30. 97헌마141) 기본권이지만 법률상 이익으로 인정(또는 고려)하였다고 일반적으로 해석한다.

c. 검 토 취소소송은 법률상 보호이익의 구제를 목적으로 하는 소송(법률상 보호이익설)이기 때문에 처분의 근거법규의 규정과 취지, 관련법규의 규정과 취지 외에 기본권 규정도 고려해야 한다는 일반적인 견해가 타당하다.

#### 2) '이익이 있는'의 의미

㈎ 판례는 법률상의 이익이란 당해 처분등의 근거가 되는 법규에 의하여 보호되는 개별적·직접적이고 구체적인 이익을 말하고, 단지 간접적이거나 사실적·경제적인 이해관계를 가지는 데 불과한 경우에는 행정소송을 제기할 법률상의 이익이 아니라고 본다(대판 1992. 12. 8. 91누13700).

㈏ 그리고 법률상 이익에 대한 침해 또는 침해 우려가 있어야 원고적격이 인정된다(대판 2006. 3. 16. 2006두330).

#### 3) '자'의 범위

㈎ 법률상 이익의 주체에는 자연인, 법인, 법인격 없는 단체, 다수인(행정소송법 제15조 참조)도 가능하다.

㈏ 행정주체가 아닌 행정기관은 항고소송을 제기할 원고적격이 인정되지 않는다. 그러나 대법원은 경기도선거관리위원회 위원장이 국민권익위원회를 상대로 불이익처분원상회복등요구처분취소를 구한 사건에서 경기도선관위원장은 비록 국가기관이지만 원고적격을 가진다고 보았다(대판 2013. 7. 25. 2011두1214).

### (4) 설 문

㈎ 시장의 계획변경승인거부처분의 근거법률인 국토의 계획 및 이용에 관한 법률 제1조(이 법은 국토의 이용·개발과 보전을 위한 계획의 수립 및 집행 등에 필요한 사항을 정하여 공공복리를 증진시키고 국민의 삶의 질을 향상시키는 것을 목적으로 한다)를 고려할 때 동법은 갑의 사익을 명시적으로 보호한다고 보

기는 어렵다. 하지만, 동법 시행령 제22조 제2항이 '도시 · 군관리계획의 입안에 관한 주민의 의견청취'를 규정하고 있고, 갑은 폐기물처리사업계획 적합통보를 받고 사업준비를 마친 상태인데 도시 · 군관리계획변경이 거부되면 갑은 관련법률인 폐기물관리법상의 폐기물처리업을 할 수 없기 때문에 해당 법령이 보호하는 이익은 개별적 · 직접적 · 구체적인 이익이라고 보아야 한다. 따라서 갑은 원고적격이 인정된다.

(나) 판례도 진안군수가 주식회사 진도의 국토이용계획변경승인신청을 거부한 사건에서 「국토이용계획은 장기성, 종합성이 요구되는 행정계획이어서 원칙적으로는 그 계획이 일단 확정된 후에 어떤 사정의 변동이 있다고 하여 그러한 사유만으로는 지역주민이나 일반 이해관계인에게 일일이 그 계획의 변경을 신청할 권리를 인정하여 줄 수는 없을 것이지만, … 피고로부터 폐기물처리사업계획의 적정통보를 받은 원고가 폐기물처리업허가를 받기 위하여는 이 사건 부동산에 대한 용도지역을 '농림지역 또는 준농림지역'에서 '준도시지역(시설용지지구)'으로 변경하는 국토이용계획변경이 선행되어야 하고, 원고의 위 계획변경신청을 피고가 거부한다면 이는 실질적으로 원고에 대한 폐기물처리업허가신청을 불허하는 결과가 되므로, 원고는 위 국토이용계획변경의 입안 및 결정권자인 피고에 대하여 그 계획변경을 신청할 법규상 또는 조리상 권리를 가진다(대판 2003. 9. 23. 2001두10936)」고 하여 '계획변경신청을 거부하는 것이 실질적으로 당해 행정처분 자체를 거부하는 결과가 되는 경우'는 예외적으로 계획변경을 신청할 권리는 인정하였다(다만 판례는 신청권을 대상적격 문제로 본다).

### 4. 소　　결

갑의 계획변경승인거부처분 취소소송은 모든 소송요건을 구비하고 있는바, 갑의 취소소송은 적법하다.

**기출 45** (2) 폐기물처리사업계획 적합통보에 따라 이미 상당한 투자를 한 갑이 위 취소소송의 본안판결 이전에 잠정적인 권리구제를 도모할 수 있는 행정소송 수단에 관하여 검토하시오. 20.

## Ⅱ. 잠정적 권리구제수단

### 1. 문제 상황

갑이 계획변경승인거부처분 취소소송의 본안판결 이전에 도모할 수 있는 잠정적인 권리구제 수단으로 집행정지를 생각할 수 있고, 가처분의 가능성도 함께 검토해 본다.

## 2. 집행정지

### (1) 문제 상황

행정소송법은 집행부정지원칙을 채택하여, 당사자가 취소소송을 제기하였다 하더라도 행정청이 발령한 처분등의 효력이나 그 집행 또는 절차의 속행에 영향을 주지 않는다고 규정한다(행정소송법 제23조 제1항). 다만 일정한 요건을 충족하는 경우 원고의 권리보호를 위해 처분의 효력정지 등을 인정하고 있다(행정소송법 제23조 제2항). 설문에서는 계획변경승인거부처분에 대해 행정소송법상 집행정지가 가능한지가 문제된다.

### (2) 집행정지의 요건

집행정지의 적극적 요건은 신청인이 주장·소명하며, 소극적 요건은 행정청이 주장·소명한다(행정소송법 제23조 제4항 참조)(대결 1999. 12. 20. 99무42).

1) 적극적 요건

a. 본안이 계속 중일 것　　갑이 계획변경승인거부처분 취소소송을 제기하였기에 문제되지 않는다.

b. 정지대상인 처분등의 존재　　처분등이 존재해야 한다. 다만 거부처분취소소송에서 집행정지신청이 가능한지에 대해 학설이 대립된다.

(i) 문 제 점　　집행정지가 인용되려면 처분등이 존재해야 하지만, 거부처분취소소송에서 집행정지신청이 가능한지에 대해 학설이 대립된다. 즉, 집행정지제도는 소극적으로 처분이 없었던 것과 같은 상태를 만드는 효력은 있으나(소극적 형성력. 예: ○ → ×), 행정청에 대하여 어떠한 처분을 명하는 등 적극적인 상태를 만드는 효력(적극적 형성력. 예: × → ○)은 인정되지 않기 때문에 거부처분에 집행정지가 인정될 수 있는지가 문제된다.

(ii) 학　설

(a) 부 정 설　　이 견해는 거부처분에 집행정지를 인정한다고 하여도 신청인의 지위는 거부처분이 없는 상태(사인의 신청만 있는 상태)로 돌아가는 것에 불과하며 처분이 인용된 것과 같은 상태를 만들지는 못하기 때문에 신청인에게 집행정지를 신청할 이익이 없고, 행정소송법 제23조 제6항은 집행정지결정의 기속력과 관련하여 기속력에 관한 원칙규정인 행정소송법 제30조 제1항만을 준용할 뿐 재처분의무를 규정한 제30조 제2항을 준용하고 있지 아니함을 근거로 한다.

(b) 제한적 긍정설　　원칙적으로 부정설이 타당하지만, 예를 들어 기간에 제한이 있는 허가사업을 영위하는 자가 허가기간의 만료전 갱신허가를 신청하였음에도 권한행정청이 거부한 경우에는 집행정지를 인정할 실익도 있기 때문에 이러한 경우에는 제한적으로 긍정할 필요가 있다는 견해이다.

(iii) 판　례　　판례는 거부처분은 그 효력이 정지되더라도 그 (거부)처분이 없었던 것과

같은 상태를 만드는 것에 지나지 아니하고 행정청에게 어떠한 처분을 명하는 등 적극적인 상태를 만들어 내는 경우를 포함하지 아니하기에 거부처분의 집행정지를 인정할 필요가 없다고 본다(대판 1992. 2. 13. 91두47). 이에 따라 접견허가거부처분(대결 1991. 5. 2. 91두15), 투전기영업허가갱신거부처분(대결 1992. 2. 13. 91두47) 등의 집행정지신청을 모두 부적법하다고 보았다(부정).

(ⅳ) 검 토 거부처분의 집행정지에 의하여 거부처분이 행해지지 아니한 상태(신청만 있는 상태)가 된다면 신청인에게 법적 이익이 인정될 수 있고, 그러한 경우에는 예외적으로 집행정지신청의 이익이 있다고 할 것이다. 따라서 제한적 긍정설이 타당하다.

(ⅴ) 설 문 설문은 계획변경승인이 거부된 경우이므로 집행정지결정에 의하여 거부처분 전의 상태가 됨에 따라 갑에게 법적 이익이 있는 경우에 해당하지 않는다(제한적 긍정설이 말하는 예외적인 경우에 해당하지 않는다). 따라서 계획변경승인거부에 대해서는 집행정지가 인정되지 않는다.

c. 회복하기 어려운 손해발생의 우려 ㈎ 집행정지결정을 하기 위해서는 처분등이나 그 집행 또는 절차의 속행으로 인하여 회복하기 어려운 손해가 발생할 우려가 있어야 한다. 판례는 '회복하기 어려운 손해'를 일반적으로 사회통념상 금전배상이나 원상회복이 불가능하거나, 금전배상으로는 사회통념상 당사자가 참고 견딜 수 없거나 참고 견디기가 현저히 곤란한 경우의 유형·무형의 손해를 말한다고 본다(대결 2004. 5. 17. 2004무6). 기업의 경우에는 사업 자체를 계속할 수 없거나 중대한 경영상의 위기가 있다면 회복하기 어려운 손해로 볼 수 있다는 판결(대결 2003. 4. 25. 2003무2)도 있다.

㈏ 설문에서 계획변경승인거부에 대한 집행정지가 인정되지 않는다고 하더라도 갑의 손해는 금전배상이나 원상회복이 가능한 재산상 손실에 불과하므로 회복하기 어려운 손해라고 보기 어렵다.

d. 긴급한 필요 ㈎ 이는 회복곤란한 손해가 발생될 가능성이 시간적으로 절박하여 본안판결을 기다릴 여유가 없는 것을 말한다.

㈏ 설문은 긴급한 필요가 있는 경우에 해당하지 않는다.

2) 소극적 요건

a. 공공복리에 중대한 영향이 없을 것 ㈎ 행정소송법 제23조 제3항에서 집행정지의 요건으로 규정하고 있는 '공공복리에 중대한 영향을 미칠 우려'가 없을 것이라고 할 때의 '공공복리'는 그 처분의 집행과 관련된 구체적이고도 개별적인 공익을 말하는 것이다.

㈏ 설문에서 집행정지로 인해 공공복리에 중대한 영향이 있는지는 불분명하다.

b. 본안에 이유 없음이 명백하지 아니할 것 ㈎ ① 명문에 규정된 요건은 아니지만 판례는 본안에 이유 없음이 명백하다면 집행을 정지할 이유가 없다고 보면서 이를 집행정지의 소극적 요건으로 본다(대판 1997. 4. 28. 96두75). ② 다만 학설은 집행정지요건이 아니라는 견해, 집행정지의 소극적 요건이라는 견해, 집행정지의 적극적 요건이라는 견해가 대립한다. ③ 본안에서 처분의 취소가능성이 명백히 없다면 처분의 집행정지를 인정한 취지에 반하므로 집행정지의 요건

으로 보아야 하며 이는 행정청이 주장·소명하여야 한다(소극적 요건).

(나) 분명하진 않지만 설문은 본안에 이유 없음이 명백한 경우는 아니다.

(3) 설 문

설문은 집행정지 요건을 구비하고 있지 못하므로 갑이 집행정지를 신청한다면 기각될 것이다.

## 3. 가처분의 가능성

### (1) 문제 상황

행정소송법은 가구제수단으로 집행정지제도를 인정하고 있지만, 집행정지는 침익적 행정처분이 발해진 것을 전제로 그 효력을 정지시키는 소극적 형성력이 있을 뿐이므로 적극적 형성력이 없다. 따라서 집행정지는 잠정적으로 수익적 처분의 발령을 행정청에 명하는 기능이나 처분이 행해지기 전에 잠정적으로 발령금지를 명하는 기능을 할 수 없다. 따라서 이러한 기능적 한계로 인해 민사집행법상의 가처분제도가 항고소송에 준용될 수 있는지가 문제된다.

### (2) 가처분의 의의

가처분이란 다툼이 있는 법률관계에 관하여 잠정적으로 임시의 지위를 보전하는 것을 내용으로 하는 가구제제도이다(행정소송법 제8조 제2항, 민사집행법 제300조 참조).

### (3) 항고소송에서 가처분의 가능성

1) 학 설

a. 적 극 설 행정소송법 제8조 제2항에 의해 민사집행법상의 가처분 규정은 준용될 수 있으며, 현행법상 집행정지제도는 소극적 가구제 수단에 불과하기에 적극적 가구제 수단인 가처분이 필요하다는 점을 근거로 한다.

b. 소 극 설 법원이 행정처분의 위법 여부를 판단하는 것을 넘어 행정청에게 수익적 처분을 명하거나 예방적으로 부작위를 명하는 가처분을 하는 것은 사법권의 범위 밖이며, 현행법은 의무이행소송이나 예방적 부작위소송을 인정하고 있지 아니하므로 가처분의 본안소송이 있을 수 없는바, 긍정설을 취하여도 실익이 없다는 점을 근거로 한다.

c. 절충설(제한적 긍정설) 원칙적으로 가처분 규정을 준용할 수 있지만, 행정소송법이 집행정지제도를 두고 있는 관계상 집행정지제도가 실효적인 권리구제가 되는 경우에는 가처분이 인정될 수 없고 그 외의 범위에서만 가처분제도가 인정된다고 보는 견해이다.

2) 판 례

판례는 민사집행법상의 보전처분은 민사판결절차에 의하여 보호받을 수 있는 권리에 관한 것이라고 보기 때문에 행정소송에 가처분을 인정하지 아니한다(대결 1992. 7. 6. 92마54).

3) 검 토

행정청에게 수익적 처분을 명하는 등의 권한을 법원에게 인정하더라도 가처분은 잠정적인 권리구제수단에 불과하기 때문에 행정청의 권한 침해는 크게 문제되지 않으며, 당사자의 실효적인 권리구제 확대라는 측면에서 민사집행법상 가처분규정을 항고소송에도 적용함이 타당하다. 다만 현행법이 처분등에 대해 집행정지제도를 두고 있는 이상 절충설이 타당하다.

(4) 설 문

계획변경승인거부처분에 대해 행정소송법상 집행정지가 인정되지 않기 때문에 가처분을 인정할 필요가 있다(다만, 가처분의 요건을 구비해야 한다).

**기출 45** (3) 갑은 위 취소소송의 청구이유로서 계획변경승인거부처분에 앞서 병이 처분의 내용, 처분의 법적 근거와 사실상의 이유, 의견청취절차 관련 사항 등을 미리 알려주지 않았으므로 위 거부처분이 위법하여 취소되어야 한다고 주장하였다. 갑의 주장은 타당한가? 15.

## Ⅲ. 계획변경승인거부처분의 사전통지

### 1. 처분의 사전통지의 필요성

#### (1) 처분의 사전통지의 요건

행정절차법 제21조는 행정청이 ⓐ 의무를 부과하거나 권익을 제한하는, ⓑ 처분을 하는 경우, ⓒ 예외사유에 해당하지 않는다면(제4항) 사전통지가 필요하다고 한다. 설문은 사전통지의 요건과 관련해 수익적 처분의 신청에 대한 거부가 '당사자에게 의무를 부과하거나 권익을 제한하는 것(사전통지의 요건 ⓐ와 관련)'인지가 문제된다.

#### (2) 거부처분의 사전통지의 필요성

1) 문 제 점

조세부과처분이나 영업허가의 취소와 같은 당사자의 권익을 제한하는 처분은 '당사자에게 의무를 부과하거나 권익을 제한하는 처분'에 해당함에 문제가 없으나, 수익적인 처분(건축허가)을 신청한 것에 대한 거부처분도 불이익처분에 포함될 것인지가 문제된다.

2) 학 설

a. 불 요 설 처분의 사전통지는 법문상 의무부과와 권익을 제한하는 경우에만 적용되므로 수익적인 행위나 수익적 행위의 거부의 경우는 적용이 없고, 거부처분의 경우 신청과정에서 거부처분 전까지 행정청과 협의를 계속하고 있는 상태이므로 사전통지를 요하지 않는다고 한다.

b. 필 요 설 당사자가 신청을 한 경우 신청에 따라 긍정적인 처분이 이루어질 것을 기대하고 거부처분을 기대하지는 아니하고 있으므로 거부처분은 당사자의 권익을 제한하는 처분에 해당하며, 따라서 거부처분의 경우에도 사전통지가 필요하다고 한다.

ㄷ. 중간설(절충설) 원칙적으로 거부처분은 사전통지의 대상이 되지 않지만, 신청인이 신청서에 기재하지 않은 사실을 근거로 거부하거나 신청서에 기재한 사실을 인정할 수 없다는 이유로 거부하거나 신청인이 자료를 제출하지 않았다는 이유로 거부하는 등의 경우에는 신청인의 예측가능성을 보호하기 위해 예외적으로 사전통지절차가 필요하다고 본다(최계영).

3) 판 례

판례는 「행정절차법 제21조 제1항은 행정청은 당사자에게 의무를 과하거나 권익을 제한하는 처분을 하는 경우에는 … 당사자 등에게 통지하도록 하고 있는바, 신청에 따른 처분이 이루어지지 아니한 경우에는 아직 당사자에게 권익이 부과되지 아니하였으므로 특별한 사정이 없는 한 신청에 대한 거부처분이라고 하더라도 직접 당사자의 권익을 제한하는 것은 아니어서 신청에 대한 거부처분을 여기에서 말하는 '당사자의 권익을 제한하는 처분'에 해당한다고 할 수 없는 것이어서 처분의 사전통지대상이 된다고 할 수 없다(대판 2003. 11. 28. 2003두674)」고 하여 불요설의 입장이다.

4) 검토 및 설문

㈎ 거부처분은 행정절차법 제21조 제1항의 당사자의 권익을 제한하거나 의무를 부과하는 처분으로 볼 수 없어 사전통지의 대상이 되지 않는다는 견해가 타당하다.

㈏ 계획변경승인거부처분의 경우 사전통지를 하지 않아도 위법이 되지는 않는다.

㈐ 다만 사전통지가 필요하다는 견해에 따라 논의를 계속한다.

### (3) 처분의 사전통지의 예외 사유

설문은 행정절차법 제21조 제4항의 예외사유에 해당사항이 없다.

## 2. 절차상 하자의 독자적 위법사유 여부

### (1) 문 제 점

절차상 하자의 효과에 관한 명문의 규정이 있는 경우(국가공무원법 제13조)라면 문제가 없으나, 절차상 하자의 효과에 관한 명문의 규정이 없는 경우 특히 그 행정행위가 기속행위인 경우 행정절차를 거치지 아니한 경우라고 하여도 그 내용은 행정절차를 거친 경우와 동일한 것일 수 있기 때문에 절차상의 하자가 독자적인 위법사유인지가 문제된다.

### (2) 학 설

1) 소 극 설

절차규정이란 적정한 행정결정을 확보하기 위한 수단에 불과하며, 절차상의 하자만을 이유로 취소하는 것은 행정능률 및 소송경제에 반한다는 점을 근거로 절차상 하자는 독자적인 위법사유가 될 수 없다고 본다.

2) 적 극 설

소극설을 취하는 경우에는 절차적 규제가 유명무실해질 우려가 있어 행정절차의 실효성 확보를 위해 적극설이 타당하고, 법원이 절차상 하자를 이유로 취소한 후 행정청이 적법한 절차를 거쳐 다시 처분을 하는 경우 재량행위뿐 아니라 기속행위의 경우에도 처분의 발령에 이르기까지의 사실판단이나 요건 판단을 달리하여 당초 처분과 다른 내용의 결정에 이를 수 있기 때문에 반드시 동일한 내용의 처분을 반복한다고 말할 수 없다는 점을 근거로 절차상 하자는 독자적인 위법사유가 될 수 있다고 본다(다수설).

3) 절 충 설

기속행위와 재량행위를 나누어 재량행위는 절차의 하자가 존재할 때 위법해지지만, 기속행위는 내용상 하자가 존재하지 않는 한 절차상 하자만으로 행정행위가 위법해지지 않는다고 본다. 기속행위의 경우 법원이 절차상 하자를 이유로 취소하더라도 행정청은 절차상 하자를 보완하여 동일한 내용으로 다시 처분을 할 수 있으므로 행정능률에 반한다는 점을 근거로 한다.

(3) 판　　례

대법원은 재량행위 · 기속행위를 불문하고 적극적인 입장이다(대판 1991. 7. 9. 91누971).

(4) 검토 및 설문

(가) 행정의 법률적합성원칙에 따라 행정작용은 실체상 뿐만 아니라 절차상으로도 적법하여야 하며, 취소소송 등의 기속력이 절차의 위법을 이유로 하는 경우에 준용된다는 점(행정소송법 제30조 제3항) 등에 비추어 적극설이 타당하다.

(나) 계획변경승인거부처분의 경우 사전통지가 필요하다는 견해에 따르고, 절차상 하자의 독자적 위법사유에서 적극설에 따르면 절차상 하자만으로도 위법사유가 될 수 있다.

## 3. 위법성의 정도

### (1) 무효와 취소할 수 있는 행위의 구별 기준

행정의 법률적합성을 고려할 때 위법한 행정행위의 효력은 부정하는 것이 정당하지만, 법적 안정성(공정력의 인정근거)을 근거로 일단 잠정적으로 유효성을 인정한다. 그러나 행정행위의 하자가 중대하고도 명백한 경우에는 법적 안정성을 침해할 우려가 없고 그러한 행정행위에 효력을 인정하는 것은 행정의 법률적합성에 반하기 때문에 중대명백설이 타당하다(다수설).

### (2) 설　　문

중대명백설에 따르면 사전통지를 하지 않은 위법은 외관상 명백하지만, 적법요건의 중대한 위법으로 보기는 어려워 취소사유로 보아야 한다.

## 4. 소　　결

계획변경승인거부처분도 처분의 사전통지의 대상이 된다는 견해(필요설)에 따른다면 거부처분은 위법하여 취소되어야 한다는 갑의 주장은 타당하다.

기출 45 (4) 법원은 위 취소소송에서 갑의 소송상 청구를 인용하였고, 그 인용판결은 병의 항소 포기로 확정되었다. 그럼에도 불구하고 병은 재차 계획변경승인거부처분을 발령하였는데, 그 사유는 취소소송의 계속 중 A광역시의 관련 조례가 개정되어 계획변경을 승인할 수 없는 새로운 사유가 추가되었다는 것이었다. 병의 재거부처분은 적법한가? (단, 개정된 조례의 합헌·적법을 전제로 함) 20.

## Ⅳ. 판결의 기속력

### 1. 문제 상황

계획변경승인거부처분에 대한 취소소송 계속 중 개정된 A광역시 조례의 사유를 근거로 거부처분취소소송의 인용판결확정 후에 다시 승인거부처분을 할 수 있는지가 문제된다. 이는 광역시장의 재거부처분이 확정판결의 기속력에 위반되는지에 대한 문제이다.

### 2. 기속력의 의의

기속력은 처분등을 취소하는 확정판결이 당사자인 행정청과 관계행정청에 대하여 판결의 취지에 따라야 할 실체법상의 의무를 발생시키는 효력을 말한다(행정소송법 제30조 제1항). 그리고 기속력은 인용판결에만 미치고 기각판결에서는 인정되지 않는다.

### 3. 기속력의 법적 성질

① 기속력은 기판력과 동일하다는 기판력설과 기속력은 판결 그 자체의 효력이 아니라 취소판결의 효과의 실질적인 보장을 위해 행정소송법이 특별히 인정한 효력이라는 특수효력설(다수설)이 대립된다. ② 판례는 기판력과 기속력이라는 용어를 구분하지 않은 채 혼용하고 있어 그 입장이 불분명하다. ③ 기속력은 취소판결(인용판결)에서의 효력이지만 기판력은 모든 본안판결에서의 효력이라는 점, 기속력은 당사자인 행정청과 그 밖의 관계행정청에 미치지만 기판력은 당사자와 후소법원에 미친다는 점, 기속력은 일종의 실체법적 효력이지만 기판력은 소송법상 효력이라는 점에서 양자는 상이하므로, 특수효력설이 타당하다.

### 4. 기속력의 내용

(가) 기속력은 반복금지의무(반복금지효), 재처분의무, 결과제거의무를 내용으로 한다.

① 반복금지의무란 처분이 위법하다는 이유로 취소하는 판결이 확정된 후 당사자인 행정청등이 동일한 내용의 처분을 반복해서는 안 되는 부작위의무를 말한다(이 의무는 행정소송법 제30조 제1항의 해석상 인정된다).

② 재처분의무란 행정청이 판결의 취지에 따라 신청에 대한 처분을 하여야 할 의무(작위의무)를 말한다. 재처분의무는 행정청이 당사자의 신청을 거부하거나 부작위하는 경우 주로 문제된다(즉 당사자의 신청이 있는 경우)(행정소송법 제30조 제2항, 제38조 제2항 참조). 구체적으로 보면 이 재처

분의무는 ㉠ 재처분을 해야 하는 의무와 ㉡ 재처분을 하는 경우 그 재처분은 판결의 취지에 따르(판결의 기속력에 위반되지 않는) 것이어야 하는 의무, 양자를 포함하는 개념이다.

③ 취소소송에서 인용판결이 있게 되면 행정청은 위법처분으로 인해 야기된 상태를 제거하여야 할 의무가 발생하는데 이를 결과제거의무라고 한다(이 의무는 행정소송법 제30조 제1항의 해석상 인정된다).

(나) 설문은 광역시장의 재거부처분의 적법성을 묻고 있는바 재처분의무가 문제된다.

## 5. 기속력의 범위

아래의 기속력의 범위에 모두 해당하면 기속력이 미치는 위법사유가 되는 것이므로 행정청과 관계행정청은 판결의 취지에 따라 기속력에 위반되는 재처분을 해서는 아니 된다(기속력이 미치지 않는 범위에서(사유)는 재처분이 가능하다).

### (1) 주관적 범위

처분을 취소하는 확정판결은 그 사건(취소된 처분)에 관하여 당사자인 행정청과 그 밖의 관계행정청을 기속한다. 여기서 그 밖의 관계 행정청이란 취소된 처분 등을 기초로 하여 그와 관련되는 처분이나 부수되는 행위를 할 수 있는 행정청을 총칭하는 것이다.

### (2) 시간적 범위

처분의 위법성 판단의 기준시점을 어디로 볼 것이냐에 따라 기속력이 미치는 시간적 범위가 결정된다.

1) 학　　설

ⓐ 처분시설(다수견해)(행정처분의 위법 여부는 처분 당시를 기준으로 판단하여야 한다는 견해이다. 처분시 이후의 사정고려는 법원에 의한 행정청의 1차적 판단권의 침해를 의미하며, 법원은 행정청의 처분에 대해 사후적인 판단을 하는 역할에 그친다고 보기 때문이라고 한다), ⓑ 판결시설(항고소송의 목적을 행정법규의 정당한 적용이라는 공익실현으로 보면서, 법원은 처분시 이후 발생한 공익적 사정도 고려하여 처분의 효력을 유지시킬 것인지를 결정해야 한다는 입장이다), ⓒ 절충설(㉠ 원칙적으로 처분시를 기준으로 하면서, 예외적으로 영업허가취소나 물건의 압수처분 등과 같이 계속효 있는 처분에 대하여는 판결시를 기준으로 하는 견해와 ㉡ 적극적 침익적 처분의 경우 처분시를 기준으로 하고, 거부처분의 경우 판결시를 기준으로 하는 견해가 있다)이 대립된다.

2) 판　　례

판례는 행정소송에서 행정처분의 위법 여부는 행정처분이 있을 때의 법령과 사실상태를 기준으로 하여 판단해야 한다고 본다(처분시설)(대판 1993. 5. 27. 92누19033).

3) 검　　토

항고소송의 주된 목적은 개인의 권익구제에 있기 때문에 처분시 이후의 공익적 사정은 고려할 필요가 없으며, 위법성 판단의 기준을 판결시로 할 경우 판결지체 여하에 따라 처분시에 위법하였던 행위가 적법한 행위가 될 수도 있고, 반대로 처분시에는 적법했던 행위가 후에 위법한 것으로 될 수 있어 이론적으로 문제가 있다. 따라서 처분시설이 타당하다.

4) 소 결

처분시설에 따르면 처분시에 존재하던 사유만이 기속력이 미치는 처분사유가 될 수 있다. 그러나 처분시에 존재하던 사유라고 할지라도 아래의 객관적 범위에 포함되는 사유라야 기속력이 미친다.

(3) 객관적 범위

판결의 기속력은 판결주문 및 이유에서 판단된 처분 등의 구체적 위법사유에만 미친다.

1) 절차나 형식의 위법이 있는 경우

이 경우 판결의 기속력은 판결에 적시된 개개의 위법사유에 미치기 때문에 확정판결 후 행정청이 판결에 적시된 절차나 형식의 위법사유를 보완한 경우에는 다시 동일한 내용의 처분을 하더라도 기속력에 위반되지 않는다(대판 1987. 2. 10. 86누91).

2) 내용상 위법이 있는 경우

a. 범 위 이 경우는 처분사유의 추가·변경과의 관계로 인해 판결주문 및 이유에서 판단된 위법사유와 기본적 사실관계가 동일한 사유를 말한다(당초사유인 A사유와 B사유가 기본적 사실관계의 동일성이 있는 사유이어서 취소소송 계속 중 당초사유에 B사유를 추가·변경할 수 있었음에도 행정청이 이를 하지 않아 행정청이 패소하였다면, 확정판결 후에는 B사유로는 행정청이 재처분을 할 수 없도록 해야 한다—B사유를 추가·변경하지 않아 패소한 것은 행정청의 귀책사유이기에—. 따라서 B사유로의 재처분을 막으려면 B사유에 기속력이 미치게 하면 된다. 결국 기속력의 범위는 A사유와 B사유로 처분사유의 추가·변경의 범위와 같게 된다). 따라서 당초처분사유와 기본적 사실관계가 동일하지 않은 사유라면 동일한 내용의 처분을 하더라도 판결의 기속력에 위반되지 않는다.

b. 기본적 사실관계의 동일성 판단 (가) 판례는 기본적 사실관계의 동일성 유무는 처분사유를 법률적으로 평가하기 이전의 구체적인 사실에 착안하여 그 기초인 사회적 사실관계가 기본적인 점에서 동일한지 여부에 따라 결정된다고 한다(대판 2004. 11. 26. 2004두4482). 구체적인 판단은 시간적·장소적 근접성, 행위 태양·결과 등의 제반사정을 종합적으로 고려해야 한다(법원실무제요, 석호철).

(나) 즉, 처분청이 처분 당시에 적시한 구체적 사실을 변경하지 아니하는 범위 내에서 단지 그 처분의 근거법령만을 추가·변경하거나 당초의 처분사유를 구체적으로 표시하는 것에 불과한 경우처럼 처분사유의 내용이 공통되거나 취지가 유사한 경우에는 기본적 사실관계의 동일성을 인정하고 있다(대판 2007. 2. 8. 2006두4899).

(다) 판례는 시장이 주택건설사업계획승인신청을 거부하면서 제시한 '미디어밸리 조성을 위한 시가화예정 지역'이라는 당초거부사유와 거부처분취소판결확정 후 다시 거부처분을 하면서 제시한 '해당 토지 일대가 개발행위허가 제한지역으로 지정되었다'는 사유는 기본적 사실관계의 동일성이 없기 때문에 재거부처분은 확정판결의 기속력에 반하지 않는 처분이라고 보았다(대판 2011. 10. 27. 2011두14401).

### 6. 소 결

㈎ A광역시의 관련 조례가 개정되어 계획변경을 승인할 수 없는 새로운 사유가 추가되었다는 사정은 당초 계획변경승인거부처분 이후의 새로운 사정이므로 시간적 범위에 해당하지 않기 때문에 판결의 기속력이 미치지 않는다.

㈏ 그리고 당초 거부사유인 '폐기물처리업에 대한 인근 주민의 반대가 극심하여 실질적으로 폐기물사업 유치가 어려울 뿐만 아니라, 자신의 선거공약인 생태중심, 자연친화적 A광역시 건설의 실현 차원에서 용도지역 변경을 승인할 수 없다'라는 사정과 'A광역시의 관련 조례가 개정되어 계획변경을 승인할 수 없다'는 사정은 내용이 공통되거나 취지가 유사하지 않아 기본적 사실관계를 달리한다. 즉 객관적 범위에도 해당하지 않기 때문에 판결의 기속력이 미치지 않는다.

㈐ 결국 광역시장의 재거부처분은 기속력에 위반되지 않기 때문에 적법하다.

**기출 45** (5) 위 취소소송의 인용판결이 확정되었음에도 불구하고 병이 아무런 조치를 취하지 않을 경우 갑이 행정소송법상 취할 수 있는 효율적인 권리구제 수단을 설명하시오. 10.

## V. 인용판결 후 권리구제를 위한 행정소송법상 권리구제수단

### 1. 문제 상황

갑의 거부처분취소소송이 인용되어 판결이 확정되었음에도 광역시장이 아무런 조치를 취하지 않는 경우 갑이 행정소송법상 취할 수 있는 효율적 권리구제수단으로 행정소송법 제34조의 간접강제와 부작위위법확인소송, 의무이행소송의 가능성을 검토한다.

### 2. 간접강제

#### (1) 간접강제의 의의

간접강제란 거부처분취소판결이나 부작위위법확인판결이 확정되었음에도 행정청이 행정소송법 제30조 제2항의 판결의 취지에 따른 처분을 하지 않는 경우 법원이 행정청에게 일정한 배상을 명령하는 제도를 말한다(행정소송법 제34조 제1항, 제38조 제2항).

#### (2) 적용요건

① 거부처분취소판결 등이 확정되었을 것을 요한다. 거부처분취소판결이나 부작위위법확인판결이 확정되거나 신청에 따른 처분이 절차위법을 이유로 취소가 확정되어야 한다(행정소송법 제30조 제2항·제3항, 제38조 제2항). ② 행정청이 재처분의무를 이행하지 않아야 한다. 즉, 행정청이

아무런 처분을 하지 않고 있을 때라야 간접강제가 가능하다.

(3) 배상금의 법적 성격

간접강제결정에 따른 배상금의 법적 성격과 관련하여, 결정에서 정한 예고기간이 경과한 후에 행정청이 재처분을 한 경우, 행정청에게 배상금지급의무가 인정되는가가 문제된다. 판례는 「행정소송법 제34조 소정의 간접강제결정에 기한 배상금은 확정판결의 취지에 따른 재처분의 지연에 대한 제재나 손해배상이 아니고 재처분의 이행에 관한 심리적 강제수단에 불과한 것으로 보아야 하므로, 간접강제결정에서 정한 의무이행기한이 경과한 후에라도 확정판결의 취지에 따른 재처분이 행하여지면 배상금을 추심함으로써 심리적 강제를 꾀한다는 당초의 목적이 소멸하여 처분상대방이 더 이상 배상금을 추심하는 것이 허용되지 않는다(대판 2010. 12. 23. 2009다37725)고 본다.

(4) 간접강제의 절차

간접강제는 당사자가 제1심 수소법원에 신청하여야 한다. 심리의 결과 간접강제의 신청이 이유 있다고 인정되면 간접강제결정을 하게 된다. 결정의 내용은 "상당한 기간을 정하고 행정청이 그 기간 내에 이행하지 아니하는 때에는 그 연장기간에 따라 일정한 배상을 할 것을 명하거나 즉시 손해배상할 것을 명하는 것"이 된다.

(5) 설　문

갑은 제1심수소법원에 간접강제를 신청할 수 있고 당해 법원은 결정으로서 상당한 기간을 정하고, 그 기간 내에 행정청이 의무를 이행하지 않을 때에는 그 지연기간에 따라 일정한 배상을 할 것을 명하거나 즉시 손해배상을 할 것을 명할 수 있다(행정소송법 제34조 1항). 이렇게 함으로써 광역시장의 재처분의무의 이행을 간접적으로나마 확보할 수 있을 것이다.

## 3. 부작위위법확인소송

관할 행정청이 판결의 취지에 따른 처분을 하지 아니하는 경우, 갑은 부작위위법확인소송을 제기할 수는 있지만, 부작위위법확인소송은 행정청의 부작위가 위법하다는 것을 확인하는 소송(행정소송법 제4조 제3호)에 그치기 때문에 실효적인 수단이 될 수 없다(다수설과 판례는 절차적 심리설의 입장이다).

## 4. 의무이행소송

행정청이 재처분의무를 불이행하는 경우 갑은 의무이행소송의 제기를 생각해 볼 수 있지만, 이는 현행법상 인정되지 않는다.

## 기출 46 〈제1문〉

중학교의 출입문으로부터 직선거리 100미터 지점의 도로에 인접한 3층 상가건물을 소유한 A는 비어 있는 2층 165㎡(약 50평)를 임대하고자 한다. B는 당구장 또는 PC방(인터넷컴퓨터게임시설제공업)을 영위하기 위해 위 건물 2층을 임대받고자 A와 해당 건물의 임대차계약을 체결하였다. 위 상가건물 2층에 대하여 당구장영업(또는 PC방영업)의 금지해제를 구하는 B의 신청이 관할 교육청에 접수되었고, 그 신청을 받은 관할 교육청은 모든 절차를 적법하게 거친 후 "현재 위 중학교의 학교환경위생 정화구역 내에서는 당구장이나 PC방 등 교육환경을 해치는 업소가 단 하나도 없는 교육청정구역이다"는 점과 "만일 이 건의 금지해제를 받아들이게 되면, 장차 학생들의 학습과 학교보건위생에 나쁜 영향을 줄 수 있는 각종 업소의 난립을 막을 수 없게 된다"는 해당 학교장 및 학교환경위생정화위원회의 반대의견에 따라 그 금지해제 신청을 거부하였다. B는 이 건의 거부에 대해 행정심판을 제기하고자 한다.

단, 위 건물이 소재한 지역은 상가지역이며, 해당 중학교의 전체 학생 중 3%만이 해당 건물이 소재한 도로를 통학로로 사용하고 있는 것으로 밝혀졌다.

(1) 이 건의 B의 금지해제신청에 대한 거부의 법적 의의에 대해 설명하시오. 10.

(2) A가 이 건 상가건물에 대한 임대이익을 목적으로 위와 같은 금지 해제를 신청하였으나 관할 행정청에 의해 거부되었다고 전제할 경우 「행정심판법」상 A의 청구인적격여부에 대해 설명하시오. 10.

(3) B가 신청한 금지해제의 대상이 당구장인 경우와 PC방인 경우 행정심판의 인용가능성에 있어서의 차이점을 설명하시오. 15.

(4) 만약, B가 행정심판을 거치지 아니하고 행정소송을 제기하여 1심법원에서 인용판결을 받았다고 한다면, 행정심판을 통해 인용재결을 받은 경우와는 어떤 차이점이 있게 되는지를 설명하시오. 15.

[제30회 입법고시(2014년)]

참조조문

학교보건법

제5조(학교환경위생 정화구역의 설정) ① 학교의 보건·위생 및 학습 환경을 보호하기 위하여 교육감은 대통령령으로 정하는 바에 따라 학교환경위생 정화구역을 설정·고시하여야 한다. 이 경우 학교환경위생 정화구역은 학교 경계선이나 학교설립예정지 경계선으로부터 200미터를 넘을 수 없다.

③ 교육감은 제2항에 따라 학교설립예정지가 통보된 날부터 30일 이내에 제1항에 따른 학교환경위생 정화구역을 설정·고시하여야 한다.

제6조(학교환경위생 정화구역에서의 금지행위 등) ① 누구든지 학교환경위생 정화구역에서는 다음 각 호의 어느 하나에 해당하는 행위 및 시설을 하여서는 아니 된다. 다만, 대통령령으로 정하는 구역에서는 제2호, 제3호, 제6호, 제10호, 제12호부터 제18호까지와 제20호에 규정된 행위 및 시설 중 교육감이나 교육감이 위임한 자가 학교환경위생정화위원회의 심의를 거쳐 학습과 학교보건위생에 나쁜 영향을 주지 아니한다고 인정하는 행위 및 시설은 제외한다.

14. 당구장(「유아교육법」 제2조 제2호에 따른 유치원 및 「고등교육법」 제2조 각 호에 따른 학교의 학교환경위생 정화구역은 제외한다)
16. 「게임산업진흥에 관한 법률」 제2조 제6호에 따른 게임제공업 및 같은 조 제7호에 따른 인터넷컴퓨터게임시설제공업(「유아교육법」 제2조 제2호에 따른 유치원 및 「고등교육법」 제2조 각 호에 따른 학교의 학교환경위생 정화구역은 제외한다)

학교보건법 시행령

제3조(학교환경위생 정화구역) ① 법 제5조 제1항에 따라 시·도의 교육감(이하 "교육감"이라 한다)이 학교환경위생 정화구역(이하 "정화구역"이라 한다)을 설정할 때에는 절대정화구역과 상대정화구역으로 구분하여 설정하되, 절대정화구역은 학교출입문(학교설립예정지의 경우에는 설립될 학교의 출입문 설치 예정 위치를 말한다)으로부터 직선거리로 50미터까지인 지역으로 하고, 상대정화구역은 학교경계선 또는 학교설립예정지경계선으로부터 직선거리로 200미터까지인 지역 중 절대정화구역을 제외한 지역으로 한다.

제5조(제한이 완화되는 구역) 법 제6조 제1항 각 호 외의 부분 단서에서 "대통령령으로 정하는 구역"이란 제3조 제1항에 따른 상대정화구역(법 제6조 제1항제14호에 따른 당구장 시설을 하는 경우에는 절대정화구역을 포함한 정화구역 전체)을 말한다.

기출 46 (1) 이 건의 B의 금지해제신청에 대한 거부의 법적 의의에 대해 설명하시오. 10.

# Ⅰ. 금지해제신청거부의 법적 의의

## 1. 문제 상황

설문은 B의 금지해제거부의 법적 의의를 묻고 있는바, 금지해제의 거부는 금지해제의 신청을 거부한 것이므로 금지해제의 법적 성질을 검토함으로서 금지해제거부의 법적 성질이 설명될 수 있을 것이다.

## 2. 법률행위적 행정행위

금지해제는 B가 학교보건법 제6조 제1항에 규정된 금지행위를 할 수 있도록 하겠다는 관할 행정청의 의사표시에 따라 효력이 발생하는 행정행위이므로 법률행위적 행정행위이다.

## 3. 명령적 행위

금지해제는 관할 행정청이 B에게 특정한 권리나 능력 등을 설정해 주는 형성적 행위가 아니라, 금지되었던 자유를 해제(회복)하는 행위이므로 명령적 행위이다.

## 4. 예외적 허가(승인)

(가) 허가란 위험의 방지(=경찰=질서유지)를 목적으로 금지하였던 바를 해제하여 개인의 자유권을 회복시켜주는 행위를 말하고, 예외적 허가(예외적 승인)는 사회적으로 유해하거나 바람직하지 않은 행위를 예외적으로 승인(허가)하는 것을 말한다. 즉, 허가는 일반적으로 해제가 예정되어 있는 금지를 해제(허가)하는 것을 말하고, 예외적 허가는 일반적으로는 금지이지만 예외적인 경우 이를 해제하는 경우를 말한다.

(나) 설문에서 학교보건법 제6조 제1항은 원칙적으로 학교환경위생 정화구역에서 일정한 행위나 시설을 금지하면서도, 예외적으로 교육감이나 교육감이 위임한 자가 학습과 학교보건위생에 나쁜 영향을 주지 아니한다고 인정하는 행위 및 시설은 제외하고 있다. 따라서 설문의 금지해제는 원칙상 금지된 행위를 예외적으로 허가하는 예외적 허가(승인)에 해당한다.

## 5. 재량행위인지 기속행위인지 여부

### (1) 재량행위·기속행위 구별기준

#### 1) 학　설

재량행위와 기속행위의 구별기준에 대해 ⓐ 효과재량설, ⓑ 종합설, ⓒ 기본권기준설 등이 대립한다.

2) 판 례

판례는 ① 관련법령에 대한 종합적인 판단을 전제로 하면서(대판 2001. 2. 9. 98두17593), ② 효과재량설을 기준으로 활용하거나(대판 2011. 1. 27. 2010두23033), ③ 공익성을 구별기준으로 들기도 한다.

3) 검 토

재량행위와 기속행위의 구별은 하나의 단일한 기준보다는 해당 행위의 근거가 되는 법령의 규정에 대한 검토 및 그 행위가 수익적인지 침익적인지 그리고 헌법상의 기본권 및 공익성을 모두 고려하여 판단해야 한다. 따라서 판례의 입장이 타당하다.

(2) 설 문

금지해제는 B에게 수익적이며, 공익적 사정이 고려되어야 하기에 재량행위라고 보는 것이 타당하다.

### 6. 소 결

금지해제신청거부는 법률행위적 행정행위이고 명령적 행위이며, 예외적 허가의 거부이고, 재량행위이다.

**기출 46** (2) A가 이 건 상가건물에 대한 임대이익을 목적으로 위와 같은 금지 해제를 신청하였으나 관할 행정청에 의해 거부되었다고 전제할 경우 「행정심판법」상 A의 청구인적격여부에 대해 설명하시오. 10.

## Ⅱ. 상가건물소유자의 청구인적격

### 1. 문제 상황

(가) 청구인적격이란 행정심판에서 청구인이 될 수 있는 자격을 말한다. A는 거부처분을 받았기 때문에 행정심판법 제5조 제3호에 따라 의무이행심판을 제기할 것이고, 행정심판법 제13조 제3항은 '의무이행심판은 처분을 신청한 자로서 행정청의 거부처분 또는 부작위에 대하여 일정한 처분을 구할 법률상 이익이 있는 자가 청구할 수 있다'고 규정한다.

(나) 설문에서는 상가건물소유자 A가 관할 행정청의 거부에 대해 일정한 처분을 구할 법률상 이익이 있는지가 문제된다.

(다) 행정심판법 제3조 제1항은 처분이나 부작위를 행정심판의 대상으로 규정하는데, 특히 "처분"은 취소심판, 무효확인심판, 의무이행심판의 공통인 대상이다. 따라서 일반적 견해는 취소심판의 본질에 대한 논의를 통해 행정심판법 제13조의 법률상 이익의 범위(의미)를 결정한다.

## 2. 행정심판법 제13조의 입법상 과오 여부

### (1) 문 제 점

행정소송법 제4조 제1호(취소소송: 행정청의 위법한 처분등을 취소 또는 변경하는 소송)와 달리 행정심판법 제5조 제1호(취소심판: 행정청의 위법 또는 부당한 처분을 취소하거나 변경하는 행정심판)는 부당한 처분도 취소(변경)할 수 있도록 규정하고 있는데, 부당한 행위로는 법률상 이익이 침해될 수 없어 행정심판법 제13조가 입법상 과오라는 견해가 있어 문제된다.

### (2) 학 설

ⓐ 행정심판청구인적격과 처분의 위법·부당 여부에 대한 본안심리는 필연적인 관련성이 있음을 전제로 하며, 부당한 처분으로는 법률상 이익이 침해될 수 없으므로 행정심판법 제13조는 과오라는 견해(과오설)와 ⓑ 청구인적격문제는 쟁송제기단계의 문제이고 처분의 위법·부당의 문제는 본안심리의 문제이므로 양자는 필연적인 관련성이 없으며, 부당한 처분에 의해서도 법률상 이익이 침해될 수 있음을 근거로 문제 없다는 견해(비과오설)가 대립된다.

### (3) 검 토

침해에는 적법한 침해도 있고, 위법한 침해도 있고, 부당한 침해도 있을 수 있으므로 입법상 과오로 볼 수는 없다. 따라서 비과오설(다수설)이 타당하다.

## 3. 취소심판의 본질

### (1) 학 설

학설은 취소심판의 본질(기능)에 관해 ⓐ 위법한 처분으로 침해된 개인의 권리 회복에 있다는 권리구제설(권리구제설이 말하는 권리는 좁은 의미의 권리이다), ⓑ 위법한 처분으로 (좁은 의미) 권리뿐 아니라 법에 의해 보호되는 이익을 침해당한 자도 처분을 다툴 수 있다는 법률상 보호이익설(통설), ⓒ 처분의 효력을 다투어 이를 부정하는 것이 당사자에게 실질적 이익이 있다면 그것이 법률상 이익이든 사실상의 이익이든 그러한 이익이 침해된 자는 심판을 제기할 수 있다는 보호가치 있는 이익설, ⓓ 취소심판은 개인의 권리구제보다는 처분의 적법성을 유지하는 것이 주된 기능으로 처분의 적법성 확보에 가장 적합한 이익 상태에 있는 자가 청구인적격을 갖는다는 적법성보장설이 있다.

### (2) 판 례

취소심판은 아니지만, 취소소송의 본질에 대해 판례는 「행정소송에서 소송의 원고는 행정처분에 의하여 직접 권리를 침해당한 자임을 보통으로 하나 직접 <u>권리의 침해를 받은 자가 아닐지라도</u> 소송을 제기할 <u>법률상의 이익을 가진 자는</u> 그 <u>행정처분의 효력을 다툴 수 있다</u>(대판 1974. 4. 9. 73누173)」고 하여 법률상 보호이익설의 입장이다.

#### (3) 검　토

행정심판법 제13조는 법률상 이익이 있는 자가 행정심판을 청구할 수 있음을 규정하고 있기 때문에 법률상 보호이익설이 타당하다.

### 4. 법률상 이익이 있는 자의 분석

#### (1) 법률상 이익에서 '법률(법규)'의 범위

(가) 법률상 이익(권리)이 성립되려면 법률(법규)이 행정청의 의무와 사익보호성을 규정하고 있어야 하는데, 행정청의 의무 및 사익보호성 유무의 판단기준이 되는 법률(법규)을 어디까지 한정할 것인지가 문제된다.

(나) 취소심판은 법률상 보호이익의 구제를 목적으로 하는 행정심판(법률상 보호이익설)이기 때문에 처분의 근거법규의 규정과 취지, 관련법규의 규정과 취지 외에 기본권 규정도 고려해야 한다는 일반적인 견해가 타당하다.

#### (2) '이익이 있는'의 의미

(가) 법률상의 이익이란 당해 처분등의 근거가 되는 법규에 의하여 보호되는 직접적이고 구체적인 이익을 말하고, 단지 간접적이거나 사실적 · 경제적인 이해관계를 가지는 데 불과한 경우에는 법률상의 이익이 아니다(대판 1992. 12. 8. 91누13700).

(나) 그리고 법률상 이익에 대한 침해 또는 침해 우려가 있어야 청구인적격이 인정된다(대판 2006. 3. 16. 2006두330).

#### (3) '자'의 범위

법률상 이익의 주체에는 자연인, 법인, 법인격 없는 단체, 다수인도 가능하다.

### 5. 설　문

(가) 학교보건법 제5조 제1항은 학교의 보건 · 위생 및 학습 환경을 보호하기 위하여 교육감이 대통령령으로 정하는 바에 따라 학교환경위생 정화구역을 설정 · 고시하도록 규정하고, 동법 제6조 제1항은 그러한 학교환경위생 정화구역에서는 누구든지 일정한 행위 및 시설을 하지 말 것을 규정한다. 따라서 학교보건법의 해당 법률 조항은 일정한 행위나 시설을 하려는 자의 이익을 보호하는 근거법규가 될 수 있다.

(나) 그러나 설문에서 A는 일정한 행위를 하거나 시설을 하려는 자가 아니라 단지 상가건물의 소유자로서 상가건물의 임대이익을 목적으로 금지해제를 신청한 자이기 때문에 그러한 이익은 학교보건법이 보호하는 법률상 이익으로 볼 수 없고 간접적이거나 사실적 · 경제적인 이해관계에 불과하다. 따라서 A는 행정심판법상 청구인적격이 인정되지 않는다.

기출 46 (3) B가 신청한 금지해제의 대상이 당구장인 경우와 PC방인 경우 행정심판의 인용가능성에 있어서의 차이점을 설명하시오. 15.

## Ⅲ. 행정심판의 인용가능성의 차이점

### 1. 문제 상황

B의 행정심판청구가 인용되려면 행정심판청구요건을 구비해야 하고, 그 거부처분이 위법 또는 부당한 것이어야 한다(행정심판법 제5조 제3호 참조).

### 2. 행정심판청구요건에서의 차이점

① B가 신청한 대상이 당구장이든 PC방이든 금지해제의 거부가 행정심판의 대상인 거부처분이라는 점에서는 차이가 없다. ② 또한 B는 학교환경위생정화구역(중학교의 출입문으로부터 직선거리 100미터 지점의 도로에 인접한 3층 상가건물에 영업을 하고자 하는 자이므로 특히 상대정화구역에 해당한다)에서 영업을 하고자 하는 자이므로 학교보건법 제5조 제1항과 제6조 제1항 그리고 동법시행령 제3조 제1항과 제5조에 따라 행정심판을 청구할 청구인적격이 인정된다(행정심판법 제13조 제3항). ③ 그리고 행정심판청구의 나머지 요건(권리보호필요성, 피청구인적격, 행정심판청구기간 등)에서도 차이는 없다. ④ 결국 행정심판청구의 요건에서는 당구장이든 PC방이든 차이가 없다. 따라서 본안을 판단함에 있어 B가 신청한 대상이 당구장인 경우와 PC방인 경우의 차이점을 검토해 본다.

### 3. 본안 판단에서의 차이점

#### (1) 금지해제신청거부의 재량성

금지해제는 B에게 수익적이며, 공익적 사정이 고려되어야 하기에 재량행위이다. 따라서 관할 행정청의 금지해제거부처분은 위법 또는 부당한 재량행사가 아니어야 한다.

#### (2) 거부처분의 위법성(재량권 일탈 · 남용)판단에서 차이점

1) 문 제 점

해당 금지해제거부처분은 재량행위이므로 이와 관련된 위법성 판단기준은 비례원칙이다.

2) 비례원칙의 의의, 내용

㈎ 비례원칙이란 행정의 목적과 그 목적을 실현하기 위한 구체적인 수단간에 적정한 비례관계가 있어야 한다는 원칙이다.

㈏ 비례원칙은 ⓐ 행정목적과 목적달성을 위해 동원되는 수단간에 객관적 관련성이 있어야 한다는 **적합성**의 원칙(전혀 부적합한 수단은 현실적으로 인정되기 어려워 통상 이 원칙은 충족된다), ⓑ 여러 적합한 수단 가운데 최소 침해를 가져오는 것이 선택되어야 한다는 **필요성**의 원칙(최소침해의 원칙), ⓒ 행정목적달성을 위한 적합하고 필요한 수단이라고 하더라도 이러한 수단을 통해 달성

하려는 공익과 수단으로 인한 사익침해가 합리적인 비례관계를 이루어야 한다는 상당성의 원칙(협의의 비례원칙)으로 이루어져 있으며, 이 3가지 원칙은 단계구조를 이룬다.

3) 설 문

(가) 관할 행정청은 "현재 위 중학교의 학교환경위생 정화구역 내에서는 당구장이나 PC방 등 교육환경을 해치는 업소가 단 하나도 없는 교육청정구역이다"라는 점과 "만일 이 건의 금지해제를 받아들이게 되면, 장차 학생들의 학습과 학교보건위생에 나쁜 영향을 줄 수 있는 각종 업소의 난립을 막을 수 없게 된다"라는 해당 학교장 및 학교환경위생정화위원회의 반대의견에 따라 B의 금지해제 신청을 거부하였지만, 사실은 해당 건물이 소재한 지역은 상가지역이며 해당 중학교의 전체 학생 중 3%만이 해당 건물이 소재한 도로를 통학로로 사용하고 있었다면 비례원칙 중 최소침해원칙 또는 상당성의 원칙에 위반될 가능성이 크다.

(나) 다만 B가 하려는 영업이 당구장인 경우와 PC방인 경우의 차이가 문제되는데, 설문에서 B가 하려는 영업소는 중학교의 출입문으로부터 직선거리 100미터 지점의 도로에 인접한 3층 상가건물에 위치하기 때문에 학교환경위생정화구역 중 상대정화구역에 해당한다. 그런데 학교보건법 시행령 제5조는 금지행위제한이 완화되는 구역을 PC방의 경우는 상대정화구역에 한정하고 있지만, 당구장의 경우 절대정화구역과 상대정화구역 모두로 정하고 있다(즉, PC방의 경우는 절대정화구역에서는 금지행위제한이 완화되지 않는다). 이는 입법자가 PC방의 경우가 당구장의 경우보다 더 학생들의 학습과 학교보건위생에 나쁜 영향을 줄 수 있음을 인정한 것이다. 즉 PC방의 경우가 당구장의 경우보다 영업금지를 유지할 공익적 필요가 큰 것이다.

(다) 따라서 PC방의 경우가 당구장의 경우보다 더 행정심판의 인용재결을 받기가 어려울 것이다.

### (3) 거부처분의 부당성 판단에서 차이점

금지해제거부처분이 재량권 일탈·남용의 위법한 처분이 아니라 부당한 처분이라고 할지라도, 입법자는 PC방의 경우가 당구장의 경우보다 더 학생들의 학습과 학교보건위생에 나쁜 영향을 줄 수 있음을 인정하고 있기 때문에, PC방의 경우가 당구장의 경우보다 더 부당성을 인정받기 어려워 행정심판의 인용재결을 받을 가능성은 낮을 것이다.

기출 46 (4) 만약, B가 행정심판을 거치지 아니하고 행정소송을 제기하여 1심법원에서 인용판결을 받았다고 한다면, 행정심판을 통해 인용재결을 받은 경우와는 어떤 차이점이 있게 되는지를 설명하시오. 15.

## Ⅳ. 인용재결과 인용판결의 차이점

### 1. 인용재결과 인용판결의 종류

#### (1) 행정심판의 경우

1) 의무이행심판을 제기한 경우

a. 문 제 점　행정심판법 제43조 제5항은 "위원회는 의무이행심판의 청구가 이유가 있다고 인정하면 지체 없이 신청에 따른 처분을 하거나 처분을 할 것을 피청구인에게 명한다"고 규정한다.

b. 처분재결과 처분명령(이행)재결의 선택

(ⅰ) 학　설　① 행정심판위원회가 전적으로 선택에 재량을 갖는다는 견해, ② 행정심판위원회가 충분한 심사를 할 수 있다면 당사자의 신속한 권리구제를 위하여 처분재결을 활용하고, 기타의 경우에는 처분명령재결을 활용하자는 견해, ③ 처분청의 권한존중을 이유로 원칙적으로 처분명령재결을 활용하고, 예외적으로 처분재결을 활용해야 한다는 견해가 대립된다.

(ⅱ) 검　토　행정심판법 제42조 제5항은 "처분을 하거나 처분을 할 것을 피청구인에게 명한다"고 규정하고 있으므로 ①설이 타당하다.

c. 기속행위 및 재량행위에서의 재결

(ⅰ) 처분재결　기속행위의 경우 위원회는 재결로 청구인의 청구 내용대로의 처분을 할 수 있으나(특정처분재결), 재량행위라면 처분 여부가 처분청의 재량이므로 처분재결을 할 수 없다.

(ⅱ) 처분명령재결　기속행위의 경우 특정처분을 할 것을 명하는 재결을, 재량행위라면 처분청으로 하여금 다시 처분을 하도록 하는 재결정명령재결을 한다.

2) 거부처분취소심판(거부처분무효확인심판)을 제기한 경우

㈎ 거부처분취소심판제기의 가능성에 대해 행정심판법 제2조 제1호("처분"이란 행정청이 행하는 구체적 사실에 관한 법집행으로서의 공권력의 행사 또는 그 거부, 그 밖에 이에 준하는 행정작용을 말한다)와 제5조 제1호(취소심판: 행정청의 위법 또는 부당한 처분을 취소하거나 변경하는 행정심판)를 근거로 긍정하는 견해가 다수설, 판례의 입장이다(대판 1988. 12. 13. 88누7880).

㈏ 행정심판법 제43조 제3항은 "위원회는 취소심판의 청구가 이유가 있다고 인정하면 처분을 취소 또는 다른 처분으로 변경하거나 처분을 다른 처분으로 변경할 것을 피청구인에게 명한다"고 규정한다.

㈐ 거부처분취소심판을 제기한 경우 취소심판의 재결은 형성재결인 취소재결과 변경재결 그리고 이행명령재결인 변경명령재결이 있다.

(2) 행정소송의 경우

(가) 행정소송법 제4조 제1호는 취소소송을 '행정청의 위법한 처분등을 취소 또는 변경하는 소송'으로 규정한다. 따라서 인용판결에는 처분등을 취소·변경하는 판결이 있다. 다만 '변경'에 적극적 변경은 포함되지 않는다는 것이 판례의 입장이다.

(나) 따라서 B가 거부처분취소소송을 제기한 경우 인용판결은 거부처분을 취소하는 판결이 된다(거부처분무효확인소송의 경우 무효확인판결).

## 2. 인용재결과 인용판결의 효력

(1) 행정심판의 경우

1) 의무이행심판을 제기한 경우

(가) 행정심판법 제49조의 재결의 기속력에 따라 피청구인과 그 밖의 관계행정청은 재결의 취지에 따라야 할 실체법상의 의무를 부담한다. 특히 의무이행심판에서 처분명령재결이 있는 경우 행정청은 재결의 취지에 따라 재처분해야 하는 의무를 진다(행정심판법 제49조 제2항).

(나) 또한 위원회가 처분의 이행을 명하는 재결 등을 하였음에도 재처분의무를 이행하지 않는 경우 위원회는 해당 처분을 직접할 수 있다(행정심판법 제50조 제1항).

2) 거부처분취소심판(거부처분무효확인심판)을 제기한 경우

거부처분취소심판의 인용재결이 있는 경우 행정청이 재처분의무를 지는지가 문제되는데, 행정심판법 제49조 제1항을 근거로 다수설과 판례는 이를 긍정한다.

(2) 행정소송의 경우

행정소송법은 제29조와 제30조에서 취소판결의 형성력의 제3자효와 기속력을 규정하고 있지만, 모두 판결이 확정된 경우의 효력이므로, 설문처럼 1심에서만 인용판결을 받은 경우에는 인정되지 않는다. 즉, 1심법원의 인용판결이 있은 후라도 상소가 인정되지 않을 때(예를 들어 상소기간의 경과나 상소를 포기한 때) 비로소 판결은 확정되며 이렇게 판결이 확정된 이후라야 형성력과 기속력이 발생하기 때문이다.

## 3. 인용재결과 인용판결에 대한 불복

(1) 행정심판의 경우

행정심판청구에 대한 재결이 있으면 그 재결 및 같은 처분 또는 부작위에 대하여 다시 행정심판을 청구할 수 없다(행정심판법 제51조).

(2) 행정소송의 경우

1심법원의 재판에 대하여는 고등법원에 항소할 수 있고(법원조직법 제28조), 고등법원의 재판에 대하여는 대법원에 상고할 수 있다(법원조직법 제14조).

**기출 46-1** 〈제3문〉

갑은 대로변에서 보석가게를 운영하는 자인데, '쇼윈도'에 특별한 운석을 전시하여 지나가는 행인들이 모여들게 되었다. 이로 인하여 교통소통에 위험이 초래된 경우, 갑과 행인들의 경찰책임에 대해 설명하시오. 25.

[제30회 입법고시(2014년)]

## Ⅰ. 문제 상황

갑 자신의 가게 '쇼윈도'에 특별한 운석을 전시하여 지나가는 행인들이 모여들게 되었고 이로 인하여 교통소통에 위험이 초래된 경우의 경찰책임은 이러한 위험을 제거하라는 경찰명령을 누구에게 발동하여야 하는지 즉, 경찰책임의 원칙에 대한 문제이다. 그리고 경찰책임자가 수인이라면 경찰책임자의 경합이 문제될 수 있다.

## Ⅱ. 경찰책임의 원칙

### 1. 경찰책임 원칙의 의의

경찰책임이란 경찰목적 달성을 위해 법률이나 법률에 근거한 행위로 개인에게 부과되는 의무(책임)를 말하며, 경찰책임의 원칙이란 경찰권은 경찰책임자에게 발동되어야 한다는 원칙을 말한다. 즉 경찰책임의 원칙이란 경찰권발동의 상대방이 누구인가에 대한 문제이다.

### 2. 경찰책임의 종류

#### (1) 행위책임

1) 행위책임의 의의

자연인이나 법인이 자신의 행위(또는 자신을 위해 행위하는 타인의 행위)를 통해서 공공의 안녕이나 질서에 대한 위험을 야기시킴으로써 발생되는 경찰책임을 말한다(예: 심야에 지나친 소음을 발생시키는 경우).

2) 인과관계

일반적인 입장은 원칙적으로 위험에 대하여 직접적으로 원인을 야기하는 행위를 한 자만이 경찰책임을 부담한다는 견해(직접원인제공이론)이다.

3) 행위책임의 주체

행위책임은 원칙적으로 행위자가 진다. 다만, 타인에 대한 감독의무가 있는 경우에는 피감독자의 행위에 대해서 감독자도 행위책임을 진다(예: 주유소의 피용자가 유사석유를 판매한 경우). 다만, 피감독자가 감독자의 지시에 종속하는 경우라야 한다.

#### (2) 상태책임

1) 상태책임의 의의

상태책임이란 물건으로 인해 위험이나 장해를 야기시킴으로써 발생되는 경찰책임을 말한다(예: 화재위험이 있는 무허가건축물을 건축하는 경우).

2) 인과관계

행위책임과 마찬가지로 원칙적으로 위험에 대하여 직접적으로 원인을 야기하는 물건의 소유자 등만이 경찰책임을 부담한다는 견해(직접원인제공이론)가 일반적이다.

3) 상태책임의 주체, 인정 범위

(가) 상태책임의 주체는 물건의 소유자다. 다만, 사실상 지배권자가 있는 경우는 그 자가 되며, 이차적으로는 소유자도 경찰책임자가 될 수 있다.

(나) 원칙적으로 소유자의 상태책임이 인정되는 범위에는 제한이 없다. 따라서 원칙적으로는 원인(예: 자연재해, 제3자 행위의 개입)에 상관없이 당해 물건의 상태로부터 발생한 위해에 대해 소유자는 전적인 책임이 있다(예를 들어 폭우로 떠내려간 자동차가 하류제방에서 발견되어도 자동차소유자는 상태책임을 부담한다). 이 경우 소유권을 포기한다고 상태책임이 소멸되지 않는다.

### 3. 설 문

(가) 갑은 자신의 가게 쇼윈도에 특별한 운석을 전시하여 행인들이 모여들게 하였기 때문에 행위책임자이며, 상태책임자에 해당한다.

(나) 행인들은 운석을 보기 위해 보석가게에 모여들어 교통소통에 위험을 초래하였기 때문에 행위책임자에 해당한다.

(다) 갑과 행인 모두 경찰책임자이기 때문에 경찰책임자의 경합이 문제될 수 있다.

## Ⅲ. 경찰책임자의 경합

### 1. 의 의

경찰책임자의 경합이란 경찰상의 위해가 다수인의 행위 또는 다수인이 지배하는 물건의 상태로 인해 발생하거나 행위책임자와 상태책임자가 경합하여 발생하는 경우를 말한다.

### 2. 책임자 경합시 경찰권 상대방 결정

경찰명령은 위험이나 장해를 가장 신속하고도 효과적으로 제거할 수 있는 위치에 있는 자에게 행해져야 한다. 원칙적으로는 시간적으로나 장소적으로 위험에 가장 근접해 있는 자가 처분의 상대방이 될 것이지만, 종국적으로 그것은 비례원칙을 고려하여 의무에 합당한 재량으로 정할 문제이다.

### 3. 설 문

갑은 단지 자신의 가게 '쇼윈도'에 특별한 운석을 전시하였을 뿐 교통소통에 위험을 초래한 것은 행인들의 행위이기 때문에 이러한 위험을 가장 신속하고 효과적으로 제거할 수 있는 자는 행인이다. 따라서 경찰행정청은 행인들에게 교통소통의 위험을 제거하라는 명령을 발령하여야 한다.

기출 47 〈제1문〉

갑은 A시에서 개인 변호사 사무실을 운영하는 변호사로서 관할 세무서장 을에게 2010년부터 2012년까지 3년간의 부가가치세 및 종합소득세를 자진신고 납부한 바 있다. 병은 갑의 변호사 사무실에서 사무장으로 근무하다가 2013년 3월경 사무장 직을 그만두면서 사무실의 형사약정서 복사본과 민사사건 접수부를 가지고 나와 이를 근거로 을에게 갑의 세금탈루사실을 제보하였다.

이에 따라 을은 2013년 6월 갑에 대하여 세무조사를 하기로 결정하고, 갑에게 조사를 시작하기 10일 전에 조사대상 세목, 조사기간 및 조사 사유, 그 밖에 대통령령으로 정하는 사항을 통지하였다. 그런데 통지를 받은 갑은 장기출장으로 인하여 세무조사를 받기 어렵다는 이유로 을에게 조사를 연기해 줄 것을 신청하였으나 을은 이를 거부하였다.

(1) 위 사례에서 세무조사와 세무조사결정의 법적 성질은? 10.

(2) 위 사례에서 을이 행한 세무조사 연기신청 거부처분에 대하여 갑은 취소심판을 청구하였다. 관할 행정심판위원회에서 이를 인용하는 재결을 하는 경우 을은 재결의 취지에 따라 처분을 하여야 하는가? 15.

(3) 을은 세무조사를 하면서 당초 사전통지된 기간보다 조사기간을 연장하였으나 이를 갑에게 통지하지 아니하였다. 이 경우 이 세무조사에 근거하여 갑에게 부과된 소득세부과처분은 위법한가? 10.

(4) 갑은 소득세부과처분에 대하여 취소소송을 제기하였으나 기각판결이 확정되었다. 만약 그 후 갑이 이전 과세처분상의 납부액이 법령상 기준을 초과하였다는 이유로 초과납부한 금액에 대한 국세환급결정을 신청하였지만 을이 이를 거부하였다면, 이에 대하여 갑이 권리구제를 받을 수 있는 방안은 무엇인가? 15.

[제56회 사법시험(2014년)]

참조조문

구 「국세기본법」 [시행 2013. 1. 1.] [법률 제11604호, 2013. 1. 1. 일부개정]

제51조(국세환급금의 충당과 환급) ① 세무서장은 납세의무자가 국세·가산금 또는 체납처분비로서 납부한 금액 중 잘못 납부하거나 초과하여 납부한 금액이 있거나 세법에 따라 환급하여야 할 환급세액(세법에 따라 환급세액에서 공제하여야 할 세액이 있을 때에는 공제한 후에 남은 금액을 말한다)이 있을 때에는 즉시 그 잘못 납부한 금액, 초과하여 납부한 금액 또는 환급세액을 국세환급금으로 결정하여야 한다. 이 경우 착오납부·이중납부로 인한 환급청구는 대통령령으로 정하는 바에 따른다.

제81조의6(세무조사 대상자 선정) ② 세무공무원은 제1항에 따른 정기선정에 의한 조사 외에 다음 각 호의 어느 하나에 해당하는 경우에는 세무조사를 할 수 있다.

3. 납세자에 대한 구체적인 탈세 제보가 있는 경우

제81조의7(세무조사의 사전통지와 연기신청) ① 세무공무원은 세무조사(「조세범 처벌절차법」에 따른 조세범칙조사는 제외한다)를 하는 경우에는 조사를 받을 납세자(납세자가 제82조에 따라 납세관리인을 정하여 관할 세무서장에게 신고한 경우에는 납세관리인을 말한다. 이하 이 조에서 같다)에게 조사를 시작하기 10일 전에 조사대상 세목, 조사기간 및 조사 사유, 그 밖에 대통령령으로 정하는 사항을 통지하여야 한다. 다만, 사전에 통지하면 증거인멸 등으로 조사 목적을 달성할 수 없다고 인정되는 경우에는 그러하지 아니하다.

② 제1항에 따른 통지를 받은 납세자가 천재지변이나 그 밖에 대통령령으로 정하는 사유로 조사를 받기 곤란한 경우에는 대통령령으로 정하는 바에 따라 관할 세무관서의 장에게 조사를 연기해 줄 것을 신청할 수 있다.

③ 제2항에 따라 연기신청을 받은 관할 세무관서의 장은 연기신청 승인 여부를 결정하고 그 결과를 조사 개시 전까지 통지하여야 한다.

제81조의8(세무조사 기간) ⑥ 세무공무원은 제1항 단서에 따라 세무조사 기간을 연장하는 경우에는 그 사유와 기간을 납세자에게 문서로 통지하여야 하고, 제4항 및 제5항에 따라 세무조사를 중지 또는 재개하는 경우에는 그 사유를 문서로 통지하여야 한다.

**구「국세기본법」시행령 [시행 2013. 3. 23.] [대통령령 제24441호, 2013. 3. 23. 타법개정]**

제63조의7(세무조사의 연기신청) ① 법 제81조의7 제2항에서 "대통령령으로 정하는 사유"란 다음 각 호의 어느 하나에 해당하는 사유를 말한다.

2. 납세자 또는 납세관리인의 질병, 장기출장 등으로 세무조사가 곤란하다고 판단될 때

기출 47 (1) 위 사례에서 세무조사와 세무조사결정의 법적 성질은? 10.

# Ⅰ. 세무조사와 세무조사결정의 법적 성질

## 1. 세무조사의 법적 성질

### (1) 세무조사의 의의

세무조사란 국세 등의 과세표준과 세액을 결정 또는 경정하기 위하여 질문을 하거나 해당 장부·서류 또는 그 밖의 물건을 검사·조사하거나 그 제출을 명하는 행정작용을 말한다(국세기본법 제81조의2 제2항 제1호).

### (2) 법적 성질

1) 권력적 행정조사

세무조사란 행정의 실효성 확보수단의 하나로 행정기관이 적절한 행정작용을 위해 필요한 자료나 정보를 수집하는 행정활동인 행정조사이다. 행정조사는 권력적 조사와 비권력적 조사로 나눌 수 있는데 세무조사는 권력적 조사에 해당한다.

2) 항고소송의 대상인 처분인지 여부

(가) 행정조사는 권력적 조사로 법적 성질은 권력적 사실행위이다. 권력적 사실행위란 행정청이 우월한 지위에서 일방적으로 행하는 공권력행사의 성질을 갖는 사실행위를 말한다.

(나) 그리고 권력적 사실행위는 사실행위의 요소와 하명(의무를 명하는 행정행위)적 요소가 결합된 합성적 행위이기 때문에 공권력 행사 및 법적 행위(국민의 권리·의무에 영향을 미치는 행위)의 요건을 충족하여 항고소송의 대상인 처분이라고 보는 것이 일반적인 견해이다.

(다) ① 대법원은 명시적 태도를 보이고 있지는 않으나, 권력적 사실행위로 보이는 단수(斷水) 조치를 처분에 해당하는 것으로 판시하였다(대판 1985. 12. 24. 84누598). ② 그리고 헌법재판소는 「수형자의 서신을 교도소장이 검열하는 행위는 이른바 권력적 사실행위로서 행정심판이나 행정소송의 대상이 되는 행정처분으로 볼 수 있다(헌재 1999. 8. 27. 96헌마398)」고 하여 명시적으로 권력적 사실행위의 처분성을 인정하고 있다.

## 2. 세무조사결정의 법적 성질

### (1) 세무조사결정의 의의

세무조사결정은 세무조사에 들어가겠다는 행정청인 세무서장 등의 결정을 말한다.

### (2) 법적 성질

(가) ① 세무조사결정은 행정청인 세무서장이 행하는 갑의 세무조사와 관련된 구체적 사실에 대한 국세기본법 등의 집행행위로 공권력행사에 해당한다. ② 그리고 세무조사결정이 있게 되면 당사자에게는 질문·조사에 응하거나 장부 등을 제출할 의무가 발생하고, 조사과정에서 허

위진술이나 직무집행거부·기피가 있으면 과태료부과처분을 받을 수도 있으므로 세무조사결정은 국민의 권리·의무와 직접 관련되는 행위이다. 따라서 세무서장의 세무조사결정은 항고소송의 대상인 처분이다.

(나) 판례도 「부과처분을 위한 과세관청의 질문조사권이 행해지는 세무조사결정이 있는 경우 납세의무자는 세무공무원의 과세자료 수집을 위한 질문에 대답하고 검사를 수인하여야 할 법적 의무를 부담하게 되는 점, 세무조사는 기본적으로 적정하고 공평한 과세의 실현을 위하여 필요한 최소한의 범위 안에서 행하여져야 하고, 더욱이 동일한 세목 및 과세기간에 대한 재조사는 납세자의 영업의 자유 등 권익을 심각하게 침해할 뿐만 아니라 과세관청에 의한 자의적인 세무조사의 위험마저 있으므로 조세공평의 원칙에 현저히 반하는 예외적인 경우를 제외하고는 금지될 필요가 있는 점, 납세의무자로 하여금 개개의 과태료 처분에 대하여 불복하거나 조사 종료 후의 과세처분에 대하여만 다툴 수 있도록 하는 것보다는 그에 앞서 세무조사결정에 대하여 다툼으로써 분쟁을 조기에 근본적으로 해결할 수 있는 점 등을 종합하면, 세무조사결정은 납세의무자의 권리·의무에 직접 영향을 미치는 공권력의 행사에 따른 행정작용으로서 항고소송의 대상이 된다(대판 2011. 3. 10. 2009두23617)」라고 본다.

**기출 47** (2) 위 사례에서 을이 행한 세무조사 연기신청 거부처분에 대하여 갑은 취소심판을 청구하였다. 관할 행정심판위원회에서 이를 인용하는 재결을 하는 경우 을은 재결의 취지에 따라 처분을 하여야 하는가? 15.

## Ⅱ. 거부처분취소심판의 인용재결에 따른 재처분의무

### 1. 문제 상황

행정심판법은 거부처분에 대해 의무이행심판을 청구하여 처분명령재결을 받은 경우는 재처분의무를 규정하고 있지만(행정심판법 제49조 제2항은 "거부하거나 부작위로 방치한 처분의 이행을 명하는 재결"이라고 규정한다), 거부처분에 대해 취소심판을 청구하여 인용재결을 받은 경우 명문으로 재처분의무를 규정하고 있지는 않다. 따라서 거부처분취소심판의 인용재결이 있는 경우 재처분의무를 지는가에 관해 학설의 대립이 있다. 그런데 이 학설의 대립은 거부처분취소심판 자체를 인정할 것인지와 관련되어 있기 때문에 거부처분취소심판의 가능성을 먼저 검토한다.

### 2. 거부처분취소심판의 가능성

#### (1) 문 제 점

청구인이 거부처분을 받은 후 의무이행심판이 아니라 거부처분취소심판을 청구한 경우 이러한 심판청구가 인정될 수 있는지가 문제된다.

#### (2) 학 설

ⓐ 행정심판법 제5조 제3호에 따르면 거부처분은 의무이행심판의 대상이지 취소심판의 대상이 아니라는 견해도 있으나, ⓑ 행정심판법 제2조 제1호("처분"이란 행정청이 행하는 구체적 사실에 관한 법집행으로서의 공권력의 행사 또는 그 거부, 그 밖에 이에 준하는 행정작용을 말한다)와 제5조 제1호(취소심판: 행정청의 위법 또는 부당한 처분을 취소하거나 변경하는 행정심판)를 근거로 거부처분취소심판의 가능성을 인정하는 견해가 다수설이다.

#### (3) 판 례

판례는 거부처분취소심판의 제기가능성을 인정한다(대판 1988. 12. 13. 88누7880).

#### (4) 검토 및 설문

㈎ 당사자의 효과적인 권리구제를 위해 거부처분취소심판의 가능성을 인정하는 것이 타당하다.

㈏ 따라서 갑은 을의 세무조사 연기신청 거부처분에 대하여 취소심판을 청구할 수 있고, 관할 행정심판위원회는 이를 인용하는 재결을 할 수 있다.

### 3. 거부처분취소심판의 인용재결에 따른 재처분의무

#### (1) 학 설

ⓐ 행정심판법상 거부처분은 의무이행심판의 대상이므로 거부처분에 대해서는 취소심판을 인정할 수 없고 따라서 재처분의무가 발생할 수 없다는 견해와 ⓑ 거부처분에 대해 취소심판을 제기할 수는 있지만, 인용재결에 대해 재처분의무를 인정하기 위해서는 명문의 근거가 필요한데 행정심판법은 의무이행심판의 이행재결 등의 경우만 재처분의무를 규정(행정심판법 제49조 제2항·제3항)하고 있어 취소심판의 경우에는 재처분의무가 발생하지 않는다는 견해, ⓒ 거부처분에 대한 취소심판이 인용된 경우에도 처분청은 재결의 기속력에 따라 원래의 신청에 따른 재처분을 행하여야 할 의무를 진다는 견해(이 견해는 행정심판법 제49조 제1항을 기속력의 일반적 근거규정으로 본다)가 대립된다.

#### (2) 판 례

판례는 「당사자의 신청을 거부하는 처분을 취소하는 재결이 있는 경우에는 행정청은 그 재결의 취지에 따라 다시 이전의 신청에 대한 처분을 하여야 하는 것(대판 1988. 12. 13. 88누7880)」이라고 하고 있어 긍정하는 것으로 보인다.

#### (3) 검 토

행정심판법 제5조 제1호와 제2조 제1호를 고려할 때 거부처분취소심판은 인정될 수 있고(전술한 거부처분취소심판의 가능성 참조), 행정심판법 제49조 제1항은 기속력의 일반적 규정이며 재처분의무는 기속력의 내용을 이루는 것인바 행정심판법 제49조 제1항을 근거로 거부처분취소심판의 인용재결의 경우에도 재처분의무가 인정된다는 견해가 타당하다.

(4) 설 문

갑의 세무조사 연기신청 거부처분취소심판을 관할 행정심판위원회가 인용하는 재결을 한다면 을은 재결의 취지에 따라 처분을 하여야 한다.

**기출 47** (3) 을은 세무조사를 하면서 당초 사전통지된 기간보다 조사기간을 연장하였으나 이를 갑에게 통지하지 아니하였다. 이 경우 이 세무조사에 근거하여 갑에게 부과된 소득세부과처분은 위법한가? 10.

## Ⅲ. 위법한 세무조사에 근거한 소득세부과처분의 위법성

### 1. 문제 상황

행정조사는 필요한 정보나 자료수집을 위한 준비작용으로 조사 그 자체를 목적으로 한다. 따라서 행정조사작용은 행정결정에 선행하는 전제요건이 아님이 일반적이다. 그러나 국세기본법 제81조의8 제6항은 세무조사기간을 연장하는 경우 이를 납세자에게 통지하도록 규정하는데, 설문처럼 세무공무원이 통지를 하지 않아 세무조사과정에 하자가 있다면 그에 근거한 소득세부과처분이 위법한지가 문제된다.

### 2. 학 설

ⓐ 행정조사가 법령에서 특히 행정행위의 전제요건으로 규정하고 있는 경우를 제외하고 행정조사와 행정행위는 별개의 제도이므로 행정조사의 위법이 바로 행정행위를 위법하게 만들지는 않는다는 견해(소극설), ⓑ 법령에서 행정조사를 행정행위의 전제요건으로 하고 있는 경우 외에는 별개 · 독자적 제도이지만, 양자는 하나의 과정을 구성하고 있으므로 **행정조사에 중대한 위법사유가 있다면 행정행위도 위법하다는 견해**(절충설)(다수견해), ⓒ 행정조사에 의해 수집된 정보가 행정결정을 위한 정보 수집을 위한 것이라면 행정조사의 하자는 **행정결정의 절차상의 하자**라는 견해(절차하자설), ⓓ 행정조사가 어떠한 행정결정에 필수적으로 요구되는 것은 아니라 단지 예비적인 작용이라 하여도 **원칙적으로 위법은 승계**된다는 견해(적극설)로 나누어진다.

### 3. 판 례

명시적인 입장은 없다. 다만 위법한 중복세무조사에 기초하여 이루어진 부가가치세부과처분은 위법하다는 판결이 있다(대판 2006. 6. 2. 2004두12070).

### 4. 검 토

행정조사가 어떠한 행정결정에 필수적으로 요구되는 것은 아니고 단지 예비적인 작용이라

하여도 법치주의 원칙상 행정조사의 위법은 원칙적으로 행정행위에 승계된다는 견해가 타당하다(적극설).

### 5. 설　　문

적극설에 따르면 세무조사를 하는 과정에서 세무조사기간 연장통지를 하지 않은 위법이 있었다면, 이러한 위법한 세무조사의 근거한 소득세부과처분은 위법하다.

**기출 47** (4) 갑은 소득세부과처분에 대하여 취소소송을 제기하였으나 기각판결이 확정되었다. 만약 그 후 갑이 이전 과세처분상의 납부액이 법령상 기준을 초과하였다는 이유로 초과납부한 금액에 대한 국세환급결정을 신청하였지만 을이 이를 거부하였다면, 이에 대하여 갑이 권리구제를 받을 수 있는 방안은 무엇인가? 15.

## Ⅳ. 갑의 권리구제방안

### 1. 문제 상황

세무서장의 국세환급거부행위에 대한 갑의 권리구제방안으로는 국세환급금결정신청거부행위에 대한 행정쟁송(행정심판과 행정소송)과 초과 납부한 금액에 대한 부당이득반환청구를 생각해 볼 수 있다.

### 2. 국세환급금결정신청거부행위에 대한 행정쟁송

#### (1) (넓은 의미) 행정심판

##### 1) 이의신청

국세기본법 제55조 제1항은 심사청구 또는 심판청구에 앞서 처분을 한 세무서장 등에게 이의신청을 할 수 있다고 규정한다. 즉 이의신청은 여부는 납세자의 선택이다. 다만, 해당 행위는 처분이어야 한다.

##### 2) (좁은 의미) 행정심판

국세기본법 제56조 제2항에 따라 조세소송은 필요적 심판전치가 적용된다(국세기본법 제56조). 따라서 국세청장에 대한 심사청구와 조세심판원장에 대한 심판청구 중 하나는 선택적으로 거쳐야 행정소송을 제기할 수 있다(다만, 동일한 처분에 대해서는 심사청구와 심판청구를 중복하여 제기할 수 없다(동법 제55조 제9항)). 다만, 해당 행위도 처분이어야 한다.

##### 3) 설　　문

세무서장의 국세환급거부행위가 항고소송의 대상인 처분이라면 갑은 항고소송을 제기하기 위해서 세무서장 등에게 이의신청을 할 수도 있고, 국세청장에 대한 심사청구와 조세심판원장에 대한 심판청구 중 하나는 선택적으로 거친 후 항고소송을 제기할 수도 있다.

#### (2) 거부처분취소소송(무효확인소송)

##### 1) 항고소송의 대상인 거부처분의 성립요건

판례는 행정청의 거부행위가 항고소송의 대상인 거부처분이 되기 위해서는 ① 사인이 신청한 행위가 공권력의 행사(이에 준하는 행정작용)이어야 한다. 즉 사인의 공권력행사 등의 신청에 대한 발령의 거부이어야 한다. ② 그리고 거부로 인하여 국민의 권리나 법적 이익에 직접 영향을 미치는 행위이어야 하며, ③ 신청에 따른 처분을 해줄 것을 요구할 법규상 또는 조리상의 신청권이 있어야 한다고 본다.

##### 2) 설　문

㈎ ① 세무서장의 국세환급거부행위는 행정청인 세무서장이 한 갑의 국세환급이라는 사실에 대한 국세기본법의 집행행위이지만, 우월한 지위에서 행한 일방적 행위가 아니라 당사자에게 이미 (부당이득으로) 확정된 환급청구권이 있음을 표시하는 행위에 불과하다. ② 그리고 납세자가 납부할 세액을 초과하여 국가가 징수하였다면 이를 납부받는 순간 국가의 부당이득이 되는 것이며, 세무서장의 국세환급결정(또는 거부결정)이 있어야 상대방에게 환급청구권이 발생하는 것이 아니다. 따라서 세무서장의 국세환급거부결정은 국민의 권리나 법적 이익에 직접 영향을 미치는 행위가 아니므로 항고소송의 대상인 거부처분이 아니다.

㈏ 판례도 「국가는 원천징수의무자로부터 이를 납부받는 순간 아무런 법률상의 원인 없이 부당이득한 것이 되고, 구 국세기본법(2006. 12. 30. 법률 제8139호로 개정되기 전의 것) 제51조 제1항, 제52조 등의 규정은 환급청구권이 확정된 국세환급금 및 가산금에 대한 내부적 사무처리절차로서 과세관청의 환급절차를 규정한 것일 뿐 그 규정에 의한 국세환급금(가산금 포함) 결정에 의하여 비로소 환급청구권이 확정되는 것이 아니므로, 국세환급결정이나 이 결정을 구하는 신청에 대한 환급거부결정 등은 납세의무자가 갖는 환급청구권의 존부나 범위에 구체적이고 직접적인 영향을 미치는 처분이 아니어서 항고소송의 대상이 되는 처분으로 볼 수 없다(대판 2010. 2. 25. 2007두18284)」라고 본다.

### 3. 초과 납부한 금액에 대한 부당이득반환청구

#### (1) 부당이득반환청구권의 성질

㈎ 부당이득반환청구권의 성질에 대해 학설은 ① ⓐ 공권설과 ⓑ 사권설이 대립되나, ② 판례는 처분이 무효이거나 취소된 이상 부당이득반환의 법률관계는 민사관계로 보고 민사소송절차에 따르고 있다(대판 1995. 12. 22. 94다51253).

㈏ 판례에 따라 민사소송으로 본다면 갑은 국가를 상대로 민사소송으로 부당이득반환청구소송을 제기할 수 있는데 이 경우 민사법원은 민법 제741조를 유추적용하여 국가가 법률상 원인 없이 갑에게 손해를 가하고 있는지를 살펴보아야 한다.

(다) 그런데 '법률상 원인 없음'이 설문과 관련해서 '소득세부과처분이 무효'인지에 대한 문제가 되기 때문에(소득세부과처분이 무효이어야 법률상 원인이 없는 것이 되고 부당이득이 된다) 민사법원이 처분의 효력 유무를 판단할 수 있는지 즉 선결문제를 검토해야 한다.

### (2) 선결문제

#### 1) 의 의

(가) 선결문제란 민사(당사자소송)·형사법원의 본안판단에서 행정행위의 효력 유무(존재 여부)나 위법 여부가 선결될 문제인 경우 그 효력 유무(존재 여부)나 위법 여부를 말한다. 선결문제를 행정행위의 효력 중 공정력의 문제로 보는 견해가 있었으나(공정력과 구성요건적 효력을 구별하지 않는 견해), 현재는 구성요건적 효력의 문제로 보는 견해가 다수견해이며(공정력과 구성요건적 효력을 구별하는 견해), 타당하다.

(나) 공정력이란 행정행위에 하자가 있다고 하더라도 권한을 가진 기관에 의해 취소될 때까지 그 효력을 부정할 수 없는 상대방(이해관계인)에게 미치는 구속력을 말하며, 구성요건적 효력이란 유효한 행정행위의 존재가 다른 국가기관의 결정에 영향을 미치는 효력(구속력)을 말한다.

#### 2) 형 태

(가) 선결문제는 민사사건(당사자소송)의 경우와 형사사건의 경우로 나눌 수 있고, 각각 행정행위의 효력 유무(존재 여부)가 선결문제로 되는 경우와 행정행위의 위법 여부가 선결문제로 되는 경우가 있다(행정사건 중 당사자소송사건도 문제될 수 있으나 대법원은 부당이득반환청구소송, 국가배상청구소송을 민사소송으로 보고 있는바 선결문제 해결에서는 민사소송으로 제기하는 경우와 당사자소송으로 제기하는 경우에 차이가 없다). 행정소송법 제11조 제1항은 선결문제의 일부(민사사건에서 효력 유무(존재 여부)가 문제되는 경우)에 관해서만 규정하고 있는바 나머지 사항은 학설과 판례에서 해결하여야 한다.

(나) 설문은 민사사건의 경우이고 소득세부과처분의 효력 유무가 문제되는 경우이다.

#### 3) 해결(민사법원이 처분의 효력 유무를 판단할 수 있는지 여부)

선결문제가 행정행위의 효력 유무인 경우, ① 당해 행정행위가 무효이면 민사법원은 행정행위가 무효임을 전제로 본안을 인용할 수 있다는 것이 실정법(행정소송법 제11조 제1항)·학설·판례의 입장이다. 왜냐하면 무효인 행정행위는 구성요건적 효력이 없기 때문이다. 그리고 행정행위의 하자가 단순위법인 경우에도 민사법원은 당해 행정행위가 유효임을 전제로 본안을 판단할 수 있다. ② 그러나 민사법원은 행정행위의 구성요건적 효력으로 인해 유효한 행정행위의 효력을 부정(취소)할 수는 없다. 따라서 행정행위가 단순위법하여 여전히 효력이 있다면 법률상 원인이 없는 것이 아니기에 당사자의 부당이득반환청구는 기각될 것이다.

#### 4) 설 문

설문에서 갑은 소득세부과처분에 대하여 취소소송을 제기하였으나 기각판결이 확정되었다면 소득세부과처분은 적법·유효한 것이므로 민사법원은 소득세부과처분의 효력을 부정(취소)할 수 없다. 따라서 갑은 부당이득반환청구소송으로는 초과납부하였다고 주장하는 소득세를 돌려받을 수는 없다.

**기출 47-1** 〈제2문의 1〉

A 세무서장은 甲 주식회사에 대하여 1996년 사업연도 귀속 법인세 8억원을 부과하였다. 甲 회사가 이를 체납하고 甲 회사 재산으로는 위 법인세 충당에 부족하자 A 세무서장은 1997. 10. 22. 甲 회사의 최대주주인 乙의 아들 丙에 대하여 과점주주이자 乙과 생계를 같이하는 직계비속인 이유로 구 국세기본법 제39조 제1항 제2호 다.목상 제2차 납세의무자로 지정하고, 위 법인세를 납부하도록 통지하였다. 그 후 위 丙에 대한 법인세부과처분이 확정되자 A 세무서장은 2005. 10. 11. 丙이 체납 중이던 체납액 10억원(가산세 포함)을 징수하기 위하여 丙 명의의 부동산을 압류하였다. 한편, 1998. 5. 28. 헌법재판소는 위 구 국세기본법 제39조 제1항 제2호에 대하여 위헌결정을 하였다.

(1) 丙에 대한 위 법인세부과처분의 효력은 어떻게 되는가?(단, 각 처분과 관련된 시효 및 제척 기간은 도과되지 않았다고 간주함) 17.

(2) A 세무서장의 丙에 대한 압류처분의 효력은 어떻게 되는가? 13.

[제56회 사법시험(2014년)]

참조조문

구「국세기본법」[시행 1993. 12. 31.] [법률 제4672호, 1993. 12. 31. 일부개정]

제39조(출자자의 제2차 납세의무) ① 법인의 재산으로 그 법인에게 부과되거나 그 법인이 납부할 국세·가산금과 체납처분비에 충당하여도 부족한 경우에는 그 국세의 납세의무의 성립일 현재 다음 각호의 1에 해당하는 자는 그 부족액에 대하여 제2차 납세의무를 진다.

2. 과점주주 중 다음 각목의 1에 해당하는 자

가. 주식을 가장 많이 소유하거나 출자를 가장 많이 한 자

다. 가목 및 나목에 규정하는 자와 생계를 함께 하는 자

구「국세징수법」[시행 2003. 1. 1.] [법률 제6805호, 2002. 12. 26. 일부개정]

제24조(압류의 요건) ① 세무공무원은 다음 각호의 1에 해당하는 경우에는 납세자의 재산을 압류한다.

1. 납세자가 독촉장을 받고 지정된 기한까지 국세와 가산금을 완납하지 아니한 때
2. 제14조 제1항의 규정에 의하여 납세자가 납기전에 납부의 고지를 받고 지정된 기한까지 완납하지 아니한 때

기출 47-1 (1) 丙에 대한 위 법인세부과처분의 효력은 어떻게 되는가?(단, 각 처분과 관련된 시효 및 제척기간은 도과되지 않았다고 간주함) 17.

# Ⅰ. 위헌인 법률에 근거한 법인세부과처분의 효력

## 1. 문제 상황

설문은 A 세무서장이 1997. 10. 22. 병이 을과 생계를 같이하는 직계비속이라는 이유로 구 국세기본법 제39조 제1항 제2호 다.목상 제2차 납세의무자로 지정하고 법인세를 납부하도록 통지하였지만, 그 후 1998. 5. 28. 헌법재판소가 해당 구 국세기본법 조항에 대하여 위헌결정을 하였다면 병에 대한 법인세부과처분의 효력이 어떻게 되는지 묻고 있는데, 병에 대한 법인세부과처분은 구 국세기본법 조항에 대한 헌법재판소의 위헌결정이 있기 전에 발령되었지만, 해당 조항에 대한 헌법재판소의 위헌결정이 소급효를 가질 수 있다면 법인세부과처분은 위법할 수 있기 때문에 문제된다. 또한 법인세부과처분이 위법하다면 취소사유인지 무효사유인지가 문제된다.

## 2. 헌법재판소법 제47조 제2항·제3항과 소급효

㈎ 헌법재판소법 제47조 제2항은 '위헌으로 결정된 법률 또는 법률의 조항은 그 결정이 있는 날부터 효력을 상실한다', 제3항은 '제2항에도 불구하고 형벌에 관한 법률 또는 법률의 조항은 소급하여 그 효력을 상실한다. 다만, 해당 법률 또는 법률의 조항에 대하여 종전에 합헌으로 결정한 사건이 있는 경우에는 그 결정이 있는 날의 다음 날로 소급하여 효력을 상실한다'고 규정한다.

㈏ 따라서 논리적으로 위헌결정 이전에 당해 법률에 근거하여 발령된 처분이 근거법률이 위헌으로 선언됨으로써 위법하게 되는 문제는 생기지 않음이 원칙이라 할 것이다. 즉 처분 후에 근거법률이 위헌으로 결정된 경우의 처분의 위법 여부는 곧 위헌결정의 소급효가 인정됨을 전제로 한 논의라 할 것이며, 따라서 이 논의를 하기 위해서는 먼저 위헌결정의 소급효의 인정 여부 및 범위를 검토하는 것이 필요하다.

## 3. 위헌결정의 소급효의 인정 여부

### ⑴ 학 설

#### 1) 당연무효설

헌법에 위반되는 법률은 처음부터 당연히 무효라는 견해로 헌법재판소의 위헌결정은 무효인 법률에 대해 사후적으로 무효임을 선언하는 데 불과하다고 본다(헌법재판소의 위헌결정을 확인적으로 본다). 이 견해에 따르면 위헌인 법률은 헌법재판소의 위헌 확인 이전으로 소급하여 법률이 존재하던 시점부터 무효가 된다.

2) 폐지무효설

헌법에 위반되는 법률은 처음부터 무효인 것이 아니라 헌법재판소의 위헌결정이라는 법률의 효력을 상실시키는 조치에 의해 비로소 효력이 소멸된다고 본다(헌법재판소의 위헌결정을 형성적으로 본다). 이 견해에 따르면 위헌으로 결정된 법률의 효력은 처음부터 소급하여 무효가 되는 것은 아니라고 본다. 따라서 소급효 또는 장래효 또는 미래효 중 정책적으로 선택할 수 있다고 본다.

⑵ 검 토

헌법재판소법 제47조 제2항은 '그 결정이 있는 날로부터' 효력을 상실하도록 규정하고 있으며, 헌법재판소의 위헌결정은 형성적 성질을 가지고 있기 때문에 폐지무효설이 타당하다(정종섭). 결국 헌법재판소법 제47조 제2항·제3항을 고려할 때 우리 입법은 원칙적으로 장래효를 취하면서 예외적으로 소급효를 인정하고 있다고 보는 것이 타당하다(원칙적 장래효, 예외적 소급효).

## 4. 위헌결정의 소급효의 인정 범위

⑴ 법정소급효

헌법재판소법 제47조 제3항은 '형벌에 관한 법률 또는 법률의 조항은 소급하여 그 효력을 상실한다. 다만, 해당 법률 또는 법률의 조항에 대하여 종전에 합헌으로 결정한 사건이 있는 경우에는 그 결정이 있는 날의 다음 날로 소급하여 효력을 상실한다'고 규정한다.

⑵ 해석에 의한 소급효

1) 대 법 원

㈎ 대법원은 헌법재판소의 위헌결정의 효력은 위헌제청을 한 당해사건은 물론 위헌제청신청은 아니하였지만 당해 법률 또는 법률의 조항이 재판의 전제가 되어 법원에 계속 중인 사건(병행사건)뿐만 아니라 위헌결정 이후에 같은 이유로 제소된 일반사건에도 원칙적으로 소급효가 미친다고 한다(대판 1993. 2. 26. 92누12247).

㈏ 다만, 일반사건의 경우 ⓐ 당해 처분에 이미 형식적 존속력(불가쟁력)이 발생하였거나(대판 1994. 10. 28. 92누9463), ⓑ 법적 안정성과 신뢰보호의 요청이 현저한 경우(대판 2005. 11. 10. 2005두5628)에는 소급효를 제한하고 있다.

2) 헌법재판소

㈎ 헌법재판소는 헌법재판소법 제47조 제2항에 따라 원칙적으로 위헌결정은 장래효이지만, 예외적으로 위헌결정에 부분적인 소급효를 인정할 수 있다고 한다. 즉, 헌법재판소는 위헌결정의 소급효가 당해사건, 병행사건에 대해서만 미칠 수 있다고 보면서 일반사건의 경우 원칙적으로 소급효를 부정한다.

㈏ 다만 일반사건의 경우 원칙적으로 소급효를 부정하지만 '구체적 타당성의 요청이 현저한 반면에 법적 안정성을 침해할 우려가 없고 소급효의 부인이 오히려 헌법적 이념에 심히 배

치되는 때'에는 예외적으로 소급효를 인정하고 있다(헌재 1993. 5. 13. 92헌가10, 91헌바7, 92헌바24, 50(병합)).

### 5. 위헌인 법률에 근거하여 발령되었던 행정행위의 하자의 정도(위헌결정의 소급효가 인정되는 경우)

#### (1) 대 법 원

대법원은 법률이 헌법에 위반된다는 사정이 헌법재판소의 위헌결정이 있기 전에는 객관적으로 명백한 것이라고 할 수는 없으므로, 특별한 사정이 없는 한 그 행정처분의 취소소송의 전제가 될 수 있을 뿐이라고 한다(대판 1994. 10. 28. 92누9463).

#### (2) 헌법재판소

㈎ 헌법재판소 역시 「법률이 헌법에 위반된다는 사정은 헌법재판소의 위헌결정이 있기 전에는 객관적으로 명백한 것이라고 할 수 없으므로 특별한 사정이 없는 한 이러한 하자는 행정처분의 취소사유에 해당할 뿐(헌재 2005. 3. 31. 2003헌바113)」이라고 한다.

㈏ 다만, 「행정처분 자체의 효력이 쟁송기간경과 후에도 존속 중인 경우, 특히 그 처분이 위헌법률에 근거하여 내려진 것이고 그 행정처분의 목적달성을 위하여서는 후행 행정처분이 필요한데 후행 행정처분은 아직 이루어지지 않은 경우와 같이 그 행정처분을 무효로 하더라도 법적 안정성을 크게 해치지 않는 반면에 그 하자가 중대하여 그 구제가 필요한 경우에 대하여서는 그 예외를 인정하여 이를 당연무효사유로 보아서 쟁송기간 경과 후에라도 무효확인을 구할 수 있는 것(헌재 1994. 6. 30. 92헌바23)」이라고 하여 위헌인 법률에 근거한 처분이 예외적으로 무효사유가 될 수 있음을 인정한다.

### 6. 설　　문

㈎ 병에 대한 법인세부과처분이 위법하려면 헌법재판소의 구 국세기본법 제39조 제1항 제2호에 대한 위헌결정에 소급효가 인정되어야 하는데, 설문과 같은 일반사건에 대해 대법원은 법인세부과처분에 대한 제소기간이 이미 도과하여 형식적 존속력(불가쟁력)이 발생한 경우에는 위헌결정의 소급효를 부정하며, 헌법재판소의 경우에도 법적 안정성의 침해우려에 비해 병의 권리구제필요성이 우월한 경우에만 소급효를 인정하기 때문에, 설문의 경우 헌법재판소의 구 국세기본법 제39조 제1항 제2호에 대한 위헌결정의 소급효가 인정되기 어렵고 병에 대한 법인세부과처분은 적법하다고 보아야 한다.

㈏ 다만, 설문의 경우 헌법재판소의 위헌결정의 소급효가 인정된다고 하더라도 대법원과 헌법재판소는 원칙적으로 해당 처분의 하자정도를 취소사유라고 보기 때문에 병에 대한 법인세부과처분은 유효하다.

기출 47-1 (2) A 세무서장의 丙에 대한 압류처분의 효력은 어떻게 되는가? 13.

## Ⅱ. 위헌인 법률에 근거한 법인세부과처분의 집행력

### 1. 문제 상황

1998. 5. 28. 헌법재판소가 병에 대한 법인세부과처분의무를 과하는 근거법률인 구 국세기본법 제39조 제1항 제2호에 대하여 위헌결정을 하였음에도 세무서장이 구 국세징수법 제24조 제1항에 근거하여 법인세부과처분을 집행하는 행위인 압류처분을 하였다면, 해당 집행행위인 압류처분은 위법한지 위법하다면 그 위법성의 정도는 무엇인지가 문제된다.

### 2. 위헌인 법률에 근거한 행정행위의 집행력의 인정 여부

#### (1) 학 설

1) 긍 정 설

처분의 근거법령에 대한 위헌결정의 기속력은 처분의 근거규정(예: 국세기본법)에만 미치고 집행의 근거규정(예: 국세징수법)에는 미치지 않으며, 의무를 과하는 행정행위(예: 국세부과처분)와 이를 집행하는 행위(예: 압류처분)는 하나의 법률효과를 목적으로 하지 않는다는 점을 근거로 한다(박균성, 윤진수).

2) 부정설(다수설)

부정설은 헌법재판소법 제47조 제1항(법률의 위헌결정은 법원과 그 밖의 국가기관 및 지방자치단체를 기속(羈束)한다)과 제2항(위헌으로 결정된 법률 또는 법률의 조항은 그 결정이 있는 날부터 효력을 상실한다)을 근거로 한다. 즉, 제1항의 위헌결정의 기속력(위헌결정취지의 준수의무)에 따라 모든 국가기관과 지방자치단체는 위헌법률에 근거하여 새로운 법률관계를 형성해서는 안 되는 의무를 부담하고 또한 집행행위도 금지된다고 보며, 제2항의 장래효 규정에 따라 위헌결정된 법률은 장래를 향해 일반적으로 적용이 배제된다고 본다(남복현, 이동흡). 따라서 위헌인 법률에 근거한 행정행위는 집행력이 인정되지 않는다고 본다.

#### (2) 판 례

대법원은 행정행위가 있은 후에 집행단계에서 그 행정행위의 근거된 법률이 위헌으로 결정된 경우 그 행정행위의 집행이나 집행력을 유지하기 위한 행위는 위헌결정의 기속력에 위반되어 허용되지 않는다고 한다(부정)(대판 2002. 8. 23. 2001두2959).

#### (3) 검 토

위헌인 법률에 근거한 행정행위에 집행력을 인정하는 것은 헌법재판소법 제47조 제1항의 기속력(위헌결정취지준수의무)에 위반되는 것이므로 이를 부정하는 견해가 타당하다.

#### (4) 설 문

헌법재판소가 법인세부과처분의무를 과하는 근거법률인 구 국세기본법 조항에 대하여 위헌결정을 하였음에도 세무서장이 법인세부과처분을 집행하는 행위인 압류처분을 하였다면, 압류처분은 헌법재판소법 제47조 제1항의 기속력에 위반되어 위법하다.

### 3. 위헌인 법률에 근거한 행정행위의 집행행위 및 집행력을 유지하기 위한 행위의 위법성의 정도

대법원은 만일 헌법재판소의 위헌결정의 기속력에 위반하여 행정청이 해당 행정행위의 집행행위·집행력을 유지하기 위한 행위를 하였다면 그 행위는 하자가 중대하고 명백하여 당연무효라고 본다(대판(전원) 2012. 2. 16. 2010두10907).

### 4. 소 결

헌법재판소가 구 국세기본법 조항에 대하여 위헌결정을 하였음에도 세무서장이 압류처분을 하였다면 압류처분은 헌법재판소법 제47조 제1항의 기속력에 위반되어 위법하며, 무효이다.

**기출 48** 〈제2문의 2〉

A시의 X구(자치구 아닌 구) 주민들은 노후 주택재개발을 위하여 추진위원회를 구성하여 조합설립 준비를 하였다. 추진위원회는 토지소유자 4분의 3 이상의 동의를 받아 조합설립결의를 거쳐 설립인가를 신청하였다. 한편, A시 시장 을은 법령상 위임규정이 없으나, X구 구청장 병에게 조합설립인가에 관한 권한을 내부위임하고 이에 따라 병이 자신의 이름으로 조합설립인가를 하였다.

(1) X구의 주민 갑 등은 추진위원회가 주민들의 동의를 받는 과정에 하자가 있음을 이유로 조합설립결의에 대해 다투고자 한다. 이 경우 조합설립인가 전에 제기할 소의 종류는 무엇이고, 조합설립인가 후에 제기할 소의 종류는 무엇인가? 10.

(2) 갑 등이 병이 한 조합설립인가처분의 효력을 다투고자 행정소송을 제기하는 경우에, 피고적격과 승소가능성을 검토하시오. 10.

[제56회 사법시험(2014년)]

기출 48 (1) X구의 주민 갑 등은 추진위원회가 주민들의 동의를 받는 과정에 하자가 있음을 이유로 조합설립결의에 대해 다투고자 한다. 이 경우 조합설립인가 전에 제기할 소의 종류는 무엇이고, 조합설립인가 후에 제기할 소의 종류는 무엇인가? 10.

## Ⅰ. 조합설립결의에 대한 소의 종류

### 1. 문제 상황

설문에 갑 등이 조합설립인가 전·후에 조합설립결의를 다투는 소송의 종류를 묻고자 하는데, 이는 조합설립인가의 법적 성질이 무엇인지로 판단될 수 있다. 조합설립인가의 법적 성질을 특허로 본다면 조합설립인가처분으로 재개발조합은 행정주체가 되고 행정주체를 상대로 하는 법률관계는 공법관계가 되기 때문이다.

### 2. 조합설립인가의 법적 성질

#### (1) 문제 상황

조합은 정비사업을 시행하는 목적 범위 내에서 법령이 정하는 바에 따라 일정한 행정작용을 한다. 이러한 조합을 설립하는 조합설립행위에 대한 행정기관의 인가처분의 법적 성질이 무엇인지가 문제된다.

#### (2) 학　설

ⓐ 인가설은 조합설립행위는 기본행위로, 조합 설립인가는 이를 보충하는 행위(인가)로 보는 견해이며, ⓑ 특허설은 조합설립행위는 조합 설립인가(특허)를 받기 위한 요건으로 보는 견해로, 조합설립인가는 행정주체인 도시 및 주거환경정비법(도시정비법)상의 정비사업조합을 만드는 행위(형성적 행위)로 보는 견해이다.

#### (3) 판　례

㈎ 과거 판례는 「재건축조합설립인가는 불량·노후한 주택의 소유자들이 재건축을 위하여 한 재건축조합설립행위를 보충하여 그 법률상 효력을 완성시키는 보충행위(대판 2000. 9. 5. 99두1854)」라고 하여 인가설을 취하였다.

㈏ 그러나 도시재개발법, 주택건설촉진법, 각종 임시법 등이 도시 및 주거환경정비법(도시정비법)으로 정비되면서 「재건축조합은 관할 행정청의 감독 아래 정비구역 안에서 도시정비법상의 '주택재건축사업'을 시행하는 목적 범위 내에서 법령이 정하는 바에 따라 일정한 행정작용을 행하는 행정주체로서의 지위를 갖는다. 행정청이 도시정비법 등 관련 법령에 근거하여 행하는 조합설립인가처분은 단순히 사인들의 조합설립행위에 대한 보충행위로서의 성질을 갖는 것에 그치는 것이 아니라 법령상 요건을 갖출 경우 도시정비법상 주택재건축사업을 시행할 수 있는 권한을 갖는 행정주체(공법인)로서의 지위를 부여하는 일종의 설권적 처분의 성격을 갖는다고 보아야 한다

(대판 2009. 9. 24. 2008다60568)」고 한다. 결국 판례는 인가설에서 특허설로 입장을 바꾼 것으로 보인다.

(4) 검 토

도시정비법상 조합설립인가처분은 조합이 정비사업을 시행할 수 있는 권한을 갖는 행정주체로서의 지위를 부여하는 능력설정행위로 학문상 특허로 보는 것이 타당하다.

### 3. 조합설립인가 전·후에 조합설립결의를 다투는 소송의 종류

(1) 조합설립인가 전에 조합설립결의를 다투는 경우

조합설립인가처분을 조합에게 행정주체로서의 지위를 부여하는 특허처분으로 본다면, 인가처분전에는 행정주체로서 조합은 존재하지 않기 때문에 조합설립결의를 다투는 소송은 추진위원회를 피고로 할 수밖에 없다. 따라서 추진위원회는 행정주체가 아니므로 이러한 소송은 민사소송으로 제기해야 한다.

(2) 조합설립인가 후에 조합설립결의를 다투는 경우

(가) 조합설립인가가 있은 후에는 행정주체로서 조합이 존재하기 때문에, 행정주체인 조합을 상대로 공법상 법률관계를 다투는 것이므로 조합설립결의는 행정소송법 제3조 제2호의 당사자소송을 제기해야 한다.

(나) 판례도 「조합설립결의의 무효확인을 구하는 방법을 택한 것으로 보이는바, 이러한 사정에 비추어 보면 이 사건 소는 그 실질이 조합설립 인가처분의 효력을 다투는 취지라고 못 볼 바 아니고, 여기에 이 사건 소의 상대방이 행정주체로서 지위를 갖는 피고 조합이라는 점까지 아울러 고려하여 보면, 이 사건 소는 공법상 법률관계에 관한 것으로서 행정소송의 일종인 당사자소송에 해당하는 것으로 봄이 상당하다(대판 2010.4.8. 2009다27636)」라고 하여 조합설립인가 이후 조합설립결의를 다투는 소송을 당사자소송으로 본다.

**기출 48** (2) 갑 등이 병이 한 조합설립인가처분의 효력을 다투고자 행정소송을 제기하는 경우에, 피고적격과 승소가능성을 검토하시오. 10.

## Ⅱ. 피고적격과 승소가능성

### 1. 문제 상황

갑 등이 병이 발령한 조합설립인가처분의 효력을 다투는 행정소송을 제기한 경우 승소가능성과 관련해, 소송요건 중 피고적격과 본안요건인 위법성 및 그 정도를 검토해 본다.

## 2. 피고적격

### (1) 문 제 점

설문에서 시장은 법령상 위임규정이 없으나 구청장에게 조합설립인가에 관한 권한을 내부위임하고 이에 따라 구청장이 자신의 이름으로 조합설립인가를 하였다면 내부위임의 법리와 관련해 어느 행정청이 피고가 되는지가 문제된다.

### (2) 행정소송법 제13조 제1항 전단

행정소송법 제13조 제1항 전단은 다른 법률에 특별한 규정이 없는 한 취소소송에서는 그 처분 등을 행한 행정청이 피고가 된다고 규정한다. 여기서 '처분 등을 행한 행정청'이란 원칙적으로 소송의 대상인 행정처분 등을 외부적으로 그의 명의로 행한 행정청을 의미한다. 행정청에는 전통적 의미의 행정청 외에 합의제기관, 공법인, 지방의회, 행정소송법 제2조 제2항의 행정청이 포함된다.

### (3) 내부위임의 의의와 권한 행사

권한의 내부위임이란 행정조직 내부에서 수임자가 위임자의 명의와 책임으로 위임자의 권한을 사실상 행사하는 것을 말한다. 그리고 내부위임은 행정권한의 위임과는 달리 법률에 근거를 요하지 않고 권한의 대외적 변경이 없기 때문에 위임자의 명의와 책임으로 권한을 행사하여야 한다.

### (4) 내부위임이 있는 경우 행정쟁송에서 피고(피청구인)

권한의 위임은 수임자 명의로 권한이 행사되기 때문에 행정쟁송에서 피고(피청구인)는 수임행정관청이 되지만(행정소송법 제2조 제2항 등 참조), 내부위임은 위임자 명의로 권한이 행사되기 때문에 위임 행정관청이 피고가 된다. 그러나 내부위임임에도 수임 행정관청이 위법하게 자신의 명의로 처분을 발령하였다면 피고는 명의자인 수임 행정관청이 된다. 만일 정당한 권한자를 피고로 해야 한다면 무권한자가 위법한 처분을 발령한 후 정당한 권한자를 찾아야 하는 부담을 원고인 사인에게 지우는 결과가 되기 때문이다.

### (5) 설　문

구청장은 조합설립인가에 관한 권한을 내부위임 받았을 뿐임에도 불구하고 구청장 자신의 이름으로 조합설립인가를 하였다면 피고는 구청장이 된다.

## 3. 조합설립인가처분의 위법성과 정도

### (1) 조합설립인가처분의 위법성

권한의 내부위임은 권한의 대외적 변경이 없기에 수임기관은 위임기관의 명의로 권한을 행사한다. 그러나 설문에서 구청장은 위임기관인 시장의 명의로 조합설립인가처분을 하여야 함에도 자신의 명의로 처분을 하였기 때문에 그 처분은 위법하다(주체상의 하자).

### (2) 조합설립인가처분의 위법성의 정도

(가) 행정의 법률적합성을 고려할 때 위법한 행정행위의 효력은 부정하는 것이 정당하지만, 법적 안정성(공정력의 인정근거)을 근거로 일단 잠정적으로 유효성을 인정한다. 그러나 행정행위의 하자가 중대하고도 명백한 경우에는 법적 안정성을 침해할 우려가 없고 그러한 행정행위에 효력을 인정하는 것은 행정의 법률적합성에 반하기 때문에 중대명백설이 타당하다(다수설).

(나) 일반적 견해와 판례의 입장인 중대명백설에 따르면 구청장은 자신의 명의로 조합설립인가를 하였기 때문에 무권한자의 행위로 적법요건의 중대한 위반이며 동시에 외관상으로도 명백한 하자이다. 따라서 구청장의 조합설립인가처분은 무효사유에 해당한다(대판 1993. 5. 27. 93누6621).

## 4. 소 결

갑은 구청장 병이 한 조합설립인가처분에 대해 구청장을 피고로 무효확인소송을 제기하면 승소할 수 있을 것이다.

기출 49 〈제1문〉

A하천 유역에서 농기계공장을 경영하는 갑은 수질 및 수생태계 보전에 관한 법률 제4조의5에 의한 오염부하량을 할당받은 자이다. 갑의 공장 인근에서 대규모 민물어류양식장을 운영하는 을의 양식어류 절반가량이 갑자기 폐사하였고, 을은 그 원인을 추적한 결과 갑의 공장에서 유출된 할당오염부하량을 초과하는 오염물질에 의한 것이라는 강한 의심을 가지게 되었다. 갑의 공장으로부터 오염물질의 배출이 계속되어 나머지 어류의 폐사도 우려되는 상황에서 을은 동법 제4조의6을 근거로 갑에 대한 수질오염방지시설의 개선 등 필요한 조치를 명할 것을 관할 행정청 병에게 요구하였다. 그러나 병은 갑의 공장으로부터의 배출량이 할당오염부하량을 초과하는지 여부가 명백하지 않다는 이유로 이를 거부하였고, 을은 동 거부처분에 대한 취소소송을 제소기간내에 관할법원에 제기하였다. 다음 물음에 답하시오.

(1) 을의 거부처분취소소송은 적법한가? 20.

(2) 을의 거부처분취소소송에 대하여 인용판결이 내려지고 동 판결은 확정되었다. 그럼에도 불구하고 병은 개선명령 등의 조치가 재량행위임을 이유로 상당한 기간이 지났음에도 아무런 조치를 취하지 않고 있는바 이러한 병의 태도는 적법한가? 만약 적법하지 않다면 이에 대한 현행 행정소송법상 을의 대응수단은? 20.

(3) 한편 갑이 할당오염부하량을 초과하여 오염물질을 배출하였음을 이유로 관할 행정청은 동법 제4조의7에 근거하여 오염총량초과부과금을 부과하였고 갑은 이를 납부하였다. 그런데 갑에게 부과된 부과금처분은 관련 법령상 요구되는 의견청취절차를 거치지 아니한 것이었고, 갑이 이를 이유로 이미 납부한 부과금을 반환받고자 하는 경우, 부당이득반환청구소송을 통해 구제받을 수 있는가? 10.

[제58회 5급공채(2014년)]

참조조문

수질 및 수생태계 보전에 관한 법률

제1조(목적) 이 법은 수질오염으로 인한 국민건강 및 환경상의 위해(危害)를 예방하고 하천·호소(湖沼) 등 공공수역의 수질 및 수생태계(水生態系)를 적정하게 관리·보전함으로써 국민이 그 혜택을 널리 향유할 수 있도록 함과 동시에 미래의 세대에게 물려줄 수 있도록 함을 목적으로 한다.

제4조의5(시설별 오염부하량의 할당 등) ① 환경부장관은 오염총량목표수질을 달성·유지하기 위하여 필요하다고 인정되는 경우에는 다음 각 호의 어느 하나의 기준을 적용받는 시설 중 대통령령으로 정하는 시설에 대하여 환경부령으로 정하는 바에 따라 최종방류구별·단위기간별로 오염부하량을 할당하거나 배출량을 지정할 수 있다. 이 경우 환경부장관은 관할 오염총량관리시행 지방자치단체장과 미리 협의하여야 한다.

③ 환경부장관 또는 오염총량관리시행 지방자치단체장은 제1항 또는 제2항에 따라 오염부하량을 할당하거나 배출량을 지정하는 경우에는 미리 이해관계자의 의견을 들어야 하고, 이해관계자가 그 내용을 알 수 있도록 필요한 조치를 하여야 한다.

제4조의6(초과배출자에 대한 조치명령 등) ① 환경부장관 또는 오염총량관리시행 지방자치단체장은 제4조의5제1항 또는 제2항에 따라 할당된 오염부하량 또는 지정된 배출량(이하 "할당오염부하량등"이라

한다)을 초과하여 배출하는 자에게 수질오염방지시설의 개선 등 필요한 조치를 명할 수 있다.

제4조의7(오염총량초과부과금) ① 환경부장관 또는 오염총량관리시행 지방자치단체장은 할당오염부하량등을 초과하여 배출한 자로부터 총량초과부과금(이하 "오염총량초과부과금"이라 한다)을 부과·징수한다.

기출 49 (1) 을의 거부처분취소소송은 적법한가? 20.

# Ⅰ. 거부처분취소소송의 적법성

## 1. 문제 상황

㈎ 갑의 조치명령신청거부처분취소소송은 관할권 있는 법원에(행정소송법 제9조), 원고적격(동법 제12조)과 피고적격을 갖추어(동법 제13조), 처분 등을 대상으로(동법 제19조), 제소기간내에(동법 제20조), 권리보호필요성 요건을 갖추고 있어야 한다.

㈏ 설문의 거부처분취소소송과 관련해 특히 문제되는 소송요건은 대상적격(특히 신청권의 문제), 원고적격 등이다.

## 2. 대상적격 — 관할 행정청의 거부행위가 항고소송의 대상인 처분인지 여부

### ⑴ 문 제 점

㈎ 취소소송의 대상에 대해 행정소송법 제19조 본문은 "취소소송은 처분등을 대상으로 한다"고 규정하고, 동법 제2조 제1항 제1호는 취소소송의 대상인 '처분등'을 ① 처분인 ⓐ 공권력의 행사, ⓑ 그 거부, ⓒ 그 밖에 이에 준하는 행정작용과 ② 행정심판에 대한 재결이라고 정의하고 있다. 따라서 취소소송의 대상은 적극적인 공권력 행사, 소극적인 공권력 행사인 거부처분, 이에 준하는 행정작용 그리고 행정심판에 대한 재결이 된다.

㈏ 설문에서는 소극적인 공권력 행사가 문제되는데, 먼저 행정행위와 처분의 관계를 검토한 후 관할행정청 병의 조치명령신청거부행위가 취소소송의 대상인지를 살펴본다.

### ⑵ 행정행위와 처분의 관계

#### 1) 문 제 점

행정소송법 제2조 제1항 제1호는 취소소송의 대상인 '처분'을 "행정청이 행하는 구체적 사실에 관한 법집행으로서의 공권력의 행사 또는 그 거부와 그 밖에 이에 준하는 행정작용"이라고 정의하고 있다. 이처럼 행정소송법은 '처분'개념을 광의로 정의(그 밖에 이에 준하는 행정작용)하고 있어 행정소송법상의 처분개념이 강학상 개념인 행정행위와 동일한 것인지에 대해 학설이 대립된다.

#### 2) 학 설

a. 실체법적 (행정행위) 개념설(일원설, 형식적 행정행위 부정설) 행정쟁송법상 처분을 강학상 행정행위와 동일한 것으로 보는 입장이다. 행정소송법 제2조 제1항 제1호는 처분을 '공권력의 행사(또는 그 거부)'와 '이에 준하는 행정작용'이라고 규정하지만 '이에 준하는 행정작용'은 공권력행사에 준하는 행정작용을 말하는 것이며, 쟁송법적 개념설이 처분개념에 포함시키고 있는 비권력적 행정작용에 대한 권리구제수단은 항고소송이 아니라 당사자소송(비권력적 사실행위로

발생한 법률관계를 다투는 당사자소송)이나 법정외소송(일반적 이행소송)을 활용해야 한다는 점을 근거로 한다(김남진 · 김연태, 류지태 · 박종수, 박윤흔 · 정형근, 김성수, 정하중).

b. 쟁송법적 (행정행위) 개념설(이원설, 형식적 행정행위 긍정설) 행정쟁송법상 처분을 강학상 행정행위와는 별개의 것으로 보는 입장이다. 행정소송법 제2조 제1항 제1호는 처분개념에 '공권력의 행사(또는 그 거부)'에 '이에 준하는 행정작용'을 더하고 있기 때문에 현행법상 처분은 강학상 행정행위보다 더 광의의 개념으로 보아야 하며, 다양한 행정작용(특히 비권력적 행정작용)에 대해 항고소송을 인정함으로써 실효적인 권리구제가 가능하다는 점을 근거로 한다(김동희, 박균성).

3) 판 례

판례는 쟁송법적 개념설이 대표적으로 주장하는 비권력적 사실행위에 대해 처분성을 부정하고 있어 기본적으로 실체법적 개념설의 입장이다. 다만, 처분개념이 확대될 여지를 인정한 판결도 있다(행정청의 어떤 행위를 행정처분으로 볼 것이냐의 문제는 … 행정처분이 그 주체, 내용, 절차, 형식에 있어서 어느 정도 성립 내지 효력요건을 충족하느냐에 따라 개별적으로 결정하여야 하며, … 행정청의 행위로 인하여 그 상대방이 입는 불이익 내지 불안이 있는지 여부도 그 당시에 있어서의 법치행정의 정도와 국민의 권리의식 수준 등은 물론 행위에 관련한 당해 행정청의 태도 등도 고려하여 판단하여야 한다(대판 1993. 12. 10. 93누12619)).

4) 검 토

취소소송은 법률관계를 발생시키는 행정작용의 효력을 깨뜨리기 위한 형성소송(행정소송법 제29조 제1항 참조)이므로 취소소송의 대상을 법률관계를 발생시키는 행정행위에 한정하는 실체법적 개념설이 타당하다.

### (3) 항고소송의 대상인 거부처분의 요건

1) 공권력행사의 거부일 것(거부의 내용(=신청의 내용)이 공권력 행사일 것)

항고소송의 대상인 거부처분이 되기 위해서는 사인의 공권력행사의 신청에 대한 거부이어야 한다. 즉, 거부의 내용(=신청의 내용)이 ⓐ 행정청(전통적 의미의 행정청뿐만 아니라 합의제기관, 실질적 의미의 처분을 하는 경우 법원이나 국회의 기관, 행정소송법 제2조 제2항의 행정청등 자신의 명의로 처분을 할 수 있는 모든 행정청(기능적 의미의 행정청)을 말한다)이 행하는 행위로 ⓑ 구체적 사실(규율대상이 구체적 — 시간적으로 1회적, 공간적으로 한정 — 이어야 한다)에 대한 ⓒ 법집행행위(입법이 아니라 법의 집행행위라야 한다)이며 ⓓ 공권력행사(행정청이 공법에 근거하여 우월한 지위에서 일방적으로 행사하여야 한다)이어야 한다.

2) 거부로 인하여 국민의 권리나 법적 이익에 직접 영향을 미치는 것일 것

(가) '국민의 권리나 법적 이익에 직접 영향을 미치는 것일 것(법적 행위일 것)'은 행정소송법 제2조 제1항 제1호에서 명시된 거부처분의 요소는 아니다. 그러나 판례와 전통적인 견해는 적극적 공권력행사와 마찬가지로 취소소송의 본질을 위법한 법률관계를 발생시키는 행정작용의 효력을 소급적으로 제거하는 것으로 이해하기 때문에 행정청의 소극적인 공권력행사의 경우에도 법적 행위를 거부처분의 성립요건으로 보고 있다.

(나) '법적 행위'란 외부적 행위이며 국민의 권리나 법적 이익과 관련되는 행위를 말한다. 판

례도 「토지분할신청에 대한 거부행위는 국민의 권리관계에 영향을 미친다고 할 것이므로 이를 항고소송의 대상이 되는 처분으로 보아야 할 것이다(대판 1993. 3. 23. 91누8968)」라고 본다.

**3) 거부처분의 성립에 신청권이 필요한지 여부**

a. 문 제 점 거부처분의 성립 요건으로 ① 공권력행사의 거부일 것, ② 거부로 인하여 국민의 권리나 법적 이익에 직접 영향을 미치는 것일 것 외에 ③ 신청권이 필요한지에 대해 학설이 대립한다.

b. 학 설 학설은 ① 부작위의 성립에 (행정청의) 처분의무가 요구되는 것처럼 거부처분의 성립에도 처분의무가 요구된다고 하면서(이러한 행정청의 처분의무에 대응하여 상대방은 '권리'를 가지는데 그 권리를 신청권이라고 본다)(행정소송법 제2조 제1항 제2호 참조) 이러한 신청권을 가진 자의 신청에 대한 거부라야 항고소송의 대상적격이 인정된다는 견해(대상적격설)(박균성), ② 취소소송의 소송물을 '처분의 위법성과 당사자의 권리침해'로 이해하면서 신청권은 소송요건의 문제가 아니라 본안의 문제로 보는 견해(본안요건설)(홍준형), ③ 어떠한 거부행위가 행정소송의 대상이 되는 처분에 해당하는가의 여부는 그 거부된 행위가 행정소송법 제2조 제1항 제1호의 처분에 해당하는가의 여부에 따라 판단하여야 하며 행정소송법 제12조를 고려할 때(법률상 이익(신청권)은 원고적격의 판단기준이다) 신청권은 원고적격의 문제로 보아야 한다는 견해(원고적격설)가 대립된다.

c. 판 례 ㈎ 판례는 잠수기어업불허가처분취소 사건에서 「거부처분의 처분성을 인정하기 위한 전제요건이 되는 신청권의 존부는 구체적 사건에서 신청인이 누구인가를 고려하지 않고 관계 법규의 해석에 의하여 일반 국민에게 그러한 신청권을 인정하고 있는가를 살펴 추상적으로 결정되는 것이고 … 따라서 국민이 어떤 신청을 한 경우에 그 신청의 근거가 된 조항의 해석상 행정발동에 대한 개인의 신청권을 인정하고 있다고 보여지면 그 거부행위는 항고소송의 대상이 되는 처분으로 보아야 할 것(대판 1996. 6. 11. 95누12460)」이라고 하여 거부처분의 성립에 신청권이 필요하다고 본다.

㈏ 그리고 신청권은 신청인이 그 신청에 따른 단순한 응답을 받을 권리를 넘어서 신청의 인용이라는 만족적 결과를 얻을 권리를 의미하는 것은 아니라고 한다(대판 1996. 6. 11. 95누12460).

㈐ 신청권의 근거는 법규상 또는 조리상 인정될 수 있는데, 법규상 신청권이 있는지 여부는 관련법규의 해석에 따라 결정되며, 조리상 신청권 인정 여부는 거부행위에 대해 항고소송 이외의 다른 권리구제수단이 없거나, 행정청의 거부행위로 인해 국민이 수인불가능한 불이익을 입는 경우 조리상의 신청권은 인정될 수 있다고 한다(하명호).

d. 검 토 거부처분의 성립에 신청권이 필요하다는 판례와 대상적격설의 입장은 대상적격과 원고적격의 구분을 무시한 것이고, 신청권(권리)을 대상적격의 요건으로 본다면 행정청의 동일한 행위가 권리(신청권)를 가진 자에게는 대상적격이 인정되고 권리(신청권)를 가지지 못한 자에게는 대상적격이 부정되어 부당한 결론을 가져오게 된다(김유환). 따라서 권리인 신청권은 원고적격의 문제로 보아야 한다.

#### (4) 설　　문

① 을은 관할 행정청 병에게 조치명령을 신청하였다. 초과배출자에 대한 조치명령은 행정청인 병이 행하는 할당오염부하량을 초과한 사실에 관한 수질 및 수생태계 보전에 관한 법률의 집행행위로 우월한 지위에서 행하는 공권력 행사에 해당한다. ② 또한 관할 행정청이 을의 조치명령신청을 거부한다면 이는 양식장을 운영하는 상대방의 권리나 법적 이익에 직접 영향을 미치게 된다. 따라서 관할 행정청의 조치명령신청거부는 항고소송의 대상이 된다.

### 3. 원고적격

#### (1) 문제 상황

(가) 취소소송의 원고적격에 대해 행정소송법 제12조 제1문은 '취소소송은 처분 등의 취소를 구할 법률상 이익이 있는 자가 제기할 수 있다'고 규정하는데, 그 "처분등"에는 거부처분이 포함되기 때문에 설문에서 원고적격 여부는 양식업자인 을에게 관할 행정청 병의 조치명령신청거부처분의 취소를 구할 법률상 이익이 있는지에 따라 결정된다.

(나) 일반적 견해는 법률상 이익의 범위(의미)를 취소소송의 본질에 대한 논의를 통해 결정한다.

#### (2) 취소소송의 본질

(가) 학설은 취소소송의 본질(기능)에 관해 ⓐ 취소소송의 목적은 위법한 처분으로 야기된 개인의 권리침해의 회복에 있다는 권리구제설(권리구제설이 말하는 권리는 좁은 의미의 권리이다), ⓑ 위법한 처분으로 (좁은 의미) 권리뿐 아니라 법에 의해 보호되는 이익을 침해당한 자도 처분을 다툴 수 있다는 법률상 보호이익설(통설), ⓒ 처분의 효력을 다투어 이를 부정하는 것이 당사자에게 실질적 이익이 있다면 그것이 법률상 이익이든 사실상의 이익이든 그러한 이익이 침해된 자는 소송을 제기할 수 있다는 보호가치 있는 이익설, ⓓ 취소소송은 개인의 권리구제보다는 처분의 적법성을 유지하는 것이 주된 기능으로 처분의 적법성 확보에 가장 적합한 이익 상태에 있는 자가 원고적격을 갖는다는 적법성보장설이 있다.

(나) 판례는 「행정소송에서 소송의 원고는 행정처분에 의하여 직접 권리를 침해당한 자임을 보통으로 하나 직접 권리의 침해를 받은 자가 아닐지라도 소송을 제기할 법률상의 이익을 가진 자는 그 행정처분의 효력을 다툴 수 있다(대판 1974. 4. 9. 73누173)」고 하여 법률상 보호이익설의 입장이다.

(다) 취소소송은 주관적 소송이므로 적법성보장설은 타당하지 않으며, 행정소송법 제12조가 취소소송은 법률상 이익이 있는 자가 제기할 수 있다고 규정하기 때문에 법률상 보호이익설이 타당하다.

### (3) 법률상 이익이 있는 자의 분석

#### 1) 법률상 이익에서 '법률(법규)'의 범위

a. 학 설 　일반적인 견해는 처분의 근거법규의 규정과 취지, 관련법규의 규정과 취지 외에 헌법상 기본권 규정도 고려해야 한다는 입장이다.

b. 판 례 　(가) 판례는 기본적으로 당해 처분의 근거가 되는 법규가 보호하는 이익만을 법률상 이익으로 본다(대판 1989. 5. 23. 88누8135).

(나) 최근에는 폐기물처리시설입지결정사건에서 근거법규 외에 관련법규까지 고려하여 법률상 이익을 판단하고 있다(대판 2005. 5. 12. 2004두14229).

(다) 하지만 헌법상의 기본권 및 기본원리를 법률상 이익의 해석에서 일반적으로 고려하지는 않는다. 다만, ⓐ 대법원은 접견허가거부처분사건에서 '접견권'을(대판 1992. 5. 8. 91누7552), ⓑ 헌법재판소는 국세청장의 납세병마개제조자지정처분과 관련된 헌법소원사건에서 '경쟁의 자유'를(헌재 1998. 4. 30. 97헌마141) 기본권이지만 법률상 이익으로 인정(또는 고려)하였다고 일반적으로 해석한다.

c. 검 토 　취소소송은 법률상 보호이익의 구제를 목적으로 하는 소송(법률상 보호이익설)이기 때문에 처분의 근거법규의 규정과 취지, 관련법규의 규정과 취지 외에 기본권 규정도 고려해야 한다는 일반적인 견해가 타당하다.

#### 2) '이익이 있는'의 의미

(가) 판례는 법률상의 이익이란 당해 처분등의 근거가 되는 법규에 의하여 보호되는 개별적·직접적이고 구체적인 이익을 말하고, 단지 간접적이거나 사실적·경제적인 이해관계를 가지는 데 불과한 경우에는 행정소송을 제기할 법률상의 이익이 아니라고 본다(대판 1992. 12. 8. 91누13700).

(나) 그리고 법률상 이익에 대한 침해 또는 침해 우려가 있어야 원고적격이 인정된다(대판 2006. 3. 16. 2006두330).

#### 3) '자'의 범위

(가) 법률상 이익의 주체에는 자연인, 법인, 법인격 없는 단체, 다수인(행정소송법 제15조 참조)도 가능하다.

(나) 행정주체가 아닌 행정기관은 항고소송을 제기할 원고적격이 인정되지 않는다. 그러나 대법원은 경기도선거관리위원회 위원장이 국민권익위원회를 상대로 불이익처분원상회복등요구처분취소를 구한 사건에서 경기도선관위원장은 비록 국가기관이지만 원고적격을 가진다고 보았다(대판 2013. 7. 25. 2011두1214).

### (4) 설 문

(가) 조치명령신청거부처분의 근거법규인 수질 및 수생태계 보전에 관한 법률 제1조에서 '이 법은 수질오염으로 인한 국민건강 및 환경상의 위해(危害)를 예방하고 하천·호소(湖沼) 등 공공수역의 수질 및 수생태계(水生態系)를 적정하게 관리·보전함으로써 국민이 그 혜택을 널리 향유

할 수 있도록 함'을 목적으로 하고, 제4조의5 제1항은 일정한 시설에 대해 장관이 오염부하량을 할당하거나 배출량을 지정할 수 있도록 하고 제3항에서 관할 행정청은 오염부하량을 할당하거나 배출량을 지정하는 경우에는 미리 이해관계자의 의견을 들어야 하고, 이해관계자가 그 내용을 알 수 있도록 필요한 조치를 할 것을 규정한다. 그리고 동법 제4조의6 제1항은 관할 행정청이 할당오염부하량을 초과하여 배출하는 자에게 수질오염방지시설의 개선 등 필요한 조치를 명할 것을, 제4조의7 제1항은 관할 행정청이 할당오염부하량등을 초과하여 배출한 자에게 총량초과부과금을 부과·징수할 것을 규정한다.

(나) 따라서 조치명령신청거부처분의 근거법규인 수질 및 수생태계 보전에 관한 법률은 행정청의 의무와 관련자의 사익을 보호하기 위한 목적을 규정하는 법률로 보아야 한다. 또한 을은 수질 및 수생태계 보전에 관한법률 제4조의5에 의한 오염부하량을 할당받은 자가 운영하는 농기계공장 인근에서 민물어류양식장을 운영하는 자이기 때문에 양식업자 을의 이익은 수질 및 수생태계 보전에 관한 법률에 의해 보호되는 개별적·직접적·구체적 이익이다. 결국 을은 조치명령신청거부처분의 취소를 구할 원고적격이 인정된다(판례에 따르면 법규상 신청권이 인정된다).

### 4. 소 결

을의 조치명령신청거부처분 취소소송은 적법하다.

**기출 49** (2) 을의 거부처분취소소송에 대하여 인용판결이 내려지고 동 판결은 확정되었다. 그럼에도 불구하고 병은 개선명령 등의 조치가 재량행위임을 이유로 상당한 기간이 지났음에도 아무런 조치를 취하지 않고 있는바 이러한 병의 태도는 적법한가? 만약 적법하지 않다면 이에 대한 현행 행정소송법상 을의 대응수단은? 20.

## Ⅱ. 판결의 기속력, 판결의 기속력 위반에 대한 대응수단

### 1. 판결의 기속력

#### (1) 문 제 점

을의 거부처분취소소송에 대하여 인용판결이 내려지고 동 판결은 확정되었음에도 불구하고 행정청 병이 개선명령 등의 조치가 재량행위임을 이유로 상당한 기간이 지났음에도 아무런 조치를 취하지 않고 있는 경우 이러한 행정청의 행위가 행정소송법 제30조의 판결의 기속력에 위반되지 않는지가 문제된다.

#### (2) 기속력의 의의

기속력은 처분 등을 취소하는 확정판결이 당사자인 행정청과 관계행정청에 대하여 판결의 취지에 따라야 할 실체법상의 의무를 발생시키는 효력을 말한다(행정소송법 제30조 제1항).

### (3) 기속력의 법적 성질

① 기속력은 기판력과 동일하다는 기판력설과 기속력은 판결 그 자체의 효력이 아니라 취소판결의 효과의 실질적인 보장을 위해 행정소송법이 특별히 인정한 효력이라는 특수효력설이 대립된다. ② 판례는 기판력과 기속력이라는 용어를 구분하지 않은 채 혼용하고 있어 그 입장이 불분명하다. ③ 기속력은 취소판결(인용판결)에서의 효력이지만 기판력은 모든 본안판결에서의 효력이라는 점, 기속력은 당사자인 행정청과 그 밖의 관계행정청에 미치지만 기판력은 당사자와 후소법원에 미친다는 점, 기속력은 일종의 실체법적 효력이지만 기판력은 소송법상 효력이라는 점에서 양자는 상이하므로, 특수효력설(다수설)이 타당하다.

### (4) 기속력의 내용

(가) 기속력은 반복금지의무(반복금지효), 재처분의무, 결과제거의무를 내용으로 한다.

① 반복금지의무란 처분이 위법하다는 이유로 취소하는 판결이 확정된 후 당사자인 행정청 등이 동일한 내용의 처분을 반복해서는 안 되는 부작위의무를 말한다(이 의무는 행정소송법 제30조 제1항의 해석상 인정된다).

② 재처분의무란 행정청이 판결의 취지에 따라 신청에 대한 처분을 하여야 할 의무(작위의무)를 말한다. 재처분의무는 행정청이 당사자의 신청을 거부하거나 부작위하는 경우 주로 문제된다(즉 당사자의 신청이 있는 경우)(행정소송법 제30조 제2항, 제38조 제2항 참조). 구체적으로 보면 이 재처분의무는 ㉠ 재처분을 해야 하는 의무와 ㉡ 재처분을 하는 경우 그 재처분은 판결의 취지에 따른(판결의 기속력에 위반되지 않는) 것이어야 하는 의무, 양자를 포함하는 개념이다.

③ 취소소송에서 인용판결이 있게 되면 행정청은 위법처분으로 인해 야기된 상태를 제거하여야 할 의무가 발생하는데 이를 결과제거의무라고 한다(이 의무는 행정소송법 제30조 제1항의 해석상 인정된다).

(나) 설문은 거부처분취소판결이 확정되었음에도 관할 행정청이 아무런 조치를 취하지 않고 있는바 이 경우 재처분의무가 문제된다.

### (5) 기속력의 범위

아래의 기속력의 범위에 모두 해당하면 기속력이 미치는 위법사유가 되는 것이므로 행정청과 관계행정청은 판결의 취지에 따라 기속력에 위반되는 재처분을 해서는 아니 된다(기속력이 미치지 않는 범위에서(사유)는 재처분이 가능하다).

#### 1) 주관적 범위

처분을 취소하는 확정판결은 그 사건(취소된 처분)에 관하여 당사자인 행정청과 그 밖의 관계행정청을 기속한다. 여기서 그 밖의 관계 행정청이란 취소된 처분 등을 기초로 하여 그와 관련되는 처분이나 부수되는 행위를 할 수 있는 행정청을 총칭하는 것이다.

2) 시간적 범위

처분의 위법성 판단의 기준시점을 어디로 볼 것이냐에 따라 기속력이 미치는 시간적 범위가 결정된다.

a. 학　설　　ⓐ **처분시설**(다수견해)(행정처분의 위법 여부는 처분 당시를 기준으로 판단하여야 한다는 견해이다. 처분시 이후의 사정고려는 법원에 의한 행정청의 1차적 판단권의 침해를 의미하며, 법원은 행정청의 처분에 대해 사후적인 판단을 하는 역할에 그친다고 보기 때문이라고 한다), ⓑ **판결시설**(항고소송의 목적을 행정법규의 정당한 적용이라는 공익실현으로 보면서, 법원은 처분시 이후 발생한 공익적 사정도 고려하여 처분의 효력을 유지시킬 것인지를 결정해야 한다는 입장이다), ③ **절충설**(㉠ 원칙적으로 처분시를 기준으로 하면서, 예외적으로 영업허가취소나 물건의 압수처분 등과 같이 계속효 있는 처분에 대하여는 판결시를 기준으로 하는 견해와 ㉡ 적극적 침익적 처분의 경우 처분시를 기준으로 하고, 거부처분의 경우 판결시를 기준으로 하는 견해가 있다)이 대립된다.

b. 판　례　　판례는 행정소송에서 행정처분의 위법 여부는 행정처분이 있을 때의 법령과 사실상태를 기준으로 하여 판단해야 한다고 본다(처분시설)(대판 1993. 5. 27. 92누19033).

c. 검　토　　**항고소송의 주된 목적은 개인의 권익구제**에 있기 때문에 처분시 이후의 공익적 사정은 고려할 필요가 없으며, 위법성 판단의 기준을 판결시로 할 경우 판결지체 여하에 따라 처분시에 위법하였던 행위가 적법한 행위가 될 수도 있고, 반대로 처분시에는 적법했던 행위가 후에 위법한 것으로 될 수 있어 이론적으로 문제가 있다. 따라서 처분시설이 타당하다.

d. 소　결　　처분시설에 따르면 처분시에 존재하던 사유만이 기속력이 미치는 처분사유가 될 수 있다. 그러나 처분시에 존재하던 사유라고 할지라도 아래의 객관적 범위에 포함되는 사유라야 기속력이 미친다.

3) 객관적 범위

판결의 기속력은 판결주문 및 이유에서 판단된 처분등의 구체적 위법사유에만 미친다(대판 2001. 3. 23. 99두5238).

a. 절차나 형식의 위법이 있는 경우　　이 경우 판결의 기속력은 판결에 적시된 개개의 위법사유에 미치기 때문에 확정판결 후 행정청이 판결에 적시된 절차나 형식의 위법사유를 보완한 경우에는 다시 동일한 내용의 처분을 하더라도 기속력에 위반되지 않는다(대판 1987. 2. 10. 86누91).

b. 내용상 위법이 있는 경우

(ⅰ) 범　위　　이 경우는 처분사유의 추가·변경과의 관계로 인해 판결주문 및 이유에서 판단된 위법사유와 기본적 사실관계가 동일한 사유를 말한다. 따라서 당초처분사유와 기본적 사실관계가 동일하지 않은 사유라면 동일한 내용의 처분을 하더라도 판결의 기속력에 위반되지 않는다.

(ⅱ) 기본적 사실관계의 동일성 판단　　㈎ 판례는 기본적 사실관계의 동일성 유무는 처분사유를 법률적으로 평가하기 이전의 구체적인 사실에 착안하여 그 기초인 사회적 사실관계가 기본적인 점에서 동일한지 여부에 따라 결정된다고 한다(대판 2004. 11. 26. 2004두4482). 구체적인 판단은 시간적·장소적 근접성, 행위 태양·결과 등의 제반사정을 종합적으로 고려해야 한다(법원실무

제요, 석호철).

(나) 즉, 처분청이 처분 당시에 적시한 구체적 사실을 변경하지 아니하는 범위 내에서 단지 그 처분의 근거법령만을 추가·변경하거나 당초의 처분사유를 구체적으로 표시하는 것에 불과한 경우처럼 처분사유의 내용이 공통되거나 취지가 유사한 경우에는 기본적 사실관계의 동일성을 인정하고 있다(대판 2007. 2. 8. 2006두4899).

(다) 판례는 시장이 주택건설사업계획승인신청을 거부하면서 제시한 '미디어밸리 조성을 위한 시가화예정 지역'이라는 당초거부사유와 거부처분취소판결확정 후 다시 거부처분을 하면서 제시한 '해당 토지 일대가 개발행위허가 제한지역으로 지정되었다'는 사유는 기본적 사실관계의 동일성이 없기 때문에 재거부처분은 확정판결의 기속력에 반하지 않는 처분이라고 보았다(대판 2011. 10. 27. 2011두14401).

#### (6) 소 결

을의 거부처분취소소송에 대해 인용판결이 내려지고 동 판결이 확정된 경우 관할 행정청 병은 행정소송법 제30조 제2항에 따라 '판결의 취지에 따라 다시 이전의 신청에 대한 처분'을 해야 할 재처분의무를 부담함에도 불구하고 개선명령 등의 조치가 재량행위임을 이유로 상당한 기간이 지났음에도 아무런 조치를 취하지 않고 있는바, 이는 행정소송법 제30조의 판결의 기속력에 위반되는 위법한 행위가 된다.

### 2. 판결의 기속력 위반에 대한 행정소송법상 대응수단

#### (1) 문 제 점

관할 행정청 병이 행정소송법 제30조 제2항에 따라 '판결의 취지에 따라 다시 이전의 신청에 대한 처분'을 해야 할 재처분의무를 이행하지 않는 경우 대응수단으로 행정소송법 제34조의 간접강제와 부작위위법확인소송, 의무이행소송의 가능성을 검토한다.

#### (2) 간접강제

1) 간접강제의 의의

간접강제란 거부처분취소판결이나 부작위위법확인판결이 확정되었음에도 행정청이 행정소송법 제30조 제2항의 판결의 취지에 따른 처분을 하지 않는 경우 법원이 행정청에게 일정한 배상을 명령하는 제도를 말한다(행정소송법 제34조 제1항, 제38조 제2항).

2) 적용요건

① 거부처분취소판결 등이 확정되었을 것을 요한다. 거부처분취소판결이나 부작위위법확인판결이 확정되거나 신청에 따른 처분이 절차위법을 이유로 취소가 확정되어야 한다(행정소송법 제30조 제2항·제3항, 제38조 제2항). ② 행정청이 재처분의무를 이행하지 않아야 한다. 즉, 행정청이 아무런 처분을 하지 않고 있을 때라야 간접강제가 가능하다.

3) 배상금의 법적 성격

간접강제결정에 따른 배상금의 법적 성격과 관련하여, 결정에서 정한 예고기간이 경과한 후에 행정청이 재처분을 한 경우, 행정청에게 배상금지급의무가 인정되는가가 문제된다. 판례는 「행정소송법 제34조 소정의 간접강제결정에 기한 배상금은 확정판결의 취지에 따른 재처분의 지연에 대한 제재나 손해배상이 아니고 재처분의 이행에 관한 심리적 강제수단에 불과한 것으로 보아야 하므로, 간접강제결정에서 정한 의무이행기한이 경과한 후에라도 확정판결의 취지에 따른 재처분이 행하여지면 배상금을 추심함으로써 심리적 강제를 꾀한다는 당초의 목적이 소멸하여 처분상대방이 더 이상 배상금을 추심하는 것이 허용되지 않는다(대판 2010. 12. 23. 2009다37725)」고 본다.

4) 간접강제의 절차

간접강제는 당사자가 제1심 수소법원에 신청하여야 한다. 심리의 결과 간접강제의 신청이 이유 있다고 인정되면 간접강제결정을 하게 된다. 결정의 내용은 "상당한 기간을 정하고 행정청이 그 기간 내에 이행하지 아니하는 때에는 그 연장기간에 따라 일정한 배상을 할 것을 명하거나 즉시 손해배상할 것을 명하는 것"이 된다.

5) 설 문

을은 제1심수소법원에 간접강제를 신청할 수 있고 당해 법원은 결정으로서 상당한 기간을 정하고, 그 기간 내에 관할 행정청이 의무를 이행하지 않을 때에는 그 지연기간에 따라 일정한 배상을 할 것을 명하거나 즉시 손해배상을 할 것을 명할 수 있다(행정소송법 제34조 제1항). 이렇게 함으로써 관할 행정청의 재처분의무의 이행을 간접적으로나마 확보할 수 있을 것이다.

### (3) 부작위위법확인소송

관할 행정청이 판결의 취지에 따른 처분을 하지 아니하는 경우, 을은 부작위위법확인소송을 제기할 수는 있지만, 부작위위법확인소송은 행정청의 부작위가 위법하다는 것을 확인하는 소송(행정소송법 제4조 제3호)을 말하기 때문에 실효적인 수단이 될 수 없다(다수설과 판례는 절차적 심리설의 입장이다).

### (4) 의무이행소송

행정청이 재처분의무를 불이행하는 경우 을은 의무이행소송의 제기를 생각해 볼 수 있지만, 이는 현행법상 인정되지 않는다.

**기출 49** (3) 한편 갑이 할당오염부하량을 초과하여 오염물질을 배출하였음을 이유로 관할 행정청은 동법 제4조의7에 근거하여 오염총량초과부과금을 부과하였고 갑은 이를 납부하였다. 그런데 갑에게 부과된 부과금처분은 관련 법령상 요구되는 의견청취절차를 거치지 아니한 것이었고, 갑이 이를 이유로 이미 납부한 부과금을 반환받고자 하는 경우, 부당이득반환청구소송을 통해 구제받을 수 있는가? 10.

## Ⅲ. 부당이득반환청구소송의 가능성

### 1. 문제 상황

갑이 이미 납부한 부과금에 대해 부당이득반환을 청구하여 권리구제를 받으려면 먼저 부당이득반환청구소송의 수소법원이 본안판단에서 부과금부과처분의 효력 유무를 판단할 수 있는지(선결문제)가 문제되고, 부당이득반환청구소송에서 인용판결을 받으려면 법률상 원인(부과금부과처분)이 없어야(효력이 무효이어야) 하기 때문에 관련법령상 요구되는 의견청취절차를 거치지 않은 부과금부과처분의 위법성과 하자 정도를 검토해야 한다.

### 2. 부당이득반환청구권의 성질

(가) 부당이득반환청구권의 성질에 대해 ① ⓐ 공권설과 ⓑ 사권설이 대립하지만, ② 판례는 처분이 무효이거나 취소된 이상 부당이득반환의 법률관계는 민사관계로 보고 민사소송절차에 따르고 있다(대판 1995. 12. 22. 94다51253).

(나) 판례에 따라 민사소송으로 본다면 갑은 국가를 상대로 민사소송으로 부당이득반환청구소송을 제기해야 할 수 있는데, 이 경우 민사법원은 민법 제741조를 유추적용하여 국가 등이 법률상 원인 없이 갑에게 손해를 가하고 있는지를 살펴보아야 한다.

(다) 그런데 '법률상 원인 없음'이 설문과 관련해서 '부과금부과처분이 무효'인지에 대한 문제가 되기 때문에(부과금부과처분이 무효이어야 법률상 원인이 없는 것이 되고 부당이득이 된다) 민사법원이 처분의 효력 유무를 판단할 수 있는지 즉, 선결문제를 검토해야 한다.

### 3. 선결문제

#### (1) 의 의

(가) 선결문제란 민사(당사자소송) · 형사법원의 본안판단에서 행정행위의 효력 유무(존재 여부)나 위법 여부가 선결될 문제인 경우 그 효력 유무(존재 여부)나 위법 여부를 말한다. 종래 선결문제를 행정행위의 효력 중 공정력의 문제로 보는 견해가 있었으나(공정력과 구성요건적 효력을 구별하지 않는 견해), 현재는 구성요건적 효력의 문제로 보는 견해가 다수견해이며(공정력과 구성요건적 효력을 구별하는 견해), 타당하다.

(나) 공정력이란 행정행위에 하자가 있다고 하더라도 권한을 가진 기관에 의해 취소될 때까지 그 효력을 부정할 수 없는 상대방(이해관계인)에게 미치는 구속력을 말하며, 구성요건적 효력

이란 유효한 행정행위의 존재가 다른 국가기관의 결정에 영향을 미치는 효력(구속력)을 말한다.

### (2) 형　　태

㈎ 선결문제는 민사사건(당사자소송)의 경우와 형사사건의 경우로 나눌 수 있고, 각각 행정행위의 효력 유무(존재 여부)가 선결문제로 되는 경우와 행정행위의 위법 여부가 선결문제로 되는 경우가 있다(행정사건 중 당사자소송사건도 문제될 수 있으나 대법원은 부당이득반환청구소송, 국가배상청구소송을 민사소송으로 보고 있는바 선결문제 해결에서는 민사소송으로 제기하는 경우와 당사자소송으로 제기하는 경우에 차이가 없다). 행정소송법 제11조 제1항은 선결문제의 일부(민사사건에서 효력 유무(존재 여부)가 문제되는 경우)에 관해서만 규정하고 있는바 나머지 사항은 학설과 판례에서 해결하여야 한다.

㈏ 설문은 민사사건의 경우이고 부과금부과처분의 효력 유무가 문제되는 경우이다.

### (3) 해결(민사법원이 처분의 효력 유무를 판단할 수 있는지 여부)

선결문제가 행정행위의 효력 유무인 경우, ① 당해 행정행위가 무효이면 민사법원은 행정행위가 무효임을 전제로 본안을 인용할 수 있다는 것이 실정법(행정소송법 제11조 제1항) · 학설 · 판례의 입장이다. 왜냐하면 무효인 행정행위는 구성요건적 효력이 없기 때문이다. 그리고 행정행위의 하자가 단순위법인 경우에도 민사법원은 당해 행정행위가 유효임을 전제로 본안을 판단할 수 있다. ② 그러나 민사법원은 행정행위의 구성요건적 효력으로 인해 유효한 행정행위의 효력을 부정(취소)할 수는 없다. 따라서 행정행위가 단순위법하여 여전히 효력이 있다면 법률상 원인이 없는 것이 아니기에 당사자의 부당이득반환청구는 기각될 것이다.

### (4) 설　　문

행정소송법 제11조와 일반적인 학설, 판례에 따르면 부당이득반환청구소송의 수소법원은 부과금부과처분의 효력 유무를 판단할 수 있다(다만, 유효인 부과금부과처분의 효력을 취소할 수는 없다). 그런데 설문은 갑이 부당이득반환청구소송을 제기하여 권리구제를 받을 수 있는지를 묻고 있기 때문에 관할 행정청의 부과금부과처분의 위법성 및 하자 정도를 검토해야 한다.

## 4. 부과금부과처분의 위법성과 정도

### (1) 절차상 하자의 독자적 위법사유 여부

㈎ 관할 행정청은 부과금부과처분을 하면서 관련 법령상 요구되는 의견청취절차를 거치지 아니하였기 때문에 이러한 절차상 하자가 독자적 위법사유가 되는지 여부가 문제된다.

㈏ 학설은 소극설, 적극설(다수설), 절충설이 대립되지만, 대법원은 재량행위 · 기속행위를 불문하고 절차상 하자는 독자적인 위법사유가 될 수 있다는 입장이다(대판 1991. 7. 9. 91누971).

㈐ 다수설과 판례인 적극설에 따르면 부과금부과처분을 하면서 관련 법령상 요구되는 의견청취절차를 거치지 아니한 절차상 위법은 독자적인 위법 사유가 될 수 있다.

(2) 부과금부과처분의 위법성의 정도

(가) 행정의 법률적합성을 고려할 때 위법한 행정행위의 효력은 부정하는 것이 정당하지만, 법적 안정성(공정력의 인정근거)을 근거로 일단 잠정적으로 유효성을 인정한다. 그러나 행정행위의 하자가 중대하고도 명백한 경우에는 법적 안정성을 침해할 우려가 없고 그러한 행정행위에 효력을 인정하는 것은 행정의 법률적합성에 반하기 때문에 중대명백설이 타당하다(다수설).

(나) 관할 행정청은 부과금부과처분을 하면서 관련 법령상 요구되는 의견청취절차를 거치지 아니한 위법은 그 하자가 일반인의 관점에서도 명백하지만 적법요건의 중대한 위반이라고 보기는 어렵다. 따라서 취소사유로 보아야 한다(논자에 따라서 무효로 볼 수 있다).

## 5. 소 결

부과금부과처분은 취소사유에 불과하기 때문에 법률상 원인이 없는 것이 아니어서 갑은 부당이득반환청구소송을 통해서는 권리구제를 받을 수 없을 것이다.

기출 49-1 〈제2문〉

A시 시장은 지역문화발전을 도모하는 비영리적 전통문화육성·개발사업을 지원하기 위하여 제정한 A시전통문화육성·개발사업지원에 관한 조례에 따라 보조금을 받고자 하는 사업자를 공모하였다. 비영리법인 갑은 A시의 전통문화상품인 모시를 재료로 한 의복을 개발하기로 하고 A시의 공모에 응하였다. 한편 주식회사 을은 전통시장의 현대화사업을 추진하려는 목적으로 위 공모에 응하였다. A시 시장은 갑을 사업자로 선정하고 보조금을 지급하기로 결정하였다. 을은 응모사업이 영리성이 강하고 보조금예산이 한정되어 있으며 평가점수가 갑보다 낮음을 이유로 사업자로 선정되지 못하였다. 다음 물음에 답하시오.

(1) 당초 갑이 제출한 서류의 내용과 달리 갑의 사업은 A시의 모시를 이용하지도 않고, 영리적 목적만을 가질 뿐 A시의 지역문화발전과는 무관하다는 이유로 A시 시장이 보조금지급결정을 취소하고자 하는 경우, 그 법적 가능성은? 15.

(2) 을이 갑에 대한 보조금지급결정의 취소소송을 제기할 경우, 그 소송은 적법한가? 15.

[제58회 5급공채(2014년)]

기출 49-1 (1) 당초 갑이 제출한 서류의 내용과 달리 갑의 사업은 A시의 모시를 이용하지도 않고, 영리적 목적만을 가질 뿐 A시의 지역문화발전과는 무관하다는 이유로 A시 시장이 보조금지급결정을 취소하고자 하는 경우, 그 법적 가능성은? 15.

# Ⅰ. 보조금지급결정의 취소가능성

## 1. 문제 상황

A시 시장은 전통문화육성·개발사업을 지원하기 위하여 비영리법인 갑을 보조금지급대상 사업자로 결정하였으나, 갑의 사업은 A시의 모시를 이용하지도 않고 영리적 목적만을 가질 뿐 지역문화발전과는 무관한 사정이 있었다면 시장이 보조금지급결정을 취소하는 것이 가능한지가 수익적 행정행위의 철회의 법리와 관련해 문제된다.

## 2. 행정행위의 철회의 의의

행정행위의 철회란 사후적으로 발생한 사유에 의해 행정행위의 효력을 장래를 향해 소멸시키는 의사표시를 말한다.

## 3. 행정행위의 철회에 법적 근거가 필요한지 여부

### (1) 문 제 점

행정행위의 철회는 법령에 그 사유가 명시되지 않음이 일반적이어서 행정행위를 철회함에 있어서 명시적인 법적 근거가 필요한지가 문제된다.

### (2) 학　설

1) 근거필요설

침익적인 행위의 철회는 수익적이므로 법률의 근거 없이도 가능하지만, 수익적 행위의 철회는 침익적이므로 행정의 법률적합성의 원칙상 법률의 근거가 필요하다 보는 견해이다.

2) 근거불요설

행정법규가 완벽하지 않은 상태에서 철회에 일일이 법률의 근거를 요한다고 하면 중대한 공익상의 요청이 있는 경우에도 철회할 수 없다는 결론이 나오는바, 이것은 합리적이지 못하기에 명시적 근거가 없어도 철회는 가능하다는 견해이다.

3) 제한적 긍정설

당사자에게 귀책사유가 있거나 사전에 철회권이 유보되어 있는 경우에는 당사자의 이해관계를 배려할 필요성이 크지 않으므로 법적 근거를 요하지 않으나, 새로운 사정의 발생으로 공익목적을 실현하기 위해 철회권이 행사되는 경우에는 공익실현과 더불어 당사자의 이해관계가 고려되어야 하기에 이 경우는 법적 근거가 필요하다는 견해이다.

### (3) 판 례

판례는「행정행위를 한 처분청은 비록 그 처분 당시에 그 행정처분에 별다른 하자가 없었고 또 그 처분 후에 이를 취소할 별도의 법적 근거가 없다 하더라도 원래의 처분을 존속시킬 필요가 없게 된 사정변경이 생겼거나 또는 중대한 공익상의 필요가 발생한 경우에는 그 효력을 상실케 하는 별개의 행정행위로 이를 취소할 수 있다(대판 1989. 4. 11. 88누4782)」고 판시하여 사정변경이 있거나 중대한 공익상의 필요가 있는 경우 법적 근거 없이도 철회할 수 있다고 본다.

### (4) 검토 및 소결

(가) 행정법규가 모든 공익적 사정을 규율할 수는 없으며, 행정행위의 권한을 부여하는 규정(수권규정)은 동시에 철회의 권한도 부여한 것으로 볼 수 있다는 점(허가에 대한 권한 규정을 허가의 철회에 대한 근거규정으로 볼 수도 있다는 의미)에서 철회에 법적 근거가 필요하지 않다는 견해가 타당하다(근거불요설).

(나) 따라서 A시 시장은 갑을 보조금지급대상사업자로 결정하였으나, 갑의 사업은 A시의 모시를 이용하지도 않고 영리적 목적만을 가질 뿐 지역문화발전과는 무관한 사정이 있었다면 시장은 법적 근거 없이도 보조금지급결정을 취소할 수 있다.

## 4. 철회의 사유

(가) 근거불요설의 입장에서도 수익적 행정행위의 철회는 무제한적으로 가능한 것은 아니며, 일반적으로 ⓐ 철회권이 유보되어 있거나, ⓑ 상대방이 부담을 불이행하였거나, ⓒ 사실관계의 변화가 있거나, ⓓ 법적 상황의 변화가 있거나, ⓔ 기타 공익상 중대한 필요가 있는 경우에 철회가 인정된다.

(나) A시 시장은 갑을 보조금지급대상사업자로 결정하였으나, 갑의 사업은 A시의 모시를 이용하지도 않고 영리적 목적만을 가질 뿐 지역문화발전과는 무관한 사정이 있었다면 이는 사실관계의 변화 내지 기타 공익상 철회의 필요성이 있는 경우에 해당한다.

## 5. 철회권 행사의 제한

설문과 관련해서는 행정법의 일반원칙 중 신뢰보호원칙과 비례원칙을 살펴보아야 한다.

### (1) 신뢰보호원칙 위반 여부

#### 1) 의의·근거

행정청의 행위를 사인이 신뢰한 경우 보호가치 있는 신뢰라면 보호되어야 한다는 원칙을 말한다. 과거 논리적 근거로 여러 학설이 언급되었지만 현재는 법치국가의 구성부분인 법적 안정성을 근거로 인정한다.

#### 2) 요 건

a. 행정청의 선행조치 (가) 신뢰의 대상이 되는 행위인 선행조치에는 법령·행정계획·

행정행위·행정지도 등이 포함되며, 적극적인 것인가 소극적인 것인가 그리고 명시적인 행위인가 묵시적인 행위인가도 가리지 않는다.

(나) 판례는 '공적인 견해표명'이라고 하며 이는 행정청의 선행조치를 의미하는 것으로 보여진다. 공적인 견해표명의 판단기준은 「반드시 행정조직상의 형식적인 권한분장에 구애될 것은 아니고 담당자의 조직상의 지위와 임무, 당해 언동을 하게 된 구체적인 경위 및 그에 대한 상대방의 신뢰가능성에 비추어 실질에 의하여 판단하여야 한다(대판 1997. 9. 12. 96누18380)」고 한다.

b. 보호가치 있는 사인의 신뢰　　사인에게 특별한 귀책사유가 있는 경우에는 보호가치 있는 사인의 신뢰라고 보기 어렵다. 판례는 귀책사유를 「행정청의 견해표명의 하자가 상대방 등 관계자의 사실은폐나 기타 사위의 방법에 의한 신청행위 등 부정행위에 기인한 것이거나 그러한 부정행위가 없다고 하더라도 하자가 있음을 알았거나 중대한 과실로 알지 못한 경우 등을 의미(대판 2002. 11. 8. 2001두1512)」한다고 본다.

c. 사인의 처리　　행정청의 선행조치를 믿은 것 외에도 사인의 처리가 있을 것이 요구된다. 그리고 사인의 처리는 적극적인 것 외에 소극적·묵시적인 것도 포함된다.

d. 인과관계

e. 선행조치에 반하는 후행처분

3) 한　계

(가) 신뢰보호의 원칙은 법적 안정성을 위한 것이지만, 법치국가원리의 또 하나의 내용인 행정의 법률적합성의 원리와 충돌되는 문제점을 갖는다. 결국 양자의 충돌은 법적 안정성과 법률적합성의 비교형량에 의해 어느 이념이 우선하는지를 결정해야 한다(동위설 또는 비교형량설). 만일 법률적합성에 비해 법적 안정성이 우선한다면 신뢰보호원칙은 인정될 수 있다.

(나) 또한 이 문제는 공익상 요청과 사익보호 간의 형량으로도 문제될 수 있다. 이 경우에도 공익과 사익 간의 비교형량에 의해 어느 이익이 우선하는지를 결정해야 한다(동위설 또는 비교형량설). 만일 공익에 비해 사익이 우월하다면 신뢰보호원칙은 인정될 수 있다.

4) 설　문

(가) 시장은 갑을 보조금지급 사업자로 결정하였고, 갑에게 특별한 귀책사유는 없으며, 사인의 처리나 인과관계 그리고 보조금지급결정이 취소된다면 선행조치에 반하는 후행처분도 문제되지 않는다.

(나) 그러나 A시 시장은 갑을 보조금지급대상사업자로 결정하였으나, 갑의 사업은 A시의 모시를 이용하지도 않고 영리적 목적만을 가질 뿐 지역문화발전과는 무관한 사정이 있었다면, 침해되는 갑의 사익에 비해 지역문화발전을 도모하는 비영리적 전통문화육성·개발사업을 지원한다는 공익적 요청이 더욱 중대하기 때문에 시장의 보조금지급결정취소는 신뢰보호원칙에 위반되지 않는다.

#### (2) 비례원칙 위반 여부

1) 의의, 내용

(가) 행정목적을 실현하기 위한 구체적인 수단과 목적간에 적정한 비례관계가 있어야 한다는 원칙이다.

(나) 비례원칙은 ⓐ 행정목적과 목적달성을 위해 동원되는 수단간에 객관적 관련성이 있어야 한다는 적합성의 원칙(전혀 부적합한 수단은 현실적으로 인정되기 어려워 통상 이 원칙은 충족된다), ⓑ 여러 적합한 수단 가운데 최소 침해를 가져오는 것이 선택되어야 한다는 필요성의 원칙(최소침해의 원칙), ⓒ 행정목적달성을 위한 적합하고 필요한 수단이라고 하더라도 이러한 수단을 통해 달성하려는 공익과 수단으로 인한 사익침해가 합리적인 비례관계를 이루어야 한다는 상당성의 원칙(협의의 비례원칙)으로 이루어져 있으며, 이 3가지 원칙은 단계구조를 이룬다.

2) 설　문

ⓐ 갑에 대한 보조금지급결정의 취소는 지역문화발전을 도모하는 비영리적 전통문화육성·개발사업을 지원한다는 공익적 요청에 적합한 수단이며, ⓑ 행정지도와 같은 다른 경미한 수단으로는 목적 달성이 불가능한 경우라고 보여지며, ⓒ 침해되는 갑의 사익에 비해 지역문화발전을 도모한다는 공익적 요청이 더욱 중대하기 때문에 시장의 보조금지급결정취소는 비례원칙에 위반되지 않는다.

#### (3) 소　결

시장의 보조금지급결정취소는 신뢰보호원칙, 비례원칙에 위반되지 않는 처분이다.

### 6. 결　론

시장은 법적 근거 없이도 갑에 대한 보조금지급결정을 취소할 수 있으며, 그 취소는 신뢰보호나 비례원칙에 위반되지 않는 적법한 처분이다.

**기출 49-1** (2) 을이 갑에 대한 보조금지급결정의 취소소송을 제기할 경우, 그 소송은 적법한가? 15.

## Ⅱ. 취소소송의 적법성

### 1. 소송요건 일반

(가) 갑의 취소소송은 관할권 있는 법원에(행정소송법 제9조), 원고적격(동법 제12조)과 피고적격을 갖추어(동법 제13조), 처분 등을 대상으로(동법 제19조), 제소기간 내에(동법 제20조) 제기하고, 그 밖에 권리보호필요성 요건을 갖추고 있어야 한다.

(나) 설문은 대상적격, 원고적격, 협의의 소익 등이 문제된다.

## 2. 대상적격

보조금지급결정의 법적 성질에 대해 ① 공법상 계약으로 보는 견해, 쌍방적 행정행위로 보는 견해, 2단계설(보조금 교부결정은 행정행위이고, 보조금 교부에 대한 구체적인 내용은 공법상 계약 또는 사법상 계약으로 결정된다는 견해)이 대립되지만, ② 보조금 관리에 관한 법률 제17조 제1항이 보조금의 교부결정을 규정하고(① 중앙관서의 장은 제16조에 따른 보조금의 교부신청서가 제출된 경우에는 다음 각 호의 사항을 조사하여 지체 없이 보조금의 교부 여부를 결정하여야 한다), 제30조가 법령 위반 등의 경우 교부결정을 일방적으로 취소할 수 있다고 규정(① 중앙관서의 장은 보조사업자가 다음 각 호의 어느 하나에 해당하는 경우에는 보조금 교부 결정의 전부 또는 일부를 취소할 수 있다)하고 있음을 볼 때 쌍방적 행정행위설이 타당하다. 따라서 보조금지급결정은 항고소송의 대상인 처분이다.

## 3. 원고적격

### (1) 문제 상황

(개) 원고적격이란 행정소송에서 원고가 될 수 있는 자격을 말한다. 취소소송의 원고적격에 대해 행정소송법 제12조 제1문은 '취소소송은 처분 등의 취소를 구할 법률상 이익이 있는 자가 제기할 수 있다'고 규정한다.

(내) 보조금지급결정의 상대방은 갑인데 이를 처분의 직접상대방이 아닌 을이 갑에게 발령된 처분을 다툴 수 있는 원고적격이 있는지가 문제된다.

(대) 일반적 견해는 법률상 이익의 범위(의미)를 취소소송의 본질에 대한 논의를 통해 결정한다.

### (2) 취소소송의 본질

(개) 학설은 취소소송의 본질(기능)에 관해 ⓐ 취소소송의 목적은 위법한 처분으로 야기된 개인의 권리침해의 회복에 있다는 권리구제설(권리구제설이 말하는 권리는 좁은 의미의 권리이다), ⓑ 위법한 처분으로 (좁은 의미) 권리뿐 아니라 법에 의해 보호되는 이익을 침해당한 자도 처분을 다툴 수 있다는 법률상 보호이익설(통설), ⓒ 처분의 효력을 다투어 이를 부정하는 것이 당사자에게 실질적 이익이 있다면 그것이 법률상 이익이든 사실상의 이익이든 그러한 이익이 침해된 자는 소송을 제기할 수 있다는 보호가치 있는 이익설, ⓓ 취소소송은 개인의 권리구제보다는 처분의 적법성을 유지하는 것이 주된 기능으로 처분의 적법성 확보에 가장 적합한 이익 상태에 있는 자가 원고적격을 갖는다는 적법성보장설이 있다.

(내) 판례는 「행정소송에서 소송의 원고는 행정처분에 의하여 직접 권리를 침해당한 자임을 보통으로 하나 직접 권리의 침해를 받은 자가 아닐지라도 소송을 제기할 법률상의 이익을 가진 자는 그 행정처분의 효력을 다툴 수 있다(대판 1974. 4. 9. 73누173)」고 하여 법률상 보호이익설의 입장이다.

(대) 취소소송은 주관적 소송이므로 적법성보장설은 타당하지 않으며, 행정소송법 제12조가

취소소송은 법률상 이익이 있는 자가 제기할 수 있다고 규정하기 때문에 법률상 보호이익설이 타당하다.

### ⑶ 법률상 이익이 있는 자의 분석

#### 1) 법률상 이익에서 '법률(법규)'의 범위

a. 학 설 일반적인 견해는 처분의 근거법규의 규정과 취지, 관련법규의 규정과 취지 외에 헌법상 기본권 규정도 고려해야 한다는 입장이다.

b. 판 례 ㈎ 판례는 기본적으로 당해 처분의 근거가 되는 법규가 보호하는 이익만을 법률상 이익으로 본다(대판 1989. 5. 23. 88누8135).

㈏ 최근에는 **폐기물처리시설입지결정사건**에서 근거법규 외에 관련법규까지 고려하여 법률상 이익을 판단하고 있다(대판 2005. 5. 12. 2004두14229).

㈐ 하지만 헌법상의 기본권 및 기본원리를 법률상 이익의 해석에서 일반적으로 고려하지는 않는다. 다만, ⓐ **대법원은 접견허가거부처분사건**에서 '접견권'을(대판 1992. 5. 8. 91누7552), ⓑ **헌법재판소는 국세청장의 납세병마개제조자지정처분과 관련된 헌법소원사건**에서 '경쟁의 자유'를(헌재 1998. 4. 30. 97헌마141) 기본권이지만 법률상 이익으로 인정(또는 고려)하였다고 일반적으로 해석한다.

c. 검 토 취소소송은 법률상 보호이익의 구제를 목적으로 하는 소송(법률상 보호이익설)이기 때문에 처분의 근거법규의 규정과 취지, 관련법규의 규정과 취지 외에 기본권 규정도 고려해야 한다는 일반적인 견해가 타당하다.

#### 2) '이익이 있는'의 의미

㈎ 판례는 법률상의 이익이란 당해 처분등의 근거가 되는 법규에 의하여 보호되는 개별적·직접적이고 구체적인 이익을 말하고, 단지 간접적이거나 사실적·경제적인 이해관계를 가지는 데 불과한 경우에는 행정소송을 제기할 법률상의 이익이 아니라고 본다(대판 1992. 12. 8. 91누13700).

㈏ 그리고 법률상 이익에 대한 침해 또는 침해 우려가 있어야 원고적격이 인정된다(대판 2006. 3. 16. 2006두330).

#### 3) '자'의 범위

㈎ 법률상 이익의 주체에는 자연인, 법인, 법인격 없는 단체, 다수인(행정소송법 제15조 참조)도 가능하다.

㈏ 행정주체가 아닌 행정기관은 항고소송을 제기할 원고적격이 인정되지 않는다. 그러나 **대법원은 경기도선거관리위원회 위원장이 국민권익위원회를 상대로 불이익처분원상회복등요구처분취소를 구한 사건**에서 경기도선관위원장은 비록 국가기관이지만 원고적격을 가진다고 보았다(대판 2013. 7. 25. 2011두1214).

### ⑷ 소 결

㈎ 설문은 A시 전통문화육성·개발사업지원에 관한 조례에 따라 보조금을 받고자 하는 사

업자를 공모하여 갑의 신청을 인용한 반면, 을의 신청을 반려하였기 때문에 갑과 을은 경원자관계이다.

(나) 경원자소송이란 일방에 대한 면허나 인·허가 등의 행정처분이 타방에 대한 불면허·불인가·불허가 등으로 귀결될 수밖에 없는 경우에 불허가 등으로 인한 자기의 법률상의 이익을 침해당한 자가 타인의 면허 등을 다투는 소송을 말한다. 일반적인 견해와 판례는 당해 법령(근거법령 또는 관련법령)이 경원자관계를 예정하고 있다면 그 법령은 허가 등의 처분을 받지 못한 자의 이익을 보호하는 것으로 본다(대판 1992. 5. 8. 91누13274 등).

(다) 따라서 을은 시장의 갑에 대한 보조금지급결정처분을 다툴 원고적격이 인정된다.

### 4. 협의의 소익

#### (1) 의 의

원고의 재판청구에 대하여 법원이 판단을 행할 구체적 실익 내지 필요성을 말하며, '소의 객관적 이익' 또는 '권리보호의 필요'라고도 한다.

#### (2) 소의 이익이 부인되는 경우

(가) 취소소송에서 대상적격과 원고적격이 인정된다면 협의의 소익은 일반적으로는 긍정된다. 그러나 ⓐ 보다 간이한 방법이 있는 경우, ⓑ 원고가 추구하는 권리보호가 오로지 이론상으로만 의미 있는 경우, ⓒ 소권남용금지에 해당하는 경우에는 협의의 소익은 부정된다.

(나) 경원자소송에서 처분이 취소되더라도 불허가 등을 받은 자의 신청이 인용될 가능성이 명백히 없는 경우에는 협의의 소익은 부정된다(ⓑ나 ⓒ에 해당한다).

(다) 판례도 「구체적인 경우에 있어서 그 처분이 취소된다 하더라도 허가 등의 처분을 받지 못한 불이익이 회복된다고 볼 수 없을 때에는 당해 처분의 취소를 구할 정당한 이익이 없다고 할 것이다. … 이 사건 처분이 취소된다면 원고가 허가를 받을 수 있는 지위에 있음에 비추어 처분의 취소를 구할 정당한 이익도 있다고 하여야 할 것이다(대판 1992. 5. 8. 91누13274)」라고 하여 같은 입장이다.

#### (3) 설 문

갑에 대한 보조금지급결정이 법원에서 취소된다면 을의 보조금지급신청이 인용될 가능성이 명백히 없는 것은 아니기 때문에 을의 취소소송은 협의의 소익이 인정된다(을의 사업이 영리성이 강하고 평가점수가 갑보다 낮다고 하여도 을의 신청이 인용될 가능성이 명백히 배제되지는 않는다).

### 5. 소 결

취소소송의 소송요건을 모두 구비하고 있기 때문에 을의 갑에 대한 보조금지급결정취소소송은 적법하다.

기출 50 〈제3문〉

A시의회는 공개된 장소 뿐만 아니라 주거용 주택의 내부인 비공개장소에도 영상정보처리기기를 설치하려는 자는 영상정보처리기기 설치허가를 받도록 하고, 이를 위반한 경우 50만원 이하의 과태료를 부과하는 것을 내용으로 하는 조례안을 의결하였다. 위 조례안은 적법한가? 만약 A시시장이 위 조례안을 위법하다고 판단한 경우, A시시장이 조례안의 위법성을 통제할 수 있는 법적 수단은? 20.

[제58회 5급공채(2014년)]

참조조문

개인정보 보호법

제25조(영상정보처리기기의 설치·운영 제한) ① 누구든지 다음 각 호의 경우를 제외하고는 공개된 장소에 영상정보처리기기를 설치·운영하여서는 아니 된다.

1. 법령에서 구체적으로 허용하고 있는 경우
2. 범죄의 예방 및 수사를 위하여 필요한 경우
3. 시설안전 및 화재 예방을 위하여 필요한 경우
4. 교통단속을 위하여 필요한 경우
5. 교통정보의 수집·분석 및 제공을 위하여 필요한 경우

② 누구든지 불특정 다수가 이용하는 목욕실, 화장실, 발한실(發汗室), 탈의실 등 개인의 사생활을 현저히 침해할 우려가 있는 장소의 내부를 볼 수 있도록 영상정보처리기기를 설치·운영하여서는 아니 된다. 다만, 교도소, 정신보건 시설 등 법령에 근거하여 사람을 구금하거나 보호하는 시설로서 대통령령으로 정하는 시설에 대하여는 그러하지 아니하다.

# Ⅰ. 조례안의 위법성

## 1. 문제 상황

㈎ 조례가 적법·유효하게 효력을 발생하려면 지방의회가 일정한 절차와 공포요건을 갖추어(지방자치법 제26조) 감독청에 보고해야 한다(지방자치법 제28조). 뿐만 아니라 내용상의 적법요건으로 조례제정 대상인 사무에 대하여만 제정할 수 있다는 사항적 한계를 준수하여야 하고, 법률유보의 원칙과 법률우위의 원칙에 반하여서는 아니 된다. 설문의 경우 절차와 공포, 보고요건은 문제되지 않으므로 내용상의 적법요건만을 검토한다(지방자치법 제22조).

㈏ 지방자치법 제22조는 "지방자치단체는 법령의 범위 안에서 그 사무에 관하여 조례를 제정할 수 있다. 다만, 주민의 권리 제한 또는 의무 부과에 관한 사항이나 벌칙을 정할 때에는 법률의 위임이 있어야 한다"고 규정한다. 즉 ① 그 사무에 대해 조례를 제정할 수 있으며(조례제정 대상인 사무), ② 일정한 경우 법률의 위임이 있어야 하고(법률유보의 원칙), ③ 법령의 범위에서만 제정할 수 있다(법률우위의 원칙).

## 2. 조례제정사항인 사무

### (1) 지방자치법 제22조와 제9조 제1항

지방자치법 제22조 본문은 "지방자치단체는 법령의 범위 안에서 '그 사무'에 관하여 조례를 제정할 수 있다"고 규정하고 있으며, 제9조 제1항은 "지방자치단체는 관할 구역의 '자치사무와 법령에 따라 지방자치단체에 속하는 사무'를 처리한다"고 하므로 조례로 제정할 수 있는 사무는 자치사무와 단체위임사무이며 기관위임사무는 제외된다. 다만 예외적으로 법령이 기관위임사무를 조례로 정하도록 규정한다면 기관위임사무도 조례로 정할 수는 있다(대판 1999. 9. 17. 99추30).

### (2) 자치사무와 (기관)위임사무의 구별

ⓐ 먼저 입법자의 의사에 따라 법률의 규정형식과 취지를 먼저 고려하여 판단하고, ⓑ 불분명하다면 전국적·통일적 처리가 요구되는 사무인지 여부, 경비부담, 책임귀속주체 등도 고려한다. ⓒ 그리고 지방자치법 제9조 제2항(지방자치단체사무의 예시)이 판단기준이 된다. ⓓ 만일 그래도 불분명하다면 지방자치단체사무의 포괄성의 원칙에 따라 자치단체사무로 추정한다.

### (3) 설　　문

설문에서는 명문의 법률규정이 제시되어 있지 않다. 그리고 영상정보처리기기의 설치·운영을 제한하는 사무가 전국적·통일적 처리가 요구되는 사무도 아니다. 따라서 지방자치법 제9조 제2항 제2호(주민의 복지증진에 관한 사무)와 제4호(지역개발과 주민의 생활환경시설의 설치·관리에 관한 사무)를 고려할 때, 설문의 사무는 A지방자치단체의 사무로 조례제정이 가능하다.

## 3. 법률유보의 원칙

### (1) 지방자치법 제22조 단서의 위헌 여부

#### 1) 문 제 점

헌법 제117조 제1항은 "지방자치단체는 … 법령의 범위 안에서 자치에 관한 규정을 제정할 수 있다"고 하여 형식적으로만 본다면 법률우위원칙만을 규정하고 있다. 그러나 지방자치법 제22조는 본문에서 조례는 법률우위원칙을, 단서에서 법률유보원칙을 준수해야 함을 규정하고 있다. 따라서 지방자치법 제22조 단서가 헌법상 인정된 지방의회의 포괄적 자치권을 제한하는 위헌적인 규정이 아닌지에 대해 학설의 대립이 있다.

#### 2) 학 설

ⓐ 위헌설(지방자치법 제22조 단서는 헌법이 부여하는 지방자치단체의 자치입법권(조례제정권)을 지나치게 제약하고 있으며, 지방자치단체의 포괄적 자치권과 전권한성의 원칙에 비추어 위헌이라는 입장이다)과 ⓑ 합헌설(헌법 제117조 제1항에 법률유보에 대한 명시적 규정이 없더라도 지방자치법 제22조 단서는 헌법 제37조 제2항(국민의 모든 자유와 권리는 국가안전보장·질서유지 또는 공공복리를 위하여 필요한 경우에 한하여 법률로써 제한할 수 있으며…)에 따른 것이므로 합헌이라는 입장이다)(다수설)이 대립한다.

#### 3) 판 례

대법원은 지방자치법 제15조(현행 제22조)는 기본권 제한에 대하여 법률유보원칙을 선언한 헌법 제37조 제2항의 취지에 부합하기 때문에 합헌이라고 본다(대판 1995. 5. 12. 94추28).

#### 4) 검 토

지방자치법 제22조 단서는 헌법 제37조 제2항에 따른 확인적인 규정에 불과하며, 조례제정에 법적 근거가 필요하다는 내용을 법률에 직접 규정할 것인지는 입법정책적인 사항이므로 합헌설이 타당하다.

### (2) 지방자치법 제22조 단서의 적용

#### 1) 법률유보가 필요한 경우

지방자치법 제22조 단서는 조례가 ⓐ 주민의 권리제한 또는 ⓑ 의무부과에 관한 사항이나 ⓒ 벌칙을 정할 때에만 법률의 위임이 필요하다고 한다. 따라서 수익적인 내용의 조례나 수익적 내용도 침익적 내용도 아닌 조례(비침익적인 조례)는 법률의 근거를 요하지 않는다.

#### 2) 법률유보의 정도(포괄적 위임의 가능성)

조례는 지방의회가 지역적 민주적 정당성을 가지고 있고 헌법이 포괄적인 자치권을 보장하고 있는 점에 비추어 포괄적인 위임으로 족하다는 다수설과 판례(대판 1991. 8. 27. 90누6613)(헌재 1995. 4. 20. 92헌마264·279)가 타당하다.

### (3) 설 문

㈎ 설문의 조례안은 주민의 권리제한, 의무부과, 벌칙과 관련되는 것이기 때문에 법률에

근거가 있어야 한다.

(나) 그런데 개인정보보호법 제25조는 제1항에서는 공개된 장소에 영상정보처리기기를 설치·운영하는 경우를 규율하고, 제2항에서는 불특정 다수가 이용하는 목욕실 등 개인의 사생활을 현저히 침해할 우려가 있는 장소 내부에 영상정보처리기기를 설치·운영하는 경우만을 규율하고 있기 때문에, 설문처럼 주거용 주택의 내부인 비공개장소에도 영상정보처리기기를 설치하려는 경우는 법률에 근거가 없어 법률유보원칙에 위반된다.

(다) 그러나 조례위반행위에 대해 과태료를 부과하는 것을 내용으로 하는 조례안은 지방자치법 제27조 제1항이 '지방자치단체는 조례를 위반한 행위에 대하여 조례로써 1천만원 이하의 과태료를 정할 수 있다'고 규정하고 있어 법률에 근거가 있다.

### 4. 법률우위의 원칙

#### (1) 헌법과 법률규정

헌법 제117조 제1항(지방자치단체는 주민의 복리에 관한 사무를 처리하고 재산을 관리하며, 법령의 범위안에서 자치에 관한 규정을 제정할 수 있다), 지방자치법 제22조 본문(지방자치단체는 법령의 범위 안에서 그 사무에 관하여 조례를 제정할 수 있다)·제24조(시·군 및 자치구의 조례나 규칙은 시·도의 조례나 규칙을 위반하여서는 아니 된다)는 조례에도 법률우위원칙은 당연히 적용된다고 한다. 여기서 말하는 법률은 지방자치법, 지방재정법, 지방공무원법을 포함한 모든 개별법령과 행정법의 일반원칙을 말한다.

#### (2) 법률우위원칙 위반 여부 판단

**1) 조례규정사항과 관련된 법령의 규정이 없는 경우**(양자의 입법목적이 다른 경우도 포함)

조례규정사항과 관련된 법령의 규정이 없거나 조례와 법령의 입법목적이 다른 경우는 일반적으로 지방자치법 제22조 단서의 법률유보의 원칙에 반하지 않는 한 조례로서 규정할 수 있다. 다만, 행정법의 일반원칙에 위반됨은 없어야 한다.

**2) 조례규정사항과 관련된 법령의 규정이 있는 경우**

a. 조례내용이 법령의 규정보다 더 침익적인 경우 헌법 제117조 제1항과 지방자치법 제22조 본문에 비추어 법령의 규정보다 더욱 침익적인 조례는 법률우위원칙에 위반되어 위법하며 무효이다. 판례도 수원시의회가 재의결한 법령상 자동차등록기준보다 더 엄격한 기준을 정한 차고지확보조례안에 대한 무효확인사건에서 같은 입장이다(대판 1997. 4. 25. 96추251).

b. 조례내용이 법령의 규정보다 더 수익적인 경우(수익도 침익도 아닌 경우도 포함) ① 조례의 내용이 수익적(또는 수익도 침익도 아닌 경우)이라고 할지라도 성문의 법령에 위반되어서는 아니 된다는 것이 일반적인 입장이다(판례도 인천광역시의회가 재의결한 지방자치단체가 소속 공무원의 대학생 자녀에게 학비를 지급하기 위하여 만든 장학기금출연조례안 무효확인사건에서 수익적인 조례도 성문법령에 위반되어서는 아니 된다고 보았다(대판 1996. 10. 25. 96추107)). 다만, 판례와 일반적 견해는 조례가 성문의 법령에 위반된다고 하더라도 국가법령의 취지가 지방자치단체의 실정에 맞도록 별도 규율을 용인하려는

것이라면 국가법령보다 더 수익적인 조례 또는 법령과 다른 별도 규율내용을 담은 조례의 적법성을 인정하고 있다(판례는 광주광역시 동구의회가 재의결한 자활보호대상자에 대한 생계비 지원조례안 무효확인사건에서 국가법령이 별도 규율을 용인하려는 취지라면 법령보다 더 수익적인 조례의 적법성을 인정하고 있다(대판 1997. 4. 25. 96추244))(침익적 조례의 경우는 이러한 법리가 인정되지 않고 성문의 법령보다 더 침익적인 조례는 무효이다). ② 이 경우도 지방자치법 제122조, 지방재정법 제3조 등의 건전재정운영의 원칙과 행정법의 일반원칙에 위반되어서는 아니 된다.

(3) 설 문

(가) 개인정보보호법 제25조는 제1항은 원칙상 공개된 장소에 영상정보처리기기를 설치·운영하는 것을 제한하고, 제2항은 불특정 다수가 이용하는 목욕실 등 개인의 사생활을 현저히 침해할 우려가 있는 장소 내부에 영상정보처리기기를 설치·운영하는 것을 제한하고 있기 때문에, 설문처럼 주거용 주택의 내부인 비공개장소에 영상정보처리기기를 설치하려는 경우까지 설치허가를 받도록 하는 조례안은 법률의 규정보다 더 침익적인 사항을 규율하는 조례이므로 법률우위원칙에 위반된다.

(나) 그러나 조례위반행위에 대해 50만원 이하의 과태료를 부과하는 것을 내용으로 하는 조례안은 지방자치법 제27조 제1항이 '지방자치단체는 조례를 위반한 행위에 대하여 조례로써 1천만원 이하의 과태료를 정할 수 있다'고 규정하고 있어 법률우위원칙에 위반되지 않는다.

### 5. 소 결

주거용 주택의 내부인 비공개장소에 영상정보처리기기를 설치하려는 경우 설치허가를 받도록 하는 조례안은 위법하지만, 조례위반행위에 대해 50만원 이하의 과태료를 부과하는 것을 내용으로 하는 조례안은 적법하다.

## Ⅱ. 단체장의 위법한 조례안에 대한 법적 통제 수단

### 1. 문제 상황

위법한 조례안에 대한 통제는 해당 지방자치단체의 단체장에 의한 통제와 감독청의 통제로 나눌 수 있고, 각각 행정적 방법과 사법적 방법이 있다. 설문에서는 A시 시장의 통제수단을 묻고 있는바 지방자치단체장의 행정적 방법에 의한 통제와 사법적 방법에 의한 통제를 검토한다.

### 2. 행정적 방법(재의요구)

지방자치단체의 장은 이송받은 조례안에 대하여 이의가 있으면 20일 이내에 이유를 붙여 지방의회로 환부하고, 재의를 요구할 수 있다(지방자치법 제26조 제3항). 이처럼 조례안에 대한 재의요구 사유에 제한은 없다. 다만 지방자치단체의 장은 조례안의 일부에 대하여 또는 조례안을 수정하여 재의를 요구할 수 없다(지방자치법 제26조 제3항).

### 3. 사법적 방법(제소)

지방자치법 제107조 및 제172조는 대법원에 제소할 수 있는 의결에 제한을 가하지 않고 있기에 그 의결에 조례안에 대한 의결도 포함된다는 것이 일반적 견해와 판례의 입장이다.

#### (1) 단체장의 제소·집행정지신청

㈎ 지방자치단체의 장은 재의결된 사항(조례안에 대한 재의결을 포함)이 법령에 위반된다고 판단되면 재의결된 날부터 20일 이내에 대법원에 소를 제기할 수 있고, 이 경우 필요하다고 인정되면 그 의결의 집행을 정지하게 하는 집행정지결정을 신청할 수 있다(지방자치법 제107조 제3항, 제172조 제3항).

㈏ 위법한 재의결에 대해 대법원에 제기하는 이 소송은 단체장이 의회를 상대로 제기하는 소송으로 기관소송이라는 견해가 다수설이다.

#### (2) 단체장의 제소·집행정지신청(이는 단체장의 통제수단으로도, 감독청의 통제수단으로도 볼 수 있다)

㈎ 지방자치단체의 장은 재의결된 사항(조례안에 대한 재의결을 포함)이 법령에 위반된다고 판단되면 재의결된 날부터 20일 이내에 대법원에 소를 제기할 수 있고, 이 경우 필요하다고 인정되면 그 의결의 집행을 정지하게 하는 집행정지결정을 신청할 수 있다(지방자치법 제172조 제3항).

㈏ 지방자치법 제107조 제3항의 요건과 제172조 제3항의 제소요건이 동일하기에 위법한 재의결에 대해 단체장이 의회를 상대로 대법원에 제기하는 소송은 기관소송이라는 견해가 다수설이다.

#### (3) 감독청의 제소지시·단체장의 제소(단체장의 통제수단으로도, 감독청의 통제수단으로도 볼 수 있다)

㈎ 감독청은 재의결된 사항(조례안에 대한 재의결을 포함)이 법령에 위반된다고 판단됨에도 불구하고 해당 지방자치단체의 장이 소송을 제기하지 아니하면 그 지방자치단체의 장에게 지방자치법 제172조 제3항의 기간(재의결된 날로부터 20일)이 지난 날로부터 7일 이내에 제소를 지시할 수 있고, 제소지시를 받은 지방자치단체장은 제소지시를 받은 날부터 7일 이내에 제소하여야 한다(지방자치법 제172조 제4항·제5항).

㈏ 이 소송의 성질에 대해 ⓐ 감독청의 제소를 지방자치단체장이 대신하는 것이라 하여 특수한 소송으로 보는 견해가 있으나 ⓑ 감독청의 제소지시는 후견적인 것에 불과하고 해당 소송의 원고는 지방자치단체장이며, 동 소송은 지방자치법 제107조 제3항 및 제172조 제3항의 소송과 제소요건이 동일하므로 제107조 제3항의 소송을 기관소송으로 보는 한 제4항·제5항 소송도 기관소송으로 보는 견해가 타당하다(기관소송설, 다수견해).

### 4. 소 결

위법한 조례안에 대해 A시의 시장은 A시 의회에 환부하고 재의를 요구할 수도 있고(지방자치법 제26조 제3항), 재의결된 사항에 대해 대법원에 제소하거나 집행정지를 신청할 수 있다(동법 제107조 제3항). 또한 감독청의 재의요구명령에 따라 재의요구하고, 재의결된 사항에 대해 대법원에 제소하거나 집행정지를 신청할 수도 있다(동법 제172조 제1항, 제3항). 그리고 감독청의 제소지시에 따라 A시 시장은 대법원에 제소할 수 있다(동법 제172조 제4항).

**기출 51** 〈제1문〉

갑은 2013. 3. 15. 전 영업주인 을로부터 등록대상 석유판매업인 주유소의 사업 일체를 양수받고 잔금지급액에 다소 이견이 있는 상태에서, 2013. 3. 28. 석유 및 석유대체연료 사업법 (이하 '법'이라 함) 제10조 제3항에 따라 관할 행정청인 A시장에게 성명, 주소, 및 대표자 등의 변경등록을 한 후 2013. 4. 5.부터 '유정주유소'라는 상호로 석유판매업을 영위하고 있다.

그런데 A시장이 2013. 5. 7. 관할구역 내 주우소의 휘발유 시료를 채취하여 한국석유관리원에 위탁하여 검사한 결과 '유정주유소'와 인근 '상원주유소'에서 취급하는 휘발유에 경유가 1% 정도 혼합된 것으로 밝혀졌다.

한편, A시장은 취임과 동시에 "A시 관할구역 내에서 유사석유를 판매하다가 단속되는 주유소는 예외없이 등록을 취소하여 주민들이 믿고 주유소를 이용하도록 만들겠다."라고 공개적으로 밝힌 바 있다. 이에 A시장은 2013. 6. 7. 갑에 대하여 청문 절차를 거치지 아니한 채 법 제13조 제3항 제12호에 따라 석유판매업등록을 취소하는 처분(이하 '당초처분'이라 함)을 하였고, 갑은 그 다음 날 처분이 있음을 알게 되었다.

갑은 당초처분에 불복하여 2013. 8. 23. 행정심판을 청구하였으며, 행정심판위원회는 2013. 10. 4. 당초처분이 재량권의 범위를 일탈하거나 남용한 것이라는 이유로 당초처분을 사업정지 3개월로 변경하라는 내용의 변경명령재결을 하였고, 그 재결서는 그날 갑에게 송달되었다. 그렇게 되자, A시장은 청문 절차를 실시한 후 2013. 10. 25. 당초처분을 사업정지 3개월로 변경한다는 내용의 처분(이하 '변경처분'이라 함)을 하였고, 그 처분서는 다음날 갑에게 직접 송달되었다.

그런데 갑은 "<u>유정주유소는 X정유사로부터 직접 석유제품을 공급받고, 공급받은 석유제품을 그대로 판매하였으며, 상원주유소도 자신과 마찬가지로 X정유사로부터 직접 석유제품을 구입하여 판매하였는데 그 규모와 판매량이 유사한데다가 갑과 동일하게 1회 위반임에도 상원주유소에 대하여는 사업정지 15일에 그치는 처분을 내렸다. 또한 2013. 5. 초순경에 주유소 지하에 있는 휘발유 저장탱크를 청소하면서 휘발유보다 값이 싼 경유를 사용하여 청소를 하였는데 그때 부주의하여 경유를 모두 제거하지 못하였고, 그러한 상태에서 휘발유를 공급받다 보니 휘발유에 경유가 조금 섞이게 된 것으로, 개업한 후 처음 겪는 일이고 위반의 정도가 경미하다.</u>"라고 주장하면서 행정소송을 제기하여 다투려고 한다.

한편, 법 제13조 제4항은 "위반행위별 처분기준은 산업통상자원부령으로 정한다."라고 되어 있고, 법 시행규칙 [별표 1] 행정처분의 기준 중 개별기준 2. 다목은 "제29조 제1항 제1호를 위반하여 가짜석유제품을 제조·수입·저장·운송·보관 또는 판매한 경우"에 해당하면 '1회 위반 시 사업정지 1개월, 2회 위반 시 사업정지 3개월, 3회 위반 시 등록취소 또는 영업장 폐쇄'로 규정되어 있다고 가정한다.

(1) 위 산업통상자원부령 [별표1] 행정처분의 기준에 대한 법원의 사법적 통제 방법은? 25.

(2) 위 사안에서 청문 절차의 하자가 치유되었는가? 10.

(3) 갑은 변경처분에도 불구하고 취소소송을 제기하여 다투려고 한다. 이 경우 취소소송의 대상과 제소기간에 대하여 검토하시오. 25.
(4) 위 사안에서 밑줄 친 갑의 주장이 사실이라고 전제할 때, 갑이 본안에서 승소할 수 있는지 여부를 검토하시오. (다만, 위 산업통상자원부령 [별표 1] 행정처분의 기준의 법적 성질에 관하여는 대법원 판례의 입장을 따르되, 절차적 위법성 및 소송요건의 구비 여부의 검토는 생략한다.) 30.
(5) 을은 갑에 대한 변경등록처분의 효력을 다투면서 "석유판매업자의 지위 승계에 따른 변경등록처분을 하기에 앞서 A시장이 을에게 사전에 통지를 하지 않았으며 의견제출의 기회를 주지 않았다."라고 주장한다. 이러한 을의 주장은 타당한가? 10.

[제3회 변호사시험(2014년)]

참조조문

석유 및 석유대체연료 사업법

제7조(석유정제업자의 지위 승계) ① 다음 각 호의 어느 하나에 해당하는 자는 석유정제업자의 지위를 승계한다.
1. 석유정제업자가 그 사업의 전부를 양도한 경우 그 양수인
2. 석유정제업자가 사망한 경우 그 상속인
3. 법인인 석유정제업자가 합병한 경우 합병 후 존속하는 법인이나 합병으로 설립되는 법인

제10조(석유판매업의 등록 등) ① 석유판매업을 하려는 자는 산업통상자원부령으로 정하는 바에 따라 특별시장·광역시장·도지사·특별자치도지사(이하 "시·도지사"라 한다) 또는 시장·군수·구청장(자치구의 구청장을 말한다. 이하 "시장·군수·구청장"이라 한다)에게 등록하여야 한다. 다만, 부산물인 석유제품을 생산하여 석유판매업을 하려는 자는 산업통상자원부장관에게 등록하여야 한다.
③ 제1항 및 제2항에 따른 등록 또는 신고를 한 자가 등록 또는 신고한 사항 중 시설 소재지 등 대통령령으로 정하는 사항을 변경하려는 경우에는 산업통상자원부령으로 정하는 바에 따라 등록 또는 신고를 한 산업통상자원부장관이나 시·도지사 또는 시장·군수·구청장에게 변경등록 또는 변경신고를 하여야 한다.
④ 제1항 및 제2항에 따라 시·도지사 또는 시장·군수·구청장에게 등록하거나 신고하여야 하는 석유판매업의 종류와 그 취급 석유제품 및 제1항에 따른 석유판매업의 시설기준 등 등록 요건은 대통령령으로 정한다.
⑤ 석유판매업자의 결격사유, 지위 승계 및 처분효과의 승계에 관하여는 제6조부터 제8조까지의 규정을 준용한다. 이 경우 제6조 각 호 외의 부분 중 "석유정제업"은 "석유판매업"으로 보고, 같은 조 제6호 중 "제13조 제1항"은 "제13조 제3항"으로, "석유정제업"은 "석유판매업"으로 보며, 제7조 중 "석유정제업자"는 "석유판매업자"로, "석유정제시설"은 "석유판매시설"로 보고, 제8조 중 "석유정제업자"는 "석유판매업자"로, "제13조 제1항"은 "제13조 제3항"으로 본다.

제13조(등록의 취소 등) ③ 산업통상자원부장관, 시·도지사 또는 시장·군수·구청장은 석유판매업자가 다음 각 호의 어느 하나에 해당하면 그 석유판매업의 등록을 취소하거나 그 석유판매업자에게 영업장 폐쇄 또는 6개월 이내의 기간을 정하여 그 사업의 전부 또는 일부의 정지를 명할 수 있다. 다만, 제1호, 제4호부터 제6호까지 및 제9호의 어느 하나에 해당하는 경우에는 그 등록을 취소하거나 영업장 폐쇄를 명하여야 한다.

12. 제29조 제1항 제1호를 위반하여 가짜석유제품을 제조·수입·저장·운송·보관 또는 판매한 경우

④ 제1항부터 제3항까지의 규정에 따른 위반행위별 처분기준은 산업통상자원부령으로 정한다.

제29조(가짜석유제품 제조 등의 금지) ① 누구든지 다음 각 호의 가짜석유제품 제조 등의 행위를 하여서는 아니 된다.

1. 가짜석유제품을 제조·수입·저장·운송·보관 또는 판매하는 행위

제40조(청문) 산업통상자원부장관, 시·도지사 또는 시장·군수·구청장은 다음 각호의 어느 하나에 해당하는 처분을 하려는 경우에는 청문을 하여야 한다.

1. 제13조 제1항부터 제3항까지, 같은 조 제5항 또는 제34조에 따른 등록 취소 또는 영업장 폐쇄

**석유 및 석유대체연료 사업법시행령**

제13조(등록 또는 신고 대상 석유판매업의 종류) 법 제10조 제1항·제2항 및 제4항에 따라 등록하거나 신고하여야 할 석유판매업의 종류와 그 취급 석유제품은 [별표 1]과 같다.

[별표 1] 석유판매업 및 석유대체연료판매업의 종류 등

| 등록대상 | 주유소 | 휘발유·등유·경유 |
|---|---|---|

제14조(석유판매업의 변경등록 및 변경신고 대상) 법 제10조 제3항에서 "시설 소재지 등 대통령령으로 정하는 사항"이란 다음 각 호의 사항을 말한다.

1. 성명 또는 상호
2. 대표자(법인인 경우만 해당한다)
3. 주된 영업소의 소재지
4. 등록하거나 신고한 시설의 소재지 또는 규모

※ 일부 조항은 현행법과 불일치 할 수 있으며 현재 시행 중임을 전제로 할 것

**기출 51** (1) 위 산업통상자원부령 [별표1] 행정처분의 기준에 대한 법원의 사법적 통제 방법은? 25.

# Ⅰ. 법규명령형식의 행정규칙, 법규명령에 대한 법원의 사법적 통제 방법

## 1. 문제 상황

설문의 산업통상자원부령 [별표1] 행정처분기준에 대한 법원의 사법적 통제방법은 해당 처분기준을 행정규칙으로 볼 것인지 법규명령으로 볼 것인지에 따라 결론이 달라지는바 그에 대한 논의를 먼저 한 후 해당 행정처분기준에 대한 법원의 사법적 통제를 검토한다.

## 2. 산업통상자원부령 [별표1] 행정처분기준의 법적 성질

### (1) 문 제 점

산업통상자원부령 [별표1] 행정처분기준(제재적 처분기준)은 그 **실질이 행정규칙인 재량준칙**(법령에 규정된 재량을 통일적으로 행사하기 위한 행정내부적인 기준)이기 때문에 고시, 훈령의 형식으로 규정되는 것이 정당한데 이러한 제재적 처분기준을 **대통령령 등에 규정**한 경우 그 법적 성질이 무엇인지 문제된다.

### (2) 학 설

1) **법규명령설**

(가) 제재적 처분기준의 **형식**은 대통령령 등이므로 법규명령으로 보아야 하고, 제재적 처분기준이 법규명령이라면 행정청은 그러한 처분기준에 따라 처분을 하게 되므로 **법적 안정성** 확보에 도움이 된다는 점을 근거로 한다.

(나) 법규명령설도 ⓐ **처분기준을 기속적**(한정적)**으로 보는 견해**(엄격한 대외적 구속력을 인정하는 견해)(제1설)와 ⓑ **처분기준을 최고한도로 보는 견해**(최고한도로서의 구속력을 인정하는 견해)(제2설)로 나눌 수 있다(예를 들어 '1회 법위반－1개월 영업정지'라는 규정이 있다면 제1설은 1개월 영업정지처분만을 해야 한다는 입장인 반면, 제2설은 1개월을 넘지 않는 범위에서 영업정지처분을 할 수 있는 것으로 본다).

2) **행정규칙설**

제재적 처분기준은 재량준칙(행정규칙)으로 그 **실질**이 행정규칙이므로 법규명령의 형식으로 정한다고 하더라도 그 성질은 변하지 않으며, 제재적 처분기준을 행정규칙으로 보면 행정청은 재량적으로 처분할 수 있음을 규정한 법률에 따라 처분을 하게 되므로 **구체적 타당성과 탄력성** 확보가 가능하다는 점을 근거로 한다.

### (3) 판 례

(가) 판례는 ① '대통령령으로 정한 제재적 처분기준'은 법규명령으로 본다. 다만 ⓐ 한 판결에서 '<u>주택건설촉진법시행령상의 영업정지처분기준</u>'은 영업정지기간을 일률적으로 규정하는 형식을 취하고 있기 때문에 재량의 여지가 없다고 하면서 처분기준을 기속적으로 보았으나(대판

1997. 12. 26. 97누15418)(학설로 보면 법규명령설 중 제1설), ⓑ 다른 판결에서는 '구 청소년보호법시행령상의 과징금처분기준'은 법규명령으로 보면서도 그 기준을 처분의 최고한도로 보아야 한다고 판시하였다(대판 2001. 3. 9. 99두5207)(학설로 보면 법규명령설 중 제2설). ② 그러나 '부령으로 정한 제재적 처분기준'은 행정규칙으로 본다. 즉, 도로교통법시행규칙상의 운전면허행정처분기준을 행정규칙으로 보았다(대판(전원) 1995. 10. 17. 94누14148)). 다만, 환경영향평가대행영업정지처분취소를 구한 사건의 별개의견으로 환경영향평가법시행규칙상 영업정지처분기준을 법규명령으로 보아야 한다는 입장이 제시된 바 있다(대판(전원) 2006. 6. 22. 2003두1684의 별개의견)).

(나) 판례는 제재적 처분기준을 대통령령으로 정하는 경우와 부령으로 정하는 경우 법규성 인정 여부를 달리하는 근거를 제시하지 않는다는 비판이 있다. 왜냐하면 대통령령으로 정할지 부령으로 정할지 여부에 대한 행정청의 선택은 규율내용이 아니라 실무편의에 따른 것이기 때문이다(류지태).

### (4) 검 토

대부분의 입법이 개별적인 처분기준(예: 1회 법위반-1개월 영업정지) 외에 제재의 정도를 가감할 수 있는 가중·감경규정(일반적 처분기준)을 두고 있어 법규명령으로 보더라도 행정청은 개개 사안에 따라 탄력적인 처분을 할 수 있으며, 법규명령은 법제처의 심사 또는 국무회의의 심의, 입법예고, 공포 등 절차적 정당성이 부여된다는 점(김남진·김연태)에서 법규명령설, 그 중 제1설이 타당하다. 법규명령설 중 제2설은 명문 규정 없이 일의적으로 규정된 사항을 최고한도로 보는 것은 법령해석의 한계를 초과한 것이며, 처분기준을 최고한도로 본다면 감경규정의 취지와도 모순된다.

### (5) 설 문

산업통상자원부령 [별표1] 행정처분기준(제재적 처분기준)은 법규명령이며 그에 대한 법원의 사법적 통제는 법규명령에 대한 사법적 통제와 같다.

## 3. 설문의 산업통상자원부령 [별표1] 행정처분기준에 대한 법원의 사법적 통제

### (1) 행정처분기준에 대한 항고소송

(가) 법규명령은 그 적용이 시간적·장소적으로 제한 없이 적용되기 때문에 '구체적' 적용이 아니라 '추상적' 적용이며, 그 자체는 법(규범)이지 법의 집행행위가 아니므로 항고소송의 대상인 처분이 아니라는 것이 일반적인 견해와 판례의 입장이다(대판 1992. 3. 10. 91누12639).

(나) 따라서 산업통상자원부령 [별표1] 행정처분기준(법규명령)에 대해 직접 항고소송을 제기할 수는 없다. 물론 법규명령이 구체적인 집행행위의 개입 없이 그 자체로서 직접 국민에 대해 구체적 효과를 발생하여 특정한 권리·의무를 형성하는 경우(처분적 법규명령)에는 항고소송의 대상이 되지만, 설문의 행정처분기준은 그 자체로 직접 국민의 권리의무에 영향을 미치는 것은 아니며 사업정지처분 등의 구체적인 집행행위가 있어야 권리·의무에 영향을 가져오는 것이기 때

문에 처분적 법규명령이 아니다(일반적 법규명령이다).

(2) **구체적 규범통제**(행정처분기준에 근거한 사업정지처분 등을 다투는 경우)

행정처분기준에 대해 직접 항고소송을 제기할 수 없다면, 행정처분기준에 근거한 사업정지처분 등이 발령된 경우 그 처분을 다투며 그 근거가 된 행정처분기준의 위법성을 다투는 방법을 생각할 수 있다. 이것이 구체적 규범통제이다.

**1) 구체적 규범통제의 의의**

헌법 제107조 제2항은 "명령·규칙 또는 처분이 헌법이나 법률에 위반되는 여부가 재판의 전제가 된 경우에는 대법원은 이를 최종적으로 심사할 권한을 가진다"고 하여 각급 법원이 위헌·위법한 법규명령 등을 심사할 권한 있음을 규정하고 있다. 이처럼 특정 법규범이 구체적 사건에 적용되는 상태에서 그 법규범이 상위법 규범에 위반되는지를 심사하는 제도를 구체적 규범통제라고 한다(규범통제란 특정 법규범이 상위 법규범에 위반되는지를 심사하는 제도를 말한다. 그리고 특정 법규범이 구체적 사건에 적용되지 않더라도 그 범규범이 상위 법규범에 위반되는지를 심사할 수 있는 제도를 추상적 규범통제라 한다).

**2) 구체적 규범통제의 주체**

구체적 규범통제의 주체는 각급법원이다. 대법원은 최종적으로 심사할 권한을 갖는다.

**3) 재판의 전제성**

여기서 '재판의 전제가 된 경우'란 처분의 위법성이 법규명령 등에 기한 것일 때 처분의 위법성 판단에 앞서 처분의 근거법령인 법규명령 등의 위헌·위법성을 먼저 결정하는 것을 말한다.

**4) 대　　상**

대상은 명령과 규칙이다. '명령'이란 행정입법으로서 법규명령을 말하며, '규칙'이란 국회규칙·대법원규칙·헌법재판소규칙 등을 말한다. 그리고 지방자치단체의 조례나 규칙도 포함된다.

**5) 구체적 규범통제의 효력**

a. 학　설　　① 위헌인 법규명령은 당해 사건에만 적용이 거부된다는 견해(개별적 효력설)(다수견해)와, ② 위헌인 법규명령은 일반적으로 무효가 된다는 견해(일반적 효력설)가 대립된다.

b. 판　례　　대법원은 명령·규칙이 헌법·법률에 위반될 때 '무효'라고 판시하고 있지만 이런 판단이 개별사건에서 명령·규칙의 적용을 배제하는 것인지 아니면 무효로서 일반적으로 효력을 상실시키는지는 분명하지 않다.

c. 검　토　　법원은 구체적 사건의 심사를 목적으로 하고 법령의 심사를 목적으로 하지는 아니하며, 모든 법원 특히 하급심법원에 의해 위헌·위법으로 판시된 명령·규칙의 일반적 무효를 인정하기 어렵다는 점을 고려할 때 개별적 효력설이 타당하다.

**6) 위헌·위법한 법규명령에 근거한 행정행위의 위법성의 정도**

원칙적으로 법원이 법규명령을 위헌 · 위법으로 판단하기 전이라면 위헌·위법한 법규명령에 근거한 행정행위의 하자는 중대하지만 명백하다고 보기 어려워 취소사유라고 보아야 한다. 판례도 같은 입장이다(대판 1997. 5. 28. 95다15735).

#### 7) 설　　문

사업정지처분 등이 발령된 경우 설문의 행정처분기준은 처분의 근거법령이 되기 때문에 사업정치처분 등에 대해 항고소송을 제기한다면 '재판의 전제성'과 '대상'은 문제되지 않는다. 따라서 설문의 행정처분기준이 위법하다면 개별적 효력설에 따라 법원은 행정처분기준은 무효이고 그에 근거한 사업정지처분 등도 위법하다고 판단할 것이다. 그리고 사업정지처분 등의 하자는 취소사유가 된다.

**기출 51** (2) 위 사안에서 청문 절차의 하자가 치유되었는가? 10.

## Ⅱ. 절차상 하자의 치유

### 1. 문제 상황

석유 및 석유대체연료 사업법 제40조는 석유판매업등록을 취소하는 경우 청문을 실시하도록 규정하고 있음에도 A시장은 석유판매업등록을 취소할 당시 청문을 실시하지 않다가 갑이 행정심판을 청구하여 위원회의 변경명령재결이 있은 후 청문을 실시하였다면 청문을 실시하지 않은 절차상 하자는 치유되는지가 문제된다.

### 2. 하자의 치유의 의의

행정행위가 발령 당시에 위법한 것이라고 하여도 사후에 흠결을 보완하게 되면 적법한 행위로 취급하는 것을 말한다.

### 3. 인정 여부

#### (1) 학　　설

ⓐ 행정의 능률성의 확보 등을 이유로 광범위하게 허용된다는 긍정설, ⓑ 법치주의 및 행정결정의 신중성 확보와 자의배제 등을 이유로 행정절차를 강조하여 하자의 치유가 원칙적으로 허용되지 아니한다는 부정설, ⓒ 국민의 방어권보장을 침해하지 않는 범위 안에서 제한적으로만 허용된다는 제한적 긍정설(통설)이 있다.

#### (2) 판　　례

판례는 「하자 있는 행정행위의 치유는 행정행위의 성질이나 법치주의의 관점에서 볼 때 원칙적으로 허용될 수 없는 것이고, 예외적으로 행정행위의 무용한 반복을 피하고 당사자의 법적 안정성을 위해 이를 허용하는 때에도 국민의 권리나 이익을 침해하지 않는 범위에서 구체적 사정에 따라 합목적적으로 인정하여야 한다(대판 2002. 7. 9. 2001두10684)」고 하여 제한적 긍정설의 입장이다.

(3) 검 토

법치주의의 관점에서는 하자 있는 행정행위의 치유는 부정함이 타당하지만 행정의 능률성을 고려할 때 제한적 긍정설이 타당하다.

## 4. 하자 치유의 적용범위

### (1) 무효인 행정행위의 치유 여부

전통적 견해와 판례는 하자의 치유는 취소할 수 있는 행위에만 인정되며(대판 1989. 12. 12. 88누8869), 무효인 행위는 언제나 무효이어서 종국적 성질을 가지므로 치유가 인정되지 않는다고 한다.

### (2) 내용상 하자의 치유 여부

① ⓐ 절차와 형식상의 하자 외에 내용상의 하자도 치유가 가능하다는 견해도 있으나, ⓑ 행정의 법률적합성의 원칙을 고려할 때 내용상 하자의 치유는 불가능하다는 견해가 타당하다. ② 판례도 부정한다(대판 1991. 5. 28. 90누1359).

## 5. 하자 치유의 요건(사유)

하자의 치유를 인정하기 위해서는 '흠결된 요건의 사후 보완'이 있어야 한다. 또한 요건의 보완행위는 보완행위를 할 수 있는 적법한 권한자에 의해 이루어져야 한다.

## 6. 하자 치유의 한계(제한적 긍정설)

### (1) 실체적 한계

하자의 치유는 법치주의의 관점에서 보아 원칙적으로는 허용될 수 없지만, 국민의 권리와 이익을 침해하지 않는 범위에서 예외적으로 인정되어야 한다.

### (2) 시간적 한계

1) 학 설

치유의 시기와 관련하여 ⓐ 쟁송제기이후에 하자의 치유를 인정하면 당사자의 법적 안정성과 예측가능성을 침해할 수 있으므로 하자의 치유는 쟁송제기이전에 있어야 한다는 견해(쟁송제기이전시설)와 ⓑ 쟁송제기이후에 하자의 치유를 인정해도 처분의 상대방의 권리구제에 장애를 초래하지 않는 경우가 있을 수 있으므로 소송경제를 고려하여 쟁송제기이후에도 치유가 가능하다는 견해(쟁송종결시설)가 대립된다.

2) 판 례

판례는 「치유를 허용하려면 늦어도 과세처분에 대한 불복 여부의 결정 및 불복신청에 편의를 줄 수 있는 상당한 기간 내에 하여야 한다고 할 것(대판 1983. 7. 26. 82누420)」이라고 하고 있어 행정쟁송제기이전까지만 가능하다는 것이 판례의 입장이라고 판단된다.

3) 검 토

(특히 청문·이유제시 등 절차나 형식상의 하자의 경우) 당사자에게 불복 여부 결정 및 불복신청에 편의를 줄 수 있도록 하자의 치유는 쟁송제기이전에 있어야 한다는 견해가 타당하다(하명호).

### 7. 소 결

ⓐ 시장이 청문을 실시하지 않았다는 사정은 명백하기는 하지만 적법요건에 대한 중대한 하자는 아니기 때문에 취소사유이며, ⓑ 청문은 석유 및 대체연료사업법 제40조에 규정된 절차이며, ⓒ 시장은 위원회의 변경명령재결이 있은 후 청문을 실시하였기 때문에 흠결된 요건의 보완행위가 존재하며, ⓓ 사후에 청문을 실시함으로서 갑의 권리나 이익을 특히 침해하는 바가 없다면 실체적 한계도 문제되지 않는다. ⓔ 다만, 판례인 쟁송제기이전시설에 따르면 시장의 청문은 위원회의 변경명령재결이 있은 후 이루어졌기 때문에 시간적 한계를 일탈하였다. 따라서 설문에서 청문절차의 하자는 치유되지 않는다.

**기출 51** (3) 갑은 변경처분에도 불구하고 취소소송을 제기하여 다투려고 한다. 이 경우 취소소송의 대상과 제소기간에 대하여 검토하시오. 25.

## Ⅲ. 변경처분과 변경된 원처분 중 소송의 대상과 제소기간

### 1. 문제 상황

위원회의 변경명령재결 후 피청구인인 A시장이 재결의 기속력에 따라 등록취소처분을 사업정지 3개월로 하는 변경처분이 있었음에도 갑이 불복하여 취소소송을 제기하려 한다면 소송의 대상이 변경처분인지 변경된 원처분인지가 문제되고, 취소소송의 대상에 따라 제소기간을 검토해 본다.

### 2. 취소소송의 대상

(1) 문 제 점

위원회의 변경명령재결 후 피청구인인 행정청이 변경처분을 한 경우, 남은 부분을 변경처분과 변경된 원처분 중 어느 행위라고 볼 것인지와 관련해 항고소송의 대상이 문제된다.

(2) 학 설

ⓐ 변경처분과 변경된 원처분은 독립된 처분으로 모두 소송의 대상이라는 견해(병존설), ⓑ

변경처분으로 원처분은 전부취소되고 변경처분이 원처분을 대체(변경처분에 흡수됨)하기 때문에 변경처분(일부취소처분)만이 소의 대상이 된다는 견해(흡수설), ⓒ 변경처분은 원처분의 일부취소이므로 (축소)변경된 원처분으로 존재하고 변경처분은 원처분에 흡수되기 때문에 변경된 원처분(남은 원처분)만이 소의 대상이라는 견해(역흡수설), ⓓ 행정청이 발령한 처분서의 문언의 취지를 충실하게 해석하여, 변경처분이 일부취소의 취지인 경우 변경된 원처분이 소송의 대상이 되고, 변경처분이 원처분의 전부취소와 변경처분의 발령의 취지인 경우 변경처분이 소송의 대상이 된다는 견해(류광해)가 대립된다.

#### (3) 판　　례

판례는 ① 행정심판위원회의 변경명령재결에 따라 처분청이 변경처분을 한 경우, 변경처분에 의해 원처분이 소멸하는 것이 아니라 변경된 원처분으로 존재하기 때문에 소송의 대상은 변경된 원처분(당초처분)이라고 한다. 따라서 제소기간의 준수 여부도 변경된 '원처분'을 기준으로 한다(대판 2007. 4. 27. 2004두9302). ② 그리고 처분청이 스스로 일부취소처분을 한 경우에도, 일부취소처분(감액처분)은 원처분 중 일부취소부분에만 법적 효과가 미치는 것이며 원처분과 별개의 독립한 처분이 아니므로 소송의 대상은 취소되지 않고 남은 원처분이라고 한다. 따라서 제소기간의 준수 여부도 남은 '원처분'을 기준으로 한다(대판 2012. 9. 27. 2011두27247).

#### (4) 검　　토

원처분에 대한 변경행위(일부취소의 경우 일부취소행위)는 그 부분에만 법적 효과를 미치는 것으로 원처분과 별도의 독립한 처분이 아니므로 원처분의 연속성이라는 관점에서 소송의 대상은 변경된 원처분(일부취소의 경우 남은 원처분)이 된다는 견해가 타당하다.

#### (5) 설　　문

시장의 변경처분에도 불구하고 갑이 불복하여 취소소송을 제기하여 다투려 한다면 갑은 변경된 원처분인 사업정지 3개월을 소송의 대상으로 해야 한다.

### 3. 제소기간

#### (1) 행정소송법 제20조

##### 1) 안 날부터 90일

a. 행정심판을 거치지 않은 경우　　취소소송은 처분등이 있음을 안 날부터 90일 이내에 제기하여야 한다(행정소송법 제20조 제1항 제1문). '처분등이 있음을 안 날'이란 통지·공고 기타의 방법에 의하여 당해 처분이 있었다는 사실을 현실적으로 안 날을 의미한다(대판 1964. 9. 8. 63누196).

b. 행정심판을 거친 경우　　행정심판을 거친 경우에는 재결서의 정본을 송달받은 날부터 90일 내에 소송을 제기해야 한다. '재결서 정본을 송달받은 날'이란 재결서 정본을 민사소송법이 정한 바에 따라 적법하게 송달받은 경우를 말한다.

c. 불변기간 앞의 90일은 불변기간이다(행정소송법 제20조 제3항).

2) 있은 날부터 1년

a. 행정심판을 거치지 않은 경우 취소소송은 처분등이 있은 날부터 1년을 경과하면 이를 제기하지 못한다(행정소송법 제20조 제2항). '처분등이 있은 날'이란 처분의 효력이 발생한 날을 말한다. 처분은 행정기관의 내부적 결정만으로 부족하며 외부로 표시되어 상대방에게 도달되어야 효력이 발생한다(대판 1990. 7. 13. 90누2284).

b. 행정심판을 거친 경우 행정심판을 거친 경우에는 재결이 있은 날로부터 1년 내에 소송을 제기해야 한다. '재결이 있은 날'이란 재결의 효력이 발생한 날을 말하며, 행정심판법 제48조 제1항에 따라 재결의 효력이 발생한 날은 재결서 정본을 송달받은 날이 된다. 결국 행정소송법 제20조 제1항의 '재결서정본을 송달받은 날'의 의미와 제2항의 '재결이 있은 날'의 의미는 같다.

c. 정당한 사유가 있는 경우 정당한 사유가 있으면 1년이 경과한 후에도 제소할 수 있다(행정소송법 제20조 제2항 단서). 일반적으로 행정처분의 직접 상대방이 아닌 제3자(예: 이웃소송에서 이웃하는 자)는 행정처분이 있음을 알 수 없는 처지이므로 특별한 사정이 없는 한 정당한 사유가 있는 경우에 해당한다(대판 1989. 5. 9. 88누5150). 따라서 이러한 제3자에게는 제소기간이 연장될 수 있다.

3) 안 날과 있은 날의 관계

처분이 있음을 안 날과 처분이 있은 날 중 어느 하나의 기간만이라도 경과하면 제소할 수 없다.

(2) 설 문

취소소송의 대상은 변경된 원처분인 사업정지 3개월이지만 설문은 행정심판을 거친 경우이기 때문에 재결서정본을 송달받은 날(2013. 10. 4.)부터 90일 내에 취소소송을 제기해야 한다.

기출 51 (4) 위 사안에서 밑줄 친 갑의 주장이 사실이라고 전제할 때, 갑이 본안에서 승소할 수 있는지 여부를 검토하시오. (다만, 위 산업통상자원부령 [별표 1] 행정처분의 기준의 법적 성질에 관하여는 대법원 판례의 입장을 따르되, 절차적 위법성 및 소송요건의 구비 여부의 검토는 생략한다.) 30.

## Ⅳ. 행정의 자기구속원칙, 비례원칙 위반 여부

### 1. 문제 상황

설문은 갑이 본안에서 승소할 수 있는지를 묻고 있지만, 소송요건의 구비 여부 및 절차적 위법성을 검토를 생략한다고 전제하였기에 3개월 사업정지처분의 내용상의 위법성만 문제된다. 특히 산업통상자원부령 [별표 1] 행정처분기준의 법적 성질은 대법원 판례에 따른다고 전제하였기 때문에 해당 행정처분기준은 행정규칙이며, 석유 및 석유대체연료 사업법 제13조 제3항은 "산업통상자원부장관, 시·도지사 또는 시장·군수·구청장은 석유판매업자가 다음 각 호의 어느 하나에 해당하면 그 석유판매업의 등록을 취소하거나 그 석유판매업자에게 영업장 폐쇄 또는 6개월 이내의 기간을 정하여 그 사업의 전부 또는 일부의 정지를 명할 수 있다"고 규정하고 있어 갑의 행위는 1회 위반에 3개월의 사업정지처분을 받았음에도 불구하고 성문법위반은 문제되지 않는다. 결국 갑의 주장과 관련해서는 행정법의 일반원칙 특히 행정의 자기구속원칙과 비례원칙 위반이 문제된다.

## 2. 행정의 자기구속원칙 위반 여부

### (1) 의의·인정근거

㈎ 행정기관이 행정결정을 함에 있어 동종의 사안에 대하여 이전에 제3자에게 행한 결정과 동일한 결정을 상대방에게도 하도록 스스로 구속당하는 원칙을 말한다.

㈏ ① 학설은 일반적으로 평등의 원칙을 근거로 행정의 자기구속의 원칙을 인정한다. ② 헌법재판소는 행정의 자기구속의 법리를 명시적으로 인정하면서 그 논거로 신뢰보호의 원칙과 평등의 원칙을 제시한다(헌재 2001. 5. 31. 99헌마413). ③ 대법원도 평등의 원칙이나 신뢰보호의 원칙을 근거로 자기구속원칙을 인정한다(대판 2009. 12. 24. 2009두7967).

### (2) 요　　건

① 행정의 자기구속은 법적인 문제이어야 하며, ② 동일한 상황에서 동일한 법적용인 경우라야 하며, ③ 기존의 법적 상황을 창출한 처분청에만 적용되고, ④ ⓐ 행정의 자기구속의 법리는 선례(명시적인 행정관행)가 있는 경우라야 논리적으로 자기구속원칙을 인정할 수 있다는 견해(선례필요설)가 다수설이다. 그러나 행정의 자기구속의 법리를 처음 적용하는 경우에도 '행정규칙을 미리 정해진 행정관행(행정규칙은 행정청 스스로가 미리 정한 기준이므로)'으로 보아 행정의 자기구속원칙을 인정함이 타당하다는 견해(선례불요설)도 있다. ⓑ 대법원은 "행정청 내부의 사무처리준칙에 해당하는 이 사건 지침이 그 정한 바에 따라 되풀이 시행되어 행정관행이 이루어졌다고 인정할 만한 자료가 없다"는 이유로 자기구속원칙을 부정한 것으로 보아 명시적인 관행이 필요하다는 입장이다(대판 2009. 12. 24. 2009두7967). ⓒ 자기구속이란 행정기관 스스로 한 행위에 자신이 구속된다는 의미이므로, 자기구속의 개념상 선례가 필요하다는 견해가 타당하다. ⑤ 그리고 행정관행은 적법하여야 한다.

### (3) 설　　문

설문에서 갑과 상원주유소는 동일한 정유사로부터 석유제품을 구입했고 동일한 1회 위반임에도 상원주유소에 대해서는 사업정지 15일에 그치고 갑에게는 3개월의 사업정지처분을 발령하였다면 해당 처분은 행정의 자기구속원칙에 위반되는 위법한 처분이다. 다만 시장이 상원주유소에 사업정지 15일 처분을 한 것이 선례가 되는지가 분명하지 않기 때문에 만일 선례가 되지 않는다면 갑은 3개월의 사업정지처분이 평등원칙에 위반됨을 주장할 수 있다.

### 3. 비례원칙 위반 여부

#### (1) 의의 · 내용

(가) 행정목적을 실현하기 위한 구체적인 수단과 목적간에 적정한 비례관계가 있어야 한다는 원칙이다.

(나) 비례원칙은 ⓐ 행정목적과 목적달성을 위해 동원되는 수단간에 객관적 관련성이 있어야 한다는 적합성의 원칙(전혀 부적합한 수단은 현실적으로 인정되기 어려워 통상 이 원칙은 충족된다), ⓑ 여러 적합한 수단 가운데 최소 침해를 가져오는 것이 선택되어야 한다는 필요성의 원칙(최소침해의 원칙), ⓒ 행정목적달성을 위한 적합하고 필요한 수단이라고 하더라도 이러한 수단을 통해 달성하려는 공익과 수단으로 인한 사익침해가 합리적인 비례관계를 이루어야 한다는 상당성의 원칙(협의의 비례원칙)으로 이루어져 있으며, 이 3가지 원칙은 단계구조를 이룬다.

#### (2) 설 문

ⓐ 석유제품과 석유대체연료의 적정한 품질을 확보하려는 공익목적과 경유가 혼합된 휘발유를 판매한 자에 대한 사업정지처분은 객관적 관련성(적합성의 원칙)이 인정된다. ⓑ 다만, 갑에 대한 3개월의 사업정지처분이 적합한 수단 중 최소침해를 가져오는 수단인지는 불분명하다. ⓒ 그리고 설문처럼 휘발유 저장탱크 청소시의 부주의로 경유와 휘발유가 섞이게 되었고, 개업한 후 처음 겪는 일이고 위반의 정도가 경미함에도 불구하고 갑에게 3개월의 사업정지처분을 발령하였다면 공익목적을 고려하더라도 갑의 사익에 대한 침해정도가 과중하여 비례원칙에 위반되는 처분이라고 보아야 한다.

### 4. 소 결

시장의 3개월의 사업정지처분은 행정의 자기구속원칙 및 비례원칙에 위반되는 위법한 처분이므로 소송요건이 구비되어 있다면 갑은 본안에서 승소할 수 있다.

**기출 51** (5) 을은 갑에 대한 변경등록처분의 효력을 다투면서 “석유판매업자의 지위 승계에 따른 변경등록처분을 하기에 앞서 A시장이 을에게 사전에 통지를 하지 않았으며 의견제출의 기회를 주지 않았다.”라고 주장한다. 이러한 을의 주장은 타당한가? 10.

## Ⅴ. 처분의 사전통지와 의견제출의 필요성

### 1. 문제 상황

시장이 변경등록처분을 하는 경우 을에게 발령되었던 석유판매업자등록처분은 효력을 잃게 되는데 이러한 경우 행정절차법 제21조 및 22조 제3항을 고려할 때 시장은 사전통지나 의견제출의 기회를 주어야 하는지가 문제된다.

## 2. 석유판매업자변경등록처분의 성격

시장이 석유판매업자를 을에게서 갑으로 변경등록하였다면 이 변경등록은 양도인인 을에 대한 등록취소처분과 양수인인 갑에 대한 등록처분의 성격을 가진다. 즉 양도인인 을에게는 침익적, 양수인인 갑에게는 수익적인 복효적인 성격의 처분이다.

## 3. 처분의 사전통지의 필요성

### (1) 처분의 사전통지의 요건

행정절차법 제21조는 행정청이 ⓐ 의무를 부과하거나 권익을 제한하는 ⓑ 처분을 하는 경우, ⓒ 예외사유에 해당하지 않는다면(제4항) 사전통지가 필요하다고 한다. 행정절차법 제21조 제4항은 '1. 공공의 안전 또는 복리를 위하여 긴급히 처분을 할 필요가 있는 경우, 2. 법령 등에서 요구된 자격이 없거나 없어지게 되면 반드시 일정한 처분을 하여야 하는 경우에 그 자격이 없거나 없어지게 된 사실이 법원의 재판 등에 의하여 객관적으로 증명된 경우, 3. 해당 처분의 성질상 의견청취가 현저히 곤란하거나 명백히 불필요하다고 인정될 만한 상당한 이유가 있는 경우'를 사전통지의 예외사유로 규정한다.

### (2) 설 문

갑에 대한 변경등록처분은 을에게 의무를 부과하거나 권익을 제한하는 처분에 해당하기 때문에 예외사유에 해당하는 특별한 사정이 없는 한 시장은 을에게 처분의 사전통지를 하여야 한다.

## 4. 의견제출의 필요성

### (1) 의견제출의 요건

행정청은 ⓐ 당사자에게 의무를 부과하거나 권익을 제한하는 ⓑ 처분을 할 때 ⓒ 청문이나 공청회를 하는 경우 외의 경우에 ⓓ 예외사유에 해당하지 않는다면 의견제출의 기회를 주어야 한다. 의견제출의 예외사유에는 네 가지가 있다. 즉, 처분의 사전통지의 예외사유 세 가지에 해당하는 경우와 당사자가 의견진술의 기회를 포기한다는 뜻을 명백히 표시한 경우에는 의견제출의 기회를 주지 않을 수 있다(행정절차법 제22조 제4항).

### (2) 설 문

갑에 대한 변경등록처분은 을에게 의무를 과하거나 권익을 제한하는 처분에 해당하기 때문에 청문이나 공청회를 하는 경우 외에는 예외사유에 해당하는 특별한 사정이 없는 한 시장은 을에게 의견제출의 기회를 주어야 한다.

### 5. 소　결

시장은 갑에게 변경등록처분을 하는 경우 자신에게 사전통지하고 또한 의견제출의 기회도 주어야 한다는 을의 주장은 타당하다.

## 기출 52 〈제2문의 1〉

甲은 'X가든'이라는 상호로 일반음식점을 운영하는 자로서, 식품의약품안전처 고시인 「식품 등의 표시기준」에 따른 표시사항의 전부가 기재되지 아니한 'Y참기름'을 업소 내에서 보관·사용한 사실이 적발되었다. 관할 구청장 乙은 「식품위생법」 및 「동법 시행규칙」에 근거하여 甲에게 영업정지 1개월과 해당제품의 폐기를 명하였다.

甲은 표시사항의 전부가 기재되지 않은 제품을 보관·사용한 것은 사실이나, 표시사항이 전부 기재되지 아니한 것은 납품업체의 기계작동 상의 오류에 의한 것으로서 자신은 그 사실을 알지 못하였고, 이전에 납품받은 제품에는 위 고시에 따른 표시사항이 전부 기재되어 있었던 점, 인근 일반음식점에 대한 동일한 적발사례에서는 15일 영업정지처분과 폐기명령이 내려진 점 등을 고려할 때, 위 처분은 지나치게 과중하다고 주장하면서, 관할 구청장 乙을 상대로 영업정지 1개월과 해당제품 폐기명령의 취소를 구하는 소송을 제기하였다.

(1) 위 식품의약품안전처 고시인 「식품 등의 표시기준」의 법적 성질은? 10.

(2) 위 취소소송 계속 중 해당제품이 폐기되었고, 1개월의 영업정지처분 기간도 도과되었다면 위 취소소송은 소의 이익이 있는가? 30.

(3) 만약 위 취소소송에서 원고 승소판결이 확정된 후에 甲이 영업정지처분으로 인한 손해에 대해 국가배상청구소송을 제기하는 경우, 甲의 청구는 인용될 수 있는가? 30.

[제4회 변호사시험(2015년)]

참조조문

식품위생법

제10조(표시기준) ① 식품의약품안전처장은 국민보건을 위하여 필요하면 다음 각 호의 어느 하나에 해당하는 표시에 관한 기준을 정하여 고시할 수 있다.

1. 판매를 목적으로 하는 식품 또는 식품첨가물의 표시

② 제1항에 따라 표시에 관한 기준이 정하여진 식품등은 그 기준에 맞는 표시가 없으면 판매하거나 판매할 목적으로 수입·진열·운반하거나 영업에 사용하여서는 아니 된다.

제72조(폐기처분 등) ① 식품의약품안전처장, 시·도지사 또는 시장·군수·구청장은 영업을 하는 자가 제4조부터 제6조까지, 제7조 제4항, 제8조, 제9조 제4항, 제10조 제2항, 제12조의2 제2항 또는 제13조를 위반한 경우에는 관계 공무원에게 그 식품등을 압류 또는 폐기하게 하거나 용도·처리방법 등을 정하여 영업자에게 위해를 없애는 조치를 하도록 명하여야 한다.

제75조(허가취소 등) ① 식품의약품안전처장 또는 특별자치도지사·시장·군수·구청장은 영업자가 다음 각 호의 어느 하나에 해당하는 경우에는 대통령령으로 정하는 바에 따라 영업허가 또는 등록을 취소하거나 6개월 이내의 기간을 정하여 그 영업의 전부 또는 일부를 정지하거나 영업소 폐쇄(제37조 제4항에 따라 신고한 영업만 해당한다. 이하 이 조에서 같다)를 명할 수 있다.

1. 제4조부터 제6조까지, 제7조 제4항, 제8조, 제9조 제4항, 제10조 제2항, 제11조 제2항 또는 제12조의2 제2항을 위반한 경우

④ 제1항 및 제2항에 따른 행정처분의 세부기준은 그 위반 행위의 유형과 위반 정도 등을 고려하여 총리령으로 정한다.

식품위생법시행규칙

제89조(행정처분의 기준) 법 제71조, 법 제72조, 법 제74조부터 법 제76조까지 및 법 제80조에 따른 행정처분의 기준은 별표 23과 같다.

[별표23] 행정처분 기준(제89조 관련)

Ⅱ. 개별기준

3. 식품접객업

| 위반사항 | 근거법령 | 행정처분기준 | | |
|---|---|---|---|---|
| | | 1차 위반 | 2차 위반 | 3차 위반 |
| 법 제10조 제2항을 위반하여 식품·첨가물의 표시사항 전부를 표시하지 아니한 것을 사용한 경우 | 법 제75조 | 영업정지 1개월과 해당 제품의 폐기 | 영업정지 2개월과 해당 제품의 폐기 | 영업정지 3개월과 해당 제품의 폐기 |

식품등의 표시기준(식품의약품안전처 고시)

제1조(목적) 이 고시는 식품위생법 제10조의 규정에 따라 식품, 식품첨가물, 기구 또는 용기·포장(이하 "식품등"이라 한다)의 표시기준에 관한 사항 및 같은 법 제11조 제1항의 규정에 따른 영양성분 표시대상 식품에 대한 영양표시에 관한 필요한 사항을 규정함으로써 식품등의 위생적인 취급을 도모하고 소비자에게 정확한 정보를 제공하며 공정한 거래의 확보를 목적으로 한다.

제3조(표시대상) 표시대상 식품등은 다음과 같다.

1. 식품 또는 식품첨가물

제4조(표시사항) 식품등의 표시사항은 다음과 같다.

1. 제품명(기구 또는 용기·포장은 제외한다)
2. 식품의 유형(따로 정하는 제품에 한한다)
3.~8. (생략)
9. 성분명 및 함량(성분표시를 하고자 하는 식품 및 성분명을 제품명 또는 제품명의 일부로 사용하는 경우에 한한다)
10. 영양성분(따로 정하는 제품에 한한다)
11. 기타 식품등의 세부표시기준에서 정하는 사항

기출 52 (1) 위 식품의약품안전처 고시인 「식품 등의 표시기준」의 법적 성질은? 10.

# Ⅰ. 「식품 등의 표시기준」의 법적 성질

## 1. 문제 상황

행정기관은 상위법령의 위임이 없이도 고시·훈령 등의 형식으로 행정규칙을 자율적으로 제정할 수 있는데, 설문처럼 식품의약품안전처장이 상위법인 식품위생법 제10조의 위임에 따라 식품등의 표시기준(식품의약품안전처 고시) 같은 행정규칙의 형식으로 제정하였다면 헌법 제75조·제95조와의 관계(헌법 제75조와 제95조는 법규명령의 형식을 대통령령, 총리령, 부령으로 규정하고 있다)에서 이러한 고시·훈령의 법적 성질이 무엇인지가 문제된다.

## 2. 학 설

ⓐ 헌법 제75조·제95조의 법규명령의 형식은 예시적이기 때문에 상위법령을 보충·구체화하는 기능이 있는 고시 등은 법규명령이라는 견해, ⓑ 행정규칙이지만 대외적 구속력을 인정하는 규범구체화 행정규칙으로 보자는 견해(규범구체화 행정규칙이란 입법기관이 대상의 전문성을 이유로 세부사항을 행정기관에게 권한을 위임한 경우 행정기관이 당해 규범을 구체화하는 내용의 행정규칙을 말한다), ⓒ 상위법령의 위임이 있다면 형식이 고시 등임에도 불구하고 법규명령으로 보는 수권 여부를 기준으로 하는 견해, ⓓ 헌법 제75조·제95조가 법규명령의 형식을 한정하고 있으므로 고시 등을 법규명령으로 인정하는 것은 위헌무효라는 견해, ⓔ 대통령령·총리령·부령을 법규명령으로 인정하는 것은 국회가 입법을 독점한다는 국회입법원칙(헌법 제40조)에 대한 예외이므로 엄격하게 제한되어야 하며 헌법상 명문으로 인정되지 않은 형식인 고시 등은 행정규칙이라는 견해가 대립된다.

## 3. 판 례

㈎ 대법원은 '소득세법시행령에 근거한 국세청훈령인 재산제세사무처리규정'의 법규성을 인정한 이래 행정규칙형식의 법규명령에 대해 그 성질을 법규명령으로 보면서 대외적 효력을 인정하고 있다(대판 1987. 9. 29. 86누484). 다만, ⓐ 상위법령의 위임(수권)이 있어야 하고, ⓑ 상위법령의 내용을 보충·구체화하는 기능을 가져야 한다고 본다. 또한 ⓒ 행정규칙형식의 법규명령도 법규명령이므로 상위법령의 위임의 한계를 벗어나지 않는다면, ⓓ 상위법령과 결합하여 대외적 효력이 인정된다고 본다.

㈏ 헌법재판소도 '공무원임용령 제35조의2의 위임에 따라 제정된 대우공무원선발에 관한 총무처 예규와 관련된 헌법소원사건'에서 대법원과 동일한 입장을 취하였다(헌재 1992. 6. 26. 91헌마25).

### 4. 검토 및 설문

㈎ 행정규칙의 형식이지만 법규명령의 효력을 인정한다면 다양한 행정환경에 효율적으로 대응할 수 있으며, 내용상 상위법령의 구체적 위임에 근거하여 제정되는 것이고 실질적으로 법령을 보충하는 기능을 한다는 면에서 행정규칙형식의 법규명령은 법규명령으로 보는 것이 타당하다. 행정규제기본법 제4조 제2항 본문은 '행정규제법정주의'를 규정하면서 단서에서 '다만, 법령에서 전문적·기술적 사항이나 경미한 사항으로서 업무의 성질상 위임이 불가피한 사항에 관하여 구체적으로 범위를 정하여 위임한 경우에는 고시 등으로 정할 수 있다'고 하고 있는데, 법규명령설은 이 조항이 행정규칙형식의 법규명령의 법리를 명문으로 인정한 것으로 본다.

㈏ 법규명령설에 따르면, 「식품 등의 표시기준」의 법적 성질은 법규명령이다.

**기출 52** (2) 위 취소소송 계속 중 해당제품이 폐기되었고, 1개월의 영업정지처분 기간도 도과되었다면 위 취소소송은 소의 이익이 있는가? 30.

## Ⅱ. 취소소송의 협의의 소익

### 1. 문제 상황

설문처럼 영업정지 1개월과 해당제품 폐기명령의 취소를 구하는 소송 계속 중 해당제품이 폐기되고, 1개월의 영업정지처분 기간도 도과되었다면 해당 취소소송은 협의의 소익이 없다. 그러나 행정소송법 제12조 제2문에 의하면 "처분 등의 효과가 기간의 경과, 처분 등의 집행 그 밖의 사유로 인하여 소멸된 뒤에도 그 처분 등의 취소로 인하여 회복되는 법률상 이익이 있는 경우에는 소의 이익이 있다"고 규정하는바, 해당 취소소송이 협의의 소익이 있는지를 검토해 본다.

### 2. 협의의 소익

#### (1) 의　　의

협의의 소익(소의 이익)이란 원고의 재판청구에 대하여 법원이 판단을 행할 구체적 실익 내지 필요성을 말하며, '소의 객관적 이익' 또는 '권리보호의 필요'라고도 한다.

#### (2) 소익이 부정되는 경우

취소소송에서 대상적격과 원고적격이 인정된다면 협의의 소익은 일반적으로는 긍정된다. 그러나 그 소송이 ⓐ 보다 간이한 방법이 있는 경우, ⓑ 원고가 추구하는 권리보호가 오로지 이론상으로만 의미 있는 경우(소송으로 원고의 법적 지위에 도움이 되지 않는 경우), ⓒ 소권남용의 금지에 반하는 경우에는 협의의 소익이 부정된다.

### 3. 행정소송법 제12조 제2문 일반론

#### (1) 소송의 성격

㈎ ⓐ 취소소송으로 보는 견해(위법한 처분의 효력은 소멸되었으나 처분의 외관이 존재하는 경우 그 처분에 대한 취소청구는 단지 확인의 의미를 넘어서 형성소송으로서의 성격을 가지므로 행정소송법 제12조 제2문에 따른 소송을 취소소송으로 보는 견해이다), ⓑ 계속적(사후적) 확인소송으로 보는 견해(제재기간의 경과 등으로 소멸해버린 처분을 '취소'하거나 '취소로 인해 회복되는' 법률상 이익이 있다고 함은 이론상 불가능하며 따라서 이 조항에 의한 소송은 취소소송이 아니라 '확인'소송으로 보는 것이 타당하다는 견해이다)가 대립된다.

㈏ 처분의 효력이 소멸된 후에는 취소가 불가능하기에 행정소송법 제12조 제2문의 소송은 (사후적) 확인소송으로 봄이 타당하다.

#### (2) 소송요건으로서의 지위(제12조 제2문의 성격)

㈎ ⓐ 협의의 소익에 관한 조항이라는 견해(행정소송법 제12조 제1문은 원고적격에 관한 것이고, 제2문은 협의의 소익에 관하여 규정한 것이라고 본다(입법상 과오설)), ⓑ 원고적격 조항이라는 견해(행정소송법 제12조 제1문은 처분의 효력이 존재하는 경우의 원고적격조항이며, 제2문은 처분의 효력이 사후에 소멸된 경우의 원고적격조항이라고 본다(입법상 비과오설))가 대립된다.

㈏ 행정소송법 제12조 제2문은 처분 등의 취소로 인하여 '회복되는 법률상 이익'이라고 하고 있어 그 이익은 협의의 소익으로 보는 것이 타당하다(다수설).

#### (3) '회복되는 법률상 이익'의 의미(범위)

㈎ ① 회복되는 법률상 이익(제2문)을 원고적격의 법률상 이익(제1문)과 같은 개념으로 보고, 명예·신용 등은 이에 포함되지 않는다고 보는 견해(제1설)와 ② 회복되는 법률상 이익(제2문)을 원고적격으로서의 법률상 이익(제1문)보다 넓은 개념으로 원고의 경제·정치·사회·문화적 이익을 모두 포함하는 개념으로 보는 견해(제2설)가 대립된다.

㈏ 판례는 제2문의 회복되는 법률상 이익과 제1문의 법률상 이익을 구별하지 않고, 간접적·사실적·경제적 이해관계나 명예, 신용 등의 인격적 이익을 가지는 데 불과한 경우는 법률상 이익에 해당하지 않는다고 본다(제1설)(대판(전원) 1995. 10. 17. 94누14148).

㈐ 제12조 제2문을 협의의 소익조항으로 본다면 제1문과 제2문의 이익을 일치시킬 필요가 없으며, 권리구제의 확대라는 면에서 제2설이 타당하다.

## 5. 설 문

### (1) 폐기명령취소소송의 협의의 소익

설문은 폐기명령취소소송 계속 중에 해당 제품이 폐기된 경우로 행정소송법 제12조 제2문의 처분등의 집행으로 폐기명령의 효력이 소멸된 경우에 해당한다. 따라서 원칙적으로 협의의 소익이 부정되는 경우 중 원고가 추구하는 권리보호가 오로지 이론상으로만 의미 있는 경우에 해당한다. 다만, 폐기명령취소소송으로 인해 회복되는 법률상 이익이 있는지가 문제되는데 만일 폐기명령을 받은 자는 차후 일반음식점 영업이 제한된다거나 폐기명령을 받았던 자에게 동일 위반행위를 한 경우 가중된 제재처분을 받는 등의 사정이 있다면 폐기명령의 취소로 회복되는 법률상 이익이 있는 경우이기 때문에 그러한 경우에는 폐기명령취소소송의 협의의 소익은 인정될 수 있다.

### (2) 1개월 영업정지처분취소소송의 협의의 소익

#### 1) 문 제 점

설문처럼 1개월 영업정지처분 취소소송 계속 중 1개월의 영업정지처분 기간이 도과되었다면 일반적으로 영업정지처분의 취소를 구할 협의의 소익은 없지만, 행정소송법 제12조 제2문은 "처분 등의 효과가 기간의 경과, 처분 등의 집행 그 밖의 사유로 인하여 소멸된 뒤에도 그 처분 등의 취소로 인하여 회복되는 법률상 이익이 있는 경우에는 소의 이익이 있다"고 규정하는바, 갑은 영업정지기간이 도과되어 정지처분의 효력이 소멸한 상황이지만 동일한 위반사항을 반복하는 경우 식품위생법시행규칙 제89조의 행정처분기준(개별기준)에 따라 가중된 제재처분을 받을 수 있으므로 가중된 제재처분을 받지 않기 위하여 영업정지기간이 경과한 후이지만 그 처분의 취소를 구할 협의의 소익이 있는지가 문제된다.

#### 2) 법규명령형식의 행정규칙에 규정된 영업정지처분의 기간 도과 후 정지처분을 다툴 협의의 소익 인정 여부

a. 학 설

(ⅰ) 법규명령형식의 행정규칙의 법적 성질을 기준으로 권리보호필요성을 판단하는 견해

(a) 법규명령설 (가) 제재적 처분기준의 형식은 대통령령 등이므로 법규명령으로 보아야 하고, 제제적 처분기준이 법규명령이라면 행정청은 그러한 처분기준에 따라 처분을 하게 되므로 법적 안정성 확보에 도움이 된다는 점을 근거로 한다.

(나) 법규명령형식의 행정규칙의 법적 성질을 법규명령으로 보는 경우 행정청은 법규명령인 제재적 처분기준에 따라 처분할 것이므로 가중된 제재적 처분을 받을 불이익은 분명하며, 따라서 권리보호필요성이 긍정된다고 본다.

(b) 행정규칙설 (가) 제재적 처분기준은 재량준칙(행정규칙)으로 그 실질이 행정규칙이므로 법규명령의 형식으로 정한다고 하더라도 그 성질은 변하지 않으며, 제재적 처분기준을 행정

규칙으로 보면 행정청은 재량적으로 처분할 수 있음을 규정한 법률에 따라 처분을 하게 되므로 구체적 타당성과 탄력성 확보가 가능하다는 점을 근거로 한다.

(나) 법규명령형식의 행정규칙의 법적 성질을 행정규칙으로 본다면 행정청은 반드시 제재적 처분기준에 따라 처분한다고 볼 수 없기 때문에 가중된 제재적 처분을 받을 불이익은 확정적이지 않고 따라서 권리보호필요성이 부정된다고 본다.

(ii) 현실적 불이익을 받을 가능성을 기준으로 하는 견해 법규명령형식의 행정규칙의 법적 성질이 아니라(법규명령인지 여부), 현실적으로 불이익을 받을 가능성이 있는지를 기준으로 하는 견해이다. 즉 현실적 불이익을 받을 가능성이 있다면 법규명령인지 행정규칙인지 구별하지 않고 권리보호필요성을 긍정하는 견해이다.

b. 판 례 (가) 판례는 과거 법규명령형식의 행정규칙의 법적 성질을 기준으로 권리보호필요성을 판단하는 입장에 따라 시행령에 규정된 처분기준은 법규명령으로 보고 협의의 소익을 긍정한 반면, 시행규칙에 규정된 처분기준은 행정규칙으로 보고 협의의 소익을 부정하였다.

(나) 그러나 환경영향평가대행영업정지처분취소와 관련한 전원합의체판결을 통해 현실적 불이익을 받을 가능성을 기준으로 하는 입장을 취하고 있다. 즉, 제재적 처분기준의 법적 성질이 대외적 구속력을 갖는 법규명령·행정규칙인지 여부에 상관없이 선행처분을 받은 상대방이 장래에 불이익한 후행처분을 받을 위험은 현실적으로 존재하기 때문에 협의의 소익을 긍정하고 있다(대판(전원) 2006. 6. 22. 2003두1684).

c. 검 토 법규명령형식의 행정규칙의 법적 성질에 대한 논의와 권리보호필요성 인정 여부의 논의는 직접적인 관련성이 없다. 왜냐하면 법규명령형식의 행정규칙을 행정규칙으로 보고 법규성을 부정하더라도 원고가 가중된 제재처분을 받을 불이익의 가능성은 여전히 존재하기 때문에, 설사 이를 행정규칙으로 보더라도 협의의 소익을 긍정하는 것이 타당하기 때문이다(이는 제재적 처분기준을 단순한 행정규칙으로 정하더라도 마찬가지이다). 또한 법규명령형식의 행정규칙을 행정규칙으로 보고 권리보호필요성을 부정한다면 권리보호필요성의 범위를 너무 좁히게 되어 원고의 재판청구권을 침해할 가능성도 높다. 결국 법규명령형식의 행정규칙의 법적 성질이 법규명령인지 여부와 상관없이 현실적으로 불이익을 받을 가능성이 있는지를 기준으로 권리보호필요성을 판단하는 견해가 타당하다. 물론 법규명령형식의 행정규칙의 법적 성질은 법규명령으로 보는 것이 타당하다.

3) 설 문

1월의 영업정지처분 기간이 경과한 후이지만 만일 갑이 법령에 위반되는 행위를 다시 한다면 가중된 처분(예를들어 영업정지 2개월)을 받을 위험은 현실적으로 존재하기 때문에 설문은 1개월 영업정지처분의 취소로 회복되는 법률상 이익이 있는 경우에 해당하며, 갑의 취소소송은 협의의 소익이 인정된다.

(3) 소 결

폐기명령취소소송은 원칙적으로 협의의 소익이 없지만 예외적으로 인정될 가능성이 있으며, 1개월 영업정지처분취소소송은 협의의 소익이 인정될 수 있다.

**기출 52** (3) 만약 위 취소소송에서 원고 승소판결이 확정된 후에 甲이 영업정지처분으로 인한 손해에 대해 국가배상청구소송을 제기하는 경우, 甲의 청구는 인용될 수 있는가? 30.

## Ⅲ. 국가배상청구의 인용가능성

### 1. 문제 상황

(가) 갑의 국가배상청구 즉, 국가배상법 제2조 제1항 본문 전단에 따른 국가 등의 배상책임이 인용되려면 공무원(공무를 위탁받아 실질적으로 공무에 종사하는 광의의 공무원을 말한다), 직무를(공법상 권력작용과 비권력작용을 포함한 공행정작용을 말한다고 본다(광의설)(판례, 다수설)), 집행하면서(공무원의 행위의 외관을 객관적으로 관찰하여 직무행위로 판단될 수 있는지를 기준으로 한다(외형설)(판례, 다수설)), 고의·과실(고의란 위법행위의 발생가능성을 인식하고 인용하는 것을 말하고 과실이란 주의의무위반을 말하는데, 과실은 그 직무를 담당하는 평균적인 공무원이 갖추어야 할 주의의무위반을 말한다(과실개념의 객관화)), 위법(엄격한 의미의 법규위반뿐만 아니라 인권존중·권력남용금지·신의성실의 원칙위반도 위법으로 보는 행위위법설 중 이원설이 다수설과 판례의 입장이다), 타인, 손해, 인과관계(상당인과관계가 있어야 한다), 직무의 사익보호성(대법원은 국가배상법 제2조 제1항에서 말하는 직무란 사익의 보호를 위한 직무를 뜻하며, 사회 일반의 공익만을 위한 직무나 행정기관 내부의 질서를 규율하기 위한 직무는 이에 포함되지 않는다고 한다) 요건을 구비해야 한다.

(나) 특히 설문은 영업정지처분 취소소송에서 원고 승소판결이 확정된 후 갑이 영업정지처분으로 인한 손해에 대해 국가배상청구소송을 제기하는 것이기 때문에 영업정지처분 취소소송의 판결의 기판력이 후소인 국가배상청구소송에 영향을 미치는지가 문제된다.

### 2. 국가배상법 제2조 제1항 본문 전단의 요건 구비 여부

(1) 공무원, 직무, 집행하면서

구청장 을은 공무원이며, 직무를 집행하는 과정에서 갑에게 손해가 발생하였기 때문에 이 요건들은 설문에서 문제되지 않는다.

(2) 고의·과실

1) 의 의

고의란 위법한 결과의 발생을 인식하는 것을 말하고, 과실이란 위법한 결과의 발생을 부주의로 인식하지 못하는 것(주의의무위반)을 말한다.

2) 판단대상

고의·과실의 유무는 국가가 아니라 당해 공무원을 기준으로 판단한다.

3) 과실개념의 객관화

다수설과 판례는 과실을 '공무원이 그 직무를 수행함에 있어 당해 직무를 담당하는 평균인이 통상 갖추어야 할 주의의무를 게을리한 것'이라고 하여 과실의 수준을 당해 공무원이 아니라 당해 직무를 담당하는 평균적 공무원을 기준으로 한다(대판 1997. 7. 11. 97다7608).

4) 가해공무원의 특정 불필요

구체적으로 어느 공무원의 행위인지가 판명되지 않더라도 손해의 발생상황으로 보아 공무원의 행위에 의한 것이 인정되면 국가 등은 배상책임을 진다(다수설).

5) 설 문

설문에서 구청장 을에게 주의의무위반이 있었는지는 불분명하다.

(3) 위 법 성

1) 문 제 점

(가) 설문에서 갑은 구청장의 영업정지처분이 위법하다는 확정판결을 받은 후 국가배상법 제2조 제1항 본문 전단의 손해배상을 청구하는 소송을 제기한 것이므로, 취소판결의 기판력이 발생한 후 국가배상청구소송을 제기한다면 후소법원인 국가배상청구소송의 수소법원이 국가배상법 제2조 제1항 본문 전단의 위법성 판단을 함에 있어 구속력을 받는지가 문제된다.

(나) 다수설에 따르면 취소소송의 소송물은 처분의 위법성이며, 국가배상청구소송의 소송물은 국가배상청구권의 존부인바, 취소판결의 기판력은 국가배상청구소송에 미치지 않음이 일반적인 논리이다(기판력의 객관적 범위는 소송물이므로). 다만, 전소와 후소의 소송물이 동일하지 아니하여도 전소의 기판력 있는 법률관계가 후소의 선결관계가 되는 때에는 전소 판결의 기판력이 후소에 미칠 수 있다. 그러나 취소소송의 소송물을 어떻게 볼 것인지, 취소소송에서의 위법성과 국가배상청구소송에서의 위법성의 본질이 동일한지 등에 따라 결론은 달라진다.

2) 취소소송의 소송물

(가) 취소소송의 소송물에 대해 ① 행정행위의 위법성 일반으로 보는 견해, ② 처분등이 위법하고 또한 자기의 권리를 침해한다는 원고의 법적 주장이라는 견해, ③ 처분을 통해 자신의 권리가 침해되었다는 원고의 법적 주장이라는 견해가 대립된다.

(나) 행정소송법이 취소소송의 법률상 이익을 원고적격의 요건(행정소송법 제12조)으로 규정하고 있을 뿐 본안요건은 위법성에 한정(동법 제4조 제1호)하고 있고 소송물은 본안판단에 관한 사항만을 대상으로 하는 것이므로 ②·③설은 타당하지 않고 ①설이 타당하다(다수설·판례). 여기서 '위법'이란 외부효를 갖는 법규(성문의 법령, 행정법의 일반원칙)위반을 말한다.

3) 취소판결의 기판력이 국가배상청구소송에 영향을 미치는지 여부

a. 학 설

(ⅰ) 취소소송의 소송물을 처분이 위법하다는 법적 주장으로 보는 견해

(a) 국가배상법 제2조 제1항의 위법을 법규위반으로 보지 않는 견해 결과불법설(위법한 행위로 받은 손해를 국민이 수인할 수 있는가를 기준으로 위법성 여부를 판단하는 견해이다. 즉, 손해를 국민이 수인할 수 없다면 위법한 행위로 본다), 상대적 위법성설(직무행위 자체의 위법·적법뿐만 아니라 피침해이익의 성격과 침해의 정도, 가해행위의 태양 등을 고려하여 위법성 인정 여부를 상대적으로 판단하자는 견해이다)은 국가배상청구소송에서의 위법의 본질을 법규위반으로 보지 않는다. 이렇게 취소소송과 국가배상청구소송에서의 위법의 의미가 질적으로 다르다는 견해는 양 소송이 선결관계가 아니기 때문에 취소판결의 기판력은 국가배상청구소송에 영향을 미치지 않는다고 본다(기판력 부정설).

(b) 국가배상법 제2조 제1항의 위법을 법규위반으로 보는 견해(행위위법설) 이 견해는 국가배상청구에서 위법을 취소소송의 위법과 같이 공권력행사의 규범위반 여부를 기준으로 한다. 그러나 이 견해에도 ⓐ 취소소송의 위법과 국가배상청구소송에서의 위법이 양적으로도 같다는 협의설(일원설)과 ⓑ 취소소송의 위법보다 국가배상청구소송의 위법이 더 넓다는 광의설(이원설)이 있다.

(ㄱ) 취소소송의 위법과 국가배상청구소송의 위법이 양적으로도 같다는 견해(일원설) 위법이 질적·양적으로 일치되므로 취소판결의 기판력은 인용이든 기각이든 국가배상청구소송에 영향을 미친다고 본다(기판력 긍정설).

(ㄴ) 취소소송의 위법보다 국가배상청구소송의 위법이 더 광의라는 견해(이원설) 이 견해는 위법의 범위를 일원설이 말하는 엄격한 의미의 법규위반뿐 아니라 인권존중·권력남용금지·신의성실의 원칙 위반도 위법으로 보아 취소소송의 위법보다 국가배상청구소송의 위법을 더 광의로 본다. 이 견해에 따르면 취소소송의 인용판결은 기판력이 국가배상청구소송에 영향을 미치지만, 기각판결은 국가배상청구소송의 위법이 더 광의이므로 기판력이 미치지 않는다고 본다(제한적 긍정설).

(ⅱ) 취소소송의 소송물을 처분이 위법하고 그러한 처분으로 권리가 침해되었다는 법적 주장으로 보는 견해(국가배상청구소송에서 위법을 행위위법설로 봄) 취소소송의 인용판결의 경우 기판력이 국가배상청구소송에 영향을 미치지만 기각판결의 경우에는 위법성 인정 여부가 불분명하기에 기판력이 미치지 않는다고 본다(제한적 긍정설).

(ⅲ) 취소소송의 소송물을 권리가 침해되었다는 법적 주장으로 보는 견해(국가배상청구소송에서 위법을 행위위법설로 봄) 이 견해에 따르면 취소소송과 국가배상청구소송은 선결관계가 되지 않기 때문에 취소소송의 기판력은 국가배상청구소송에 영향을 주지 않는다(기판력 부정설).

b. 검 토 법규위반은 없으나 특별한 희생이 있는 경우 손해전보수단이 손실보상이라면 국가배상은 법규위반(위법)이 있는 경우 그에 대한 손해전보수단이어야 하며, 항고소송의 본안판단에서의 위법의 본질이 법규위반임을 고려할 때 위법이란 '법규 위반'이라는 단일한 가

치판단으로 보아야 할 것인바 행위위법설이 타당하다(특히 권리구제의 확대라는 측면에서 이원설이 타당하다). 따라서 취소소송의 청구인용판결의 기판력은 국가배상청구소송에 영향을 미치지만, 청구기각판결은 기판력이 미치지 않는다고 보아야 한다(제한적 긍정설).

4) 설 문

설문은 영업정지처분취소소송에서 인용판결이 확정된 경우이기에 행위위법설(이원설)에 따르면 인용판결의 기판력이 국가배상청구소송에 영향을 미치고, 국가배상청구소송의 수소법원은 국가배상법 제2조 제1항의 요건 판단에 있어서 반드시 위법하다고 해야 한다.

#### (4) 타인, 손해, 인과관계

타인인 갑에게 손해가 발생하였고, 위법한 영업정지처분을 받았다면 재산상·정신적 손해가 발생하였을 것이며, 위법한 영업정지처분과 손해의 발생 간에 상당인과관계도 인정될 수 있다.

### 3. 소 결

갑의 국가배상청구소송은 국가배상법 제2조 제1항 본문 전단의 다른 요건은 모두 구비하고 있기 때문에, 구청장에게 과실이 인정된다면 갑의 국가배상청구소송은 인용될 수 있을 것이다.

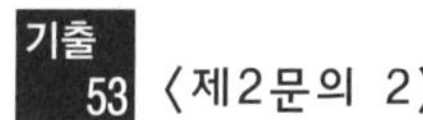


조례로 정하고자 하는 특정사항에 관하여 이미 법률이 그 사항을 규율하고 있는 경우에, 지방자치단체는 법률이 정한 기준보다 더 강화되거나 더 약화된 기준을 조례로 제정할 수 있는가? 20.

[제4회 변호사시험(2015년)]

## Ⅰ. 문제 상황

(가) 지방자치법 제22조는 "지방자치단체는 법령의 범위 안에서 그 사무에 관하여 조례를 제정할 수 있다. 다만, 주민의 권리 제한 또는 의무 부과에 관한 사항이나 벌칙을 정할 때에는 법률의 위임이 있어야 한다"고 규정하고 있어 ① 그 사무에 대해(조례제정대상인 사무), ② 일정한 경우 법률의 위임이 있어야 하고(법률유보의 원칙), ③ 법령의 범위에서만 조례를 제정할 수 있다(법률우위의 원칙).

(나) 설문은 조례로 정하고자 하는 특정사항에 관하여 이미 법률이 그 사항을 규율하고 있는 경우 지방자치단체는 법률이 정한 기준보다 더 강화되거나 더 약화된 기준을 조례로 제정할 수 있는지를 묻고 있는바, 그러한 조례가 적법요건 중 법률우위원칙에 위반되지 않는지가 문제된다.

## Ⅱ. 조례와 법률우위의 원칙

### 1. 헌법과 법률규정

헌법 제117조 제1항(지방자치단체는 주민의 복리에 관한 사무를 처리하고 재산을 관리하며, 법령의 범위안에서 자치에 관한 규정을 제정할 수 있다), 지방자치법 제22조 본문(지방자치단체는 법령의 범위 안에서 그 사무에 관하여 조례를 제정할 수 있다)·제24조(시·군 및 자치구의 조례나 규칙은 시·도의 조례나 규칙을 위반하여서는 아니 된다)는 조례에도 법률우위원칙은 당연히 적용된다고 한다. 여기서 말하는 법률은 지방자치법, 지방재정법, 지방공무원법을 포함한 모든 개별법령과 행정법의 일반원칙을 말한다.

### 2. 법률우위원칙 위반 여부 판단

#### (1) 조례규정사항과 관련된 법령의 규정이 없는 경우(양자의 입법목적이 다른 경우도 포함)

조례규정사항과 관련된 법령의 규정이 없거나 조례와 법령의 입법목적이 다른 경우는 일반적으로 지방자치법 제22조 단서의 법률유보의 원칙에 반하지 않는 한 조례로서 규정할 수 있다. 다만, 행정법의 일반원칙에 위반됨은 없어야 한다.

#### (2) 조례규정사항과 관련된 법령의 규정이 있는 경우

**1) 조례내용이 법령의 규정보다 더 침익적인 경우**

헌법 제117조 제1항과 지방자치법 제22조 본문에 비추어 법령의 규정보다 더욱 침익적인 조례는 법률우위원칙에 위반되어 위법하며 무효이다. 판례도 수원시의회가 재의결한 법령상 자동차등록기준보다 더 엄격한 기준을 정한 차고지확보조례안에 대한 무효확인사건에서 같은 입장이다(대판 1997. 4. 25. 96추251).

**2) 조례내용이 법령의 규정보다 더 수익적인 경우**(수익도 침익도 아닌 경우도 포함)

① 조례의 내용이 수익적(또는 수익도 침익도 아닌 경우)이라고 할지라도 성문의 법령에 위반되어서는 아니 된다는 것이 일반적인 입장이다(판례도 인천광역시의회가 재의결한 지방자치단체가 소속 공무원의 대학생 자녀에게 학비를 지급하기 위하여 만든 장학기금출연조례안 무효확인사건에서 수익적인 조례도 성문법령에 위반되어서는 아니 된다고 보았다(대판 1996. 10. 25, 96추107)). 다만, 판례와 일반적 견해는 조례가 성문의 법령에 위반된다고 하더라도 국가법령의 취지가 지방자치단체의 실정에 맞도록 별도 규율을 용인하려는 것이라면 국가법령보다 더 수익적인 조례 또는 법령과 다른 별도 규율내용을 담은 조례의 적법성을 인정하고 있다(판례는 광주광역시 동구의회가 재의결한 자활보호대상자에 대한 생계비 지원조례안 무효확인사건에서 국가법령이 별도 규율을 용인하려는 취지라면 법령보다 더 수익적인 조례의 적법성을 인정하고 있다(대판 1997. 4. 25, 96추244))(침익적 조례의 경우는 이러한 법리가 인정되지 않고 성문의 법령보다 더 침익적인 조례는 무효이다). ② 이 경우도 지방자치법 제122조, 지방재정법 제3조 등의 건전재정운영의 원칙과 행정법의 일반원칙에 위반되어서는 아니 된다.

## Ⅲ. 설 문

상위법령이 이미 해당 사항을 규율하고 있는 경우 원칙상 상위법령보다 더 강화된 기준 또는 더 약화된 기준의 조례는 법률우위원칙에 위반되어 조례로 제정할 수 없으나, 해당 조례가 상위법령보다 더 수익적인 효과를 가지는 경우(상위법령보다 더 수익적이거나 덜 침익적인 조례)에는 예외적으로 상위법령의 취지가 지방자치단체의 실정에 맞도록 별도 규율을 용인하려는 것이라면 상위법령보다 더 수익적인 효과를 가지는 조례를 제정할 수 있다.

기출 54 〈제1문〉

A 광역시장은 갑 전원개발회사와 협의를 맺고 신·재생 에너지 개발 및 공급에 관한 협정서를 체결하였다. 체결서의 내용에는 갑이 개발하여 공급하여야 하는 신·재생 에너지의 양 및 품질기준, A 광역시가 갑에게 제공하는 공유재산 및 그 사용조건, 보조금의 액수 및 지급방법, 갑이 건축하여야 하는 시설의 종류 및 건축기준, 관련 시설의 건축에 투자하여야 하는 자본의 액수 및 그 회수방법 그리고 30년 후에 관련 시설을 A광역시에 기부 채납하는 것을 조건으로 하여 그 비용과 손익의 정산 방법에 관한 것이 포함되어 있었다.

(1) 위의 협정에 대하여 이해관계자 을은 갑이 건축하여야 하는 시설 가운데 법령에 의하여 허가하여야 하는 것이 포함되었는데, 이를 임의로 건축하도록 동의해준 내용이 들어 있어 이 협의가 관계 법령에 적합하지 않다고 주장한다. 을의 주장의 타당성 여부에 관하여 제기될 수 있는 쟁점과 그 논거를 검토하시오. 20.

(2) A 광역시장은 을의 주장으로 인하여 위 협정의 공정성이 문제되자 부하 공무원에게 위 협정의 타당성을 전면 재검토하도록 지시하였다. 재검토 과정에서 갑이 제출한 신·재생 에너지 개발 실적이 A광역시의 조례에서 정하고 있는 신·재생 에너지 개발업자 기준에 맞지 않는다는 사실이 확인되어, 이를 근거로 A 광역시장은 위 협정을 해제하였다. 그러나 갑은 위 기준을 정한 A 광역시의 조례가 상위법령에 반하여 위법하다고 주장한다. A 광역시장의 해제행위가 적법한지를 검토하시오. 20.

(3) 갑이 A 광역시장의 해제 행위에 대하여 다투는 경우 적절한 권리구제 방법에 관하여 논하시오. 10.

[제31회 입법고시(2015년)]

> **기출 54** (1) 위의 협정에 대하여 이해관계자 을은 갑이 건축하여야 하는 시설 가운데 법령에 의하여 허가하여야 하는 것이 포함되었는데, 이를 임의로 건축하도록 동의해준 내용이 들어 있어 이 협의가 관계법령에 적합하지 않다고 주장한다. 을의 주장의 타당성 여부에 관하여 제기될 수 있는 쟁점과 그 논거를 검토하시오. 20.

## Ⅰ. 관련법령에 적합하지 않은 협정(협의)과 관련된 을의 주장의 타당성과 관련된 쟁점과 논거

### 1. A 광역시장과 갑 전원개발회사가 체결한 협정(협의)의 법적 성질

설문에서는 먼저 A 광역시장과 갑 전원개발회사가 체결한 신·재생 에너지 개발 및 공급에 관한 협정(협의)의 법적 성질을 먼저 검토해야 한다. 설문에서 갑은 신·재생 에너지를 공급하고, 이를 위해 자본을 투자하고 관련시설을 건축하며, 30년 후에 관련 시설을 A광역시에 기부 채납할 의무를 부담하고, A광역시는 공유재산과 보조금을 지급하는 의무를 부담한다. 따라서 설문의 협정은 공법상 효과의 발생을 목적으로 하는 복수당사자의 의사의 합치로 공법상 계약으로 보아야 한다(설문은 공법상 계약인지 행정행위인지가 분명하지 않으므로 협정을 행정행위라고 보고 문제를 해결할 수도 있다. 표현이 협정이라고 해서 모두 공법상 계약인 것은 아니다).

### 2. 법령상 허가사항을 협의할 수 있는지 여부

#### (1) 문 제 점

설문의 협정에 법령상 허가사항을 임의로 동의한 내용이 들어 있다면 허가라는 행정행위를 대체하는 협의 즉, 공법상 계약이 가능한지가 문제 된다.

#### (2) 학　　설

ⓐ 법령상 금지되지 않는 한 행정주체는 행정행위 대신 공법상 계약을 체결할 수 있지만 기속행위의 경우 법률에 규정된 사항을 합의해야 하며, 재량행위인 경우 재량권의 한계에서 공법상 계약이 가능하다고 보는 견해(홍준형), ⓑ 침익적 행정행위의 경우 부정되지만, 수익적 행정행위 합의를 통해 공법상 계약이 가능하다는 견해(김성수)가 대립된다.

#### (3) 검토 및 설문

㈎ 공법상 계약은 당사자의 의사 합의에 따른 것이므로 행정행위를 대체하는 협의가 가능하지만, 침익적 행정행위는 공법상 계약의 본질인 의사의 합치와 조화되기 어려워 ⓑ설이 타당하다.

㈏ 설문의 건축허가는 수익적 행정행위이므로 이를 대신하는 협의가 가능하기 때문에 을의 주장은 정당하지 않다. 다만, 을이 건축허가에 대한 법률상 이해관계인이라면 이 건축허가는 복효적 행정행위이므로 공법상 계약의 제한을 받는다.

### 3. A광역시장과 갑 사이의 협의가 위법한 경우의 효과

(가) 하자 있는 공법상 계약은 행정행위와 달리 공정력이 인정되지 아니하므로 무효이다(다수설).

(나) 만일 A광역시장과 갑 사이의 협의가 위법하다면 그러한 협의는 무효가 된다.

### 4. A광역시장과 갑 사이의 협의가 일부만 위법한 경우의 효과

(가) 공법상 계약이 일부만 무효인 경우 분리가 가능하다면 원칙상 위법한 부분만 무효이고 나머지 부분은 유효하다. 그러나 무효부분을 제외하고는 계약을 체결하지 않았으리라고 판단되는 경우는 계약 전부가 무효가 된다.

(나) 만일 협정의 내용 중 법령상 허가사항을 협의한 사항이 관련법령에 적합하지 않아 위법하다면, 해당 내용이 분리가능하다면 원칙상 나머지 부분은 유효하다. 다만, 무효부분을 제외하고는 협정을 체결하지 않았으리라고 판단되는 경우는 협정 전부가 무효가 된다.

**기출 54** (2) A 광역시장은 을의 주장으로 인하여 위 협정의 공정성이 문제되자 부하 공무원에게 위 협정의 타당성을 전면 재검토하도록 지시하였다. 재검토 과정에서 갑이 제출한 신·재생 에너지 개발 실적이 A광역시의 조례에서 정하고 있는 신·재생 에너지 개발업자 기준에 맞지 않는다는 사실이 확인되어, 이를 근거로 A 광역시장은 위 협정을 해제하였다. 그러나 갑은 위 기준을 정한 A 광역시의 조례가 상위법령에 반하여 위법하다고 주장한다. A 광역시장의 해제행위가 적법한지를 검토하시오. 20.

## Ⅱ. 위법한 조례에 위반하였다는 점을 이유로 한 협정해제행위의 적법성

### 1. 문제 상황

갑은 신·재생 에너지 개발업자 기준을 정한 조례가 상위법령에 위반됨에도 A광역시장은 갑이 제출한 신·재생 에너지 개발 실적이 해당 조례에서 정하고 있는 기준에 맞지 않는다는 이유로 협정을 해제하였기 때문에 신·재생 에너지 개발업자 기준을 정한 조례가 적법한지, 만일 위법하다면 무효인 조례에 위반되는 협정행위는 위법한지 그리고 법령 위반이 없는 협정행위를 해제한 행위가 적법하지를 검토해야 한다.

### 2. 신·재생 에너지 개발업자 기준을 정한 조례의 적법성

(가) 지방자치법 제22조는 "지방자치단체는 법령의 범위 안에서 그 사무에 관하여 조례를 제정할 수 있다. 다만, 주민의 권리 제한 또는 의무 부과에 관한 사항이나 벌칙을 정할 때에는 법률의 위임이 있어야 한다"고 규정한다. 즉 ① 그 사무에 대해 조례를 제정할 수 있으며(조례제정대상인 사무), ② 일정한 경우 법률의 위임이 있어야 하고(법률유보의 원칙), ③ 법령의 범위에서만

제정할 수 있다(법률우위의 원칙).

(나) 설문에서 갑은 개발업자 기준을 정한 A 광역시의 조례가 상위법령에 위반된다고 주장하고 있기 때문에 갑의 주장이 정당하다면 A 광역시의 조례는 위법하며, 해당 조례는 무효이다.

### 3. 무효인 조례에 위반되는 협정행위의 위법성

(가) 공법상 계약도 행정작용이므로 법률우위의 원칙을 준수해야 한다. 따라서 성문의 법령이나 행정법의 일반원칙에 위반되어서는 아니 된다.

(나) 설문의 협정은 공법상 계약으로 성문의 법령 등에 위반되어서는 안 되는데, 설문에서 신·재생 에너지 개발업자 기준을 정한 조례가 갑의 주장처럼 상위법령에 위반되어 무효라면 설문의 협정은 법령위반이 없는 적법한 것이다.

### 4. 법령 위반이 없는 협정행위를 해제한 행위의 적법성

설문의 협정이 법령 위반이 없음에도 이를 해제하였다면 그 해제행위는 위법하다. 다만, 사법상 계약 해제와는 달리 A 광역시장은 공공복지를 위해 중대한 불이익을 제거하거나 방지하기 위해 계약체결 후 중대한 공익적 사정이 발생하면 협정행위를 해제할 수 있다.

**기출 54** (3) 갑이 A 광역시장의 해제 행위에 대하여 다투는 경우 적절한 권리구제 방법에 관하여 논하시오. 10.

## Ⅲ. 협약 해제 행위에 대한 권리구제수단

### 1. 문제 상황

A 광역시장의 해제 행위에 대하여 다투는 경우 갑의 적절한 권리구제 방법으로는 당사자소송, 국가배상청구, 손실보상청구, 결과제거청구 등이 있다.

### 2. 공법상 당사자소송

(가) 행정소송법 제3조 제2호는 당사자소송의 대상으로 '행정청의 처분등을 원인으로 하는 법률관계에 관한 소송'뿐만 아니라 '그 밖에 공법상의 법률관계에 관한 소송'을 인정하고 있기 때문에 공법상 계약과 관련된 법률관계에 관한 소송은 행정소송법상 당사자소송으로 해결한다는 것이 일반적인 견해이다.

(나) A 광역시장의 협약 해제 행위는 공법상 계약의 해제에 해당하기 때문에 갑은 당사자소송으로 공법상 계약의 유효확인소송, 협약해제 의사표시의 무효확인소송 등을 제기할 수 있다(만일 협약을 행정행위라고 본다면 협약 해제에 대한 권리구제수단은 항고소송이 된다).

### 3. 국가배상청구

고의·과실 위법한 A광역시장의 협약 해제 행위로 인해 갑이 손해를 입었다면 국가배상을 청구할 수 있다.

### 4. 손실보상청구

A 광역시장이 공공복지를 위해 중대한 불이익을 제거하거나 방지하기 위해 협약을 해제하였다면 갑은 손실보상을 청구할 수 있다.

### 5. 결과제거청구

A 광역시장의 해제 행위로 위법한 사실상태가 야기된 경우 권리를 침해받은 갑은 적법한 상태로의 원상회복을 위한 결과제거청구권을 행사할 수 있다.

기출 55 〈제1문〉

갑은 을로부터 2014. 10. 7. A시 B구 소재 이용원 영업을 양도받고 관할 행정청인 B구 구청장 X에게 영업자 지위승계신고를 하였다. 그런데 갑은 위 영업소를 운영하던 중, 2014. 12. 16. C경찰서 소속 경찰관에 의해 「성매매알선 등 행위의 처벌에 관한 법률」위반으로 적발되었다. 구청장 X는 2014. 12. 19. 갑에 대하여 3월의 영업정지 처분을 하였다. 한편 을은 이미 같은 법 위반으로 2014년 7월부터 9월까지의 2월의 영업정지처분을 받은 바 있었다. 그 후 2015. 5. 6. B구청 소속 공무원들은 위생관리 실태를 검사하기 위하여 위 영업소에 들어갔다가 갑이 여전히 손님에게 성매매알선 등의 행위를 하는 것을 적발하였다. 이에 구청장 X는 이미 을이 제1차 영업정지처분을 받았고 갑이 제2차 영업정지처분을 받았음을 이유로, 2015. 5. 6.에 적발된 위법행위에 대하여 갑에게 「공중위생관리법」 제11조 제1항 및 제2항, 같은 법 시행규칙 제19조 [별표 7] 행정처분기준에 따라 적법한 절차를 거쳐서 가중된 제재처분인 영업소 폐쇄명령을 내렸다.

(1) 갑은 구청장 X의 영업소 폐쇄명령에 대한 취소소송을 제기하면서, 자신에 대한 제2차 영업정지처분의 위법성을 폐쇄명령의 취소사유로 주장하고 있다. 갑에 대한 제2차 영업정지처분 시에 의견청취절차를 거치지 않았으나, 이를 다투지 않은 채 제소기간이 도과하였다. 이러한 갑의 주장이 타당한지를 검토하시오. 25.

(2) 갑의 영업소 바로 인근에서 이용업을 행해온 병은 갑이 이전에 「성매매알선 등 행위의 처벌에 관한 법률」을 위반하여 폐쇄명령을 받은 전력이 있음에도 불구하고 구청장 X가 갑의 영업자 지위승계신고를 받아주었음을 이유로 하여 이를 취소소송으로 다투고자 한다. 구청장 X가 갑의 영업자 지위승계신고를 받아들인 행위는 병이 제기하는 취소소송의 대상이 되는가? 10.

(3) 만일 갑이 영업소 안에서 문을 잠그고 B구청 소속 공무원들의 영업소 진입에 불응하여, 위 공무원들이 잠금장치와 문을 부수고 강제로 진입하여 위생관리실태를 조사하였다면, 갑이 그에 대하여 취할 수 있는 권리구제 수단에 관하여 설명하시오. 15.

[제57회 사법시험(2015년)]

참조조문

공중위생관리법

제3조의2(공중위생영업의 승계) ① 공중위생영업자가 그 공중위생영업을 양도하거나 사망한 때 또는 법인의 합병이 있는 때에는 그 양수인·상속인 또는 합병후 존속하는 법인이나 합병에 의하여 설립되는 법인은 그 공중위생영업자의 지위를 승계한다.

②~③ 〈생략〉

④ 제1항 또는 제2항의 규정에 의하여 공중위생영업자의 지위를 승계한 자는 1월 이내에 보건복지부령이 정하는 바에 따라 시장·군수 또는 구청장에게 신고하여야 한다.

제9조(보고 및 출입·검사) ① 특별시장·광역시장·도지사(이하 "시·도지사"라 한다) 또는 시장·군수·구청장은 공중위생관리상 필요하다고 인정하는 때에는 공중위생영업자 및 공중이용시설의 소유자등에 대하여 필요한 보고를 하게 하거나 소속공무원으로 하여금 영업소·사무소·공중이용시설등에 출입하여 공중위생영업자의 위생관리의무이행 및 공중이용시설의 위생관리실태등에 대하여 검사하게 하거나

필요에 따라 공중위생영업장부나 서류를 열람하게 할 수 있다.

제11조(공중위생영업소의 폐쇄등) ① 시장·군수·구청장은 공중위생영업자가 이 법 또는 이 법에 의한 명령에 위반하거나 또는 「성매매알선 등 행위의 처벌에 관한 법률」·「풍속영업의 규제에 관한 법률」·「청소년 보호법」·「의료법」에 위반하여 관계행정기관의 장의 요청이 있는 때에는 6월 이내의 기간을 정하여 영업의 정지 또는 일부 시설의 사용중지를 명하거나 영업소폐쇄등을 명할 수 있다. 다만, 관광숙박업의 경우에는 당해 관광숙박업의 관할행정기관의 장과 미리 협의하여야 한다.

② 제1항의 규정에 의한 영업의 정지, 일부 시설의 사용중지와 영업소폐쇄명령등의 세부적인 기준은 보건복지부령으로 정한다.

제11조의3(행정제재처분효과의 승계) ① 공중위생영업자가 그 영업을 양도하거나 사망한 때 또는 법인의 합병이 있는 때에는 종전의 영업자에 대하여 제11조 제1항의 위반을 사유로 행한 행정제재처분의 효과는 그 처분기간이 만료된 날부터 1년간 양수인·상속인 또는 합병후 존속하는 법인에 승계된다.

공중위생관리법 시행규칙

제19조(행정처분기준)

법 제7조제2항 및 법 제11조제2항의 규정에 의한 행정처분의 기준은 별표 7과 같다.

[별표 7] 행정처분기준

Ⅱ. 개별기준

3. 이용업

| 위반사항 | 관련법규 | 행정처분기준 | | |
|---|---|---|---|---|
| | | 1차 위반 | 2차 위반 | 3차 위반 |
| 3. 「성매매알선 등 행위의 처벌에 관한 법률」·「풍속영업의 규제에 관한 법률」·「의료법」에 위반하여 관계 행정기관의 장의 요청이 있는 때<br>가. 손님에게 성매매알선등 행위 또는 음란행위를 하게 하거나 이를 알선 또는 제공한 때<br>(1) 영업소 | 법 제11조 제1항 | 영업정지 2개월 | 영업정지 3개월 | 영업장 폐쇄 명령 |

기출 55 (1) 갑은 구청장 X의 영업소 폐쇄명령에 대한 취소소송을 제기하면서, 자신에 대한 제2차 영업정지처분의 위법성을 폐쇄명령의 취소사유로 주장하고 있다. 갑에 대한 제2차 영업정지처분 시에 의견청취절차를 거치지 않았으나, 이를 다투지 않은 채 제소기간이 도과하였다. 이러한 갑의 주장이 타당한지를 검토하시오. 25.

## Ⅰ. 영업소폐쇄명령을 다투며 영업정지처분의 위법성을 주장할 수 있는지 여부

### 1. 문제 상황

구청장은 제2차 영업정지처분 시에 의견청취절차를 거치지 않음으로써 해당 처분에 절차상 하자가 있음에도 이를 다투지 않고 제소기간이 도과된 이후 후속처분인 영업소 폐쇄명령에 대한 취소소송을 제기하면서 선행처분인 제2차 영업정지처분의 위법성을 주장할 수 있는지 즉, 선행하는 행정행위의 하자가 후행행위에 승계되는지가 문제된다.

### 2. 행정행위의 하자의 승계의 의의

행정행위의 하자의 승계란 둘 이상의 행정행위가 연속적으로 행해지는 경우 선행행위의 하자가 후행행위에 승계되는 것을 말한다. 즉 후행행위를 다투며 선행행위의 위법을 주장할 수 있는지의 문제를 말한다.

### 3. 하자승계논의의 전제

#### ⑴ 전제조건

하자승계의 논의가 특별히 문제되는 경우는 ⓐ 선행행위와 후행행위가 모두 항고소송의 대상이 되는 행정처분이고, ⓑ 선행행위는 당연무효가 아닌 취소사유가 존재하고, ⓒ 선행행위에는 하자가 존재하나 후행행위는 적법해야 하고, ⓓ 선행행위의 하자가 제소기간 도과 등으로 불가쟁력이 발생하여 선행행위를 다툴 수 없는 경우라야 한다.

#### ⑵ 설 문

문제되는 조건인 ⓑ와 ⓒ를 검토하기로 한다.

**1) 선행행위인 제2차 영업정지처분의 위법성과 정도**

a. 의견청취절차를 거치지 않은 제2차 영업정지처분의 위법성 ㈎ 구청장은 갑에게 제2차 영업정지처분을 하면서 의견청취절차를 거치지 않았기 때문에 절차상 하자가 문제되는데, 절차상의 하자가 독자적인 위법사유인지에 관해 학설은 소극설, 적극설, 절충설이 대립하고 판례는 적극설의 입장이다.

㈏ 행정의 법률적합성원칙에 따라 행정작용은 실체상뿐만 아니라 절차상으로도 적법하여야 하며, 취소소송 등의 기속력이 절차의 위법을 이유로 하는 경우에 준용된다는 점(행정소송법 제30조 제3항) 등에 비추어 적극설이 타당하다.

㈐ 의견청취절차를 거치지 않은 제2차 영업정지처분은 절차상 위법하다.

b. 제2차 영업정지처분의 위법성의 정도 ㈎ 행정의 법률적합성을 고려할 때 위법한 행정행위의 효력은 부정하는 것이 정당하지만, 법적 안정성(공정력의 인정근거)을 근거로 일단 잠정적으로 유효성을 인정한다. 그러나 행정행위의 하자가 중대하고도 명백한 경우에는 법적 안정성을 침해할 우려가 없고 그러한 행정행위에 효력을 인정하는 것은 행정의 법률적합성에 반하기 때문에 중대명백설이 타당하다(다수설).

㈏ 의견청취절차를 거치지 않은 제2차 영업정지처분은 일반인의 관점에서 외관상 명백한 위법이 있지만, 적법요건에 대한 중대한 위반으로 보기는 어려워 취소사유에 해당한다.

c. 설 문 의견청취절차를 거치지 않은 제2차 영업정지처분은 위법하고 취소사유에 해당하기에 ⓑ요건은 구비되었다.

**2) 후행행위인 영업소폐쇄명령의 적법성**

㈎ 공중위생관리법 시행규칙 제19조 [별표 7] 행정처분기준은 3차 위반의 경우 영업소 폐쇄명령을 발령할 것을 규정하는데, 2차, 3차의 경우 갑의 법위반행위이지만 1차는 을이 받았던 영업정지처분이었기 때문에 을에게 발령된 처분이 갑에게 승계되는지가 문제된다.

㈏ 공중위생관리법 제11조의3 제1항은 종전 영업자에게 발령된 행정제재처분효과가 양수인 등에게 승계됨을 규정하고 있어 1차 영업정지처분을 받은 자는 을임에도 불구하고 갑은 그 효과를 승계하게 된다. 따라서 갑의 법위반 행위는 3차 위반에 해당하고 구청장의 영업소 폐쇄명령은 적법하며 ⓒ요건은 구비되었다.

## 4. 인정범위

### (1) 학 설

**1) 하자의 승계론**(전통적 견해)

행정행위의 하자는 행정행위마다 독립적으로 판단되어야 한다는 기본전제하에 선행행위와 후행행위가 일련의 절차를 구성하면서 하나의 효과를 목적으로 하는 경우에는 예외적으로 선행행위의 위법성이 후행행위에 승계된다고 이론구성을 하고 있다(다수설).

**2) 구속력설**(규준력설)

a. 의 의 구속력이란 선행행정행위의 내용과 효과가 후행행정행위를 구속함으로써 상대방(관계인, 법원)은 선행행위의 하자를 이유로 후행행위를 다투지 못하는 효과를 말한다.

b. 범위(한계, 요건) ㈎ 구속력은 ⓐ 선·후의 행위가 **법적 효과**가 일치하는 범위에서(객관적 한계(내용적·사물적 한계)), ⓑ **처분청**과 처분의 **상대방**(이해관계 있는 제3자도 포함) 및 **법원**에게(주관적 한계(대인적 한계)), ⓒ 선행행정행위의 기초를 이루는 **사실적·법적 상황의 동일성**이 유지되는 한도까지 미친다(시간적 한계). 이처럼 선행행위의 구속력이 후행행위에 미치는 한 처분의 상대방 등은 후행행위를 다투며 선행행위의 하자를 주장하지 못한다.

㈏ 그러나 객관적·주관적·시간적 한계 내에서 선행행정행위의 후행행정행위에 대한 구속

력이 인정됨으로 인해(행정행위의 하자의 승계를 주장하지 못함으로 인해) 사인의 권리보호가 부당하게 축소될 수 있기 때문에 관련자에게 예측불가능하거나 수인불가능한 경우에는 구속력이 미치지 않는다(추가적 요건). 따라서 이 경우에는 후행행위를 다투면서 선행행위의 위법을 주장할 수 있게 된다.

### (2) 판　례

㈎ 판례는 원칙상 하자의 승계론에 따라 선·후의 행위가 단계적인 일련의 절차로 연속하여 행하여지는 것으로서 서로 결합하여 하나의 법률효과를 발생시키는 것이라면 후행처분에 하자가 없다고 하더라도 후행처분의 취소를 청구하는 소송에서 선행처분의 위법성을 주장할 수 있다고 본다. 즉, 대집행절차상 계고처분과 대집행영장발부통보처분(대판 1996. 2. 9. 95누12507), 국세징수법상 독촉과 가산금·중가산금 징수처분(대판 1986. 10. 28. 86누147)에 대해 하자의 승계를 인정하였고, 건물철거명령과 대집행계고처분(대판 1998. 9. 8. 97누20502), 과세처분과 체납처분(대판 1977. 7. 12. 76누51)은 하자의 승계를 부정하였다.

㈏ 그러나 ⓐ 개별공시지가결정의 위법을 이유로 그에 기초하여 부과된 양도소득세부과처분의 취소를 구한 판결에서 선행행위와 후행행위가 별개의 법률효과를 목적으로 하는 경우에도 수인성의 원칙을 이유로 하자의 승계를 예외적으로 인정하였다(대판 1994. 1. 25. 93누8542). ⓑ 그리고 최근 표준지공시지가결정의 위법이 수용재결에 승계될 것인지가 문제된 판결에서도 양자는 별개의 법률효과를 목적으로 하지만 수인성의 원칙을 이유로 하자의 승계를 긍정하였다(대판 2008. 8. 21. 2007두13845). ⓒ 또한 친일반민족행위진상규명위원회가 원고의 사망한 직계존속을 친일반민족행위자로 결정(선행처분)하였으나 이를 원고에게 통지하지 못해 원고는 이 사실을 모른 상태에서 그 이후 지방보훈지청장이 원고를 독립유공자법 적용배제자결정(후행처분)을 하자 원고가 후행처분을 다툰 판결에서, 선·후의 행위는 별개의 법률효과를 목적으로 하지만 선행처분의 하자를 이유로 후행처분을 다투지 못하게 하는 것은 원고에게 수인불가능하고 예측불가능한 불이익을 강요하는 것이므로 선행처분의 후행처분에 대한 구속력이 인정되지 않고 따라서 원고는 하자의 승계를 주장할 수 있다고 보았다(대판 2013. 3. 14. 2012두6964).

### (3) 검　토

판례의 태도가 타당하다. 즉, 선·후의 행위가 하나의 법률효과를 목적으로 하는 경우에는 하자의 승계를 인정하는 것이 타당하다. 다만, 선·후의 행위가 하나의 법률효과를 목적으로 하지 않는 경우에도 특히 예측불가능하거나 수인불가능한 사정이 있는 경우에는 예외적으로 하자의 승계를 인정하여야 한다.

### (4) 소　결

구청장의 제2차 영업정지처분과 영업소 폐쇄명령은 모두 공중위생관리법상의 행위이지만, 제2차 영업정지처분은 2014. 12. 16. C경찰서 소속 경찰관에 의해 「성매매알선 등 행위의 처벌에 관한 법률」위반으로 적발되어 받은 처분이고, 영업소 폐쇄명령은 2015. 5. 6. B구청 소속 공무원들에 의해 성매매알선 등의 행위가 적발되어 받은 처분이기 때문에 일련의 절차에서 하나의 법률효과를 목적으로 하는 행위라고 보기 어렵다. 또한 갑에게 수인불가능한 사정도 없기 때문에 갑은 구청장의 영업소 폐쇄명령에 대한 취소소송을 제기하면서 제2차 영업정지처분의 위법성을 주장할 수 없다.

**기출 55** (2) 갑의 영업소 바로 인근에서 이용업을 행해온 병은 갑이 이전에 「성매매알선 등 행위의 처벌에 관한 법률」을 위반하여 폐쇄명령을 받은 전력이 있음에도 불구하고 구청장 X가 갑의 영업자 지위승계신고를 받아주었음을 이유로 하여 이를 취소소송으로 다투고자 한다. 구청장 X가 갑의 영업자 지위승계신고를 받아들인 행위는 병이 제기하는 취소소송의 대상이 되는가? 10.

## Ⅱ. 영업자 지위승계신고를 받아들인 행위의 처분성

### 1. 문제 상황

(가) 취소소송의 대상에 대해 행정소송법 제19조 본문은 "취소소송은 처분등을 대상으로 한다"고 규정하고, 동법 제2조 제1항 제1호는 취소소송의 대상인 '처분등'을 ① 처분인 ⓐ 공권력의 행사, ⓑ 그 거부, ⓒ 그 밖에 이에 준하는 행정작용과 ② 행정심판에 대한 재결이라고 정의하고 있다.

(나) 설문에서는 적극적 공권력행사가 문제되는데, 먼저 행정행위와 처분의 관계를 검토한 후 구청장 X가 갑의 영업자 지위승계신고를 받아들인 행위가 항고소송의 대상인 처분인지를 살펴본다.

### 2. 행정행위와 처분의 관계

#### (1) 문 제 점

행정소송법 제2조 제1항 제1호는 취소소송의 대상인 '처분'을 "행정청이 행하는 구체적 사실에 관한 법집행으로서의 공권력의 행사 또는 그 거부와 그 밖에 이에 준하는 행정작용"이라고 정의하고 있다. 이처럼 행정소송법은 **'처분'개념을 광의로 정의**(그 밖에 이에 준하는 행정작용)하고 있어 행정소송법상의 처분개념이 강학상 개념인 행정행위와 동일한 것인지에 대해 학설이 대립된다.

#### (2) 학　　설

1) **실체법적**(행정행위) **개념설**(일원설, 형식적 행정행위 부정설)

행정쟁송법상 처분을 강학상 행정행위와 동일한 것으로 보는 입장이다. 행정소송법 제2조 제1항 제1호는 처분을 '공권력의 행사(또는 그 거부)'와 '이에 준하는 행정작용'이라고 규정하지만

'이에 준하는 행정작용'은 공권력행사에 준하는 행정작용을 말하는 것이며, 쟁송법적 개념설이 처분개념에 포함시키고 있는 비권력적 행정작용에 대한 권리구제수단은 항고소송이 아니라 당사자소송(비권력적 사실행위로 발생한 법률관계를 다투는 당사자소송)이나 법정외 소송(일반적 이행소송)을 활용해야 한다는 점을 근거로 한다(김남진 · 김연태, 류지태 · 박종수, 박윤흔 · 정형근, 김성수, 정하중).

2) **쟁송법적**(행정행위) **개념설**(이원설, 형식적 행정행위 긍정설)

행정쟁송법상 처분을 강학상 행정행위와는 별개의 것으로 보는 입장이다. 행정소송법 제2조 제1항 제1호는 처분개념에 '공권력의 행사(또는 그 거부)'에 '이에 준하는 행정작용'을 더하고 있기 때문에 현행법상 처분은 강학상 행정행위보다 더 광의의 개념으로 보아야 하며, 다양한 행정작용(특히 비권력적 행정작용)에 대해 항고소송을 인정함으로써 실효적인 권리구제가 가능하다는 점을 근거로 한다(김동희, 박균성).

#### (3) 판 례

판례는 쟁송법적 개념설이 대표적으로 주장하는 비권력적 사실행위에 대해 처분성을 부정하고 있어 기본적으로 실체법적 개념설의 입장이다. 다만, 처분개념이 확대될 여지를 인정한 판결도 있다(행정청의 어떤 행위를 행정처분으로 볼 것이냐의 문제는 … 행정처분이 그 주체, 내용, 절차, 형식에 있어서 어느 정도 성립 내지 효력요건을 충족하느냐에 따라 개별적으로 결정하여야 하며, … 행정청의 행위로 인하여 그 상대방이 입는 불이익 내지 불안이 있는지 여부도 그 당시에 있어서의 법치행정의 정도와 국민의 권리의식 수준 등은 물론 행위에 관련한 당해 행정청의 태도 등도 고려하여 판단하여야 한다(대판 1993. 12. 10. 93누12619)).

#### (4) 검 토

취소소송은 법률관계를 발생시키는 행정작용의 효력을 깨뜨리기 위한 형성소송(행정소송법 제29조 제1항 참조)이므로 취소소송의 대상은 법률관계를 발생시키는 행정행위에 한정하는 실체법적 개념설이 타당하다.

### 3. 항고소송의 대상인 적극적 처분의 요건

#### (1) 행정청의 적극적인 공권력 행사

ⓐ 행정청(전통적 의미의 행정청뿐만 아니라 합의제기관, 실질적 의미의 처분을 하는 경우 법원이나 국회의 기관, 행정소송법 제2조 제2항의 행정청등 자신의 명의로 처분을 할 수 있는 모든 행정청(기능적 의미의 행정청)을 말한다)이 행하는 행위로 ⓑ 구체적 사실(규율대상이 구체적 — 시간적으로 1회적, 공간적으로 한정 — 이어야 한다)에 대한 ⓒ 법집행행위(입법이 아니라 법의 집행행위라야 한다)이며 ⓓ 공권력행사(행정청이 공법에 근거하여 우월한 지위에서 일방적으로 행사하여야 한다)이어야 한다.

#### (2) 법적 행위

1) 문 제 점

'법적 행위'는 행정소송법 제2조 제1항 제1호의 처분개념의 요소는 아니다. 그러나 판례와 전통적인 견해는 취소소송의 본질을 위법한 법률관계의 소급적 제거로 이해하기 때문에(=취소소송을 형성소송으로 보기 때문) 법적 행위를 항고소송의 대상인 처분의 요건으로 본다. 이러한 견해에 따르면 항고소송의 대상이 되는 처분은 행정소송법 제2조 제1항 제1호의 처분의 개념요소를 구비하는 것 외에 법적 행위일 것을 요한다(무효등확인소송과 부작위위법확인소송도 행정소송법 제38조 제1항, 제2항에서 취소소송의 대상(동법 제19조)을 준용하고 있기 때문에 취소소송의 대상과 나머지 항고소송의 대상은 같다).

2) 내　　용

법적 행위란 ① 외부적 행위이며 ② 권리·의무와 직접 관련되는 행위를 말한다. 판례도 「항고소송의 대상이 되는 행정처분이라 함은 행정청의 공법상의 행위로서 특정사항에 대하여 법규에 의한 권리의 설정 또는 의무의 부담을 명하거나 기타 법률상 효과를 발생하게 하는 등 국민의 구체적인 권리의무에 직접적 변동을 초래하는 행위를 말하는 것이고, … 상대방 또는 기타 관계자들의 법률상 지위에 직접적인 법률적 변동을 일으키지 아니하는 행위 등은 항고소송의 대상이 될 수 없다(대판 2008. 9. 11. 2006두18362)」고 한다.

## 4. 소　　결

### (1) 영업자 지위승계신고를 받아들인 행위의 법적 성격

㈎ 갑의 영업자 지위승계신고가 받아들여지면 공중위생관리법 제3조의2에 따라 공중위생영업자의 지위가 을에게서 갑으로 승계된다. 따라서 구청장이 영업양도에 따른 영업자 지위승계신고를 받아들이는 행위는 단순히 양도·양수인 사이에 이미 발생한 사법상의 사업양도의 법률효과에 의하여 양수인이 그 영업을 승계하였다는 사실의 신고를 접수하는 행위에 그치는 것이 아니라, 사업자의 변경이라는 법률효과가 부여되기 때문에 이러한 '신고'는 수리를 요하는 신고이다(대판 2001. 2. 9. 2000도2050).

㈏ 수리를 요하는 신고에서 수리는 준법률행위적 행정행위로 당사자의 권리의무에 영향을 주는 법적 행위로 항고소송의 대상인 처분이므로, 구청장이 영업자 지위승계신고수리행위는 취소소송의 대상이 된다.

### (2) 영업자 지위승계신고수리행위의 처분성

① 영업자 지위승계신고수리행위는 행정청인 구청장 X가 하는 갑이 을로부터 이용원 영업을 양도받고 영업을 한다는 사실에 관한 공중위생관리법의 집행행위로 우월한 지위에서 하는 일방적 행위이다. ② 영업자 지위승계신고가 수리된다면 을에게서 갑으로 이용원영업자의 지위가 승계되어 갑이 이용원의 영업자가 되므로 지위승계신고수리는 법적행위이다. ③ 구청장 X가 갑의 영업자 지위승계신고를 받아들인 행위는 취소소송의 대상이 된다.

기출 55 (3) 만일 갑이 영업소 안에서 문을 잠그고 B구청 소속 공무원들의 영업소 진입에 불응하여, 위 공무원들이 잠금장치와 문을 부수고 강제로 진입하여 위생관리실태를 조사하였다면, 갑이 그에 대하여 취할 수 있는 권리구제 수단에 관하여 설명하시오. 15.

## Ⅲ. 강제조사에 대한 권리구제수단

### 1. 문제 상황

공무원의 강제 위생관리조사에 대한 갑의 권리구제수단으로 행정심판, 항고소송과 당사자소송, 손해전보, 결과제거청구, 예방적 부작위소송과 가처분 그리고 헌법소원의 가능성을 검토해 본다.

### 2. 공무원의 강제 위생관리조사의 법적 성격

설문의 공무원의 강제 위생관리조사는 권력적 사실행위에 해당한다. 권력적 사실행위란 사실행위 중 우월한 지위에서 행하는 일방적 행위인 공권력 행사의 성질을 가지는 것을 말한다.

### 3. 행정심판

권력적 사실행위는 후술하는 것처럼 항고소송의 대상인 처분이라고 보는 것이 일반적인 견해이므로 행정심판의 대상인 처분이기도 하다. 따라서 갑은 공무원의 강제 위생관리조사에 대해 취소심판이나 무효확인심판을 청구할 수 있다.

### 4. 항고소송

#### (1) 소송요건

**1) 대상적격**

㈎ 설문의 공무원의 강제 위생관리조사는 권력적 사실행위로 사실행위의 요소와 하명적 요소가 결합된 합성적 행위이기 때문에 공권력 행사 및 법적 행위의 요건을 충족하여 항고소송의 대상인 처분이라고 보는 것이 일반적인 견해이다. 따라서 갑은 공무원의 강제 위생관리조사에 대해 취소소송 또는 무효확인소송을 제기할 수 있다.

㈏ ① 대법원은 명시적 태도를 보이고 있지는 않으나, 권력적 사실행위로 보이는 단수(斷水)조치를 처분에 해당하는 것으로 판시하였다(대판 1985. 12. 24. 84누598). ② 그리고 헌법재판소는 「수형자의 서신을 교도소장이 검열하는 행위는 이른바 권력적 사실행위로서 행정심판이나 행정소송의 대상이 되는 행정처분으로 볼 수 있다(헌재 1999. 8. 27. 96헌마398)」고 하여 명시적으로 권력적 사실행위의 처분성을 인정하고 있다.

**2) 권리보호필요성**(협의의 소익)

취소소송 등을 제기하더라도 공무원의 강제 위생관리조사(권력적 사실행위)는 대부분 단시간에 실행이 완료되어 그 이후에는 권리보호필요성이 없어 부적법 각하될 가능성이 많다(다만, 행정소송법 제12조 제2문의 경우('처분등의 취소로 인하여 회복되는 법률상 이익이 있는' 경우)는 예외이다). 그러나 예외적으로 물건의 영치, 전염병환자의 격리처럼 계속적인 성격을 갖는 경우는 권리보호필요성이 인정될 수 있다.

#### (2) 집행정지

공무원의 강제 위생관리조사(권력적 사실행위)는 대부분 단시간에 실행이 완료되기에 갑은 취소소송 등을 제기하면서 집행정지를 신청하여야 실효적인 권리구제를 받을 수 있다(행정소송법 제23조 참조).

### 5. 당사자소송

공무원의 강제 위생관리조사로 발생한 법률관계가 있다면 갑은 행정소송법 제3조 제2호에 따라 그 권리나 법률관계를 다투는 이행소송이나 확인소송을 권리주체를 상대로 제기할 수 있다(행정소송법 제39조 참조).

### 6. 손해전보

#### (1) 손해배상청구

공무원의 강제 위생관리조사행위도 국가배상법 제2조 제1항의 성립요건(고의·과실, 위법성 등)을 충족한다면 갑은 B구를 상대로 손해배상청구권을 행사할 수 있다. 판례는 손해배상청구소송을 민사소송으로 보지만 다수설은 이를 당사자소송으로 본다.

#### (2) 손실보상청구

공공의 필요에 따른 강제 위생관리조사로 갑이 손실을 입었고 그 손실이 특별한 희생에 해당하는 경우에는 손실보상을 청구할 수 있다. 판례는 손실보상청구소송을 민사소송으로 보지만 다수설은 이를 당사자소송으로 본다.

### 7. 결과제거청구

강제 위생관리조사행위로 인해 위법한 사실상태가 야기된 경우 침해받은 갑은 적법한 상태로의 원상회복을 위해 결과제거를 청구할 수 있다.

### 8. 예방적 부작위소송과 가처분(강제위생관리 조사 전의 구제수단)

(가) 예방적 부작위소송이란 위법한 행정작용을 미리 저지할 것을 목적으로 장래에 있을 특정한 행정행위 또는 그 밖의 행위의 발동에 대한 방지를 구하는 소송을 말하는데, 그 인정 여부에 관해 학설은 부정설, 긍정설, 제한적 긍정설이 대립하며 판례는 처분을 하여서는 아니 된다는 내용의 부작위를 구하는 청구는 행정소송에서 허용되지 아니한다고 본다(대판 1987. 3. 24. 86누182).

(나) 가처분이란 다툼이 있는 법률관계에 관하여 잠정적으로 임시의 지위를 보전하는 것을 내용으로 하는 가구제제도이다(민사집행법 제300조). 행정소송에 민사집행법상 가처분규정을 적용할 수 있는지에 관해 학설은 적극설, 소극설, 절충설이 대립되지만, 판례는 민사집행법상의 보전처분은 민사판결절차에 의하여 보호받을 수 있는 권리에 관한 것이라고 보기 때문에 행정소송에 가처분을 인정하지 아니한다(대결 2011. 4. 18. 2010마1576).

(다) 예방적 부작위소송을 긍정하고 가처분 규정을 적용하는 긍정설에 따른다면, 갑은 공무원의 강제 위생관리조사가 시작되기 전에 예방적 부작위 소송을 제기하면서 잠정적 처분금지를 구하는 가처분을 신청할 수 있다.

## 9. 헌법소원

강제 위생관리조사로 기본권을 침해받았다면 갑은 헌법재판소에 헌법소원을 청구할 수 있다.

## 10. 설 문

갑은 강제 위생관리조사에 대해 행정심판을 청구하거나 항고소송(취소소송 또는 무효확인소송)을 제기하며 집행정지를 신청할 수도 있고, 강제 위생관리조사로 인한 법률관계를 다투는 당사자소송을 제기할 수도 있다. 또한 손해배상이나 손실보상을 청구하거나 위법한 사실상태의 제거를 구하는 소송을 제기할 수도 있다. 그리고 긍정설에 따르면 예방적 부작위소송이나 가처분을 신청할 수도 있고, 헌법소원심판을 청구할 수도 있다.

**기출 56** 〈제2문의 1〉

행정청 A는 미성년자에게 주류를 판매한 업주 갑에게 영업정지처분에 갈음하여 과징금부과처분을 하였고, 갑은 부과된 과징금을 납부하였다. 그러나 갑은 이후 과징금부과처분에 하자가 있음을 알게 되었다(아래 각 문제는 독립된 것임).

(1) A가 권한 없이 과징금부과처분을 한 경우, 갑이 이미 납부한 과징금을 반환받기 위해 제기할 수 있는 소송유형들을 검토하시오. 20.

(2) A가 처분의 이유를 제시하지 아니한 채 과징금부과처분을 하였고, 갑은 이미 납부한 과징금을 반환받기 위해 과징금부과처분을 다투고자 한다. 갑이 제기할 수 있는 소송을 설명하시오. 10

[제57회 사법시험(2015년)]

**기출 56** (1) A가 권한 없이 과징금부과처분을 한 경우, 갑이 이미 납부한 과징금을 반환받기 위해 제기할 수 있는 소송유형들을 검토하시오. 20.

# Ⅰ. 이미 납부한 과징금을 반환 받기 위해 제기할 수 있는 소송유형

## 1. 문제 상황

갑이 이미 납부한 과징금을 반환받기 위해 제기할 소송은 부당이득반환청구소송이지만, 설문은 이를 위해 문제되는 소송유형들을 묻고 있는바, 먼저 권한 없이 부과한 과징금부과처분의 위법성의 정도가 문제되며, 만일 과징금부과처분이 무효라면 과징금부과처분무효확인소송을 제기하지 않고 부당이득반환청구소송을 제기한 경우가 선결문제와 관련해 문제되고, 과징금부과처분무효확인소송을 먼저 제기하는 경우 즉시확정의 이익이 문제되며, 과징금부과처분무효확인소송과 부당이득반환청구소송을 병합하는 경우 행정소송법 제10조의 관련청구소송의 병합이 문제된다.

## 2. 권한 없는 과징금부과처분의 위법성의 정도

### (1) 무효와 취소의 구별기준

행정의 법률적합성을 고려할 때 위법한 행정행위의 효력은 부정하는 것이 정당하지만, 법적 안정성(공정력의 인정근거)을 근거로 일단 잠정적으로 유효성을 인정한다. 그러나 행정행위의 하자가 중대하고도 명백한 경우에는 법적 안정성을 침해할 우려가 없고 그러한 행정행위에 효력을 인정하는 것은 행정의 법률적합성에 반하기 때문에 중대명백설이 타당하다(다수설).

### (2) 설 문

(가) 행정청 A가 권한 없이 과징금부과처분을 하였다면 이는 적법요건 특히 주체요건에 중대한 위반이며, 일반인의 관점에서 명백한 하자이기 때문에 과징금부과처분은 무효이다.

(나) 판례도 「행정기관의 권한에는 사무의 성질 및 내용에 따르는 제약이 있고, 지역적 · 대인적으로 한계가 있으므로 이러한 권한의 범위를 넘어서는 권한유월의 행위는 무권한 행위로서 원칙적으로 무효이다(대판 1996. 6. 28. 96누4374)」라고 본다.

## 3. 과징금부과처분무효확인소송을 제기하지 않고 부당이득반환청구소송을 제기한 경우

### (1) 부당이득반환청구권의 성질

(가) 부당이득반환청구권의 성질에 대해 학설은 ① ⓐ 공권설과 ⓑ 사권설이 대립되나, ② 판례는 처분이 무효이거나 취소된 이상 부당이득반환의 법률관계는 민사관계로 보고 민사소송절차에 따르고 있다(대판 1995. 12. 22. 94다51253).

(나) 판례에 따라 민사소송으로 본다면 갑은 국가를 상대로 민사소송으로 부당이득반환청구

소송을 제기할 수 있는데 이 경우 민사법원은 민법 제741조에 따라 국가가 법률상 원인 없이 갑에게 손해를 가하고 있는지를 살펴보아야 한다.

(다) 그런데 '법률상 원인 없음'이 설문과 관련해서 '과징금부과처분이 무효'인지에 대한 문제가 되기 때문에 민사법원이 처분의 효력 유무를 판단할 수 있는지 즉 선결문제를 검토해야 한다.

### (2) 선결문제

#### 1) 의 의

(가) 선결문제란 **민사**(당사자소송)**·형사법원**의 본안판단에서 **행정행위의 효력 유무**(존재 여부)**나 위법 여부**가 선결될 문제인 경우 그 효력 유무(존재 여부)나 위법 여부를 말한다. 종래 선결문제를 행정행위의 효력 중 공정력의 문제로 보는 견해가 있었으나(공정력과 구성요건적 효력을 구별하지 않는 견해), 현재는 구성요건적 효력의 문제로 보는 견해가 다수견해이며(공정력과 구성요건적 효력을 구별하는 견해), 타당하다.

(나) 공정력이란 행정행위에 하자가 있다고 하더라도 권한을 가진 기관에 의해 취소될 때까지 그 효력을 부정할 수 없는 상대방(이해관계인)에게 미치는 구속력을 말하며, 구성요건적 효력이란 유효한 행정행위의 존재가 다른 국가기관의 결정에 영향을 미치는 효력(구속력)을 말한다.

#### 2) 형 태

(가) 선결문제는 **민사사건**(당사자소송 사건)의 경우와 **형사사건**의 경우로 나눌 수 있고, 각각 **행정행위의 효력 유무**(존재 여부)가 선결문제로 되는 경우와 **행정행위의 위법 여부**가 선결문제로 되는 경우가 있다(행정사건 중 당사자소송사건도 문제될 수 있으나 대법원은 부당이득반환청구소송, 국가배상청구소송을 민사소송으로 보고 있는바 선결문제 해결에서는 민사소송으로 제기하는 경우와 당사자소송으로 제기하는 경우에 차이가 없다). **행정소송법 제11조 제1항**은 선결문제의 일부(민사사건에서 효력 유무(존재 여부)가 문제되는 경우)에 관해서만 규정하고 있는바 나머지 사항은 학설과 판례에서 해결하여야 한다.

(나) 설문은 민사사건의 경우이고 과징금부과처분의 효력 유무가 문제되는 경우이다.

#### 3) 해결(민사법원이 처분의 효력 유무를 판단할 수 있는지 여부)

선결문제가 행정행위의 효력 유무인 경우, ① 당해 행정행위가 **무효**이면 민사법원은 행정행위가 무효임을 전제로 본안을 인용할 수 있다는 것이 실정법(행정소송법 제11조 제1항)·학설·판례의 입장이다. 왜냐하면 무효인 행정행위는 구성요건적 효력이 없기 때문이다. 그리고 행정행위의 하자가 **단순위법**인 경우에도 민사법원은 당해 행정행위가 유효임을 전제로 본안을 판단할 수 있다. ② 그러나 민사법원은 행정행위의 구성요건적 효력으로 인해 유효한 **행정행위의 효력을 부정**(취소)할 수는 없다. 따라서 행정행위가 단순위법하여 여전히 효력이 있다면 법률상 원인이 없는 것이 아니기에 당사자의 부당이득반환청구는 기각될 것이다.

#### 4) 설 문

행정청 A의 과징금부과처분은 무효이기 때문에 민사법원은 과징금부과처분이 무효임을 전제로 본안을 판단할 수 있고 갑은 부당이득반환청구를 통해 이미 납부한 과징금을 반환받을 수 있다.

### 4. 과징금부과처분무효확인소송을 제기하고 부당이득반환청구소송을 제기한 경우

#### (1) 문 제 점

설문에서 갑은 과징금을 이미 납부하였고 과징금부과처분이 무효라면 갑은 과징금부과처분무효확인소송을 제기하지 않고도 부당이득반환을 청구하면서 과징금부과처분의 무효를 선결문제로 주장하면 과징금을 돌려받을 수 있기 때문에, 갑이 별도로 과징금부과처분무효확인소송을 제기할 협의의 소의 이익이 있는지가 문제된다.

#### (2) 무효확인소송에서 즉시확정의 이익의 필요 여부

##### 1) 문 제 점

민사소송으로 확인소송을 제기하려면 즉시확정의 이익이 요구된다. 따라서 확인소송이 아닌 다른 직접적인 권리구제수단(예를 들면 이행소송)이 있는 경우에는 확인소송이 인정되지 않는다. 즉 확인소송이 보충성을 가지는 것으로 본다. 그런데 민사소송인 확인소송에서 요구되는 즉시확정의 이익이 행정소송인 무효등확인소송의 경우에도 요구되는지(즉, 확인소송의 보충성이 요구되는지)가 문제된다.

##### 2) 학 설

a. 긍정설(즉시확정이익설) 취소소송의 경우와 달리 행정소송법 제35조는 원고적격에 관한 규정일 뿐만 아니라 권리보호필요성(협의의 소익)에 관한 의미도 가지고 있는 것이며(동법 제35조의 '확인을 구할'이라는 표현을 즉시확정이익으로 본다), 따라서 민사소송에서의 확인의 소와 같이 무효등확인소송의 경우에도 '즉시확정의 이익'이 필요하다고 보는 견해이다. 결국 당사자에게 별도의 직접적인 권리구제수단이 없는 경우라야 무효등확인소송이 인정된다고 본다.

b. 부정설(법적보호이익설) 행정소송법 제35조의 '법률상 이익'은 원고적격의 범위에 대한 것이어서 즉시확정의 이익으로 해석될 수 없고, 무효등확인소송에서는 취소판결의 기속력을 준용하므로 민사소송과 달리 무효판결 자체로도 판결의 실효성 확보가 가능하므로 민사소송에서와 같이 확인의 이익 여부를 논할 이유가 없다는 점, 그리고 무효등확인소송이 확인소송이라는 점에만 집착하여 즉시확정의 이익을 내세운다면 부작위위법확인소송도 확인소송으로서의 성질을 가지므로 즉시확정의 이익이 필요하다고 판단되어야 한다는 문제가 있다는 점을 들고 있다(다수견해).

##### 3) 판 례

ⓐ 과거 판례는 행정소송인 무효등확인소송에도 민사소송처럼 확인소송의 일반적 요건인 '즉시확정의 이익'이 요구된다고 하였다. ⓑ 그러나 수원시장의 하수도원인자부담금부과처분의 무효확인을 구한 사건에서 대법원은 행정소송은 민사소송과는 목적·취지 및 기능 등을 달리하며, 무효등확인소송에도 확정판결의 기속력규정(행정소송법 제38조, 제30조)을 준용하기에 무효확인판

결만으로도 실효성확보가 가능하며, 행정소송법에 명문의 규정이 없다는 점을 이유로 무효등확인소송의 보충성이 요구되지 않는다고 판례를 변경하였다(대판(전원) 2008. 3. 20. 2007두6342). 따라서 행정처분의 무효를 전제로 한 이행소송 즉 부당이득반환청구소송, 소유물반환청구소송, 소유권이전등기말소청구소송, 소유물방해제거청구소송 등과 같은 구제수단이 있다고 하더라도 무효등확인소송을 제기할 수 있다고 본다.

4) 검 토

무효등확인소송은 처분의 하자정도가 중대명백한 것일 뿐 취소소송과 본질을 달리하는 것이 아니기 때문에 무효등확인소송에만 즉시확정의 이익이 필요하다는 것은 정당하지 않고, 무효등확인소송에서 즉시확정의 이익이 요구되지 않아 원고가 소권을 남용한다면 법원은 권리보호필요의 일반 원칙으로 이를 통제할 수 있기 때문에 문제되지 않는다. 따라서 즉시확정의 이익은 요구되지 않는다는 견해가 타당하다.

(3) 설 문

다수견해와 판례인 부정설에 의하면 갑은 과징금을 이미 납부한 경우에도 과징금부과처분의 무효확인을 구할 협의의 소의 이익이 있다. 따라서 갑은 과징금부과처분무효확인소송을 제기하여 인용판결을 받은 후 부당이득반환청구소송을 제기하여 이미 납부한 과징금을 반환받을 수 있다.

## 5. 과징금부과처분무효확인소송과 부당이득반환청구소송을 병합하는 경우

행정소송법 제38조 제1항은 동법 제10조의 '관련청구소송의 이송 및 병합' 규정을 준용하고 있다. 따라서 설문의 과징금부과처분무효확인소송의 제기가 적법하며, 부당이득반환청구는 행정소송법 제10조 제1항 제1호의 관련청구소송이고, 사실심변론종결전이며, 과징금부과처분무효확인소송에 병합한다면 갑은 과징금부과처분무효확인소송과 부당이득반환청구소송을 병합하여 제기할 수 있다.

## 6. 소 결

행정청 A가 권한 없이 부과한 과징금부과처분은 무효이기 때문에, 갑이 이미 납부한 과징금을 반환받기 위해 제기할 수 있는 소송유형은 과징금부과처분무효확인소송을 제기하지 않고 부당이득반환청구소송을 제기하는 방법, 과징금부과처분무효확인소송을 먼저 제기한 후 부당이득반환청구소송을 제기하는 방법, 과징금부과처분무효확인소송과 부당이득반환청구소송을 병합하는 방법이 있다.

기출 56 (2) A가 처분의 이유를 제시하지 아니한 채 과징금부과처분을 하였고, 갑은 이미 납부한 과징금을 반환받기 위해 과징금부과처분을 다투고자 한다. 갑이 제기할 수 있는 소송을 설명하시오. 10.

## Ⅱ. 이미 납부한 과징금을 반환받기 위해 과징금부과처분을 다투는 경우의 소송

### 1. 문제 상황

갑이 이미 납부한 과징금을 반환받기 위해 과징금부과처분을 다투는 경우의 소송을 묻고 있는바, 먼저 행정절차법 제23조의 이유를 제시하지 않은 과징금부과처분의 위법성의 정도가 문제되고, 만일 취소사유라면 과징금부과처분취소소송을 제기하여 판결이 확정된 후 부당이득반환청구소송을 제기하는 방법과 과징금부과처분취소소송과 부당이득반환청구소송을 병합하여 제기하는 방법을 검토할 수 있다.

### 2. 이유를 제시하지 않은 과징금부과처분의 위법성의 정도

#### (1) 무효와 취소의 구별기준

행정의 법률적합성을 고려할 때 위법한 행정행위의 효력은 부정하는 것이 정당하지만, 법적 안정성(공정력의 인정근거)을 근거로 일단 잠정적으로 유효성을 인정한다. 그러나 행정행위의 하자가 중대하고도 명백한 경우에는 법적 안정성을 침해할 우려가 없고 그러한 행정행위에 효력을 인정하는 것은 행정의 법률적합성에 반하기 때문에 중대명백설이 타당하다(다수설).

#### (2) 설 문

㈎ 행정청 A가 행정절차법 제23조에 위반하여 이유를 제시하지 않고 과징금부과처분을 하였다면 이는 일반인의 관점에서 명백한 하자이기는 하지만 적법요건에 중대한 위반이라고 보기는 어려워 과징금부과처분은 취소사유에 해당한다.

㈏ 판례도 「과세표준과 세율, 세액, 세액산출근거 등의 필요한 사항을 납세자에게 서면으로 통지하도록 한 세법상의 제규정들은 단순히 세무행정의 편의를 위한 훈시규정이 아니라 조세행정에 있어 자의를 배제하고 신중하고 합리적인 처분을 행하게 함으로써 공정을 기함과 동시에 납세의무자에게 부과처분의 내용을 상세히 알려서 불복 여부의 결정과 불복신청에 편의를 제공하려는 데서 나온 강행규정으로서 납세고지서에 그와 같은 기재가 누락되면 그 과세처분 자체가 위법한 처분이 되어 취소의 대상이 된다(대판 1985. 5. 28. 84누289)」고 본다.

### 3. 과징금부과처분취소소송을 제기하여 판결이 확정된 후 부당이득반환청구소송을 제기하는 경우

㈎ 갑이 과징금부과처분취소소송을 제기하여 승소의 확정판결을 받는다면 과징금부과처분은 소급하여 무효가 되며, 행정청 A는 행정소송법 제30조에 따라 기속력을 받게 된다(특히 결과제

거의무(설문에서 갑이 납부한 과징금을 반환할 의무)가 발생한다).

(나) 따라서 갑은 이미 납부한 과징금에 대해 부당이득반환청구소송을 제기한다면 과징금을 반환받을 수 있다.

## 4. 과징금부과처분취소소송과 부당이득반환청구소송을 병합하여 제기하는 경우

### (1) 청구의 병합의 개념

1) 의 의

청구의 병합이란 하나의 소송절차에서 수개의 청구를 하거나(소의 객관적 병합), 하나의 소송절차에서 수인이 공동으로 원고가 되거나 수인을 공동피고로 하여 소를 제기하는 것(소의 주관적 병합)을 말한다.

2) 형 태

행정소송법은 제10조 제2항과 제15조에서 특별규정을 두고 민사소송에서는 인정되지 않는 서로 다른 소송절차에 의한 청구의 병합을 인정하고 있다(민사소송법은 소의 객관적 병합에 관하여 동종의 소송절차에 의해서 심리되어질 것을 요건으로 하며, 각 청구 간의 관련성을 요건으로 하고 있지 않다).

a. 객관적 병합(복수의 청구) (가) 취소소송의 원고는 관련청구를 병합(원시적 병합)하여 제소하거나 또는 사실심변론종결시까지 추가하여 병합(후발적 병합)할 수 있다(행정소송법 제10조 제2항).

(나) 행정소송도 민사소송과 마찬가지로 객관적 병합의 형태로 **단순 병합**(원고가 서로 양립하는 여러 청구를 병합하여 그 전부에 대해 판결을 구하는 형태를 말한다(예: 손해배상청구에서 적극적 손해 · 소극적 손해 · 정신적 손해를 함께 청구하는 경우)) · **선택적 병합**(원고가 서로 양립하는 여러 청구를 택일적으로 병합하여 그중 어느 하나라도 인용하는 판결을 구하는 형태를 말한다(예: 물건의 인도를 소유권과 점유권에 기하여 청구하는 경우)) · **예비적 병합**(주위적 청구(주된 청구)가 허용되지 아니하거나 이유 없는 경우를 대비하여 예비적 청구(보조적 청구)를 병합하여 제기하는 형태를 말한다(예: 주위적으로 무효확인소송을, 예비적으로 취소소송을 제기하는 경우))이 허용된다.

b. 주관적 병합(복수의 당사자) (가) 행정소송법 제10조 제2항은 '피고외의 자를 상대로 한 관련청구소송'을, 동법 제15조는 '수인의 청구 또는 수인에 대한 청구가 처분등의 취소청구와 관련되는 청구인 경우'를 규정하고 있다. 따라서 취소소송의 원고는 **피고외의 자를 상대로 한 관련청구소송**을 원시적 또는 후발적으로 병합하여 제기할 수 있지만(동법 제10조 제2항), 행정소송법은 제3자에 의한 추가적 병합을 인정하고 있지 않으므로 수인의 원고는 처음부터 **공동소송인**(공동소송이란 하나의 소송절차에 여러 사람의 원고 또는 피고가 관여하는 소송을 말한다)으로 제소하여야 하고 소송계속 중에는 소송참가가 허용될 뿐이다(이상규, 오진환).

(나) 공동소송은 **통상의 공동소송**(공동소송인 사이에 합일확정(분쟁의 승패가 공동소송인 모두에 대해 일률적으로 결정되는 것을 말한다(재판의 통일))을 필요로 하지 않는 공동소송을 말한다)과 **필수적 공동소송**(공동소송인 사이에 소송의 승패가 통일적으로 결정되어야 하는 공동소송을 말한다(합일확정이 필요한 소송))이 모두 가능하다.

### (2) 관련청구소송의 병합의 요건

① 관련청구의 병합은 그 청구를 병합할 취소소송을 전제로 하여 그 취소소송에 관련되는 청구를 병합하는 것이므로, 관련청구소송이 병합될 기본인 취소소송이 적법한 것이 아니면 안된다. 따라서 관련청구를 병합할 취소소송은 그 자체로서 소송요건, 예컨대 출소기간의 준수, 협의의 소익 등을 갖춘 적법한 것이어야 한다(취소소송의 적법성).

② 행정소송법 제10조 제1항 제1호·제2호의 관련청구소송이어야 한다(관련청구소송). 제1호(당해 처분등과 관련되는 손해배상·부당이득반환·원상회복 등 청구소송)는 청구의 내용 또는 발생 원인이 법률상 또는 사실상 공통되어 있는 소송을 말하며(예: 운전면허취소처분에 대한 취소소송과 위법한 운전면허취소처분으로 발생한 손해에 대한 손해배상청구소송), 제2호(당해 처분등과 관련되는 취소소송)는 개방적·보충적 규정으로 증거관계, 쟁점, 공격·방어방법 등의 상당부분이 공통되어 함께 심리함이 타당한 사건을 말한다(법원실무제요)(예: ⓐ 하나의 절차를 구성하는 대집행계고처분과 대집행영장통지처분에 대한 취소소송, ⓑ 원처분과 재결에 대한 취소소송).

③ 관련청구의 병합은 사실심변론종결 전에 하여야 한다(행정소송법 제10조 제2항)(병합의 시기). 그러나 사실심변론종결 전이라면 원시적 병합이든 추가적 병합이든 가릴 것 없이 인정된다.

④ 행정사건에 관련 민사사건이나 행정사건을 병합하는 방식이어야 하고, 반대로 민사사건에 관련 행정사건을 병합할 수는 없다. 행정소송 상호간에는 어느 쪽을 병합하여도 상관없다(행정사건에의 병합).

⑤ 행정청을 피고로 하는 취소소송에 국가를 피고로 하는 손해배상청구를 병합하는 경우처럼 관련청구소송의 피고는 원래 소송의 피고와 동일할 필요가 없다(피고의 동일성 불요).

### (3) 설 문

㈎ 설문의 과징금부과처분취소소송이 적법하며, 부당이득반환청구는 행정소송법 제10조 제1항 제1호의 관련청구소송이며, 사실심변론종결전이며, 과징금부과처분취소소송에 병합한다면 문제는 없다. 따라서 관련청구소송의 병합은 가능하다. 따라서 갑은 원시적 또는 후발적으로 과징금부과처분취소소송에 부당이득반환청구소송을 병합할 수 있다.

㈏ 다만, 미리 과징금부과처분의 취소판결이 확정되어야 법원은 부당이득반환청구를 인용할 수 있는지가 문제되는데, 대법원은 「행정소송법 제10조 제1항, 제2항…을 둔 취지에 비추어 보면, 취소소송에 병합할 수 있는 당해 처분과 관련되는 부당이득반환소송에는 당해 처분의 취소를 선결문제로 하는 부당이득반환청구가 포함되고, 이러한 부당이득반환청구가 인용되기 위해서는 그 소송절차에서 판결에 의해 당해 처분이 취소되면 충분하고 그 처분의 취소가 확정되어야 하는 것은 아니라고 보아야 한다(대판 2009. 4. 9. 2008두23153)」고 하여 당해 법원이 과징금부과처분을 취소하면서 바로 갑의 부당이득반환청구를 인용할 수 있다는 입장이다. 대법원의 입장이 타당하다.

### 5. 소　　결

이유를 제시하지 않은 과징금부과처분은 취소사유이므로, 갑이 납부한 과징금을 반환받기 위해 과징금부과처분을 다투는 소송은 과징금부과처분취소소송을 제기하여 판결이 확정된 후 부당이득반환청구소송을 제기할 수도 있고, 과징금부과처분취소소송과 부당이득반환청구소송을 병합하여 제기할 수도 있다.

**기출 57** 〈제2문의 2〉

갑은 환경영향평가 대상사업인 X건설사업에 관한 환경영향평가서 초안에 대하여 주민들의 의견을 수렴하고 그 결과를 반영하여 환경영향평가서를 작성한 후 국토교통부장관에게 제출하였다. 국토교통부장관은 환경부장관과의 협의 등 「환경영향평가법」상의 절차를 거쳐 X건설사업에 대한 승인처분을 하였다. 그러나 이후 환경영향평가서의 내용에 오류가 있고 환경부장관의 협의 내용에 따르지 않았다는 사실이 드러났다.

(1) 주민 을은 위와 같은 환경영향평가의 부실을 이유로 국토교통부장관의 사업승인처분은 위법하다고 주장한다. 그 주장의 당부를 검토하시오. 10.

(2) 환경영향평가 대상지역 밖에 거주하는 주민 병은 사업승인처분의 취소를 구하는 소송을 제기할 수 있는가? 10.

[제57회 사법시험(2015년)]

**기출 57** (1) 주민 을은 위와 같은 환경영향평가의 부실을 이유로 국토교통부장관의 사업승인처분은 위법하다고 주장한다. 그 주장의 당부를 검토하시오. 10.

# Ⅰ. 환경영향평가의 하자와 사업계획승인처분

## 1. 문제 상황

사업승인을 하면서 그 사전절차인 환경영향평가서의 내용에 오류가 있고 환경부장관의 협의 내용에 따르지 않았음에도 국토교통부장관이 갑의 X건설사업을 승인하였다면 장관의 사업승인처분이 위법한지가 문제된다.

## 2. 환경영향평가의 하자와 사업계획승인처분의 관계

환경영향평가는 환경영향평가대상이 되는 사업의 실시를 위한 사업계획승인처분의 사전절차로서의 성격을 가진다. 따라서 환경영향평가의 하자는 형식상 하자(주민의 의견수렴절차나 환경부장관과의 협의절차에 하자가 있는 경우)든 내용상 하자(환경영향평가서가 부실하게 작성된 경우)든 사업계획승인처분의 절차상 하자로서의 성질을 갖는다.

## 3. 환경영향평가의 하자의 종류

### (1) 환경영향평가 자체를 결한 경우

법령상 환경영향평가가 행해져야 함에도 불구하고 환경영향평가가 행해지지 않고 대상사업계획승인처분이 내려진 경우 사업승인은 위법하며, 중대 · 명백한 하자로 무효이다(대판 2006. 6. 30. 2005두14363).

### (2) 환경영향평가의 형식상 하자(주민의 의견수렴절차나 환경부장관과의 협의절차에 하자가 있는 경우)

① 주민의 의견수렴절차나 환경부장관과의 협의절차 등이 전혀 행하여지지 않은 경우 사업계획승인처분은 절차상 위법이 있는 처분이 된다. ② 판례는 내무부장관이 변경처분을 함에 있어서 피고(환경부장관)와의 협의를 거친 이상, 환경영향평가서의 내용이 환경영향평가제도를 둔 입법 취지를 달성할 수 없을 정도로 심히 부실하다는 등의 특별한 사정이 없는 한, 내무부장관이 피고의 환경영향평가에 대한 의견에 반하는 처분을 하였다고 하여 그 처분이 위법하다고 할 수는 없다(대판 2001. 7. 27. 99두2970)고 보았다.

### (3) 환경영향평가의 내용상 하자(환경영향평가서가 부실하게 작성된 경우 또는 그 부실이 환경부장관과의 협의과정에서 보완되지 않은 경우)

판례는 인근주민이 건설교통부장관이 한국고속철도건설공단에 발령한 경부고속철도서울차량기지정비창건설사업실시계획승인처분취소를 구한 사건에서 ⓐ '환경영향평가의 내용의 부실의 정도가 환경영향평가제도를 둔 입법 취지를 달성할 수 없을 정도이어서 환경영향평가를 하지 아니한 것과 다를 바 없는 정도'인 경우는 그것만으로 사업계획승인처분은 위법사유가 된다고 보고, ⓑ '환경영향평가의 내용이 다소 부실하다 하더라도, 그 부실의 정도가 환경영향평가제도를 둔 입법 취지를 달성할 수 없을 정도이어서 환경영향평가를 하지 아니한 것과 다를 바 없는 정도의 부실이 아닌 경우'에 그 부실은 당해 승인 등 처분에 재량권 일탈·남용의 위법이 있는지 여부를 판단하는 하나의 요소로 됨에 그칠 뿐, 그 부실로 인하여 당연히 당해 승인 등 처분이 위법하게 되는 것이 아니라(대판 2001. 6. 29. 99두9902)고 보았다.

### 4. 설 문

㈎ 환경영향평가서의 내용에 오류가 있다고 하더라도 그 정도가 환경영향평가제도를 둔 입법 취지를 달성할 수 없을 정도이어서 환경영향평가를 하지 아니한 것과 다를 바 없는 정도에 이르지 않고 다소 부실한 경우에는 그로 인해 사업승인처분이 위법하게 된다고 볼 수는 없다.

㈏ 국토교통부장관이 환경부장관과 협의를 거친 이상 협의 내용에 구속되지는 않기 때문에 환경부장관의 협의 내용에 따르지 않았다고 하더라도 사업승인처분이 위법하다고 할 수는 없다.

㈐ 국토교통부장관의 사업승인처분은 위법하지 않기 때문에 주민 을의 주장은 정당하지 않다.

**기출 57** (2) 환경영향평가 대상지역 밖에 거주하는 주민 병은 사업승인처분의 취소를 구하는 소송을 제기할 수 있는가? 10.

## Ⅱ. 환경영향평가 대상지역 밖에 거주하는 주민 병의 원고적격

### 1. 문제 상황

㈎ 원고적격이란 행정소송에서 원고가 될 수 있는 자격을 말한다. 취소소송의 원고적격에 대해 행정소송법 제12조 제1문은 '취소소송은 처분 등의 취소를 구할 법률상 이익이 있는 자가 제기할 수 있다'고 규정한다.

㈏ 사업승인처분의 상대방은 갑인데, X건설사업 예정지 인근이지만 환경영향평가 대상지역 밖에 거주하는 병이 갑에게 발령된 사업승인처분의 취소를 구할 원고적격이 있는지가 문제된다.

㈐ 일반적 견해는 법률상 이익의 범위(의미)를 취소소송의 본질에 대한 논의를 통해 결정한다.

## 2. 취소소송의 본질

㈎ 취소소송의 본질(기능)에 관해 ⓐ 취소소송의 목적은 위법한 처분으로 야기된 개인의 권리침해의 회복에 있다는 권리구제설(권리구제설이 말하는 권리는 좁은 의미의 권리이다), ⓑ 위법한 처분으로 (좁은 의미) 권리뿐 아니라 법에 의해 보호되는 이익을 침해당한 자도 처분을 다툴 수 있다는 법률상 보호이익설(통설), ⓒ 처분의 효력을 다투어 이를 부정하는 것이 당사자에게 실질적 이익이 있다면 그것이 법률상 이익이든 사실상의 이익이든 그러한 이익이 침해된 자는 소송을 제기할 수 있다는 보호가치 있는 이익설, ⓓ 취소소송은 개인의 권리구제보다는 처분의 적법성을 유지하는 것이 주된 기능으로 처분의 적법성 확보에 가장 적합한 이익 상태에 있는 자가 원고적격을 갖는다는 적법성보장설이 있다.

㈏ 판례는 「행정소송에서 소송의 원고는 행정처분에 의하여 직접 권리를 침해당한 자임을 보통으로 하나 직접 권리의 침해를 받은 자가 아닐지라도 소송을 제기할 법률상의 이익을 가진 자는 그 행정처분의 효력을 다툴 수 있다(대판 1974. 4. 9. 73누173)」고 하여 법률상 보호이익설의 입장이다.

㈐ 취소소송은 주관적 소송이므로 적법성보장설은 타당하지 않으며, 행정소송법 제12조가 취소소송은 법률상 이익이 있는 자가 제기할 수 있다고 규정하기 때문에 법률상 보호이익설이 타당하다.

## 3. 법률상 이익이 있는 자의 분석

### ⑴ 법률상 이익에서 '법률(법규)'의 범위

#### 1) 학 설

일반적인 견해는 처분의 근거법규의 규정과 취지, 관련법규의 규정과 취지 외에 헌법상 기본권 규정도 고려해야 한다는 입장이다.

#### 2) 판 례

㈎ 판례는 기본적으로 당해 처분의 근거가 되는 법규가 보호하는 이익만을 법률상 이익으로 본다(대판 1989. 5. 23. 88누8135).

㈏ 최근에는 폐기물처리시설입지결정사건에서 근거법규 외에 관련법규까지 고려하여 법률상 이익을 판단하고 있다(대판 2005. 5. 12. 2004두14229).

㈐ 하지만 헌법상의 기본권 및 기본원리를 법률상 이익의 해석에서 일반적으로 고려하지는 않는다. 다만, ⓐ 대법원은 접견허가거부처분사건에서 '접견권'을(대판 1992. 5. 8. 91누7552), ⓑ 헌법재판소는 국세청장의 납세병마개제조자지정처분과 관련된 헌법소원사건에서 '경쟁의 자유'를(헌재 1998. 4. 30. 97헌마141) 기본권이지만 권리로 인정(또는 고려)하였다고 일반적으로 해석한다.

#### 3) 검 토

취소소송은 법률상 보호이익의 구제를 목적으로 하는 소송(법률상 보호이익설)이기 때문에 처분의 근거법규의 규정과 취지, 관련법규의 규정과 취지 외에 기본권 규정도 고려해야 한다는 일반적인 견해가 타당하다.

#### (2) '이익이 있는'의 의미

(가) 판례는 법률상의 이익이란 당해 처분등의 근거가 되는 법규에 의하여 보호되는 개별적·직접적이고 구체적인 이익을 말하고, 단지 간접적이거나 사실적·경제적인 이해관계를 가지는 데 불과한 경우에는 행정소송을 제기할 법률상의 이익이 아니라고 본다(대판 1992. 12. 8. 91누13700).

(나) 그리고 법률상 이익에 대한 침해 또는 침해 우려가 있어야 원고적격이 인정된다(대판 2006. 3. 16. 2006두330).

#### (3) '자'의 범위

(가) 법률상 이익의 주체에는 자연인, 법인, 법인격 없는 단체, 다수인(행정소송법 제15조 참조)도 가능하다.

(나) 행정주체가 아닌 행정기관은 항고소송을 제기할 원고적격이 인정되지 않는다. 그러나 대법원은 경기도선거관리위원회 위원장이 국민권익위원회를 상대로 불이익처분원상회복등요구처분취소를 구한 사건에서 경기도선관위원장은 비록 국가기관이지만 원고적격을 가진다고 보았다(대판 2013. 7. 25. 2011두1214).

### 4. 설 문

(가) 사업승인처분의 상대방은 갑인데, X건설사업 예정지 인근이지만 환경영향평가 대상지역 밖에 거주하는 병이 갑에게 발령된 사업승인처분의 취소를 구하고 있기 때문에 설문의 취소소송은 이웃 소송이다. 이웃 소송이란 이웃하는 자들 사이에서 특정인에게 주어지는 수익적 행위가 타인에게는 법률상 불이익을 초래하는 경우에 그 타인이 자기의 법률상 이익의 침해를 이유로 이웃에게 발령된 처분을 다투는 소송을 말하는데, 이웃 소송의 경우 근거법규 등이 이웃에 대한 행정청의 의무와 사익보호성을 규정하고 있는가(보호규범론)에 따라 원고적격을 판단한다.

(나) 설문과 같은 환경행정소송의 경우 판례는 새만금사건에서 환경영향평가 대상지역 안의 주민은 환경상의 이익에 대한 침해(침해우려)가 있는 것으로 사실상 추정되어 원고적격이 인정되나, 환경영향평가 대상지역 밖의 주민은 환경상의 이익에 대한 침해(침해우려)가 있다는 것을 입증해야 원고적격이 인정될 수 있다고 보았다(대판(전원) 2006. 3. 16. 2006두330). 그리고 물금취수장사건에서 취수장으로부터 멀리 떨어진 곳에 거주하면서 취수장으로부터 수돗물을 공급받는 주민들이 제기한 공장설립승인처분취소를 구하는 소송에서 취수장의 수질이 악화된다면 당연히 환경상의 침해나 침해우려가 있다는 사실을 주민들이 입증하자 그들의 원고적격을 인정하였다(대판 2010. 4. 15. 2007두16127).

(다) 설문에서 갑은 환경영향평가 대상지역 밖에 거주하는 주민이지만 환경상의 이익에 대한 침해(침해우려)가 있다는 것을 입증하면 원고적격을 인정받아 사업승인처분의 취소를 구하는 소송을 제기할 수 있다.

기출 58 〈제1문〉

A주식회사는 Y도지사에게 「산업입지 및 개발에 관한 법률」 제11조에 의하여 X시 관내 토지 3,261,281m$^2$에 대하여 '산업단지지정요청서'를 제출하였고, 해당지역을 관할하는 X시장은 요청서에 대한 사전검토 의견서를 Y도지사에게 제출하였다. 이에 Y도지사는 A주식회사를 사업시행자로 하여 위 토지를 'OO 제2일반지방산업단지'(이하 "산업단지"라고 한다)로 지정·고시한 후, A주식회사의 산업단지개발실시계획을 승인하였다. 그러나 Y도지사는 위 산업단지를 지정하면서, 주민 및 관계 전문가 등의 의견을 청취하지 않았다. 한편, 갑은 X시 관내에 있는 토지소유자로서 갑의 일단의 토지 중 90%가 위 산업단지의 지정·고시에 의해 수용의 대상이 되었다. A주식회사는 갑소유 토지의 취득 등에 대하여 갑과 협의하였으나 협의가 성립되지 아니하였다. 이에 A주식회사는 Y도(道) 지방토지수용위원회에 재결을 신청하였고, 동 위원회는 금10억원을 보상금액으로 하여 수용재결을 하였다. 다음 물음에 답하시오.

(1) 만약 A주식회사가 수용재결을 신청하기 이전에 갑과 합의하여 갑소유의 토지를 협의취득한 경우, 그 협의취득의 법적 성질은? 10.

(2) 갑은 Y도 지방토지수용위원회의 수용재결에 대하여 취소소송을 제기하면서 Y도지사의 산업단지 지정에 하자가 있다고 주장한다. 산업단지 지정에 대한 취소소송의 제소기간이 도과한 경우에 甲의 주장은 인용될 수 있는가? (단, 소의 적법요건은 충족하였다고 가정한다) 20.

(3) 한편, 갑은 중앙토지수용위원회의 이의신청을 거친 후, 재결에 대한 취소소송을 제기하고자 한다. 이 경우 취소소송의 대상과 피고를 검토하시오. 10.

(4) 갑은 자신의 위 토지에 숙박시설을 신축하려고 하였으나 수용되고 남은 토지만으로 이를 실행하기 어렵게 되었고, 토지의 가격도 하락하였다. 이 경우 갑의 권리구제수단을 검토하시오. 10.

[제59회 5급공채(2015년)]

참조조문

산업입지 및 개발에 관한 법률

제7조(일반산업단지의 지정) ① 일반산업단지는 시·도지사 또는 대통령령으로 정하는 시장이 지정한다.

제7조의4(산업단지 지정의 고시 등) ① 국토교통부장관, 시·도지사 또는 시장·군수·구청장은 제6조·제7조·제7조의2 또는 제7조의3에 따라 산업단지를 지정할 때에는 대통령령으로 정하는 사항을 관보 또는 공보에 고시하여야 하며, 산업단지를 지정하는 국토교통부장관 또는 시·도지사(특별자치도지사는 제외한다)는 관계 서류의 사본을 관할 시장·군수 또는 구청장에게 보내야 한다.

제10조(주민 등의 의견청취) ① 산업단지지정권자는 제6조, 제7조, 제7조의2부터 제7조의4까지 및 제8조에 따라 산업단지를 지정하거나 대통령령으로 정하는 중요 사항을 변경하려는 경우에는 이를 공고하여 주민 및 관계 전문가 등의 의견을 들어야 하고, 그 의견이 타당하다고 인정할 때에는 이를 반영하여야 한다.

제11조(민간기업등의 산업단지 지정 요청) ① 국가 또는 지방자치단체 외의 자로서 대통령령으로 정하는 요건에 해당하는 자는 산업단지개발계획을 작성하여 산업단지 지정권자에게 국가산업단지 또는 일반산업단지 및 도시첨단산업단지의 지정을 요청할 수 있다.

③ 제1항에 따른 요청에 의하여 산업단지가 지정된 경우 그 지정을 요청한 자는 제16조에 따라 사업시행자로 지정받을 수 있다.

제22조(토지수용) ① 사업시행자(제16조 제1항 제6호에 따른 사업시행자는 제외한다. 이하 이 조에서 같다)는 산업단지개발사업에 필요한 토지·건물 또는 토지에 정착한 물건과 이에 관한 소유권 외의 권리, 광업권, 어업권, 물의 사용에 관한 권리(이하 "토지등"이라 한다)를 수용하거나 사용할 수 있다.

② 제1항을 적용할 때 제7조의4 제1항에 따른 산업단지의 지정·고시가 있는 때(제6조 제5항 각 호 외의 부분 단서 또는 제7조 제6항 및 제7조의2 제5항에 따라 사업시행자와 수용·사용할 토지등의 세부목록을 산업단지가 지정된 후에 산업단지개발계획에 포함시키는 경우에는 이의 고시가 있는 때를 말한다) 또는 제19조의2에 따른 농공단지실시계획의 승인·고시가 있는 때에는 이를 「공익사업을 위한 토지등의 취득 및 보상에 관한 법률」 제20조 제1항 및 같은 법 제22조에 따른 사업인정 및 사업인정의 고시가 있는 것으로 본다.

③ 국가산업단지의 토지등에 대한 재결(裁決)은 중앙토지수용위원회가 관장하고, 일반산업단지, 도시첨단산업단지 및 농공단지의 토지등에 대한 재결은 지방토지수용위원회가 관장하되, 재결의 신청은 「공익사업을 위한 토지 등의 취득 및 보상에 관한 법률」 제23조 제1항 및 같은 법 제28조 제1항에도 불구하고 산업단지개발계획(농공단지의 경우에는 그 실시계획)에서 정하는 사업기간 내에 할 수 있다.

⑤ 제1항에 따른 수용 또는 사용에 관하여는 이 법에 특별한 규정이 있는 경우를 제외하고는 「공익사업을 위한 토지 등의 취득 및 보상에 관한 법률」을 준용한다.

**기출 58** (1) 만약 A주식회사가 수용재결을 신청하기 이전에 갑과 합의하여 갑소유의 토지를 협의취득한 경우, 그 협의취득의 법적 성질은? 10.

# Ⅰ. 협의취득의 법적 성질

## 1. 문제 상황

산업입지 및 개발에 관한 법률 제22조 제5항은 '이 법에 특별한 규정이 있는 경우를 제외하고는 「공익사업을 위한 토지 등의 취득 및 보상에 관한 법률(토지보상법)」을 준용한다'고 규정하고 있고, 토지보상법 제26조는 협의절차를 규정하고 있어 A주식회사와 갑의 협의취득의 법적 성질이 문제된다.

## 2. 사업인정 전의 협의와 사업인정 후의 협의

### (1) 문 제 점

토지보상법 제16조는 "사업시행자는 토지등에 대한 보상에 관하여 토지소유자 및 관계인과 성실하게 협의하여야 한다," 제17조는 "사업시행자는 협의가 성립되었을 때에는 토지소유자 및 관계인과 계약을 체결하여야 한다"고 규정하고, 토지보상법 제26조 제1항은 "제20조에 따른 사업인정을 받은 사업시행자는 토지조서 및 물건조서의 작성, 보상계획의 공고·통지 및 열람, 보상액의 산정과 토지소유자 및 관계인과의 협의 절차를 거쳐야 한다. 이 경우 제14조부터 제16조까지 및 제68조를 준용한다"고 규정하고 있어, 토지보상법은 협의를 사업인정 전의 협의와 사업인정 후의 협의로 나누고 있다.

### (2) 사업인정 전의 협의와 사업인정 후의 협의의 차이점

① 사업인정 전의 협의는 임의적이나, 사업인정 후의 협의는 필수절차이다. ② 사업인정 전의 협의는 협의성립확인제도가 없으나, 사업인정 후의 협의는 협의성립확인제도를 두고 있다(공익사업을 위한 토지 등의 취득 및 보상에 관한 법률 제29조 참조).

### (3) 설　　문

산업입지 및 개발에 관한 법률 제22조 제2항은 산업단지의 지정·고시가 있는 때 토지보상법상의 사업인정 및 사업인정의 고시가 있는 것으로 본다고 규정하고 있어 설문의 협의는 사업인정 후의 협의가 된다.

## 3. 사업인정 후의 협의의 법적 성질

### (1) 문 제 점

사업인정 전의 협의는 사법상 계약이라는 것이 다수설이며 판례의 입장이지만, 사업인정 후의 협의의 법적 성질에 대해 학설이 대립된다.

(2) 학　설

1) 사법상 계약설

협의는 사업시행자가 토지소유자 등과 대등한 지위에서 행하는 합의이므로 사법상 계약과 동일한 성질을 가진다는 입장이다.

2) 공법상 계약설

이 협의는 사업시행자가 사업인정으로 수용권을 취득한 이후의 문제이고, 협의가 성립되지 않으면 재결에 의해 수용이 이루어진다는 점에서 공법상 계약이라는 입장이다(다수설).

(3) 검토 및 설문

(가) 협의는 수용권의 주체인 사업시행자가 수용권을 실행하는 방법이기 때문에 공법상 계약으로 보는 것이 타당하다.

(나) A주식회사와 갑 사이의 협의취득의 법적 성질은 공법상 계약이다.

**기출 58** (2) 갑은 Y도 지방토지수용위원회의 수용재결에 대하여 취소소송을 제기하면서 Y도지사의 산업단지 지정에 하자가 있다고 주장한다. 산업단지 지정에 대한 취소소송의 제소기간이 도과한 경우에 갑의 주장은 인용될 수 있는가? (단, 소의 적법요건은 충족하였다고 가정한다) 20.

## Ⅱ. 수용재결 취소소송에서 산업단지 지정의 하자의 주장 여부

### 1. 문제 상황

갑은 Y도 지방토지수용위원회의 수용재결에 대하여 취소소송을 제기하면서 Y도지사의 산업단지 지정에 하자가 있다고 주장하는바, 산업단지 지정처분의 하자가 수용재결에 승계될 수 있는지 즉, 행정행위의 하자의 승계가 문제된다.

### 2. 행정행위의 하자의 승계의 의의

행정행위의 하자의 승계란 둘 이상의 행정행위가 연속적으로 행해지는 경우 선행행위의 하자가 후행행위에 승계되는 것을 말한다. 즉 후행행위를 다투며 선행행위의 하자를 주장할 수 있는지의 문제를 말한다.

### 3. 하자승계의 논의의 전제

(가) 하자승계의 논의가 특별히 문제되는 경우는 ⓐ 선행행위와 후행행위가 모두 항고소송의 대상이 되는 행정처분이고, ⓑ 선행행위에는 당연무효가 아닌 취소사유가 존재하고(선행행위가 무효라면 선행행위를 다툴 수도 있으며 — 무효인 행위는 제소기간의 제한이 없다 —, 연속되는 후행행위에 항상 하

자가 승계되므로 논의의 실익이 적다), ⓒ 선행행위에는 하자가 존재하나 후행행위는 적법해야 하고, ⓓ 선행행위의 하자가 제소기간 도과 등으로 불가쟁력이 발생하여 선행행위를 다툴 수 없는 경우라야 한다.

(나) ⓐ Y도지사의 산업단지 지정이나 Y도 지방토지수용위원회의 수용재결은 모두 항고소송의 대상인 처분이고, ⓒ 수용재결에는 별다른 하자가 없으며, ⓓ 산업단지 지정에 대한 취소소송의 제소기간이 도과하였기 때문에, ⓑ요건이 문제된다.

### (1) 산업입지 및 개발에 관한 법률 제10조의 주민 및 관계 전문가 등의 의견을 청취하지 않은 산업단지 지정처분의 위법성

(가) 산업입지 및 개발에 관한 법률 제10조 제1항은 산업단지를 지정하는 경우 주민 및 관계 전문가 등의 의견을 들어야 할 것을 규정하는데 Y도지사는 이를 하지 않았기에 절차상 하자가 있다.

(나) 절차상 하자의 효과에 관한 명문의 규정이 없는 경우 절차상의 하자가 독자적인 위법사유인지가 문제되는데 학설은 소극설, 적극설, 절충설이 대립하며, 판례는 적극설의 입장이다(대판 1991. 7. 9. 91누971). 행정의 법률적합성원칙에 따라 행정작용은 실체상뿐만 아니라 절차상으로도 적법하여야 하며, 취소소송 등의 기속력이 절차의 위법을 이유로 하는 경우에 준용된다는 점(행정소송법 제30조 제3항) 등에 비추어 적극설이 타당하다.

(다) Y도지사의 산업단지 지정처분은 절차상 위법하다.

### (2) 산업단지 지정처분의 위법성의 정도

(가) 행정의 법률적합성을 고려할 때 위법한 행정행위의 효력은 부정하는 것이 정당하지만, 법적 안정성(공정력의 인정근거)을 근거로 일단 잠정적으로 유효성을 인정한다. 그러나 행정행위의 하자가 중대하고도 명백한 경우에는 법적 안정성을 침해할 우려가 없고 그러한 행정행위에 효력을 인정하는 것은 행정의 법률적합성에 반하기 때문에 중대명백설이 타당하다(다수설).

(나) 주민 및 관계 전문가 등의 의견을 청취하지 않은 Y도지사의 산업단지 지정처분은 일반인의 관점에서 외관상 명백하지만, 적법요건에 대한 중대한 위반이라고 보기는 어려워 취소사유에 해당한다.

### (3) 설　　문

산업단지 지정처분은 위법하며 취소사유에 해당하기 때문에 하자의 승계의 전제조건을 만족한다.

### 4. 인정범위

#### (1) 학　설

**1) 하자의 승계론**(전통적 견해)

원칙적으로 행정행위의 하자는 행정행위마다 독립적으로 판단되어야 한다는 전제하에 선행행위와 후행행위가 일련의 절차에서 하나의 법률효과를 목적으로 하는 경우에는 예외적으로 하자의 승계를 인정한다.

**2) 구속력설**(규준력설)

a. 의　의　　구속력이란 선행행정행위의 내용과 효과가 후행행정행위를 구속함으로써 상대방(관계인, 법원)은 선행행위의 하자를 이유로 후행행위를 다투지 못하는 효과를 말한다.

b. 한　계　　(가) 구속력은 ⓐ 선·후의 행위가 법적 효과가 일치하는 범위에서(객관적 한계(내용적·사물적 한계)), ⓑ 처분청과 처분의 직접상대방(이해관계 있는 제3자도 포함) 및 법원에게(주관적 한계(대인적 한계)), ⓒ 선행행정행위의 기초를 이루는 사실적·법적 상황의 동일성이 유지되는 한도까지 미친다(시간적 한계). 이처럼 선행행위의 구속력이 후행행위에 미치는 한 처분의 상대방 등은 선행행위의 하자를 이유로 후행행위를 다투지 못한다.

(나) 그러나 객관적·주관적·시간적 한계 내에서 선행행정행위의 후행행정행위에 대한 구속력이 인정됨으로 인해(행정행위의 하자의 승계를 주장하지 못함으로 인해) 사인의 권리보호가 부당하게 축소될 수 있기 때문에 관련자에게 예측불가능하거나 수인불가능한 경우에는 구속력이 미치지 않는다(추가적 요건). 따라서 이 경우에는 후행행위를 다투며 선행행위의 위법을 주장할 수 있게 된다.

#### (2) 판　례

(가) 판례는 원칙상 하자의 승계론에 따라 선·후의 행위가 단계적인 일련의 절차로 연속하여 행하여지는 것으로서 서로 결합하여 하나의 법률효과를 발생시키는 것이라면 후행처분에 하자가 없다고 하더라도 후행처분의 취소를 청구하는 소송에서 선행처분의 위법성을 주장할 수 있다고 본다. 즉, 대집행절차상 계고처분과 대집행영장발부통보처분(대판 1996. 2. 9. 95누12507), 국세징수법상 독촉과 가산금·중가산금 징수처분(대판 1986. 10. 28. 86누147)에 대해 하자의 승계를 인정하였고, 건물철거명령과 대집행계고처분(대판 1998. 9. 8. 97누20502), 과세처분과 체납처분(대판 1977. 7. 12. 76누51)은 하자의 승계를 부정하였다.

(나) ⓐ 그러나 개별공시지가결정의 위법을 이유로 그에 기초하여 부과된 양도소득세부과처분의 취소를 구한 판결에서 선행행위와 후행행위가 별개의 법률효과를 목적으로 하는 경우에도 수인성의 원칙(입법작용이나 행정작용은 그 효과를 사인이 수인할 수 있는 것이어야 한다는 원칙)을 이유로 하자의 승계를 예외적으로 인정하였다(대판 1994. 1. 25. 93누8542). ⓑ 그리고 최근 표준지공시지가결정의 위법이 수용재결에 승계될 것인지가 문제된 판결에서도 양자는 별개의 법률효과를 목적으

로 하지만 수인성의 원칙을 이유로 하자의 승계를 긍정하였다(대판 2008. 8. 21. 2007두13845). ⓒ 또한 친일반민족행위진상규명위원회가 원고의 사망한 직계존속을 친일반민족행위자로 결정(선행처분)하였으나 이를 원고에게 통지하지 않아 원고는 이 사실을 모른 상태에서 그 이후 지방보훈지청장이 원고를 독립유공자법 적용배제자결정(후행처분)을 하자 원고가 후행처분을 다툰 사건에서, 양자는 별개의 법률효과를 목적으로 하지만 선행처분의 하자를 이유로 후행처분을 다투지 못하는 것은 원고에게 수인불가능하고 예측불가능한 불이익을 강요하는 것이므로 선행처분의 후행처분에 대한 구속력이 인정되지 않아 원고는 하자의 승계를 주장할 수 있다고 보았다(대판 2013. 3. 14. 2012두6964).

#### (3) 검 토

판례의 태도가 타당하다. 즉, 법적 안정성을 고려할 때 행정행위의 하자는 행정행위마다 독립적으로 판단되어야 하는 것이 원칙이지만, 선·후의 행위가 하나의 법률효과를 목적으로 하는 경우에는 예외적으로 하자의 승계를 인정하는 것이 타당하다. 다만, 선·후의 행위가 하나의 법률효과를 목적으로 하지 않는 경우에도 특히 예측불가능하거나 수인불가능한 사정이 있는 경우에는 예외적으로 하자의 승계를 인정하여야 한다.

### 5. 소 결

(가) Y도지사는 산업단지 지정처분은 산업입지 및 개발에 관한 법률에 따른 것이고, 지방토지수용위원회의 수용재결은 토지보상법에 따른 것으로 양자는 별개의 법률효과를 목적으로 하기 때문에 갑은 지방토지수용위원회의 수용재결에 대하여 취소소송을 제기하면서 Y도지사의 산업단지 지정에 하자가 있다고 주장할 수 없다. 다만, 갑에게 예측불가능하거나 수인불가능한 사정이 있었다면 예외적으로 하자의 승계가 인정될 여지는 있다.

(나) 또한 산업입지 및 개발에 관한 법률 제22조 제2항은 산업단지의 지정·고시가 있는 때 토지보상법상의 사업인정 및 사업인정의 고시가 있는 것으로 본다고 규정하는데 판례는 사업인정과 수용재결도 하나의 법률효과를 목적으로 하지 않는다고 본다(대판 2000. 10. 13. 2000두5142).

**기출 58** (3) 한편, 갑은 중앙토지수용위원회의 이의신청을 거친 후, 재결에 대한 취소소송을 제기하고자 한다. 이 경우 취소소송의 대상과 피고를 검토하시오. 10.

## Ⅲ. 재결에 대한 취소소송의 대상과 피고

### 1. 문제 상황

산업입지 및 개발에 관한 법률 제22조 제3항은 일반산업단지 등의 토지등에 대한 재결은 지방토지수용위원회가 관장하도록 규정하고, 제5항은 수용 또는 사용에 관하여는 이 법에 특별한 규정이 있는 경우를 제외하고는 토지보상법을 준용할 것을 규정하며, 토지보상법 제83조 제2항은 지방토지수용위원회의 재결에 이의가 있는 자는 해당 지방토지수용위원회를 거쳐 중앙토지수용위원회에 이의를 신청할 수 있음을 규정한다. 설문에서 갑은 중앙토지수용위원회의 이의신청을 거친 후, 재결에 대한 취소소송을 제기하고자 하기 때문에 수용재결과 이의재결 중 어느 것이 취소소송의 대상이 되는지가 문제되고 그에 따라 피고적격이 결정될 것이다.

## 2. 갑이 제기할 수 있는 행정소송의 종류

㈎ ① 토지수용위원회는 행정소송법상 행정청으로, 수용재결(공익사업을 위한 토지 등의 취득 및 보상에 관한 법률 제34조)이든 이의재결(공익사업을 위한 토지 등의 취득 및 보상에 관한 법률 제84조)이든 행정소송법 제2조 제1항 제1호의 '처분등'에 해당한다. 따라서 수용재결과 이의재결은 항고소송의 대상이 될 수 있다(다만, 공익사업을 위한 토지 등의 취득 및 보상에 관한 법률 제85조 제1항은 제소기간의 특례를 두고 있다). ② 그러나 동법 제85조 제2항은 수용재결 및 이의재결에 관한 행정소송이 보상금의 증감에 관한 소송인 경우에는 당해 소송을 제기하는 자가 토지소유자 또는 관계인인 때에는 사업시행자를, 사업시행자인 때에는 토지소유자 또는 관계인을 각각 피고로 보상금증감청구소송을 제기할 수 있음을 규정하고 있다.

㈏ 설문에서 갑은 재결에 대해 취소소송을 제기하려고 하기 때문에 형식적 당사자소송인 보상금증감청구소송은 문제되지 않는다.

## 3. 중앙토지수용위원회의 이의재결을 거친 경우 취소소송의 대상과 피고

### (1) 원처분주의

㈎ 행정소송법 제19조 단서는 "재결취소소송의 경우에는 재결 자체에 고유한 위법이 있음을 이유로 하는 경우에 한한다"고 하여 원처분주의를 규정하고 있다. 따라서 중앙토지수용위원회의 이의재결이 있는 경우에도 원처분인 수용재결을 취소소송의 대상으로 재결서를 받은 날부터 60일 이내에 소송을 제기할 수 있다(공익사업을 위한 토지 등의 취득 및 보상에 관한 법률 제85조 제1항).

㈏ 갑은 Y도 지방토지수용위원회의 (수용)재결에 대해 취소소송을 제기해야 하며, 피고는 Y도 지방토지수용위원회가 된다.

### (2) 재결 자체에 고유한 위법

㈎ 중앙토지수용위원회의 이의재결에 고유한 위법이 있다면 사업시행자 · 토지소유자 또는 관계인은 '이의신청에 대한 재결서를 받은 날부터 30일 이내에(공익사업을 위한 토지 등의 취득 및 보상에 관한 법률 제85조 제1항)' 이의재결에 대해 취소소송을 제기할 수 있다(대판 2010. 1. 28. 2008두1504). 여기서 '재결 자체의 고유한 위법'이란 재결 자체에 주체 · 절차 · 형식 그리고 내용상의 위법이 있는 경우를 말한다.

(나) 중앙토지수용위원회의 (이의)재결에 고유한 위법이 있다면 갑은 이의재결에 대해 중앙토지수용위원회를 피고로 취소소송을 제기할 수 있다.

(3) 관련청구소송의 병합

지방토지수용위원회의 수용재결에도 위법이 있고, 중앙토지수용위원회의 이의재결 자체에도 고유한 위법이 있다면 갑은 이 두 취소소송을 행정소송법 제10조에 따라 관련청구소송으로 병합할 수 있다(행정소송법 제10조 제1항 제2호의 관련청구소송).

**기출 58** (4) 갑은 자신의 위 토지에 숙박시설을 신축하려고 하였으나 수용되고 남은 토지만으로 이를 실행하기 어렵게 되었고, 토지의 가격도 하락하였다. 이 경우 갑의 권리구제수단을 검토하시오. 10.

## Ⅳ. 잔여지 수용청구권

### 1. 문제 상황

갑은 수용되고 남은 자신의 토지만으로는 숙박시설을 하기 어렵고 토지의 가격도 하락하였다면 권리구제수단은 토지보상법 제74조 제1항의 잔여지수용청구가 된다. 또한 설문은 사업인정 이후의 문제이므로 갑이 토지수용위원회에 수용을 청구하였으나 거부된 경우 어떤 소송을 제기해야 하는지도 검토해야 한다.

### 2. 잔여지 수용청구

(1) 잔여지수용의 의의

잔여지수용이란 동일한 소유자에게 속하는 일단의 토지의 일부가 협의에 의하여 매수되거나 수용됨으로 인하여 잔여지를 종래의 목적에 사용하는 것이 현저히 곤란할 때 해당 토지소유자의 청구로 잔여지를 포함한 전부를 수용하는 것을 말한다(토지보상법 제74조 제1항).

(2) 잔여지수용의 요건

(가) ⓐ 동일한 소유자에게 속하는 일단의 토지(연속된 토지로 그 전체가 단일목적에 공용되고 있는 것으로 전체로서 경제적 이용가치를 지니는 것을 말한다)의 일부가 협의에 의하여 매수되거나 수용됨으로 인하여, ⓑ 잔여지를 종래의 목적(수용재결 당시 잔여지가 현실적으로 사용되고 있는 용도를 말한다)에 사용하는 것이 현저히 곤란할 때(물리적으로 곤란한 경우 외에 사회·경제적으로 사용이 곤란하게 된 경우를 포함한다)에는, ⓒ 먼저 토지소유자가 사업시행자에게 잔여지를 매수하여 줄 것을 청구하였으나 협의가 성립되지 않아야 하며, ⓓ 사업인정 이후 해당 사업의 공사완료일까지 ⓔ 관할 토지수용위원회에 수용을 청구할 수 있다.

(나) 동일한 소유자 갑에게 속하는 일단의 토지이며, 잔여지를 종래 목적으로 사용하는 것이

현저히 곤란하다면, 먼저 사업시행자에게 매수를 청구하고, 사업인정 이후에는 관할 토지수용위원회에 수용을 청구할 수 있다. 다만, 토지수용위원회가 매수를 거부한다면 갑은 어떤 권리구제수단을 행사해야 하는지가 문제된다.

## 3. 토지수용위원회의 잔여지 수용거부결정에 불복하는 경우 행정소송의 성질

### (1) 잔여지수용청구권의 성질

잔여지수용청구권은 손실보상의 일환으로 토지소유자에게 부여되는 권리로서 그 요건을 구비한 때에는 잔여지를 수용하는 토지수용위원회의 재결이 없더라도 토지소유자의 청구에 의하여 수용의 효과가 발생하는 형성권적 성질을 가진다(대판 2010. 8. 19. 2008두822).

### (2) 행정소송의 형식

1) 학 설

ⓐ 토지수용위원회의 잔여지수용거부결정은 처분이므로 토지수용위원회의 거부결정에 대해 취소소송(무효확인소송)을 제기해야 한다는 견해와 ⓑ 잔여지수용청구권은 형성권이며 잔여지수용청구로 수용의 효과가 발생하였기 때문에 토지소유자가 토지수용위원회의 수용거부결정에 불복하는 행정소송은 토지보상법 제85조 제2항의 보상금증감청구소송이라는 견해가 대립된다.

2) 판 례

판례는 「잔여지 수용청구를 받아들이지 않은 토지수용위원회의 재결에 대하여 토지소유자가 불복하여 제기하는 소송은 위 법(토지보상법) 제85조 제2항에 규정되어 있는 '보상금의 증감에 관한 소송'에 해당하여 사업시행자를 피고로 하여야 한다(대판 2010. 8. 19. 2008두822)」고 하여 보상금증감청구소송으로 본다.

3) 검 토

토지소유자의 잔여지수용청구권은 형성권이므로 잔여지 수용청구로 수용의 효과는 이미 발생하였기 때문에 잔여지 수용청구를 토지수용위원회가 거부한다고 하여도 궁극적으로 남은 문제는 보상금의 증감에 대한 것이며, 잔여지수용거부결정에 대해 취소소송(무효확인소송)을 제기해야 한다는 견해는 분쟁의 일회적 해결이라는 측면에서 문제가 있다. 따라서 판례처럼 토지수용위원회의 수용거부결정에 대해 토지소유자가 불복하여 제기하는 소송은 토지보상법 제85조 제2항에 규정되어 있는 '보상금의 증감에 관한 소송'으로 보는 것이 타당하다.

### (3) 설 문

토지수용위원회가 잔여지 수용거부결정을 하는 경우 갑은 사업시행자 A주식회사를 상대로 토지보상법 제85조 제2항의 보상금증액청구소송을 제기해야 한다.

기출 59 〈제2문〉

갑은 행정청 을이 지출한 업무추진비의 예산집행내역과 지출증빙서 등에 관하여 을에게 정보공개청구를 하였다. 다음 물음에 답하시오.

(1) 갑은 정보의 사본 또는 출력물의 교부의 방법으로 정보를 공개해줄 것을 요구하였다. 이에 반해 을은 열람의 방법에 의한 공개를 선택할 수 있는가? 10.

(2) 공개 청구된 정보 중에는 을이 주최한 간담회·연찬회 등 각종 행사 관련 지출 증빙에 행사참석자(공무원도 일부 참석함)를 식별할 수 있는 개인정보가 포함되어 있다. 을은 이를 이유로 정보공개를 거부할 수 있는가? 20.

[제59회 5급공채(2015년)]

기출 59 (1) 갑은 정보의 사본 또는 출력물의 교부의 방법으로 정보를 공개해줄 것을 요구하였다. 이에 반해 을은 열람의 방법에 의한 공개를 선택할 수 있는가? 10.

## Ⅰ. 정보공개방법의 선택 여부

### 1. 문제 상황

공공기관의 정보공개에 관한 법률(정보공개법) 제13조 제2항 본문은 청구인이 사본 또는 복제물의 교부를 원하는 경우에는 이를 교부해야 함을 규정하는데, 설문처럼 갑이 정보의 사본 또는 출력물의 교부의 방법으로 정보를 공개해줄 것을 요구하였음에도 행정청이 열람의 방법으로 공개의 방법을 선택할 수 있는지가 문제된다.

### 2. 정보공개의 방법

㈎ 공공기관은 정보를 공개하기로 결정한 경우, 청구인은 제한사유(정보의 원본이 더럽혀지거나 파손될 우려가 있거나 그 밖에 상당한 이유가 있다고 인정할 때에는 정보의 사본·복제물을 공개할 수 있다)에 해당하지 않는 한 정보를 열람·시청할 수 있다(공공기관의 정보공개에 관한 법률 제13조 제1항·제3항).

㈏ 또한, 청구인이 사본 또는 복제물의 교부를 요청하는 경우 공공기관은 이를 교부하여야 한다. 다만, 공개 대상 정보의 양이 너무 많아 정상적인 업무수행에 현저한 지장을 초래할 우려가 있는 경우에는 정보의 사본·복제물을 일정 기간별로 나누어 제공하거나 열람과 병행하여 제공할 수 있다(공공기관의 정보공개에 관한 법률 제13조 제2항).

㈐ 다만, 공개청구를 받은 공공기관이 정보공개방법을 선택할 수 있는지가 문제된다.

### 3. 정보공개방법의 선택에 관한 행정청의 재량 여부

정보공개방법을 행정청이 선택할 수 있는지에 대해 판례는 「정보공개를 청구하는 자가 공공기관에 대해 정보의 사본 또는 출력물의 교부의 방법으로 공개방법을 선택하여 정보공개청구를 한 경우에 공개청구를 받은 공공기관으로서는 법 제8조 제2항(현행 제13조 제2항 단서)에서 규정한 정보의 사본 또는 복제물의 교부를 제한할 수 있는 사유에 해당하지 않는 한 정보공개청구자가 선택한 공개방법에 따라 정보를 공개하여야 하므로 그 공개방법을 선택할 재량권이 없다고 해석함이 상당하다. 원고가 피고들에게 그 판시의 정보를 사본 또는 출력물의 교부의 방법에 의하여 공개하여 줄 것을 청구한 이상, 피고들로서는 이 사건 정보에 법 제8조 제2항에 규정된 사유가 있음을 입증하지 못하는 한 원고가 선택한 공개방법에 따라 이 사건 정보를 공개하여야 한다(대판 2004. 8. 20. 2003두8302)」고 하여 행정청이 정보공개방법을 선택할 재량권이 없다고 본다.

### 4. 검토 및 설문

㈎ 공공기관의 정보공개에 관한 법률 시행규칙 [별지 제1호의 2서식]의 정보공개청구서에

는 청구인이 정보공개의 방법을 선택할 수 있도록 규정하고, 행정청이 정보공개의 방법을 선택하는 것은 사실상 정보공개의 거부처분으로 볼 수 있는바(서울행정법원 2008. 1. 31. 2007구합20416 참조), 행정청은 정보공개방법을 선택할 재량권이 없다고 보아야 한다.

(나) 갑이 정보의 사본 또는 출력물의 교부의 방법으로 정보를 공개해줄 것을 요구하였다면 행정청 을은 열람의 방법으로 공개의 방법을 선택할 수 없다.

**기출 59** (2) 공개 청구된 정보 중에는 을이 주최한 간담회·연찬회 등 각종 행사 관련 지출 증빙에 행사참석자(공무원도 일부 참석함)를 식별할 수 있는 개인정보가 포함되어 있다. 을은 이를 이유로 정보공개를 거부할 수 있는가? 20.

## Ⅱ. 행정청 을이 지출한 업무추진비의 예산집행내역과 지출증빙서 등에 관한 정보가 비공개대상인지 여부

### 1. 문제 상황

정보공개법 제3조는 공공기관이 보유·관리하는 정보에 대해 공개를 원칙으로 하고 있고, 동법은 제9조 제1항 단서에서 비공개대상정보를 규정하고 있다. 설문에서 행정청 을은 자신이 주최한 간담회·연찬회 등 각종 행사 관련 지출 증빙에 행사참석자를 식별할 수 있는 개인정보가 포함되어 있다는 이유로 정보공개를 거부하였던바 정보공개법 제9조 제1항 제6호와 관련해 비공개대상정보인지가 문제된다.

### 2. 정보공개청구권자와 공개대상정보

#### (1) 정보공개청구권자

공공기관의 정보공개에 관한 법률 제5조 제1항은 "모든 국민은 정보의 공개를 청구할 권리를 가진다"고 규정한다.

#### (2) 공개대상정보

공공기관이 보유·관리하는 정보는 공개대상이 된다(공공기관의 정보공개에 관한 법률 제9조 제1항 본문). "공공기관"이란 국가기관(① 국회, 법원, 헌법재판소, 중앙선거관리위원회 ② 중앙행정기관(대통령 소속 기관과 국무총리 소속 기관을 포함한다) 및 그 소속 기관 ③「행정기관 소속 위원회의 설치·운영에 관한 법률」에 따른 위원회), 지방자치단체,「공공기관의 운영에 관한 법률」 제2조에 따른 공공기관, 그 밖에 대통령령으로 정하는 기관을 말한다(동법 제2조 제3호).

#### (3) 정보공개청구의 제한사유로서 권리남용

판례는 정보공개청구권자가 오로지 상대방을 괴롭힐 목적으로 정보공개를 구하고 있다는 등의 특별한 사정이 없는 한 정보공개청구가 신의칙에 반하거나 권리남용에 해당한다고 볼 수 없어 정보를 공개하여야 한다고 본다(대판 2006. 8. 24. 2004두2783).

#### (4) 설　문

갑은 공공기관의 정보공개에 관한 법률 제5조 제1항에 따라 정보공개청구권을 가지며, 설문의 행정청 을이 지출한 업무추진비의 예산집행내역과 지출증빙서 등에 관한 정보는 공공기관이 보유·관리하는 정보이므로 공개대상정보에 해당하며, 권리남용도 특히 문제되지는 않는다.

### 3. 행정청 을이 지출한 업무추진비의 예산집행내역과 지출증빙서 등에 관한 정보의 공개 여부

#### (1) 정보공개법 제9조 제1항 제6호의 요건

(가) 공공기관의 정보공개에 관한 법률 제9조 제1항 제6호는 비공개대상정보를 규정하면서 본문에서 ⓐ 개인에 관한 사항일 것과 ⓑ 사생활의 비밀이나 자유의 침해 우려가 있을 것을 필요로 하고 있다. ⓒ 그러나 단서에서 가~마목까지의 공개될 수 있는 예외를 규정한다(가. 법령에서 정하는 바에 따라 열람할 수 있는 정보, 나. 공공기관이 공표를 목적으로 작성하거나 취득한 정보로서 사생활의 비밀 또는 자유를 부당하게 침해하지 아니하는 정보, 다. 공공기관이 작성하거나 취득한 정보로서 공개하는 것이 공익이나 개인의 권리 구제를 위하여 필요하다고 인정되는 정보, 라. 직무를 수행한 공무원의 성명·직위, 마. 공개하는 것이 공익을 위하여 필요한 경우로서 법령에 따라 국가 또는 지방자치단체가 업무의 일부를 위탁 또는 위촉한 개인의 성명·직업).

(나) 특히 다목의 '공공기관이 작성하거나 취득한 정보로서 공개하는 것이 공익이나 개인의 권리 구제를 위하여 필요하다고 인정되는 정보'에 대해 판례는 「여기에서 '공개하는 것이 공익을 위하여 필요하다고 인정되는 정보'에 해당하는지 여부는 비공개에 의하여 보호되는 개인의 사생활 보호 등의 이익과 공개에 의하여 보호되는 국정운영의 투명성 확보 등의 공익을 비교·교량하여 구체적 사안에 따라 신중히 판단하여야 한다(대판 2007. 12. 13. 2005두13117)」고 본다.

#### (2) 설　문

(가) 행정청 을이 지출한 업무추진비의 예산집행내역과 지출증빙서 등에 관한 정보에 행정청 을이 주최한 각종 행사 관련 지출 증빙에 행사참석자(공무원도 일부 참석함)를 식별할 수 있는 개인정보가 포함되어 있다면 ⓐ 개인에 관한 사항일 것과 ⓑ 사생활의 비밀이나 자유의 침해 우려가 있을 것 요건은 만족한다. 다만, ⓒ의 예외사유에 해당 여부가 문제된다.

(나) 행정청 을이 지출한 업무추진비의 예산집행내역과 지출증빙서 등에 관한 정보에 행정청 을이 주최한 각종 행사 관련 지출 증빙에 행사참석자를 식별할 수 있는 개인정보가 포함되어 있다면 공개에 의해 보호되는 공익보다 개인의 사생활 보호가 더욱 중요하다. 다만, 공무원의 경우가 문제되는데 판례는 「금품수령자정보 중 그 공무원이 직무와 관련하여 금품을 수령한 정보는 '공개하는 것이 공익을 위하여 필요하다고 인정되는 정보'에 해당한다고 인정된다 하더라도, 공무

원이 직무와 관련 없이 개인적인 자격 등으로 금품을 수령한 경우의 정보는 그 공무원의 사생활 보호라는 관점에서 보더라도 그 정보가 공개되는 것은 바람직하지 않으며 위 정보의 비공개에 의하여 보호되는 이익보다 공개에 의하여 보호되는 이익이 우월하다고 할 수도 없으므로 이는 '공개하는 것이 공익을 위하여 필요하다고 인정되는 정보'에 해당하지 않는다고 봄이 상당하다(대판 2003. 12. 12. 2003두8050)」고 하여 공무원이 직무와 관련 없이 행사에 참석한 경우는 그의 사생활보호가 더 중요하다고 보았다.

(다) 따라서 행정청 을은 지출한 업무추진비의 예산집행내역과 지출증빙서 등에 관한 정보에 자신이 주최한 각종 행사 관련 지출 증빙에 행사참석자를 식별할 수 있는 개인정보가 포함되어 있다는 이유로 정보공개를 거부할 수 있다.

(라) 다만, 업무추진비의 예산집행내역과 지출증빙서 등에 관한 정보에 대한 비공개결정이 정당하다고 하더라도 공공기관의 정보공개에 관한 법률 제14조의 부분공개의 요건을 만족한다면 부분공개를 하여야 한다.

기출 60 〈제3문〉

X광역시 Y구의회는 「X광역시 Y구 행정사무감사 및 조사에 관한 조례 중 일부 개정조례안」을 의결하여 Y구청장에게 이송하였다. 위 조례안의 개정취지는 지방의회가 의결로 집행기관 소속 특정 공무원에 대하여 의원의 자료제출요구에 성실히 이행하지 않았다는 구체적인 징계사유를 들어 징계를 요구할 수 있다는 것이다. 이에 Y구청장은 위 개정조례안이 법령에 없는 새로운 견제장치를 만들어 지방의회가 집행기관의 고유권한을 침해하는 것으로 위법하다고 주장하였다. 위 개정조례안에 대한 Y구청장의 통제방법을 검토하고, Y구청장의 주장이 타당한지를 논하시오. 20.

[제59회 5급공채(2015년)]

# I. 단체장의 위법한 조례안에 대한 법적 통제 수단

## 1. 문제 상황

위법한 조례안에 대한 통제는 해당 지방자치단체의 단체장에 의한 통제와 감독청의 통제로 나눌 수 있고, 각각 행정적 방법과 사법적 방법이 있다. 설문에서는 Y구청장의 통제수단을 묻고 있는바 지방자치단체장의 행정적 방법에 의한 통제와 사법적 방법에 의한 통제를 검토한다.

## 2. 행정적 방법(재의요구)

지방자치단체의 장은 이송받은 조례안에 대하여 이의가 있으면 20일 이내에 이유를 붙여 지방의회로 환부하고, 재의를 요구할 수 있다(지방자치법 제26조 제3항). 이처럼 조례안에 대한 재의 요구 사유에 제한은 없다. 다만 지방자치단체의 장은 조례안의 일부에 대하여 또는 조례안을 수정하여 재의를 요구할 수 없다(지방자치법 제26조 제3항).

## 3. 사법적 방법(제소)

지방자치법 제107조 및 제172조는 대법원에 제소할 수 있는 의결에 제한을 가하지 않고 있기에 그 의결에 조례안에 대한 의결도 포함된다는 것이 일반적 견해와 판례의 입장이다.

### (1) 단체장의 제소·집행정지신청

㈎ 지방자치단체의 장은 재의결된 사항(조례안에 대한 재의결을 포함)이 법령에 위반된다고 판단되면 재의결된 날부터 20일 이내에 대법원에 소를 제기할 수 있고, 이 경우 필요하다고 인정되면 그 의결의 집행을 정지하게 하는 집행정지결정을 신청할 수 있다(지방자치법 제107조 제3항, 제172조 제3항).

㈏ 위법한 재의결에 대해 대법원에 제기하는 이 소송은 단체장이 의회를 상대로 제기하는 소송으로 기관소송이라는 견해가 다수설이다.

### (2) 단체장의 제소·집행정지신청(이는 단체장의 통제수단으로도, 감독청의 통제수단으로도 볼 수 있다)

㈎ 지방자치단체의 장은 재의결된 사항(조례안에 대한 재의결을 포함)이 법령에 위반된다고 판단되면 재의결된 날부터 20일 이내에 대법원에 소를 제기할 수 있고, 이 경우 필요하다고 인정되면 그 의결의 집행을 정지하게 하는 집행정지결정을 신청할 수 있다(지방자치법 제172조 제3항).

㈏ 지방자치법 제107조 제3항의 요건과 제172조 제3항의 제소요건이 동일하기에 위법한 재의결에 대해 단체장이 의회를 상대로 대법원에 제기하는 소송은 기관소송이라는 견해가 다수설이다.

(3) **감독청의 제소지시·단체장의 제소**(단체장의 통제수단으로도, 감독청의 통제수단으로도 볼 수 있다)

(가) 감독청은 재의결된 사항(조례안에 대한 재의결을 포함)이 법령에 위반된다고 판단됨에도 불구하고 해당 지방자치단체의 장이 소송을 제기하지 아니하면 그 지방자치단체의 장에게 지방자치법 제172조 제3항의 기간(재의결된 날로부터 20일)이 지난 날로부터 7일 이내에 제소를 지시할 수 있고, 제소지시를 받은 지방자치단체장은 제소지시를 받은 날부터 7일 이내에 제소하여야 한다(지방자치법 제172조 제4항·제5항).

(나) 이 소송의 성질에 대해 ⓐ 감독청의 제소를 지방자치단체장이 대신하는 것이라 하여 특수한 소송으로 보는 견해가 있으나 ⓑ 감독청의 제소지시는 후견적인 것에 불과하고 해당 소송의 원고는 지방자치단체장이며, 동 소송은 지방자치법 제107조 제3항 및 제172조 제3항의 소송과 제소요건이 동일하므로 제107조 제3항의 소송을 기관소송으로 보는 한 제4항·제5항 소송도 기관소송으로 보는 견해가 타당하다(기관소송설, 다수견해).

### 4. 소 결

위법한 조례안에 대해 Y구청장은 의회에 환부하고 재의를 요구할 수도 있고(지방자치법 제26조 제3항), 재의결된 조례안에 대해 대법원에 제소하거나 집행정지를 신청할 수 있다(동법 제107조 제3항). 또한 감독청의 재의요구명령에 따라 재의요구하고, 재의결된 조례안에 대해 대법원에 제소하거나 집행정지를 신청할 수도 있다(동법 제172조 제1항, 제3항). 그리고 감독청의 제소지시에 따라 Y구청장은 대법원에 제소할 수 있다(동법 제172조 제4항).

## Ⅱ. Y구청장의 주장의 타당성

### 1. 문제 상황

(가) 조례가 적법·유효하게 효력을 발생하려면 지방의회가 일정한 절차와 공포요건을 갖추어(지방자치법 제26조) 감독청에 보고해야 한다(지방자치법 제28조). 뿐만 아니라 내용상의 적법요건으로 조례제정 대상인 사무에 대하여만 제정할 수 있다는 사항적 한계를 준수하여야 하고, 법률유보의 원칙과 법률우위의 원칙에 반하여서는 아니 된다. 설문의 경우 절차와 공포, 보고요건은 문제되지 않으므로 내용상의 적법요건만을 검토한다(지방자치법 제22조).

(나) 지방자치법 제22조는 "지방자치단체는 법령의 범위 안에서 그 사무에 관하여 조례를 제정할 수 있다. 다만, 주민의 권리 제한 또는 의무 부과에 관한 사항이나 벌칙을 정할 때에는 법률의 위임이 있어야 한다"고 규정한다. 즉 ① 그 사무에 대해 조례를 제정할 수 있으며(조례제정 대상인 사무), ② 일정한 경우 법률의 위임이 있어야 하고(법률유보의 원칙), ③ 법령의 범위에서만 제정할 수 있다(법률우위의 원칙).

(다) 설문에서 Y구청장은 「X광역시 Y구 행정사무감사 및 조사에 관한 조례 중 일부 개정조

례안」이 특히 법령에 없는 새로운 견제장치를 만들어 지방의회가 집행기관의 고유권한을 침해한다고 주장하는바 그 타당성 여부를 법률우위의 원칙과 관련해 검토한다.

## 2. 조례제정사항인 사무

### (1) 지방자치법 제22조와 제9조 제1항

지방자치법 제22조 본문은 "지방자치단체는 법령의 범위 안에서 '그 사무'에 관하여 조례를 제정할 수 있다"고 규정하고 있으며, 제9조 제1항은 "지방자치단체는 관할 구역의 '자치사무와 법령에 따라 지방자치단체에 속하는 사무'를 처리한다"고 하므로 조례로 제정할 수 있는 사무는 자치사무와 단체위임사무이며 기관위임사무는 제외된다. 다만 예외적으로 법령이 기관위임사무를 조례로 정하도록 규정한다면 기관위임사무도 조례로 정할 수는 있다(대판 1999. 9. 17. 99추30).

### (2) 자치사무와 (기관)위임사무의 구별

ⓐ 먼저 입법자의 의사에 따라 법률의 규정형식과 취지를 먼저 고려하여 판단하고, ⓑ 불분명하다면 전국적·통일적 처리가 요구되는 사무인지 여부, 경비부담, 책임귀속주체 등도 고려한다. ⓒ 그리고 지방자치법 제9조 제2항(지방자치단체사무의 예시)이 판단기준이 된다. ⓓ 만일 그래도 불분명하다면 지방자치단체사무의 포괄성의 원칙에 따라 자치단체사무로 추정한다.

### (3) 설 문

지방자치법 제40조 제1항은 본회의나 위원회가 서류의 제출을 해당 지방자치단체의 장에게 요구할 수 있음을 규정하고, 동법 제41조는 지방의회의 행정사무 감사권 및 조사권을 규정하며, 동법 제9조 제2항 제1호 마목은 '소속 공무원의 인사·후생복지 및 교육'에 관한 사무를 지방자치단체의 사무로 예시하고 있는바, 설문에서 의원의 자료제출요구를 성실히 이행하지 않은 집행기관 소속 특정 공무원에 대해 징계를 요구하는 사무는 지방자치단체의 사무로 조례제정이 가능하다.

## 3. 법률유보의 원칙

### (1) 지방자치법 제22조 단서의 위헌 여부

#### 1) 문 제 점

헌법 제117조 제1항은 "지방자치단체는 … 법령의 범위 안에서 자치에 관한 규정을 제정할 수 있다"고 하여 형식적으로만 본다면 법률우위원칙만을 규정하고 있다. 그러나 지방자치법 제22조는 본문에서 조례는 법률우위원칙을, 단서에서 법률유보원칙을 준수해야 함을 규정하고 있다. 따라서 지방자치법 제22조 단서가 헌법상 인정된 지방의회의 포괄적 자치권을 제한하는 위헌적인 규정이 아닌지에 대해 학설의 대립이 있다.

2) 학　설

ⓐ 위헌설(지방자치법 제22조 단서는 헌법이 부여하는 지방자치단체의 자치입법권(조례제정권)을 지나치게 제약하고 있으며, 지방자치단체의 포괄적 자치권과 전권한성의 원칙에 비추어 위헌이라는 입장이다)과 ⓑ 합헌설(헌법 제117조 제1항에 법률유보에 대한 명시적 규정이 없더라도 지방자치법 제22조 단서는 헌법 제37조 제2항(국민의 모든 자유와 권리는 국가안전보장 · 질서유지 또는 공공복리를 위하여 필요한 경우에 한하여 법률로써 제한할 수 있으며…)에 따른 것이므로 합헌이라는 입장이다)(다수설)이 대립한다.

3) 판　례

대법원은 지방자치법 제15조(현행 제22조)는 기본권 제한에 대하여 법률유보원칙을 선언한 헌법 제37조 제 2 항의 취지에 부합하기 때문에 합헌이라고 본다(대판 1995. 5. 12. 94추28).

4) 검　토

지방자치법 제22조 단서는 헌법 제37조 제 2 항에 따른 확인적인 규정에 불과하며, 조례제정에 법적 근거가 필요하다는 내용을 법률에 직접 규정할 것인지는 입법정책적인 사항이므로 합헌설이 타당하다.

(2) 지방자치법 제22조 단서의 적용

1) 법률유보가 필요한 경우

지방자치법 제22조 단서는 조례가 ⓐ 주민의 권리제한 또는 ⓑ 의무부과에 관한 사항이나 ⓒ 벌칙을 정할 때에만 법률의 위임이 필요하다고 한다. 따라서 수익적인 내용의 조례나 수익적 내용도 침익적 내용도 아닌 조례(비침익적인 조례)는 법률의 근거를 요하지 않는다.

2) 법률유보의 정도(포괄적 위임의 가능성)

조례는 지방의회가 지역적 민주적 정당성을 가지고 있고 헌법이 포괄적인 자치권을 보장하고 있는 점에 비추어 포괄적인 위임으로 족하다는 다수설과 판례(대판 1991. 8. 27. 90누6613)(헌재 1995. 4. 20. 92헌마264 · 279)가 타당하다.

(3) 설　문

설문의 「X광역시 Y구 행정사무감사 및 조사에 관한 조례 중 일부 개정조례안」은 주민의 권리제한, 의무부과, 벌칙과 관련되어 있지 않으므로 법률에 근거 없이도 Y구의회는 이를 제정할 수 있다.

## 4. 법률우위의 원칙

### (1) 헌법과 법률규정

헌법 제117조 제 1 항(지방자치단체는 주민의 복리에 관한 사무를 처리하고 재산을 관리하며, 법령의 범위안에서 자치에 관한 규정을 제정할 수 있다), 지방자치법 제22조 본문(지방자치단체는 법령의 범위 안에서 그 사무에 관하여 조례를 제정할 수 있다) · 제24조(시 · 군 및 자치구의 조례나 규칙은 시 · 도의 조례나 규칙을 위반하여서는 아니 된다)는 조례에도 법률우위원칙은 당연히 적용된다고 한다. 여기서 말하는 법률은 지방자치법, 지방재정법, 지방공무원법을 포함한 모든 개별법령과 행정법의 일반원칙을 말한다.

#### (2) 법률우위원칙 위반 여부 판단

**1) 조례규정사항과 관련된 법령의 규정이 없는 경우**(양자의 입법목적이 다른 경우도 포함)

조례규정사항과 관련된 법령의 규정이 없거나 조례와 법령의 입법목적이 다른 경우는 일반적으로 지방자치법 제22조 단서의 법률유보의 원칙에 반하지 않는 한 조례로서 규정할 수 있다. 다만, 행정법의 일반원칙에 위반됨은 없어야 한다.

**2) 조례규정사항과 관련된 법령의 규정이 있는 경우**

a. 조례내용이 법령의 규정보다 더 침익적인 경우 헌법 제117조 제1항과 지방자치법 제22조 본문에 비추어 법령의 규정보다 더욱 침익적인 조례는 **법률우위원칙**에 위반되어 위법하며 무효이다. 판례도 수원시의회가 재의결한 법령상 자동차등록기준보다 더 엄격한 기준을 정한 차고지확보조례안에 대한 무효확인사건에서 같은 입장이다(대판 1997. 4. 25. 96추251).

b. 조례내용이 법령의 규정보다 더 수익적인 경우(수익도 침익도 아닌 경우도 포함) ① 조례의 내용이 수익적(또는 수익도 침익도 아닌 경우)이라고 할지라도 **성문의 법령에 위반되어서는 아니 된다**는 것이 일반적인 입장이다(판례도 인천광역시의회가 재의결한 지방자치단체가 소속 공무원의 대학생 자녀에게 학비를 지급하기 위하여 만든 장학기금출연조례안 무효확인사건에서 수익적인 조례도 성문법령에 위반되어서는 아니 된다고 보았다(대판 1996. 10. 25. 96추107)). 다만, 판례와 일반적 견해는 조례가 성문의 법령에 위반된다고 하더라도 국가법령의 취지가 지방자치단체의 실정에 맞도록 별도 규율을 용인하려는 것이라면 국가법령보다 더 수익적인 조례 또는 법령과 다른 별도 규율내용을 담은 조례의 적법성을 인정하고 있다(판례는 광주광역시 동구의회가 재의결한 자활보호대상자에 대한 생계비 지원조례안 무효확인사건에서 국가법령이 별도 규율을 용인하려는 취지라면 법령보다 더 수익적인 조례의 적법성을 인정하고 있다(대판 1997. 4. 25. 96추244))(침익적 조례의 경우는 이러한 법리가 인정되지 않고 성문의 법령보다 더 침익적인 조례는 무효이다). ② 이 경우도 지방자치법 제122조, 지방재정법 제3조 등의 **건전재정운영의 원칙과 행정법의 일반원칙**에 위반되어서는 아니 된다.

#### (3) 설　문

㈎ 「X광역시 Y구 행정사무감사 및 조사에 관한 조례 중 일부 개정조례안」은 주민에게는 수익도 침익도 아닌 지방자치단체 내부의 조직에 관한 조례이지만 성문의 법령에 위반되어서는 아니 된다. 즉, 판례는 「지방자치법상 지방자치단체의 집행기관과 지방의회는 서로 분립되어 제각각 그 고유권한을 행사하되 상호견제의 범위 내에서 상대방의 권한 행사에 대한 관여가 허용되는 것이므로, 집행기관의 고유권한에 속하는 인사권의 행사에 있어서도 지방의회는 견제의 범위 내에서 소극적·사후적으로 개입할 수 있을 뿐 사전에 적극적으로 개입하는 것은 허용되지 아니한다(대판 2000. 11. 10. 2000추36)」고 본다.

㈏ 설문의 조례안은 의원의 자료제출요구를 성실히 이행하지 않은 집행기관 소속 특정 공무원에 대해 징계를 요구할 수 있다는 내용을 담고 있는바, 이는 조례안이 새로운 견제장치를

만들어 집행기관인 Y구청장의 고유권한을 침해하는 것이므로 법률우위의 원칙에 위반된다.

㈐ 판례도 동일한 사안에서「이 사건 조례안규정에 따르면, 지방의회가 의결로 집행기관 소속 특정 공무원에 대하여 의원의 자료제출 요구에 성실히 이행하지 않았다는 구체적인 징계사유를 들어 징계를 요청할 수 있다는 것인바, 이 같은 징계요청은 집행기관에 정치적·심리적 압박으로 작용하여 견제수단으로서 실질적으로 기능할 수 있다고 보인다. 이 같은 견제장치는 법령에 없는 새로운 것으로서 지방의회가 지방자치단체 장의 소속 직원에 대한 징계권 행사에 미리 적극적으로 개입하는 것을 허용하는 것이므로, 집행기관의 고유권한을 침해하여 위법하다고 할 것이다(대판 2011. 4. 28. 2011추18)」라고 보았다.

## 5. 소 결

설문의「X광역시 Y구 행정사무감사 및 조사에 관한 조례 중 일부 개정조례안」은 법령에 없는 새로운 견제장치를 만들어 지방의회가 집행기관의 고유권한을 침해하는 것으로 위법하기 때문에 Y구청장의 주장이 타당하다.

**기출 61** 〈제1문〉

만 20세인 갑과 만 17세인 을은 2015. 6. 14. 23:50경 담배를 피우지 못하도록 표시된 인터넷 컴퓨터게임시설제공업소(일명 'PC방')에서 함께 담배를 피우며 게임을 하고 있었다. 경찰관 A는 PC방을 순찰하던 중 학생처럼 보이는 갑과 을을 발견하고 담배 피우는 것을 제지하면서 두 사람에게 신분증 제시를 요구하였다. 그러나 갑은 신분증을 제시하지 않았을 뿐만 아니라, 이름과 생년월일 등 신분 확인을 위한 자료의 요구에도 일절 응하지 아니하면서 경찰관 A를 향해 키보드를 던지며 저항하였다. 이에 경찰관 A는 갑을 진정시킨 후 갑의 동의 하에 갑과 함께 경찰서로 이동하여 갑을 공무집행방해 혐의로 입건하였다. 그리고 경찰관 A는 갑의 신원확인을 위하여 갑에게 십지(十指)지문채취를 요구하였으나, 갑은 경찰관 A의 공무집행이 위법하였음을 주장하며 피의사실을 부인하면서 지문채취에 불응하였다.

–이하 생략

(4) PC방 영업을 하는 병은 청소년 출입시간을 준수하지 않았다는 이유로 관할 시장으로부터 영업정지 1월의 처분을 받았다. 그런데 관할 시장은 이 처분을 하기 전에 병에게 처분의 원인이 되는 사실과 의견제출의 방법 등에 관한 「행정절차법」상 사전통지를 하지 아니하였다. 이에 병은 사전통지 없는 영업정지처분이 위법하다고 주장하며 영업정지명령에 불응하여 계속하여 영업을 하였고, 관할 시장은 「게임산업진흥에 관한 법률」상 영업정지명령위반을 이유로 병을 고발하였다. 이 사건을 심리하는 형사 법원은 병에 대해 유죄 판결을 할 수 있겠는가? 20.

[제5회 변호사시험(2016년)]

참조조문

※아래 법령은 각 처분당시 적용된 것으로 가상의 것이다.

게임산업진흥에 관한 법률

제28조(게임물 관련사업자의 준수사항) 게임물 관련사업자는 다음 각 호의 사항을 지켜야 한다.

7. 대통령령이 정하는 영업시간 및 청소년의 출입시간을 준수할 것

제35조(허가취소 등) ② 시장·군수·구청장은 제26조의 규정에 의하여 게임제공업·인터넷컴퓨터게임시설제공업 또는 복합유통게임제공업의 허가를 받거나 등록 또는 신고를 한 자가 다음 각 호의 어느 하나에 해당하는 때에는 6월 이내의 기간을 정하여 영업정지를 명하거나 허가·등록취소 또는 영업폐쇄를 명할 수 있다.

5. 제28조의 규정에 따른 준수사항을 위반한 때

제45조(벌칙) 다음 각호의 어느 하나에 해당하는 자는 2년 이하의 징역 또는 2천만 원 이하의 벌금에 처한다.

9. 제35조 제2항 제2호의 규정에 의한 영업정지명령을 위반하여 영업한 자

게임산업진흥에 관한 법률 시행령

제16조(영업시간 및 청소년 출입시간제한 등) 법 제28조 제7호에 따른 영업시간 및 청소년의 출입시간은 다음 각 호와 같다.

2. 청소년의 출입시간

가. 청소년게임제공업자, 복합유통게임제공업자(「청소년 보호법 시행령」 제5조 제1항 제2호 단서에 따라 청소년의 출입이 허용되는 경우만 해당한다.), 인터넷컴퓨터게임시설제공업자의 청소년 출입시간은 오전 9시부터 오후 10시까지로 한다. 다만, 청소년이 친권자·후견인·교사 또는 직장의 감독자 그 밖에 당해 청소년을 보호·감독할 만한 실질적인 지위에 있는 자를 동반한 경우에는 청소년 출입시간 외의 시간에도 청소년을 출입시킬 수 있다.

**기출 61** (4) PC방 영업을 하는 병은 청소년 출입시간을 준수하지 않았다는 이유로 관할 시장으로부터 영업정지 1월의 처분을 받았다. 그런데 관할 시장은 이 처분을 하기 전에 병에게 처분의 원인이 되는 사실과 의견제출의 방법 등에 관한 「행정절차법」상 사전통지를 하지 아니하였다. 이에 병은 사전통지 없는 영업정지처분이 위법하다고 주장하며 영업정지명령에 불응하여 계속하여 영업을 하였고, 관할 시장은 「게임산업진흥에 관한 법률」상 영업정지명령위반을 이유로 병을 고발하였다. 이 사건을 심리하는 형사 법원은 병에 대해 유죄 판결을 할 수 있겠는가? 20.

## Ⅳ. 형사법원의 영업정지처분의 위법성 판단 가능성

### 1. 문제 상황

형사법원이 유죄판결을 하려면 병이 게임산업진흥에 관한 법률 제45조 제9호의 영업정지명령위반죄에 해당해야 하는데, 영업정지명령위반죄가 성립하려면 시장의 영업정지명령이 적법해야 한다. 따라서 시장의 영업정지명령의 적법성을 먼저 살펴보고, 형사법원이 영업정지명령의 적법성(위법성)을 판단할 수 있는지를 선결문제와 관련해 검토한다.

### 2. 영업정지처분의 위법성

(가) 행정절차법 제21조는 행정청이 ⓐ 의무를 부과하거나 권익을 제한하는, ⓑ 처분을 하는 경우, ⓒ 예외사유에 해당하지 않는다면(제4항) 사전통지가 필요하다고 규정한다. 그러나 설문에서 시장은 1월의 영업정지처분을 하면서 처분의 원인이 되는 사실과 의견제출의 방법 등에 관한 행정절차법상 사전통지를 하지 아니하였기 때문에 절차상 하자가 있다.

(나) 그리고 절차상 하자도 독자적인 위법사유가 된다는 것이 다수설과 판례(대판 1991. 7. 9. 91누971)의 입장이므로 사전통지를 하지 않은 영업정지처분은 위법하다.

### 3. 형사법원의 영업정지처분의 위법성 판단 여부

#### (1) 선결문제

##### 1) 의 의

(가) 선결문제란 민사(당사자소송) · 형사법원의 본안판단에서 행정행위의 효력 유무(존재 여부)나 위법 여부가 선결될 문제인 경우 그 효력 유무(존재 여부)나 위법 여부를 말한다. 선결문제를 행정행위의 효력 중 공정력의 문제로 보는 견해가 있었으나(공정력과 구성요건적 효력을 구별하지 않는 견해), 현재는 구성요건적 효력의 문제로 보는 견해가 다수견해이며(공정력과 구성요건적 효력을 구별하는 견해), 타당하다.

(나) 공정력이란 행정행위에 하자가 있다고 하더라도 권한을 가진 기관에 의해 취소될 때까지 그 효력을 부정할 수 없는 상대방(이해관계인)에게 미치는 구속력을 말하며, 구성요건적 효력이란 유효한 행정행위의 존재가 다른 국가기관의 결정에 영향을 미치는 효력(구속력)을 말한다.

2) 형 태

(가) 선결문제는 민사사건(당사자소송)의 경우와 형사사건의 경우로 나눌 수 있고, 각각 행정행위의 효력 유무(존재 여부)가 선결문제로 되는 경우와 행정행위의 위법 여부가 선결문제로 되는 경우가 있다(행정사건 중 당사자소송사건도 문제될 수 있으나 대법원은 부당이득반환청구소송, 국가배상청구소송을 민사소송으로 보고 있는바 선결문제 해결에서는 민사소송으로 제기하는 경우와 당사자소송으로 제기하는 경우에 차이가 없다). 행정소송법 제11조 제1항은 선결문제의 일부(민사사건에서 효력 유무(존재 여부)가 문제되는 경우)에 관해서만 규정하고 있는바 나머지 사항은 학설과 판례에서 해결하여야 한다.

(나) 설문은 형사사건의 경우이고, 행정행위(시장의 영업정지처분)의 위법 여부가 문제되는 경우이다.

3) **해결**(형사법원이 영업정지처분의 위법성을 심사할 수 있는지 여부)

a. 학 설 ① 소극설은 ⓐ 행정소송법 제11조 제1항은 민사법원에 대한 처분의 효력 유무 또는 존재 여부만을 선결문제심판권으로 규정한다고 제한적으로 해석되며, ⓑ 행정행위의 위법성을 포함하여 행정사건의 심판권은 행정법원이 배타적으로 관할해야 하기 때문에 형사법원은 행정행위의 위법성에 대한 판단권이 없음을 근거로 한다. ② 적극설(일반적인 견해)은 ⓐ 행정소송법 제11조 제1항은 선결문제심판권에 대한 예시적 규정이며, ⓑ 형사법원이 위법성을 확인해도 행정행위의 효력을 부정하는 것이 아니므로 구성요건적 효력(공정력)에 저촉되지 않음을 근거로 한다.

b. 판 례 판례도「법 제98조 제11호에 정한 처벌을 하기 위해서는 그 시정명령이 적법한 것이라야 하고, 그 시정명령이 위법한 것으로 인정되는 한 법 제98조 제11호 위반죄가 성립될 수 없다(대판 2009. 6. 25. 2006도824)」고 하여 일반적인 견해와 같이 적극적인 입장이다.

c. 검 토 형사법원이 행정행위의 위법성을 심리함은 그 처분의 효력을 부정하는 것이 아니므로 선결문제로서 행정행위의 위법성을 판단할 수 있다는 적극설이 타당하다. 그리고 제소기간 도과로 위법한 행정행위에 대한 취소소송의 기회를 상실한 국민에게 형사소송 단계에서 다시 이를 다툴 수 있는 기회를 부여함으로써 방어권 보장에 만전을 기할 수도 있다(박정훈).

(2) 설 문

적극설에 따르면 형사법원은 시장의 영업정지처분의 위법성을 심사할 수 있다. 따라서 병이 게임산업진흥에 관한 법률 제45조의 영업정지명령위반죄에 해당하려면 그 영업정지명령이 적법해야 하는데, 시장의 1월의 영업정지처분은 위법하여 그러한 영업정지처분에 불응하더라도 영업정지명령위반죄는 성립하지 않으므로 형사법원은 병에 대해 유죄판결을 할 수 없다.

기출 62 〈제2문〉

갑은 서울에서 주유소를 운영하는 자로, 기존 주유소 진입도로 외에 주유소 인근 구미대교 남단 도로(이하 '이 사건 본선도로'라 한다.)에 인접한 도로부지(이하 '이 사건 도로'라 한다.)를 주유소 진·출입을 위한 가·감속차로 용도로 사용하고자 관할구청장 을에게 도로점용허가를 신청하였다. 이 사건 본선도로는 편도 6차로 도로이고, 주행제한속도는 시속 70km이며, 이 사건 도로는 이 사건 본선도로의 바깥쪽을 포함하는 부분으로 완만한 곡선구간의 중간 부분에 해당한다. 이 사건 본선도로 중 1, 2, 3차로는 구미대교 방향으로 가는 차량이, 4, 5차로는 월드컵대로 방향으로 가는 차량이 이용하도록 되어 있다. 4, 5차로를 이용하던 차량이 이 사건 본선도로 중 6차로 및 이 사건 도로부분을 가·감속차로로 하여 주유소에 진입하였다가 월드컵대로로 진입하는 데 별다른 어려움은 없다.

한편, 병은 이 사건 도로상에서 적법한 도로점용허가를 받지 않고 수년 전부터 포장마차를 설치하여 영업을 하고 있었다.

(이 사안과 장소는 모두 가상이며, 아래 지문은 각각 독립적이다.)

(1) 을이 이 사건 본선도로를 주행하는 차량과의 교통사고 발생위험성 등을 들어 갑의 도로점용허가 신청을 거부한 경우, 갑이 을을 상대로 도로점용허가거부처분 취소소송을 제기한다면, 그 인용가능성에 대해 논하시오. 30.

(2) 을이 갑에게 도로점용허가를 한 경우, 병이 갑에 대한 을의 도로점용허가를 다툴 수 있는 원고적격이 있는지를 논하시오. 20.

(3) 을은 법령에 명시적인 근거가 없음에도 "갑은 병이 이 사건 도로 지상에 설치한 지상물 철거를 위한 비용을 부담한다."라는 조건을 붙여 갑에게 도로점용기간을 3년으로 하여 도로점용허가를 하였다.

1) 위 조건의 법적 성질 및 적법성 여부를 논하시오. 15.

2) 을이 아무런 조건 없이 도로점용허가를 하였다가 3개월 후 위와 같은 조건을 부가한 경우, 이러한 조건 부가행위가 적법한지 여부에 대하여 논하시오. 5.

3) 을이 도로점용허가 당시 "민원이 심각할 경우 위 허가를 취소할 수 있다."는 내용의 조건을 부가하였다가, 교통정체 및 교통사고 발생위험성 등을 이유로 한 이 사건 본선도로 이용자들의 민원이 다수 제기되자, 1년 후 갑에 대한 이 사건 도로점용허가를 취소하였다. 갑이 도로점용허가 취소처분의 취소소송을 제기한 경우 그 인용가능성에 대해 논하시오. 10.

[제5회 변호사시험(2016년)]

참조조문

※아래 법령은 각 처분당시 적용된 것으로 가상의 것이다.

도로법

제1조(목적) 이 법은 도로망의 계획수립, 도로 노선의 지정, 도로공사의 시행과 도로의 시설 기준, 도로의 관리·보전 및 비용 부담 등에 관한 사항을 규정하여 국민이 안전하고 편리하게 이용할 수 있는 도로의 건설과 공공복리의 향상에 이바지함을 목적으로 한다.

제2조(정의) 이 법에서 사용하는 용어의 뜻은 다음과 같다.

1. "도로"란 차도, 보도, 자전거도로, 측도, 터널, 교량, 육교 등 대통령령으로 정하는 시설로 구성된 것으로서 제10조에 열거된 것을 말하며, 도로의 부속물을 포함한다.

제40조(도로의 점용) ① 도로의 구역안에서 공작물·물건 기타의 시설을 신설·개축·변경 또는 제거하거나 기타의 목적으로 도로를 점용하고자 하는 자는 관리청의 허가를 받아야 한다.

② 제1항의 규정에 따라 허가를 받을 수 있는 공작물·물건 그 밖의 시설의 종류와 도로점용허가의 기준 등에 관하여 필요한 사항은 대통령령으로 정한다.

도로법 시행령

제24조(점용의 허가신청) ⑤ 법 제40조 제2항의 규정에 의하여 도로의 점용허가(법 제8조의 규정에 의하여 다른 국가사업에 관계되는 점용인 경우에는 협의 또는 승인을 말한다)를 받을 수 있는 공작물·물건 기타의 시설의 종류는 다음 각호와 같다.

4. 주유소·주차장·여객자동차터미널·화물터미널·자동차수리소·휴게소 기타 이와 유사한 것

11. 제1호 내지 제10호 외에 관리청이 도로구조의 안전과 교통에 지장이 없다고 인정한 공작물·물건(식물을 포함한다) 및 시설로서 건설교통부령 또는 당해 관리청의 조례로 정한 것

**기출 62** (1) 을이 이 사건 본선도로를 주행하는 차량과의 교통사고 발생위험성 등을 들어 갑의 도로점용허가신청을 거부한 경우, 갑이 을을 상대로 도로점용허가거부처분 취소소송을 제기한다면, 그 인용가능성에 대해 논하시오. 30.

# Ⅰ. 도로점용허가거부처분 취소소송의 인용가능성

## 1. 문제 상황

갑이 구청장을 상대로 한 도로점용허가거부처분 취소소송이 인용되려면 먼저 거부처분 취소소송이 소송요건을 갖춘 적법한 것이어야 하고, 본안요건으로 도로점용허가가 위법해야 한다.

## 2. 도로점용허가거부처분 취소소송의 소송요건

갑의 도로점용허가거부처분취소소송은 관할권 있는 법원에(행정소송법 제9조), 원고적격(동법 제12조)과 피고적격을 갖추어(동법 제13조), 처분 등을 대상으로(동법 제19조), 제소기간내에(동법 제20조), 권리보호필요성 요건을 갖추고 있어야 한다. 설문의 거부처분취소소송과 관련해 특히 문제되는 소송요건은 대상적격(특히 신청권의 문제), 원고적격 등이다.

### (1) 대상적격

#### 1) 문 제 점

(가) 취소소송의 대상에 대해 행정소송법 제19조 본문은 "취소소송은 처분등을 대상으로 한다"고 규정하고, 동법 제2조 제1항 제1호는 취소소송의 대상인 '처분등'을 ① 처분인 ⓐ 공권력의 행사, ⓑ 그 거부, ⓒ 그 밖에 이에 준하는 행정작용과 ② 행정심판에 대한 재결이라고 정의하고 있다. 따라서 취소소송의 대상은 적극적인 공권력 행사, 소극적인 공권력 행사인 거부처분, 이에 준하는 행정작용 그리고 행정심판에 대한 재결이 된다.

(나) 설문에서는 소극적인 공권력 행사가 문제되는데, 먼저 행정행위와 처분의 관계를 검토한 후 구청장의 도로점용허가거부행위가 취소소송의 대상인지를 살펴본다.

#### 2) 행정행위와 처분의 관계

a. 문 제 점 　행정소송법 제2조 제1항 제1호는 취소소송의 대상인 '처분'을 "행정청이 행하는 구체적 사실에 관한 법집행으로서의 공권력의 행사 또는 그 거부와 그 밖에 이에 준하는 행정작용"이라고 정의하고 있다. 이처럼 행정소송법은 **'처분'개념을 광의로 정의**(그 밖에 이에 준하는 행정작용)하고 있어 행정소송법상의 처분개념이 강학상 개념인 행정행위와 동일한 것인지에 대해 학설이 대립된다.

b. 학 설

(ⅰ) 실체법적 (행정행위) 개념설(일원설, 형식적 행정행위 부정설) 　행정쟁송법상 처분을 강학상 행정행위와 동일한 것으로 보는 입장이다. 행정소송법 제2조 제1항 제1호는 처분을 '공

권력의 행사(또는 그 거부)'와 '이에 준하는 행정작용'이라고 규정하지만 '이에 준하는 행정작용'은 공권력행사에 준하는 행정작용을 말하는 것이며, 쟁송법적 개념설이 처분개념에 포함시키고 있는 비권력적 행정작용에 대한 권리구제수단은 항고소송이 아니라 당사자소송(비권력적 사실행위로 발생한 법률관계를 다투는 당사자소송)이나 법정외소송(일반적 이행소송)을 활용해야 한다는 점을 근거로 한다(김남진 · 김연태, 류지태 · 박종수, 박윤흔 · 정형근, 김성수, 정하중).

(ii) 쟁송법적 (행정행위) 개념설(이원설, 형식적 행정행위 긍정설) 행정쟁송법상 처분을 강학상 행정행위와는 별개의 것으로 보는 입장이다. 행정소송법 제2조 제1항 제1호는 처분개념에 '공권력의 행사(또는 그 거부)'에 '이에 준하는 행정작용'을 더하고 있기 때문에 현행법상 처분은 강학상 행정행위보다 더 광의의 개념으로 보아야 하며, 다양한 행정작용(특히 비권력적 행정작용)에 대해 항고소송을 인정함으로써 실효적인 권리구제가 가능하다는 점을 근거로 한다(김동희, 박균성).

c. 판 례 판례는 쟁송법적 개념설이 대표적으로 주장하는 비권력적 사실행위에 대해 처분성을 부정하고 있어 기본적으로 실체법적 개념설의 입장이다. 다만, 처분개념이 확대될 여지를 인정한 판결도 있다(행정청의 어떤 행위를 행정처분으로 볼 것이냐의 문제는 … 행정처분이 그 주체, 내용, 절차, 형식에 있어서 어느 정도 성립 내지 효력요건을 충족하느냐에 따라 개별적으로 결정하여야 하며, … 행정청의 행위로 인하여 그 상대방이 입는 불이익 내지 불안이 있는지 여부도 그 당시에 있어서의 법치행정의 정도와 국민의 권리의식 수준 등은 물론 행위에 관련한 당해 행정청의 태도 등도 고려하여 판단하여야 한다(대판 1993. 12. 10. 93누12619)).

d. 검 토 취소소송은 법률관계를 발생시키는 행정작용의 효력을 깨뜨리기 위한 형성소송(행정소송법 제29조 제1항 참조)이므로 취소소송의 대상을 법률관계를 발생시키는 행정행위에 한정하는 실체법적 개념설이 타당하다.

**3) 항고소송의 대상인 거부처분의 요건**

a. 공권력행사의 거부일 것(거부의 내용(=신청의 내용)이 공권력 행사일 것) 항고소송의 대상인 거부처분이 되기 위해서는 사인의 공권력행사의 신청에 대한 거부이어야 한다. 즉, 거부의 내용(=신청의 내용)이 ⓐ 행정청(전통적 의미의 행정청뿐만 아니라 합의제기관, 실질적 의미의 처분을 하는 경우 법원이나 국회의 기관, 행정소송법 제2조 제2항의 행정청등 자신의 명의로 처분을 할 수 있는 모든 행정청(기능적 의미의 행정청)을 말한다)이 행하는 행위로 ⓑ 구체적 사실(규율대상이 구체적 — 시간적으로 1회적, 공간적으로 한정 — 이어야 한다)에 대한 ⓒ 법집행행위(입법이 아니라 법의 집행행위라야 한다)이며 ⓓ 공권력행사(행정청이 공법에 근거하여 우월한 지위에서 일방적으로 행사하여야 한다)이어야 한다.

b. 거부로 인하여 국민의 권리나 법적 이익에 직접 영향을 미치는 것일 것 ㈎ '국민의 권리나 법적 이익에 직접 영향을 미치는 것일 것(법적 행위일 것)'은 행정소송법 제2조 제1항 제1호에서 명시된 거부처분의 요소는 아니다. 그러나 판례와 전통적인 견해는 적극적 공권력행사와 마찬가지로 취소소송의 본질을 위법한 법률관계를 발생시키는 행정작용의 효력을 소급적으로 제거하는 것으로 이해하기 때문에 행정청의 소극적인 공권력행사의 경우에도 법적 행위를 거부

처분의 성립요건으로 보고 있다.

(나) '법적 행위'란 외부적 행위이며 국민의 권리나 법적 이익과 관련되는 행위를 말한다. 판례도 「토지분할신청에 대한 거부행위는 국민의 권리관계에 영향을 미친다고 할 것이므로 이를 항고소송의 대상이 되는 처분(대판 1993. 3. 23. 91누8968)」이라고 본다.

c. 거부처분의 성립에 신청권이 필요한지 여부

(i) 문제점　　거부처분의 성립 요건으로 ① 공권력행사의 거부일 것, ② 거부로 인하여 국민의 권리나 법적 이익에 직접 영향을 미치는 것일 것 외에 ③ 신청권이 필요한지에 대해 학설이 대립한다.

(ii) 학　설　　학설은 ① 부작위의 성립에 (행정청의) 처분의무가 요구되는 것처럼 거부처분의 성립에도 처분의무가 요구된다고 하면서(이러한 행정청의 처분의무에 대응하여 상대방은 '권리'를 가지는데 그 권리를 신청권이라고 본다)(행정소송법 제2조 제1항 제2호 참조) 이러한 신청권을 가진 자의 신청에 대한 거부라야 항고소송의 대상적격이 인정된다는 견해(대상적격설)(박균성), ② 취소소송의 소송물을 '처분의 위법성과 당사자의 권리침해'로 이해하면서 신청권은 소송요건의 문제가 아니라 본안의 문제로 보는 견해(본안요건설)(홍준형), ③ 어떠한 거부행위가 행정소송의 대상이 되는 처분에 해당하는가의 여부는 그 거부된 행위가 행정소송법 제2조 제1항 제1호의 처분에 해당하는가의 여부에 따라 판단하여야 하며 행정소송법 제12조를 고려할 때(법률상 이익(신청권)은 원고적격의 판단기준이다) 신청권은 원고적격의 문제로 보아야 한다는 견해(원고적격설)가 대립된다.

(iii) 판　례　　(가) 판례는 잠수기어업불허가처분취소 사건에서 「거부처분의 처분성을 인정하기 위한 전제요건이 되는 신청권의 존부는 구체적 사건에서 신청인이 누구인가를 고려하지 않고 관계 법규의 해석에 의하여 일반 국민에게 그러한 신청권을 인정하고 있는가를 살펴 추상적으로 결정되는 것이고 … 따라서 국민이 어떤 신청을 한 경우에 그 신청의 근거가 된 조항의 해석상 행정발동에 대한 개인의 신청권을 인정하고 있다고 보여지면 그 거부행위는 항고소송의 대상이 되는 처분으로 보아야 할 것(대판 1996. 6. 11. 95누12460)」이라고 하여 거부처분의 성립에 신청권이 필요하다고 본다.

(나) 그리고 신청권은 신청인이 그 신청에 따른 단순한 응답을 받을 권리를 넘어서 신청의 인용이라는 만족적 결과를 얻을 권리를 의미하는 것은 아니라고 한다(대판 1996. 6. 11. 95누12460).

(다) 신청권의 근거는 법규상 또는 조리상 인정될 수 있는데, 법규상 신청권이 있는지 여부는 관련법규의 해석에 따라 결정되며, 조리상 신청권 인정 여부는 거부행위에 대해 항고소송 이외의 다른 권리구제수단이 없거나, 행정청의 거부행위로 인해 국민이 수인불가능한 불이익을 입는 경우 조리상의 신청권은 인정될 수 있다고 한다(하명호).

(iv) 검　토　　거부처분의 성립에 신청권이 필요하다는 판례와 대상적격설의 입장은 대상적격과 원고적격의 구분을 무시한 것이고, 신청권(권리)을 대상적격의 요건으로 본다면 행정청의 동일한 행위가 권리(신청권)를 가진 자에게는 대상적격이 인정되고 권리(신청권)를 가지지 못한 자에게는 대상적격이 부정되어 부당한 결론을 가져오게 된다(김유환). 따라서 권리인 신청권

은 원고적격의 문제로 보아야 한다.

4) 설 문

① 도로점용허가는 행정청인 구청장이 하는 도로를 점용하게 하겠다는 사실에 대한 도로법령의 집행행위로 우월한 지위에서 행하는 공권력 행사에 해당한다. 즉, 도로점용허가의 거부는 공권력행사의 거부이다. ② 또한 구청장이 갑의 신청을 거부한다면 주유소를 하는 갑은 이 도로를 사용할 수 없게 되므로 상대방은 권리나 법적 이익에 직접 영향을 받는다. 따라서 구청장의 도로점용허가거부는 항고소송의 대상이 된다.

**(2) 원고적격**

**1) 문 제 점**

(가) 취소소송의 원고적격에 대해 행정소송법 제12조 제1문은 '취소소송은 처분등의 취소를 구할 법률상 이익이 있는 자가 제기할 수 있다'고 규정하는데, 그 "처분등"에는 거부처분이 포함되기 때문에 설문에서 원고적격 여부는 갑에게 구청장의 도로점용허가거부처분의 취소를 구할 법률상 이익이 있는지에 따라 결정된다.

(나) 일반적 견해는 법률상 이익의 범위(의미)를 취소소송의 본질에 대한 논의를 통해 결정한다.

**2) 취소소송의 본질**

(가) 학설은 취소소송의 본질(기능)에 관해 ⓐ 취소소송의 목적은 위법한 처분으로 야기된 개인의 권리침해의 회복에 있다는 권리구제설(권리구제설이 말하는 권리는 좁은 의미의 권리이다), ⓑ 위법한 처분으로 (좁은 의미) 권리뿐 아니라 법에 의해 보호되는 이익을 침해당한 자도 처분을 다툴 수 있다는 법률상 보호이익설(통설), ⓒ 처분의 효력을 다투어 이를 부정하는 것이 당사자에게 실질적 이익이 있다면 그것이 법률상 이익이든 사실상의 이익이든 그러한 이익이 침해된 자는 소송을 제기할 수 있다는 보호가치 있는 이익설, ⓓ 취소소송은 개인의 권리구제보다는 처분의 적법성을 유지하는 것이 주된 기능으로 처분의 적법성 확보에 가장 적합한 이익 상태에 있는 자가 원고적격을 갖는다는 적법성보장설이 있다.

(나) 판례는 「행정소송에서 소송의 원고는 행정처분에 의하여 직접 권리를 침해당한 자임을 보통으로 하나 직접 권리의 침해를 받은 자가 아닐지라도 소송을 제기할 법률상의 이익을 가진 자는 그 행정처분의 효력을 다툴 수 있다(대판 1974. 4. 9. 73누173)」고 하여 법률상 보호이익설의 입장이다.

(다) 취소소송은 주관적 소송이므로 적법성보장설은 타당하지 않으며, 행정소송법 제12조가 취소소송은 법률상 이익이 있는 자가 제기할 수 있다고 규정하기 때문에 법률상 보호이익설이 타당하다.

**3) 법률상 이익이 있는 자의 분석**

a. 법률상 이익에서 '법률(법규)'의 범위

(ⅰ) 학 설 일반적인 견해는 처분의 근거법규의 규정과 취지, 관련법규의 규정과 취

지 외에 헌법상 기본권 규정도 고려해야 한다는 입장이다.

(ii) 판 례 (가) 판례는 기본적으로 당해 처분의 근거가 되는 법규가 보호하는 이익만을 법률상 이익으로 본다(대판 1989. 5. 23. 88누8135).

(나) 최근에는 폐기물처리시설입지결정사건에서 근거법규 외에 관련법규까지 고려하여 법률상 이익을 판단하고 있다(대판 2005. 5. 12. 2004두14229).

(다) 하지만 헌법상의 기본권 및 기본원리를 법률상 이익의 해석에서 일반적으로 고려하지는 않는다. 다만, ⓐ 대법원은 접견허가거부처분사건에서 '접견권'을(대판 1992. 5. 8. 91누7552), ⓑ 헌법재판소는 국세청장의 납세병마개제조자지정처분과 관련된 헌법소원사건에서 '경쟁의 자유'를(헌재 1998. 4. 30. 97헌마141) 기본권이지만 법률상 이익으로 인정(또는 고려)하였다고 일반적으로 해석한다.

(iii) 검 토 취소소송은 법률상 보호이익의 구제를 목적으로 하는 소송(법률상 보호이익설)이기 때문에 처분의 근거법규의 규정과 취지, 관련법규의 규정과 취지 외에 기본권 규정도 고려해야 한다는 일반적인 견해가 타당하다.

b. '이익이 있는'의 의미 (가) 판례는 법률상의 이익이란 당해 처분등의 근거가 되는 법규에 의하여 보호되는 개별적·직접적이고 구체적인 이익을 말하고, 단지 간접적이거나 사실적·경제적인 이해관계를 가지는 데 불과한 경우에는 행정소송을 제기할 법률상의 이익이 아니라고 본다(대판 1992. 12. 8. 91누13700).

(나) 그리고 법률상 이익에 대한 침해 또는 침해 우려가 있어야 원고적격이 인정된다(대판 2006. 3. 16. 2006두330).

c. '자'의 범위 (가) 법률상 이익의 주체에는 자연인, 법인, 법인격 없는 단체, 다수인(행정소송법 제15조 참조)도 가능하다.

(나) 행정주체가 아닌 행정기관은 항고소송을 제기할 원고적격이 인정되지 않는다. 그러나 대법원은 경기도선거관리위원회 위원장이 국민권익위원회를 상대로 불이익처분원상회복등요구처분취소를 구한 사건에서 경기도선관위원장은 비록 국가기관이지만 원고적격을 가진다고 보았다(대판 2013. 7. 25. 2011두1214).

4) 설 문

(가) 도로점용허가처분의 근거법규인 도로법은 제1조에서 '이 법은 도로망의 계획수립, 도로노선의 지정, 도로공사의 시행과 도로의 시설 기준, 도로의 관리·보전 및 비용 부담 등에 관한 사항을 규정하여 국민이 안전하고 편리하게 이용할 수 있는 도로의 건설과 공공복리의 향상에 이바지함을 목적으로 한다', 제40조 제1항에서 '도로의 구역안에서 공작물·물건 기타의 시설을 신설·개축·변경 또는 제거하거나 기타의 목적으로 도로를 점용하고자 하는 자는 관리청의 허가를 받아야 한다' 그리고 동법시행령 제24조 제5항은 '법 제40조 제2항의 규정에 의하여 도로의 점용허가를 받을 수 있는 공작물·물건 기타의 시설의 종류는 다음 각호와 같다'라고 규정한다.

(나) 따라서 도로법령은 행정청의 의무와 사익보호 목적을 규정하고 있다. 또한 갑은 주유소

를 운영하는 자로 주유소 진·출입을 위한 가·감속차로 용도로 사용하고자 관할구청장에게 도로점용허가를 신청한 자이므로 도로법령으로 보호되는 이익은 개별적·직접적·구체적 이익이다. 결국 갑은 도로점용허가거부처분의 취소를 구할 원고적격이 인정된다(판례에 따르면 법규상 신청권이 인정된다).

(3) 소 결

갑의 도로점용허가거부처분 취소소송은 소송요건을 구비하였다.

## 3. 도로점용허가거부처분 취소소송의 본안요건

### (1) 도로점용허가의 재량성

㈎ 도로법 제40조 제1항은 '도로의 구역안에서 공작물·물건 기타의 시설을 신설·개축·변경 또는 제거하거나 기타의 목적으로 도로를 점용하고자 하는 자는 관리청의 허가를 받아야 한다'고 규정하고 있어 재량행위인지 기속행위인지 불분명하다.

㈏ 도로점용허가는 도로사용의 독점적 이익을 보호하고 있어 상대방에게 수익적이며, 공익적 판단이 주된 기준이 된다는 면에서 이를 재량행위로 보는 것이 타당하다. 판례도 같은 입장이다(대판 2002. 10. 25. 2002두5795).

㈐ 도로점용허가가 재량행위라면 재량권 일탈·남용이 없어야 하는데, 설문과 관련해서는 구청장의 도로점용허가거부처분이 행정법의 일반원칙(특히 비례원칙)에 위반되지 않는지가 문제된다.

### (2) 비례원칙 위반 여부

1) 의의·내용

㈎ 행정목적을 실현하기 위한 구체적인 수단과 목적간에 적정한 비례관계가 있어야 한다는 원칙이다.

㈏ 비례원칙은 ⓐ 행정목적과 목적달성을 위해 동원되는 수단간에 객관적 관련성이 있어야 한다는 적합성의 원칙, ⓑ 여러 적합한 수단 가운데 최소 침해를 가져오는 것이 선택되어야 한다는 필요성의 원칙(최소침해의 원칙), ⓒ 행정목적달성을 위한 적합하고 필요한 수단이라고 하더라도 이러한 수단을 통해 달성하려는 공익과 수단으로 인한 사익침해가 합리적인 비례관계를 이루어야 한다는 상당성의 원칙(협의의 비례원칙)으로 이루어져 있으며, 이 3가지 원칙은 단계구조를 이룬다.

2) 설 문

① 이 사건 본선도로를 주행하는 차량과의 교통사고 발생위험성이 있다는 공익적 사정과 도로점용허가거부처분은 객관적 관련성이 인정되며, ② 그러한 공익적 사정을 다른 경미한 수단으로는 해결하기 어려워 도로점용허가거부처분은 최소침해원칙에도 위반되지 않는다. ③ 그러나 이 사건 본선도로를 주행하는 차량과의 교통사고 발생위험성을 들어 구청장은 도로점용허

가를 거부했지만, 사실은 '4, 5차로를 이용하던 차량이 이 사건 본선도로 중 6차로 및 이 사건 도로부분을 가·감속차로로 하여 주유소에 진입하였다가 월드컵대로로 진입하는 데 별다른 어려움은 없다'는 사정을 고려할 때, 구청장이 주장하는 공익적 사정에 비해 갑의 사익침해가 더 크다고 판단되는바 구청장의 도로점용허가거부처분은 상당성 원칙에 위반되는 위법한 처분이다 (논자에 따라 결론은 달라질 수 있다).

### 4. 결 론

갑의 도로점용허가거부처분 취소소송은 소송요건과 본안요건을 구비했기 때문에 인용될 수 있을 것이다.

**기출 62** (2) 을이 갑에게 도로점용허가를 한 경우, 병이 갑에 대한 을의 도로점용허가를 다툴 수 있는 원고적격이 있는지를 논하시오. 20.

## Ⅱ. 병의 원고적격

### 1. 문제 상황

(가) 원고적격이란 행정소송에서 원고가 될 수 있는 자격을 말한다. 취소소송의 원고적격에 대해 행정소송법 제12조 제1문은 '취소소송은 처분등의 취소를 구할 법률상 이익이 있는 자가 제기할 수 있다'고 규정한다.

(나) 설문에서 도로점용허가처분의 상대방은 갑임에도 불구하고 병이 갑에게 발령된 도로점용허가처분을 다툴 원고적격이 인정되는지가 문제된다.

(다) 일반적 견해는 법률상 이익의 범위(의미)를 취소소송의 본질에 대한 논의를 통해 결정한다.

### 2. 취소소송의 본질

(가) 학설은 취소소송의 본질(기능)에 관해 ⓐ 취소소송의 목적은 위법한 처분으로 야기된 개인의 권리침해의 회복에 있다는 권리구제설(권리구제설이 말하는 권리는 좁은 의미의 권리이다), ⓑ 위법한 처분으로 (좁은 의미) 권리뿐 아니라 법에 의해 보호되는 이익을 침해당한 자도 처분을 다툴 수 있다는 법률상 보호이익설(통설), ⓒ 처분의 효력을 다투어 이를 부정하는 것이 당사자에게 실질적 이익이 있다면 그것이 법률상 이익이든 사실상의 이익이든 그러한 이익이 침해된 자는 소송을 제기할 수 있다는 보호가치 있는 이익설, ⓓ 취소소송은 개인의 권리구제보다는 처분의 적법성을 유지하는 것이 주된 기능으로 처분의 적법성 확보에 가장 적합한 이익 상태에 있는 자가 원고적격을 갖는다는 적법성보장설이 있다.

(나) 판례는 「행정소송에서 소송의 원고는 행정처분에 의하여 직접 권리를 침해당한 자임을 보통으로 하나 직접 권리의 침해를 받은 자가 아닐지라도 소송을 제기할 법률상의 이익을 가진 자는 그 행정처분의 효력을 다툴 수 있다(대판 1974. 4. 9. 73누173)」고 하여 법률상 보호이익설의 입장이다.

(다) 취소소송은 주관적 소송이므로 적법성보장설은 타당하지 않으며, 행정소송법 제12조가 취소소송은 법률상 이익이 있는 자가 제기할 수 있다고 규정하기 때문에 법률상 보호이익설이 타당하다.

## 3. 법률상 이익이 있는 자의 분석

### (1) 법률상 이익에서 '법률(법규)'의 범위

#### 1) 학 설

일반적인 견해는 처분의 근거법규의 규정과 취지, 관련법규의 규정과 취지 외에 헌법상 기본권 규정도 고려해야 한다는 입장이다.

#### 2) 판 례

(가) 판례는 기본적으로 당해 처분의 근거가 되는 법규가 보호하는 이익만을 법률상 이익으로 본다(대판 1989. 5. 23. 88누8135).

(나) 최근에는 폐기물처리시설입지결정사건에서 근거법규 외에 관련법규까지 고려하여 법률상 이익을 판단하고 있다(대판 2005. 5. 12. 2004두14229).

(다) 하지만 헌법상의 기본권 및 기본원리를 법률상 이익의 해석에서 일반적으로 고려하지는 않는다. 다만, ⓐ 대법원은 접견허가거부처분사건에서 '접견권'을(대판 1992. 5. 8. 91누7552), ⓑ 헌법재판소는 국세청장의 납세병마개제조자지정처분과 관련된 헌법소원사건에서 '경쟁의 자유'를(헌재 1998. 4. 30. 97헌마141) 기본권이지만 법률상 이익으로 인정(또는 고려)하였다고 일반적으로 해석한다.

#### 3) 검 토

취소소송은 법률상 보호이익의 구제를 목적으로 하는 소송(법률상 보호이익설)이기 때문에 처분의 근거법규의 규정과 취지, 관련법규의 규정과 취지 외에 기본권 규정도 고려해야 한다는 일반적인 견해가 타당하다.

### (2) '이익이 있는'의 의미

(가) 판례는 법률상의 이익이란 당해 처분등의 근거가 되는 법규에 의하여 보호되는 개별적·직접적이고 구체적인 이익을 말하고, 단지 간접적이거나 사실적·경제적인 이해관계를 가지는 데 불과한 경우에는 행정소송을 제기할 법률상의 이익이 아니라고 본다(대판 1992. 12. 8. 91누13700).

(나) 그리고 법률상 이익에 대한 침해 또는 침해 우려가 있어야 원고적격이 인정된다(대판 2006. 3. 16. 2006두330).

### (3) '자'의 범위

(가) 법률상 이익의 주체에는 자연인, 법인, 법인격 없는 단체, 다수인(행정소송법 제15조 참조)도 가능하다.

(나) 행정주체가 아닌 행정기관은 항고소송을 제기할 원고적격이 인정되지 않는다. 그러나 대법원은 경기도선거관리위원회 위원장이 국민권익위원회를 상대로 불이익처분원상회복등요구처분취소를 구한 사건에서 경기도선관위원장은 비록 국가기관이지만 원고적격을 가진다고 보았다(대판 2013. 7. 25. 2011두1214).

## 4. 설　문

### (1) 병의 '이 사건 도로' 점용의 법적 성격

병이 적법한 도로점용허가를 받지 않고 포장마차를 설치하여 도로(공물이며, 대표적인 공공용물이다)를 사용하는 것은 공물의 자유사용(보통사용, 일반사용)이다. 공물의 자유사용(일반사용, 보통사용)이란 공물주체의 특별한 행위 없이 모든 사인이 자유롭게 공물을 사용하는 것(예: 도로상 통행)을 말한다.

### (2) 공물의 자유사용으로 받는 이익이 권리인지 여부

(가) 학설은 ⓐ 공물이 일반사용에 개방된 결과 그 반사적 이익으로서 사용의 자유를 누림에 불과하고 사용의 권리가 설정된 것은 아니라는 견해가 있으나(반사적 이익설), ⓑ 사인이 행정주체에 대하여 특정공물의 신설, 변경, 존속을 주장할 수 있는 권리(적극적 권리)는 없으나, 이미 제공된 공물의 이용을 관리청이 합리적인 이유 없이 거부하거나 정당한 자유사용을 방해하지 말 것을 요구하는 권리(소극적 권리)는 가진다는 견해(공법상 권리설)가 통설이다.

(나) 판례는 <u>도로를 자유로이 이용하는 것은 법률상 이익이 아니라고 하여 부정한다</u>(대판 1992. 9. 22. 91누13212).

(다) 공물의 자유사용의 경우에도 헌법상 행복추구권이나 일반적 행동의 자유, 생활권적 기본권을 근거로 소극적이나마 공권이 성립될 수 있다. 따라서 공물을 자유사용하는 병에게도 공권이 인정될 수는 있다. 다만, 공물의 자유사용은 일정한 한계를 가진다.

### (3) 공물의 자유사용의 내용(한계)

공물의 자유사용의 구체적인 내용(한계)은 공물의 공용목적과 관련법규의 해석에 의해 결정되며, 그 한계는 공물관리권(공물 본래의 목적 달성을 위해 공물주체가 하는 일체의 행위. 예: 도로보수를 위한 통행제한)에 따른 한계와 공물경찰권(공물 자체나 그 이용관계로 인해 발생할 수 있는 위해의 방지를 위한 행위. 예: 소방도로 확보를 위한 영업구역 제한)에 따른 한계로 나눌 수 있다.

### (4) 소　결

병은 도로를 자유사용할 권리를 가질 수는 있지만, '이 사건 도로'에 포장마차를 설치하여 영업을 하는 것은 그 권리의 내용에 포함되지 않는다. 또한 병은 도로법상의 적법한 도로점용허가를 받지 않았기 때문에 도로법이 갑의 이익을 보호하지도 않는다. 따라서 병에게는 '이 사건 도로'를 사용할 권리가 인정되지 않기 때문에 병은 갑에게 발령된 도로점용허가처분을 다툴 원고적격이 인정되지 않는다.

기출 62 (3) 을은 법령에 명시적인 근거가 없음에도 "갑은 병이 이 사건 도로 지상에 설치한 지상물 철거를 위한 비용을 부담한다."라는 조건을 붙여 갑에게 도로점용기간을 3년으로 하여 도로점용허가를 하였다.

1) 위 조건의 법적 성질 및 적법성 여부를 논하시오. 15.
2) 을이 아무런 조건 없이 도로점용허가를 하였다가 3개월 후 위와 같은 조건을 부가한 경우, 이러한 조건 부가행위가 적법한지 여부에 대하여 논하시오. 5.
3) 을이 도로점용허가 당시 "민원이 심각할 경우 위 허가를 취소할 수 있다."는 내용의 조건을 부가하였다가, 교통정체 및 교통사고 발생위험성 등을 이유로 한 이 사건 본선도로 이용자들의 민원이 다수 제기되자, 1년 후 갑에 대한 이 사건 도로점용허가를 취소하였다. 갑이 도로점용허가 취소처분의 취소소송을 제기한 경우 그 인용가능성에 대해 논하시오. 10.

## Ⅲ. 부관의 법적 성질과 적법성, 사후부관의 가능성, 도로점용허가취소처분 취소소송의 인용가능성

### 1. 부관의 법적 성질과 적법성

#### (1) 부관의 법적 성질

(가) 부관의 종류 중 어디에 해당하는지는 ⓐ 그 표현에 관계없이 행정청의 객관적인 의사에 따라 판단하여야 한다. ⓑ 다만 그 의사가 불분명하다면 최소침해의 원칙상 상대방인 사인에게 유리하도록 판단한다.

(나) 설문에서 구청장이 갑에게 도로점용허가처분을 하면서 지상물철거비용을 부담할 것을 조건으로 부가하였기 때문에 이는 부담에 해당한다. 부담이란 수익적인 주된 행정행위에 부가된 것으로 상대방에게 작위·부작위·수인·급부 등 의무를 과하는 부관을 말한다.

#### (2) 부관의 적법성

##### 1) 부관의 부가가능성

a. 문 제 점 법률유보원칙에 비추어 부관의 부가가능성에 대한 명시적 법적 근거가 없더라도 침익적 부관을 부가할 수 있는지가 문제된다.

b. 학설·판례 ① 전통적인 견해와 판례는 법률행위적 행정행위이며 재량행위인 경우에는 법적 근거 없이도 침익적 부관의 부가가 가능하고, 준법률행위적 행정행위와 기속행위는 부관의 부가가 불가능하다고 한다. ② 그러나 최근의 다수견해는 준법률행위적 행정행위와 기

속행위도 부관이 가능한 경우가 있고(전자의 예: 여권의 유효기간. 후자의 예: 요건충족적 부관), 재량행위도 부관이 불가능한 경우(예: 귀화허가나 개명허가에 조건이나 기한을 부가하는 경우)가 있으므로 행정행위와 부관의 성질을 개별적으로 검토하여 부관의 가능성을 판단하는 입장이다.

c. 검 토 원칙적으로 기속행위에는 침익적 부관을 부가할 수 없고 재량행위에는 부관을 부가할 수 있지만, 개개의 행정행위와 부관의 성질에 따라 예외가 있을 수 있음을 인정하는 최근의 다수견해의 입장이 타당하다.

d. 설 문 행정행위의 성질을 개별적으로 검토하여 부관의 가능성을 검토하는 다수견해에 따른다면 도로점용허가는 재량행위이고 부담의 부가가 성질상 불가능한 처분이 아니므로 법령에 명시적인 근거가 없더라도 조건을 붙일 수 있다.

2) 부관의 한계

부관은 부관부 행정행위의 구성부분이므로 성문의 법령이나 행정법의 일반원칙에 위반되어서는 아니 된다. 설문과 관련해서는 행정법의 일반원칙 중 부당결부금지원칙과 비례원칙 위반이 문제된다.

a. 부당결부금지원칙 위반 여부 ㈎ 부당결부금지원칙이란 ⓐ 행정청의 행정작용이 있어야 하며, ⓑ 그 작용은 상대방에게 부과되는 반대급부와 결부되어 있어야 하며, ⓒ 행정작용과 반대급부가 부당한 내적 관련을 가져서는 아니 된다는 원칙이다.

㈏ 설문의 도로점용허가와 지상물철거비용부담조건은 부당한 내적관련이 있다고 보기는 어렵다.

b. 비례원칙 위반 여부 ㈎ 비례원칙이란 행정목적을 실현하기 위한 구체적인 수단과 목적 간에 적정한 비례관계가 있어야 한다는 원칙으로 적합성의 원칙, 필요성의 원칙, 상당성의 원칙으로 이루어진다.

㈏ 구청장이 도로점용허가하면서 갑에게 지상물철거비용부담조건을 부가하였다고 하더라도 사익침해가 지나치게 크다고 볼 수 없기 때문에 비례원칙에 위반되지 않는다.

3) 소 결

구청장이 부가한 지상물철거비용부담조건은 적법하다.

## 2. 사후부관의 가능성

### (1) 문 제 점

부관은 성질상 부종성이 있어 행정행위 발령과 동시에 부가되어야 하지만, 설문처럼 조건 없이 도로점용허가를 발령한 이후 갑에게 지상물철거비용부담조건을 부가할 수 있는지가 부관의 시간적 한계와 관련해 문제된다.

### (2) 학 설

ⓐ 부관은 주된 행정행위에 부가된 종된 규율이므로 부관만의 독자적인 존재를 인정할 수

없다는 부정설, ⓑ 부담은 독립된 행정행위이므로 가능하다는 부담긍정설, ⓒ 명문의 규정이나 부관의 유보, 상대방의 동의가 있는 경우 가능하다는 제한적 긍정설(다수견해)이 대립한다.

### (3) 판 례

판례는「행정처분에 이미 부담이 부가되어 있는 상태에서 그 의무의 범위 또는 내용 등을 변경하는 부관의 사후변경은, 법률에 명문의 규정이 있거나 그 변경이 미리 유보되어 있는 경우 또는 상대방의 동의가 있는 경우에 한하여 허용되는 것이 원칙이지만, 사정변경으로 인하여 당초에 부담을 부가한 목적을 달성할 수 없게 된 경우에도 그 목적달성에 필요한 범위 내에서 예외적으로 허용된다(대판 2007. 9. 21. 2006두7973)」고 본다.

### (4) 검 토

주된 행정행위를 발령한 후 부관의 부가가 필요한 사정변경이 발생하였음에도 사후부관의 부가가 불가능하다면 행정청은 주된 행정행위를 철회할 것이므로 당사자의 권리보호라는 면에서 사후부관의 가능성을 긍정하는 판례의 입장이 타당하다. 다만, 사후부관은 목적 달성을 위해 필요한 범위 내에 한정되어야 한다.

### (5) 설 문

당초 아무런 조건 없이 도로점용허가를 발령하였다가 사후에 지상물철거비용부담조건을 갑에게 부가하더라도 구청장의 사후부관은 적법하다. 또한 지상물철거비용부담조건은 목적달성이 필요한 범위에서 비례원칙을 준수하고 있다.

## 3. 도로점용허가취소처분 취소소송의 인용가능성

갑의 도로점용허가취소처분 취소소송이 인용되려면 소송요건과 본안요건을 갖추어야 한다.

### (1) 도로점용허가취소처분 취소소송의 소송요건

도로점용허가가 행정행위이므로 도로점용허가취소도 행정행위로 항고소송의 대상인 처분이며, 갑은 도로점용허가취소처분이라는 침익적 처분의 상대방이므로 원고적격이 인정된다. 그리고 나머지 소송요건도 문제되지 않으므로 갑의 취소소송은 소송요건을 모두 갖추었다.

### (2) 도로점용허가취소처분 취소소송의 본안요건

#### 1) 문 제 점

구청장은 갑의 도로점용허가를 '교통정체 및 교통사고 발생위험성 등을 이유로 한 이 사건 본선도로 이용자들의 민원이 다수 제기되자' 취소하였기 때문에 법적 근거 없이 공익적 사정으로 도로점용허가를 철회(취소)할 수 있는지 그리고 그러한 도로점용허가취소가 행정법의 일반원칙에 위반되지 않는지가 문제된다.

#### 2) 행정행위의 철회의 의의

행정행위의 철회란 사후적으로 발생한 사유에 의해 행정행위의 효력을 장래를 향해 소멸시키는 의사표시를 말한다.

**3) 행정행위의 철회에 법적 근거가 필요한지 여부**

a. 문 제 점　　행정행위의 철회는 법령에 그 사유가 명시되지 않음이 일반적이어서 행정행위를 철회함에 있어서 명시적인 법적 근거가 필요한지가 문제된다.

b. 학　　설

(ⅰ) 근거필요설　　침익적인 행위의 철회는 수익적이므로 법률의 근거 없이도 가능하지만, 수익적 행위의 철회는 침익적이므로 헌법 제37조 제2항에 비추어 이 경우에는 법률의 근거가 필요하다고 하여 법치주의에 철저함을 기하는 견해이다.

(ⅱ) 근거불요설　　행정법규가 완벽하지 않은 상태에서 철회에 일일이 법률의 근거를 요한다고 하면 중대한 공익상의 요청이 있는 경우에도 철회할 수 없다는 결론이 나오는바, 이것은 합리적이지 못하기에 명시적 근거가 없어도 철회는 가능하다는 견해이다.

(ⅲ) 제한적 긍정설　　당사자에게 귀책사유가 있거나 사전에 철회권이 유보되어 있는 경우에는 당사자의 이해관계를 배려할 필요성이 크지 않으므로 법적 근거를 요하지 않으나, 새로운 사정의 발생으로 공익목적을 실현하기 위해 철회권이 행사되는 경우에는 공익실현과 더불어 당사자의 이해관계가 고려되어야 하기에 이 경우는 법적 근거가 필요하다는 견해이다.

c. 판　　례　　판례는 「행정행위를 한 처분청은 비록 그 처분 당시에 그 행정처분에 별다른 하자가 없었고 또 그 처분 후에 이를 취소할 별도의 법적 근거가 없다 하더라도 원래의 처분을 존속시킬 필요가 없게 된 사정변경이 생겼거나 또는 중대한 공익상의 필요가 발생한 경우에는 그 효력을 상실케 하는 별개의 행정행위로 이를 취소할 수 있다(대판 1989. 4. 11. 88누4782)」고 판시하여 사정변경이 있거나 중대한 공익상의 필요가 있는 경우 법적 근거 없이도 철회할 수 있다고 본다.

d. 검토 및 소결　　㈎ 행정법규가 모든 공익적 사정을 규율할 수는 없으며, 행정행위의 권한을 부여하는 규정(수권규정)은 동시에 철회의 권한도 부여한 것으로 볼 수 있다는 점(허가에 대한 권한 규정을 허가의 철회에 대한 근거규정으로 볼 수도 있다는 의미)에서 철회에 법적 근거가 필요하지 않다는 견해가 타당하다(근거불요설).

㈏ 따라서 구청장은 법적 근거 없이도 공익적 사정으로 갑의 도로점용허가를 철회(취소)할 수 있다.

**4) 철회의 사유**

㈎ 근거불요설의 입장에서도 수익적 행정행위의 철회는 무제한적으로 가능한 것은 아니며, 일반적으로 ⓐ 철회권이 유보되어 있거나, ⓑ 상대방이 부담을 불이행하였거나, ⓒ 사실관계의 변화가 있거나, ⓓ 법적 상황의 변화가 있거나, ⓔ 기타 공익상 중대한 필요가 있는 경우에 철회가 인정된다.

㈏ 구청장은 갑에게 도로점용을 허가할 당시 "민원이 심각할 경우 위 허가를 취소할 수 있다"는 내용의 조건을 부가하였기 때문에 철회권이 유보된 경우에 해당한다.

5) 철회권 행사의 제한

설문과 관련해서는 행정법의 일반원칙 중 신뢰보호원칙과 비례원칙을 살펴보아야 한다.

a. 신뢰보호원칙 위반 여부 ㈎ 신뢰보호원칙이 인정되려면 ⓐ 행정청의 선행조치, ⓑ 보호가치 있는 사인의 신뢰, ⓒ 사인의 처리, ⓓ 인과관계, ⓔ 선행조치에 반하는 후행처분, ⓕ 신뢰보호원칙의 한계 요건을 구비해야 한다.

㈏ 구청장은 갑에게 도로점용을 허가할 당시 "민원이 심각할 경우 위 허가를 취소할 수 있다"는 내용의 조건을 부가하여 철회권이 유보된 상태이므로 갑의 사익은 '교통정체 및 교통사고 발생위험성'이라는 공익에 비해 보호필요성이 작다. 따라서 구청장의 도로점용허가취소는 신뢰보호원칙에 위반되지 않는다.

b. 비례원칙 위반 여부 ㈎ 비례원칙이란 행정목적을 실현하기 위한 구체적인 수단과 목적 간에 적정한 비례관계가 있어야 한다는 원칙으로 적합성의 원칙, 필요성의 원칙, 상당성의 원칙으로 이루어진다.

㈏ 구청장은 갑에게 도로점용을 허가할 당시 "민원이 심각할 경우 위 허가를 취소할 수 있다"는 내용의 조건을 부가하여 철회권이 유보된 상태이므로 갑의 사익은 '교통정체 및 교통사고 발생위험성'이라는 공익에 비해 보호필요성이 작다. 따라서 구청장의 도로점용허가취소는 비례원칙에 위반되지 않는다.

⑶ 소 결

갑의 취소소송은 소송요건을 모두 갖추었지만, 구청장의 도로점용허가취소처분은 적법하기 때문에 취소소송은 인용되지 않을 것이다.

기출 63 〈제1문〉

Y세무서장은 갑에게 구(舊) 국세기본법 제39조 제1항 제2호 다목에 규정된 제2차 납세의무자에 해당한다는 이유로 주택건설업을 영위하는 A주식회사의 체납 국세 전액에 대한 납부를 명하는 과세처분을 부과하였다. 갑은 A주식회사의 최대주주인 배우자 병과 함께 과점주주에 해당하였다. 그 후 헌법재판소는 위 조세 부과의 근거가 되었던 법률 규정이 조세평등주의와 실질적 조세법률주의에 위반되고 과점주주의 재산권을 침해한다는 이유로 위헌을 결정하였다. 그러나 Y세무서장은 이후에 이 사건 과세처분에 따라 당시 유효하게 시행 중이던 국세징수법을 근거로 체납 중이던 원고 갑의 체납액 및 결손액(가산세를 포함)을 징수하기 위하여 갑 명의의 예금 채권을 압류하였다. 이에 갑은 Y세무서장의 압류에 대해 행정소송을 제기하려고 한다.

(1) 이 사안에서 갑이 Y세무서장의 압류에 대해 어떠한 행정소송을 제기할 수 있는지를 검토하시오. 15.

(2) 한편, 갑이 Y세무서장의 압류에 대해 그 위법을 다투면서 Y세무서장의 과세처분에 대한 하자를 주장할 수 있는지를 검토하시오(단, 이 경우 Y세무서장의 과세처분에 대한 제소기간은 경과한 것으로 본다). 20.

(3) 위 사안에서 Y세무서장의 과세처분의 근거가 되는 법률조항은 해당 과세처분이 발급된 후에 위헌결정이 내려졌다. 이 경우 위헌 법률에 근거하여 Y세무서장이 내린 과세처분의 법적 효력에 대해 검토하시오. 15.

[제32회 입법고시(2016년)]

참조조문

국세기본법

제39조(출자자의 제2차 납세의무) 법인의 재산으로 그 법인에 부과되거나 그 법인이 납부할 국세·가산금과 체납처분비에 충당하여도 부족한 경우에는 그 국세의 납세의무 성립일 현재 다음 각 호의 어느 하나에 해당하는 자는 그 부족한 금액에 대하여 제2차 납세의무를 진다. 다만, 제2호에 따른 과점주주의 경우에는 그 부족한 금액을 그 법인의 발행주식 총수(의결권이 없는 주식은 제외한다. 이하 이 조에서 같다) 또는 출자총액으로 나눈 금액에 해당 과점주주가 실질적으로 권리를 행사하는 주식 수(의결권이 없는 주식은 제외한다) 또는 출자액을 곱하여 산출한 금액을 한도로 한다.

1. 무한책임사원
2. 주주 또는 유한책임사원 1명과 그의 특수관계인 중 대통령령으로 정하는 자로서 그들의 소유주식 합계 또는 출자액 합계가 해당 법인의 발행주식 총수 또는 출자총액의 100분의 50을 초과하면서 그에 관한 권리를 실질적으로 행사하는 자들(이하 "과점주주"라 한다)

국세징수법

제14조(납기 전 징수) ① 세무서장은 납세자에게 다음 각 호의 어느 하나에 해당하는 사유가 있을 때에는 납기 전이라도 이미 납세의무가 확정된 국세는 징수할 수 있다.

1. 국세의 체납으로 체납처분을 받을 때

제24조(압류) ① 세무서장(체납기간 및 체납금액을 고려하여 대통령령으로 정하는 체납자의 경우에는 지

방국세청장을 포함한다. 이하 같다)은 다음 각 호의 어느 하나에 해당하는 경우에는 납세자의 재산을 압류한다. 〈개정 2011. 12. 31.〉

1. 납세자가 독촉장(납부최고서를 포함한다)을 받고 지정된 기한까지 국세와 가산금을 완납하지 아니한 경우
2. 제14조 제1항에 따라 납세자가 납기 전에 납부 고지를 받고 지정된 기한까지 완납하지 아니한 경우

② 세무서장은 납세자에게 제14조 제1항 각 호의 어느 하나에 해당하는 사유가 있어 국세가 확정된 후에는 그 국세를 징수할 수 없다고 인정할 때에는 국세로 확정되리라고 추정되는 금액의 한도에서 납세자의 재산을 압류할 수 있다.

③~⑤ 〈생략〉

⑥ 세무서장은 제2항에 따라 압류한 재산이 금전, 납부기한 내 추심(推尋)할 수 있는 예금 또는 유가증권인 경우 납세자의 신청이 있을 때에는 확정된 국세에 이를 충당할 수 있다.

**기출 63** (1) 이 사안에서 갑이 Y세무서장의 압류에 대해 어떠한 행정소송을 제기할 수 있는지를 검토하시오. 15.

# Ⅰ. 처분의 근거법률이 위헌결정된 경우 그 처분의 집행력

## 1. 문제 상황

헌법재판소가 갑에게 부과한 국세부과처분의 근거조항인 구 국세기본법 제39조 제1항 제2호 다목에 대해 위헌 결정을 하였음에도 Y세무서장이 국세징수법 제24조 제1항에 근거하여 갑 명의의 예금채권을 압류하였다면 압류처분은 위법한지 그리고 위법하다면 그 위법성의 정도가 무엇인지가 문제되며, 그에 따라 갑이 Y세무서장의 압류에 대해 어떠한 행정소송을 제기할 수 있는지를 검토한다.

## 2. 위헌인 법률에 근거한 행정행위의 집행력의 인정 여부

### (1) 문 제 점

의무를 과하는 행정행위의 근거법률이 위헌으로 결정된 경우, 의무를 과하는 행정행위의 근거법률에 대한 위헌결정의 기속력이 의무를 집행하거나 집행력을 유지하는 행위에도 미치는지가 문제된다.

### (2) 학 설

#### 1) 긍 정 설

처분의 근거법령에 대한 위헌결정의 기속력은 처분의 근거규정에만 미치고 집행의 근거규정에는 미치지 않으며, 의무를 과하는 행정행위와 이를 집행하는 행위는 하나의 법률효과를 목적으로 하지 않는다는 점을 근거로 한다(박균성, 윤진수).

#### 2) 부정설(다수설)

부정설은 헌법재판소법 제47조 제1항과 제2항을 근거로 한다. 즉, 제1항의 위헌결정의 기속력(위헌결정취지의 준수의무)에 따라 모든 국가기관과 지방자치단체는 위헌법률에 근거하여 새로운 법률관계를 형성해서는 안 되는 의무를 부담하고 또한 집행행위도 금지된다고 보며, 제2항의 장래효 규정에 따라 위헌결정된 법률은 장래를 향해 일반적으로 적용이 배제된다고 본다(남복현, 이동흡). 따라서 위헌인 법률에 근거한 행정행위는 집행력이 인정되지 않는다고 본다.

### (3) 판 례

대법원은 행정행위가 있은 후에 집행단계에서 그 행정행위의 근거된 법률이 위헌으로 결정된 경우 그 행정행위의 집행이나 집행력을 유지하기 위한 행위는 위헌결정의 기속력에 위반되어 허용되지 않는다고 한다(부정)(대판 2002. 8. 23. 2001두2959).

#### (4) 검　토

위헌인 법률에 근거한 행정행위에 집행력을 인정하는 것은 헌법재판소법 제47조 제1항의 기속력(위헌결정취지준수의무)에 위반되는 것이므로 이를 부정하는 견해가 타당하다.

#### (5) 설　문

헌법재판소가 구 국세기본법 제39조 제1항 제2호 다목에 대해 위헌 결정을 하였음에도 Y세무서장이 갑 명의의 예금채권을 압류하였다면 압류처분은 헌법재판소법 제47조 제1항의 기속력에 위반되어 위법하다.

### 3. 위헌인 법률에 근거한 행정행위의 집행행위 및 집행력을 유지하기 위한 행위의 위법성의 정도

(가) 행정행위의 무효와 취소의 구별기준에 대해 학설이 대립하지만, 행정의 법률적합성을 고려할 때 위법한 행정행위의 효력은 부정하는 것이 정당하지만, 법적 안정성(공정력의 인정근거)을 근거로 일단 잠정적으로 유효성을 인정한다. 그러나 행정행위의 하자가 중대하고도 명백한 경우에는 법적 안정성을 침해할 우려가 없고 그러한 행정행위에 효력을 인정하는 것은 행정의 법률적합성에 반하기 때문에 중대명백설이 타당하다(다수설).

(나) 대법원은 만일 헌법재판소의 위헌결정의 기속력에 위반하여 행정청이 해당 행정행위의 집행행위·집행력을 유지하기 위한 행위를 하였다면 그 행위는 하자가 중대하고 명백하여 당연무효라고 본다(대판(전원) 2012. 2. 16. 2010두10907).

(다) 따라서 세무서장의 압류처분은 그 하자가 중대명백하여 무효이다.

### 4. 소　결

Y세무서장의 압류처분은 무효이므로 갑은 행정소송법 제4조 제2호의 무효등확인소송을 제기할 수 있다.

기출 63 (2) 한편, 갑이 Y세무서장의 압류에 대해 그 위법을 다투면서 Y세무서장의 과세처분에 대한 하자를 주장할 수 있는지를 검토하시오(단, 이 경우 Y세무서장의 과세처분에 대한 제소기간은 경과한 것으로 본다). 20.

## Ⅱ. 압류처분의 위법을 다투며 과세처분의 위법성을 주장할 수 있는지 여부

### 1. 문제 상황

Y세무서장의 과세처분에 대한 제소기간이 경과하여 이를 다툴 수 없다면 후행행위는 압류

처분을 다투면서 선행행위인 과세처분의 위법성을 주장할 수 있는지 즉, 선행하는 행정행위의 하자가 후행행위에 승계되는지가 문제된다.

## 2. 행정행위의 하자의 승계의 의의

행정행위의 하자의 승계란 둘 이상의 행정행위가 연속적으로 행해지는 경우 선행행위의 하자가 후행행위에 승계되는 것을 말한다. 즉 후행행위를 다투며 선행행위의 위법을 주장할 수 있는지의 문제를 말한다.

## 3. 하자승계논의의 전제

### (1) 전제조건

하자승계의 논의가 특별히 문제되는 경우는 ⓐ 선행행위와 후행행위가 모두 항고소송의 대상이 되는 행정처분이고, ⓑ 선행행위는 당연무효가 아닌 취소사유가 존재하고, ⓒ 선행행위에는 하자가 존재하나 후행행위는 적법해야 하고, ⓓ 선행행위의 하자가 제소기간 도과 등으로 불가쟁력이 발생하여 선행행위를 다툴 수 없는 경우라야 한다.

### (2) 설　　문

ⓐ 과세처분과 압류처분 모두 항고소송의 대상이 되는 행정처분이며, ⓑ · ⓒ 위헌인 국세기본법에 근거한 과세처분이어서 과세처분이 단순위법하고, 후행행위인 압류처분이 적법하다면, ⓓ 선행행위인 과세처분에 대한 제소기간이 경과하였기 때문에 하자승계논의의 전제는 갖추었다.

## 4. 인정범위

### (1) 학　　설

**1) 하자의 승계론**(전통적 견해)

행정행위의 하자는 행정행위마다 독립적으로 판단되어야 한다는 기본전제하에 선행행위와 후행행위가 일련의 절차를 구성하면서 하나의 효과를 목적으로 하는 경우에는 예외적으로 선행행위의 위법성이 후행행위에 승계된다고 이론구성을 하고 있다(다수설).

**2) 구속력설**(규준력설)

a. 의　　의　　구속력이란 선행행정행위의 내용과 효과가 후행행정행위를 구속함으로써 상대방(관계인, 법원)은 선행행위의 하자를 이유로 후행행위를 다투지 못하는 효과를 말한다.

b. 범위(한계, 요건)　　㈎ **구속력은** ⓐ 선 · 후의 행위가 **법적 효과가** 일치하는 범위에서(객관적 한계(내용적 · 사물적 한계)), ⓑ **처분청**과 처분의 **상대방**(이해관계 있는 제3자도 포함) 및 **법원**에게(주관적 한계(대인적 한계)), ⓒ 선행행정행위의 기초를 이루는 **사실적 · 법적 상황의 동일성**이 유지되는 한도까지 미친다(시간적 한계). 이처럼 선행행위의 구속력이 후행행위에 미치는 한 처분의

상대방 등은 후행행위를 다투며 선행행위의 하자를 주장하지 못한다.

(나) ⓓ 그러나 객관적·주관적·시간적 한계 내에서 선행행정행위의 후행행정행위에 대한 구속력이 인정됨으로 인해(행정행위의 하자의 승계를 주장하지 못함으로 인해) 사인의 권리보호가 부당하게 축소될 수 있기 때문에 관련자에게 예측불가능하거나 수인불가능한 경우에는 구속력이 미치지 않는다(추가적 요건). 따라서 이 경우에는 후행행위를 다투면서 선행행위의 위법을 주장할 수 있게 된다.

### (2) 판 례

(가) 판례는 원칙상 하자의 승계론에 따라 선·후의 행위가 단계적인 일련의 절차로 연속하여 행하여지는 것으로서 서로 결합하여 하나의 법률효과를 발생시키는 것이라면 후행처분에 하자가 없다고 하더라도 후행처분의 취소를 청구하는 소송에서 선행처분의 위법성을 주장할 수 있다고 본다. 즉, 대집행절차상 계고처분과 대집행영장발부통보처분(대판 1996. 2. 9. 95누12507), 국세징수법상 독촉과 가산금·중가산금 징수처분(대판 1986. 10. 28. 86누147)에 대해 하자의 승계를 인정하였고, 건물철거명령과 대집행계고처분(대판 1998. 9. 8. 97누20502), 과세처분과 체납처분(대판 1977. 7. 12. 76누51)은 하자의 승계를 부정하였다.

(나) 그러나 ⓐ 개별공시지가결정의 위법을 이유로 그에 기초하여 부과된 양도소득세부과처분의 취소를 구한 판결에서 선행행위와 후행행위가 별개의 법률효과를 목적으로 하는 경우에도 수인성의 원칙을 이유로 하자의 승계를 예외적으로 인정하였다(대판 1994. 1. 25. 93누8542). ⓑ 그리고 최근 표준지공시지가결정의 위법이 수용재결에 승계될 것인지가 문제된 판결에서도 양자는 별개의 법률효과를 목적으로 하지만 수인성의 원칙을 이유로 하자의 승계를 긍정하였다(대판 2008. 8. 21. 2007두13845). ⓒ 또한 친일반민족행위진상규명위원회가 원고의 사망한 직계존속을 친일반민족행위자로 결정(선행처분)하였으나 이를 원고에게 통지하지 못해 원고는 이 사실을 모른 상태에서 그 이후 지방보훈지청장이 원고를 독립유공자법 적용배제자결정(후행처분)을 하자 원고가 후행처분을 다툰 판결에서, 선·후의 행위는 별개의 법률효과를 목적으로 하지만 선행처분의 하자를 이유로 후행처분을 다투지 못하게 하는 것은 원고에게 수인불가능하고 예측불가능한 불이익을 강요하는 것이므로 선행처분의 후행처분에 대한 구속력이 인정되지 않고 따라서 원고는 하자의 승계를 주장할 수 있다고 보았다(대판 2013. 3. 14. 2012두6964).

### (3) 검 토

판례의 태도가 타당하다. 즉, 선·후의 행위가 하나의 법률효과를 목적으로 하는 경우에는 하자의 승계를 인정하는 것이 타당하다. 다만, 선·후의 행위가 하나의 법률효과를 목적으로 하지 않는 경우에도 특히 예측불가능하거나 수인불가능한 사정이 있는 경우에는 예외적으로 하자의 승계를 인정하여야 한다.

### (4) 소 결

Y세무서장의 과세처분은 과세의 공정성과 원활한 납세의무의 이행을 목적으로 하는 국세

기본법을 근거한 행위이지만, 압류처분은 국세수입확보를 목적으로 하는 국세징수법을 근거로 한 처분이므로 하나의 법률효과를 목적으로 하지 않는다. 또한 갑에게 수인불가능한 사정도 없기 때문에 Y세무서장의 압류처분을 다투며 과세처분의 위법성을 주장할 수 없다.

**기출 63** (3) 위 사안에서 Y세무서장의 과세처분의 근거가 되는 법률조항은 해당 과세처분이 발급된 후에 위헌결정이 내려졌다. 이 경우 위헌 법률에 근거하여 Y세무서장이 내린 과세처분의 법적 효력에 대해 검토하시오. 15.

## Ⅲ. 위헌인 법률에 근거한 과세처분의 효력

### 1. 문제 상황

Y세무서장이 갑에게 구 국세기본법 제39조 제1항에 근거하여 과세처분을 한 후 헌법재판소가 해당 법률조항에 대해 위헌결정을 하였다면, 헌법재판소의 위헌결정의 효력이 소급할 수 있는지가 문제된다. 왜냐하면 헌법재판소의 위헌결정이 소급효를 가질 수 있다면 갑에게 발령된 과세처분이 위법할 수 있기 때문이다. 그리고 설문은 과세처분의 효력을 묻고 있는바 과세처분이 위법하다면 취소사유인지 무효사유인지도 문제된다.

### 2. 헌법재판소법 제47조 제2항·제3항과 소급효

㈎ 헌법재판소법 제47조 제2항은 '위헌으로 결정된 법률 또는 법률의 조항은 그 결정이 있는 날부터 효력을 상실한다', 제3항은 '제2항에도 불구하고 형벌에 관한 법률 또는 법률의 조항은 소급하여 그 효력을 상실한다. 다만, 해당 법률 또는 법률의 조항에 대하여 종전에 합헌으로 결정한 사건이 있는 경우에는 그 결정이 있는 날의 다음 날로 소급하여 효력을 상실한다'고 규정한다.

㈏ 따라서 논리적으로 위헌결정 이전에 당해 법률에 근거하여 발령된 처분이 근거법률이 위헌으로 선언됨으로써 위법하게 되는 문제는 생기지 않음이 원칙이라 할 것이다. 즉 처분 후에 근거법률이 위헌으로 결정된 경우의 처분의 위법 여부는 곧 위헌결정의 소급효가 인정됨을 전제로 한 논의라 할 것이며, 따라서 이 논의를 하기 위해서는 먼저 위헌결정의 소급효의 인정 여부 및 범위를 검토하는 것이 필요하다.

### 3. 위헌결정의 소급효의 인정 여부

#### (1) 학 설

**1) 당연무효설**

헌법에 위반되는 법률은 처음부터 당연히 무효라는 견해로 헌법재판소의 위헌결정은 무효인 법률에 대해 사후적으로 무효임을 선언하는 데 불과하다고 본다(헌법재판소의 위헌결정을 확인적으로 본다). 이 견해에 따르면 위헌인 법률은 헌법재판소의 위헌 확인 이전으로 소급하여 법률이 존재하던 시점부터 무효가 된다.

2) 폐지무효설

헌법에 위반되는 법률은 처음부터 무효인 것이 아니라 헌법재판소의 위헌결정이라는 법률의 효력을 상실시키는 조치에 의해 비로소 효력이 소멸된다고 본다(헌법재판소의 위헌결정을 형성적으로 본다). 이 견해에 따르면 위헌으로 결정된 법률의 효력은 처음부터 소급하여 무효가 되는 것은 아니라고 본다. 따라서 소급효 또는 장래효 또는 미래효 중 정책적으로 선택할 수 있다고 본다.

#### (2) 검 토

헌법재판소법 제47조 제2항은 '그 결정이 있는 날로부터' 효력을 상실하도록 규정하고 있으며, 헌법재판소의 위헌결정은 형성적 성질을 가지고 있기 때문에 폐지무효설이 타당하다(정종섭). 결국 헌법재판소법 제47조 제2항 · 제3항을 고려할 때 우리 입법은 원칙적으로 장래효를 취하면서 예외적으로 소급효를 인정하고 있다고 보는 것이 타당하다(원칙적 장래효, 예외적 소급효).

### 4. 위헌결정의 소급효의 인정 범위

#### (1) 법정소급효

헌법재판소법 제47조 제3항은 '형벌에 관한 법률 또는 법률의 조항은 소급하여 그 효력을 상실한다. 다만, 해당 법률 또는 법률의 조항에 대하여 종전에 합헌으로 결정한 사건이 있는 경우에는 그 결정이 있는 날의 다음 날로 소급하여 효력을 상실한다'고 규정한다.

#### (2) 해석에 의한 소급효

1) 대 법 원

(가) 대법원은 헌법재판소의 위헌결정의 효력은 위헌제청을 한 당해사건은 물론 위헌제청신청은 아니하였지만 당해 법률 또는 법률의 조항이 재판의 전제가 되어 법원에 계속 중인 사건(병행사건)뿐만 아니라 위헌결정 이후에 같은 이유로 제소된 일반사건에도 원칙적으로 소급효가 미친다고 한다(대판 1993. 2. 26. 92누12247).

(나) 다만, 일반사건의 경우 ⓐ 당해 처분에 이미 형식적 존속력(불가쟁력)이 발생하였거나(대판 1994. 10. 28. 92누9463), ⓑ 법적 안정성과 신뢰보호의 요청이 현저한 경우(대판 2005. 11. 10. 2005두5628)에는 소급효를 제한하고 있다.

2) 헌법재판소

(가) 헌법재판소는 헌법재판소법 제47조 제2항에 따라 원칙적으로 위헌결정은 장래효이지만, 예외적으로 위헌결정에 부분적인 소급효를 인정할 수 있다고 한다. 즉, 헌법재판소는 위헌결정의 소급효가 당해사건, 병행사건에 대해서만 미칠 수 있다고 보면서 일반사건의 경우 원칙

적으로 소급효를 부정한다.

(나) 다만 일반사건의 경우 원칙적으로 소급효를 부정하지만 '구체적 타당성의 요청이 현저한 반면에 법적 안정성을 침해할 우려가 없고 소급효의 부인이 오히려 헌법적 이념에 심히 배치되는 때'에는 예외적으로 소급효를 인정하고 있다(헌재 1993. 5. 13. 92헌가10, 91헌바7, 92헌바24, 50(병합)).

## 5. 위헌인 법률에 근거하여 발령되었던 행정행위의 하자의 정도(위헌결정의 소급효가 인정되는 경우)

### (1) 대 법 원

대법원은 법률이 헌법에 위반된다는 사정이 헌법재판소의 위헌결정이 있기 전에는 객관적으로 명백한 것이라고 할 수는 없으므로, 특별한 사정이 없는 한 그 행정처분의 취소소송의 전제가 될 수 있을 뿐이라고 한다(대판 1994. 10. 28. 92누9463).

### (2) 헌법재판소

(가) 헌법재판소 역시 「법률이 헌법에 위반된다는 사정은 헌법재판소의 위헌결정이 있기 전에는 객관적으로 명백한 것이라고 할 수 없으므로 특별한 사정이 없는 한 이러한 하자는 행정처분의 취소사유에 해당할 뿐(헌재 2005. 3. 31. 2003헌바113)」이라고 한다.

(나) 다만, 「행정처분 자체의 효력이 쟁송기간경과 후에도 존속 중인 경우, 특히 그 처분이 위헌법률에 근거하여 내려진 것이고 그 행정처분의 목적달성을 위하여서는 후행 행정처분이 필요한데 후행 행정처분은 아직 이루어지지 않은 경우와 같이 그 행정처분을 무효로 하더라도 법적 안정성을 크게 해치지 않는 반면에 그 하자가 중대하여 그 구제가 필요한 경우에 대하여서는 그 예외를 인정하여 이를 당연무효사유로 보아서 쟁송기간 경과 후에라도 무효확인을 구할 수 있는 것(헌재 1994. 6. 30. 92헌바23)」이라고 하여 위헌인 법률에 근거한 처분이 예외적으로 무효사유가 될 수 있음을 인정한다.

## 6. 설 문

### (1) 헌법재판소의 위헌결정의 소급효가 인정되는지 여부

(가) 설문에서는 해석에 의한 소급효가 문제된다. 갑에 대한 과세처분이 위법하려면 헌법재판소의 구 국세기본법 제39조 제1항에 대한 위헌결정에 소급효가 인정되어야 한다.

(나) 대법원의 입장에 따르면, 갑에 대한 과세처분과 같은 일반사건의 경우도 원칙적으로 소급효가 미칠 수 있지만 과세처분에 형식적 존속력이 발생하지 않았다고 하더라도 국세기본법에 근거한 과세처분은 법적 안정성의 요청이 현저한 경우이므로 소급효가 인정되지 않는다.

(다) 헌법재판소의 입장에 따르더라도 원칙적으로 소급효가 미치지 않고, 또한 설문의 경우는 구체적 타당성에 비해 법적 안정성에 대한 침해 우려가 더 현저하기 때문에 소급효를 인정

하는 예외에 해당하지 않는다.

**(2) 과세처분의 효력**

(가) 헌법재판소의 위헌결정의 효력이 소급하지 않기 때문에 Y세무서장의 과세처분은 적법 · 유효하다.

(나) 위헌결정의 소급효가 인정된다고 하더라도 대법원과 헌법재판소는 원칙상 중대하지만 명백한 하자는 아니라고 보아 단순위법사유로 본다. 따라서 이 경우 Y세무서장의 과세처분은 위법 · 유효하다.

기출 64 〈제2문〉

갑과 을은 각각 자신의 주택을 증축해서 매매한 다음 새로운 곳으로 이전하려 했으나, 자신의 토지가 최근 국토교통부장관에 의하여 「국토의 계획 및 이용에 관한 법률」 제38조 소정의 개발제한구역으로 지정됨에 따라 재산상의 큰 피해를 보게 되었고, 이로 인해 이전 계획도 수포로 돌아갈 지경에 이르렀다. 이와 관련하여 아래 갑과 을 주장의 타당성을 검토하시오. 30.

– 갑 : 자신의 토지에 대한 개발제한구역의 지정은 재산권의 내재적 제약한도를 넘는 '특별한 희생'에 해당하는 공용제한이다. 이 경우 「국토의 계획 및 이용에 관한 법률」에는 손실보상에 관한 규정이 없더라도 헌법 제23조 제3항에 근거하여 직접 손실보상청구권은 성립한다.

– 을 : 헌법 제23조 제3항은 불가분조항이며 이에 따라 동조 제1항 · 제2항과 제3항 간에는 소위 분리이론에 터 잡은 해석이 전제되어야 한다. 따라서 보상을 요하는 공용제한에 해당함에도 헌법상 요구되는 '법률에 의한 보상'이 규정되지 않았다면 이는 위헌 · 무효인 법률에 해당한다. 이 경우 위헌 · 무효인 법률에 기한 공용제한과 그 근거가 된 입법행위는 모두 불법을 구성하므로 각각에 대해 국가배상청구를 할 수 있다.

[제32회 입법고시(2016년)]

## Ⅰ. 문제 상황

국토교통부장관에 의하여 국토의 계획 및 이용에 관한 법률 제38조 소정의 개발제한구역으로 지정됨에 따라 재산상의 큰 피해를 본 갑과 을의 주장의 타당성을 검토하기 위해서는, 먼저 보상규정이 없는 법률에 기하여 수용(여기서는 수용·사용·제한 중 제한)이 있는 경우 어떻게 해결할 것인지 살펴보고, 그 주장의 타당성을 알아본다.

## Ⅱ. 보상규정 없는 법률에 기한 공용침해(수용 등)가 있는 경우 권리구제

### 1. 경계이론과 분리이론

#### (1) 문 제 점

헌법 제23조 제1항·제2항(① 모든 국민의 재산권은 보장된다. 그 내용과 한계는 법률로 정한다. ② 재산권의 행사는 공공복리에 적합하도록 하여야 한다)과 헌법 제23조 제3항(③ 공공필요에 의한 재산권의 수용·사용 또는 제한 및 그에 대한 보상은 법률로써 하되, 정당한 보상을 지급하여야 한다)의 법률(제도)이 본질적으로 동일한 것인지 서로 독립한 별개의 것인지에 관해 경계이론과 분리이론이 대립된다.

#### (2) 개 념

1) 경계이론

㈎ 경계이론이란 헌법 제23조 제1항·제2항의 사회적 제약(=사회구속성)(수인해야 하는 재산권에 대한 사회적인 제한)과 헌법 제23조 제3항의 공용침해(수용·사용·제한)는 별개의 제도가 아니며 정도의 차이만 있다는 견해로 양자는 특별한 희생 여부로 구별된다고 본다(특별한 희생에 이르지 못하면 헌법 제23조 제1항·제2항의 사회적 제약, 특별한 희생이 있으면 헌법 제23조 제3항의 공용침해라고 본다).

㈏ 따라서 해당 법률조항에 따른 재산권 제한이 특별한 희생에 해당하는 경우 국가 등은 보상의무가 발생한다고 본다(가치보장으로 연결된다).

2) 분리이론

㈎ 분리이론이란 헌법 제23조 제1항·제2항의 사회적 제약과 헌법 제23조 제3항의 공용침해가 서로 독립된 별개의 제도라는 견해로 양자는 입법의 형식과 목적으로 구별된다고 본다.

㈏ 따라서 이 견해는 헌법 제23조 제1항·제2항에 해당하는 법률이면서 비례원칙에 반하여 재산권을 제한하는 법률은 위헌으로 '재산권 침해의 위헌성을 제거하는 입법'이 필요하며, 헌법 제23조 제3항에 해당하는 법률인데 수용 등은 있으나 보상규정이 없는 법률은 위헌이므로 '금전보상에 대한 입법(분리이론에서 말하는 보상입법은 금전보상만을 말하는 것이 아니라 금전보상에 갈음하거나 손실을 완화할 수 있는 제도를 말한다)'이 필요하다고 본다(존속보장으로 연결된다).

#### (3) 검 토

분리이론에 따르면 비례원칙을 벗어나는 재산권 제한에 대한 입법은 위헌이고 이 경우 보상입법을 통해 입법자가 해결해야 한다고 하지만, 적절한 입법이 행해지지 않는 우리 입법현실을 보면 권리구제의 공백을 해결하기 위해 특별한 희생이 있는 경우 손실보상을 인정하는 경계이론이 더욱 타당하다.

### 2. 헌법 제23조 제3항의 법적 성격(불가분조항 여부)

#### (1) 문 제 점

(가) 헌법 제23조 제3항은 "공공필요에 의한 재산권의 수용·사용 또는 제한 및 그에 대한 보상은 법률로써 하되, 정당한 보상을 지급하여야 한다"고 규정한다. 이 헌법 규정에 따라 많은 개별법들은 수용 등에 관한 법적 근거와 그에 따른 손실보상의 법적 근거를 두고 있다. 따라서 이 경우 수용 등으로 재산권의 침해를 받은 자는 관련 규정에 따라 손실보상을 청구할 수 있다.

(나) 그런데 수용 등에 대한 법적 근거는 있으나 보상에 대한 법적 근거가 없는 경우와 관련해 헌법 제23조 제3항의 법적 성격을 불가분조항(=결부조항. 헌법이 법률에 일정한 사항을 위임—앞의 예에서 '재산권의 수용·사용·제한'—하면서 동시에 그 법률에 일정한 다른 내용을 함께 규정—앞의 예에서 '보상'—하도록 의무지운 조항)으로 볼 것인지에 대해 견해의 대립이 있다.

#### (2) 학 설

ⓐ 헌법 제23조 제3항을 불가분조항 규정으로 보면 보상규정이 없는 수용((좁은 의미)수용+사용+제한=넓은 의미의 수용)법률은 모두 위헌이 선언될 것이어서 법적 안정성에 문제가 있다는 점을 근거로 불가분조항 규정이 아니라고 보는 견해와 ⓑ 헌법 제23조 제3항을 불가분조항 규정으로 보는 견해가 대립된다.

#### (3) 검 토

헌법 제23조 제3항은 국가 등의 자의적인 재산권 침해(보상이 없는 재산권의 수용 행위 등)로부터 개인의 권리를 보호하기 위한 헌법적인 고려라는 점을 생각할 때 불가분조항으로 보는 견해가 타당하다. 따라서 법률에 수용에 대한 규율은 있으나 보상에 대한 규율이 없다면 이는 헌법에 위반되는 위헌적인 법률이 된다.

### 3. 권리구제

(가) 헌법 제23조 제1항·제2항과 헌법 제23조 제3항의 관계를 경계이론으로 보고 헌법 제23조 제3항의 법적 성격을 불가분조항으로 본다면, 설문처럼 갑과 을이 국토교통부장관의 국토의 계획 및 이용에 관한 법률 제38조에 따른 개발제한구역지정처분으로 재산상의 큰 피해를 보게 되었다면 이는 특별한 희생에 해당한다. 이처럼 수용 등(설문에서는 제한)이 있었음에도 보상에

관한 입법이 없었다면 국토의 계획 및 이용에 관한 법률 제38조은 위헌적인 법률이고, 이러한 법률에 기한 개발제한구역지정처분은 위법한 행정작용에 해당한다.

(나) 이 경우 간접효력규정설에 따라 헌법 제23조 제1항(재산권 보장규정) 및 제11조(평등원칙)에 근거하고, 헌법 제23조 제3항 및 관련규정의 유추해석을 통하여 갑과 을은 손실보상을 청구할 수 있다고 보는 것이 타당하다. 즉, 수용유사침해보상의 법리를 긍정하여 갑과 을은 손실보상을 청구할 수 있다.

## Ⅲ. 갑과 을의 주장의 타당성

### 1. 갑의 주장의 타당성

#### (1) '개발제한구역지정이 특별한 희생에 해당한다'는 주장

이는 경계이론에 따른 것이다. 설문에서 개발제한구역으로 지정됨에 따라 갑이 재산상의 큰 피해를 보게 되었다고 하였기 때문에 재산권에 대한 중대한 제약이며 다른 자에게 요구되지 않는 수인불가능한 희생을 강요한 것으로 특별한 희생에 해당한다.

#### (2) '헌법 제23조 제3항에 근거하여 직접 손실보상청구권이 성립된다'는 주장

이는 직접효력규정설에 따른 것이다. 헌법 제23조 제3항이 적용되려면 적법한 침해라야 하는데 헌법 제23조 제3항을 불가분조항으로 보면 이는 위법한 침해이며, 헌법 제23조 제3항은 수용 등과 보상을 법률로 하라는 위임규정이기 때문에 이 규정을 직접 근거로 하여 손실보상청구권이 인정된다는 것은 타당하지 않다.

### 2. 을의 주장의 타당성

#### (1) '불가분조항과 분리이론이 타당하다'는 주장

불가분조항에 대한 논의는 타당하지만, 적절한 입법이 행해지지 않는 우리 입법현실을 감안할 때 분리이론보다는 경계이론이 타당하다.

#### (2) '국가배상을 청구할 수 있다'는 주장

이는 위헌무효설의 주장이다. 국가배상은 악행에 대한 배상이고 손실보상은 공익을 위한 특별한 희생에 대한 보상으로 그 본질이 다르고, 국가배상을 청구하는 경우 설문의 경우 국가배상청구의 성립요건 중 과실을 인정하기 어려워 위헌무효설은 타당하지 않다.

기출 65 〈제3문〉

취소심판의 인용재결에 대해 피청구인인 처분청이 취소소송을 제기할 수 있는지를 검토하시오. 20.

[제32회 입법고시(2016년)]

## Ⅰ. 문제 상황

지방자치단체(공법상 법인을 포함한다)는 행정주체로 권리·의무의 귀속주체이므로 처분 등으로 권리가 침해당한 경우 취소소송을 제기할 수 있다. 이 경우 실제 취소소송은 지방자치법 제101조(지방자치단체의 장은 지방자치단체를 대표하고, 그 사무를 총괄한다)에 따라 지방자치단체의 장이 추행한다. 그러나 설문처럼 그 처분청이 취소심판 인용재결의 기속력을 받는 자라면 인용재결에 대해 취소소송을 제기할 수 있는지가 문제된다.

## Ⅱ. 학 설

### 1. 부 정 설

이 견해는 인용재결이 있는 경우, 피청구인인 행정청은 재결의 기속력(행정심판법 제49조)을 받아 재결의 취지에 따라야 할 의무를 부담하기 때문에 취소소송을 제기할 수 없다는 입장이다.

### 2. 긍 정 설

이 견해는 해당 소송을 기관소송으로 본다면 기관소송은 법률의 규정이 있는 경우에만 허용되기 때문에 법률의 규정이 없다면 소송이 불가능하겠지만(행정소송법 제45조), 위원회의 재결을 처분청이 속한 행정주체가 자신의 권리침해를 이유로 다투는 것은 기관소송이 아니라 항고소송이므로 법률의 규정이 없어도 가능하다는 점을 근거로 한다.

## Ⅲ. 판 례

판례는 「행정심판법 제37조 제1항(현행 제49조 제1항)은 '재결은 피청구인인 행정청과 그 밖의 관계행정청을 기속한다'고 규정하였고, 이에 따라 처분행정청은 재결에 기속되어 재결의 취지에 따른 처분의무를 부담하게 되므로 이에 불복하여 행정소송을 제기할 수 없다 할 것(대판 1998. 5. 8. 97누15432)」이라고 하여 부정적인 입장이다.

## Ⅳ. 검토 및 설문

㈎ 긍정설이 타당하다. 행정심판법 제49조는 기속력을 규정하고 있으나 기속력을 받는 자는 행정심판의 피청구인인 처분청인 반면 재결에 대해 불복하여 항고소송을 제기하는 것은 행정주체이므로 재결의 기속력이 미치지 않는다고 보아야 하기 때문이다(박정훈).

㈏ 따라서 취소심판의 인용재결에 대해 피청구인인 처분청은 취소소송을 제기할 수 있다.

**기출 66** 〈제1문〉

갑은 A시 시청 민원실 주차장 부지 일부와 그에 붙어 있는 A시 소유의 유휴 토지 위에 창고건물을 건축하여 사용하고 있다. A시 소속 재산 관리 담당 공무원은 A시 공유재산에 대한 정기 실태조사를 하는 과정에서 갑이 사용하고 있는 주차장 부지 일부 및 유휴 토지(이하 '이 사건 토지'라 한다)에 관하여 대부계약 등 어떠한 갑의 사용권원도 발견하지 못하자 갑이 이 사건 토지를 정당한 권원 없이 점유하고 있다고 판단하여 관리청인 A시 시장 을에게 이러한 사실을 보고하였다. 이에 을은 무단점유자인 갑에 대하여 ① 「공유재산 및 물품 관리법」 제81조 제1항에 따라 변상금을 부과하였고(이하 '변상금 부과 조치'라 한다), ② 같은 법 제83조 제1항에 따라 이 사건 토지 위의 건물을 철거하고 이 사건 토지를 반환할 것을 명령하였다(이하 '건물 철거 및 토지 반환 명령'이라 한다).

(1) 을이 이 사건 토지를 관리하는 행위의 법적 성질을 검토하시오. 10.

(2) 갑이 건물 철거 및 토지 반환 명령에 따른 의무를 이행하지 않는 경우 이에 대한 행정상 강제집행이 가능한가? 15.

(3) 갑이 이미 변상금을 납부하였으나, 을의 변상금 부과 조치에 하자가 있어 변상금을 돌려받으려 한다. 갑은 어떠한 소송을 제기하여야 하는가? 25.

[제58회 사법시험(2016년)]

참조조문

공유재산 및 물품 관리법

제2조(정의) 이 법에서 사용하는 용어의 뜻은 다음과 같다.

1. "공유재산"이란 지방자치단체의 부담, 기부채납(寄附採納)이나 법령에 따라 지방자치단체 소유로 된 제4조 제1항 각 호의 재산을 말한다.

제5조(공유재산의 구분과 종류) ① 공유재산은 그 용도에 따라 행정재산과 일반재산으로 구분한다.

② "행정재산"이란 다음 각 호의 재산을 말한다.

1. 공용재산
   지방자치단체가 직접 사무용·사업용 또는 공무원의 거주용으로 사용하거나 사용하기로 결정한 재산과 사용을 목적으로 건설 중인 재산
2. 공공용재산
   지방자치단체가 직접 공공용으로 사용하거나 사용하기로 결정한 재산과 사용을 목적으로 건설 중인 재산
3. 기업용재산
   지방자치단체가 경영하는 기업용 또는 그 기업에 종사하는 직원의 거주용으로 사용하거나 사용하기로 결정한 재산과 사용을 목적으로 건설 중인 재산
4. 보존용재산
   법령·조례·규칙에 따라 또는 필요에 의하여 지방자치단체가 보존하고 있거나 보존하기로 결정한 재산

③ "일반재산"이란 행정재산 외의 모든 공유재산을 말한다.

제81조(변상금의 징수) ① 지방자치단체의 장은 사용·수익허가나 대부계약 없이 공유재산 또는 물품을 사용·수익하거나 점유(사용·수익허가나 대부계약 기간이 끝난 후 다시 사용·수익허가나 대부계약 없이 공유재산 또는 물품을 계속 사용·수익하거나 점유하는 경우를 포함하며, 이하 "무단점유"라 한다)를 한 자에 대하여 대통령령으로 정하는 바에 따라 공유재산 또는 물품에 대한 사용료 또는 대부료의 100분의 120에 해당하는 금액(이하 "변상금"이라 한다)을 징수한다. 다만, 다음 각 호의 어느 하나에 해당하는 경우에는 변상금을 징수하지 아니한다(각 호 생략).

제83조(원상복구명령 등) ① 지방자치단체의 장은 정당한 사유 없이 공유재산을 점유하거나 공유재산에 시설물을 설치한 경우에는 원상복구 또는 시설물의 철거 등을 명하거나 이에 필요한 조치를 할 수 있다.
② 제1항에 따른 명령을 받은 자가 그 명령을 이행하지 아니할 때에는 「행정대집행법」에 따라 원상복구 또는 시설물의 철거 등을 하고 그 비용을 징수할 수 있다.

**기출 66** (1) 을이 이 사건 토지를 관리하는 행위의 법적 성질을 검토하시오. 10.

# Ⅰ. 토지관리행위의 법적 성질

## 1. 주차장 부지 일부 및 유휴 토지의 법적 성질

㈎ 설문의 '이 사건 토지' 중 시청 민원실 주차장 부지 일부는 공유재산 및 물품 관리법 제5조 제2항 행정재산 중 공용재산에 해당하고, 유휴 토지는 사용목적이 정해지지 않은 토지이므로 동법 제5조 제3항의 일반재산에 해당한다. 따라서 전자는 행정재산으로 강학상 공물에 해당하지만 후자는 공물이 아니고 재정재산이다.

㈏ 공물이란 법령이나 행정주체의 행위에 의해 직접 공적 목적에 제공된 유체물과 무체물 및 집합물을 말하고, 재정재산이란 공물과는 달리 그 자본의 가치로 행정주체의 재정수익의 수단이 됨으로써 행정목적에 간접적으로 기여하는 재산을 말한다

## 2. 시장의 '시청 민원실 주차장 부지 일부' 관리행위의 법적 성질

### (1) 공물(시청 민원실 주차장 부지 일부) 관리의 의의

공물의 관리란 공물이 제공된 공적 목적을 잘 수행할 수 있게 하기 위한 행정주체의 행위를 말한다.

### (2) 공물관리권의 법적 성질

㈎ ① 공물관리권을 소유권에 의한 작용으로 보는 소유권설이 있었으나, ② 공물의 관리는 소유권주체와는 무관하게 공적 목적을 달성하기 위한 작용이므로 이는 공물주체의 물권적 지배권(특정물건에 대해 배타적인 이익을 얻을 권리)이라고 보는 물권적 지배권설이 통설·판례(대판 2005. 11. 25. 2003두7194)이다.

㈏ 시장의 '시청 민원실 주차장 부지 일부' 관리행위의 법적 성질은 물권적 지배권의 하나이다.

### (3) 공물관리권의 내용

구체적인 공물관리권의 내용은 법령이나 자치법규로 정해지지만, 공물주체는 공물관리권에 근거하여 공물의 범위를 결정할 수 있고, 공물의 유지·수선·보수 등을 수행하며, 공물사용에 대한 사용료나 변상금을 징수할 수도 있고, 공물을 특정인에게 사용·점용하게 할 수도 있다.

## 3. 시장의 '유휴 토지' 관리행위의 법적 성질

시장이 유휴 토지를 관리하는 행위는 공유재산 및 물품 관리법에 특칙이 규정된 경우를 제외하고는 일반사물(私物)과 마찬가지로 사법의 적용을 받는다. 따라서 설문의 유휴 토지는 A시

의 소유이므로 관리행위는 소유권의 한 내용이 된다.

기출 66 (2) 갑이 건물 철거 및 토지 반환 명령에 따른 의무를 이행하지 않는 경우 이에 대한 행정상 강제집행이 가능한가? 15.

## Ⅱ. 강제집행의 가능성

### 1. 문제 상황

시장이 건물 철거 및 토지 반환 명령을 발령하여 갑에게 철거의무 및 토지반환의무가 발생하였음에도 이를 이행하지 않는 경우 행정의 실효성 확보수단으로 강제집행이 가능한지가 문제된다.

### 2. 행정상 강제집행의 의의

행정상 강제집행이란 행정법상 의무의 불이행이 있는 경우 행정주체가 의무자(의무위반자)의 신체·재산에 실력을 가하여 그 의무가 이행된 것과 같은 상태를 실현하는 작용을 말한다. 강제집행에는 대집행, 강제징수, 직접강제, 이행강제금이 있다.

### 3. 직접강제 및 이행강제금의 가능성

(가) 직접강제는 행정기관이 직접 의무자의 신체·재산에 실력을 가하여 의무자가 직접 의무를 이행한 것과 같은 상태를 실현하는 작용을 말한다. 직접강제는 침익적 행위이므로 법적 근거가 필요한데 설문의 경우 법에 근거가 있다면 가능하고, 법적 근거가 없다면 직접강제는 불가능하다.

(나) 이행강제금이란 의무자의 의무불이행이 있는 경우 의무의 이행을 강제하는 금전을 부과하여 그 의무의 이행을 간접적으로 실현하는 수단을 말한다. 이행강제금 부과 역시 침익적 행위로 법적 근거가 필요한데 설문의 경우 법에 근거가 있다면 가능하고, 법적 근거가 없다면 이행강제금 부과는 불가능하다.

### 4. 강제징수의 가능성

행정상 강제징수란 의무자가 공법상 금전급부의무를 불이행한 경우 강제로 그 의무이행을 실현하는 행정작용을 말한다. 그런데 설문은 금전급부의무불이행에 대한 것이 아니어서 강제징수는 불가능하다.

## 5. 행정대집행의 가능성

### (1) 의　　의

대집행이란 타인이 대신하여 행할 수 있는 의무(대체적 작위의무)의 불이행이 있는 경우 행정청이 불이행된 의무를 스스로 행하거나 제3자로 하여금 이행하게 하고 그 비용을 의무자로부터 징수하는 것을 말한다.

### (2) 대집행의 요건

대집행의 일반적 요건은 행정대집행법 제2조가 정하고 있다. 즉 ① 법률이나 명령에 따른 의무의 불이행이 있을 것 ② 대체적 작위의무의 불이행일 것 ③ 다른 수단으로 의무이행확보가 곤란할 것(보충성) ④ 공익을 해할 것을 요한다.

**1) 법률이나 명령에 따른 공법상 의무의 불이행이 있을 것**

공법상 의무는 법률에 의해 직접 명령되는 경우도 있지만, 대부분 법률에 의거한 행정청의 명령에 의해 발생한다.

**2) 대체적 작위의무의 불이행**

㈎ 대집행의 대상인 의무는 **대체적 작위의무**라야 하며, 비대체적 작위의무나 부작위의무 또는 수인의무의 불이행의 경우에는 대집행이 적용될 수 없다.

㈏ 행정청이 의무자에게 **토지나 건물의 인도의무**(인도명령을 발령하는 경우)를 부과한 경우 그 의무부과의 목적은 토지 등의 점유이전이다. 그러나 이러한 의무는 대체적 의무가 아니어서 대집행은 불가능하다.

㈐ **부작위의무**는 철거명령 등을 통해 작위의무로 전환시킨 후에 대집행의 대상이 될 수 있다. 그러나 작위의무로 전환시킬 수 있는 법적 근거가 없다면, 법률유보의 원칙상 금지규정만으로는 의무를 과하는 명령을 발령할 수 없고 그렇다면 대집행은 불가능하다는 것이 일반적 견해이자 판례의 입장이다.

**3) 다른 수단으로 의무이행확보가 곤란할 것**(보충성)

다른 수단으로 불이행된 의무이행을 확보할 수 있다면 대집행은 불가능하다. 여기서 다른 수단이란 대집행보다 더 경미한 수단인 행정지도 등을 말하며 직접강제나 행정벌은 해당하지 않는다.

**4) 공익을 해할 것**

의무이행을 방치하는 것이 심히 공익을 해친다고 인정되는 경우라야 한다. 영세건축물이나 초대형건축물의 철거의무불이행의 경우처럼 공익침해보다 사익에 대한 보호필요성이 더 우월한 경우에는 대집행이 불가능하다.

### (3) 설　　문

시장이 공유재산 및 물품관리법에 근거하여 건물 철거 및 토지반환을 명령하였음에도 갑이 이를 이행하지 않는다면 명령에 따른 공법상 의무의 불이행은 존재한다. 그러나 건물철거의무는 대체적 작위의무이지만 토지의 반환의무는 대체적 작위의무가 아니다(특히 대체성이 없다). 따라서 다른 요건을 만족한다고 하여도 건물철거의무 불이행에 대해서는 대집행할 수 있지만, 토지의 반환의무 불이행에 대해서는 행정대집행할 수 없다.

### 6. 소 결

설문의 건물철거의무 및 토지반환의무는 금전급부의무가 아니어서 강제징수는 불가능하며, 직접강제나 이행강제금의 부과는 법적 근거가 있어야 가능하다. 그리고 건물철거의무는 대집행이 가능하지만 토지반환의무는 대체적 작위의무가 아니어서 대집행할 수 없다.

**기출 66** (3) 갑이 이미 변상금을 납부하였으나, 을의 변상금 부과 조치에 하자가 있어 변상금을 돌려받으려 한다. 갑은 어떠한 소송을 제기하여야 하는가? 25.

## Ⅲ. 변상금을 반환받기 위한 소송

### 1. 문제 상황

변상금부과처분이 위법하여 변상금을 돌려받으려는 갑의 소송은 부당이득반환청구소송이 된다. 설문에서는 변상금부과처분의 하자의 정도가 불분명하므로 변상금부과처분이 무효인 경우와 취소사유인 경우를 나누어서 갑이 제기할 수 있는 소송을 검토한다.

### 2. 변상금부과처분이 무효인 경우

#### (1) 문 제 점

변상금부과처분이 무효라면 변상금부과처분무효확인소송을 제기하지 않고 부당이득반환청구소송을 제기한 경우가 선결문제와 관련해 문제되고, 변상금부과처분무효확인소송을 먼저 제기하는 경우 즉시확정의 이익이 문제되며, 변상금부과처분무효확인소송과 부당이득반환청구소송을 병합하는 경우 행정소송법 제10조의 관련청구소송의 병합이 문제된다.

#### (2) 변상금부과처분무효확인소송을 제기하지 않고 부당이득반환청구소송을 제기한 경우

1) 부당이득반환청구권의 성질

㈎ 부당이득반환청구권의 성질에 대해 학설은 ① ⓐ 공권설과 ⓑ 사권설이 대립되나, ② 판례는 처분이 무효이거나 취소된 이상 부당이득반환의 법률관계는 민사관계로 보고 민사소송절차에 따르고 있다(대판 1995. 12. 22. 94다51253).

㈏ 판례에 따라 민사소송으로 본다면 갑은 국가를 상대로 민사소송으로 부당이득반환청구

소송을 제기할 수 있는데 이 경우 민사법원은 민법 제741조에 따라 국가가 법률상 원인 없이 갑에게 손해를 가하고 있는지를 살펴보아야 한다.

㈐ 그런데 '법률상 원인 없음'이 설문과 관련해서 '변상금부과처분이 무효'인지에 대한 문제가 되기 때문에 민사법원이 처분의 효력 유무를 판단할 수 있는지 즉 선결문제를 검토해야 한다.

**2) 선결문제**

a. 의　　의　　㈎ 선결문제란 **민사**(당사자소송)·**형사법원의 본안판단에서 행정행위의 효력 유무**(존재 여부)나 **위법 여부가 선결될 문제**인 경우 그 효력 유무(존재 여부)나 위법 여부를 말한다. 종래 선결문제를 행정행위의 효력 중 공정력의 문제로 보는 견해가 있었으나(공정력과 구성요건적 효력을 구별하지 않는 견해), 현재는 구성요건적 효력의 문제로 보는 견해가 다수견해이며(공정력과 구성요건적 효력을 구별하는 견해), 타당하다.

㈏ 공정력이란 행정행위에 하자가 있다고 하더라도 권한을 가진 기관에 의해 취소될 때까지 그 효력을 부정할 수 없는 상대방(이해관계인)에게 미치는 구속력을 말하며, 구성요건적 효력이란 유효한 행정행위의 존재가 다른 국가기관의 결정에 영향을 미치는 효력(구속력)을 말한다.

b. 형　　태　　㈎ 선결문제는 **민사사건**(당사자소송 사건)의 경우와 **형사사건**의 경우로 나눌 수 있고, 각각 **행정행위의 효력 유무**(존재 여부)가 선결문제로 되는 경우와 **행정행위의 위법 여부**가 선결문제로 되는 경우가 있다(행정사건 중 당사자소송사건도 문제될 수 있으나 대법원은 부당이득반환청구소송, 국가배상청구소송을 민사소송으로 보고 있는바 선결문제 해결에서는 민사소송으로 제기하는 경우와 당사자소송으로 제기하는 경우에 차이가 없다). **행정소송법 제11조 제1항**은 선결문제의 일부(민사사건에서 효력 유무(존재 여부)가 문제되는 경우)에 관해서만 규정하고 있는바 나머지 사항은 학설과 판례에서 해결하여야 한다.

㈏ 설문은 민사사건의 경우이고 변상금부과처분의 효력 유무가 문제되는 경우이다.

c. 해결(민사법원이 처분의 효력 유무를 판단할 수 있는지 여부)　　선결문제가 행정행위의 효력 유무인 경우, ① 당해 행정행위가 **무효**이면 민사법원은 행정행위가 무효임을 전제로 본안을 인용할 수 있다는 것이 실정법(행정소송법 제11조 제1항)·학설·판례의 입장이다. 왜냐하면 무효인 행정행위는 구성요건적 효력이 없기 때문이다. 그리고 행정행위의 하자가 **단순위법**인 경우에도 민사법원은 당해 행정행위가 유효임을 전제로 본안을 판단할 수 있다. ② 그러나 민사법원은 행정행위의 구성요건적 효력으로 인해 유효한 **행정행위의 효력을 부정**(취소)할 수는 없다. 따라서 행정행위가 단순위법하여 여전히 효력이 있다면 법률상 원인이 없는 것이 아니기에 당사자의 부당이득반환청구는 기각될 것이다.

d. 설　　문　　시장의 변상금부과처분은 무효이기 때문에 민사법원은 변상금부과처분이 무효임을 전제로 본안을 판단할 수 있고 갑은 부당이득반환청구소송을 통해 이미 납부한 변상금을 반환받을 수 있다.

### (3) 변상금부과처분무효확인소송을 제기하고 부당이득반환청구소송을 제기한 경우

설문에서 갑은 변상금을 이미 납부하였고 변상금부과처분이 무효라면 갑은 변상금부과처분무효확인소송을 제기하지 않고도 부당이득반환을 청구하면서 변상금부과처분의 무효를 선결문제로 주장하면 변상금을 돌려받을 수 있기 때문에, 갑이 별도로 변상금부과처분무효확인소송을 제기할 협의의 소익이 있는지가 문제된다.

1) 무효확인소송에서 즉시확정의 이익의 필요 여부

a. 문 제 점  민사소송으로 확인소송을 제기하려면 즉시확정의 이익이 요구된다. 따라서 확인소송이 아닌 다른 직접적인 권리구제수단(예를 들면 이행소송)이 있는 경우에는 확인소송이 인정되지 않는다. 즉 확인소송이 보충성을 가지는 것으로 본다. 그런데 민사소송인 확인소송에서 요구되는 즉시확정의 이익이 행정소송인 무효등확인소송의 경우에도 요구되는지(즉, 확인소송의 보충성이 요구되는지)가 문제된다.

b. 학  설

(ⅰ) 긍정설(즉시확정이익설)  취소소송의 경우와 달리 행정소송법 제35조는 원고적격에 관한 규정일 뿐만 아니라 권리보호필요성(협의의 소익)에 관한 의미도 가지고 있는 것이며(동법 제35조의 '확인을 구할'이라는 표현을 즉시확정이익으로 본다), 따라서 민사소송에서의 확인의 소와 같이 무효등확인소송의 경우에도 '즉시확정의 이익'이 필요하다고 보는 견해이다. 결국 당사자에게 별도의 직접적인 권리구제수단이 없는 경우라야 무효등확인소송이 인정된다고 본다.

(ⅱ) 부정설(법적보호이익설)  행정소송법 제35조의 '법률상 이익'은 원고적격의 범위에 대한 것이어서 즉시확정의 이익으로 해석될 수 없고, 무효등확인소송에서는 취소판결의 기속력을 준용하므로 민사소송과 달리 무효판결 자체로도 판결의 실효성 확보가 가능하므로 민사소송에서와 같이 확인의 이익 여부를 논할 이유가 없다는 점, 그리고 무효등확인소송이 확인소송이라는 점에만 집착하여 즉시확정의 이익을 내세운다면 부작위위법확인소송도 확인소송으로서의 성질을 가지므로 즉시확정의 이익이 필요하다고 판단되어야 한다는 문제가 있다는 점을 들고 있다(다수견해).

c. 판  례  ⓐ 과거 판례는 행정소송인 무효등확인소송에도 민사소송처럼 확인소송의 일반적 요건인 '즉시확정의 이익'이 요구된다고 하였다. ⓑ 그러나 수원시장의 하수도원인자부담금부과처분의 무효확인을 구한 사건에서 대법원은 행정소송은 민사소송과는 목적·취지 및 기능 등을 달리하며, 무효등확인소송에도 확정판결의 기속력규정(행정소송법 제38조, 제30조)을 준용하기에 무효확인판결만으로도 실효성확보가 가능하며, 행정소송법에 명문의 규정이 없다는 점을 이유로 무효등확인소송의 보충성이 요구되지 않는다고 판례를 변경하였다(대판(전원) 2008. 3. 20. 2007두6342). 따라서 행정처분의 무효를 전제로 한 이행소송 즉 부당이득반환청구소송, 소유물반환청구소송, 소유권이전등기말소청구소송, 소유물방해제거청구소송 등과 같은 구제수단이 있다고 하더라도 무효등확인소송을 제기할 수 있다고 본다.

d. 검　토　무효등확인소송도 항고소송이라는 점에서 취소소송과 본질이 다르지 않고, 무효등확인소송에서 즉시확정의 이익이 요구되지 않아 원고가 소권을 남용한다면 법원은 권리보호필요의 일반 원칙으로 이를 통제할 수 있기 때문에 문제되지 않는다. 따라서 즉시확정의 이익은 요구되지 않는다는 견해가 타당하다.

2) 설　문

다수견해와 판례인 부정설에 의하면 갑은 변상금을 이미 납부한 경우에도 변상금부과처분의 무효확인을 구할 협의의 소의 이익이 있다. 따라서 갑은 변상금부과처분무효확인소송을 제기하여 인용판결을 받은 후 부당이득반환청구소송을 제기하여 이미 납부한 변상금을 반환받을 수 있다.

#### (4) 변상금부과처분무효확인소송과 부당이득반환청구소송을 병합하는 경우

행정소송법 제38조 제1항은 동법 제10조의 '관련청구소송의 이송 및 병합' 규정을 준용하고 있다. 따라서 설문의 변상금부과처분무효확인소송의 제기가 적법하며, 부당이득반환청구는 행정소송법 제10조 제1항 제1호의 관련청구소송이고, 사실심변론종결전이며, 변상금부과처분무효확인소송에 병합한다면 갑은 변상금부과처분무효확인소송과 부당이득반환청구소송을 병합하여 제기할 수 있다.

#### (5) 소　결

시장의 변상금부과처분이 무효라면, 갑이 이미 납부한 변상금을 반환받기 위해 제기할 수 있는 소송은 변상금부과처분무효확인소송을 제기하지 않고 부당이득반환청구소송을 제기하는 방법, 변상금부과처분무효확인소송을 먼저 제기한 후 부당이득반환청구소송을 제기하는 방법, 변상금부과처분무효확인소송과 부당이득반환청구소송을 병합하는 방법이 있다.

### 3. 변상금부과처분이 취소사유인 경우

#### (1) 문 제 점

변상금부과처분이 취소사유라면 변상금부과처분취소소송을 제기하지 않고 부당이득반환청구소송을 제기한 경우가 선결문제와 관련해 문제되고, 변상금부과처분취소소송을 제기하여 판결이 확정된 후 부당이득반환청구소송을 제기하는 방법과 변상금부과처분취소소송과 부당이득반환청구소송을 병합하여 제기하는 방법을 검토할 수 있다.

#### (2) 변상금부과처분취소소송을 제기하지 않고 부당이득반환청구소송을 제기한 경우

1) 부당이득반환청구권의 성질

부당이득반환청구권의 성질에 대해 판례에 따라 민사소송으로 본다면 갑은 국가를 상대로 민사소송으로 부당이득반환청구소송을 제기할 수 있는데 이 경우 민사법원은 민법 제741조에 따라 국가가 법률상 원인 없이 갑에게 손해를 가하고 있는지를 살펴보아야 한다. 그런데 '법률상 원인 없음'이 설문과 관련해서 '변상금부과처분이 무효'인지에 대한 문제가 되기 때문에 민사법원이 처분의 효력 유무를 판단할 수 있는지 즉 선결문제를 검토해야 한다.

2) 선결문제

(가) 선결문제란 민사(당사자소송)·형사법원의 본안판단에서 행정행위의 효력 유무(존재 여부)나 위법 여부가 선결될 문제인 경우 그 효력 유무(존재 여부)나 위법 여부를 말한다.

(나) 설문은 민사사건의 경우이고 변상금부과처분의 효력 유무가 문제되는 경우이다.

(다) 선결문제가 행정행위의 효력 유무인 경우, ① 당해 행정행위가 무효이면 민사법원은 행정행위가 무효임을 전제로 본안을 인용할 수 있다는 것이 실정법(행정소송법 제11조 제1항)·학설·판례의 입장이다. 왜냐하면 무효인 행정행위는 구성요건적 효력이 없기 때문이다. 그리고 행정행위의 하자가 단순위법인 경우에도 민사법원은 당해 행정행위가 유효임을 전제로 본안을 판단할 수 있다. ② 그러나 민사법원은 행정행위의 구성요건적 효력으로 인해 유효한 행정행위의 효력을 부정(취소)할 수는 없다. 따라서 행정행위가 단순위법하여 여전히 효력이 있다면 법률상 원인이 없는 것이 아니기에 당사자의 부당이득반환청구는 기각될 것이다.

(라) 시장의 변상금부과처분이 취소사유라면 민사법원은 변상금부과처분이 유효임을 전제로 본안을 판단해야 하므로 갑은 부당이득반환청구소송을 통해 이미 납부한 변상금을 반환받을 수 없다.

### (3) 변상금부과처분취소소송을 제기하여 판결이 확정된 후 부당이득반환청구소송을 제기하는 경우

(가) 갑이 변상금부과처분취소소송을 제기하여 승소의 확정판결을 받는다면 변상금부과처분은 소급하여 무효가 되며, 시장은 행정소송법 제30조에 따라 기속력을 받게 되고(특히 결과제거의무(설문에서 갑이 납부한 변상금을 반환할 의무)가 발생한다), 후소법원인 부당이득반환의 수소법원은 기판력을 받기 때문에 변상금부과처분이 무효임을 전제로 본안(부당이득반환청구권의 존부)을 판단해야 한다.

(나) 따라서 이 경우 갑은 부당이득반환청구소송을 제기한다면 납부한 변상금을 반환받을 수 있다.

### (4) 변상금부과처분취소소송과 부당이득반환청구소송을 병합하여 제기하는 경우

1) 청구의 병합의 개념

a. 의 의 청구의 병합이란 하나의 소송절차에서 수개의 청구를 하거나(소의 객관적 병합), 하나의 소송절차에서 수인이 공동으로 원고가 되거나 수인을 공동피고로 하여 소를 제기하는 것(소의 주관적 병합)을 말한다.

b. 형 태 행정소송법은 제10조 제2항과 제15조에서 특별규정을 두고 민사소송에서는 인정되지 않는 서로 다른 소송절차에 의한 청구의 병합을 인정하고 있다(민사소송법은 소의 객관적 병합에 관하여 동종의 소송절차에 의해서 심리되어질 것을 요건으로 하며, 각 청구 간의 관련성을 요건으로 하고

있지 않다).

(i) 객관적 병합(복수의 청구) ㈎ 취소소송의 원고는 관련청구를 병합(원시적 병합)하여 제소하거나 또는 사실심변론종결시까지 추가하여 병합(후발적 병합)할 수 있다(행정소송법 제10조 제2항).

㈏ 행정소송도 민사소송과 마찬가지로 객관적 병합의 형태로 단순 병합(원고가 서로 양립하는 여러 청구를 병합하여 그 전부에 대해 판결을 구하는 형태를 말한다(예: 손해배상청구에서 적극적 손해·소극적 손해·정신적 손해를 함께 청구하는 경우))·선택적 병합(원고가 서로 양립하는 여러 청구를 택일적으로 병합하여 그중 어느 하나라도 인용하는 판결을 구하는 형태를 말한다(예: 물건의 인도를 소유권과 점유권에 기하여 청구하는 경우))·예비적 병합(주위적 청구(주된 청구)가 허용되지 아니하거나 이유 없는 경우를 대비하여 예비적 청구(보조적 청구)를 병합하여 제기하는 형태를 말한다(예: 주위적으로 무효확인소송을, 예비적으로 취소소송을 제기하는 경우))이 허용된다.

(ii) 주관적 병합(복수의 당사자) ㈎ 행정소송법 제10조 제2항은 '피고외의 자를 상대로 한 관련청구소송'을, 동법 제15조는 '수인의 청구 또는 수인에 대한 청구가 처분등의 취소청구와 관련되는 청구인 경우'를 규정하고 있다. 따라서 취소소송의 원고는 피고외의 자를 상대로 한 관련청구소송을 원시적 또는 후발적으로 병합하여 제기할 수 있지만(동법 제10조 제2항), 행정소송법은 제3자에 의한 추가적 병합을 인정하고 있지 않으므로 수인의 원고는 처음부터 공동소송인(공동소송이란 하나의 소송절차에 여러 사람의 원고 또는 피고가 관여하는 소송을 말한다)으로 제소하여야 하고 소송계속 중에는 소송참가가 허용될 뿐이다(이상규, 오진환).

㈏ 공동소송은 통상의 공동소송(공동소송인 사이에 합일확정(분쟁의 승패가 공동소송인 모두에 대해 일률적으로 결정되는 것을 말한다(재판의 통일))을 필요로 하지 않는 공동소송을 말한다)과 필수적 공동소송(공동소송인 사이에 소송의 승패가 통일적으로 결정되어야 하는 공동소송을 말한다(합일확정이 필요한 소송))이 모두 가능하다.

2) 관련청구소송의 병합의 요건

① 관련청구의 병합은 그 청구를 병합할 취소소송을 전제로 하여 그 취소소송에 관련되는 청구를 병합하는 것이므로, 관련청구소송이 병합될 기본인 취소소송이 적법한 것이 아니면 안 된다. 따라서 관련청구를 병합할 취소소송은 그 자체로서 소송요건, 예컨대 제소기간의 준수, 협의의 소익 등을 갖춘 적법한 것이어야 한다(취소소송의 적법성).

② 행정소송법 제10조 제1항 제1호·제2호의 관련청구소송이어야 한다(관련청구소송). 제1호(당해 처분등과 관련되는 손해배상·부당이득반환·원상회복 등 청구소송)는 청구의 내용 또는 발생 원인이 법률상 또는 사실상 공통되어 있는 소송을 말하며(예: 운전면허취소처분에 대한 취소소송과 위법한 운전면허취소처분으로 발생한 손해에 대한 손해배상청구소송), 제2호(당해 처분등과 관련되는 취소소송)는 개방적·보충적 규정으로 증거관계, 쟁점, 공격·방어방법 등의 상당부분이 공통되어 함께 심리함이 타당한 사건을 말한다(법원실무제요)(예: ⓐ 하나의 절차를 구성하는 대집행계고처분과 대집행영장통지처분에 대한 취소소송, ⓑ 원처분과 재결에 대한 취소소송).

③ 관련청구의 병합은 사실심변론종결 전에 하여야 한다(행정소송법 제10조 제 2 항)(병합의 시기). 그러나 사실심변론종결 전이라면 원시적 병합이든 추가적 병합이든 가릴 것 없이 인정된다.

④ 행정사건에 관련 민사사건이나 행정사건을 병합하는 방식이어야 하고, 반대로 민사사건에 관련 행정사건을 병합할 수는 없다. 행정소송 상호간에는 어느 쪽을 병합하여도 상관없다(행정사건에의 병합).

⑤ 행정청을 피고로 하는 취소소송에 국가를 피고로 하는 손해배상청구를 병합하는 경우처럼 관련청구소송의 피고는 원래 소송의 피고와 동일할 필요가 없다(피고의 동일성 불요).

3) 설 문

㈎ 설문의 변상금부과처분취소소송이 적법하며, 부당이득반환청구는 행정소송법 제10조 제1항 제1호의 관련청구소송이며, 사실심변론종결전이며, 변상금부과처분취소소송에 병합한다면 문제는 없다. 따라서 관련청구소송의 병합은 가능하다. 따라서 갑은 원시적 또는 후발적으로 변상금부과처분취소소송에 부당이득반환청구소송을 병합할 수 있다.

㈏ 다만, 미리 변상금부과처분의 취소판결이 확정되어야 법원은 부당이득반환청구를 인용할 수 있는지가 문제되는데, 대법원은 「행정소송법 제10조 제1항, 제2항…을 둔 취지에 비추어 보면, 취소소송에 병합할 수 있는 당해 처분과 관련되는 부당이득반환소송에는 당해 처분의 취소를 선결문제로 하는 부당이득반환청구가 포함되고, 이러한 부당이득반환청구가 인용되기 위해서는 그 소송절차에서 판결에 의해 당해 처분이 취소되면 충분하고 그 처분의 취소가 확정되어야 하는 것은 아니라고 보아야 한다(대판 2009. 4. 9. 2008두23153)」고 하여 당해 법원이 변상금부과처분을 취소하면서 바로 갑의 부당이득반환청구를 인용할 수 있다는 입장이다. 대법원의 입장이 타당하다.

### (5) 소 결

변상금부과처분취소소송을 제기하지 않고 부당이득반환청구소송을 제기한 경우 갑은 납부한 변상금을 반환받을 수 없고, 변상금부과처분취소소송을 제기하여 판결이 확정된 후 부당이득반환청구소송을 제기해야 변상금을 반환받을 수 있다. 그리고 갑은 변상금부과처분취소소송과 부당이득반환청구소송을 병합하여 제기할 수도 있다.

**기출 67** 〈제2문의 1〉

「사설묘지 등의 설치에 관한 법률」은 국가사무인 사설묘지 등의 설치허가를 시·도지사에게 위임하면서, 설치허가를 받기 위해서는 사설묘지 등의 설치예정지역 인근주민 2분의 1 이상의 찬성을 얻도록 규정하고 있다. X도의 도지사 갑은 「X도 사무위임조례」에 따라 사설묘지 등의 설치에 관한 사무의 집행을 관할 Y군의 군수 을에게 위임하였다. Y군의 군의회는 을이 사설묘지 등의 설치를 허가하기 위해서는 사설묘지 설치예정지역 인근주민 3분의 2 이상의 찬성을 얻도록 하는 내용의 「Y군 사설묘지 등 설치허가 시 주민동의에 관한 조례안(이하 '이 사건 조례안'이라 한다)」을 의결하였다. 이에 을은 이 사건 조례안이 위법하다는 이유로 Y군 군의회에 재의를 요구하였으나, Y군 군의회는 원안대로 이를 재의결하였다.

(1) 이 사건 조례안은 적법한가? 15.

(2) 재의결된 이 사건 조례안에 대하여 갑과 을이 취할 수 있는 통제방법은 각각 무엇인가? 10.

※ 「사설묘지 등의 설치에 관한 법률」과 「Y군 사설묘지 등 설치허가 시 주민동의에 관한 조례안」은 가상의 것임

[제58회 사법시험(2016년)]

기출 67 (1) 이 사건 조례안은 적법한가? 15.

# Ⅰ. 조례(안)의 적법요건

## 1. 문제 상황

㈎ 조례가 적법·유효하게 효력을 발생하려면 지방의회가 일정한 절차와 공포요건을 갖추어(지방자치법 제26조) 감독청에 보고해야 한다(지방자치법 제28조). 뿐만 아니라 내용상의 적법요건으로 조례제정 대상인 사무에 대하여만 제정할 수 있다는 사항적 한계를 준수하여야 하고, 법률유보의 원칙과 법률우위의 원칙에 반하여서는 아니 된다. 설문의 경우 절차와 공포, 보고요건은 문제되지 않으므로 내용상의 적법요건만을 검토한다(지방자치법 제22조).

㈏ 지방자치법 제22조는 "지방자치단체는 법령의 범위 안에서 그 사무에 관하여 조례를 제정할 수 있다. 다만, 주민의 권리 제한 또는 의무 부과에 관한 사항이나 벌칙을 정할 때에는 법률의 위임이 있어야 한다"고 규정한다. 즉 ① 그 사무에 대해 조례를 제정할 수 있으며(조례제정 대상인 사무), ② 일정한 경우 법률의 위임이 있어야 하고(법률유보의 원칙), ③ 법령의 범위에서만 제정할 수 있다(법률우위의 원칙).

㈐ 설문에서 Y군 의회는 사설묘지 설치예정지역 인근주민 3분의 2 이상의 찬성을 얻도록 하는 내용의 'Y군 사설묘지 등 설치허가 시 주민동의에 관한 조례안'을 재의결하였기 때문에 설문의 조례안이 적법요건을 구비하고 있는지가 문제된다.

## 2. 조례제정사항인 사무

### (1) 지방자치법 제22조와 제9조 제1항

지방자치법 제22조 본문은 "지방자치단체는 법령의 범위 안에서 '그 사무'에 관하여 조례를 제정할 수 있다"고 규정하고 있으며, 제9조 제1항은 "지방자치단체는 관할 구역의 '자치사무와 법령에 따라 지방자치단체에 속하는 사무'를 처리한다"고 하므로 조례로 제정할 수 있는 사무는 자치사무와 단체위임사무이며 기관위임사무는 제외된다. 다만 예외적으로 법령이 기관위임사무를 조례로 정하도록 규정한다면 기관위임사무도 조례로 정할 수는 있다(대판 1999. 9. 17. 99추30).

### (2) 자치사무와 (기관)위임사무의 구별

ⓐ 먼저 입법자의 의사에 따라 법률의 규정형식과 취지를 먼저 고려하여 판단하고, ⓑ 불분명하다면 전국적·통일적 처리가 요구되는 사무인지 여부, 경비부담, 책임귀속주체 등도 고려한다. ⓒ 그리고 지방자치법 제9조 제2항(지방자치단체사무의 예시)이 판단기준이 된다. ⓓ 만일 그래도 불분명하다면 지방자치단체사무의 포괄성의 원칙에 따라 자치단체사무로 추정한다.

(3) 설 문

설문에서 「사설묘지 등의 설치에 관한 법률」은 국가사무인 사설묘지 등의 설치허가에 관한 사무를 도지사 갑에게, 도지사 갑은 사설묘지 등의 설치에 관한 사무의 집행권한을 군수 을에게 위임하였기 때문에 이는 Y군 군수에게 위임된 기관위임사무이다. 기관위임사무는 조례로 정할 수 없음에도 Y군 의회는 'Y군 사설묘지 등 설치허가 시 주민동의에 관한 조례안'을 재의결하였기 때문에 설문의 조례안은 위법하다.

## 3. 법률유보의 원칙

### (1) 지방자치법 제22조 단서의 위헌 여부

1) 문 제 점

헌법 제117조 제1항은 "지방자치단체는 … 법령의 범위 안에서 자치에 관한 규정을 제정할 수 있다"고 하여 형식적으로만 본다면 법률우위원칙만을 규정하고 있다. 그러나 지방자치법 제22조는 본문에서 조례는 법률우위원칙을, 단서에서 법률유보원칙을 준수해야 함을 규정하고 있다. 따라서 지방자치법 제22조 단서가 헌법상 인정된 지방의회의 포괄적 자치권을 제한하는 위헌적인 규정이 아닌지에 대해 학설의 대립이 있다.

2) 학 설

ⓐ 위헌설(지방자치법 제22조 단서는 헌법이 부여하는 지방자치단체의 자치입법권(조례제정권)을 지나치게 제약하고 있으며, 지방자치단체의 포괄적 자치권과 전권한성의 원칙에 비추어 위헌이라는 입장이다)과 ⓑ 합헌설(헌법 제117조 제1항에 법률유보에 대한 명시적 규정이 없더라도 지방자치법 제22조 단서는 헌법 제37조 제2항(국민의 모든 자유와 권리는 국가안전보장·질서유지 또는 공공복리를 위하여 필요한 경우에 한하여 법률로써 제한할 수 있으며…)에 따른 것이므로 합헌이라는 입장이다)(다수설)이 대립한다.

3) 판 례

대법원은 지방자치법 제15조(현행 제22조)는 기본권 제한에 대하여 법률유보원칙을 선언한 헌법 제37조 제2항의 취지에 부합하기 때문에 합헌이라고 본다(대판 1995. 5. 12. 94추28).

4) 검 토

지방자치법 제22조 단서는 헌법 제37조 제2항에 따른 확인적인 규정에 불과하며, 조례제정에 법적 근거가 필요하다는 내용을 법률에 직접 규정할 것인지는 입법정책적인 사항이므로 합헌설이 타당하다.

### (2) 지방자치법 제22조 단서의 적용

**1) 법률유보가 필요한 경우**

지방자치법 제22조 단서는 조례가 ⓐ 주민의 권리제한 또는 ⓑ 의무부과에 관한 사항이나 ⓒ 벌칙을 정할 때에만 법률의 위임이 필요하다고 한다. 따라서 수익적인 내용의 조례나 수익적 내용도 침익적 내용도 아닌 조례(비침익적인 조례)는 법률의 근거를 요하지 않는다.

2) **법률유보의 정도**(포괄적 위임의 가능성)

조례는 지방의회가 지역적 민주적 정당성을 가지고 있고 헌법이 포괄적인 자치권을 보장하고 있는 점에 비추어 포괄적인 위임으로 족하다는 다수설과 판례(대판 1991. 8. 27. 90누6613)(헌재 1995. 4. 20. 92헌마264 · 279)가 타당하다.

(3) 설 문

설문의 'Y군 사설묘지 등 설치허가 시 주민동의에 관한 조례안'은 주민의 권리제한이나 의무부과와 관련되어 있기에 법률에 근거가 필요한데, 「사설묘지 등의 설치에 관한 법률」은 국가사무인 사설묘지 등의 설치허가를 시 · 도지사에게 위임하면서, 설치허가를 받기 위해서는 사설묘지 등의 설치예정지역 인근주민 2분의 1 이상의 찬성을 얻도록 규정하고 있기 때문에 설문의 조례안은 법률의 근거는 존재한다.

### 4. 법률우위의 원칙

(1) 헌법과 법률규정

헌법 제117조 제 1 항(지방자치단체는 주민의 복리에 관한 사무를 처리하고 재산을 관리하며, 법령의 범위안에서 자치에 관한 규정을 제정할 수 있다), 지방자치법 제22조 본문(지방자치단체는 법령의 범위 안에서 그 사무에 관하여 조례를 제정할 수 있다) · 제24조(시 · 군 및 자치구의 조례나 규칙은 시 · 도의 조례나 규칙을 위반하여서는 아니 된다)는 조례에도 법률우위원칙은 당연히 적용된다고 한다. 여기서 말하는 법률은 지방자치법, 지방재정법, 지방공무원법을 포함한 모든 개별법령과 행정법의 일반원칙을 말한다.

(2) 법률우위원칙 위반 여부 판단

1) **조례규정사항과 관련된 법령의 규정이 없는 경우**(양자의 입법목적이 다른 경우도 포함)

조례규정사항과 관련된 법령의 규정이 없거나 조례와 법령의 입법목적이 다른 경우는 일반적으로 지방자치법 제22조 단서의 법률유보의 원칙에 반하지 않는 한 조례로서 규정할 수 있다. 다만, 행정법의 일반원칙에 위반됨은 없어야 한다.

2) **조례규정사항과 관련된 법령의 규정이 있는 경우**

a. 조례내용이 법령의 규정보다 더 침익적인 경우 헌법 제117조 제 1 항과 지방자치법 제22조 본문에 비추어 법령의 규정보다 더욱 침익적인 조례는 법률우위원칙에 위반되어 위법하며 무효이다. 판례도 수원시의회가 재의결한 법령상 자동차등록기준보다 더 엄격한 기준을 정한 차고지확보조례안에 대한 무효확인사건에서 같은 입장이다(대판 1997. 4. 25. 96추251).

b. 조례내용이 법령의 규정보다 더 수익적인 경우(수익도 침익도 아닌 경우도 포함) ① 조례의 내용이 수익적(또는 수익도 침익도 아닌 경우)이라고 할지라도 성문의 법령에 위반되어서는 아니 된다는 것이 일반적인 입장이다(판례도 인천광역시의회가 재의결한 지방자치단체가 소속 공무원의 대학생 자녀에게 학비를 지급하기 위하여 만든 장학기금출연조례안 무효확인사건에서 수익적인 조례도 성문법령에 위반되어서는 아니 된다고 보았다(대판 1996. 10. 25. 96추107)). 다만, 판례와 일반적 견해는 조례가 성문의 법령에

위반된다고 하더라도 국가법령의 취지가 지방자치단체의 실정에 맞도록 별도 규율을 용인하려는 것이라면 국가법령보다 더 수익적인 조례 또는 법령과 다른 별도 규율내용을 담은 조례의 적법성을 인정하고 있다(판례는 광주광역시 동구의회가 재의결한 자활보호대상자에 대한 생계비 지원조례안 무효확인사건에서 국가법령이 별도 규율을 용인하려는 취지라면 법령보다 더 수익적인 조례의 적법성을 인정하고 있다(대판 1997. 4. 25. 96추244))(침익적 조례의 경우는 이러한 법리가 인정되지 않고 성문의 법령보다 더 침익적인 조례는 무효이다). ② 이 경우도 지방자치법 제122조, 지방재정법 제3조 등의 건전재정운영의 원칙과 행정법의 일반원칙에 위반되어서는 아니 된다.

#### (3) 설　　문

「사설묘지 등의 설치에 관한 법률」은 설치허가를 받기 위해서는 사설묘지 등의 설치예정지역 인근주민 2분의 1 이상의 찬성을 얻도록 규정하고 있음에도 'Y군 사설묘지 등 설치허가 시 주민동의에 관한 조례안'은 사설묘지 등의 설치를 허가하기 위해서는 사설묘지 설치예정지역 인근주민 3분의 2 이상의 찬성을 얻도록 하는 내용을 재의결하였기 때문에 설문의 조례안은 위법하다.

### 5. 소　　결

설문의 'Y군 사설묘지 등 설치허가 시 주민동의에 관한 조례안'은 조례제정대상인 사무가 아닌 사항을 정하고 있고 법률우위원칙에 위반되기 때문에 위법하다.

**기출 67** (2) 재의결된 이 사건 조례안에 대하여 갑과 을이 취할 수 있는 통제방법은 각각 무엇인가? 10.

## Ⅱ. 조례안의 통제방법

### 1. 문제 상황

위법한 조례안에 대한 통제는 해당 지방자치단체의 단체장에 의한 통제와 감독청의 통제로 나눌 수 있고, 각각 행정적 방법과 사법적 방법이 있다. 다만, 설문에서는 재의결된 조례안에 대한 도지사와 군수의 통제방법을 묻고 있는바, 사법적 방법에 의한 통제를 검토한다.

### 2. 감독청인 도지사 갑의 통제 수단

#### (1) 단체장의 제소·집행정지(지방자치단체장이 제소하는 것이므로 감독청의 통제가 아니라고 볼 수 있으나 지방자치단체장의 재의요구는 감독청의 재의요구명령에 따른 것이기에 넓은 의미에서 감독청의 통제수단으로 볼 수 있다)

(가) 지방자치단체의 장은 재의결된 사항(조례안에 대한 재의결을 포함)이 법령에 위반된다고 판단

되면 재의결된 날부터 20일 이내에 대법원에 소를 제기할 수 있고, 이 경우 필요하다고 인정되면 그 의결의 집행을 정지하게 하는 집행정지결정을 신청할 수 있다(지방자치법 제172조 제3항).

㈏ 지방자치법 제107조 제3항의 요건과 제172조 제3항의 제소요건이 동일하기에 위법한 재의결에 대해 단체장이 의회를 상대로 대법원에 제기하는 소송은 기관소송이라는 견해가 다수설이다.

#### (2) 감독청의 제소지시·단체장의 제소

㈎ 감독청은 재의결된 사항(조례안에 대한 재의결을 포함)이 법령에 위반된다고 판단됨에도 불구하고 해당 지방자치단체의 장이 소송을 제기하지 아니하면 그 지방자치단체의 장에게 지방자치법 제172조 제3항의 기간(재의결된 날로부터 20일)이 지난 날로부터 7일 이내에 제소를 지시할 수 있고, 제소지시를 받은 지방자치단체장은 제소지시를 받은 날부터 7일 이내에 제소하여야 한다(지방자치법 제172조 제4항·제5항).

㈏ 이 소송의 성질에 대해 ⓐ 감독청의 제소를 지방자치단체장이 대신하는 것이라 하여 특수한 소송으로 보는 견해가 있으나 ⓑ 감독청의 제소지시는 후견적인 것에 불과하고, 해당 소송의 원고는 지방자치단체장이며, 동 소송은 지방자치법 제107조 제3항 및 제172조 제3항의 소송과 제소요건이 동일하므로 제107조 제3항의 소송을 기관소송으로 보는 한 제4항·제5항 소송도 기관소송으로 보는 견해가 타당하다(기관소송설, 다수견해).

#### (3) 감독청의 직접제소·집행정지

㈎ 감독청은 지방의회가 재의결한 사항이 법령에 위반된다고 판단됨에도 불구하고 감독청의 제소지시를 받은 날로부터 7일이 지나도록 해당 지방자치단체의 장이 소송을 제기하지 아니하면 7일 이내에 직접제소 및 집행정지결정을 신청할 수 있다(지방자치법 제172조 제4항·제6항).

㈏ 이러한 소송을 ⓐ 기관소송으로 보는 견해(상이한 법주체 간의 기관 상호 간에도 기관소송이 가능하기 때문에(비한정설) 해당 소송을 기관소송으로 본다)와 ⓑ 항고소송으로 보는 견해(감독청이 지방의회를 상대로 제기하는 일종의 불복소송으로 본다), ⓒ 특수한 규범통제소송으로 보는 견해(감독청의 조례에 대한 제소를 조례에 대한 추상적 규범통제로 본다)가 있으나, ⓓ 지방자치법이 인정한 특수한 소송으로 보는 견해가 타당하다(류지태).

#### (4) 설 문

① 군수는 조례안이 법령에 위반된다고 판단되면 재의결된 날부터 20일 이내에 대법원에 소를 제기하거나 집행정지결정을 신청할 수 있다. ② 군수가 제소를 하지 않는다면 도지사는 군수에게 조례안이 위법함을 이유로 제소지시를 할 수 있고 이 경우 군수는 제소지시를 받은 날로부터 7일 이내에 제소하여야 한다. ③ 만일 제소지시를 받고서도 군수가 7일 이내에 제소를 하지 않은 경우 도지사는 그로부터 7일 이내에 직접 제소 및 집행정지결정을 신청할 수 있다.

### 3. 단체장인 군수 을의 통제 수단

지방자치법 제107조 및 제172조는 대법원에 제소할 수 있는 의결에 제한을 가하지 않고 있기에 그 의결에 조례안에 대한 의결도 포함된다는 것이 일반적 견해와 판례의 입장이다.

**(1) 단체장의 제소 · 집행정지신청**(지방자치법 제107조 제3항)

㈎ 지방자치단체의 장은 재의결된 사항(조례안에 대한 재의결을 포함)이 법령에 위반된다고 판단되면 재의결된 날부터 20일 이내에 대법원에 소를 제기할 수 있고, 이 경우 필요하다고 인정되면 그 의결의 집행을 정지하게 하는 집행정지결정을 신청할 수 있다(지방자치법 제107조 제3항, 제172조 제3항).

㈏ 위법한 재의결에 대해 대법원에 제기하는 이 소송은 단체장이 의회를 상대로 제기하는 소송으로 기관소송이라는 견해가 다수설이다.

**(2) 단체장의 제소 · 집행정지신청**(지방자치법 제172조 제3항)(이는 단체장의 통제수단으로도, 감독청의 통제수단으로도 볼 수 있다)

㈎ 지방자치단체의 장은 재의결된 사항(조례안에 대한 재의결을 포함)이 법령에 위반된다고 판단되면 재의결된 날부터 20일 이내에 대법원에 소를 제기할 수 있고, 이 경우 필요하다고 인정되면 그 의결의 집행을 정지하게 하는 집행정지결정을 신청할 수 있다(지방자치법 제172조 제3항).

㈏ 지방자치법 제107조 제3항의 요건과 제172조 제3항의 제소요건이 동일하기에 위법한 재의결에 대해 단체장이 의회를 상대로 대법원에 제기하는 소송은 기관소송이라는 견해가 다수설이다.

**(3) 감독청의 제소지시 · 단체장의 제소**(단체장의 통제수단으로도, 감독청의 통제수단으로도 볼 수 있다)

㈎ 감독청은 재의결된 사항(조례안에 대한 재의결을 포함)이 법령에 위반된다고 판단됨에도 불구하고 해당 지방자치단체의 장이 소송을 제기하지 아니하면 그 지방자치단체의 장에게 지방자치법 제172조 제3항의 기간(재의결된 날로부터 20일)이 지난 날로부터 7일 이내에 제소를 지시할 수 있고, 제소지시를 받은 지방자치단체장은 제소지시를 받은 날부터 7일 이내에 제소하여야 한다(지방자치법 제172조 제4항 · 제5항).

㈏ 이 소송의 성질에 대해 ⓐ 감독청의 제소를 지방자치단체장이 대신하는 것이라 하여 특수한 소송으로 보는 견해가 있으나 ⓑ 감독청의 제소지시는 후견적인 것에 불과하고 해당 소송의 원고는 지방자치단체장이며, 동 소송은 지방자치법 제107조 제3항 및 제172조 제3항의 소송과 제소요건이 동일하므로 제107조 제3항의 소송을 기관소송으로 보는 한 제4항 · 제5항 소송도 기관소송으로 보는 견해가 타당하다(기관소송설, 다수견해).

### (4) 설 문

① 감독청인 도지사는 재의결된 조례안에 대해 대법원에 제소하거나 집행정지를 신청할 수 있고(동법 제107조 제3항), ② 또한 군수는 도지사의 재의요구명령에 따라 재의요구하고, 재의결된 조례안에 대해 대법원에 제소하거나 집행정지를 신청할 수도 있다(동법 제172조 제1항, 제3항). ③ 군수가 제소를 하지 않는다면 도지사는 군수에게 조례안이 위법함을 이유로 제소지시를 할 수 있고 이 경우 군수는 제소지시를 받은 날로부터 7일 이내에 제소하여야 한다.

**기출 68** 〈제2문의 1〉

갑과 을은 병 소유의 집에 동거 중이다. 갑은 을의 외도를 의심하여 식칼로 을을 수차례 위협하였다. 이를 말리던 을의 모(母) 정이 112에 긴급신고함에 따라 출동한 경찰관 X는 신고현장에 진입하고자 대문개방을 요구하였다. 갑이 대문개방을 거절하자 경찰관 X가 시건장치를 강제적으로 해제하고 집 안으로 진입하였고, 그 순간에 갑은 을의 왼팔을 칼로 찔러 경미한 상처를 입혔다. 경찰관 X는 현행범으로 체포된 갑이 경찰관 X의 요구에 순순히 응하였기 때문에, 갑에게 수갑을 채우지 않았고 신체나 소지품에 대한 수색도 제대로 하지 않은 채 지구대로 연행하였다. 그 후 을이 피해자 진술을 하기 위해 지구대에 도착하자마자 갑은 경찰관 X의 감시소홀을 틈타 가지고 있던 접이식 칼로 을의 가슴부위를 찔러 사망하게 하였다.

(1) 경찰관 X의 강제적 시건장치 해제의 법적 성격은 무엇인가? 또한 대문의 파손에 대한 병의 행정법상 권익구제방법은 무엇인가? 10.

(2) 사망한 을의 유일한 유가족인 정은 국가배상을 청구할 수 있는가? 경찰관 X가 배상금 전액을 정에게 지급한 경우 경찰관 X는 국가에게 구상할 수 있는가? 15.

※ 병은 갑, 을과 가족관계에 있지 않음.

[제58회 사법시험(2016년)]

기출 68 (1) 경찰관 X의 강제적 시건장치 해제의 법적 성격은 무엇인가? 또한 대문의 파손에 대한 병의 행정법상 권익구제방법은 무엇인가? 10.

# Ⅰ. 강제적 시건장치 해제의 법적 성격과 권리구제방법

## 1. 시건장치 해제의 법적 성격

㈎ 경찰관의 강제적 시건장치 해제는 권력적 사실행위에 해당한다. 공법상 사실행위란 법률관계(권리 · 의무관계)의 발생 · 변경 · 소멸을 목적으로 하는 것이 아니라 사실상의 효과 · 결과의 실현을 목적으로 하는 행정작용을 말하지만, 권력적 사실행위란 사실행위 중 우월한 지위에서 행하는 일방적 행위인 공권력 행사의 성질을 가지는 것을 말한다.

㈏ 그리고 권력적 사실행위는 사실행위의 요소와 하명(의무를 명하는 행정행위)적 요소가 결합된 합성적 행위이기 때문에 공권력 행사 및 법적 행위의 요건을 충족하여 항고소송의 대상인 처분이라고 보는 것이 일반적인 견해이다.

## 2. 대문 파손에 대한 병의 행정법상 권리구제 방법

### (1) 문제 상황

대문 파손에 대한 병의 행정법상 권리구제수단으로 행정심판, 항고소송과 당사자소송, 손해전보, 결과제거청구의 가능성을 검토해 본다.

### (2) 행정심판

권력적 사실행위는 후술하는 것처럼 항고소송의 대상인 처분이라고 보는 것이 일반적인 견해이므로 행정심판의 대상인 처분이기도 하다. 따라서 병은 경찰관의 대문 파손에 대해 행정심판을 청구할 수 있다(다만, 이미 대문파손이 완료된 상태이기 때문에 권리보호필요성이 부정될 가능성이 높다).

### (3) 항고소송

#### 1) 소송요건

a. 대상적격 ㈎ 경찰관의 대문 파손은 권력적 사실행위로 사실행위의 요소와 하명적 요소가 결합된 합성적 행위이기 때문에 공권력 행사 및 법적 행위의 요건을 충족하여 항고소송의 대상인 처분이라고 보는 것이 일반적인 견해이다. 따라서 병은 취소소송 또는 무효확인소송을 제기할 수 있다.

㈏ ① 대법원은 명시적 태도를 보이고 있지는 않으나, 권력적 사실행위로 보이는 단수(斷水)조치를 처분에 해당하는 것으로 판시하였다(대판 1985. 12. 24. 84누598). ② 그리고 헌법재판소는 「수형자의 서신을 교도소장이 검열하는 행위는 이른바 권력적 사실행위로서 행정심판이나 행정소송의 대상이 되는 행정처분으로 볼 수 있다(헌재 1999. 8. 27. 96헌마398)」고 하여 명시적으로 권력적 사실행위의 처분성을 인정하고 있다.

b. 권리보호필요성(협의의 소익)　　취소소송 등을 제기하더라도 경찰관의 대문 파손행위는 완료된 상태이기 때문에 권리보호필요성이 없어 부적법 각하될 가능성이 많다(다만, 행정소송법 제12조 제2문의 경우('처분등의 취소로 인하여 회복되는 법률상 이익이 있는' 경우)는 예외이다).

2) 집행정지

경찰관의 대문 파손은 단시간에 실행이 완료되기에 갑은 취소소송 등을 제기하면서 집행정지를 신청하여야 실효적인 권리구제를 받을 수 있다(행정소송법 제23조 참조).

(4) 당사자소송

경찰관의 대문 파손행위로 발생한 법률관계가 있다면 병은 행정소송법 제3조 제2호에 따라 그 권리나 법률관계를 다투는 이행소송이나 확인소송을 권리주체를 상대로 제기할 수 있다(행정소송법 제39조 참조).

(5) 손해전보

1) 손해배상청구

경찰관의 대문 파손행위도 국가배상법 제2조 제1항의 성립요건(고의·과실, 위법성 등)을 충족한다면 병은 국가를 상대로 손해배상청구권을 행사할 수 있다. 판례는 손해배상청구소송을 민사소송으로 보지만 다수설은 이를 당사자소송으로 본다.

2) 손실보상청구

경찰관의 대문 파손행위로 인한 병의 손실이 경찰관직무집행법 제11조의2 제1항[국가는 경찰관의 적법한 직무집행으로 인하여 다음 각 호(1. 손실발생의 원인에 대하여 책임이 없는 자가 재산상의 손실을 입은 경우(손실발생의 원인에 대하여 책임이 없는 자가 경찰관의 직무집행에 자발적으로 협조하거나 물건을 제공하여 재산상의 손실을 입은 경우를 포함한다) 2. 손실발생의 원인에 대하여 책임이 있는 자가 자신의 책임에 상응하는 정도를 초과하는 재산상의 손실을 입은 경우)의 어느 하나에 해당하는 손실을 입은 자에 대하여 정당한 보상을 하여야 한다]에 해당한다면 병은 국가를 상대로 손실보상을 청구할 수 있다. 판례는 손실보상청구소송을 민사소송으로 보지만 다수설은 이를 당사자소송으로 본다.

(6) 결과제거청구

경찰관의 대문 파손행위로 인해 위법한 사실상태가 야기된 경우 침해받은 병은 적법한 상태로의 원상회복을 위해 결과제거를 청구할 수 있다.

(7) 설　문

병은 경찰관의 대문 파손행위에 대해 행정심판을 청구하거나 항고소송(취소소송 또는 무효확인소송)을 제기하며 집행정지를 신청할 수도 있고, 경찰관의 대문 파손행위로 인한 법률관계를 다투는 당사자소송을 제기할 수도 있다. 또한 손해배상이나 손실보상을 청구하거나 위법한 사실상태의 제거를 구하는 소송을 제기할 수도 있다.

기출 68 (2) 사망한 을의 유일한 유가족인 정은 국가배상을 청구할 수 있는가? 경찰관 X가 배상금 전액을 정에게 지급한 경우 경찰관 X는 국가에게 구상할 수 있는가? 15.

## Ⅱ. 국가배상청구의 가능성, 경찰관의 국가에 대한 구상가능성

### 1. 국가배상청구의 가능성

#### (1) 문제 상황

국가배상법 제2조 제1항 본문 전단에 따라 국가의 배상책임이 인정되려면 공무원(공무를 위탁받아 실질적으로 공무에 종사하는 광의의 공무원을 말한다), 직무를(공법상 권력작용과 비권력작용을 포함한 공행정작용을 말한다고 본다(광의설)(판례, 다수설)), 집행하면서(공무원의 행위의 외관을 객관적으로 관찰하여 직무행위로 판단될 수 있는지를 기준으로 한다(외형설)(판례, 다수설)), 고의·과실(고의란 위법행위의 발생가능성을 인식하고 인용하는 것을 말하고 과실이란 주의의무위반을 말하는데, 과실은 그 직무를 담당하는 평균적인 공무원이 갖추어야 할 주의의무위반을 말한다(과실개념의 객관화)), 위법(엄격한 의미의 법규위반뿐만 아니라 인권존중·권력남용금지·신의성실의 원칙위반도 위법으로 보는 행위위법설 중 이원설이 다수설과 판례의 입장이다), 타인, 손해, 인과관계(상당인과관계가 있어야 한다), 직무의 사익보호성(대법원은 국가배상법 제2조 제1항에서 말하는 직무란 사익의 보호를 위한 직무를 뜻하며, 사회 일반의 공익만을 위한 직무나 행정기관 내부의 질서를 규율하기 위한 직무는 이에 포함되지 않는다고 한다) 등의 요건이 만족되어야 한다.

#### (2) 국가배상법 제2조 제1항 본문 전단의 요건 구비 여부

1) 공무원, 직무, 집행하면서

경찰관 X는 공무원이며, 직무를 집행하는 과정에서 을이 사망하였기 때문에 이 요건들은 설문에서 문제되지 않는다.

2) 직무의 사익보호성

(가) 국가 등의 국가배상책임이 인정되려면 공무원에게 부과된 이러한 직무가 전적으로 또는 부수적으로라도 개개 국민(피해자)의 이익을 위해 부과된 것이어야만 하는지가 문제되는데, 다수설과 판례는 공무원에게 부과된 직무상 의무의 내용이 전적으로 또는 부수적으로 사회구성원 개인의 안전과 이익을 보호하기 위하여 설정된 것이라야 국가 등이 배상책임을 진다고 본다.

(나) 경찰관 X의 직무를 규정한 경찰관직무집행법이나 경찰법상 현행범을 체포하고 이를 연행하는 직무는 당연히 전적으로 또는 부수적으로 사회구성원 개인의 안전과 이익을 보호하기 위하여 설정된 것이다.

3) 고의·과실

a. 의 의 　고의란 위법한 결과의 발생을 인식하는 것을 말하고, 과실이란 위법한 결과의 발생을 부주의로 인식하지 못하는 것(주의의무위반)을 말한다.

b. 판단대상 　고의·과실의 유무는 국가가 아니라 당해 공무원을 기준으로 판단한다.

c. 과실개념의 객관화 　다수설과 판례는 과실을 '공무원이 그 직무를 수행함에 있어 당해 직무를 담당하는 평균인이 통상 갖추어야 할 주의의무를 게을리한 것'이라고 하여 과실의 수준을 당해 공무원이 아니라 당해 직무를 담당하는 평균적 공무원을 기준으로 한다(대판 1997. 7. 11. 97다7608).

d. 가해공무원의 특정 불필요 　구체적으로 어느 공무원의 행위인지가 판명되지 않더라도 손해의 발생상황으로 보아 공무원의 행위에 의한 것이 인정되면 국가 등은 배상책임을 진다(다수설).

e. 설 문 　설문에서 경찰관 X는 가해자 갑에게 수갑을 채우지 않았고 신체나 소지품에 대한 수색도 제대로 하지 않은 채 지구대로 연행하였으며, 경찰관 X의 감시소홀을 틈타 갑이 다시 가해행위를 하였기 때문에 경찰관 X의 과실을 인정할 수 있다.

4) 위 법 성

a. 학 설 　위법의 본질(개념)과 관련해 ⓐ 행위위법설(위법을 공권력행사가 규범에 적합한지 여부(법규 위반이 있는지 여부)를 기준으로 판단하는 견해이다. 엄격한 의미의 법규위반을 위법으로 보는 일원설(협의설)과 엄격한 의미의 법규위반뿐 아니라 인권존중 · 권력남용금지 · 신의성실의 원칙 위반도 위법으로 보는 이원설(광의설)이 대립되는데, 후자가 다수설이다), ⓑ 결과불법설(위법한 행위로 받은 손해를 국민이 수인할 수 있는가를 기준으로 위법성 여부를 판단하는 견해이다), ⓒ 상대적 위법성설(직무행위 자체의 위법 · 적법뿐만 아니라 피침해이익의 성격과 침해의 정도, 가해행위의 태양 등을 고려하여 위법성 인정 여부를 상대적으로 판단하자는 견해이다)이 대립된다.

b. 판 례 　㈎ 판례의 주류적인 입장은 행위위법설이다. 즉 시위자들의 화염병으로 인한 약국화재에 대한 국가배상책임이 문제된 사건에서 판례는 결과불법설을 배제하고 행위위법설을 취한 것으로 평가된다(대판 1997. 7. 25. 94다2480).

㈏ 특히 행위위법설 중 이원설(광의설)의 입장으로 평가된다(대판 2009. 12. 24. 2009다70180).

㈐ 다만, 일부 판결에서 상대적 위법성설을 취한 것으로 보이는 경우도 있다(행정처분이 객관적 정당성을 상실하였다고 인정될 정도에 이른 경우에 국가배상법 제2조 소정의 국가배상책임의 요건을 충족하였다고 봄이 상당할 것이며, 이때에 객관적 정당성을 상실하였는지 여부는 피침해이익의 종류 및 성질, 침해행위가 되는 행정처분의 태양 및 그 원인, 행정처분의 발동에 대한 피해자 측의 관여의 유무, 정도 및 손해의 정도 등 제반 사정을 종합하여 손해의 전보책임을 국가 또는 지방자치단체에게 부담시켜야 할 실질적인 이유가 있는지 여부에 의하여 판단하여야 한다(대판 2000. 5. 12. 99다70600)).

c. 검 토 　법규위반은 없으나 특별한 희생이 있는 경우 그 손해에 대한 전보수단이 손실보상이라면 국가배상은 법규위반이 있는 경우 그에 대한 손해전보수단이어야 하며, 취소소송의 본안판단에서의 위법의 본질이 법규위반임을 고려할 때 국가배상법상의 위법도 '법질서 위반'이라는 단일한 가치판단으로 보아야 할 것인바 행위위법설이 타당하다(특히 권리구제의 확대라는 측면에서 이원설이 타당하다)(다수설).

d. 설 문 　경찰관 X는 흉기를 휘두르고 체포된 가해자 갑에게 수갑을 채우지 않았고 신체나 소지품에 대한 수색도 제대로 하지 않은 채 지구대로 연행하였고, 경찰관 X의 감시소

홀을 틈타 갑이 다시 가해행위를 하였기 때문에 경찰관 X의 직무집행은 경찰관직무집행법이나 경찰법에 위반되는 행위이다.

5) 타인, 손해, 인과관계

타인인 을이 사망하였기에 손해가 있었으며, 경찰관 X의 위법한 직무집행과 손해의 발생간에 상당인과관계도 인정될 수 있다.

#### (3) 소 결

설문은 국가배상법 제2조 제1항 본문 전단의 요건을 모두 구비하고 있는바, 유가족 정은 국가배상을 청구할 수 있다.

### 2. 경찰관의 국가에 대한 구상가능성

#### (1) 문 제 점

국가배상법 제2조 제2항은 국가가 공무원의 위법한 직무집행에 대해 손해배상을 한 경우 공무원에게 고의 또는 중대한 과실이 있으면 국가 등이 그 공무원에게 구상할 수 있음을 규정하는데, 국가가 아니라 경찰관 X가 손해전액을 유가족에게 배상한 후 경찰관 X가 국가를 상대로 구상권을 행사할 수 있는지가 공무원의 대외적 배상책임과 관련해 문제된다.

#### (2) 공무원의 대외적 배상책임

공무원의 대외적 배상책임과 관련해 학설은 대립되지만, 판례는 군용버스가 군용지프차를 추돌하여 지프차에 탑승했던 피해자가 군용버스운전자에게 손해배상을 청구한 사건에서 「공무원이 직무를 수행함에 있어 경과실로 타인에게 손해를 입힌 경우에는 그 직무수행상 통상 예기할 수 있는 흠이 있는 것에 불과하므로, … 전적으로 국가 등에만 귀속시키고 … 반면에 공무원의 위법행위가 고의·중과실에 기한 경우에는 … 그 본질에 있어서 기관행위로서의 품격을 상실하여 국가 등에게 그 책임을 귀속시킬 수 없으므로 공무원 개인에게 불법행위로 인한 손해배상책임을 부담시키되, 다만 이러한 경우에도 그 행위의 외관을 객관적으로 관찰하여 공무원의 직무집행으로 보여질 때에는 피해자인 국민을 두텁게 보호하기 위하여 국가 등이 공무원 개인과 중첩적으로 배상책임을 부담한다(대판(전원) 1996. 2. 15. 95다38677)」고 하여 경과실의 경우와 고의·중과실의 경우를 구별하고 있다.

#### (3) 경찰관 X의 과실 여부

㈎ 과실이란 위법한 결과의 발생을 부주의로 인식하지 못하는 것(주의의무위반)을 말하고, 그 중 중과실은 거의 고의에 가까운 현저한 주의를 결여한 것을 말한다(대판 2011. 9. 8. 2011다34521).

㈏ 설문에서 경찰관 X의 과실을 인정할 수는 있지만, 중대한 과실이라고 보기는 어렵고 경과실이라고 봐야 한다.

㈐ 경찰관 X의 과실은 경과실에 해당하기 때문에 판례에 따르면 경찰관 X는 대외적 배상

책임을 지지 않는다. 그럼에도 설문에서 경찰관 X는 배상금전액을 유가족 정에게 지급하였기 때문에 국가에 대한 구상권행사 여부가 문제된다.

### (4) 설 문

(가) 이에 대해 판례는「공무원이 직무수행 중 불법행위로 타인에게 손해를 입힌 경우에 국가 등이 국가배상책임을 부담하는 외에 공무원 개인도 고의 또는 중과실이 있는 경우에는 불법행위로 인한 손해배상책임을 지고, 공무원에게 경과실이 있을 뿐인 경우에는 공무원 개인은 손해배상책임을 부담하지 아니한다. 이처럼 경과실이 있는 공무원이 피해자에 대하여 손해배상책임을 부담하지 아니함에도 피해자에게 손해를 배상하였다면 그것은 채무자 아닌 사람이 타인의 채무를 변제한 경우에 해당하고, 이는 민법 제469조의 '제3자의 변제' 또는 민법 제744조의 '도의관념에 적합한 비채변제'에 해당하여 피해자는 공무원에 대하여 이를 반환할 의무가 없고, 그에 따라 피해자의 국가에 대한 손해배상청구권이 소멸하여 국가는 자신의 출연 없이 채무를 면하게 되므로, 피해자에게 손해를 직접 배상한 경과실이 있는 공무원은 특별한 사정이 없는 한 국가에 대하여 국가의 피해자에 대한 손해배상책임의 범위 내에서 공무원이 변제한 금액에 관하여 구상권을 취득한다(대판 2014. 8. 20. 2012다54478)」고 본다.

(나) 따라서 경찰관 X의 직무집행은 경과실에 해당함에도 X는 전액을 유가족에게 지급했기 때문에 경찰관 X는 국가에게 구상권을 행사할 수 있다.

기출 69 〈제1문〉

갑은 2001. 1. A광역시장으로부터 「여객자동차 운수사업법」상 개인택시운송사업면허를 취득하여 영업을 하던 중 2010. 5. 음주운전을 한 사실이 적발되어 관할 지방경찰청장으로부터 2010. 6. 「도로교통법」상 운전면허의 취소처분을 받았다. 그러나 위 운전면허취소의 사실이 A광역시장에게는 통지되지 않아 개인택시운송사업면허의 취소나 정지는 별도로 없었다. 갑은 2011. 7. 운전면허를 다시 취득하여 영업을 하다가 2014. 8. 을에게 개인택시운송사업을 양도하는 계약을 체결하였고, 이에 대해 2014. 9. A광역시장의 인가처분이 있었다. A광역시장은 인가 심사 당시에는 위 운전면허취소의 사실을 모르고 있다가 2016. 5. 관할 지방경찰청장으로부터 통지를 받아 알게 되었고, 2016. 6. 을에게 위 운전면허취소의 사실을 이유로 개인택시운송사업면허의 취소처분을 하였다(이하 '이 사건 처분'이라 한다). 을은 이 사건 처분에 대해서 취소소송을 제기하였다. 다음 물음에 답하시오.

(1) 을은 양도·양수 계약 당시에 갑의 운전면허취소 사실을 전혀 알지 못하였으므로 이 사건 처분은 위법이라고 주장한다. 그 주장의 당부에 관하여 설명하시오. 10.

(2) 을은 개인택시운송사업면허 취소사유가 발생한 날로부터 6년이나 경과한 시점에서 그 취소를 처분하는 것은 신뢰에 반하는 점, A광역시장으로서는 인가 심사 당시에 음주운전으로 운전면허가 취소된 사실이 있는지 여부를 조사해서 그 사실이 확인되었을 때에는 인가처분을 해서는 안 되는 것인데 이를 게을리한 잘못이 있는 점, 갑이 개인택시운송사업면허를 취득하여 그 사업을 양도하기까지 약 15년 동안 당해 음주운전을 제외하고는 교통 법규를 위반한 적 없는 점까지 종합적으로 고려한다면 이 사건 처분은 위법하다고 주장한다. 그 주장의 당부에 관하여 설명하시오. 20.

(3) 만약 A광역시장이 "양도자 및 양수자가 운전면허가 취소되었거나 취소사유가 있는 것으로 확인되었을 때에는 본 인가처분을 취소한다."는 부관을 붙여서 양도·양수 인가처분을 하였다면, 그 부관의 적법성 여부를 부관의 가능성 측면에서 설명하시오. 20.

[제60회 5급공채(2016년)]

참조조문

(현행 법령을 사례해결에 적합하도록 수정하였음)

여객자동차 운수사업법

제4조(면허 등) ① 개인택시운송사업을 경영하려는 자는 사업계획을 작성하여 국토교통부령으로 정하는 바에 따라 특별시장·광역시장·특별자치시장·도지사·특별자치도지사(이하 "시·도지사"라 한다)의 면허를 받아야 한다.

② 시·도지사는 제1항에 따라 면허하는 경우에 필요하다고 인정하면 국토교통부령으로 정하는 바에 따라 운송할 여객 등에 관한 업무의 범위나 기간을 한정하여 면허를 하거나 여객자동차운송사업의 질서를 확립하기 위하여 필요한 조건을 붙일 수 있다.

제14조(사업의 양도·양수 등) ① 개인택시운송사업은 사업구역별로 사업면허의 수요·공급 등을 고려하여 관할 지방자치단체의 조례에서 정하는 바에 따라 시·도지사의 인가를 받아 양도할 수 있다.

② 제1항에 따른 인가를 받은 경우 개인택시운송사업을 양수한 자는 양도한 자의 운송사업자로서의 지위를 승계한다.

제85조(면허취소 등) ① 시·도지사는 개인택시운송사업자가 다음 각 호의 어느 하나에 해당하면 면허를 취소하거나 6개월 이내의 기간을 정하여 사업의 전부 또는 일부를 정지하도록 명할 수 있다.

1. ~ 36. (생략)

37. 개인택시운송사업자의 운전면허가 취소된 경우

여객자동차 운수사업법 시행령

제43조(사업면허·등록취소 및 사업정지의 처분기준 및 그 적용) ① 처분관할관청은 법 제85조에 따른 개인택시운송사업자에 대한 면허취소 등의 처분을 다음 각 호의 구분에 따라 별표 3의 기준에 의하여 하여야 한다.

1. 사업면허취소 : 사업면허의 취소

[별표 3] 사업면허취소·사업등록취소 및 사업정지 등의 처분기준(제43조 제1항 관련)

1. 일반기준

가. 처분관할관청은 다음의 어느 하나에 해당하는 경우에는 제2호의 개별기준에 따른 처분을 가중하거나 감경할 수 있다.

1) 감경 사유

가) 위반 행위자가 처음 해당 위반행위를 한 경우로서, 5년 이상 여객자동차 운수사업을 모범적으로 해 온 사실이 인정되는 경우

나. 처분관할관청은 가목에 따라 처분을 가중 또는 감경하는 경우에는 다음의 구분에 따른다.

1) 개인택시운송사업자의 사업면허취소를 감경하는 경우에는 90일 이상의 사업정지로 한다.

2. 개별기준

가. 여객자동차운송사업 및 자동차대여사업

| 위반내용 | 근거 법조문 | 처분내용 | | |
|---|---|---|---|---|
| | | 1차 위반 | 2차 위반 | 3차 이상 위반 |
| 35. 개인택시운송사업자의 운전면허가 취소된 경우 | 법 제85조 제1항 제37호 | 사업면허취소 | | |

여객자동차 운수사업법 시행규칙

제35조(사업의 양도·양수신고 등) ① 관할관청은 개인택시운송사업의 양도·양수 인가신청을 받으면 관계기관에 양도자 및 양수자의 운전면허의 효력 유무를 조회·확인하여야 한다.

② 관할관청은 제1항에 따른 조회·확인 결과 양도자 및 양수자가 음주운전 등 「도로교통법」 위반으로 운전면허가 취소되었거나 취소사유가 있는 것으로 확인되었을 때에는 양도·양수인가를 하여서는 아니 된다.

기출 69 (1) 을은 양도·양수 계약 당시에 갑의 운전면허취소 사실을 전혀 알지 못하였으므로 이 사건 처분은 위법이라고 주장한다. 그 주장의 당부에 관하여 설명하시오. 10.

## Ⅰ. 제재사유의 승계

### 1. 문제 상황

양도·양수 계약 당시에 갑의 운전면허취소 사실을 전혀 알지 못하였으므로 이 사건 처분은 위법이라는 주장은 을에게 발령된 개인택시운송사업면허취소처분의 원인인 '갑이 운전면허취소처분을 받았다는 제재사유'가 자신에게 승계되지 않음을 주장하는 것으로 양도인 갑에게 발생했던 제재사유가 양수인 을에게 승계되는지가 문제된다. 다만, 여객자동차 운수사업법 제14조 제2항이 운송사업자의 지위를 승계하도록 규정하고 있어 이 점을 먼저 검토해야 한다.

### 2. 여객자동차 운수사업법 제14조 제2항(지위승계규정)을 제재사유의 승계 규정으로 보는 경우

(가) 여객자동차 운수사업법 제14조 제2항(지위승계규정)을 제재사유의 승계 규정으로 본다면, 양도인에게 발생한 제재사유는 양수인에게 승계된다. 따라서 갑이 운전면허취소처분을 받았다는 제재사유로 을의 개인택시운송사업면허를 취소한 A광역시장의 이 사건 처분은 적법하다.

(나) 판례도 「구 여객자동차 운수사업법 제15조 제4항에 의하면 개인택시 운송사업을 양수한 사람은 양도인의 운송사업자로서의 지위를 승계하는 것이므로, 관할관청은 개인택시 운송사업의 양도·양수에 대한 인가를 한 후에도 그 양도·양수 이전에 있었던 양도인에 대한 운송사업면허 취소사유를 들어 양수인의 사업면허를 취소할 수 있는 것이고, 가사 양도·양수 당시에는 양도인에 대한 운송사업면허 취소사유가 현실적으로 발생하지 않은 경우라도 그 원인되는 사실이 이미 존재하였다면, 관할관청으로서는 그 후 발생한 운송사업면허 취소사유에 기하여 양수인의 사업면허를 취소할 수 있는 것이다(대판 2010. 4. 8. 2009두17018)」라고 하여 같은 입장이다.

### 3. 여객자동차 운수사업법 제14조 제2항(지위승계규정)을 제재사유의 승계 규정으로 보지 않는 경우

#### (1) 문 제 점

여객자동차 운수사업법 제14조 제2항(지위승계규정)을 제재사유의 승계 규정으로 보지 않는다면, 양도인 갑에게 발생한 제재사유가 양수인 을에게 승계되는지가 문제된다.

#### (2) 학 설

① 의무위반자가 운영하는 영업처분의 성질(설문에서 개인택시운송사업면허처분)이 대인적 처분인지 대물적 처분인지로 판단하는 견해(제1설)(대인적 처분은 승계되지 않으며 대물적 처분은 승계된다고 본

다), ② 행정청으로부터 제재처분이 부과된 사유(설문에서 음주운전으로 인한 갑의 운전면허취소처분)가 인적인 사정에 기한 것인지 물적인 사정으로 인한 것인지로 판단하는 견해(제2설)(인적인 사정은 승계되지 않으며 물적인 사정은 승계된다고 본다), ③ 의무위반행위로 인해 발령된 제재처분(설문에서 개인택시운송사업면허취소처분)이 대인적 처분인지 대물적 처분인지로 판단하는 견해(제3설)(대인적 처분은 승계되지 않으며 대물적 처분은 승계된다고 본다)가 대립된다.

### (3) 판　례

판례는 ① 법위반행위를 한 자가 양도인임에도 석유판매업(주유소)허가가 대물적 허가임을 근거로 양수인에 대한 석유판매업허가취소처분을 정당하다고 본 판결(대판 1986. 7. 22. 86누203)(제1설)과 ② 양수인에게 발령된 공중위생(이용원)영업정지처분이 대물적 처분임을 근거로 양수인에 대한 영업정지처분을 정당하다고 본 판결(대판 2001. 6. 29. 2001두1611)(제3설)이 있다.

### (4) 검토 및 설문

(가) 제1설은 해당 영업처분(허가나 등록 등)이 양수인에게 이전될 수 있는지에 대한 학설이므로 이 쟁점에서는 적절하지 못한 견해이며(허가 등 영업을 양도한 경우 양수인이 새로운 허가 등을 받아야 하는지 아니면 양도인이 받았던 허가 등의 효력이 양수인에게도 유지되는지에 대한 문제 즉, 영업처분의 양도가능성 문제), 제3설은 법위반 행위를 이유로 양도인에게 제재처분이 부과된 후 이 허가 등의 사업을 양도한 경우 이 제재처분이 양수인에게 승계되는지에 관한 학설이므로 이 쟁점과는 직접 관련이 없다. 따라서 제2설이 타당하다.

(나) 을에게 개인택시운송사업면허취소처분이 발령된 원인이 된 사유는 갑이 음주운전을 하여 운전면허가 취소되었다는 것이고, 이는 갑 개인적 인적사정에 기한 것이므로 그러한 사유는 승계되지 않는다. 따라서 광역시장이 갑의 운전면허취소를 이유로 을에게 개인택시운송사업면허취소처분을 발령하는 것은 위법하다.

기출 69 (2) 을은 개인택시운송사업면허 취소사유가 발생한 날로부터 6년이나 경과한 시점에서 그 취소를 처분하는 것은 신뢰에 반하는 점, A광역시장으로서는 인가 심사 당시에 음주운전으로 운전면허가 취소된 사실이 있는지 여부를 조사해서 그 사실이 확인되었을 때에는 인가처분을 해서는 안 되는 것인데 이를 게을리한 잘못이 있는 점, 갑이 개인택시운송사업면허를 취득하여 그 사업을 양도하기까지 약 15년 동안 당해 음주운전을 제외하고는 교통 법규를 위반한 적 없는 점까지 종합적으로 고려한다면 이 사건 처분은 위법하다고 주장한다. 그 주장의 당부에 관하여 설명하시오. 20.

## Ⅱ. 개인택시운송사업면허의 취소처분의 위법성

### 1. 문제 상황

을은 자신에게 발령된 개인택시운송사업면허취소처분의 위법을 주장하는 3가지 근거를 들고 있는데, 각 근거의 정당성을 행정법의 일반원칙 관점에서 판단해 본다. 다만, 여객자동차 운수사업법 제85조 제1항은 '37. 개인택시운송사업자의 운전면허가 취소된 경우'에도 "시 · 도지사는 개인택시운송사업자가 다음 각 호의 어느 하나에 해당하면 면허를 취소하거나 6개월 이내의 기간을 정하여 사업의 전부 또는 일부를 정지하도록 명할 수 있다"라고 하여 재량적으로 규정하고 있기 때문에, 여객자동차 운수사업법 시행령 제43조의 '[별표 3] 사업면허취소 · 사업등록취소 및 사업정지 등의 처분기준'의 법적 성질을 먼저 검토해야 한다.

### 2. '[별표] 사업면허취소 · 사업등록취소 및 사업정지 등의 처분기준'의 법적 성질

#### (1) 문 제 점

영업정지나 면허취소기준 등의 제재적 처분기준과 같은 행정내부적인 사항은 그 성질이 재량준칙(행정규칙)이기 때문에 고시나 훈령으로 규정되는 것이 정당한데 그러한 사항이 대통령령 등의 형식으로 규정된다면 형식과 실질이 다르기 때문에 그 법적 성질이 무엇인지가 문제된다.

#### (2) 학 설

1) 법규명령설

(가) 제재적 처분기준의 형식은 대통령령 등이므로 법규명령으로 보아야 하고, 제재적 처분기준이 법규명령이라면 행정청은 그러한 처분기준에 따라 처분을 하게 되므로 법적 안정성 확보에 도움이 된다는 점을 근거로 한다.

(나) 법규명령설도 ⓐ 처분기준을 기속적(한정적)으로 보는 견해(엄격한 대외적 구속력을 인정하는 견해)(제1설)와 ⓑ 처분기준을 최고한도로 보는 견해(최고한도로서의 구속력을 인정하는 견해)(제2설)로 나눌 수 있다.

2) 행정규칙설

제재적 처분기준은 재량준칙(행정규칙)으로 그 실질이 행정규칙이므로 법규명령의 형식으로 정한다고 하더라도 그 성질은 변하지 않으며, 제재적 처분기준을 행정규칙으로 보면 행정청은 재량적으로 처분할 수 있음을 규정한 법률에 따라 처분을 하게 되므로 구체적 타당성과 탄력성 확보가 가능하다는 점을 근거로 한다.

3) 수권여부기준설

법규명령과 행정규칙의 구별은 상위 법령의 수권 여부로 결정되기에 법령의 수권에 근거하여 대통령령·총리령·부령 형식으로 정한 제재적 처분기준은 법규명령으로 보아야 한다는 견해이다.

### (3) 판 례

(가) 판례는 ① '대통령령으로 정한 제재적 처분기준'은 법규명령으로 본다. 다만 ⓐ 한 판결에서 '주택건설촉진법시행령상의 영업정지처분기준'은 영업정지기간을 일률적으로 규정하는 형식을 취하고 있기 때문에 재량의 여지가 없다고 하면서 처분기준을 기속적으로 보았으나(대판 1997. 12. 26. 97누15418)(학설로 보면 법규명령설 중 제1설), ⓑ 다른 판결에서는 '구 청소년보호법시행령상의 과징금처분기준'은 법규명령으로 보면서도 그 기준을 처분의 최고한도로 보아야 한다고 판시하였다(대판 2001. 3. 9. 99두5207)(학설로 보면 법규명령설 중 제2설). ② 그러나 '부령으로 정한 제재적 처분기준'은 행정규칙으로 본다. 즉, 도로교통법시행규칙상의 운전면허행정처분기준을 행정규칙으로 보았다(대판(전원) 1995. 10. 17. 94누14148). 다만, 환경영향평가대행영업정지처분취소를 구한 사건의 별개의견으로 환경영향평가법시행규칙상 영업정지처분기준을 법규명령으로 보아야 한다는 입장이 제시된 바 있다(대판(전원) 2006. 6. 22. 2003두1684의 별개의견).

(나) 판례에 대해서는 제재적 처분기준을 대통령령으로 정하는 경우와 부령으로 정하는 경우 법규성 인정 여부를 달리하는 근거를 제시하지 않는다는 비판이 있다. 왜냐하면 대통령령으로 정할지 부령으로 정할지 여부에 대한 행정청의 선택은 규율내용이 아니라 실무편의에 따른 것이기 때문이다(류지태).

### (4) 검 토

대부분의 입법이 개별적인 처분기준 외에 제재의 정도를 가감할 수 있는 가중·감경규정(일반적 처분기준)을 두고 있어 법규명령으로 보더라도 행정청은 개개 사안에 따라 탄력적인 처분을 할 수 있으며, 법규명령은 법제처의 심사 또는 국무회의의 심의, 입법예고, 공포 등 절차적 정당성이 부여된다는 점(김남진·김연태)에서 법규명령설, 그중 제1설이 타당하다. 법규명령설 중 제2설은 명문 규정 없이 일의적으로 규정된 사항을 최고한도로 보는 것은 법령해석의 한계를 초과한 것이며, 처분기준을 최고한도로 본다면 감경규정의 취지와도 모순된다.

### (5) 설 문

법규명령설에 따르면 여객자동차 운수사업법 시행령 '[별표 3] 사업면허취소·사업등록취소 및 사업정지 등의 처분기준'은 법규명령이다. 따라서 일반기준인 감경사유에 해당하지 않는다면, 개별기준에 따라 처분해야 한다. 개별기준은 개인택시운송사업자의 운전면허가 취소된 경우 1차 위반의 경우에도 사업면허를 취소하도록 기속적으로 규정하고 있다.

### 3. 을의 각 주장의 정당성

#### (1) 「개인택시운송사업면허 취소사유가 발생한 날로부터 6년이나 경과한 시점에서 그 취소를 처분하는 것은 신뢰에 반하는 점(제1주장)」의 정당성

제1주장은 광역시장의 개인택시운송사업면허 취소처분이 신뢰보호원칙에 위반된다는 주장이다.

1) 신뢰보호원칙

a. 의의 · 근거 행정청의 행위를 사인이 신뢰한 경우 보호가치 있는 신뢰라면 보호되어야 한다는 원칙을 말한다. 과거 논리적 근거로 여러 학설이 언급되었지만 현재는 법치주의의 구성부분인 법적 안정성을 근거로 인정한다.

b. 요 건

(ⅰ) 행정청의 선행조치 ㈎ 신뢰의 대상이 되는 행위인 선행조치에는 법령 · 행정계획 · 행정행위 · 행정지도 등이 포함되며, 적극적인 것인가 소극적인 것인가 그리고 명시적인 행위인가 묵시적인 행위인가도 가리지 않는다.

㈏ 판례는 '공적인 견해표명'이라고 하며 이는 행정청의 선행조치를 의미하는 것으로 보여진다. 공적인 견해표명의 판단기준은 「반드시 행정조직상의 형식적인 권한분장에 구애될 것은 아니고 담당자의 조직상의 지위와 임무, 당해 언동을 하게 된 구체적인 경위 및 그에 대한 상대방의 신뢰가능성에 비추어 실질에 의하여 판단하여야 한다(대판 1997. 9. 12. 96누18380)」고 한다.

(ⅱ) 보호가치 있는 사인의 신뢰 사인에게 특별한 귀책사유가 있는 경우에는 보호가치 있는 사인의 신뢰라고 보기 어렵다. 판례는 귀책사유를 「행정청의 견해표명의 하자가 상대방 등 관계자의 사실은폐나 기타 사위의 방법에 의한 신청행위 등 부정행위에 기인한 것이거나 그러한 부정행위가 없다고 하더라도 하자가 있음을 알았거나 중대한 과실로 알지 못한 경우 등을 의미(대판 2002. 11. 8. 2001두1512)」한다고 본다.

(ⅲ) 사인의 처리 행정청의 선행조치를 믿은 것 외에도 사인의 처리가 있을 것이 요구된다. 그리고 사인의 처리는 적극적인 것 외에 소극적 · 묵시적인 것도 포함된다.

(ⅳ) 인과관계

(ⅴ) 선행조치에 반하는 후행처분

c. 한 계 ㈎ 신뢰보호의 원칙은 법적 안정성을 위한 것이지만, 법치주의의 또 하나의 내용인 행정의 법률적합성의 원리와 충돌되는 문제점을 갖는다. 결국 양자의 충돌은 법적 안정성과 법률적합성의 비교형량에 의해 어느 이념이 우선하는지를 결정해야 한다(동위설 또는 비교형량설). 만일 법률적합성에 비해 법적 안정성이 우선한다면 신뢰보호원칙은 인정될 수 있다.

㈏ 또한 이 문제는 공익상 요청과 사익보호 간의 형량으로도 문제될 수 있다. 이 경우에도 공익과 사익 간의 비교형량에 의해 어느 이익이 우선하는지를 결정해야 한다(동위설 또는 비교형량설). 만일 공익에 비해 사익이 우월하다면 신뢰보호원칙은 인정될 수 있다.

2) 설　　문

㈎ 광역시장은 개인택시운송사업양도·양수를 인가하였고, 을에게 특별한 귀책사유가 없으며, 을은 개인택시운송사업을 하고 있었고, 광역시장은 을의 개인택시운송사업면허를 취소하였기에 신뢰보호원칙의 요건은 갖추었다.

㈏ 여객자동차 운수사업법 시행령 '[별표 3] 사업면허취소·사업등록취소 및 사업정지 등의 처분기준'은 법규명령이므로 개별기준에 따르면, 여객자동차 운수사업법 제85조 제1항 제37호 개인택시운송사업자의 운전면허가 취소된 경우 1차만 위반의 경우에도 사업면허를 취소하도록 기속적으로 규정하고 있다. 따라서 여객자동차 운수사업법 시행법령에 따라 기속적으로 처분해야 하는 법률적합성의 요청과 개인택시운송사업면허 취소사유가 발생한 날로부터 6년이나 경과한 시점에서 처분을 함으로서 침해되는 법적 안정성의 요청을 비교형량해야 한다.

㈐ 설문은 개인택시운송사업면허 취소사유가 발생한 날로부터 6년이나 경과한 시점에서 광역시장이 을에게 처분을 발령하였다는 점에서 법적 안정성의 요청이 더 우월해 보인다. 따라서 제1주장은 정당하다.

**(2) 「A광역시장으로서는 인가 심사 당시에 음주운전으로 운전면허가 취소된 사실이 있는지 여부를 조사해서 그 사실이 확인되었을 때에는 인가처분을 해서는 안 되는 것인데 이를 게을리한 잘못이 있는 점(제2주장)」의 정당성**

제2주장은 광역시장의 개인택시운송사업면허 취소처분이 신의성실원칙에 위반된다는 주장이다.

1) 신의성실원칙

신의성실의 원칙(신의칙)이란 법률관계의 당사자는 상대방의 이익을 배려하여 형평에 어긋나거나 신뢰를 저버리는 내용 또는 방법으로 권리를 행사하거나 의무를 이행해서는 안 된다는 원칙을 말한다(대판 2009. 3. 26. 2008두21300). 신의칙의 내용으로는 권리남용금지의 원칙, 사정변경의 원칙, 실효의 원칙 등이 있다.

2) 설　　문

여객자동차 운수사업법 시행규칙 제35조는 법규명령으로 관할 관청에게 '양도자 및 양수자의 운전면허의 효력 유무 조회·확인'의무 및 '운전면허가 취소되었거나 취소사유가 있는 것으로 확인된 경우 양도·양수인가금지'의무를 부여하고 있으므로 광역시장은 인가처분을 하는 경우 신의칙에 따라 해야 함에도 불구하고 운전면허가 취소된 사실이 있는지 여부에 대한 조사를 게을리하였기 때문에 개인택시운송사업면허 취소처분은 신의칙에 위반된다. 따라서 제2주장은 타당하다.

### (3) 「갑이 개인택시운송사업면허를 취득하여 그 사업을 양도하기까지 약 15년 동안 당해 음주운전을 제외하고는 교통 법규를 위반한 적 없는 점(제3주장)」의 정당성

1) 문 제 점

여객자동차 운수사업법 시행령 '[별표 3] 사업면허취소·사업등록취소 및 사업정지 등의 처분기준' 중 개별기준은 개인택시운송사업자의 운전면허가 취소된 경우 1차 위반의 경우에도 사업면허를 취소하도록 기속적으로 규정하고 있다. 그런데 갑이 개인택시운송사업면허를 취득하여 그 사업을 양도하기까지 약 15년 동안 당해 음주운전을 제외하고는 교통 법규를 위반한 적 없었다면 일반기준인 감경사유 '가. 1) 가) 위반 행위자가 처음 해당 위반행위를 한 경우로서, 5년 이상 여객자동차 운수사업을 모범적으로 해 온 사실이 인정되는 경우'에 해당한다. 또한 나목 1)은 '개인택시운송사업자의 사업면허취소를 감경하는 경우에는 90일 이상의 사업정지로 한다'로 규정하고 있기 때문에 을은 제3주장으로 광역시장의 개인택시운송사업면허 취소처분이 비례원칙에 위반된다고 주장할 수 있다.

2) 비례원칙

(가) 행정목적을 실현하기 위한 구체적인 수단과 목적간에 적정한 비례관계가 있어야 한다는 원칙이다.

(나) 비례원칙은 ⓐ 행정목적과 목적달성을 위해 동원되는 수단간에 객관적 관련성이 있어야 한다는 적합성의 원칙(전혀 부적합한 수단은 현실적으로 인정되기 어려워 통상 이 원칙은 충족된다), ⓑ 여러 적합한 수단 가운데 최소 침해를 가져오는 것이 선택되어야 한다는 필요성의 원칙(최소침해의 원칙), ⓒ 행정목적달성을 위한 적합하고 필요한 수단이라고 하더라도 이러한 수단을 통해 달성하려는 공익과 수단으로 인한 사익침해가 합리적인 비례관계를 이루어야 한다는 상당성의 원칙(협의의 비례원칙)으로 이루어져 있으며, 이 3가지 원칙은 단계구조를 이룬다.

3) 설　　문

① 운전면허가 취소된 자에게 개인택시운송사업면허를 취소하는 것은 적합성의 원칙에 위반되지 않는다. ② 개인택시운송사업면허취소라는 수단이 필요성 원칙에 위반된다고 보이지도 않는다(논자에 따라 결론이 다를 수 있다). ③ 그러나 갑이 개인택시운송사업면허를 취득하여 그 사업을 양도하기까지 약 15년 동안 당해 음주운전을 제외하고는 교통 법규를 위반한 적 없고, 개인택시운송사업면허취소처분을 받은 자는 갑의 음주운전 사실을 모르는 을이므로 공익에 비해 사익보호필요성이 더 중대하다. 따라서 광역시장의 개인택시운송사업면허 취소처분은 비례원칙에 위반된다. 결국 제3주장도 타당하다.

## 4. 소　　결

광역시장의 개인택시운송사업면허 취소처분이 위법하다는 을의 모든 주장은 정당하다.

기출 69 (3) 만약 A광역시장이 "양도자 및 양수자가 운전면허가 취소되었거나 취소사유가 있는 것으로 확인되었을 때에는 본 인가처분을 취소한다."는 부관을 붙여서 양도·양수 인가처분을 하였다면, 그 부관의 적법성 여부를 부관의 가능성 측면에서 설명하시오. 20.

## Ⅲ. 부관의 가능성

### 1. 문제 상황

부관의 적법성은 부관의 가능성(법적 근거의 문제)과 부관의 한계로 판단하는데, 설문은 부관의 가능성 측면을 묻고 있는바, 광역시장이 양도·양수 인가처분을 하면서 법적 근거가 없더라도 부관의 부가가 가능한지가 문제된다. 먼저 설문의 부관의 성질을 검토한다.

### 2. 부관의 성질

(가) 부관의 종류 중 어디에 해당하는지는 ⓐ 그 표현에 관계없이 행정청의 객관적인 의사에 따라 판단하여야 한다. ⓑ 다만 그 의사가 불분명하다면 최소침해의 원칙상 상대방인 사인에게 유리하도록 판단한다.

(나) 설문의 부관은 양도자 및 양수자가 운전면허가 취소되었거나 취소사유가 있는 것으로 확인되었을 때 본 인가처분의 효력이 바로 소멸된다는 것이 아니라 권한자가 인가처분을 취소하겠다는 것이므로 철회권의 유보에 해당한다. 철회권의 유보란 일정한 사정이 발생하면 행정행위를 철회할 수 있음을 미리 정해 두는(=유보) 부관을 말한다.

### 3. 부관의 가능성

#### (1) 문 제 점

법률유보원칙에 비추어 부관의 부가가능성에 대한 명시적 법적 근거가 없더라도 침익적 부관을 부가할 수 있는지가 문제된다.

#### (2) 학설·판례

① 전통적인 견해와 판례는 법률행위적 행정행위이며 재량행위인 경우에는 법적 근거 없이도 침익적 부관의 부가가 가능하고, 준법률행위적 행정행위와 기속행위는 부관의 부가가 불가능하다고 한다. ② 그러나 최근의 다수견해는 준법률행위적 행정행위와 기속행위도 부관이 가능한 경우가 있고(전자의 예: 여권의 유효기간, 후자의 예: 요건충족적 부관), 재량행위도 부관이 불가능한 경우(예: 귀화허가나 개명허가에 조건이나 기한을 부가하는 경우)가 있으므로 행정행위와 부관의 성질을 개별적으로 검토하여 부관의 가능성을 판단하는 입장이다.

#### (3) 검 토

원칙적으로 기속행위에는 침익적 부관을 부가할 수 없고 재량행위에는 부관을 부가할 수 있지만, 개개의 행정행위와 부관의 성질에 따라 예외가 있을 수 있음을 인정하는 최근의 다수견해의 입장이 타당하다.

### 4. 소 결

광역시장의 인가처분이 법률행위적 행정행위임은 의문이 없으나 여객자동차 운수사업법 제14조 제1항은 '개인택시운송사업은 사업구역별로 사업면허의 수요·공급 등을 고려하여 관할 지방자치단체의 조례에서 정하는 바에 따라 시·도지사의 인가를 받아 양도할 수 있다'고만 규정하고 있어 재량행위인지가 문제된다.

#### (1) 인가가 재량행위인지 여부

(가) 재량행위와 기속행위의 구별기준에 대해 ⓐ 효과재량설, ⓑ 종합설, ⓒ 기본권기준설 등이 대립한다.

(나) 판례는 ① 관련법령에 대한 종합적인 판단을 전제로 하면서, ② 효과재량설을 기준으로 활용하거나 ③ 공익성을 구별기준으로 들기도 한다.

(다) 광역시장의 인가처분은 상대방에게 수익적이며, 공익적 사정이 중요하게 고려되어야 하기에 재량행위로 보는 것이 타당하다.

#### (2) 설 문

인가처분은 재량행위이고 설문의 철회권 유보 부관의 부가가 성질상 불가능한 경우가 아니므로 부관의 부가가 가능하고 따라서 부관은 적법하다.

## 기출 70 〈제2문〉

갑은 B광역시장의 허가를 받지 아니하고 B광역시에 공장 건물을 증축하여 사용하고 있다. 이에 B광역시장은 갑에 대하여 증축한 부분을 철거하라는 시정명령을 내렸으나 갑은 이를 이행하지 아니하고 있다. 다음 물음에 답하시오.

(1) B광역시장은 상당한 기간이 경과하였음에도 갑에 대하여 이행강제금을 부과·징수하지 않고 있다. 이에 대하여 B광역시 주민 을은 부작위위법확인소송을 통하여, 주민 병은 적법한 절차를 거쳐 주민소송을 통하여 다투려고 한다. B광역시장이 갑에 대하여 이행강제금을 부과·징수하지 않고 있는 행위는 부작위위법확인소송 및 주민소송의 대상이 되는가? 20.

(2) B광역시장이 갑에 대하여 일정기간까지 이행강제금을 납부할 것을 명하였으나, 갑은 이에 불응하였다. B광역시장은 「지방세외수입금의 징수 등에 관한 법률」 제8조에 따라 다시 갑에게 일정기간까지 위 이행강제금을 납부할 것을 독촉하였다. 위 독촉행위는 항고소송의 대상이 되는가? 10.

[제60회 5급공채(2016년)]

참조조문

건축법

제80조(이행강제금) ① 허가권자는 제79조 제1항에 따라 시정명령을 받은 후 시정기간 내에 시정명령을 이행하지 아니한 건축주등에 대하여는 그 시정명령의 이행에 필요한 상당한 이행기한을 정하여 그 기한까지 시정명령을 이행하지 아니하면 다음 각 호의 이행강제금을 부과한다.

1.~2. (생략)

⑦ 허가권자는 제4항에 따라 이행강제금 부과처분을 받은 자가 이행강제금을 납부기한까지 내지 아니하면 「지방세외수입금의 징수 등에 관한 법률」에 따라 징수한다.

지방세외수입금의 징수 등에 관한 법률

제2조(정의) 이 법에서 사용하는 용어의 뜻은 다음과 같다.

1. "지방세외수입금"이란 지방자치단체의 장이 행정목적을 달성하기 위하여 법률에 따라 부과·징수하는 조세 외의 금전으로서 과징금, 이행강제금, 부담금 등 대통령령으로 정하는 것을 말한다.

제8조(독촉) ① 납부의무자가 지방세외수입금을 납부기한까지 완납하지 아니한 경우에는 지방자치단체의 장은 납부기한이 지난 날부터 50일 이내에 독촉장을 발급하여야 한다.

② 제1항에 따라 독촉장을 발급할 때에는 납부기한을 발급일부터 10일 이내로 한다.

제9조(압류의 요건 등) ① 지방자치단체의 장은 체납자가 제8조에 따라 독촉장을 받고 지정된 기한까지 지방세외수입금과 가산금을 완납하지 아니한 경우에는 체납자의 재산을 압류한다.

**기출 70** (1) B광역시장은 상당한 기간이 경과하였음에도 갑에 대하여 이행강제금을 부과·징수하지 않고 있다. 이에 대하여 B광역시 주민 을은 부작위위법확인소송을 통하여, 주민 병은 적법한 절차를 거쳐 주민소송을 통하여 다투려고 한다. B광역시장이 갑에 대하여 이행강제금을 부과·징수하지 않고 있는 행위는 부작위위법확인소송 및 주민소송의 대상이 되는가? 20.

# Ⅰ. 부작위위법확인소송 및 주민소송의 대상

## 1. 문제 상황

부작위위법확인소송 및 주민소송의 대상을 묻고 있지만, 전자는 항고소송으로 주관적 소송이며 후자는 민중소송으로 객관적 소송에 해당한다. 따라서 B광역시장은 상당한 기간이 경과하였음에도 갑에 대하여 이행강제금을 부과·징수하지 않고 있다는 것은 동일한 사정이지만 주민 을과 병이 제기하려는 소송의 성질이 다르기 때문에 해당 행위가 각 소송의 대상이 되는지를 검토한다.

## 2. 부작위위법확인소송의 대상 여부

### (1) 부작위위법확인소송의 대상

행정소송법 제2조 제1항 제2호는 '부작위'를 행정청이 당사자의 신청에 대하여 상당한 기간 내에 일정한 처분을 하여야 할 법률상 의무가 있음에도 불구하고 이를 하지 아니하는 것을 말한다고 규정한다.

1) 행 정 청

㈎ 행정청이란 행정에 관한 의사를 결정하고 이를 외부에 자신의 명의로 표시할 수 있는 행정기관을 말한다(기능적 의미의 행정청).

㈏ 행정청에는 ① 전통적 의미의 행정청(해당 행정조직의 우두머리), ② 합의제기관(예: 방송위원회, 공정거래위원회) 외에 ③ 법원이나 국회의 기관도 실질적 의미의 행정적인 처분을 하는 범위에서 행정청에 속하며(예: 법원장의 법원공무원에 대한 징계, 지방의회의 지방의회의원에 대한 징계나 지방의회의장에 대한 불신임의결), ④ 행정소송법 제2조 제2항에 따라 법령에 의하여 행정권한의 위임 또는 위탁을 받은 행정기관, 공공단체 및 그 기관 또는 사인도 포함된다.

2) 당사자의 신청이 있을 것

a. 신청의 내용 　사인은 행정소송법 제2조 제1항 제1호의 처분을 신청해야 한다. 그러나 신청이 반드시 적법할 필요는 없다. 부적법하면 행정청은 거부하면 되기 때문이다.

b. 신청권의 필요 여부

(ⅰ) 문 제 점 　거부처분취소소송 등과 마찬가지로 부작위위법확인소송의 경우에도 부작위의 성립에 신청권이 필요한지가 논의된다.

(ⅱ) 학 설 　① 부작위의 성립에 처분의무가 요구되기 때문에 이러한 신청권을 가진

자의 신청에 대한 부작위라야 부작위위법확인소송의 대상적격이 된다는 견해(대상적격설), ② 부작위위법확인소송의 소송물을 '부작위의 위법성과 당사자의 권리의 존재'로 이해하면서 신청권은 소송요건의 문제가 아니라 본안의 문제로 보는 견해(본안요건설), ③ 어떠한 부작위가 행정소송의 대상이 되는가 여부는 행정소송법 제2조 제1항 제2호의 부작위에 해당하는가의 여부에 따라 판단하여야 하며 행정소송법 제36조를 고려할 때 신청권은 원고적격의 문제로 보아야 한다는 견해(원고적격설)가 대립된다.

(ⅲ) 판 례 ㈎ 대법원은 부작위의 성립에 신청권이 필요하다고 본다. 즉, 판례는 잠수기어업불허가처분취소 사건에서 「거부처분의 처분성을 인정하기 위한 전제요건이 되는 신청권의 존부는 구체적 사건에서 신청인이 누구인가를 고려하지 않고 관계 법규의 해석에 의하여 일반 국민에게 그러한 신청권을 인정하고 있는가를 살펴 추상적으로 결정되는 것이고 … 따라서 국민이 어떤 신청을 한 경우에 그 신청의 근거가 된 조항의 해석상 행정발동에 대한 개인의 신청권을 인정하고 있다고 보여지면 그 거부행위는 항고소송의 대상이 되는 처분으로 보아야 할 것(대판 1996. 6. 11. 95누12460)」이라고 하여 거부처분의 성립에 신청권이 필요하다고 본다.

㈏ 신청권의 근거는 법규상 또는 조리상 인정될 수 있는데, 법규상 신청권이 있는지 여부는 관련법규의 해석에 따라 결정되며, 조리상 신청권 인정 여부는 거부행위에 대해 항고소송 이외의 다른 권리구제수단이 없거나, 행정청의 거부행위로 인해 국민이 수인불가능한 불이익을 입는 경우 조리상의 신청권은 인정될 수 있다고 한다(하명호).

㈐ 다만, 일부 판결에서는 당사자에게 신청권이 없는 경우 원고적격이 없거나 항고소송의 대상인 부작위가 없다고 하여 원고적격의 문제로 보는 동시에 대상적격의 문제로 보기도 한다(대판 1999. 12. 7. 97누17568).

(ⅳ) 검 토 판례의 입장은 대상적격과 원고적격의 구분을 무시한 것이고, 부작위의 성립에 신청권이 필요하다고 본다면 동일한 부작위가 신청권을 가진 자에게는 항고소송의 대상이 되는 부작위가 되고 신청권을 가지지 못한 자에게는 항고소송의 대상인 부작위가 되지 않는 부당한 결론을 가져온다. 따라서 신청권은 원고적격 문제로 보아야 한다.

3) 상당한 기간이 경과할 것

상당한 기간이란 어떠한 처분을 함에 있어 통상 요구되는 기간을 의미한다. 다만, 행정절차법 제19조(처리기간의 설정 · 공표)의 처리기간은 주의 규정에 불과하기 때문에 그에 따라 공표된 처리기간을 행정청이 준수하지 아니하였다고 해서 바로 상당한 기간이 경과하였다고 보기는 어렵다.

4) 일정한 처분을 해야 할 법률상 의무가 있을 것

일정한 처분이란 행정소송법 제2조 제1항 제1호 소정의 처분을 말한다. 그리고 법률상 의무에는 명문의 규정에 의해 인정되는 경우뿐만 아니라 법령의 해석상 인정되는 경우도 포함된다.

5) 아무런 처분을 하지 아니할 것

행정청이 아무런 처분도 하지 않았어야 한다. 만일 법령에 일정기간 동안 아무런 처분이 없는 경우 거부처분으로 간주하는 간주거부조항이 있으면 부작위위법확인소송이 아니라 취소소송 등을 제기하여야 한다.

#### (2) 설 문

㈎ 행정청과 상당한 기간 요건은 갖추었다. 또한, 건축법 제80조 제1항은 '이행강제금을 부과한다'고 규정하고 있기 때문에 '일정한 처분을 해야 할 법률상 의무가 있을 것' 요건도 갖추었고, 아무런 처분도 하지 않았다.

㈏ 그러나 주민 을은 해당 처분(이행강제금 부과 · 징수행위)을 신청하지도 않았고, (판례에 따라 신청권 여부를 판단한다면) 주민 을은 이행강제금 부과 · 징수행위를 신청할 신청권도 인정되지 않는다. 따라서 이행강제금 부과 · 징수행위는 부작위위법확인소송의 대상이 되지 않는다.

### 3. 주민소송의 대상 여부

#### (1) 주민소송의 의의

주민소송이란 지방자치단체의 장, 직원 등의 위법한 재무회계행위에 대해 지방자치법 제17조에 따라 주민이 제기하는 소송을 말한다.

#### (2) 주민감사청구전치주의

지방자치법은 주민소송이 적법하게 제기되기 위해서는 먼저 일정한 주민 수 이상 주민의 연서로 감독청에 주민감사를 청구하여야 하며 감사결과에 불복이 있는 경우 주민감사청구에 참여한 주민에 한해 주민소송을 제기할 수 있도록 규정하고 있다(지방자치법 제17조 제1항 참조).

#### (3) 주민소송의 대상

㈎ 주민소송은 위법한 재무회계행위를 대상으로 하는바, ⓐ 공금의 지출, ⓑ 재산의 취득 · 관리 · 처분, ⓒ 계약의 체결 · 이행, ⓓ 공금의 부과 · 징수를 게을리한 사실 등의 네 종류로 유형화되어 있다(지방자치법 제17조 제1항).

㈏ 설문의 이행강제금 부과 · 징수행위는 재무회계행위로 주민소송의 대상이 된다.

㈐ 판례도 「이행강제금은 지방자치단체의 재정수입을 구성하는 재원 중 하나로서 '지방세외수입금의 징수 등에 관한 법률'에서 이행강제금의 효율적인 징수 등에 필요한 사항을 특별히 규정하는 등 그 부과 · 징수를 재무회계 관점에서도 규율하고 있으므로, 이행강제금의 부과 · 징수를 게을리한 행위는 주민소송의 대상이 되는 공금의 부과 · 징수를 게을리한 사항에 해당한다(대판 2015. 9. 10. 2013두16746)」고 본다.

#### (4) 병이 제기할 수 있는 주민소송의 형태

##### 1) 문 제 점

㈎ 지방자치법 제17조 제2항은 제1호 소송(손해발생행위의 중지소송), 제2호 소송(처분의 취소 · 무효확인소송), 제3호 소송(해태사실의 위법확인소송), 제4호 소송(손해배상등 요구소송)으로 주민소송을 네

종류로 나누고 있다.

(나) 지방자치법 제17조 제2항의 소송 중 설문의 경우는 제3호 소송이 문제 된다.

2) 제3호 소송의 의의

제3호 소송은 '게을리한 사실의 위법확인을 요구하는 소송'으로, 게을리한 사실의 위법성을 소송물로 한다. 제3호 소송은 재무회계행위 중 게을리한 사실이라는 부작위를 대상으로 한다는 점에서 적극적 행위인 공금의 지출, 재산의 취득·관리·처분, 계약의 체결·이행을 대상으로 하는 제1호나 제2호 소송과는 성격을 달리한다.

3) 부작위위법확인소송과의 관계

부작위위법확인소송은 그 대상은 처분의 부작위에 한정하고 있지만, 제3호 소송은 공법상의 행위뿐만 아니라 사법상의 행위 나아가 행정내부적인 행위나 사실행위도 포함한다(김용찬·선정원·변성완).

4) 효 과

원고승소판결이 확정되면 해당 지방자치단체는 판결의 취지에 따른 작위의무가 발생한다.

(5) 설 문

광역시장의 이행강제금 부과·징수행위의 부작위는 지방자치법 제17조 제2항의 제3호 소송의 대상이 된다.

**기출 70** (2) B광역시장이 갑에 대하여 일정기간까지 이행강제금을 납부할 것을 명하였으나, 갑은 이에 불응하였다. B광역시장은 「지방세외수입금의 징수 등에 관한 법률」 제8조에 따라 다시 갑에게 일정기간까지 위 이행강제금을 납부할 것을 독촉하였다. 위 독촉행위는 항고소송의 대상이 되는가? 10.

## Ⅱ. 독촉의 처분성

### 1. 문제 상황

(가) 취소소송의 대상에 대해 행정소송법 제19조 본문은 "취소소송은 처분등을 대상으로 한다"고 규정하고, 동법 제2조 제1항 제1호는 취소소송의 대상인 '처분등'을 ① 처분인 ⓐ 공권력의 행사, ⓑ 그 거부, ⓒ 그 밖에 이에 준하는 행정작용과 ② 행정심판에 대한 재결이라고 정의하고 있다.

(나) 설문에서는 적극적 공권력행사가 문제되는데, 먼저 행정행위와 처분의 관계를 검토한 후 광역시장의 독촉이 항고소송의 대상인 처분인지를 살펴본다.

## 2. 행정행위와 처분의 관계

### (1) 문 제 점

학문상 개념인 행정행위와는 달리 행정소송법 제2조 제1항 제1호는 취소소송의 대상인 '처분'을 "행정청이 행하는 구체적 사실에 관한 법집행으로서의 공권력의 행사 또는 그 거부와 그 밖에 이에 준하는 행정작용"이라고 정의하고 있다. 이처럼 행정소송법은 '처분'개념을 광의로 정의(그 밖에 이에 준하는 행정작용)하고 있어 행정소송법상의 처분개념이 강학상 개념인 행정행위와 동일한 것인지에 대해 학설이 대립된다.

### (2) 학 설

1) **실체법적** (행정행위) **개념설**(일원설, 형식적 행정행위 부정설)

행정쟁송법상 처분을 강학상 행정행위와 동일한 것으로 보는 입장이다. 행정소송법 제2조 제1항 제1호는 처분을 '공권력의 행사(또는 그 거부)'와 '이에 준하는 행정작용'이라고 규정하지만 '이에 준하는 행정작용'은 공권력행사에 준하는 행정작용을 말하는 것이며, 쟁송법적 개념설이 처분개념에 포함시키고 있는 비권력적 행정작용에 대한 권리구제수단은 항고소송이 아니라 당사자소송(비권력적 사실행위로 발생한 법률관계를 다투는 당사자소송)이나 법정외 소송(일반적 이행소송)을 활용해야 한다는 점을 근거로 한다(김남진 · 김연태, 류지태 · 박종수, 박윤흔 · 정형근, 김성수, 정하중).

2) **쟁송법적** (행정행위) **개념설**(이원설, 형식적 행정행위 긍정설)

행정쟁송법상 처분을 강학상 행정행위와는 별개의 것으로 보는 입장이다. 행정소송법 제2조 제1항 제1호는 처분개념에 '공권력의 행사(또는 그 거부)'에 '이에 준하는 행정작용'을 더하고 있기 때문에 현행법상 처분은 강학상 행정행위보다 더 광의의 개념으로 보아야 하며, 다양한 행정작용(특히 비권력적 행정작용)에 대해 항고소송을 인정함으로써 실효적인 권리구제가 가능하다는 점을 근거로 한다(김동희, 박균성).

### (3) 판 례

판례는 쟁송법적 개념설이 대표적으로 주장하는 비권력적 사실행위에 대해 처분성을 부정하고 있어 기본적으로 실체법적 개념설의 입장이다. 다만, 처분개념이 확대될 여지를 인정한 판결도 있다(행정청의 어떤 행위를 행정처분으로 볼 것이냐의 문제는 … 행정처분이 그 주체, 내용, 절차, 형식에 있어서 어느 정도 성립 내지 효력요건을 충족하느냐에 따라 개별적으로 결정하여야 하며, … 행정청의 행위로 인하여 그 상대방이 입는 불이익 내지 불안이 있는지 여부도 그 당시에 있어서의 법치행정의 정도와 국민의 권리의식 수준 등은 물론 행위에 관련한 당해 행정청의 태도 등도 고려하여 판단하여야 한다(대판 1993. 12. 10. 93누12619)).

### (4) 검 토

취소소송은 법률관계를 발생시키는 행정작용의 효력을 깨뜨리기 위한 형성소송(행정소송법 제29조 제1항 참조)이므로 취소소송의 대상을 법률관계를 발생시키는 법적 행위인 행정행위에 한정하는 실체법적 개념설이 타당하다.

## 3. 항고소송의 대상인 적극적 처분의 요건

### (1) 행정청의 적극적인 공권력 행사

ⓐ 행정청(전통적 의미의 행정청뿐만 아니라 합의제기관, 실질적 의미의 처분을 하는 경우 법원이나 국회의 기관, 행정소송법 제2조 제2항의 행정청등 자신의 명의로 처분을 할 수 있는 모든 행정청(기능적 의미의 행정청)을 말한다)이 행하는 행위로 ⓑ 구체적 사실(규율대상이 구체적 — 시간적으로 1회적, 공간적으로 한정 — 이어야 한다)에 대한 ⓒ 법집행행위(입법이 아니라 법의 집행행위라야 한다)이며 ⓓ 공권력행사(행정청이 공법에 근거하여 우월한 지위에서 일방적으로 행사하여야 한다)이어야 한다.

### (2) 법적 행위

1) 문 제 점

'법적 행위'는 행정소송법 제2조 제1항 제1호의 처분개념의 요소는 아니다. 그러나 판례와 전통적인 견해는 취소소송의 본질을 위법한 법률관계의 소급적 제거로 이해하기 때문에(=취소소송을 형성소송으로 보기 때문) 법적 행위를 항고소송의 대상인 처분의 요건으로 본다. 이러한 견해에 따르면 항고소송의 대상이 되는 처분은 행정소송법 제2조 제1항 제1호의 처분의 개념요소를 구비하는 것 외에 법적 행위일 것을 요한다(무효등확인소송과 부작위위법확인소송도 행정소송법 제38조 제1항, 제2항에서 취소소송의 대상(동법 제19조)을 준용하고 있기 때문에 취소소송의 대상과 나머지 항고소송의 대상은 같다).

2) 내 용

법적 행위란 ① 외부적 행위이며 ② 권리·의무와 직접 관련되는 행위를 말한다. 판례도 「항고소송의 대상이 되는 행정처분이라 함은 행정청의 공법상의 행위로서 특정사항에 대하여 법규에 의한 권리의 설정 또는 의무의 부담을 명하거나 기타 법률상 효과를 발생하게 하는 등 국민의 구체적인 권리의무에 직접적 변동을 초래하는 행위를 말하는 것이고, … 상대방 또는 기타 관계자들의 법률상 지위에 직접적인 법률적 변동을 일으키지 아니하는 행위 등은 항고소송의 대상이 될 수 없다(대판 2008. 9. 11. 2006두18362)」고 한다.

## 4. 소 결

㈎ 독촉이란 체납액을 완납하지 않는 경우 강제집행(압류·매각·청산)됨을 알리는 행위를 말한다. 독촉의 법적 성질은 준법률행위적 행정행위인 통지행위이며, 체납처분의 전제요건이 된다.

㈏ 독촉은 광역시장이 하는, 갑이 이행강제금 납부의무를 이행하지 않았다는 사실에 대한 지방세외수입금의 징수 등에 관한 법률의 집행행위로 우월한 지위에서 행하는 일방적인 행위이다. 또한 독촉은 준법률행위적 행정행위인 통지로 상대방에게 의무를 명하는 하명(설문에서는 이행강제금 급부하명)의 성격을 가지고 있어 국민의 권리·의무에 직접 영향을 미치는 법적인 행위이다. 따라서 광역시장의 독촉은 항고소송의 대상인 처분이다.

기출 71 〈제3문〉

A중앙행정기관 소속 6급 공무원인 갑은 업무수행 중 근무지를 이탈하고 금품을 수수하는 등의 직무의무 위반행위를 하였다. 다음 물음에 답하시오.

(1) A중앙행정기관의 장은 갑의 행위가 「국가공무원법」상 징계사유에 해당한다고 판단됨에도 불구하고 징계위원회에 징계 의결을 요구하지 아니할 수 있는가? 10.

(2) 갑의 행위에 대하여 징계위원회가 감봉 1월의 징계를 의결하였고 그에 따라 동일한 내용의 징계처분이 내려졌다. 갑은 그 징계처분에 대하여 취소소송을 제기하고자 한다. 이 경우 반드시 행정심판절차를 거쳐야 하는가? 10.

[제60회 5급공채(2016년)]

**기출 71** (1) A중앙행정기관의 장은 갑의 행위가 「국가공무원법」상 징계사유에 해당한다고 판단됨에도 불구하고 징계위원회에 징계 의결을 요구하지 아니할 수 있는가? 10.

# Ⅰ. 징계의결요구의 기속성

## 1. 문제 상황

국가공무원법 제78조 제1항은 일정한 사유에 해당하는 경우 징계의결요구권자는 징계의결을 요구하고 그 의결 결과에 따라 징계처분할 것을 규정하는데, 갑이 직무의무 위반행위를 했음에도 A중앙행정기관의 장이 징계의결을 요구하지 않을 수 있는지가 법률 요건 및 효과와 관련해 문제된다.

## 2. 징계의결 요구의 법률 요건의 문제

### (1) 문 제 점

국가공무원법 제78조 제1항 제1호~제3호에서 징계 의결 요구 및 징계 사유를 규정하는데, 갑의 업무수행 중 근무지를 이탈하고 금품을 수수한 행위는 제2호의 직무상 의무 위반에 해당함에도 A중앙행정기관의 장의 판단에 자유가 인정될 수 있는지가 판단여지와 관련해 문제된다.

### (2) 판단여지의 의의·근거

㈎ 판단여지란 불확정개념과 관련하여 사법심사가 불가능하거나 가능하지만 행정청의 자유영역을 인정하는 것이 타당한 행정청의 평가·결정영역을 말한다.

㈏ 불확정개념에 대해서는 하나의 정당한 결정만이 존재하는 것은 아니며(다수의 정당한 결정의 존재), 행정청이 더 많은 전문지식과 경험을 가지고 있을 수 있으며, 대체불가능한 결정이 존재할 수 있다는 점을 판단여지의 인정근거로 주장한다.

### (3) 판단여지의 인정 여부

㈎ ⓐ 판단여지와 재량을 구별하는 견해(다수견해)와 ⓑ 판단여지와 재량의 구별을 부정하는 견해로 나뉜다.

㈏ 판례는 공무원임용면접전형, 감정평가사시험의 합격기준, 사법시험출제, 교과서검정처분등을 재량의 문제로 보고 있어 판단여지와 재량을 구별하지 않는다(구별부정).

㈐ 법치국가원리상 법령의 요건충족의 판단은 예견 가능한 것이어야 하므로 요건 판단에 있어 행정청에게 재량을 부여할 수는 없다. 따라서 구별하는 견해가 타당하다.

### (4) 판단여지의 적용영역

일반적 견해는 ⓐ 비대체적 결정영역, ⓑ 구속적 가치평가영역 ⓒ 예측적 결정영역(예측결정), ⓓ 행정정책적인 결정영역(형성적 결정) 등에 판단여지가 인정된다고 본다.

#### (5) 판단여지의 한계

판단여지가 존재하는 경우에도 ① 판단기관이 적법하게 구성되었는지 여부, ② 절차규정 준수 여부, ③ 정당한 사실관계에서의 판단 여부, ④ 일반적으로 승인된 평가척도(행정법의 일반원칙 준수여부)위반 여부 등은 사법심사의 대상이 될 수 있다.

#### (6) 설 문

갑이 업무수행 중 근무지를 이탈하고 금품을 수수한 행위가 국가공무원법 제78조 제1항 제2호의 직무상 의무 위반에 해당하는지 여부에 대해 A중앙행정기관의 장의 판단에 자유가 인정되지 않는다. 따라서 A중앙행정기관의 장은 국가공무원법령에 규정된 효과에 구속된다.

### 3. 징계의결 요구의 재량성(법률 효과의 문제)

#### (1) 법령의 규정

국가공무원법 제78조 제1항은 '공무원이 다음 각 호의 어느 하나에 해당하면 징계 의결을 요구하여야 하고'라고 규정하며, 공무원징계령(대통령령) 제7조 제1항은 '법 제78조 제1항 · 제4항 및 제78조의2 제1항에 따라 5급이상공무원등(고위공무원단에 속하는 공무원을 포함한다)에 대해서는 소속 장관이, 6급이하공무원등에 대해서는 해당 공무원의 소속 기관의 장 또는 소속 상급기관의 장이 관할 징계위원회에 징계의결등을 요구하여야 한다'고 규정한다. 따라서 징계의결사유(징계사유)가 발생한 경우 징계의결요구권자는 반드시 징계의결을 요구하여야 한다.

#### (2) 설 문

A중앙행정기관의 장은 갑의 행위가 국가공무원법상 징계사유에 해당한다고 판단되면 반드시 징계위원회에 징계 의결을 요구하여야 한다.

**기출 71** (2) 갑의 행위에 대하여 징계위원회가 감봉 1월의 징계를 의결하였고 그에 따라 동일한 내용의 징계처분이 내려졌다. 갑은 그 징계처분에 대하여 취소소송을 제기하고자 한다. 이 경우 반드시 행정심판 절차를 거쳐야 하는가? 10.

## Ⅱ. 필요적 심판전치

### 1. 문제 상황

행정소송법 제18조 제1항 본문은 임의적 심판전치를 규정하면서 단서에서 필요적 심판전치의 예외가 있음을 규정한다. 따라서 설문에서 공무원 갑이 감봉 1월의 징계처분에 대해 취소소송을 제기하려는 경우 행정심판(특별행정심판으로서 소청심사청구)이 필요적으로 전치되어야 하는지가 문제된다.

## 2. 필요적 심판전치

(가) 행정소송법 제18조 제1항은 '취소소송은 법령의 규정에 의하여 당해 처분에 대한 행정심판을 제기할 수 있는 경우에도 이를 거치지 아니하고 제기할 수 있다. 다만, 다른 법률에 당해 처분에 대한 행정심판의 재결을 거치지 아니하면 취소소송을 제기할 수 없다는 규정이 있는 때에는 그러하지 아니하다'고 규정하여 취소소송을 제기함에 있어 임의적 심판전치가 원칙이지만, "다른 법률에 당해 처분에 대한 행정심판의 재결을 거치지 아니하면 취소소송을 제기할 수 없다"는 규정이 있는 경우에는 심판전치가 필요적이다.

(나) 국가공무원법 제16조 제1항은 '제75조(공무원에 대하여 징계처분을 할 때나 강임·휴직·직위해제 또는 면직처분을 할 때에는 그 처분권자 또는 처분제청권자는 처분사유를 적은 설명서를 교부하여야 한다. 다만, 본인의 원에 따른 강임·휴직 또는 면직처분은 그러하지 아니하다)에 따른 처분, 그 밖에 본인의 의사에 반한 불리한 처분이나 부작위에 관한 행정소송은 소청심사위원회의 심사·결정을 거치지 아니하면 제기할 수 없다'고 하여 필요적 심판전치를 규정한다.

(다) 따라서 갑은 징계처분에 대해 취소소송제기 전에 소청심사(특별행정심판절차)를 청구하여야 한다.

## 3. 필요적 심판전치의 예외(완화)

(가) 행정심판의 전치가 필요적인 경우라 하여도 이를 강제하는 것이 국민의 권익을 침해하는 결과가 되는 경우 필요적 심판전치의 예외를 인정할 필요가 있다. 예외로 행정소송법 제18조 제2항·제3항은 ① 행정심판은 제기하되 재결을 거치지 아니하고 소송을 제기할 수 있는 경우와 ② 행정심판을 제기함이 없이 소송을 제기할 수 있는 경우를 규정하고 있다. 두 경우 모두 원고는 법원에 대하여 사유를 소명하여야 한다(행정소송법 제18조 제4항).

(나) 설문에서 갑이 필요적 심판전치의 예외에 해당하는 사유가 있다면 행정심판을 재결이나 행정심판을 제기하지 않고도 취소소송을 제기할 수 있다.

## 4. 설 문

행정소송법 제18조 제2항·제3항의 필요적 심판전치의 예외에 해당하는 사유가 없다면 갑은 징계처분에 대해 취소소송제기 전에 소청심사(특별행정심판절차)를 청구하여야 한다. 특히 그 취소소송이 무효확인을 구하는 의미의 취소소송이라고 하더라도 필요적 심판전치는 적용된다.

저자 약력

연세대학교 법과대학 졸업
연세대학교 법과대학 대학원(석사)졸업(행정법)
연세대학교 법과대학 대학원 박사과정(행정법)
연세대학교 등 대학특강 강사
합격의 법학원 행정법 전임강사

저 서

핵심정리 행정법(박영사, 초판 2012, 제5판 2016)
행정법 사례 연습(박영사, 2015)
공인노무사 핵심정리 행정쟁송법(박영사, 초판, 2014, 제2판 2015)
행정법 쟁점정리(박영사, 초판 2011, 제6판 2016)
행정법 STUDY BOOK(청암미디어(박영사), 2011)
로스쿨 객관식 행정법특강(공저)(박영사, 2012)

(2017)
행정법 기출 연습

초판발행 2015년 7월 30일
제2판인쇄 2016년 7월 30일
제2판발행 2016년 8월 10일

지은이 김기홍
펴낸이 안종만

편 집 문선미
기획/마케팅 조성호·박선진
표지디자인 조아라
제 작 우인도·고철민

펴낸곳 (주) 박영사
서울시 종로구 새문안로3길 36, 1601
등록 1959. 3. 11. 제300-1959-1호(倫)
전 화 02)733-6771
f a x 02)736-4818
e-mail pys@pybook.co.kr
homepage www.pybook.co.kr
ISBN 979-11-303-2926-0 93360



정 가 33,000원